KB273579

천재백서

천 재 백 서

천재 그 이상의 천재,
혁명적 천재들의 발상과 사유

불렌트 아탈라이 이원경 옮김

상상스퀘어

한 줌의 광기로 무장한
모든 박식가들과 독학자들에게

차례

서문 레오나르도와 악마   10

프롤로그   13

1부 천재의 내적 요소와 외적 요소

1. 긍정적 특성과 부정적 특성   40

2. 다중 지능   77

3. 시대정신 요소   97

2부 예술계의 천재들

4. 예술사의 특이점   126

5. 킹콩과 원숭이들   166

6. 레오나르도의 모델   214

7. 예술과 과학이 만나는 지점   250

3부 **과학계의 천재들**

8. 세계적인 천재와 실패한 과학 혁명   274

9. 자연을 탐구해 현대를 열다   309

10. 뉴턴 혁명, 사례 연구: 뉴턴   341

11. 상대성 혁명, 사례 연구: 아인슈타인   382

12. 양자 혁명: 집단적 천재성   433

4부 **정신과 뇌**

13. 울퉁불퉁 덩어리와 비범한 정신   464

14. 과학 천재들의 기행: 한 줌의 광기   486

15. 혼돈의 소용돌이와 고통받은 정신   533

5부 **결론**

16. 영웅과 통치자 그리고 순위   576

에필로그　디지털 시대의 천재   601

감사의 말   626

주해   634

들어가며

서문

레오나르도와
악마

일찍이 나는 레오나르도 다빈치를 알게 되면서 혁명적 천재와 처음 맞닥뜨렸다. 그의 기념비적인 두 걸작 〈최후의 만찬 IlCenacolo〉과 〈모나리자 Mona Lisa〉를 보았고, 그가 남긴 명언으로 알려진 '눈은 영혼의 창'이란 말을 들은 것이다. 당시 여덟 살이던 나는 부모님과 영국에 살고 있었는데, 당시 아버지가 런던의 튀르키예 대사관 주재무관이었다. 하급 외교관들조차 접대 업무가 잦았던 터라, 우리 가족은 한때 인도 총독을 지낸 조지 너새니얼 커즌 경卿이 과거 런던에서 자택으로 사용한 넓은 집을 빌려 살았다. 그 저택은 1층과 2층의 벽과 계단에 커즌 가문의 초상화와 풍경화가 즐비했는데, 대부분 18세기로 거슬러 올라가는 오래된 그림들이었다. 하지만 나는 그 초상화들이 못마땅했다. 아무런 감흥을 느낄 수가 없었다. 한마디로, 영혼 없는 껍데기들!

　　그리고 아홉 번째 생일을 한두 주 앞둔 어느 날, 나는 불현듯 깨달았다. 내가 초상화 속 인물들에게서 감흥을 받지 못한 까닭은 그들의 눈동자가 맑지 않아서였던 것이다! 나는 그 무렵 새로 산 천공기를 들고 집 안을 돌아다니며, 소파와 의자 위에 서서 수많은 초상화의 눈동자 자리에 완벽한 동그라미 구멍을 뚫었다. 이제 눈동자가 맑아졌으니 초상화 속 인물의 소통 능력이 나아졌으리라 확신했다. 하지만 얼마 지나지 않아 내가 한 짓을 까맣게 잊었다.

　　아홉 살 생일에 나는 납 병정 세트를 선물로 받았다. 그날 저녁, 부모님은 손님 여럿을 초대해 식사를 대접했는데, 그중에는 어머니가 '괴짜'라고 부른 외교관도 있었다. 어머니는 그를 '눈썹이 검고, 항상 힐끔대면서, 번들거리는 누런 낯빛으로 모두를 당황하게 하는 남자'로 기억했다. 우리 집에 들어선 그 남자는 악수하려고 손을 내미는 아버지를 그냥 지나치더니 한 초상화 앞에 서서 한마디 했다. "눈에 구멍이 뚫렸군요!" 그러고는 다른 초상화들을 차례차례 살펴보며 매번 같은 말을 되뇌다 마침내 의기양양하게 외쳤다. "이건 아들 짓이 틀림없습니다!" 어린 나의 눈에 그 외교관은 악마였다! 악마가 아니고서야 어떻게 그 범행을 보자마자 단번에 범인을 알아냈겠는가! 이튿날 아침, 두려움과 분노에 휩싸인 아버지는 내가 선물로 받은 납 병정 세트를 소각로에 던져버렸다. 초상화들이 복원될 무렵에는 소각로도 치워졌다. 화가이자 과학자로서 내 경력의 불명예스러운 시작이었던 셈이다. 그리고 어머니의 술회에 따르면, 당시 집주인은 그 참사 소식을 전해 듣고 대수롭지 않은 듯이 말했다. "아, 그 오래된 그림들! 그

깟 게 뭐라고!" 어마어마하게 부유한 커즌 가문에 레오나르도의 그림이 하나도 없었다는 게 얼마나 다행이었는지 그때를 생각하면 지금도 오싹하다!

레오나르도는 '보통' 천재를 아득히 초월하는 극도로 희귀한 천재 종족의 일원이다. 어릴 적에 그와 맞닥뜨린 이후, 나는 수십 년 동안 이 드문 집단의 삶과 업적, 정신세계를 점점 더 깊이 탐구했다.

프롤로그

《햄릿》을 읽었거나, 〈교향곡 제5번〉을 들었거나, 〈모나리자〉를 본 사람이라면 누구나 그 작품의 창조자가 어디서 아이디어를 얻었는지, 어쩌면 그토록 훌륭하게 구현했는지 궁금할 것이다. 마찬가지로, 수억 킬로미터 떨어진 우주 공간을 시속 80,000킬로미터로 날아가는 소행성에 착륙할 목적으로 우주선이 발사대에서 솟구치는 광경을 지켜보거나, 지구와 우주의 기원과 운명을 궁금해 하는 사람이라면, 과연 과학은 어떻게 물리 법칙을 적용하는지, 심지어 애초에 그런 물리 법칙이 어떻게 탄생했는지 궁금할 것이다.

이런 놀라운 성취야말로 인류가 이룩한 최고의 걸작들이다. 그렇다면 우리 인간들 중에서 매우 드물고 가장 창의적인 존재들은 과연 어디서 영감을 받아 창조하고, 표현하고, 발견하는 걸까? 그들은 평범한 인간과는 다른 뇌를 가졌나? 아니면 독특한 성품이나 체험 덕분에 천재의 길로 들어선 걸까? 나는 이론 물리학자이자 화가다. 지난 43년 동안 학부와 대학원에서 물리학과 수학을 가르쳤고, 그림은 어릴 때부터 쭉 그려왔다. 평생에 걸쳐 이 두 지적 문화에 천착해온 나는 늘 궁금했다. 영감을 받은 창조성과 고도의 지성 그리고 가장 위대한 천재들이 창조한 불멸의 유산은 과연 그 원천이 무엇일까?

'천재'라는 커다란 주제는 모호하고, 주관적이고, 논쟁적이며, 콕 집어 정의하기 어렵다. 또한 몹시 남용되고 있다. 서로 다른 문화와 분야마다 거대한 변화를 가져온 영웅들이 존재하며, 그들은 천재로 추앙받는다. 이 책에서는 기본적인 두 문화의 천재에 초점을 맞추는데, 바로 예술과 과학이다. 이 둘은 전통적으로 교집합이 없다고 여겨지며, 두 분야 모두 진짜 천재를 명확하고 객관적으로 규정하기가 어렵지 않다. 이와 유사하게 교집합이 없는 분야로 종교와 과학을 들 수 있는데, 이들은 서로 모순되지 않는 보완적 관계가 가능하다. 하지만 앞으로 우리는 예술과 과학의 놀라운 공통점을 발견하게 될 것이다.

《천재백서: 천재 그 이상의 천재, 혁명적 천재들의 발상과 사유》에는 내가 평생토록 탐구하며 발견한 놀라운 사실들이 담겨 있다. 물론 이 책에서 밝힌 천재의 요건을 이해한다고 해서 우리가 레오나르도 다빈치나 아인슈타인이 되지는 못하겠지만, 지금보다 더 창조적이고 생산적인 존재로 거듭날 것은 틀림없다.

비록 예술계와 과학계에는 서로 다른 종류의 지성과 창조성이 작동하지만, 두 분야에서 가장 뛰어난 선수들은 놀라울 정도로 비슷한 특징과 기질, 습관을 갖고 있다. 앞서 내가 '세계적인 천재' 레오나르도 다빈치를 다룬 두 권의 책[1]은 서로 별개의 문화인 예술과 과학에 등장한 천재들의 차이점과 유사성 모두를 이해하는 편리한 출발점으로 삼아도 좋다.

아인슈타인이 좋아한 철학자 아르투어 쇼펜하우어는 재치 있는 한 문장으로 천재를 정의했다. '영재는 아무도 맞히지 못하는 표적을 맞히고, 천재는 아무도 보지 못하는 표적을 맞힌다.' 내가 제시하는 천재의 단순한 정의는 쇼펜하우어의 정의처럼 시적이진 않지만, 좀 더 계량적이라 하겠다. 즉, 천재는 지적 총명함과 폭넓은 창조성, 불멸의 유산을 곱한 사실상 수학적 결과물이다. 물론 이 세 요소는 하나의 인수가 0이면 곱셈식의 값도 0인 진짜 수학 계산처럼 엄정하지는 않다. 천재에 관한 모든 논란에서 늘 빠지지 않는 질문이 하나 있다. '천재는 타고나는가 길러지는가?' 이는 바로 논박할 수 있는 그릇된 이분법이다. 천성과 육성 모두 천재의 성장에 반드시 기여하기 때문이다.

인간의 모든 특성이 그러하듯, 천재성은 '일반적', '마술적', '혁명적' 수준으로 나뉜다. 그리고 종교나 민족, 성별, 나이, 좌우 손잡이성, 성정체성에 제한을 받지 않는다. 하지만 이렇게 말하고 보니, 일보 후퇴해야겠구나 싶다. 나이는 영향을 준다. 수리과학과 서정시의 천재성은 대개 유년기에 발현하는 반면, 장편소설 창작과 사회과학에서의 천재성은 훨씬 나중에 나타난다. 그림 그리기 능력은 누구나 아홉 살이나 열 살까지 발달하지만, 이후 20명 중 19명은 퇴보하면서 관찰보다 기억에 의지하기 시작한다. 결국 20명 중 겨우 1명, 즉 전체 인구의 5퍼센트만이 예술적 재능 소유자로 분류된다. 외국어를 원어민 수준으로 습득하는 능력을 잃는 것도 비슷한 나이에 일어난다. 앞으로 소개하겠지만, 좌우 손잡이성과 성정체성 역시 천재성에 영향을 주는 요인으로 보인다.

천재성의 수준

과학을 업으로 삼은 사람으로서 나는 지금껏 강연과 세미나를 통해 머리 좋은 사람들을 무수히 만나 그들의 이야기를 듣고 대화를 나누었다. 내가 가르친 학생들 중 수석 졸업자 네 명이 특히 기억에 남는다. 그중 한 사람이었던 모로코인 학생은 즉석 요리 가게에서 요리사로 일하면서도 복수 전공에 완벽한 학점을 유지했다. 또 한 명은 줄담배를 피우는 미혼모로, 겨우 열다섯 살에 학부 생활을 시작했다. 비록 3년 만에 중퇴했지만, 나중에 복학해 완벽한 학점으로 원래 동기생들과 함께 졸업했다.

옥스퍼드 대학에서 내 이론물리학 수업을 들은 학생들 중 당시 스무 살이던 한 학생은 필기는 전혀 안 하면서 레이저 광선 같은 집중력으로 내가 칠판에 적은 방정식들을 노려보았고, 강의가 끝날 무렵에는 그 주제에 대해 나만큼이나 잘 이해하는 눈치였다. 사진 같은 기억력과 순간적인 통찰력도 놀라웠다.

내가 가르친 학생들 중 특히 귀한 친구는 14세에 대학에 입학해 물리학, 수학, 컴퓨터 과학 세 분야를 전공했고, 학위 취득 4년 과정을 3년 만에 끝냈다. 입학 첫 해에 당시 내가 가르친 3학년 수준 핵물리학 수업을 호기심 어린 표정으로 경청하던 그는 14년 전 자신을 임신한 어머니가 앉았던 바로 그 책상에 앉아 있었다. 유난히 이해가 빠른 그 친구를 보며 나는 궁금해졌다. '태아 시절에 수업을 접한 경험이 도움이 될 수도 있나?'

이들 네 명 중 셋은 박사 학위를 받았는데, 그중 한 사람은 소프트웨어 회사를 설립해 성공했고, 미혼모였던 학생은 해군 장교로 임관해 리코버 제독의 해군 핵추진 프로그램에서 강의를 맡았다. 모두 매우, 매우 총명한 인재들이었다! 하지만 어느 분야에서도 기념비적인 업적을 이루지 못했으며, 새로운 분야를 개척하거나 불멸의 유산을 남기지도 못했다.

노벨 과학상이나 노벨 문학상, 또는 수학계의 필즈상은 종종 천재로서의 자질에 '충분조건이지만 필요조건은 아니다'라고 간주된다. 나는 내가 만난 29명의 노벨 수상자들이 정말로 총명하고, 통찰력 있고, 운이 좋으며(운도 중요하다), 나보다 훨씬 더 재능을 타고났다고 생각한다. 그들 대부분은 천재이지만, 그냥 '일반적 천재들'이다. 일반적 천재라면 우리가 그들의 업적을 공부하고 완벽하게 이해한 다음 의자에 기대어 앉아 이렇게 생각할 수 있다. '이 정도는 나도 할 수 있었어…… 진짜, 진짜 열심히 연구하고 지금보다 몇 배 더 영리했다면.' 수학자 마크 카츠가 한 말이다.

일반적 천재는 논리의 험난한 지형을 따라가면서(비탈을 내려가고,

골짜기와 개울을 건너, 다시 비탈을 올라가면서) 결국 정상에 다다라 업적을 이룬다. 하지만 위의 29명 중 나머지 천재들을 뛰어넘은 두 사람은 전기 작가 제임스 글릭이 자신의 책《천재Genius》(2011)에서 리처드 파인만을 설명하며 붙인 '마술사'라는 별명으로 불릴 만하다. 대중적으로 유명하진 않지만 파인만이 개인적으로 숭앙하는 또 다른 마술사인 폴 에이드리언 모리스 디랙은 그레이엄 파멜로의 책《가장 기이한 남자The Strangest Man》(2011)의 주인공이다.

그러나 가장 드물고 뛰어난 천재는 '혁명적 천재'이며, 이 책에 실린 다섯 사례는 나머지 두 범주의 천재들을 아득히 초월한다.

혁명적 천재들은 우리가 아는 일반적인 지형도를 따르지 않는다. 그들은 정상에서 정상으로 도약하고, 창조적 노력을 통해 기존의 원칙을 완전히 재정립하며, 캘리포니아 공대 화학자 프랜시스 아널드(2018년 노벨상 수상)의 표현대로 '전혀 새로운 우주를 연다.' 흔히 그들은 어떻게 문제를 해결했는지 정확히 설명해 달라는 집요한 질문을 받곤 한다. 이들의 성취는 만족을 모르는 호기심, 예리한 직감, 강력한 동기부여, 고도의 집중력에 빼어난 지능과 탈권위적 태도 그리고 종종 약간의 광기가 어우러져 이뤄낸 결과물이다. 아이러니하게도 그들의 위업을 완벽히 이해하거나 혹은 이해할 가망이 없음을 알기 때문에 사람들은 이런 천재를 특별한 권좌에 앉히고 온갖 신화를 만들어낸다. 찰리 채플린과 알베르트 아인슈타인은 20세기에 가장 유명하고 사랑받은 두 명사였다. 비슷한 영혼의 소유자들인 두 사람은 함께 있기를 좋아했다. 한 번은 이런 일이 있었다. 1930년 무렵, 로

스앤젤레스 시내에서 두 사람을 알아본 군중이 동시에 박수갈채를 쏟아냈다. 아인슈타인은 어리둥절했지만, 반사적으로 코미디 천재와 함께 사람들에게 손을 흔들었다. 채플린이 아인슈타인의 귀에 대고 속삭였다. "우리 둘 다 환호받고 있어요. 당신은 아무도 당신을 이해하지 못해서, 나는 모두가 나를 이해해서."

이 책을 한번 훑어보면 작가, 화가, 건축가, 조각가, 작곡가, 수학자, 과학자, 지도자, 영웅, 악당 등등 수백 명의 남녀 이름이 등장한다. 대부분 능력이 뛰어나고, 고도로 창의적이며, 더러는 천재들이다. 이 명단에는 소수의 마술적 천재들과 혁명적 천재들이 겸손하게 숨어 있다. 넓게 보자면 힐데가르트(폰 빙엔), 단테, 레오나르도 다빈치, 미켈란젤로, 셰익스피어, 렘브란트, 뉴턴, 바흐, 괴테, 모차르트, 베토벤, 다윈, 파스퇴르, 맥스웰이 포함될 수 있고, 고대에서는 탈레스와 페이디아스, 아르키메데스, 현대에서는 아인슈타인과 피카소까지 묶일 수 있다.

이 책의 목표는 다섯 천재들, 즉 레오나르도(1452~1519), 셰익스피어(1564~1616), 뉴턴(1642~1727), 베토벤(1770~1827), 아인슈타인(1879~1955)의 삶과 기질, 습관, 능력, 좌절을 비롯해 가능하다면 그들의 사고방식까지 체계적으로 분석하는 것이다. 2명은 순수 예술가, 2명은 순수 과학자 그리고 1명은 예술가이자 과학자로서 두 문화에 한 발씩 걸치는, 기능적으로 대칭된 정신세계의 소유자였다. 다섯 명 모두 인간이 이룬 업적의 최고 정점에 다다랐으며, 그들이 창조한 인류 대표 걸작들은 너무나 뛰어나서 그것들을 이야기할 때 굳이 창조자를 거론할 필요가 없다. 〈햄릿〉을 논할 때 그 저자가 셰익스피어라는 사실은 누구나 안다. 〈교향곡 제9번〉 하면 베토벤이 바로 떠오르고, 상대성 이론에 대해서는 아인슈타인을 들먹일 필요가 없다.

특별한 이유는 없지만, 이 다섯 천재들 중 네 사람은 성姓으로 부르고 나머지 한 사람은 이름으로 부르는 것이 통상 관례이다. 나는 이 관례에 따라 레오나르도 다빈치를 그냥 레오나르도라고 부른다. 이는 동시대 예술가이며 레오나르도의 최대 라이벌이자 앙숙이었던 미켈란젤로도 마찬가지다.

어째서 미켈란젤로가 아니라 레오나르도이고, 어째서 바흐나 모차르트가 아니라 베토벤일까? '역사상 가장 위대한 미술가는 누구인가?'라는 질문에, 우리는 이렇게 답할 수 있다. 둘 중 나이가 스물세 살 더 많은 레오나르도는 월요일, 수요일, 금요일에 가장 위대하며, 미켈란젤로는 화요일, 목요일, 토요일에 가장 위대하다고. 비록 오늘날 레오나르도의 작품으로 알려진 그림은 20편이 안 되지만, 그는 미술사에서 가장 유명한 두 작품의 창작자이다. 미술과 과학 두 분야 모두의 거장이라는 점에서 레오나르도가 그의 라이벌보다 더 매력적인 선택지로 보인다.

베토벤 역시 바흐나 모차르트보다 단연 뛰어나다고 말할 수는 없다. 바흐와 모차르트는 둘 다 놀라운 음악을 수도 없이 만들어 수백 년간 인류의 귀를 사로잡았다. 바흐는 1,100편 넘게 작곡했고, 모차르트는 35년이라는 짧은 생애 동안 600편이 훌쩍 넘는 곡을 썼다. 베토벤은 그렇게 다작하지는 않았지만, 그의 작품 하나하나가 워낙 혁명적이어서 특별한 범주에 속한다. 예컨대 모차르트는 어떤 날이든 반나절 만에 서너 곡을 뚝딱 만들어낼 수 있었다. 그러나 베토벤은 4년의 노고 끝에 기념비적인 〈교향곡 제5번〉을 탄생시켰다. 줄기차게 악기와 음표, 효과를 더하고 빼면서 마침내 자신이 추구한 완벽한 음악을 발견한 것이다. 이 완벽한 음악은 인류 문명이 끝나는 날까지 생명력을 잃지 않을 것이다.

궁극의 창조자이자 반항아인 베토벤은 너무나 완벽한 불멸의 음악을 만들어낸 독보적 존재이다. 무엇보다 그는 귀족의 전유물이던 음악을 서민이 즐길 수 있게 해준 만인의 작곡가였다. 또한 역경을 이겨낸 인간 승리의 화신이다. 그의 〈교향곡 제9번〉은 베를린 장벽이 무너질 때 연주되었고, 올림픽이 개최될 때마다 개막식에서 연주된다. 유럽 연합의 공식 찬가인 이 걸작을 NPR(전미 공공 방송협회)의 고매한 라디오 진행자 마틴 골드스미스는 '인류의 찬가'라고 치켜세웠다.

《천재백서》처럼 다방면에 다리를 걸친 책을 쓰려면 관련 전문가들의 도움을 얻는 것이 필수다. 오랜 세월 강의해 온 나의 수업 방식은 언제나 흔히 수학이 동반되는 엄정하고 복잡한 이론들을 과학 행위의 인간적인 면과 그 발견의 역사적 배경으로 보완 설명하는 것이다. 이 책에 실린 다섯 천재들 중 세 명, 즉 레오나르도와 뉴턴, 아인슈타인은 내게는 동료 학자들처럼 친숙한 존재가 되었다. 물론 그래도 나의 과학자 친구들과 예술가 친구들의 고견을 경청했다. 나머지 두 천재, 셰익스피어와 베토벤은 위대한 음악과 문학을 찾아 평생 열정을 쏟아온 나의 독보적인 영웅들이다. 이들에 대해서는 다각도의 프리듬을 통해 작품 세계를 조망하며 훨씬 더 깊이 파헤쳤고, 일반적으로 정규 수업에서는 배울 수 없는 것들을 스스로 찾아나갔다.

2008년 12월에 아스펜 연구소를 방문할 당시 나의 베토벤 선택은 더욱 탄력을 받았다. 이 유명한 싱크탱크가 르네상스 축제에 맞춰 레오나르도에 대한 강연을 부탁하며 나를 초청했다. 한 번은 내가 레오나르도의 그림에 나타난 수학적 대칭성을 설명하고 있을 때, 강연 참석자 중 한 남자가 강당 뒤쪽에 앉아 열심히 메모하는 모습이 눈에 띄었다. 갑자기 그가 흥분하는 듯 보였다. 휴식 시간에 그는 내게 다가와 자신을 '아스펜 뮤직 페스티벌 앤 스쿨Aspen Music Festival and School의 회장이자 CEO인 앨런 플레처'라고 소개했다. 프린스턴 대학과 줄리어드 음대를 졸업한 작곡가요 지휘자인 그는 우리 시대의 위대한 베토벤 연구자 중 한 사람이자 미국 음악학회 회장을 역임한 루이스 로크우드와 함께 독창적인 베토벤 연구를 진행한 인물이다. 플레처는 자신이 방금 굉장한 사실을 알아냈다고 했다. 레오나르도의 그림에 담긴 대칭성이 베토벤의 교향곡에서도 똑같이 나타난다는 것이었다. 실로 놀라운 발견이 아닌가! 베토벤은 정식 교육을 5년밖에 받지 못해서 간단한 산수조차 못 했다. 12 곱하기 12를 할 줄 몰라 12를 12번 더했다. 하지만 그의 작품에는 무의식적으로, 본능적으로 고도의 대칭성이 스며들었다. 내면 깊은 곳에서 저절로 흘러나온 것이다. 대칭성은 자연의 숫자들과 연관된 특성이다. 아마도 작곡가 베토벤은 숲속을 거니는 동안 무의식적으로 자연과 교감하면서, 주위를 에워싼 꽃과 식물에 내재된 숭고한 메시지를 받아들였으리라.

2015년에 옥스퍼드 대학 동문 계간지 〈옥스퍼드 투데이〉는 이 대학 래드클리프 병원의 심장의학과 교수 피터 슬라이트가 베토벤 음악의 특정 악장이 실제로 혈압을 낮춘다는 사실을 발견했다고 보고했다(이런 특성을 가진 곡을 만든 다른 음악가는 두세 명뿐이다). 이 역시 베토벤 음악의 무의식적이고 본능적이며 의도치 않은 효과이지만, 현저하게 반복적으로 드러난다.

1950년대에 미국 작곡가 애런 코플런드는《음악에서 무엇을 들어야 하는가? What to Listen for in Music?》[2]라는 연구서를 발표했다. 창조성의 모델을 설명한 부분에서 그는 베토벤과 차이콥스키를 비교했다. '베토벤이 더 위대한 작곡가라는 점은 모든 음악가가 인정할 것이다. 언제나 같은 말을 하는 음악은(차이콥스키는) 반드시 금세 지루한 음악이 되겠지만, 매번 들을 때마다 의미가 조금씩 달라지는 음악은 생동감을 이어갈 가능성이 더 크기 때문이다.' 15년 뒤, 레너드 번스타인은 하버드 대학 노턴 강연에서 유명한 강연을 이어나갔는데, 그가 열린 결말이라는 주제로 전개한 강연의 제목은 '모호성의 기쁨과 위험'[3]이었다.

열린 결말은 베토벤의 음악을 걸작으로 만든 데 한 몫 한다. 이는 셰익스피어의 희곡을 걸작으로 만든 요인이기도 하다. 시인이자 극작가인 셰익스피어의 위대함을 논할 때 흔히 그의 작품이 가진 특성을 '기술적 탁월함과 끊임없는 언어적 창조', '가장 풍부한 어휘를 구사하는 극작가', '현대 영어에서도 영원히 살아 숨 쉬는 수많은 단어와 표현'으로 설명한다.

뛰어난 셰익스피어 해설서들 중에서 에마 스미스의《이것이 셰익스피어다This is Shakespeare》(2019)야말로 예술 분야의 천재에 대한 나의 생각과 가장 일치한다. 옥스퍼드 대학 셰익스피어 연구회의 젊은 교수인 스미스는 자기 책의 주제를 다음과 같이 설명했다.

> 우리가 셰익스피어를 이야기할 때 약강 5보격(영시의 대표적인 운율 형식-옮긴이)이니 왕권신수설이니 '메리 잉글랜드(영국의 중흥기를 일컫는 말-옮긴이)'니 어마어마한 어휘니 어찌구저찌구 하는 말들은 대부분 사실이 아니며, 중요하지도 않다. 회의나 협상 시에 벌어지는 '죽은 고양이 놓기'와 굉장히 유사하다(까다로운 문제나 본질적 사안에 대한 주의를 흐트러뜨리려고 테이블 위에 죽은 고양이를 올려놓는 것). 이로 인해 우리는 셰익스피어 작품에 나타나는 침묵과 모순 그리고 무엇보다 상상을 허용하는 빈틈이 가진 예술적이고 이념적인 함의에 대한 탐구를 간과하게 된다.

스미스의 분석에 따르면 셰익스피어의 희곡들은 곳곳에 구멍이 있고, 모호하고, 열린 결말이고, 끊임없이 틈을 보이며, 뜻밖에도 우리 시대에 잘 어울린다. 그녀의 주장은 셰익스피어에 대한 동시대 작가의 예상을 효과적으로 입증한 것이었다. 시인 벤 존슨은 셰익스피어의《제1 작품집First Folio》(1623)에 대한 헌사에서 이렇게 썼다. '그는 한 시대가 아니라 만세에 남을 작가다.'

2022년 5월에 가족과 더불어 런던에 가기로 한 나는 1977년에 문을 연 글로브 극장에서 공연 중이던 현대판 〈율리우스 카이사르Julius Caesar〉 관람 예약을 했다. 그 극장은 1599년에 개관한 본래 글로브 극장의 실제 자리, 셰익스피어가 자신의 희곡 초연을 지켜보던 장소와 아주 가까운 곳에 있다. 2,065년 전 머나먼 이탈리아 반도에서 일어난 역모 시도를 다룬 423년 전 희곡이 과연 오늘날에도 통할까? 충격적이게도, 소름끼칠 정도로 잘 어울린다!

우리는 지금껏 한 번도 경험하지 못한 시대를 살고 있다. 정치적, 사회적, 종교적 차이가 지구상에 사람이 사는 대부분의 지역에 무거운 장막을 드리웠다. 종교와 국가의 분리, 성과 인종 평등의 확립 등등 현대 민주주의의 기반인 소중한 개혁들이 별안간 위태로워졌다. 진실이 거짓이 되고, 거짓이 진실로 탈바꿈했다. 미국에서 우리는 2021년 1월 6일에 역모 시도를 목도했다(선거 결과에 불복한 도널드 트럼프 지지자들이 국회의사당에 난입해 폭동을 일으킨 사건-옮긴이). 혹자는 이렇게 말할지 모른다. "폭동 따위는 일어나지 않았어!"

기원전 1세기 고대 로마의 분위기, 셰익스피어가 살았던 1590년대 세상의 정서 그리고 현대의 상황을 설명하는 일반적 키워드로서 우리는 수십 가지 단어를 떠올릴 수 있다. 인종, 성별, 계급, 폭력, 반란, 민주주의, 전제군주, 독재, 대중주의 등등. 이런 자극적인 단어들이 시대를 초월하는 까닭에 대한 답은 그리 멀리서 찾을 필요가 없다. 작고한 하버드 대학 진화생물학자 에드워드 O. 윌슨은 인류의 본질적 부조화를 안타까워했다. '우리에게는 구석기의 정서와 중세의 관습 그리고 신神과 같은 과학기술이 있다.' 마지막 구절 '신과 같은 과

학기술'은 핵의 시대나 디지털 시대, 또는 더 예언적으로 인공지능
(AI)을 언급한 것일 수 있다.

과학기술이 아무리 점점 더 막강해지더라도, 인간의 상황은 크게
변하지 않는다. 셰익스피어는 400년 후에 윌슨이 제시할 인간의 상
황을 인지하고 자신의 글을 그것들로 채우면서 결론은 독자의 몫으
로 남겨두었다. 셰익스피어가 작품 활동을 하던 시기의 역사적 사건
과 기술적인 발전으로는 스페인 무적함대의 패전, 미국 버지니아 주
제임스타운에 영국인 영구 정착촌 건설, 인간이 지구 밖 세상을 볼 수
있게 해준 갈릴레오의 천문 망원경 발명, 인간의 눈으로 벼룩과 생체
조직, 세포의 미시적 세계를 보게 해준 네덜란드 과학자 안토니 판 레
이우엔훅의 현미경 발명을 들 수 있다. 우리가 역사에서 얻은 교훈으
로 실수를 반복하지 않을 수 있을지 여부는 가장 중요한 물음으로 남
았으며, 오늘날에도 인류의 생존을 위해 여전히 유효하고 중요하다.
〈율리우스 카이사르〉에 등장하는 반란 세력과 그 반대 세력은 각자
의 민주주의 이상理想을 지키려 하면서, 양쪽 모두 자신의 행위에 결과
가 따름을 알게 된다. 폭력에 대한 의존이 인류의 문제를 얼마나 해결
해주겠는가?

예일 대학교 의과대학원 외과 의사이자 나처럼 '레오나르도 전문
가'인 셔윈 널랜드는 나의 전작 《수학과 모나리자Math and the Mona Lisa》
(2004)의 책 띠지에 너그러운 추천사를 써주었다. 널랜드는 자신의
책 《레오나르도 다빈치Leonardo da Vinci》(2000)에서 그림 속 모나리자와
대화를 나눈 경험담을 소개했다.

그 미소야말로 레오나르도가 시대를 초월해 인류에게 던진 궁극의 메시지이다. '내게는 그대가 포착할 수 있는 것보다 훨씬 많은 것이 담겨 있다. 지금껏 나 자신과 대화하듯 그대에게 아주 친밀하게 이야기를 들려주었지만, 마지막 비밀은 내 영혼의 심연과 이런 나를 있게 한 불가해한 원천에 남겨 두었다. 그대가 아무리 찾으려 한들, 나는 여기까지만 그대와 교감하고 나머지는 남겨둘 것이다. 그대가 영원히 모를 비밀을 아는 것이 내 운명이니.'[4]

나 또한 열아홉 살 때 모나리자와 친밀한 대화를 나누며 비슷한 속삭임을 들었다. 다른 관람객은 거의 없던 루브르 미술관의 전시실에서 45분 동안 나는 그녀에게서 1미터가량 떨어져 서 있었다. 이 귀부인을 즐겁게 해주려고 레오나르도가 고용한 리라 연주자의 현악기 소리가 실제로 들리는 기분이었다.

레오나르도는 인간과 자연을 가장 효과적으로 아름답게 자신의 그림에 표현하는 창작의 노력(미술) 못지않게 자연의 원리에 대한 의문 해결(과학)에도 몰두했다. 그는 미술과 과학, 수학 사이의 장벽들을 뛰어넘으면서, 그것들 모두를 전체의 일부로 인식했다. 이를 바탕으로 수많은 과학적 연구를 수행하며 세심한 기록을 남겼다. 가끔 실험에 실패하기도 했지만, 실패야말로 진보의 유일한 길임을 알고 있었다. 물론 그로 인해 우리가 애통할 일도 있었으니, 〈최후의 만찬〉(이 벽화는 완성 후 수십 년이 지나자 벗겨지기 시작했다)은 소실될 뻔했고

〈앙기아리 전투Battaglia di Anghiari〉(물감을 칠하고 며칠 만에 흘러내렸다)는 완전히 소실되었다. 두 벽화 모두 전통적인 템페라 화법(달걀흰자, 꿀, 아교 등으로 물감을 풀어 그리는 화법–옮긴이) 대신 축축한 회벽에 유화 물감을 바르는 실험을 감행한 것이었다.

레오나르도는 과학 하는 미술가이자 미술 하는 과학자였다. 그는 자연의 패턴과 숫자를 보았고, 자신의 그림에 그 패턴과 숫자를 담아냈으며, 이는 베토벤이 자연의 패턴과 숫자를 음악에 담아낸 것과 같다고 볼 수 있다. 한번은 레오나르도가 자신의 후원자였던 밀라노의 세도가 스포르차 공작을 구슬려 수도사 루카 파치올리를 스포르차 가문 자녀들의 가정교사로 고용하게 했다. (파치올리를 고용하게 함으로써 그에게서 정식으로 수학을 배우려는 것이 레오나르도의 진짜 의도였다고 한다.) 훗날 두 남자는 공동 저자로 《디비나 프로포르티오네Divina Proportione》를 발간했는데, 파치올리가 저술을 맡고 레오나르도는 삽화를 책임졌다. 미래의 제자인 나처럼 레오나르도 역시 전문가들과 협업하고 서로 다른 분야를 융합하면서 배움의 지평을 넓혔다.

2002년 당시, 레오나르도 탄생 550주년을 기념하기 위해서 나는 메리 워싱턴 대학 리더호프 마틴 갤러리의 관장 토머스 소마와 힘을 합쳐 '레오나르도 다빈치: 미술가, 과학자, 기술자Leonardo da Vinci: Artist, Scientist, Engineer'라는 특별전을 준비했다. 미국 국립 미술관의 르네상스 미술 큐레이터인 데이비드 앨런 브라운이 미술가로서의 레오나르도를 담당한 큐레이터였고, 나는 과학자–기술자로서의 레오나르도를 맡은 큐레이터였다. 버지니아 주의 재정적 지원을 받아 우리는 레오나르도의 발명품 24개의 재현작을 입수했다. 그중 하나는 1930년대 후반 무솔리니 시대 기술자 로베르토 구아텔리가 처음 제작했고, 제2차 세계대전 당시 도교 공습 때 파괴되었다가, 이후 업스테이트 뉴욕(뉴욕 대도시권을 제외한 지역-옮긴이)에서 IBM이 재건해 보관했다. 국립 미술관 금고에 보관된 레오나르도 문서의 팩스 사본 수백 장을 면밀히 살펴본 나는 그림 25장도 선별해 전시회에 선보였다. 비록 나머지 작품들에 비해 미적 가치는 떨어지지만, 한 작품(《코덱스 아틀란티쿠스Codex Atlanticus》 폴리오 59b)은 볼록렌즈의 둥근 표면에 반사된 빛을 표현한 듯한 그림이었다.

2005년 오리건 주 포틀랜드에서 열린 국제 공학 기술 관리 학술대회 기조 강연에서 나는 레오나르도의 《코덱스 아틀란티쿠스》에 실린 그 빛 그림을 스크린에 영사했다. 내 짐작으로는 레오나르도의 반사 망원경 설계도였기에, 누군가가 그 가능성을 더 연구해 볼 것을 제안했다. 회의 참석자 중에는 남아프리카 공화국 수도 프레토리아에서 온 앙드레 뷔스André Buys도 있었는데, 그는 핵공학 교수이자 아마추어 망원경 제작자였다. 내가 제시한 가능성에 매료되어 그 도전을 받아들인 뷔스는 레오나르도 문서를 더욱 깊이 연구해 기어이 레오나르도의 망원경을 재현해냈다.

《코덱스 아틀란티쿠스》안에서 뷔스는 훨씬 덜 알려진 레오나르도의 그림도 발견했다. 4시 방향에 흐릿한 동그라미가 보이는 달 표면을 그린 것인데, 그 동그라미는 작은 충돌구였다. 로스 앨러모스 국립 연구소의 과학자 제프리 리브스는 이 그림을 이용해 당시 달의 칭동

動(궤도를 도는 천체의 상대 운동. 이로 인해 우리가 보는 달은 전체의 50퍼센트가 아닌 59퍼센트이다.-옮긴이) 날짜와 시간이 1512년 12월 12일 초저녁임을 밝혔다. 육안으로 보이지 않은 이 동그라미는 망원경 기반 천문학에서 티코 크레이터(덴마크 천문학자 티코 브라헤의 이름을 따서 지은 명칭-옮긴이)로 알려져 있다.

뷔스의 치열한 노력 덕분에 천체 망원경의 역사는 갈릴레오의 굴절 망원경보다 한 세기 전, 뉴턴의 반사 망원경보다 157년 전으로 거슬러 올라가게 되었다. 레오나르도가 망원경 기반 천문학 역사의 시조였음이 밝혀지는 과정에서 뜻하지 않게도 내가 촉진제 노릇을 한 셈이다.

예술의 창조와 과학의 발견

소설가나 작곡가, 화가, 조각가가 종이나 캔버스, 돌덩이를 가지고 시작하듯 백지 상태에서 출발하는 예술의 창조 과정과 달리, 과학의 창조 과정은 프랜시스 베이컨이 규정한 절차를 준수한다. 관찰, 가설, 실험, 결론, 발표. 그렇게 도출된 이론은 시험과 증명이 가능해야 한다. 가설을 세울 때 과학자들은 기존의 과학적 기본 원리와 법칙을 따른다. 그리고 결론에서 그들의 이론은 반드시 실험으로 입증되어야 하며, 그렇지 못할 경우 변경되거나 폐기된다. 뉴턴의 세 가지 운동 법칙, 질량을 가진 물체들 사이의 만유인력 법칙, 대전된 물체들이 서로 끌어당기거나 반발하는 쿨롱의 법칙, 열역학 법칙, 전기역학 법칙, 진화론, 상대성 이론, 양자역학은 그런 절차를 거친 법칙이나 이론들이다.

과학은 적층 구조로 이루어져 있다. 가장 기초 과학인 물리학은 화학의 기반이다. 화학은 생명과학의 기반이며, 생명과학은 사회과학의 기반이다. 이런 기초 과학들 사이의 경계면에는 물리화학, 생화학, 사회생물학 등 많은 연계 분야가 존재한다. 궁극적으로 이 적층 구조 전체의 밑바탕은 순수 수학인데, 수학의 양분들은 삼투압과 모세관 작용에 의해 상층으로 올라가 엄정성과 정밀성을 제공한다. 그러나 수학이 '과학의 여왕'이라 불리기는 해도, 수학의 본질에 관한 두 가지 질문은 여전히 의문부호로 남아 있다. (1) 수학은 복잡한 과학의 일종인가, 아니면 인간의 뇌가 창조한 도구의 집합으로서 순전히 인간의 구조물인가(뉴턴, 라이프니츠, 폰 노이만, 아인슈타인, 디랙, 파인만은 이 문제의 양쪽 관점에 줄을 설 학자들이다.) (2) 어째서 수학은 자연을 설명하는 데 이토록 효과적인가? 지능을 가진 외계 생명체와 대화하거나 '신과 같은 과학기술'인 인공지능이 비약적으로 발전하지 않는다면, 우리는 이들 질문에 영영 답하지 못할지도 모른다.

1930년대에 프린스턴 대학의 헝가리 출신 이론물리학자 유진 위그너(1963년 노벨상 수상자)는 기존에 순수 수학으로 여겨지던 군론群論의 형식을 원자물리학에 최초로 도입했다. 이후 수십 년 동안 수학이 고에너지 물리학자 군단에게 없어서는 안 될 도구로 성장하는 것을 목도한 위그너는 '수학의 비현실적인 실효성'에 관해 당황스러움을 토로했다. '물리 법칙 형성에 기적처럼 맞아떨어지는 수학 언어는 우리가 이해할 수 없는, 우리에게는 과분한 놀라운 선물이다.[6] 나에게 위그너는 존경하는 나이 많은 벗이자 스승으로서, 나와 함께 물리학의 문제들, 과학의 창조성, 뉴턴 그리고 위그너가 '존경하는 나이 많은 벗'이었던 아인슈타인에 대해 토론했다. 위그너는 자신에게 영감을 준 스승 이야기도 자주 했는데, 그게 자극이 되어 나는 이 책에 '라슬로 라츠와 화성인들 이야기'라는 섹션을 실었다. 그 글은 알고자 하는 열망과 호기심이 싹트는 데 훌륭한 스승이 얼마나 중요한지 알려준다.

역사상 가장 위대한 과학자(들) 선정의 결과가 어째서 다윈이나 파스퇴르, 프로이드가 아니고 뉴턴과 아이슈타인일까? 감각의 생물인 우리 인간은 생기 없는 세계보다(초현미경적 크기건, 일상적 크기건, 우주적 크기건 간에) 우리의 존재, 우리의 몸과 마음, 윤리, 정신적 성장에 더 관심이 많다. 과학의 적층 구조 상단에 자리 잡고 인간의 육체와 뇌, 정신을 설명하는 생명과학과 사회과학을 대부분의 사람들은 훨씬 더 중요하게 여긴다. 하지만 세계의 본질은 그 기반, 즉 기초 물리학 단계에 존재하며, 거기서의 혁명이 상층부의 혁명보다 더욱 의미심장하다. 시적이지는 않지만 명료하게 생명을 정의하자면 '자기 복제 고분자 구조'가 그 본질이다. 그런 점에서 물리학은 만물을 설명하는 광범위한 역할을 맡는다. 천체의 운동, 비생체 분자의 생체 분자로의 변형, 진화, 답을 찾아내고 시를 쓰고 그림을 그리는 뇌의 기능 등등. 물론 우리가 그 지점에 다다르려면 아직 멀었다.

뉴턴의 장엄한 축조물인 고전역학은 삼차원으로 이루어진 공간은 단일 차원인 시간과 별개라는 가정에 기반을 둔다. 뉴턴의 이론은 수학적으로 엄정하고, 결정론적이고, 직관적이다. 아인슈타인은 자신이 정립한 특수상대성 이론으로 공간과 시간을 4차원 시공간으로 통합했다. 상대론적 속도, 즉 빛의 속도 c에 다다르면 거리가 축소되는 것으로 보이지만, 이때는 반드시 시간 지연, 즉 시간이 느려지는 현상이 함께 일어난다. 이에 따르면, 서로 다른 관성 좌표계(함께 이동하지 않고 상대적으로 이동한다)의 일란성 쌍둥이들은 서로 다른 비율로 늙어간다. 특수상대성 이론은 더 나아가 에너지와 질량의 관계를 등식으로 표현했는데, 저 유명한 방정식 $E = mc^2$이 그것이다. 아인슈타인의 이론은 상대론적 속도로 고전역학을 수정하였으며, 뉴턴의 축조물을 효과적으로 강화했다. 뒤집어엎은 게 아니었다. 운동의 원인과 그로 인한 궤적에 대해 뉴턴은 힘의 개념을 도입했다. 일반상대성 이론에서 아인슈타인은 질량이 4차원 시공간 구조를 휘게 해 궤적이 결정된다고 설명했다. 아인슈타인의 상대성 이론은 현실 세계의 근본 패러다임을 변화시켰고, 뉴턴의 고전역학처럼 수학적으로 엄정하고 결정론적이었다. 하지만 뉴턴 역학과 달리 반직관적이었다.

예술의 본질과 과학의 본질이 다르다는 사실은 잘 알려져 있다. 예술은 주관의 영역이고, 과학은 객관의 영역이다. 위대한 예술은 빈틈이 많고, 모호하고, 인간중심적이고, 열린 결말이며 비결정론적이다. 반면 위대한 과학은 수학적으로 엄정하고, 보편적이며, 완전무결을 추구하고 모호성을 제거한다. 그러나 이 책은 기초과학의 가장 성공적인 분야에서 예술과 과학이 유사성을 보인다는 점을 밝힌다. 1920년대에 베르너 하이젠베르크의 불확정성 원리로 코펜하겐 해석에서 밝혀졌듯, 양자역학은 수학적으로 엄정하고, 반직관적이며, 비결정론적이다. 이는 현실 세계의 근본 패러다임이 또 한 번 바뀌었음을 의미한다.

1960년대 아일랜드 물리학자 존 스튜어트 벨이 제안한 중대한 실험에서 양자역학은 예술이 그러하듯 인간중심적 성질도 갖고 있음이 밝혀졌다. 따라서 두 문화의 산물 모두 관찰자 의존적이라는 결론에 도달하는데, 아이슈타인은 이를 과학으로 받아들이지 않으려 했다. 양자역학이 점차 정설로 인정되어 가는 동안 나이가 든 아인슈타인은 이렇게 체념했다. '젊은 혁명가는 늙은 보수주의자가 되기 마련이다!' 하지만 초현미경적 세계에서부터 초거시적 세계에 이르기까지 그의 업적들이 끼친 영향은 너무나 획기적이어서, 1955년 사망 이후 아인슈타인의 그림자는 지금껏 계속 커져 왔다. 그는 상대성이론으로 우주의 팽창, 거성의 폭발로 인한 블랙홀 생성, 은하계 중심에 숨어 있는 거대 블랙홀의 존재를 예측했다. 그의 미시 세계 이론은 레이저의 가능성, 보스-아인슈타인 응축(보손 입자들이 절대 영도에 가까운 온도로 냉각되었을 때 나타나는 물질의 상-옮긴이), 자기공명 단층 촬영기(MRI)를 비롯해 무수히 많은 첨단 기술을 예측했다. 이 모든 것들이 아인슈타인 사후에 결실을 맺었다.

이 책이 제시하는 더욱 놀라운 결과들 중에는 과학자 뉴턴과 음악가 베토벤의 뜻밖의 연관성도 있다. 두 남자에게서 드러난 유사성이 워낙 충격적이라 혹자는 '128년 간격으로 태어난 정신병리학적 쌍둥이 형제'라고 할지도 모른다. 하지만 이러한 나의 분석이 최초는 아니다. 한 세기 전, 영국 저널리스트 존 W. N. 설리번은 두 남자의 공통된 특성들을 처음으로 인지했다. 그리고 50년 뒤, 시카고 대학 천체물리학자 수브라마니안 찬드라세카르(1983년 노벨상 수상)는 '창조성의 패턴'이라는 강연에서 설리번을 언급하며 뉴턴과 베토벤의 공통점들을 열거했다. 두 남자 모두 정체불명의 질병에 걸렸고, 둘 다 신경쇠약에 시달렸고, 둘 다 자포자기 상태가 되었고, 둘 다 스스로 삶을 끝내려는 충동적이고 돌이킬 수 없는 행동을 거부했으며, 둘 다 생활방식을 바꾼 뒤 성마르고 은둔적인 성격을 되찾았다.

두 가지 한계

이 책에는 두 가지 한계가 있다. 첫 번째 한계는 1400년 경 이후 서구 과학과 예술의 역사에 한정된다는 점이다. 아시아, 아프리카, 남북 아메리카, 오스트레일리아, 중동, 오세아니아 고대 문명의 예술 분야 천재들을 살펴보았다면 적어도 규모 면에서는 지금의 책보다 더 풍성한 연구서가 됐을 것이다. 과학기술 분야는 누적되는 특성이 있다. 非서구권 문명에서 탄생한 불멸의 발명품과 세계 역사를 바꾼 기술은 오래전부터 줄곧 현대 과학기술에 녹아들어 왔다. 여기에는 화약과 종이, 중국의 인쇄술, 0이라는 중대한 수학적 개념, 인도의 십진법과 자릿수 개념 등이 포함되며, 이 모든 것이 생명력을 잃지 않고 중동을 통해 유럽으로 유입되었다.

두 번째 한계는 재능 있는 여성들이다. 과거에 여성은 불공평한 대우를 받았고, 기회가 제한되었으며, 그들이 이룩한 진짜 업적은 대개 극복하기 어려운 장애물에 가려 제대로 주목받지 못했다. 위대한 여성들의 역사에 대한 관심이 점점 커져오긴 했지만, 남성들에 대한 관심에 비하면 미미하다. 나는 오늘날 역사적 기록으로 남아 있는 천재 여성들의 공헌을 부각시키려고 최선을 다했다. 20세기의 위대한 작가들 중 한 사람인 버지니아 울프는 1929년에 발표한 글에서 천재란 백인 남성이 백인 남성을 위해 만든 개념이며, 그들이 최선을 다해 독점해왔다고 지적했다. 이는 비록 여성 소설가들의 어려움만을 이야기한 것이지만, 다양한 불공평을 개선하려는 그녀의 분석과 충고는 다른 분야 여성들에게 여전히 타당하고 유효하다.

인류 발전의 역사에서 가장 중요한 두 가지 기술적 쾌거는 대략 10,000~11,000년 전 농경의 발명과 산업 혁명 기간의 증기와 전기 에너지 개발이었다. 둘 다 혁명이었지만 후자의 역사에 등장한 천재들은 잘 알려진 반면, 오래전 선사 시대인 전자의 천재들은 그렇지 못하다. 최근 메소포타미아 북부 튀르키예(과거의 터키) 남동부에서 발견된 유물과 유적에 따르면, 신석기 초에 수렵과 채집으로 살아가던 인류가 12,000년 전 괴베클리테페에 최초의 사원을 지었고, 그로부터 1,000~2,000년 사이에 농경을 발명했으며, 이후 마을과 도시를 건설하고 마침내 국가와 제국을 이루었다.

상식적으로 볼 때, 식물에 대한 이해와 지식을 바탕으로 채집을 도 맡으며 살아간 여성들이 농경을 발명했을 것이다. 개인이었건 집단 이었건 간에, 그들은 기록되지 않은 과거의 안개에 가려 여전히 미지 의 존재로 남아 있다.

하지만 남성이 지배하는 분야에서도 유리 천장을 부수고 가장 창 조적인 남성들과 경쟁한 뛰어난 천재 여성들은 끊임없이 등장했다. 이중에는 힐데가르드 폰 빙엔, 사라 베르나르, 헤디 라마르같은 다재 다능한 여성들도 있다. 엄청난 재능을 타고난 여성 화가로는 아르테 미시아 젠틸레스키, 유딧 레이스터르, 엘리자베트 루이즈 비제 르 브 룅, 프리다 칼로가 손꼽힌다. 제인 오스틴과 조지 엘리엇, 조르주 상 드는 위대한 작가들로 역사에 남아 있다. 20세기가 저물어가던 시기 에 등장한 천재 작가 토니 모리슨은 전미도서상과 퓰리처상을 비롯 해 노벨 문학상(1993년)까지 거머쥐었다.

여성 과학자로 가장 널리 알려진 사람은 노벨상을 두 차례 받은 마 리 퀴리이다. 하지만 에미 뇌터, 리제 마이트너, 마리아 괴퍼트 메이 어의 천재성도 결코 뒤지지 않았다. 전 세계 여성들에게 더 많은 기회 와 교육이 제공된다면, 그들의 업적은 역사에 길이 남아 칭송될 것이 다. 예컨대 과학 분야에서 2018년과 2020년에 여성 과학자들이 노벨 상을 수상했다. 그들의 이야기는 주제별로 이 책에 담겨 있다.

1부

천재의 내적 요소와 외적 요소

1

긍정적 특성과 부정적 특성

영재는 아무도 맞히지 못하는 표적을 맞히고,

천재는 아무도 보지 못하는 표적을 맞힌다.

– 아르투어 쇼펜하우어

천재의 개념이 처음 등장한 것은 그리스 황금기인데, 당시 소요학파 철학자들은 자신들 중 소수가 '신의 축복을 받았다'거나 '정령의 축복을 받았다'거나, 획기적인 방식으로 논리학, 형이상학, 윤리학, 심리학, 인식론을 가르치는 비범한 재주가 있다고 믿었다. 가장 영향력 있는 철학자 삼인방의 수장 아리스토텔레스는 자신보다 3세기 전쯤에 살았던, 소크라테스 이전의 자연철학자인 밀레투스의 탈레스를 진정으로 위대한 최초의 천재 철학자로 거론했다. 그러나 같은 시대에 예술가는 장인匠人으로만 취급되었고, 극작가와 시인은 장인보다는 위지만 철학자 아래로 여겨졌다. 그로부터 2,000년 동안 차츰 철학 이외의 분야들, 예컨대 문학과 미술, 과학, 음악은 문화적 혁명을 경험하며 각자의 천재들을 배출했다. 르네상스 절정기를 수놓은 화가 삼인방 레오나르도와 미켈란젤로, 라파엘로는 천재의 영역에 입성했다. 엘리자베스 여왕 시대에는 셰익스피어가 있고, 그로부터 얼마 후 과학 혁명기의 갈릴레오와 뉴턴, 계몽주의 시대의 바흐와 모차르트, 베토벤 모두 천재의 전당에 들어갔다. 20세기 초에 인류는 또 다시 문화 혁명의 파도에 휩쓸렸다. 오늘날 정보화 시대 혹은 디지털 시대도 다른 혁명기들처럼 이미 천재 지명 후보자가 더러 있지만, 그들이 이룬 업적의 크기와 영원성은 아직 시간의 시험대 위에 놓여 있다.

비록 흔히 언급되고 심지어 남용되기도 하지만, 천재의 개념을 정의하는 것은 쉬운 일이 아니다. 이 단어를 아주 폭넓게 해석하면, 비범한 지적 능력이나 탁월한 창조성 수준을 보여주는 개인을 뜻한다. 이 두 가지는 서로 다르지만 상호보완적이다. 그런데 만약 뛰어난 지능이나 고도의 창조성이 불멸의 업적을 거두지 못한다면 무슨 의미가 있을까? 지능이나 총명도 검사는 단어 조합, 유의어, 수학적 논리 등으로 이뤄진다. 창조성은 훨씬 더 추상적이고 무정형이며, 확정하기가 훨씬 더 까다롭다. 뛰어난 창조성을 지닌 사람에게서는 여러 가지 특성이 보인다. 어린 아이처럼 못 말리는 호기심, 열린 마음, 패턴을 인식하는 특별한 성향, 이치를 깨치려는 열정. 여기에는 좋은 기억력과 독창성, 상상력, 직관, 통찰력이 기여한다. 반면 거의 필연적인 두 가지 부정적 특성도 있다. 권위에 대한 반감과 약간의 광기.

그리스인들은 로마의 작가 세네카가 '한 줌의 광기'로 묘사한 병든 마음을 신의 선물이자 천재의 중요한 특성이라고 믿었다. 훗날 르네상스 시대와 계몽주의 시대에 광인은 사회적으로 용인 받지 못했다. 감옥에 처넣는 식으로 눈에 띄지 않게 했다. 현대에는 정신치료법과 정신약리학을 활용해 정신 질환의 징후를 제거하거나 통제하지만, 액막이 같은 주술적 치료 또는 영적인 치료를 추구하는 집단은 현대 사회에 여전히 존재한다. 앞서 이야기하는 천재의 모든 특징들은 뇌의 소프트웨어 문제와 관련된다. 뇌의 실제 구조나 생리는 하드웨어이다. 천재를 이해하는 데 중요한 그런 특성들은 대부분 여전히 미지의 상태이다. 하지만 지금껏 알려진 바에 대해서는 13장 '울퉁불퉁 덩어리와 비범한 정신'에서 살펴볼 것이다.

'새로운 관점에서 사고하기', '금기 무시', '권위에 대한 반감' 같은 표현은 모두 창조성과 긴밀한 관련이 있다. 잘 알려져 있다시피 우뇌는 주로 감정적이고, 낭만적이고, 예술적인 면을 관장하며, 금기가 거의 존재하지 않는다. 좌뇌는 객관적이고, 분석적이고, 원칙적인 사고와 연관되어, 그 안에서는 철저한 공간적 정확성이 요구되고 금기가 강력하게 작용한다. 따라서 과학적 연구나 보드게임 그리고 더욱 중요한 언어활동은 기본적으로 좌뇌의 기능이다. 좌뇌와 우뇌의 이런 기능 분담은 100퍼센트까지는 아니어도 매우 높은 비율로 정확하다. 양쪽 뇌 기능이 전체적으로 뒤바뀐 경우는 사람 몸통의 내장역위증(내부 장기들의 위치가 바뀌어 심장이 오른쪽에, 맹장이 왼쪽에 자리 잡은 질병)만큼 희귀한데, 대략 10,000명 중 한 명꼴로 나타난다. 좌뇌와 우뇌는 서로 다른 목적으로 기능하지만 보완적이기도 하다. 창조성이 발현되려면 양쪽 뇌가 협동해야 한다.

1519년에 사망하기 3년 전, 레오나르도 다빈치는 프랑스 루아르 골짜기 앙부아즈에 사는 동안 좌뇌에 뇌졸중이 왔다. 그 후유증으로 몸의 오른쪽 일부가 마비되었다. 본래 왼손잡이여서 여전히 왼손을 자유롭게 사용한 그는 그림을 그리고 글을 쓰는 데 문제가 없었다. 하지만 창의력이 떨어졌다고 불만을 토로했다. 20세기 후반에 뛰어난 재능을 지녔던 오른손잡이 조각가 프레더릭 하트는 1999년에 사망하기 불과 18개월 전 우뇌에 뇌졸중이 찾아왔다. 그로 인해 오른손은 멀쩡했지만 왼손이 불편해진 그도 창의력을 잃었다고 하소연했다. 하트의 걸작 〈무無에서Ex Nihilo〉는 6장에서 이야기하겠다. 세 번째 사례인 루이 파스퇴르는 창의성을 관장하는 우뇌에 뇌졸중을 겪고 왼쪽 팔다리가 영구 마비되었다. 그 후 20년 동안 파스퇴르는 실험 장비를 다룰 때 조수들의 도움을 받아야 했다. 하지만 자신의 과거 저서들을 꼼꼼히 읽어보면서 그는 '무지의 안개를 걷어내고 완고한 통념을 극복해 새로운 세상을 연 자신의 업적에 감탄하곤 했다.[1] 과거를 회상하는 한 줄의 글에서 파스퇴르는 뇌졸중이 오기 전 젊은 시절에 비해 창조성이 떨어졌음을 담담히 시인했다. '정말 아름답군, 정말 아름다워. 내가 이 모든 걸 해냈다니. 이젠 기억도 나지 않는데.'

우리 인간은 19,000~20,000개의 유전자로 이루어져 있다.[2] 비만해지는 성향이나 특정 유형의 유방암을 일으키는 유전자 표지들이 규명되었듯, 특정 유형의 정신질환, 이를테면 자폐증, 불안증, 우울증, 알츠하이머병, 조현병과 유전의 연관성도 연구로 밝혀졌다. 여기에 더해 오래전부터 알려진 현상이 있으니, 일란성 쌍둥이들은 이란성 쌍둥이들보다 지능 검사 점수가 더 비슷하게 나오는 경향이 있다. 부모에게 물려받은 성질, 즉 유전적 요인 또한 지능에 관여할 가능성이 높아 보인다.

2017년에 네덜란드 암스테르담 자유 대학교의 한 연구진은 유전자 통계를 집계해 52개의 유전자가 더 높은 지능 점수와 연관됨을 밝힌 분석 결과를 발표했다.[3] 이들의 데이터베이스는 거의 80,000명에 이르는 피험자들의 개별 자료를 통합한 것이었다. 1년 뒤, 다른 연구들과 종합한 결과 939개 유전자가 목록에 추가되었으며, 수많은 다른 유전자들도 높은 지능과 연관될 가능성이 제시되었다.[4] 주목할 점은 정신질환의 유전자 표지들이 지능과 연관된 유전자 표지들과 같아 보인다는 것으로, 이는 천재와 광기의 불가분성을 더욱 공고하게 한다. 비록 여전히 걸음마 단계이지만 이 연구는 매우 희망적이다. 이 책에서는 주로 소프트웨어에 초점을 맞추겠지만, 가끔 마음과 뇌의 연관성, 또는 비유적으로, 컴퓨터 아키텍처도 언급할 것이다.[5]

천재의 등급: 증류Distillation

케임브리지 대학 트리니티 칼리지가 배출한 위인들(프랜시스 베이컨, 아이작 배로, 앨프레드 테니슨, 조지 배비지)의 대리석 좌상坐像들은 트리니티 예배당 전실의 가장자리에 도열해 있다. 모두 깊은 사색에 잠긴 모습이다. 이 좌상들을 거느리고 서 있는 것이 아이작 뉴턴의 입상立像이다. 프랑스 조각가 루이-프랑수아 루비약이 만든 이 조각상의 받침대에는 라틴어로 '그의 지성은 인류를 초월했다Qui genus humanum

루비약이 만든 뉴턴 조각상의 대좌

ingenio superavit'라고 새겨져 있다.

메시지는 명료하지만, 통탄스럽게도 너무 단출하지 않은가! 수학과 물리학, 과학 전반에 걸친 수많은 뉴턴의 업적은 그야말로 독보적이다! 그의 위대한 걸작《자연철학의 수학적 원리Philosophiae Naturalis Principia Mathematica》[6], 또는 간단히《프린키피아Principia》는 과학사에서 가장 영향력 있는 작품이자 계몽주의 시대의 첫 사건으로 평가받는다. 뉴턴의 물리학은 지상뿐만 아니라 천상의 운동 원리까지 설명해 하늘과 땅의 물리학을 통합했다. 또한 수학과 물리학을 결합해 산업 혁명의 원동력을 제공했다. 이는 곧 과학과 기술의 결합으로 이어져, 서유럽 국가가 다른 지역의 나라들보다 우위에 서는 밑거름이 되었다.

뉴턴의 사후 불과 15년 뒤, 벤저민 로빈스는 미적분학과 운동 법칙을 응용해 공기 저항 실험을 하고, 소총의 총신과 대포의 포신 내부 표면에 나선 홈을 새겨 발사체를 회전시키는 것이 매우 중요하다는 사실을 알아냈다. 역사학자 니얼 퍼거슨의 표현에 따르면, 가난한 퀘이커교도 집안에서 태어난 '로빈스가 가진 것이라고는 두뇌뿐이었다.'[7] 뉴턴의 법칙들을 탄도학에 성공적으로 적용한 로빈스는 천재라 불릴 자격이 있지만 '보통 천재'였다. 반면 최초로 미적분학(수학)과 고전역학의 보편 법칙(물리학)을 정립한 뉴턴은 혁명적 천재였다.

대부분의 천재들처럼 로빈스도 스스로 깨친 독학자였다. 여느 천재들과 마찬가지로 그 역시 모순 덩어리인데, 평화주의를 내세우는 퀘이커 교도이면서 《포술의 새로운 원리New Principles of Artillery》(1743)라는 저서로 대포 과학 혁명을 선도해 대영제국이 세계적인 초강국으로 발돋움하는 데 기여했다. 위대한 수학자 레온하르트 오일러가 로빈스의 책을 독일어로 번역하면서 군비 경쟁이 시작되었다.

시인 윌리엄 워즈워스는 트리니티 칼리지 옆에 있는 세인트존스 칼리지에서의 학창시절을 떠올리며 다음과 같이 썼다.

근처 트리니티 칼리지의 수다스런 시계는

밤이건 낮이건 그냥 지나치는 법 없이

남자 목소리와 여자 목소리로 두 번씩

꼬박꼬박 시간을 알렸고,

그곳의 낭랑한 오르간 소리도 이웃이었지.

내가 좋아한 별빛이나 달빛 아래

베개를 베고 누워 창밖을 바라보면

트리니티 예배당 전실에 서 있는

뉴턴의 조각상이 보였으니,

프리즘을 들고 있는 말 없는 얼굴은

신비로운 사상의 바다를 영원히

홀로 항해하는 지성의

대리석 지표였노라.[8]

자연을 탐구하는 예술가, 예술을 창조하는 과학자

임의로 어떤 두 사람의 인생을 비교하면 피상적인 것에서부터 실로 놀라운 것에 이르기까지 공통점이 드러나게 마련이다. 단순히 창의적인 사람과 평범한 천재도 그러하며, 심지어 같은 분야의 혁명적 천재들끼리도 마찬가지다. 물론 그들 모두가 같은 배경, 기질, 특징, 성격, 동기를 가진 것은 아니며, 문제를 해결하는 접근 방식도 다르다. 따라서 완벽히 겹치는 창조적 천재의 지도가 아니라 버릇과 성향, 유사한 형태와 방식을 탐구해야만 통찰을 얻을 수 있다. 아인슈타인은 레오나르도의 방식으로 자연을 다룬 예술가였다. 사실 아인슈타인이 가진 창의성의 뿌리를 가장 잘 이해하려면 그를 뉴턴과 비교하기보다는 화가이자 과학자인 레오나르도나 심지어 아인슈타인의 동시대 화가인 피카소와 비교하는 편이 낫다.[9] 뉴턴이 했던 유명한 말이 있다. '나는 문제를 앞에 두고 기다린다. 어둠이 걷히고 새벽이 찾아와 차츰차츰 완전히 환한 빛으로 바뀔 때까지.' 아인슈타인도 같은 말을 할 수 있었겠지만, 바이올린을 향한 열정으로 더욱 강해진 그의 전설적인 '사고 실험*gedankenexperiment*' 방식은 그를 예술가에 가깝게 했다.[10] 이와 유사하게 레오나르도, 로버트 훅, 마이클 패러데이, 어니스트 러더퍼드, 니콜라 테슬라, 심지어 아인슈타인까지 모두 상대적으로 덜 수학적이어서, 물리적 세계를 보이지 않는 선 또는 장場으로 머릿속에 그림처럼 상상했다. 뉴턴이나 맥스웰, 디랙이 수학적으로 표현한 것과는 대조되었다. 먼 옛날 아르키메데스의 사고방식도 후자와 같았으리라. 이런 차이는 결국 하향식 시각화와 상향식 시각화의 차이이며, 앞으로 또 대두될 것이다.

아인슈타인과 피카소의 성격과 재능에 밀접한 유사성이 존재하듯, 과학자 뉴턴과 작곡가 베토벤 사이에는, 특히 그들의 개인적인 약점에는 훨씬 더 밀접한 공통점이 있어서 '정신병리학적 쌍둥이들'이라고까지 불린다.[11] 화가 라파엘로와 두 작곡가 모차르트와 슈베르트 사이에도 기질과 재능의 유사성이 존재한다. 모두 자기 분야에서 필적할 상대가 없는 거장들이지만, 혁신을 주도한 인물은 아니었다. 그리고 철학자 아리스토텔레스와 작곡가 바흐 사이에도 유사성이 있는데, 둘 다 최고의 통합자였지만 반항적 창조자는 아니었다.

위대한 사상의 깊이와 독창성을 보여주기 위해 7장 '예술과 과학이 만나는 지점'과 특히 그중 '수학의 미학, 미학의 수학' 섹션에서는 위대한 예술의 저변에 깔린 기초 수학이 소개된다. 이어서 자연을 설명하는 10장, 11장, 12장에서는 해당 주제의 대학생 수준 고등 수학이 폭넓게 등장한다. 이 책의 목적은 일반인이 접근하고 즐길 수 있으면서 과학도의 지적 욕구까지 충족시키는 것이다. 추상화가 걸린 현대 미술 갤러리에서는 관람객이 '흥미로운 작품이군!'이라고 평가하는 경우가 많다. '나는 이 화가가 무슨 말을 하려는지 짐작도 안 가지만, 누군가는 알겠지.'의 줄임말이다. 마찬가지로 이 책에서 추상적인 수학적 표현과 맞닥뜨리는 일반인은 '흥미롭군!' 하면서 다음으로 넘어가면 된다. 그래도 자연을 설명하는 수학이 얼마나 중요한지 감은 잡을 수 있을 것이다.

　우리의 다섯 천재들은 전부 모순 덩어리이다. 뉴턴과 아인슈타인은 위대한 과학자들이었다. 최고의 수학자이자 과학자로서 자연의 원리를 설명하기 위해 전혀 새로운 수학을 창조한 뉴턴은 아이러니하게도 확연히 비과학적인 두 가지 관심사, 즉 연금술과 성서 연구에 더 많은 시간을 쏟았다. 아이작 뉴턴 이래 가장 위대한 과학자이면서 바이올린 연주에 일가견이 있던 아인슈타인은 모차르트의 음악을 연주하거나, 헤엄치는 법을 배운 적이 없으면서 구명복도 걸치지 않고 롱아일랜드 해협에서 자신의 조그만 돛단배 티네프 호를 모는 동안 과학적 영감을 얻곤 했다. 명백히 비과학적인 이 두 가지 취미 활동은 아마도 아인슈타인이 물리학 문제 해결에 골몰할 때 그의 머리를 맑게 해주었을 것이다. 확실한 것은 아인슈타인이 항상 사고 실험 후에 이론을 도출했다는 점이다. 그가 발견한 에너지와 질량의 등식($E=mc^2$)은 핵폭발로 방출되는 에너지를 설명하며, 1939년에 그가 프랭클린 델라노 루스벨트 미국 대통령에게 보낸 서신은 핵폭탄 제조를 위한 맨해튼 프로젝트(영국과 미국이 공동으로 추진한 핵폭탄 개발 계획-옮긴이)를 촉발시켰다. 하지만 아인슈타인은 벤저민 로빈스 못지않게 열렬한 평화주의자였다. 아인슈타인의 과학적 발견과 그의 가치관의 모순에 관해서는 11장, 12장, 14장에서 자세히 다루겠다.

혁명적 천재들은 전혀 어울리지 않는 열정들을 한데 엮어 비범하게 아름답고 복잡한 무늬의 양탄자를 만들어냈으며, 이 과정은 끊임없이 반복되었다. 그들의 뇌에는 어떤 생리적 차이 같은 것이 각인되어 있는 것일까? 혁명적 천재들의 실제 두뇌 중 현재 남아 있는 것은 아인슈타인의 뇌뿐인데, 보통 사람의 뇌와 다른 그의 독특한 뇌 신경망이 그를 아인슈타인으로 만들었으리라는 주장이 있긴 하지만 확실한 증거는 없다. 결국 창조성의 패턴을 이해하게 되면 천재들의 업적과 비범성을 완전히 새롭게 평가할 수 있고, 포름알데히드에 보관된 뇌의 병리학적 분석보다 더 정확한 이해가 가능할지 모른다. 앞으로 우리는 천재들의 창조성 패턴과 고상한 특성, 경이로움 그리고 세상의 그릇된 통념을 깨려고 부단히 노력하며 겪은 인간적 좌절의 유사점과 차이점에 대해 이야기할 것이다.

이 책에 등장하는 다섯 인물들에게는 공통된 특징이 하나 있다. 모두 서로 다른 여러 분야에 열정을 쏟으면서 그것들을 융합해 뜻밖의 시너지를 창출하는 능력을 지닌 박식가들이었다. 뉴턴은 수학과 물리학에 몰두했지만, 그것들과는 별개로 연금술과 종교에 집착했다. 그의 '어두운 비밀'이었던 셈이다. 물론 이 어두운 비밀 때문에 엄정하고 일관된 과학 이론 수립이 변질되지는 않았다. 지적 정직성을 지키며 진리를 추구하려는 뉴턴의 강박적인 고집은 종교적 감성을 과학으로부터 떼어놓았다. 그는 공책에 이렇게 적었다. '플라톤은 나의 벗이요, 아리스토텔레스도 나의 벗이나, 가장 훌륭한 벗은 진리로다.Amicus Plato—Amicus Aristoteles—magis amica veritas.'

창조적인 사람들 중에는 자기 분야에 꼭 필요한 정신적 능력과 유별난 신체적 특징을 가진 이들이 많다. 레오나르도는 비범한 시력의 소유자였다고 전해지는데, 이는 물체의 낙하와 발사체의 궤적, 새의 날갯짓을 관찰하는 데 유용했을 것이다. 시력이 20/3(20피트 너머의 물체를 3피트 앞에 있는 것처럼 보는 수준)이었던 미국 프로 야구의 전설적인 거포 테드 윌리엄스는 홈플레이트로 날아오는 공의 빙글빙글 도는 솔기를 볼 수 있었다고 한다. 평범한 시력을 가진 사람들보다 훨씬 더 빨리 물체를 보는 능력은 현대의 고속 사진 촬영처럼 정지 동작을 보게 해준다. 하지만 레오나르도의 경우는 사시라 불리는 안 질환이었을 수 있으며, 이 신체적 장애가 그의 예술적 능력에 기여한 셈이었다.

아름다운 정신

그 옛날 아리스토텔레스는 말했다. '광기에 물들지 않은 위대한 정신은 없다.' 1세기에 세네카도 같은 생각을 했다. "한 줌의 광기가 없는 위대한 천재는 없다."[12] 창의성과 정신병리학의 관계[13]는 수필가 찰스 램과 조지 버나드 쇼가 쓴 글의 초점이기도 했다. 정신질환은 초기에 간과하는 경향이 있는데, 고도로 창의적인 사람 특유의 괴팍한 행동으로 치부되곤 한다. "어째든 그 녀석은 천재잖아!"

정신의학자 아널드 루드윅은 자신의 책《위대함의 대가The Price of Greatness》[14]에서 '탁월한', '위대한', '천재적인'이라는 표현을 번갈아 사용한다. 장장 10년에 걸친 연구를 통해 그는 20세기의 이례적으로 창조적인 남녀 1,000명의 삶을 분석했다. 여기에 실린 명사들은 광범위한 창조적 분야를 대표하면서 다양한 수준의 업적을 이루었다. 중요한 점은 대중이 갖는 고정관념과 다름없이 정신질환은 흔히 이례적으로 창조적인 개인들, 특히 예술 분야 종사자들에게 발생한다는 것이다. 또 다른 뛰어난 정신의학자 앨버트 로텐버그는 광기의 문제를 탐구한 자신의 저서《창조성과 광기Creativity and Madness》[15]에서 정신질환에 시달린 고도로 창의적인 사람들을 다루었다. 그런 이들을 대상으로 루드윅과 로텐버그가 개별적으로 엮은 긴 명단에는 레오 톨스토이, 마리 퀴리, 제임스 조이스, 파블로 피카소, 어니스트 헤밍웨이, 프랭크 로이드 라이트, 살바도르 달리, 알베르트 아인슈타인, 토머스 S. 엘리엇, 앤설 애덤스, 버지니아 울프 등이 실렸으며, 정도는 다르지만 이들 모두 정신병 증세를 보였다.

《더블린 사람들Dubliners》,《젊은 예술가의 초상Portrait of the Artist as a Young Man》,《율리시스Ulysses》(마지막 작품은 호메로스의 서사시에서 영감을 받은 것)의 저자 제임스 조이스는 고통 받은 아일랜드 출신 작가이자 많은 이들이 20세기의 가장 위대한 영어권 소설가로 칭송하는 인물이다.

전위적인 모더니즘 작가였던 그는 의식의 흐름을 따라가는 혁신적인 서술 방식으로 글을 썼다. 그의 작품들은 포주, 창녀, 예수회 사제를 있는 그대로 묘사하는 노골적인 내용으로 유명하다. 비평가들은 조이스의 작품을 천의무봉의 경지로 평가했다. 그는 자신이 죄인이자 성자이며, 그 어떤 작가보다도 우월하다고 주장했다. 한편 조이스의 딸 루시아는 일찌감치 현대 무용에 재능을 보였지만, 공격적이고 자기파괴적인 성향을 드러내면서 급기야 정신병원에 보내졌다. 조이스는 딸이 조현병을 앓는다고 생각했다. '어찌 됐건 딸의 사고방식은 내 사고방식과 유사했다.' 루시아를 진료한 카를 융의 판단은 달랐다. '이 아버지와 딸은 강바닥에 다다른 두 사람 같았다. 제임스는 스스로 물에 뛰어들었다면, 루시아는 물에 빠진 셈이었다.' 이들 사례의 경우 고통 받는 천재와 광인의 차이는 자제력의 유무일 수 있으며, 그것이 제임스와 루시아를 천재와 광인으로 갈라놓았다. 이는 곧 '만개한 정신질환과 비교적 양호한 정신병의 차이는 창조성과 광기의 관계의 근간[16]임을 시사한다.

한 개인의 정신질환 여부에 대한 모든 의심을 단번에 일소하는 한 가지 행동이 있으니, 그것은 바로 충동적이고 불가역적인 자살 행위이다. 작가를 세 부류로 나누어 자살 통계를 낸 루드윅의 자료에 따르면, 논픽션 작가(저널리스트 등등)의 경우는 무시할 수 있는 수치인 반면, 픽션 작가(소설가)는 4퍼센트이고 시인은 20퍼센트였다.

퓰리처 상(1953년)과 노벨 문학상(1954년)을 수상한 어니스트 헤밍웨이는 1961년에 엽총으로 자살했다. 정신질환으로 고통 받은 복잡한 정신세계의 소유자였던 그는 자서전에 적었을 법한 글귀를 남겼다. '지적인 사람이 행복한 사람인 경우는 내가 아는 한 거의 없다.' 의사였던 그의 부친 클래런스 에드먼즈 헤밍웨이는 아들의 성장기에 우상 같은 존재였으나 자살로 생을 마감했다(1928년). 헤밍웨이의 누나 어설라 헤밍웨이 젭슨도 1966년에 자살했고, 배우이자 모델이었던 손녀 마고 헤밍웨이 역시 1996년에 스스로 목숨을 끊었다. 총명하지만 정신적으로 지극히 피폐했던 이 집안의 기저에는 검은 죽음의 강이 흐르고 있었다.

비록 아직까지 정설로 인정되지는 않았지만, 탁월한 러시아 작곡가 표트르 일리치 차이콥스키는 동성애자라는 사실이 들통 나기 직전 1893년에 비소를 먹고 자살한 것으로 알려져 있다. 그로부터 16년 전, 차이콥스키는 안토니나 밀류코바와 결혼하면서 이성애자가 되려고 해보지만 불과 몇 주 만에 그녀에게서 도망쳤다.

정신적 고통에 시달린 천재들 가운데 가장 추앙받는 인물로 후기인상주의 화가 빈센트 반 고흐(1853~1890)를 들 수 있다. 프랑스 남부 아를에 사는 동안 극심한 정신질환에 시달리던 고흐는 스스로 왼쪽 귀를 잘랐다. 1년 뒤, 가망 없는 좌절감에 사로잡힌 그는 자살로 생을 마감했다. 이 이야기는 15장에서 좀 더 자세히 다루겠다.

광기와 예술적 창조성에 관한 그 어떤 논의도 미켈란젤로 메리시 다 카라바조(1571년~1610년)를 언급하지 않고서는 미진할 수밖에 없다. 예술계 최악의 망나니였던 카라바조는 반 고흐보다 3세기 전에 태어났다. 저 위대한 후기인상주의 화가와 달리 카라바조는 스스로 목숨을 끊지 않았다. 하지만 술집에서 싸움을 벌이다 상대를 죽인 그는 정부당국과 희생자의 친구들로부터 도망 다니는 신세로 전락했다. 결국 그 친구들에게 발각되어 암살당했다. 카라바조의 독창성과 수세기에 걸쳐 유럽 전역의 화가들에게 끼친 영향 또한 15장에서 다루게 될 것이다.

간교한 아첨꾼과 탐욕스러운 에이전트, 돌팔이 의사 따위에 둘러싸인 유명 연예인들이 무자비한 연예 산업에 희생되는 일은 허다하다. 또한 마약 문화에 깊이 빠져 일반적인 평균수명을 채우지 못할 가능성도 무시하지 못할 수준이다. 주인공의 이름을 제목으로 쓴 최근 영화 〈엘비스Elvis〉를 보면, 당대의 우상이었던 가수가 아내 프리실라에게 고백하는 장면에서 그의 고통이 느껴진다. '엘비스 노릇 하는 거 이젠 지긋지긋해!' 엘비스는 1977년 42세를 일기로 요절했다. 엘비스 이전에 제임스 딘과 주디 갈란드, 매릴린 먼로가 있었고, 엘비스 이후로는 캐런 카펜터, 존 벨루시, 마이클 잭슨, 프린스, 존 레넌이 있었다. 고전음악과 오페라 쪽에서는 마리오 란차와 마리아 칼라스를 들 수 있다. 스스로 삶을 끝내지 않은 경우(존 레넌)는 타인에 의해 생을 마감했다. 각각의 사연은 결코 미화될 수 없는 그리스 비극이다.

다재다능한 영화배우 로빈 윌리엄스를 스타덤에 올린 1989년 개봉작 〈죽은 시인의 사회Dead Poets Society〉에서, 어느 사립 남학교의 한 학생은 아버지로부터 끊임없이 압박을 받는다. 아버지는 아들이 우수한 학업 성적으로 하버드 대학교에 들어가 의사가 되길 바라지만, 아들의 진짜 꿈은 연극배우가 되는 것이다. 한없는 절망감에 사로잡힌

로빈 윌리엄스. 왼쪽에서 두 번째. 1989년작 영화 〈죽은 시인의 사회〉 촬영 기간에 찍은 사진. 감독 피터 위어는 오른쪽에서 두 번째로 계단에 서 있고, 로빈 윌리엄스 양쪽에는 원작 소설 저자의 아들과 딸이 있다. 영화에 등장하는 가상의 사립학교 웰튼 스쿨의 실제 모델인 미국 델라웨어 주 미들타운 세인트 앤드루스 스쿨의 교정.

소년은 스스로 목숨을 끊고 만다. 이 도덕극에서 아버지는 아들을 통해 자신의 욕망을 이루려 하는데, 2세기 전 모차르트의 아버지와 베토벤의 아버지 역시 그러했다. 영화가 개봉하고 25년이 흐른 뒤, 삶이 예술을 모방한 사례라 부를 사건이 터졌다. 이 두 번째 도덕극의 주인공 로빈 윌리엄스는 자살로 생을 마감해 세상을 충격에 빠트렸다. 부검 결과 항우울제와 파킨슨병 치료용 약물의 잔존 수치가 높게 나왔다. 당시 윌리엄스의 나이는 고작 63세였다.

2023년 1월에 엘비스의 딸이자 싱어송라이터였던 리사 마리는 심장마비로 사망했다. 향년 44세였다. 네 번 결혼하고 네 번 이혼한 그녀 역시 마약성 약물 중독으로 고생했다. 리사 마리가 죽기 불과 18개월 전, 그녀의 아들 벤 키어는 자살로 숨을 거두었다.

비록 가늠할 수 없을 만큼 심각한 우울과 정신질환에 빠지는 경향은 덜하지만, 창의적인 과학자들도 아주 예외는 아니다. 위대한 독일 수학자 게오르크 칸토어(1845~1918)는 거의 평생 양극성 장애에 시달렸는데, 나이가 들수록 우울증 발현이 잦아지는 양상을 보였다. 심할 때는 당대 학계의 부당한 비난 세례에 자살 충동을 느끼기도 했다. 어쨌든 그는 버텼다. 하지만 동시대 오스트리아 수학물리학자 루트비히 볼츠만(1844~1906)은 스트레스를 감당하지 못했다. 그의 업적이 갖는 중요성과 독창성을 이해하지 못한 라이벌 물리학자들 때문에 삶을 지탱할 수 없는 지경에 이르렀던 것이다. 이탈리아 북부 트리에스테로 가족 여행을 간 볼츠만은 아내와 딸과 함께 저녁을 먹던 도중 말없이 자리를 뜨고 호텔 방으로 돌아가 목을 매달았다.

물리학의 황금기인 20세기 초에 볼츠만의 제자이기도 했던 네덜란드 물리학자 파울 에렌페스트(1880~1933)는 난해한 최신 양자물리학에 관한 연구 논문 발표 압박에 끊임없이 시달렸다. 결국 자신에게 총구를 겨누었는데... 그 전에 다운증후군을 앓고 있던 아들을 총으로 쏴 죽였다.

마지막으로 소개할 사례는 게임 이론의 선구자 존 내시로, 2001년에 개봉한 영화 〈뷰티풀 마인드A Beautiful Mind〉는 그의 삶을 다루었다.[17] 웨스트버지니아 주 출신인 내시는 거의 평생토록 정신병에 시달렸으며, 극도의 감정 기복으로 학자적 지위를 이어갈 능력마저 위태로울 지경이었다. 1951년 프린스턴 대학에서 대학원생이던 그는 교활할 정도로 단순한 박사 논문을 발표했는데, 게임 이론을 제시한 이 논문은 경제학 분야에서 엄청난 성과를 양산했다. 덕분에 내시는 1994년 노벨 경제학상을 수상했으며, 사후에 수학계의 노벨상을 불리는 아벨상을 받았다. 약물 치료 기간에는 비교적 정상이었지만 몽롱한 불쾌감을 호소했던 그는 자살로 생을 마감하진 않았다. 2015년에 아내와 함께 택시를 타고 가던 도중 뉴저지 주 턴파이크에서 교통사고를 당해 부부가 비극적인 동반 죽음을 맞았다.

왼손잡이와 성정체성 그리고 유전자

독보적 위치에 오른 천재의 특징 중 하나는 일반인들에 비해 유난히 높은 왼손잡이 비율이다.《왼손이 만든 역사A Left-handed History of the World》의 저자 에드 라이트에 따르면, 이 책에 등장하는 혁명적 천재 다섯 명 중 넷(레오나르도, 뉴턴, 베토벤, 아인슈타인[18])은 왼손잡이였다. 또 다른 두 명의 탁월한 천재 미켈란젤로와 라파엘로까지 이 그룹에 포함시킨다면, 7명 중 여섯이 왼손잡이인 셈이다. 라이트의 명단에 실린 다른 왼손잡이 천재들로는 루이스 캐롤, 마크 트웨인, 프리드리히 니체, 마리 퀴리, 앨런 튜링, 빌 게이츠 등이 있다.

　화가들의 오른손잡이와 왼손잡이 비율은 보통 사람들처럼 10 대

1로 오른손잡이가 압도적으로 많다. 화가가 인물을 강조하려고 음영을 넣을 때는 팔목을 캔버스에 대고 드로잉 도구의 뾰족한 부분을 좌우로 빠르게 움직여 신중하고 조밀하게 수많은 평행선을 그린다. 이때 음영이 증가 기울기(왼쪽 아래에서 오른쪽 위로)이면 그 화가는 오른손잡이로 볼 수 있다. 반대로 음영이 감소 기울기를 나타내면 그 화가는 왼손잡이다.

성정체성의 문제를 들여다보자면, 이 책의 다섯 천재 중 세 사람(레오나르도, 셰익스피어, 뉴턴)은 성적으로 모호함을 보였다. 만약 미켈란젤로를 이들 부류에 넣는다면, 6명 중 넷이 동성애자이거나 양성애자인 셈이다. 보티첼리를 포함시키면 7명 중 다섯, 카라바조까지 넣으면 8명 중 여섯이다. 이 명단에는 특출한 재능을 지닌 르네상스 화가들이 주를 이룬다. 물론 현대의 창의적인 공연 예술가들을 포함시킨다면, 명단은 빠르게 불어날 것이다. 월트 휘트먼, 하트 크레인, 데이비드 보위, 엘튼 존…….

앞서 언급했듯이 2017년에 암스테르담 자유 대학은 유전자와 지능의 연관성을 분석한 결과를 발표했다. 마찬가지로 2018년과 2019년에는 유전자와 성정체성의 관계라는 뜨거운 논쟁거리에 대한 발표가 있었다. 매사추세츠 공과대학과 하버드 대학의 심리학자와 사회학자, 유전학자 들을[19] 비롯해 암스테르담 자유 대학 연구자들로 이루어진 국제적인 합동 연구단은 유전자가 성정체성과 연관되어 있다는 증거를 발견했다. 그들은 대략 50만 명의 개인 설문과 유전자 정보로부터 데이터를 확보했다.[20] 2018년 논문에서 그들은 표지 유전자, 즉 변이 유전자 네 개를 밝혀냈다. 그리고 2019년에는 다섯 번째 표지 유전자를 규명했다. 그 결과 유전자와 심리적 특성, 유전자와 신체적 특성 간의 미약한 관계가 상당수 드러났다. 이에 해당하는 심리적 특성으로는 중증 우울 장애 또는 조현병, 위험 감수 경향, 대마초 흡연 그리고 비이성 성교 실험 같은 색다른 경험 선호가 있었다. 신체적 특성으로는 남성형 대머리와 왼손잡이가 해당됐다. 이 보고서의 저자들은 인간의 성정체성이 복잡하다는 사실, 즉 부분적으로 유전자에 의해 결정되고 부분적으로 환경적 요소에 의해 결정된다는 것을 즉각 인정했다. 그러나 이 연구에는 한계가 존재하는데, 연구 대상자들이 거의 전적으로 유럽 혈통 백인이었다는 점이다. 동양인이나 아프리카인, 오스트레일리아 원주민은 전혀 없었다. 또한 이 연구자들은 딱 한 번 동성 성교를 경험했다고 진술한 참여자 모두를 스스로 명백한 동성애자임을 인정한 참여자들과 같은 집단에 포함시켰다.

2019년에는 옥스퍼드 대학교의 유전학자들과 사회과학자들로 이루어진 연구단이 또 하나의 보고서를 발표해 큰 파장을 불러왔다. 이들 역시 방대한 영국 바이오뱅크의 데이터를 활용했다. 이 보고서의 저자들은 유전자와 뇌의 구조, 뛰어난 화술, 다양한 창의력 지향 특성들의 연관성에 관한 증거를 추가로 발견했는데, 이러한 유전자를 보유한 경우 파킨슨병이나 알츠하이머병 같은 신경 정신의학적 질병을 비롯해 우울증과 조현병을 포함한 각종 정신질환이 발생하는 경향을 보였다.[21]

창조적 특성으로서의 신체적 약점

미술 애호가인 신경과학자 크리스토퍼 타일러는 언제나 매우 독창적인 생각을 해왔다. 샌프란시스코에 있는 스미스-케틀웰 눈 연구소의 뇌 영상과 수장인 타일러는 화가가 대상을 보고 묘사하는 방식에 특별한 관심을 보인다. 1998년에 발표한 논문에서 그는 1인 초상화에 적용되는 '중심선 원칙'을 제시했다. 레오나르도, 판 에이크, 반 다이크, 할스, 렘브란트를 비롯해 20세기의 그레이엄 서덜랜드와 피카소 등등 시대를 초월하는 위대한 거장들은 모두 자신이 그리는 대상의 한쪽 눈을 화폭의 수직이등분선 위에 두었다. 대상이 고개를 조금 돌린 경우에는 그 선이 앞쪽의 눈이나 뒤쪽의 눈을 가로질렀다.(6장 참조)

2018년 말에 타일러가 발표한 또 하나의 논문은 미술계와 안과학계 모두를 뒤흔들었다. 레오나르도를 묘사한 것으로 알려졌거나 추정되는 미술 작품 6점을 분석한 그는 그중 5점의 눈이 사시란 사실을 발견했다. 사시는 두 눈의 초점 축이 살짝 어긋난 상태를 의미한다. 흔히 '사팔눈'이라고 불리는 이 증상은 세계 인구의 1퍼센트 정도가 갖고 있다. 타일러가 제기한 레오나르도 묘사 작품들 중 특히 인상적인 것은 베로키오의 청농 다비드 상인데, 당시 모델은 이 조각가의 십대 제자였던 레오나르도였다고 한다. 타일러가 측정한 바에 따르면, 그 조각상의 두 눈이 어긋난 각도는 13.2도이다. 그는 렘브란트와 피카소를 비롯한 상당수의 위대한 화가들 역시 같은 질환을 앓았으며,

안드레아 델 베로키오 작作, 다비드.
1460년대 중반. 당시 십대였던 레오나르도 다빈치가 모델이었다고 한다.
이 조각가는 눈동자와 홍채를 정밀하게 표현했다. 타일러에 따르면,
두 눈의 초점 축이 13.2도 어긋나 있다.

'일 게르치노'(말 그대로 '사팔뜨기')라는 별명으로 불리는 바르비에리
도 마찬가지였다고 지적한다. 타일러는 이런 문제를 가진 화가가 한
쪽 눈의 시력을 마음대로 낮추고 쌍안경 대신 단안경으로 사물을 볼
수 있다고 추측한다. 이런 능력은 화가가 3차원 이미지를 2차원 평면
에 투사할 수 있게 해주며, 결국 그것이 그림으로 완성된다.[22] 정상 시
력을 가진 대부분의 화가들은 2차원 형상을 3차원으로 보이게 하는
기법을 쓰는데, 그런 점에서 보면 사시 화가들이 유리하다. 뛰어난 화

가 집단의 사시 비율이 높다는 것은 그들의 회화 능력이 우월한 까닭일 수 있다. 하지만 이 사안은 안과학자들 사이에서 여전히 논쟁거리이며, 더 많은 연구가 필요하다.

위대한 작곡가들은 절대음감을 갖고 있다고 한다. 하지만 이런 능력을 타고난 이탈리아의 작곡가이자 명연주자였던 니콜로 파가니니는 말판 증후군을 앓았던 것으로 짐작된다. 이 증상을 가진 사람의 특징은 이중관절, 유난히 길고 가는 손가락, 이상하게 누렇고 핼쑥한 얼굴이다. 파가니니는 초인적인 바이올린 연주로 관객의 탄성을 끌어냈지만, 그의 외모는 굉장한 두려움과 궁금증을 일으켰다. '파가니니는 악마의 화신인가?' 마찬가지로 작곡가이자 피아노 거장들이었던 프란츠 리스트와 세르게이 라흐마니노프는 운동 기능 과잉증(이중관절)으로 손가락이 비정상적으로 길었는데, 이들 역시 말판 증후군이 있었음을 짐작케 한다.

최고의 피아노 거장이었던 베토벤은 서서히 청력을 잃어갔다. 결국 공연장에서의 연주를 포기하고, 자신의 창조성 발현의 통로를 작곡으로 돌렸다. 베토벤의 정신과 '가상으로' 소리를 듣는 능력은 그의 작품을 한 차원 더 높이 끌어올렸다. 음악학자들의 주장에 따르면, 이따금 베토벤은 성악가의 능력을 넘어서는 화음을 넣은 성악곡을 작곡했다. 완전히 청력을 상실한 1824년에는 공연하는 성악가들의 음역을 잊어버렸다. 자신도 색소폰 연주의 대가인 존스 홉킨스 대학의 이비인후학자 찰스 림은 베토벤의 창조성이 절정에 이른 마지막 단계를 이야기했다. '이제 그는 미친 듯이 작곡하기 시작한다. 탁월한 걸작의 연속이었다. 그의 작곡 스타일과 경계를 깨는 능력에 비약적 진화가 일어난 것이다.'[23] 볼티모어 교향악단의 음악 감독이자 베토벤 연구자인 마린 올솝도 림의 주장을 거든다. '베토벤이 가진 진취적 사고의 정점은 만년에 작곡한 현악 사중주 곡들이다. 만약 그가 현실의 시공간에서 그 곡을 들을 수 있었다면, 이토록 전위적인 작품이 될 수 있었을지 의문이다. 어쩌면 자기 검열의 완벽한 결여가 궁극의 예술적 해방을 가져왔을지 모른다.'

베토벤처럼 오로지 머릿속으로만 곡을 써야 했던 또 다른 음악가는 체코의 피아니스트이자 지휘자이자 작곡가였던 베드르지흐 스메타나(1824~1884)이다. 50세가 될 때까지 정상 청력을 유지했던 스메타나는 돌연 청력을 거의 상실했는데, 매독 감염의 결과였다. 공연에 대한 압박감에서 자유로워진 그는 음악 창작에 집중했다. 여섯 편의 교향시로 이루어진 스메타나의 가장 위대한 작품 〈마 블라스트^{Má vlast}〉(나의 조국)은 그가 청력을 잃은 뒤 탄생했다.

엘 그레코의 그림에 등장하는 인물들은 모두 외모가 길쭉하다. 일부 안과 전문의는 이 화가가 난시를 앓았을 거라고 추측한다. 마찬가지로 이런 궁금증도 생긴다. '스위스 조각가 알베르토 자코메티가 만든 기름한 형상들이나 그와 반대로 콜롬비아 조각가 페르난도 보테로의 지나치게 뚱뚱한 형상들 역시 시각적 약점에서 비롯된 것일까?'

자폐증과 수학 천재

흔히 수학적 통찰이라 부르는 정신적 능력,

하물며 수학적 천재성에 대해서는 아무도 이해하지 못한다…

그 어떤 지적 영역에서도 수학 분야만큼 바보 천재가 자주 등장하지 않는다.

세상을 등지고 내면으로 침잠한 정신은 숫자를 빛나는 생물로 보고,

거기서 질서를 발견하며, 마법을 찾아낸다…

—마이클 글리치[24]

뉴턴은 고기능 자폐증을 갖고 있었던 것으로 사후 진단되었다. 마찬가지로 그레이엄 파멜로가 쓴《가장 기이한 남자》의 주인공 디랙은 아인슈타인조차 한때 정신병을 의심했지만 실은 그렇지 않았다. 오늘날 '자폐증'이라는 단어는 워낙 포괄적인 의미를 갖게 돼서, 이 질환의 일부 양태는 분석 능력, 창의적 사고, 수학적 비범성과 관련된다. 디랙의 가장 가까운 친구는 숫자와 공식이었다. 그는 다음과 같이 썼다.

수학이 제시하는 방향으로 자신을 내맡겨야 한다… 수학적 사고를 따라가 그 결과가 무엇인지 보아야 한다. 설령 시작한 곳과는 완전히 다른 낯선 영역에 도달한다 해도… 수학은 우리가 물리적 사고만 따른다면 결코 가지 못할 방향으로 우리를 이끈다.

자폐증은 다양한 양상으로 나타난다. 이 단락 도입부에 소개한 글리치의 말은 주로 수학적 능력에 해당하는데, 어떤 사람들은 빛처럼 빠르게 계산하는 능력을 보이지만 기본 연산을 넘어서는 수학은 알지 못한다. 공감각共感覺이라 부르는 상태에서는 숫자가 색깔로 보이는데, 이런 증상을 가진 사람들은 인간 컴퓨터 같은 능력을 보인다. 2013년에 사망한 인도 출신 여성 샤쿤탈라 데비는 1977년에 100자리가 넘는 숫자의 23제곱근을 불과 50초 만에 계산해내 세계적으로 유명해진 신동이었다. 당시 가장 빠른 컴퓨터로도 이 계산을 하려면 1분이 걸렸다. 3년 뒤, 데비는 무작위로 생성한 13자리 숫자 두 개의 곱을 28초 만에 계산했다.

최상위 수학 천재 중 한 사람인 카를 프리드리히 가우스는 무리수 π를 미리 지정한 자릿수로 결정하는 수학적 알고리즘을 고안한 적이 있다. 이어서 그는 뛰어난 수학자와는 거리가 먼 자폐 환자 한 명을 고용해 π값을 도출하는 인간 계산기로 삼았다. 당시 목격자에 따르면, 알고리즘을 받은 남자는 열심히 집중하면서 얼굴이 상기되더니, 이를 갈고 눈알을 굴리며 심지어 탁자 위로 뛰어올라갔다. 그러다 탁자에서 내려와 π값을 140자리까지 적어냈다.

오티컨은 런던과 뮌헨에 기반을 둔 IT 및 컴플라이언스 컨설팅 다국적 기업으로 수상 경력도 갖고 있다. 2017년에 이 회사는 전 세계 직원의 60퍼센트를 고기능 자폐증 보유자로 고용하겠다고 발표했다. '우리가 아는 한 장애란 없으며, 각자의 수행 방식이 다를 뿐이다.' 아이러니하게도, 많은 자폐증 보유자들이 직관 기억력이나 공감각으로 감탄을 자아내고 종종 천재로 불리기도 하지만 의미 있는 분석이나 창의적 사고 능력은 결여되어 있다. 이와는 대조적으로, 무상상無想像이라는 또 다른 증상은 머릿속에 복잡한 형상을 만들어내고 심지어 시각적 환각까지 보게 하지만 분석적 통찰력을 앗아가지는 않는다. 무상상으로 설명할 수 있는 작업 방식의 사례는 아인슈타인과 마이클 패러데이, 니콜라 테슬라이다.

'신동'이라는 표현에 해당하는 10세 이하 어린이들은 예술과 과학에서 전문가 수준의 탁월한 능력을 보이는데, 특히 음악, 수학, 체스처럼 주로 인간의 좌뇌가 관장하는 규칙 기반 분야에서 도드라진다.[25] 이와 관련한 연구 주제 중 하나는 조숙성의 근원 규명이다. 한 연구는 신동 9명과 그들의 가족들에 초점을 맞췄다. 이 신동들은 다양한 검사를 받았는데, 전면적인 스탠퍼드-비네 지능 검사와 작동 기억을 알아보는 언어 및 비언어 지능 검사들이 포함되었다. 검사 결과 신동 9명 중 1/3은 자폐범주장애 진단을 받았다. 네 가족은 부모와 조부모까지 ASD 진단을 받았고, 그중 셋은 가족 구성원 중 여럿이 자폐증을 앓고 있었다. 이는 고기능 자폐증과 아스퍼거 증후군이 유전자와 관련이 있음을 시사하는 것으로, 13장 '울퉁불퉁 덩어리와 비범한 정신'에서 다시 논의하겠다.

준비성과 유레카의 순간들

우연한 발견은 종종 '유레카의 순간'처럼 보인다. 그러나 해당 분야에 통달하고 철저히 준비하지 않으면, 결정적인 단서에 이르기는 어렵다. 진화의 가능성을 인정한 생물학자와 지질학자는 많았다. 찰스 다윈은 꼭 필요한 학술적 준비를 마치고 5년에 걸친 신세계로의 여행을 떠났다. 그는 이 시기에 축적된 경험으로 얻은 실마리들을 엮어 복잡한 태피스트리를 만들어냈으며, 이 자연선택설이 토대가 되어 생명 진화론이 탄생한 것이다. 당시에도 다윈은 동시대 학자인 앨프레드 러셀 월러스가 물러서는 아량을 보이고서야 자연선택설의 원조로 유일하게 인정받았다. 월러스는 자신이 처음 그 이론을 수립했다고 다윈에게 도전할 수도 있었지만 그러지 않았다. 뉴턴과 훅, 라이프니츠, 하위헌스가 200년 앞서 벌인 원조 논쟁 이래 과학 정신은 굉장히 긍정적인 방향으로 진화했다.

　루이 파스퇴르(1822~1894)는 준비성이 과학적 발견의 필수 요소라고 했다. '관측을 요하는 분야에서 행운은 준비된 자에게만 찾아온다.' 파스퇴르는 생물학, 미생물학, 화학, 물리학 등등 거의 모든 자연과학 공부를 했으며 미술 교육도 받았다. 그가 의약 분야에 기여한 어마어마한 공로와 인류의 기대 수명 연장은 독보적인 업적이다. 그의 미술 관련 초기 연구는 카이랄성(거울에 비친 형상이지만 서로 겹치지 않는 것-옮긴이)에 대한 통찰을 가져왔다. '비대칭성' 또는 '손대칭성'이라고도 하는 이 성질로 파스퇴르는 분자 구조와 결정 구조를 이해했다. (매끄럽고 하얀 구체가 거울에 비친 형상은 본래 구체와 구분할 수 없지만, 인간의 오른손이 거울에 비친 형상은 왼손처럼 보이므로 구분이 되며 그 반대도 마찬가지이다.) 어떤 분자들은 대칭 형태를 갖는 반면, 다른 분자들은 비대칭성(오른손 비대칭성 또는 왼손 비대칭성)이 있어 구분 가능한 화학적 특성을 갖는다.[26] 이 통찰을 바탕으로 박식가 파스퇴르는 삶의 질을 확연히 개선하는 발견을 이뤄냈는데, 프랑스인들에게 궁극의 신주神酒인 와인의 품질 향상도 여기 해당한다. 파스퇴르의 수많은 의학적 발견 중에는 광견병 백신과 탄저병 백신, 질병의 세균 이론 증명도 있다. 그리고 살균하고 밀봉한 백조 목 형태 플라스크 안에서는 아무것도 생겨나지 않는다는 것을 실험으로 보여 생명의 자연발생설이 틀렸음을 입증했다. 자연발생설은 소크라테스 이전 시대부터 줄곧 이어져 교회의 교리가 되었으며, 심지어 17세기 과학혁명 기간에도 간간이 실험으로 입증하려는 시도가 있었다. 벨기에 과학자 얀 밥티스타 판 헬몬트(1580~1644)는 두 가지 레서피를 제시했다. '더럽힌 옷과 밀을 침대 밑에 두면 쥐가 생겨나는데, 새끼가 아니라 성체가 나온다. 그리고 바질 가지를 벽돌 두 개 사이에 끼워 햇볕에 놓아두면 전갈이 생겨난다.'

데옥시리보핵산DNA의 이중 나선 구조가 발견된 사례를 보자. 전 세계 수많은 연구 기관의 연구자들이 그 일에 매달렸지만, 결국 노벨상이 제임스 왓슨과 프랜시스 크릭에게 돌아간 것은 이 두 사람의 준비성과 실험 덕분이었다. 생물학자인 왓슨과 물리학자인 크릭이 수수께끼의 조각들을 맞추어 생명을 이루는 고분자의 정확한 형태를 알아낼 수 있었던 것은 각자의 독특한 연구 기법을 쏟아 부어 조합한 덕분이었음을 우리는 알아야 한다.

파스퇴르에 관해 자주 회자되는 이야기는 그가 스스로 박테리아에 감염되어 나중에 치료제를 투여해 나았다는 것인데, 이는 사실이 아니라고 밝혀졌다. 하지만 현대의 파스퇴르로 불릴 과학자가 있으니, 오스트레일리아의 미생물학자 배리 마셜은 직감에 따라 위험한 박테리아인 헬리코박터 파일로리(위나선균)에 스스로 감염되었다. 이 세균을 제거하기 위해서 그는 태곳적부터 전 세계 성인 수백만 명이 감염된 질병의 치료제를 제시했다. 한 세대 전까지 성인 인구의 10퍼센트를 괴롭힌 이 병에 걸리면 몸을 펴기 어려울 정도로 고통스럽다. 위궤양 환자들에게는 위궤양 천공이나 위암 발생 가능성에 대한 두려움이 늘 있었다. 마셜 박사와 공동 연구자인 병리학자 로빈 워런이 연구한 한 종류의 헬리코박터 파일로리 균은 위궤양을 앓는 모든 환자의 위 속에 존재한다. 당시 학계의 견해는 부정적이었는데, 위장의 가혹한 환경 속에서는 박테리아가 살아남을 수 없다고 비웃은 위장 병학자들이 많았다.

연구를 시작하고 3년이 지난 1984년에 마셜은 돼지에게 헬리코박터균을 감염시키는 데 실패하자 스스로 실험용 쥐가 되기로 결심했다. 내시경 검사로 자신의 위 상태를 확인한 그는 배양 접시에 배양한 헬리코박터 파일로리 균을 삼켰다. 그로부터 8일째 되던 날, 내시경으로 보니 광범위한 염증(위염)이 발견됐고 조직 검사 결과 헬리코박터균이 위 안에 번식했음이 확인되었다. 감염 후 14일째 되던 날 그는 세 번째 내시경 검사를 하고 다량의 항생제 투여를 시작했다. 〈호주 의학 저널〉에 마셜과 워런의 논문이 실리고 정확히 20년 뒤인 2005년에 두 사람은 노벨 생리의학상을 받았다.[27] 이제 위궤양은 두려운 질병이 아니다.

1929년에 젊은 수습 외과의였던 베르너 포르스만(1904~1979)은 환자의 심장으로 통하는 혈관에 가느다란 관을 삽입하는 시술 실험을 제안했다. 하지만 어떤 경우에도 임상 실험은 용납할 수 없다며 윗사람들이 제지하자, 몰래 자신에게 시술을 하기로 마음먹은 포르스만은 영문도 모르고 선발된 수술 보조 간호사와 함께 실험을 감행했다. 우선 간호사가 보지 않을 때 26인치(65센티미터) 길이의 요도관을 자신의 왼쪽 주관절와(팔오금)에 꽂고 우심실(심장 하부 방)까지 삽입했다. 도관이 자리를 잡자, 그는 아연실색한 간호사와 함께 형광 투시 X선 영상을 찍었다. (좌심실을 탐사하는 이 시술을 하려면 도관을 동맥에 삽입해야 한다.) 당시의 육체적 고통을 포르스만은 이렇게 술회했다. '내가 심어 키운 사과 과수원에서 다른 사람들이 수확을 하고 벽에 서서 나를 비웃고 있는 것 같은 기분이었다.[28] 의학 역사상 최초로 심장 도관 삽입에 성공한 포르스만은 몇 년 뒤 추가로 실험을 해 이 시술의 현실성을 선보일 작정이었다. 하지만 1935년 무렵, 그는 분개한 의학계로부터 따돌림 당하기 시작했다. 결국 심장병 연구를 접은 포르스만은 이후 20년 동안 작은 병원에서 비뇨기과 의사로 일했다. 세월이 흘러, 그가 개척한 분야는 중재 심장학으로 불리게 되었다. 1954년에 포르스만은 독일 과학회가 수여하는 라이프니츠 상을 수상했고, 1956년에는 노벨 생리의학상을 공동 수상했다.

1930년대 스코틀랜드 의사 알렉산더 플레밍(1881~1895)은 배양 접시에서 키운 곰팡이의 리소자임(박테리아 용해 효소의 일종-옮긴이)이 특정 박테리아의 성장을 억제한다는 기념비적인 발견을 했다. 어디서나 자라는 곰팡이의 감염 억제 가능성은 일찌감치 확인되었지만, 항생제로서의 완전한 잠재력은 미처 알지 못했다. 역사상 최초의 항생제로서 페니실린의 대량 생산과 실질적 사용은 오스트레일리아 태생 옥스퍼드 생화학자 하워드 플로리(1898~1945)의 공동 연구로 가능해졌다. 스톡홀름에서 1945년 노벨 생리의학상 수상자로 지명된 플레밍은 플로리와의 공동 수상일 경우에만 상을 받겠다고 응답했다. 이 고결한 요청에 감동받은 노벨상 위원회는 망설임 없이 두 남자 모두에게 상을 주기로 결정했다.

나이 그리고 창조성의 불꽃

문학사를 보면 한 작품만 성공하고 사라진 작가들이 많다. 이를테면 《앵무새 죽이기》의 하퍼 리, 《투명인간》의 랠프 엘리슨, 《폭풍의 언덕》의 에밀리 브론테, 《바람과 함께 사라지다》의 마거릿 미첼, 《톰 아저씨의 오두막》의 해리엇 비처 스토 등등. 반면 혁명적 천재들 중에는 한 작품만 성공한 경우가 없다. 이 책의 고갱이를 이루는 다섯 명의 혁명적 천재들은 하나같이 예술적 혹은 과학적 재탄생, 즉 아누스 미라빌리스(기적의 해)를 몇 번이나 경험했다.

작가 클로디아 칼은 최신작 《불꽃Sparks》에서 다양한 분야의 저명한 인물 12명의 삶과 이력을 분석해 창조성이 폭발한 연령에 따라서 그들을 분류한다.[29] 칼이 주장하기를, 이 폭발 또는 '불꽃'은 삶의 각기 다른 단계에서 발현된다. 그녀가 분류한 신동 그룹에는 파블로 피카소, 셜리 템플, 요-요 마가 있고, 이삼십대 그룹에는 빌 게이츠, 아이작 뉴턴, 새러 블레이클리, 중년 그룹에는 줄리아 차일드, 마야 앤절루, 알렉산더 플레밍, 늦게 꽃을 피운 사례 그룹에는 엘리너 루스벨트, 피터 마크 로젯(그 유명한《로젯 동의어 사전Roget's Thesaurus》의 저자), 그랜마 모지스가 포함된다. 이들을 각각 3명씩 4그룹으로 나눈 칼의 책은 레오나르도를 '영원불멸의 천재'라고 언급한 에필로그에서 최고조에 이른다.

시각 예술인 회화와 조각이나 문학에서 창조성은 거의 언제나 초기, 중기, 말기의 세 시기를 보인다. 예술가가 이 세 시기를 거치며 성숙하는 동안, 그의 창작물에서 보이는 깊이와 세련미는 점점 증대된다. 레오나르도의 그림과 베토벤의 음악, 셰익스피어의 희곡이 그러하다.

수리과학 분야에서는 가장 뛰어난 창조성이 청년기에 발현된다. 뉴턴은 23세 때가 창조성의 정점이었고, 디랙도 23세, 하이젠베르크는 24세, 파인만은 이십대 초반, 갈루아는 20세, 아인슈타인은 26세 때였다. 서기 499년에 0의 대수학을 정립한 인도 수학자 아리아바타의 정점은 23세였다. 하지만 뉴턴과 아인슈타인은 과학적 재탄생을 이루었는데, 이는 '두 번째 기적의 해'에 다시 정점에 오른 것이다. 46세 무렵, 이 짧은 두 번째 시기에 뉴턴은 세 권으로 이루어진 대표작 《프린키피아》를 써냈다. 아인슈타인은 35세 또는 36세에 일반상대성 이론을 발표함으로써 두 번째 아누스 미라빌리스를 경험했다. 반면 실험 과학자와 천문학자는 훨씬 늦은 사십대나 오십대가 되어서야 정점에 이른다. 수리과학에 공헌하는 것이 특히 어려운 난제인 까닭은 극적인 혁신을 이루기 전에 기존의 지식을 모두 섭렵해야 하기 때문이다. 젊은 시절의 상당 기간을 공부에 쏟아 붓지 않고 어떻게 한 분야에 통달하겠는가? 위에 언급한 인물들은 하나같이 기존 지식을 마치 소화전에서 쏟아지는 물을 마시듯 순식간에 흡수하는 기적에 가까운 능력을 지녔다. 과묵한 사내였던 디랙도 사행시로 한마디 거들었다.

> 노화란 온몸이 떨리는 두려움,
>
> 모든 물리학자가 당면하는 공포.
>
> 서른 번째 해를 넘기는 순간
>
> 살아 있는 시체나 다름없나니.

트라피스트회(기도와 침묵을 강조하는 엄격한 수도회-옮긴이) 수사로서 말에 인색했던 디랙은 이십대 시절 확고하고 논리 정연한 양자역학을 정립했고, 나중에는 반물질의 존재를 예측했다. 1920년대에 그가 쓴 논문들과 책은 양자역학의 성경으로 자리매김했으며, 정확성과 간결성이 돋보이는 걸작들이다. 뉴저지 주 프린스턴 대학 고등연구소에서 70년 세월의 대부분을 보낸 프리먼 다이슨은 케임브리지 대학에서 디랙의 제자이기도 했다. 조숙한 19세 학생이던 다이슨은 강의실에 앉아 디랙의 이론 수업을 들었던 경험을 술회했다. '정교하게 깎은 대리석 조각상들이 하늘에서 차례차례 떨어지는 것 같았다. 순전히 사고만으로 자연의 법칙들을 도출해내는 사람처럼 보였다. 그런 점에서 디랙은 독보적인 존재였다.'[30]

1933년 스톡홀름 기차역 승강장에서 찍힌 한 장의 사진 속에는 양자역학의 가장 중요한 설계자 세 사람인 하이젠베르크, 슈뢰딩거, 폴 디랙이 함께 서 있다. 전년도 노벨 물리학상 수상자인 하이젠베르크가 그해 수상자들인 디랙과 슈뢰딩거를 축하하러 온 자리였다. 디랙과 하이젠베르크는 둘 다 각자의 어머니를 대동했다. 셋 중 가장 나이 많고 화려한 슈뢰딩거는 아내와 함께 있다.

영국 낭만주의 시대의 서정시인과 소설가 같은 작가들은 대부분 일찍 정점에 이른 반면, 서사문학 작가들은 훨씬 늦게 만개했다. 시인이자 극작가인 셰익스피어는 십대와 이십대 초반에 이미《홀린셰드 연대기Holinshed's Chronicles》에 실린 역사를 비롯해 당대 작가들의 작품까지 상상할 수 없는 속도로 집어삼켰다. 베르길리우스와 톨스토이, 조이스 같은 서사문학 작가들은 삶의 세월에서 얻는 경험과 지혜를 무기로 늦게 꽃을 피웠다.

2

다중 지능

범재는 자신보다 뛰어난 자를 몰라보지만

영재는 천재를 단숨에 알아본다.

— 아서 코난 도일

하버드 대학의 발달심리학자 하워드 가드너는 1980년대 초부터 학습 양태에 관한 논문과 저서를 연이어 발표했다. 《지능이란 무엇인가 Frames of Mind》[1]와 십 년 뒤에 나온《다중 지능Multiple Intelligences》[2]는 지능을 일곱 가지 부류로 구분 지었고, 몇 년 뒤 아홉 가지로 늘렸다. (1) 음악 지능(음감과 박자감), (2) 공간 지능, (3) 언어 지능, (4) 논리수학 지능, (5) 신체운동 지능(운동 통제 능력) (6) 인간친화 지능(사교적 능력), (7) 자기성찰 지능(자기 이해 능력), (8) 자연 지능 (환경 인식), (9) 실존 지능. 2016년 말에 가드너는 '교육-교수 지능'을 포함시키는 것도 고려했다. 그의 이론에 따르면, 인간은 누구나 모든 형태의 지능을 어느 정도 갖고 있지만 언제나 하나의 지배적인 지능이 각자의 개성을 형성한다. 가드너는 서로 다른 형태의 지능들에 동등한 무게를 부여하면서, 개별 지능은 적절한 훈련으로 강화하거나 방치로 인해 약화될 수 있다고 주장했다. 가드너의 이론은 교육계에 엄청난 영향을 끼쳐 학생의 능력을 평가하고 약점을 극복하는 데 도움을 주었다.

발달심리학자나 교육심리학자와 달리, 보편 지능의 개념을 대체로 수용하는 주류 심리학자들은 가드너의 다중 지능 이론을 받아들이는 데 시큰둥했다. 그들은 발달심리학에서 말하는 지능 분류 개념은 보편타당성이 없다고 주장하는데, 실증적 증거가 없고 주관적이라는 것이다. 또한 가드너가 전통적인 능력과 적성의 개념을 지능 분류로 이름만 바꿨을 뿐이라고 평가 절하했다. 이 심리학자들은 다른 연구자라면 전혀 다르게 지능을 분류했을 거라고 주장한다. 심지어 가드너를 폄하하는 몇몇 학자들은 그의 이론이 순환논리라고까지 깎아내린다. 예컨대 이런 식이다. '그녀는 유난히 뛰어난 음악가이고, 따라서 음악적 재능을 가졌을 것이다.' 그리고 '그녀는 고도의 음악적 재능을 가졌으므로, 탁월한 음악가가 될 운명이었다.'

만약 이 책에서 논의하는 예술과 과학 분야의 지능들에 대한 가드너의 주장에 실제로 신뢰할 만한 근거가 있다면, 작가인 셰익스피어와 오스틴, 톨스토이는 높은 언어 지능과 인간친화 지능의 소유자들이었을 것으로 보인다. 작곡가인 바흐와 베토벤, 모차르트는 무제한의 음악 지능을 가졌고, 과학자인 뉴턴과 아인슈타인은 끝을 가늠할 수 없는 논리수학 지능을 가졌을 것이다. 화가이자 과학자인 레오나르도의 경우는 공간 지능과 자연친화 지능을 비롯해 가드너와 그의 추종자들이 규정한 나머지 모든 지능이 해당될 것이다.

유용한 알고리즘으로서 가드너의 이론은 공연 예술의 거장들이 선보인 재능을 확실히 설명해준다. 안나 파블로바, 마리아 톨치프, 루돌프 누레예프, 마고 폰테인의 재능은 발레에 엄청난 풍요를 가져왔다. 음악과 어우러진 현대의 춤이 비약적인 발전을 이룬 것은 프레드 아스테어와 진저 로저스, 마이클 잭슨의 재능 덕분이었다. 이 춤꾼들에게 적용될 지능은 가드너가 제시한 음악 지능이며, 이는 신체운동 지능에 의해 강화되었다. 만약 사라 베르나르, 로렌스 올리비에, 말론 브랜도, 잉그리드 버그만, 메릴 스트립이 없었다면 영화관과 극장이 얼마나 초라했겠는가. 오페라와 연극 무대에서는 엔리코 카루소, 매리언 앤더슨, 폴 로브슨, 마리아 칼라스, 조앤 서덜랜드, 루치아노 파바로티. 재즈에서는 루이 암스트롱과 마일스 데이비스, 듀크 엘링턴. 그리고 재즈 보컬의 여걸들인 엘라 피츠제럴드와 빌리 홀리데이, 아레사 프랭클린. 이들의 지능 또한 음악 지능과 더불어 인간친화 지능과 자기성찰 지능일 것이다. 위에 소개한 인물들은 모두 자기 분야에서 천재로 추앙받고 있으며, 여기에는 의문의 여지가 없다.

스포츠 역사에서 만약 베이브 루스와 행크 애런, 테드 윌리엄스가 없었다면 야구는 어떻게 됐을까. 농구에서는 마이클 조던과 르브론 제임스, 그들 이전의 빌 러셀, 권투에서는 무하마드 알리와 조 루이스, 로키 마르시아노. 육상에서는 짐 소프, 제시 오언스, 플로런스 그리피스 조이너, 우사인 볼트. 축구에서는 펠레와 디에고 마라도나, 리오넬 메시. 이 운동선수들은 신체운동 지능을 타고난 천재들의 본보기로서, 모두 선천적인 신체 능력을 끊임없는 훈련으로 연마했다. 농구 경기장의 마이클 조던이나 축구 경기장의 리오넬 메시가 상대 수

비수 서너 명을 요리조리 피하며 혼을 빼놓는 동영상만 보아도, 누구나 눈을 의심하며 감탄을 쏟아낸다. "맙소사, 어떻게 저럴 수 있지!" 상대의 마음과 움직임을 읽고 순식간에 방향을 바꾸는 기술은 보통 사람들에게는 어처구니없는 능력이지만, 그들은 그런 감각을 타고나는 것 같다.

각종 시험의 전횡

세계 최고의 대학들은 오래전부터 정부와 산업계, 법조계, 의학계, 재계, 과학계의 지도자들을 양성해왔다. 그런 대학에서 학위를 따면 졸업 후 적어도 첫 직장을 구하는 데는 요긴하다. 하지만 이들 교육기관에 입학하기란 하늘의 별 따기다. 미국에서 입학 지원자는 일반적으로 SAT, ACT, GRE, LSAT, MCAT같은 표준화된 시험을 통과해야 한다. 마찬가지로 선발 기준이 매우 까다로운 특수 목적 고등학교들도 존재하며, 주로 예술이나 과학 관련 고등학교인 이들 역시 입학시험을 치른다. 과학 분야에서 한 교육기관의 성공을 가늠하는 척도 중 하나는 졸업생들이 받은 노벨상 수이다. 뉴욕 시 공립학교 시스템을 통해 42명의 노벨상 수상자가 배출되었는데, 놀랍게도 브롱크스 과학 고등학교에서만 물리학에서 7명, 화학에서 1명이 탄생했다. 브루클린의 제임스 매디슨 고등학교는 노벨상 수상자 6명과 미국 상원의원 3명(찰스 슈머와 버니 샌더스 포함)을 배출했고, 작고한 대법관 루스 베이 더 긴즈버그도 이곳 출신이다. 물론 이들 뉴욕 시 특수 목적 고등학교들의 입학시험은 사전 여과기로서 잘 작동했다. 하지만 이런 시험의 문제점은 없을까? 정치적 올바름의 인식 수준이 낮았던 1960년대 초 브루클린의 공립학교에서는 학생들이 지능 검사를 받고 점수에 따라 교실에서 자리를 배정받곤 했다. 교사가 질문에 대답하지 못한 열등생을 힐난하는 모멸적인 광경이 드물지 않았다. "쉬운 문제잖아. 어처구니없이 쉬운 문제라고! 이러니 한심하게 뒷줄에 앉지!"

1937년 프린스턴 고등연구소에서 아인슈타인과 함께 중요한 논문을 작성했고, 1972년에는 뛰어난 아인슈타인 전기[3]를 공동 작업했던 배네시 호프먼은 《시험의 전횡The Tyranny of Testing》[4]이라는 제목의 연구서를 냈다. 이 책에서 그는 지능과 성취도를 측정하는 시험의 신뢰성을 의심했다. 호프먼은 평판이 좋은 어느 표준화된 시험에 나온 질문 하나를 인용했다. '조지 워싱턴은 1732년 2월 22일에 태어났다.' 학생에게 제시된 선택지는 참(T) 또는 거짓(F)뿐이다. 미국에 사는 A급 학생은 해마다 기리는 미국 초대 대통령의 생일이 2월 22일이란 사실을 안다. 그리고 1732년이 거의 정확한 출생년도라는 것을 알 가능성이 높다. 따라서 A급 학생은 자신 있게 'T'에 표시를 한다. B급 학생도 'T'에 표시를 하지만, 덜 자신 있다. 평범한 수준의 학생은 제시된 문장이 맞는지 틀리는지 전혀 모르기 때문에, 반반의 확률로 그냥 'T'나 'F'를 찍는다. 반면 정말로 뛰어난 학생은 질문을 보고 문제가 있음을 알아챈다. 조지 워싱턴이 1732년에 태어난 것은 사실이다. 하지만 그로부터 20년 후인 1752년에 대영제국은 아메리카 식민지들과 더불어 달력을 율리우스력에서 그레고리력으로 바꾸었는데, 이 과정에서 11일이 수정되었다. 이 학생은 궁리한다. '이거 '악의적인 질문'이야 '잘못된 질문'이야? 문제가 있는 질문이란 걸 시험관이 몰랐나?' 어쩌면 시험관의 신뢰성을 확인하려고 앞의 질문들을 다시 살펴볼지도 모른다. 이로 인해 시간이 엄격히 정해진 시험에서 시간을 손해 보는 불이익을 당할 수 있다.

　과도한 생각은 너무 많이 아는 사람의 문제다. 자타가 공인하는 수학 천재 앨런 튜링은 덜 똑똑한 이들과의 게임에서 자주 졌는데, 그들이 더 본능적으로 했기 때문이다.　앤드루 호지스의 책《튜링: 불가사의한 존재Turing: Enigma》를 보면 블레츨리 파크(제2차 세계 대전 당시 연합국 암호 해독의 중요한 거점으로 유명한 영국 버킹엄셔 주 밀턴킨스 블레츨리에 있는 컨트리 하우스-옮긴이)에서 튜링의 친구였던 잭 굿과의 일화가 등장한다. '체스 말고도 앨런은 잭 굿에게 바둑을 가르쳐줬는데, 얼마 지나지 않아 바둑에서도 졌다.'[5]

　창조성과 정신분열증은 '과잉포괄적 사고'라고 알려진 심리학적 행위에서 겹친다. 둘 다 보통 사람들보다 연관성의 폭을 훨씬 더 넓게 본다. 과도한 사고는 천재에게 내려진 저주라 할 만하다! 떨어지는 사과를 보고 땅이 사과를 끌어당기는 힘과 달이 궤도를 유지하게 하는 힘이 같지 않을까 생각한 뉴턴. 번개와 방전이 같은 물리 현상일지 모른다고 의심한 벤저민 프랭클린. 두 사람 모두 과잉포괄적 사고를 한 것이다.

　적성 및 성취도 검사는 의도적이거나 비의도적인 문제점투성이일 때가 많다. 예컨대 시험 보는 요령을 익히면 자기가 원하는 결과를 얻어낼 수 있다. 상대적 능력을 제대로 평가하려면, 피검자 모두가 똑같이 검사 방식과 절차를 모르는 상태로 자리에 앉아야 한다. 하지만 지금 같은 검사들은 여전히 학생들이 상급 학교로 진학해서 거둘 성과를 가늠하는 첫 번째 척도로 여겨지고 있다.

지능 지수, 즉 아이큐는 나이와 연관된 인지 능력(지능)을 측정한 수치다. 90~110점의 아이큐는 평균, 120점 이상이면 우수로 간주된다. 아이큐 종형 곡선(정규 곡선)의 표준편차는 15점이다. 기준점에서 좌우로 15점을 빼고 더한 범위에(85~115) 전체 인구의 68퍼센트가 몰려 있다. 두 표준편차를 빼고 더한 범위는(70~130) 전체 인구의 95퍼센트이며, 나머지 5퍼센트는 그 바깥에 고루 분포된다. 세 표준편차 범위(55~145)에서 제외된 인구는 0.01퍼센트에 불과하다. 아놀르 루드윅[6]의 연구 보고에 따르면, 아이큐 점수 124~140 해당자들 중 다양한 분야에서 성공한 사례가 충분히 많으며, 높은 아이큐를 지녔지만 다른 종류의 지능, 이를테면 사회적 지능, 정치적 지능, 자기성찰 지능에서 평균보다 한참 아래인 사람들도 더러 있다.

20세기 중반부터 설립된 많은 고지능자 협회들 중에서 가장 오래되고 유명한 멘사 협회Mensa Society는 1946년 옥스퍼드 링컨 칼리지에서 탄생했다. 창립자인 롤런드 베릴과 랜슬롯 웨어는 이 협회가 정치나 계급에 따른 차별을 두지 않는다는 점을 내규로 명시했다. 지금껏 지원자의 2퍼센트만 받아준 멘사는 사실 고지능인 협회들 중 가장 덜 배타적인 곳으로, 현재 회원 수가 미국에 57,000명, 영국에 21,000명,

독일에 13,000명이나 된다. 전 세계로 따지면 134,000명에 이른다. 멘사보다 두 배나 배타적인 톱스 협회TOPS Society는 지원자 100명 중 1 명꼴로 받아주고, 가입 요건이 멘사보다 스무 배 까다로운 아이쿼드 리비엄 협회IQuadrivium Society는 1,000명을 시험해 1명만 인정한다. 훨씬 더 배타적인 단체들로 알려진 메가Mega는 100,000명 중 1명, 기가Giga는 1000,000명 중 1명이다. 《과학적인 미국인Scientific American》[7]을 쓰면서 레나 그뢰거는 이제는 사라진 여러 단체를 소개하는데, 이중 '회원이 한 명도 없는 그레일 협회Grail Society'는 지원자 1천억 명 중 1명을 받아들인다는 곳으로 '이제껏 아무도 지원하지 않았다'고 한다. 그런데 현재 세계 인구는 80억 명이고, 인류학자들과 통계학자들의 추정에 따르면 2십만~30만 년 전 인류가 등장한 이래 지금껏 존재한 호모 사피엔스의 수는 도합 1천억 명쯤 된다.

더욱 흥미로운 것은 고지능자 협회에 가입한 사람들이 내놓은 긍정적 반응과 부정적 반응이다. '소속감이 필요해서 가입했어요.' '나는 영국 멘사 온라인 포럼 회원이었지만 탈퇴했어요. 백인 우월주의와 우생학에 빠진 네오나치들이 득실대거든요.' '내 경험상 대부분의 고지능자 협회들은 병적으로 지나치게 비대해진 에고를 가진 자들의 싸움터랑 다를 바 없습니다.' 미국 희극 배우 그라우초 막스는 배타적인 단체 가입 요청을 받을 경우를 위해 적절한 대답을 준비해놓았다. '나는 나를 회원으로 가입시키려는 그 어떤 단체도 거부한다.'

창조성

많은 작곡가들이 공책을 갖고 다니면서 음악적 아이디어와 테마를 기록하고, 대부분의 시각 예술가들은 스케치북을 들고 다니며, 창조적인 과학자들도 다를 바 없다. 레오나르도는 온갖 생각을 방대한 기록으로 남겼다. 군중 속의 얼굴들, 풍경, 소용돌이치는 물, 바위의 줄무늬, 각종 기구의 아이디어, 계산 결과, 배울 단어 목록, 구입할 음식 등등. 아마도 베토벤은 불멸의 유산을 염두에 두고 역사를 의식하며 자신의 모든 음악적 스케치를 보관했을 것이다. 창조성이 결여된 자를 절묘하게 표현한 문장이 있다. '(어떤) 문제로 밤잠 한 번 설쳐보지 않은 인간이 여기 있다!' (어떤)에 무엇을 넣을지는 스스로 선택해보라. 철학, 물리학, 수학, 음악, 미술, 뭐든 좋다. 하지만 한 가지 문제에 대한 집착 이후에는 배양의 기간이 꼭 필요하다. 정신의학자들은 심리학적 추론의 원시적 형태, 즉 이성적이고 객관적인 추론이 아니라 본능적이고 주관적인 추론이 이 시기에 작용한다고 주장한다. 실제로 과학이나 예술 분야에서 영감 또는 깨달음의 순간이 찾아오는 때와 장소는 통제가 되지 않는다. 숲 속을 걷거나, 몽상에 잠기거나, 침대에 누워 선잠이 들 때 불현듯 떠오른다.

음악가가 어떤 테마를 노래나 소나타, 교향곡 같은 최종 작품으로 발전시키려면 피아노 건반으로 실험해보는 과정이 필수다. 기초과학 분야에서 정말로 혁명적인 아이디어를 얻는 것은 예술 분야보다 훨씬 더 드문 일인데, 이 또한 예상치 못한 때 찾아온다. 한 단계 도약하는 과학자의 책상에는 넉넉하게 준비된 빈 종이와 펜, 쓰레기통이 있고, 칠판에는 분필 한 통과 언제든 쓸 수 있는 칠판지우개가 갖춰져 있다.

　아인슈타인이 어떤 태도로 연구했는지 알려주는 두 가지 일화가 있다. 첫 번째 일화에서 아인슈타인은 프린스턴 대학의 물리학자 유진 위그너와 함께 복도를 걷다가 장난스럽게 묻는다. "물리학자의 가장 좋은 친구가 뭔지 아나?" 그러고는 멈춰 서서 빙그레 웃더니, 방금 눈에 띈 쓰레기통으로 천천히 걸어가 종이 한 장을 구겨서 버림으로써 스스로 질문에 답한다. 두 번째 일화에서는 가든파티의 주최자인 여성이 핸드백에서 수첩을 꺼내 자신이 초대한 유명한 손님에게 보여준다. "아인슈타인 교수님, 저는 독창적인 생각이 떠오를 때 적으려고 늘 수첩을 갖고 다닌답니다. 혹시……." 그녀는 곧 말을 잇는다. "교수님도 독창적인 생각을 적어 두시나요?" 아인슈타인은 애석한 투로 대답한다. "부인, 저는 독창적인 생각이 떠오를 때가 거의 없어서 수첩을 갖고 다닐 필요가 없습니다."

가족 배경

양육에서부터 통제에 이르기까지 가족의 뒷받침은 아이의 학교생활과 창조성 발현, 기술 습득, 장래 직업을 결정하는 가장 중요한 요인 중 하나이다. 이런 현상이 유독 자주 일어나는 곳은 학자 집안이다.

심리학 교수의 자녀들은 흔히 심리학을 전공하고, 물리학 교수의 자녀들은 물리학을, 미술 교수의 자녀들은 미술을 전공한다. 자식은 부모가 하는 일을 직업 모델로 삼는다. 20세기의 가장 위대한 수학자 중 한 사람인 에미 뇌터는 독일 프리드리히 알렉산더 대학의 저명한 수학자의 딸이었다. 노벨상을 수상한 화학자들인 이레네 퀴리와 프레데릭 졸리오 퀴리는 두 명의 노벨상 수상자 피에르 퀴리와 마리 퀴리의 딸과 사위였다. 아버지와 아들인 윌리엄 헨리 브래그와 로런스 브래그는 노벨 물리학상을 공동 수상했다. 닐스 보어가 노벨상을 수상하고 50년 뒤에 그의 아들 오게 보어도 노벨 물리학상을 받았다. 인도의 노벨 물리학상 수상자 수브라마니안 찬드라세카르는 역시 노벨상을 받은 찬드라세카라 벵카타 라만의 조카였다. 가업 계승자가 우글거리는 집안의 극단적인 사례는 스위스의 베느루이 가문이었다. 17세기로 거슬러 올라가 일곱 세대에 걸쳐 수학자를 배출했는데, 이들 중 여럿이 세계적 수준이었다.

역사적으로 위에서처럼 가족 관계로 엮인 창조적인 인물들은 학계 밖에도 적지 않은데, 부모가 이루지 못한 꿈을 자식이 이루려고 부단히 노력하는 양상을 보인다.[8] 안토니오 비발디는 베네치아 산마르코 대성당의 바이올리니스트였던 아버지 조반니 바티스타 비발디에게서 바이올린을 배웠다. 요한 제바스티안 바흐는 자신을 돌봐준 형에게서 처음 건반 레슨을 받았다. 훗날 그는 아버지가 되어 스무 명의 자녀를 두었다. 비록 열 명만 살아남아 어른으로 성장했으나, 바흐는 자녀 대부분에게 음악 개인 교습을 해주었다. 그중 몇몇은 뛰어난 작곡가가 되었지만, 아버지처럼 독보적인 위치에 오르지는 못했다.[9] 볼프강 아마데우스 모차르트의 아버지 레오폴트는 유능한 음악가였지만, 위대하다고 볼 수준은 결코 아니었다. 엄격한 훈육으로 자녀를 키운 그는 아들의 천재성을 이끌어내는 데 성공했다. 볼프강의 아들 프란츠 사버 볼프강 모차르트도 훌륭한 작곡가였다. 루트비히 판 베토벤의 아버지 요한은 성악가이자 음악가로서 훨씬 더 가혹하게 아들을 훈육했는데, 레오폴트의 수준을 넘어 신체적인 학대까지 동원했다. 그는 불멸의 작곡가를 키워내는 데는 성공했지만, 그 작곡가는 평생토록 아버지를 미워했다. 음악을 버리지 않은 것이 놀라울 따름이다. 현대의 사례로서, 재즈 피아니스트이자 교육자였던 엘리스 마살리스 주니어는 전설적인 음악 집안의 가장이었다. 음악가로 성공한 네 아들 중에는 재즈 뮤지션 윈튼 마살리스도 있다.[10]

고대 로마의 법률가이자 저술가, 행정관이었던 소 플리니우스는 저술가이자 박물학자였던 대 플리니우스의 조카이면서 수양아들이었다. 독일 르네상스 시대의 화가 대 한스 홀바인은 소 한스 홀바인의 아버지였고, 대 루카스 크라나흐는 화가 소 루카스 크라나흐의 아버지였다. 이탈리아 르네상스 시대의 젠틸레 벨리니와 동생 조반니 벨리니는 베네치아 화가 야코포 벨리니의 아들들이었다. 당시 젠틸레는 조반니보다 훨씬 더 인기 있는 화가였는데, 큰돈을 제시한 의뢰를 받고 이스탄불로 가서 오스만 제국의 통치자였던 정복자 메흐메트의 초상화를 그리기도 하였다. 하지만 현대의 눈으로 보면 지금은 조반니가 더 재능 있는 아들로 인정받는다. 재능이 재능을 알아본다는 점에서, '북부의 레오나르도'라 불리며 서기 1500년에 세상에서 가장 훌륭한 자화상을 그렸다는[11] 알브레히트 뒤러가 이미 벨리니 형제 중 조반니를 더 뛰어난 화가로 인정한 것은 놀라운 일이 아니다. 근래에 복원된 조반니의 걸작 〈산 자카리아 제단화Pala di San Zaccaria〉는 베네치아 르네상스의 첫 작품으로 인정받았다.

바로크 화가로 성공한 아르테미시아 젠틸레스키는 화가였던 아버지 오라치오 젠틸레스키에게서 그림을 배웠는데, 당시에 여자는 가까운 친척에게서만 미술 교습을 받을 수 있었다. 19세기의 위대한 벨기에 화가 프랑수아 뮈생은 역시 성공한 화가였던 오귀스트 앙리 뮈생의 아버지이자 스승이었다. 마지막으로, 20세기에 뉴웰 C. 와이어스는 큰 성공을 거둔 화가였다. 그의 아들 앤드루 와이어스는 미국을 대표하는 화가 중 한 사람이 되었다. 앤드루는 자신의 붓을 아들인 제이미 와이어스에게 물려주었고, 제이미는 삼대에 걸친 재능 있는 화가의 전통을 완성했으며, 세 사람 모두 자기만의 독특한 화풍을 선보였다.

영재 센터

부모나 교육자, 또는 특별한 프로그램으로 평균 수준의 일반 아동을 천재로 만들 수는 없다. 하물며 혁신적인 천재는 언감생심이다. 하지만 재능과 창조성을 확인하고 성장시키시는 것은 가능하다. 그런 가장 성공적인 교육 프로그램 중 하나가 볼티모어에 있다. 존스 홉킨스 대학의 영재 센터CTY는 여름 프로그램과 주말 프로그램을 통해 재능 있는 학생을 발굴하고 육성한다. 1979년에 줄리언 스탠리(1918~2005)가 만든 이 자신만만한 프로그램은 스스로를 '학령 아동을 위한 탁월한 교육 프로그램'으로 소개한다. 지난 수십 년 간 성장한 이 프로그램은 이제 미국을 비롯해 전 세계 대학생을 대상으로 운영되며, 해마다 10,000명의 학생을 돕고 있다. 이 프로그램의 졸업자 명단을 살짝만 훑어봐도 스탠리 박사의 아이디어가 얼마나 성공적이었는지 알 수 있다.

- 2006년 로즈 장학금 미국 수령자 32명 중 6명.
- 인텔 국제과학기술 경진대회에서 수많은 수상자 배출. 2007년 및 2012년 대상 수상자 포함.
- 세르게이 브린, 구글의 공동창업자
- 레이디 가가, 대중음악가
- 로넌 패로, 바드 칼리지에서 문학 학사 학위를 받은 뒤 2006년에 로즈 장학금을 받고 옥스퍼드 대학교 진학. 이후 예일 법학대학원을 졸업하고 저널리스트가 되어 퓰리처상을 받았다.
- 조지 호츠, 최초로 아이폰을 해킹한 인물로, 최근 뉴스에 자율주행 자동차 설계자로 소개되었다.
- 마크 저커버그, 페이스북 창업자이자 2010 〈타임〉 선정 올해의 인물.
- 테런스 차오, 흔히 '수학의 노벨상'이라 불리는 필즈상 2006년 수상

자이며, 수학 분야의 업적으로 이른바 '천재들의 상'이라는 맥아더
펠로십 상을 받았다.

- 애덤 리스, 2011년 쇼 상의 천문학 분야 수상자이며, 노벨 물리학상
  을 수상했다.
- 엘리사 할렘, 신경학 연구 업적으로 2012년에 맥아더 펠로십 상을
  받았다.
- 제이콥 루리, 수학 분야의 업적으로 2014년에 맥아더 펠로십 상을
  받았다.

CTY에 등록된 학생들은 주로 가족의 전폭적 지원을 받는다. 대부
분 사회적으로 상승하는 전문직 가정의 자녀들이다. 많은 부모들이
중국이나 한국, 인도에서 온 이민자 출신으로, 자식에 대한 기대가 크
며 기회를 잡으면 성공하리라 확신한다. 개인적인 이야기이지만, 십
여 년간 해마다 존스 홉킨스 대학에서 CTY 프로그램 기조연설을 할
때면, 배우려는 열정과 호기심이 가득한 청중의 눈빛을 느낄 수 있었
다. 질문을 받겠다고 하면 수많은 손들이 반사적으로 올라갔다. 강연
자의 입장에서 청중이 얼마나 적극적으로 응하는지는 성공적인 강연
의 핵심이다.

CTY 영예의 명단에 오른 현대의 문화 영웅들 중 구글의 래리 페
이지와 세르게이 브린은 어릴 때 몬테소리 학교에 다녔고, 브린과 저
커버그는 십대 시절 CTY에 등록되었다. 세르게이 브린의 부모는 러
시아 출신 유대인으로, 구소련에서 미국으로 건너온 이민자들이었

다. 테런스 차오의 아버지는 의사였고, 어머니는 홍콩 대학에서 수학과 물리학 학위를 받았다. 비범한 재능을 지닌 차오는 자신의 놀라운 성취에 대해 초현실적인 능력 덕이 아니라 열심히 연구하고 협력했음을 강조한다. "성공에 마법의 유전자 따위는 필요치 않습니다." 하지만 이 문제는 그런 특성을 지닌 사람들보다 지능과 창조성을 연구하는 전문가들이 더 잘 알 테니 그들에게 맡겨야 한다. 단 하나의 '마법의 유전자'는 없을지 모르지만, 많은 특정 유전자들의 연계가 확인될 수도 있다.

비록 스탠리는 자신의 소중한 교육 프로그램이 전 세계로 확장되는 모습을 살아서 보지 못했지만, 그는 고도로 재능 있는 학생들을 교육하는 항구적 유산을 남긴 선지자로 인정받아 마땅하다. 비범한 학생들과 더불어 보통 수준의 천재들에 대해서도 그들의 지적 능력의 뿌리에 있는 여러 심리적 특성을 추측해볼 수 있다. 이를테면, 즉각적인 만족을 거부하는 경향을 보이는 아이들(마시멜로 하나가 생기면 바로 받아먹는 게 아니라 두 개가 생기길 기다리는 아이들)은 커서 시험을 더 잘 보고, 어른이 되어서도 더 큰 성취를 이룬다.

똑똑한 부모에게는 대개 똑똑한 자녀가 있다. 하지만 똑똑한 부모만으로는 충분치 않다. 저녁 식탁에서 깊이 있는 대화를 나누고, 아이의 질문에 답해주고, 과학 숙제를 도와주되 대신 해주지는 않는 후원자 같은 부모여야 한다. 아이의 생각을 들어주는 상담자 노릇을 해야 한다. 집에 책이 많거나 적어도 좋은 도서관이 가까이 있어야 한다. 책에 둘러싸인 환경은 배움에 대한 열정과 호기심 형성에 도움이 된다. 집에 낡은 성경책이 한 권 있거나 컴퓨터로 구글에 쉽게 접속할 수 있는 정도로는 부족하다.

한 튀르키예계 미국인 어머니가 자기 가족의 경험담을 이야기했다.[12] 그녀의 두 아이(여섯 살 터울의 자매)는 메릴랜드 주의 학내 영재 교육 센터에 선발되었고, 둘 다 베세즈다에 있는 고등학교에 입학해 수석으로 졸업했으며, 둘 다 MIT에서 평점 만점으로(5.0/5.0) 생의학 공학 학위를 받았다.

둘 중 언니는 하버드 의대와 MIT 컨소시엄에서 의사 학위와 박사 학위를 동시에 받았다. 그리고 1년 동안 프로그램을 중단하고 옥스퍼드 로즈 장학생으로 면역학 석사 학위를 마쳤다. 초기에 그녀를 담당한 교육심리학자가 부모에게 이렇게 말했다. "아이큐가 140대에 도달하면 중단할 수는 있지만, 계속 하면 160~170대까지 될 겁니다."(아이의 지능을 향상시키는 것이 아니라 시험 보는 기술을 늘리는 것이 명백했기에 부모는 이 제안을 거절했다.) 몇 년 뒤, 동생은 MIT에서 생의학 공학 박사 학위를 받았는데, 그해 가장 혁신적인 생의학 연구 프로젝트의 하나로 선정된 이 박사 학위 논문으로 세균성 폐렴과 바이러스성 폐렴을 신속히 구별하는 진단 도구를 개발해 의료비용을 대폭 절감할 수 있게 되었다.

학계의 성층권에는 재미있는 이야기가 많다. 〈주간 프린스턴 동문〉에 기고한 글에서 엘리스 그레이엄이 술회한 일화에는 코믹한 아이러니가 담겨 있었다.[13] 1940년대에 유명한 미술사 교수 어윈 파노프스키에게는 쌍둥이인 두 아들이 있었는데, 그들은 1948년에 프린스턴 대학을 수석과 차석으로 졸업했다. 이후 교수들은 두 졸업생을 '똑똑한 파노프스키'와 '멍청한 파노프스키'라고 불렀다.

　한편 도시 건너편에서는 아인슈타인이 고등연구소의 동료에게 물었다. "길에서 행인들의 사인 요청을 받지 않으려면 어떻게 해야지?" 그가 받은 대답은 이랬다. "이발을 하세요."

천재만이 천재를 알아볼까?

이번 장을 시작하며 인용한 '범재는 자신보다 뛰어난 자를 몰라보지만, 영재는 천재를 단숨에 알아본다.'는 셜록 홈즈의 창조자 아서 코난 도일의 네 번째이자 마지막 소설 《공포의 계곡The Valley of Fear》(1915)에 나오는 글귀이다. 독일의 천재 화가 뒤러가 당대 이탈리아의 벨리니 형제 중 훨씬 인기가 많은 젠틸레 벨리니보다 조반니 벨리니가 더 뛰어나다는 걸 간파했듯이, 아인슈타인은 위대한 선배 학자 뉴턴을 과학계의 어느 누구보다 정확히 평가했기에 그를 기리는 사행시를 썼다.

　　별들을 보고 그들로부터 배우라,

　　대가의 영광으로 모두가 돌아서서,

　　각자 소리 없이 자신의 길을 따라,

　　영원히 뉴턴의 땅을 찾아가나니.

이 책에 실린 혁명적 천재의 전형 다섯 명 중 네 명은(셰익스피어에 대해서는 알려진 바가 없다) 일찌감치 기존 대가들로부터 인정과 지지를 받았다. 그들의 이야기는 앞으로 펼쳐지겠지만 지금 맛보기로 하나 소개하자면, 음악사학자들이 자주 인용하는 두 거장 작곡가들의 일화이다. 열여섯 살의 베토벤이 모차르트를 만나러 본에서 비엔나로 떠나면서 피아노 스승 네페의 추천서를 들고 간다. 그가 문에 노크를 할 때, 이제는 어른이 된 신동은 친구들을 접대하는 중이다. 네페의 서신을 보고 흥미가 생긴 모차르트는 이 십대 청년을 자신의 작업실로 데려가 직접 만든 곡을 연주해보라고 한다. 베토벤은 요청에 응하지만, 모차르트는 그 곡이 베토벤의 작품이 아니라고 생각한다. 그는 연주를 중단시키고 제안한다. "내가 뭐 하나 연주할 테니, 자네는 즉흥곡을 해봐." 베토벤이 즉흥곡을 연주하는 동안, 조용히 방을 나간 모차르트는 손짓으로 손님들을 문 앞으로 불러 모으고 속삭인다. "언젠가 저 친구가 만든 음악에 세상이 떠들썩해질 거야!"

3

시대정신 요소

세상의 발전과 예술의 진보 사이에는 논리적인 설명은 어려우나 쉽게 느낄 수 있는 연관성이 존재한다. 페리클레스의 시대는 페이디아스의 시대이기도 했다. 로렌초 데 메디치의 시대는 레오나르도 다빈치의 시대이기도 했고, 엘리자베스의 시대는 셰익스피어의 시대이기도 했다. 내가 추구하는 세상의 새로운 개척지는 예술의 새로운 개척지가 될 수도 있다.[1]

—존 피츠제럴드 케네디

뇌는 버섯이 아니다. 범인도 천재도 그 정신은 앞선 발견의 빛을 받아야 성장할 수 있다. 뉴턴은 이렇게 썼다. '내가 다른 이들보다 멀리 볼 수 있었다면, 그것은 내가 거인들의 어깨 위에 서 있었기 때문이다.' 과학 혁명의 천재들 중 은둔자나 다름없던 뉴턴이 말이기에 진실성이 의심되긴 하지만, 이 진술에는 역사의 무게가 담겨 있다. 에우클레이데스, 코페르니쿠스, 갈릴레오, 케플러, 데카르트, 베이컨, 보일, 하위헌스, 월러스, 훅의 아이디어 덕분에 뉴턴은 그들이 멈춘 곳에서 출발할 수 있었다. 맨땅에서 시작할 필요가 없었던 것이다. 17세기 영국에 널리 퍼진 과학 혁명의 시대정신은 뉴턴이 성장할 수 있는 중요한 환경이었다. 뉴턴의 작업 방식은 영국 왕립학회의 좌우명 '누구의 말도 듣지 말라(Nullius in verba, 권위자의 말이 아니라 논증에 의지하라는 뜻─옮긴이)'와 다르지 않았지만, 그는 다른 학자들과의 공동 연구를 질색

했다. 뉴턴 혁명을 시작으로 과학 혁명은 정점을 찍었지만, 정작 뉴턴 자신은 뉴턴주의자가 아니었다.[2]

마찬가지로 우리 모두는 레오나르도의 폭넓은 아이디어와 독창성, 순수한 천재성에 매료되지만, 르네상스 예술의 진수를 보여준 이 인물이 활동한 무대는 이미 르네상스 문화가 만개한 15세기 피렌체였다. 또한 풍요를 구가하던 엘리자베스 황금기에 셰익스피어가 등장한 것이나, 하이든과 모차르트가 인상적인 업적을 남긴 직후 계몽주의가 유럽을 휩쓸던 시기에 베토벤이 나타난 것이 과연 놀라운 일이겠는가? 비엔나는 이후에도 슈베르트와 브람스, 슈트라우스 가문, 브루크너, 말러의 고향이 되었다.

20세기 초 유럽의 지적 분위기는 총명한 인재들이 모여 토론할 다양한 기회를 제공했다. 당시 지배적이던 보헤미안 시대정신은 아인슈타인이 물리학의 주류 패러다임을 변화시키는 영감을 불어넣었다. 얼마 지나지 않아, 같은 시대정신에 영감을 받은 이른바 '영 터크스('젊은 무법자들'이라는 뜻으로 보어, 하이젠베르크, 슈뢰딩거, 디랙 등 양자역학의 기반을 닦은 과학자들을 일컫는다-옮긴이)'라는 대담한 집단이 반직관적이고 불확정적인 이론을 물리학에 도입해 아인슈타인의 직관적이고 결정론적인 주장들을 일부 무너뜨렸다.

미국의 하버드 대학, 프린스턴 대학, 캘리포니아 공대, 스탠퍼드 대학, MIT를 비롯해 영국의 옥스퍼드 대학과 케임브리지 대학, 독일의 베를린 대학과 괴팅겐 대학, 프랑스의 소르본 대학 같은 특정 교육기관에는 과학 분야의 천재를 육성하는 전통과 경향, 즉 제도적 시대

정신이 존재했다. 가장 대표적인 곳은 케임브리지 대학으로, 이곳의 트리니티 칼리와 캐번디시 연구소가 배출한 노벨상 수상자를 합치면 29명에 이른다. 하지만 결국 혁명적 천재들은 자신이 속한 교육기관을 뛰어넘는다. 그들은 시대정신의 산물로서 스스로 사회와 문화의 변화를 주도한다.

지역이나 국가의 지도자가 내세우는 정책이 사회의 시대정신을 규정하는 데 결정적으로 중요하다는 점은 의심의 여지가 없다. 시대정신이란 지극히 긍정적인 것에서부터 극도로 부정적인 것까지, 민주주의에서부터 독재까지, 세계화주의에서부터 보호무역주의까지, 좋은 예술의 확대에서부터 나쁜 예술의 만연에 이르기까지 온갖 형태로 나타난다. 따라서 지도자의 역량은 중대하고 장기적인 결과를 초래하게 마련이다. 케네디의 열망이 담긴 서두의 인용문에서 보듯, 인류의 몇몇 번영기는 창의력이 성장하는 여건을 조성한 선구적 지도자들과 관련이 있다. 눈앞의 목적이 구직이든, 재정적 이익 추구든, 명성 획득이든, 또는 단순히 호기심 충족이든 뭐든 간에, 창조적 재능은 매혹적인 명분에 끌리는 법이다.

미국의 제35대 대통령 행정부는 고작 1,000일 만에 막을 내렸지만, 우아하고 캐멀롯(아서 왕 전설에 등장하는 원탁의 기사들의 본거지-옮긴이) 같은 분위기로 큰 반향을 불러일으켰다. 국정 운영은 유쾌했고, 대통령 일가가 새로운 유행을 선도했다. '활력'이 새로운 표어로 자리 잡았다. 그런 점에서 케네디 대통령은 과학과 기술, 세계화주의에 창조성의 시대정신을 불어넣었고 예술에 대한 인식을 고쳐시켰지만, 예술과 과학 분야에서 경이로운 업적을 이루지는 못했기에 페리클레스나 엘리자베스 1세 여왕, 르네상스 시대 피렌체의 메디치 가문과 동등한 반열에 설 수 없는 것은 분명하다. 그러나 결국 1964년 케네디의 후임자인 린든 B. 존슨은 포토맥 강변에 존 F. 케네디 공연 예술 센터를 설립하는 법안에 서명했으며, 1965년에는 예술이 '국가의 정신적, 경제적 건강에 기여하므로 정부의 지원을 받아 마땅하다'는 믿음으로 국가 예술 기금을 창설했다. 더욱 중요한 것은 본래 케네디가 1963년에 구상했던 인종, 종교, 출신, 성정체성에 따른 차별을 금지하는 포괄적인 민권법과 노동법이 1964년에 입법 수완이 뛰어난 후임자에 의해 통과되었다는 점이다.

이 책에서 다루는 천재들은 하나같이 천재성의 기준에서 최고의 자리를 차지하지만, 천재가 나타나 역사의 흐름을 바꾸려면 재능과 시대가 정확히 맞아떨어져야 한다. 그렇지 않으면 재능 낭비일 뿐이다. 셰익스피어는 비할 데 없는 문학적 기술로 시를 썼고, 등장인물들의 복잡한 심리를 분석해 정교하게 엮어낸 희곡을 발표했지만, 만약 르네상스 시대 이탈리아로 시간과 장소를 옮긴다면 그가 미켈란젤로의 예술을 창조해낼 수 있었을까? 르네상스 시대 미술의 거장 삼인방 중 시적 재능이 가장 뛰어났다는 미켈란젤로가 과연 셰익스피어의 소네트에 비견될 만한 시를 쓸 수 있었겠는가? 서로 다른 종류의 지능과 창조성, 그리도 다양한 지적 정신이 존재한다는 점을 잊어서는 안 된다.

결국 '타고나는가 길러지는가'가 잘못된 이분법이듯 역사적 결정론과 개인의 행동에 좌우되는 역사 또한 잘못된 이분법을 제시한다. 이 책에서 우리는 인간이 타고나는 재능과 그러한 재능이 시대정신과 어떻게 상호작용하는지 탐구하게 될 것이다. 19세기 철학자 윌리엄 제임스는 천재들로부터 나오는 아이디어의 하향식 주입과 진화하는 사회 환경에 의한 힘의 상향식 주입 모두 필요하다고 주장했다.

시대정신과 집단적 천재성

바티칸을 장식하는 라파엘로의 1510년 걸작 〈아테네 학당Scuola di Atene〉과 1927년 브뤼셀에서 열린 솔베이 회의에 참석한 물리학자들의 단체 사진은 확연한 대조를 이루어 시대정신의 중요성을 강조한다. 전자는 고대의 가장 유명한 철학자 40명 정도를 묘사하는데, 헤라클레이토스와 파르메니데스, 소크라테스, 플라톤, 아리스토텔레스, 에우클레이데스, 아르키메데스를 비롯해 11세기 중세 스페인의 이슬람계 철학자 아베로에스까지 포함되어 있다. 1,500년에 걸친 지적 역사가 한 장면에 담긴 시대착오적인 모임인 셈이다.

이와 대조되는 현대판 '아테네 학당'은 1927년 솔베이 회의의 단체 사진이다. 양자역학이라는 혁신적인 이론을 논의하고자 모인 이들은 20세기 물리학의 선구자들로서, 현대의 위대한 자연철학자들이라 할 수 있다. 사진에 담긴 30명의 과학자들 중 19명은 이미 노벨상을 탔거나 머지않아 수상하게 된다. 대체로 앞줄에 앉은 이들은 이미 확고한 입지를 다진 '구세대' 과학자들인데, 막스 플랑크와 마리 퀴리, 헨드릭 A. 로런츠, 아인슈타인 등 모두 과학의 결정론을 신봉했다. 둘째 줄과 셋째 줄에는 '신세대'로 거론되는 과학자들이 여럿 있고, 이중 하이젠베르크와 드 브로이, 슈뢰딩거, 디랙은 불확정성론을 옹호하는 혁명가들이었다. 구세대 일원 중 2명은 양자역학의 극적인 전개 과정에서 중요한 역할을 했다. 아인슈타인은 가장 크게 비판의 목소리를 높인 반면, 양자 이론을 수용한 보어는 젊은 물리학자들의 양자 혁명을 도우면서 그들의 고해 신부 노릇도 했다. 소규모 우주의 물리학을 제공하는 양자역학은 레이저와 컴퓨터, 디지털 카메라, 휴대전화 등 21세기에 우리가 당연하게 여기는 모든 전자기기의 작동 원리를 설명할 수 있게 되었다.

　사진에서 가장 연장자인 로런츠는 75세였고, 가장 젊은 디랙과 하이젠베르크는 둘 다 25세였다. 이 솔베이 회의 사진은 두 차례 세계대전 사이에 유럽을 휩쓸고 있던 보헤미안 시대정신을 상징한다. 브뤼셀에서 그런 회의가 열린 것은 벨기에 실업가 에르네스트 솔베이의 아이디어였다.[3] 이 모임은 협력과 공유, 세계주의 정신이 과학적 신기원을 이루는 결정적 요소임을 보여주며, 3세기 전 프랜시스 베이컨이 제안한 이상적인 과학 모델을 연상케 한다.

라슬로 라츠와 '화성인들' 이야기

20세기 전반에 비엔나와 쌍벽을 이룬 헝가리 부다페스트는 재능 있는 문화 지도자들을 유독 많이 배출했다. 이 명단에 오른 인물들을 꼽자면 벨라 바르토크(1881~1945), 벨라 루고시(1882~1956), 졸탄 코다이(1882~1967), 알베르트 센트죄르지(1893~1986), 조지 셸(1897~1970), 레오 실라르드(1898~1964), 유진 오먼디(1899~1984), 데니스 가보르(1900~1979), 유진 위그너(1902~1995), 존 폰 노이만(1903~1957), 아서 쾨슬러(1905~1983), 안탈 도라티(1906~1988), 에드워드 텔러(1908~2003), 에르되시 팔(1913~1996), 존 케메니(1926~1992), 헐모시 팔(1916~206) 등이 있다. 센트죄르지는 영국에서 공부하고 헝가리로 돌아왔으며, 죄르지 가보리는 캐나다로 이주했다. 위그너, 폰 노이만, 텔리, 실라르드, 유진 오먼디는 미국으로 건너갔다. 각자의 분야에서 발휘된 비범한 창의성과 오랜 우정, 긴밀하고 전문적 협업 덕분에 이들은 '화성인들'로 불리게 되었다.

이들 중 다수가 노벨상을 받았으며, 수상하지 못한 사람들 중 일부는 노벨상을 받은 사람들 못지않게 유명해졌다. 비과학자 7명—바르토크, 셸, 오먼디, 도라티, 코다이, 로저, 루고시—은 예술계의 유명 인사가 되었는데, 이중 6명은 작곡가나 지휘자, 1명은 배우로 활동했다. 셸과 오먼디는 각각 클리블랜드 오케스트라와 필라델피아 오케스트라를 세계 최고의 교향악단으로 만들어 유럽 최고의 교향악단들과 어깨를 나란히 하게 했다. 폰 노이만의 수학과 위그너의 물리학, 셸과 바르토크의 음악이 없는 세상은 상상하기도 어렵다. 예술과 과학이라는 두 지적 문화의 대표적인 리더들이 미국 버지니아 주 크기만 한 땅에서 나온 것이다.

프린스턴 대학의 헝가리계 미국인 물리학자 유진 위그너는 1963에 노벨 물리학상을 받았다. 20세기 초에 그는 독일어로 수업을 진행한 부다페스트-파소리 에반겔리쿠스 김나지움(또는 김나지움 19)에서 위에 언급한 인물 중 여럿과 같은 반 학생이었다. 프린스턴 대학에서 위그너 교수의 방에 앉아 있는 동안 나는 그 화성인에게 '무슨 특별한 묘약이라도 드셨습니까?'라는 진부하기 짝이 없는 질문을 했다. 사실 수년간 그 질문을 몇 번이나 했는데, 그때마다 뭔가 신선한 대답을 기대했다. 하지만 매번 위그너는 빙그레 웃으며 벽에 걸려 있던 액자 세 개를 가리켰다. 셋 중 두 액자 속 인물들은 물리학자라면 누구나 알 수 있었다. 아이작 뉴턴의 판화와 알베르트 아인슈타인의 사진이었다. 세 번째는 위그너의 고등학교 수학 선생님이었던 라슬로 라츠(1863~1930)의 초상화였다. 묘약은 바로 라츠였던 것이다. 라츠는 폰 노이만과 유진 위그너, 에드워드 텔러를 한 반에서 가르쳤다. 영감을 주는 교사는 성장하는 청년의 정신에 지대한 영향을 끼친다. 리처드 파인만은 고등학교 시절에 '최소 작용의 원리'를 알려준 물리 교사 에이브럼 베이더에게서 영감을 받았다는 말을 자주 했다.

라슬로 라츠와 화성인들을 이야기할 때, 아널드 루드윅이 《위대함의 대가》에서 제시한 두 가지 특정 조건이 이 놀라운 인물들의 창의성과 관련이 있는지 따져볼 필요가 있다. 즉 (1) 종교 그리고 (2) 탁월한 성취의 방해 요인. 화성인들 중 대다수는 유대인이었다. 유대인인 사람들을 나열하는 것보다 유대인이 아닌 사람들을 세는 것이 더 쉽다. 폰 노이만은 청소년기에 편의상 유대교에서 가톨릭으로 개종했다. 바르토크는 애초에 유대인이 아니었고! 화성인들은 거의 대부분 부다페스트에서 학부 교육을 마치고 독일로 건너가 대학원 공부를 했다.

1930년대 초, 화성인들의 고향이자 한때 오스트리아-헝가리 제국이었던 곳과 독일에서 추악한 반유대주의가 고개를 들기 시작할 즈음, 화성인들은 영국과 미국으로 이주했다. 유대 헝가리계 미국인과 더불어 유대 독일계 영국인과 유대 독일계 미국인도 있었다. 그들 모두를 나열하기보다는 한 사람만 언급하자면, 막스 보른(1882~1970)은 영국으로 건너와 1954년 노벨 물리학상을 받았다. 양자역학에 통계적-확률적 해석을 부여한 그는 현대 물리학의 설계자 중 한 명으로 추앙받지만, 물리학계의 바깥에서는 그의 이름을 아는 사람이 많지 않다. 어쩌면 사람들은 물리학의 또 다른 두 거장인 막스 플랑크Max Planck와 닐스 보어Niels Bohr를 막스 보른과 혼동하거나, 가수이자 배우인 올리비아 뉴턴-존의 외할아버지 정도로만 알 것이다.

한 가지 덧붙이자면, 역동적인 시기였던 1920년대에 양자역학을 확립한 소수의 천재 집단과 마찬가지로 개인들이 가진 역량의 합을 훨씬 뛰어넘는 집단적 천재성의 또 다른 예가 있다. 버지니아가 배출한 초기 미국 대통령 다섯 명 중 네 사람인 조지 워싱턴(1732~1797), 토머스 제퍼슨(1743~1826), 제임스 매디슨(1751~1817), 제임스 먼로

(1758~1831)는 미국 건국의 아버지들이었다.

독학자들

학생이 혼자서 수준 높은 과학 교재를 탐독하고 박학다식해져 지적 세계를 뒤흔드는 경우는 드문 일이다. 그런 세상에 마법사들과 혁명적 천재들이 산다. 놀라운 예술이 창조된 르네상스 전성기에, 수학자들 사이에서도 작은 문화가 꽃을 피웠다. 그들 중 순전히 독학으로 수학을 깨친 니콜로 타르탈리아(1499~1557)와 제롤라모 카르다모(1501~1576)는 삼차방정식의 해법을 찾기 위해 경쟁을 벌였다. 어릴 때 고아가 되어 학교를 다니지 못한 타르탈리아는 사설 교사에게 약간의 돈을 주고 알파벳의 처음 3분의 1인 A부터 K까지 배웠다. 이후 나머지 철자는 스스로 익혔고, 숫자도 공부했다. 기존 대수학 원리를 치열하게 탐구한 그는 삼차방정식을 해법을 찾기에 이르렀다. 하지만 타르탈리아의 결론은 불완전했으며, 대신 또 다른 이탈리아 수학자인 카르다노가 그 해법을 정리해 17세기의 수학 발전의 토대를 마련하였다. 이후 수세기 동안 많은 독학자들이 등장했는데, 영국 대포 공학자 벤저민 로빈스(1707~1751), 영국의 물리학자이자 화학자 마이클 페러데이(1791~1867), 프랑스 수학자 에바리스트 갈루아(1811~1832), 크로아티아의 전기공학자 니콜라 테슬라(1856~1943), 인도의 수학자 스리니바사 라마누잔(1887~1920)이 대표적이다.

에이다 러브레이스(1815~1852)는 시인 바이런의 딸이었다. 어릴 때 이미 수학에 재능을 보인 그녀는 손에 닿는 모든 수학 책을 탐독했다. 케임브리지 대학의 찰스 배비지가 기계식 범용 계산기인 '분석 엔진'을 설계했을 때, 그의 조수가 된 러브레이스는 역사상 최초의 알고리즘, 즉 컴퓨터 프로그램을 작성했다. 하지만 주류 문화에 편입한 마이클 패러데이와 니콜라 테슬라를 제외하면 대부분의 독학자들은 무명의 천재로 남는 시련을 겪어야 했다. 그런 인물들 중 몇몇은 이후 장에서 다뤄질 것이다. 무엇보다 중요한 점은 이 책에서 다루는 다섯 명의 혁명적 천재들이 거의 독학자들이었다는 사실이다.

2,500년 에우클레이데스 이후로, 서양의 수학은 모든 수학적 명제에 엄격한 증명을 요구했다. 인도 마드라스에서 자란 청년 라마누잔은 조합론으로 알려진 수학 분야를 거의 예술의 경지로 끌어올렸는데, 그는 증명 도출에 얽매이지 않으면서 복잡한 결과를 직관적으로 알아냈다. 1914년부터 1919년까지 케임브리지 대학 트리니티 칼리지에 다니는 동안 라마누잔은 학계에서 온전히 인정받으려면 자신의 정리를 엄격하게 증명해야 한다는 것을 깨달았다. 타고난 통찰과 직관은 그의 공식 증명 도출 기술을 발전시켰는데, 라마누잔에게는 그런 증명이 늘 단순해 보였고 다양한 방식으로 가능했다. 독실한 힌두교도였던 라마누잔은 자신의 비범한 능력이 신(들)과의 교감 덕분이라고 믿었다. 그의 직관적인 수학 문제 해결 방식은 아인슈타인과 레오나르도의 작업 방식과 유사하다. 이런 점에서 라마누잔은 과학 하는 예술가이기도 했으며, 그의 불가사의한 수학적 통찰력과 독특한

개성은 2015년 영화 〈무한대를 본 남자The Man Who Knew Infinity〉로 주목받았다.

메디치 가문의 피렌체

15세기 무렵 유럽과 이탈리아는 거의 천 년 동안 문화적 침체의 늪에 빠져 있었다. 하지만 그 밀레니엄의 마지막 250~300년 동안 리나시멘토(재탄생)의 씨앗이 배태되었다. 이 시기에 수학자 레오나르도 피보나치(1170~1250)의 《산술의 책Liber Abaci》이 발표되었고, 중세 후기의 가장 위대한 화가 조토(대략 1267~1337)가 등장했으며, 단테 알리기에리(1265~1321)의《신곡Divina Commedia》이 세상에 나왔다.

이탈리아 르네상스의 발상지로서 토스카나의 도시 피렌체는 영원한 성지로 여겨질 것이다. 선견지명을 가진 지도자들의 통치 하에 부와 정치적 영향력이 얽혀 역사상 가장 위대한 예술이 탄생한 곳이기 때문이다. 1397년에 조반니 디 비치 데 메디치가 설립한 은행은 그의 아들 코시모 디 조반니 데 메디치(1389~1464)에 이르러 번영을 구가했다. '파테르 파트리에(국부)'라 불린 코시모는 피렌체의 정치적, 경제적 성장을 이끌며 향후 수세기 동안 이어질 메디치 가문의 지배를 위한 무대를 마련했다. 17세기 초, 대공 코시모 2세 데 메디치는 가장 위대한 여성 화가로 손꼽히는 볼로냐 출신의 아르테미시아 젠틸레스키에게 그림을 의뢰하며 후원을 아끼지 않았다. 메디치 가문이 군주로 등극할 일은 없었지만, 사실상 통치 세력이자 킹메이커로서 세 명의 교황과 수많은 추기경을 배출했다.

15세기 전반에 메디치 가문은 기베르티, 브루넬레스키, 도나텔로 같은 위대한 1세대 예술가들과 건축가를 후원했다. 이어 15세기 후반에는 코시모의 손자이자 '일 마그니피코(위대한 자)'라고 불린 로렌초 데 메디치(1449~1492)가 가문의 수장이 되어 예술 후원을 지속했을 뿐만 아니라 지원 수준을 한층 더 높였다. 그는 2세대 화가인 안드레아 델 베로키오A(1435~1488)와 긴밀히 협력해 역사상 비견할 데가 없는 화실 학당을 설립했다. 화가이자 조각가, 금세공사였던 베로키오(말 그대로 '진정한 눈')는 빛과 움직임을 포착해 어떤 재료로 작업하든 극적이고 감정적으로 표현하는 독특한 기법을 발전시켰다. 그의 기법을 전수받은 조수들이 탄생시킨 3세대 예술가로 피에트로 페루지노, 도메니코 기를란다요, 산드로 보티첼리, 로렌초 디 크레디 그리고 레오나르도 다빈치가 있다. 베로키오의 제자인 기를란다요는 이러한 기법 중 일부를 4세대 예술가인 미켈란젤로에게 전수했다. 베로키오가 화실을 운영한 30년 동안, 피렌체의 가장 위대한 걸작 미술품과 건축물들이 창조되었고 뛰어난 예술가들이 꾸준히 육성되었다. 베로키오는 이탈리아 르네상스의 흐름을 효과적으로 변화시켰다. 메디치 가문의 자제를 가르쳤던 가정교사 우골리노 베리노는 이렇게 썼다. '화가들이 가진 모든 훌륭한 것은 베로키오의 샘에서 길어 올린 것이다.'[4] 그의 걸작 중 가장 뛰어난 작품은 유작인 베니스의 콘도티에로 바르톨로메오 콜레오니 기마상(1488)이다. 세 다리로 균형을 잡고 왼쪽 앞다리를 쳐든 이 동상은 지금껏 제작된 그 어떤 기마상보다도 뛰어난 걸작으로 인정받는다. 이 디자인과 정신은 수세기에 걸쳐 재현되었으며, 미국 조각가 토머스 볼이 만든 보스턴의 조지 워싱턴 기마상도 마찬가지다. 불행한 아이러니는 동상이 주조되기 직전에 베로키오가 사망하면서, 뻔뻔한 주조소 주인이 동상 받침대에 자신의 이름을 새겼다는 점이다. 하지만 베로키오는 레오나르도의 스승으로서 불멸의 존재가 되었다.

엘리자베스 시대와 에이번의 시인

1547년 1월에 탐욕스러운 사이코패스 헨리 8세가 사망할 때까지, 그가 통치한 38년 동안 영국은 격동의 세월을 보냈다. 헨리 8세의 통치 방식은 무자비한 공포 정치와 참수, 가톨릭교회와의 전쟁이었다. 수도원을 해산하면서 그는 수많은 종교 건축물을 파괴했는데, 이를 두고 훗날 셰익스피어는 이렇게 썼다.

그 시절이 내 안에서 그대에게 보일지 모르나니

노란 잎들이, 아예 없거나 혹은 드문드문 남아

추위에 흔들리는 가지들에 매달려 있고,

황량한 폐허의 성가대, 한때 사랑스럽던 새들의 노래.[5]

헨리는 수천 권의 책과 더불어 적어도 그만큼의 귀중한 예술품을 파괴하라고 명령하기도 했다. 그의 통치 방식은 케플러의 행성 법칙을 변형한 것으로 볼 수 있다. '세상은 헨리를 중심으로 돈다!' 동시대 유럽의 군주들이 정부情婦를 갈아치우는 동안, 헨리는 왕비를 갈아치웠다. 물론 그에게도 정부와 사생아 들이 있었지만, 왕비로 삼을 때는 먼저 정당성을 부여했다. 그는 여섯 명의 여인을 차례로 왕비의 자리에 앉혔으며, 그중 네 명은 적당한 구실로 내쳤다. (제인 시무어는 버려지지는 않았지만, 출산 후 열흘 뒤 사망했다.) 여섯 번째 왕비는 헨리보다 오래 살았다. 그의 여섯 왕비들(아라곤의 캐서린, 앤 불린, 제인 시무어, 클레베스의 앤, 캐서린 하워드, 캐서린 파)들의 최후는 간단한 노랫말처럼 기억할 수 있다. '이혼, 참수, 사망. 이혼, 참수, 생존!'

사망할 무렵 헨리는 50개의 궁전과 광대한 토지를 소유하고 있었는데, 이는 그의 탐욕을 증명하는 것이었다. 하지만 그가 남긴 유산의 악랄한 면모들은 옥스브리지 대학군(옥스퍼드와 케임브리지에 속한 대학들-옮긴이)의 가장 성공적인 두 대학인 옥스퍼드의 크라이스트 처치와 트리니티 칼리지와의 연관성으로 일부 상쇄된다. 울지 추기경은 옥스퍼드에 카디널 칼리지를 설립하고 자신이 쓸 목적으로 햄프턴 코트를 세웠는데, 헨리가 이 두 대학을 몰수하면서 카디널 칼리지를 헨리 8세 칼리지로 개명했다. 왕의 사후 이 대학의 이름은 크라이스트 처치로 바뀌었다.

영국 국교가 가톨릭에서 개신교로 전환되는 출발점은 헨리 8세였다. 튜더 가문의 자손들은 결국 성공회를 확고하게 국교로 확립하게 된다. 그와 비운의 여인 앤 불린 사이에서 태어난 딸인 엘리자베스 1세는 영국 역사상 가장 중요한 군주가 되었다. 1558년에 즉위한 그녀는 배우자 없는 삶을 고수하면서 오로지 자신의 일에만 매진했다. 그녀의 치세 기간에 영국을 침공한 스페인 무적함대는 패퇴했다(1588). 엘리자베스는 해적 프랜시스 드레이크와 작가이자 모험가였던 월터 롤리를 지원했으며, 훗날 신대륙에서 영국의 영향력을 광범위하게 확장해 왕실에 기여한 공로로 기사 작위를 수여했다. 엘리자베스 여왕의 통치 아래 영국은 포르투갈, 스페인, 프랑스, 네덜란드와 더불어 세계 탐험과 영토 확장에 뛰어들었다.

헨리 8세 때 도입된 수많은 첩자와 정보원을 동원하는 경찰 전술은 엘리자베스 여왕의 통치 기간에도 지속되었다. '신교'와 '구교'의 신도들 사이의 종교적 분쟁은 여전히 끊이지 않았지만, 여왕의 관용적이면서도 단호한 조치로 억제되었다. 1585년과 1603년에 초기 정착 시도가 실패한 뒤, 최초의 영구적 영국 식민지였던 제임스타운은 처녀Virgin 여왕이 사망한 지 4년 후인 1607년에야 세워졌다. 그리고 제임스타운 주변의 광대한 지역에(사실 한때 북아메리카 대륙 전체) 그녀를 기리는 의미로 '버지니아Virginia'라는 이름이 부여되었으며, 신대륙에서 가져온 목재, 인디고, 담배, 쌀, 건어물은 영국의 재정을 풍요롭게 했다.

엘리자베스 여왕 사후 17세기 내내 종교 전쟁과 정치적 전쟁이 발발하고 잦아들기를 반복했지만, 엘리자베스의 통치 기간은 영국의 황금기로 간주된다. 18세기 유럽에서 계몽주의가 꽃피기 훨씬 전에 엘리자베스 여왕은 예술에 대한 깨어 있는 태도를 보였다. 1588년에 그녀의 명으로 극단 '엘리자베스 여왕의 사람들'이 설립되었다. 이후 1590년대에는 극단 '제독의 사람들'과 '궁내부 장관의 사람들'이 등장해 업계를 주름잡았다. 당시 연극의 인기는 오늘날 남아 있는 통계로 알 수 있다. 인구가 15~20만 명이던 런던에서 정기적으로 주말에 극장을 찾는 관객이 1만 5천 명에 이르렀다. '사람들을 즐겁게 하라'라는 정치적 통찰 덕분에 엘리자베스 여왕은 국민들 사이에서 인기가 많았다. 크리스토퍼 말로, 토머스 키드, 벤 존슨, 특히 셰익스피어 같은 당대 극작가와 시인 들은 셰익스피어 소네트, 스펜서 스탠자, 극적 무운시無韻詩 등의 문학적 장치로 표현력 폭발에 기여했다. 역사적으로 돌아보면, 영국을 변혁해 이미 유럽을 휩쓸던 르네상스의 물결에 동참시키려 한 엘리자베스 여왕의 단호한 결단은 그녀의 막연한 꿈을 뛰어넘은 성공을 거두었다. 그녀의 나라는 살아남으려고 발버둥치는 변방의 군사 국가에서 세계적인 군사 강국이자 유럽 문명의 문화적 선두주자로 떠올랐다. 또한 엘리자베스의 시대정신은 영국 과학 혁명의 토대를 마련했다.

엘리자베스 여왕의 후계자 제임스 1세(이전에 스코틀랜드의 제임스 6세)도 깨어 있는 군주로서 교육과 문학, 연극 그리고 영국 개신교를 더욱 강화하려는 열정을 보였다. 종교적 헌신으로서 그가 최초로 성경을 라틴어에서 영어로 번역할 것을 지시한 결과 1611년에 킹 제임스 성경이 탄생했다. 연극을 좋아했던 제임스는 '궁내부 장관의 사람들'에서 변모한 극단 '왕의 사람들'을 지속적으로 후원했으며, 제임스의 지원 덕에 셰익스피어는 이후 10년 동안 작품 활동을 이어갔다.

캐멀롯의 시대정신

존 피츠제럴드 케네디는 로마 가톨릭 신자로, 그의 아버지는 정치적 야망으로 끊임없이 논란을 일으킨 아일랜드계 미국인이었다. 수십 년 동안 백악관 안팎에서 트루먼부터 오바마까지 12명의 대통령을 보좌한 '대통령들의 목사' 빌리 그레이엄 목사는 처음에는 케네디의 대통령 당선을 반대하며 이렇게 설교했다. '가톨릭교도를 대통령으로 뽑으면 백악관에 교황을 들이는 꼴이다.' 전국적으로 유명한 또 다른 복음주의자 노먼 빈센트 필 역시 그레이엄 못지않게 가톨릭 대통령을 극렬히 반대했다. 이들의 반대는 JFK의 대통령 선거 운동에 치명타를 줄 수도 있었다. 하지만 선거에 승리한 케네디의 초대로 팜비치에서 함께 골프를 친 복음주의 목사 그레이엄은 기존의 입장을 버리고 이 대통령이 개신교도와 가톨릭교도 간의 화합을 이끌어낼 수 있는 인물로 보기 시작했다.

케네디는 영화배우 같은 잘생긴 외모에 매력적인 남자였고, 하버드 대학을 다녔으며, 제2차 세계대전 당시 영웅적으로 복무했다. 전후에는 하원의원으로 선출되었고, 이어 상원으로도 진출했다. 우아하고 아름다우며 2개 국어(영어와 프랑스어)를 구사하고, 케네디보다 훨씬 더 예술에 조예가 깊은 재클린 리 부비에, 일명 '재키'와의 결혼은 케네디의 이미지를 깨어 있는 지도자로 부각시켰다. 이 이미지는 그가 하버드 교수진이 다수 포함된 뛰어난 학자들을 임명해 내각을 구성하자 더욱 강화되었다. 선거가 시작되기도 전에 케네디는 정치적 차이를 해소하려는 의지를 선언으로 표명했다.

"공화당의 해답이나 민주당의 해답을 찾으려 하지 말고 옳은 해답을 찾읍시다. 과거의 잘잘못을 따지려 들지 말고, 미래에 대한 우리 자신의 책임을 떠안읍시다."

JFK는 크게 유리했던 공화당 후보 리처드 닉슨을 아슬아슬하게 이기고 당선되었다. 1961년 1월 취임식에서 그는 다시 한 번 고결한 기품을 드러내며 미국 역사상 가장 감동적이고 포용적인 취임 연설을 했다. "그러므로 나의 동포 미국인들이여. 국가가 당신에게 무엇을 해줄 수 있는지 묻지 말고, 당신이 국가를 위해 무엇을 할 수 있는지 물어보십시오."[6] 이는 사람들에게서 더 큰 선을 위해 옳은 일을 하러 나서라는 강력한 행동 촉구였다.

케네디의 임기 초반에 명백한 실수가 하나 있었다. 아이젠하워가 미국 대통령이던 1959년 쿠바의 피델 카스트로는 부패한 바티스타 정권을 무너뜨리는 혁명에 성공했다. 그로부터 불과 2년 뒤 케네디 임기 첫 해에, 미국중앙정보국CIA이 훈련시킨 1,400명의 쿠바 망명자들로 이루어진 초라한 무리가 국토 탈환을 명목으로 피그스 만에 상륙했다. 그러나 카스트로의 군대는 침략자들을 손쉽게 진압해 일괄 총살했다. 미국 정부는 이 사건에 대한 개입을 부인했지만 설득력이 없었고, 카스트로와 그를 후원하던 소련에게 중대한 승리를 안겨

주었다. 이 위기로 케네디의 정치적 유산은 그 전망이 암울해 보였다. 하지만 불과 1년 후인 1962년 10월, 대담해진 소련이 비밀리에 중거리 핵미사일IRBM을 쿠바로 운송하는 모습이 찍힌 항공 사진을 미국 정보기관이 제시하자, 케네디는 곧바로 쿠바 해역에 해상 봉쇄를 명령해 모든 선박의 접근을 차단하고 이미 쿠바에 배치된 미사일들을 즉시 철수할 것을 요구했다. 이후 13일 동안 케네디와 니키타 흐루쇼프(당시 소련 공산당 서기장-옮긴이) 간의 위험천만한 러시안 룰렛 게임이 펼쳐졌다. 결국 소련은 미사일을 철수했고, 소련 정치국은 흐루쇼프를 권좌에서 몰아내 정치적으로 제거하는 작업에 착수했다(이 과정은 거의 2년이 지나서야 마무리되었다). 그리하여 케네디는 1년 전 피그스 만 상륙 작전의 실패를 만회하는 데 성공했다.

비록 케네디가 생전에 여성 편력이라는 개인적 결점을 갖고 있었고, 이 강박적 충동은 그가 사망한 뒤 수십 년간 논란을 불러일으켰지만, 그가 남긴 유산은 '경탄에 가깝다'고 평가받아야 마땅하다. 케네디는 소수 민족에 대한 차별을 없애고자 학교 통합을 추진함으로써 작지만 의미 있는 걸음을 내디뎠다.[7] 그는 평화봉사단을 창설해 이타적이고 국제적 사고를 지닌 청년 세대를 깨어나게 했다. 또한 아폴로 우주 계획을 시작해 과학과 공학 분야에서 경력을 쌓을 준비를 하는 젊은 기술 인재들에게 희망을 주었다. 당시 자동차 크기였던 메인프레임 컴퓨터는 과학자들이 트랜지스터를 발명하고 진공관을 대체할 인쇄 회로를 개발함으로써 소형화되었다. 오늘날 21세기에도 정보기술IT은 가장 뛰어난 기술 인재들을 끌어들이고 있으며, 청년 정신에서 샘솟는 신선한 아이디어의 중요성을 새삼 강조한다.

사람의 본성을 지배하는 나르시시즘은 부분적으로는 유전일 수 있고, 부분적으로는 가족 관계의 독특한 역학, 특히 강압적인 아버지에게 억눌린 삶에서 비롯되었을 수도 있다. 하지만 가장 선한 본성에 따르거나 최악으로 돌아가서 자신의 유산을 빚어내는 것은 각자가 결정하고 책임질 몫이다. 고작 천 일 만에 비참하게 끝난 임기 동안 케네디는 자신의 일에 적응하면서 일반적인 예상을 훌쩍 뛰어넘는 모습을 보였다. 그는 예술과 과학 모두에서 창의성을 고취하는 시대정신을 만들어냈다. 초트 로즈메리 홀 고등학교 시절이나 하버드 대학교를 다닐 때 평균적인 수준의 학생에 불관했던 케네디는 역사적으로 위대한 지도자들의 전기를 탐독했다. 그가 보편적인 교양 수준 이상으로 과학에 정통했다는 증거는 없지만, 케네디는 과학과 과학자들에 대한 존경심을 품고 있음을 드러내면서 위대한 정치 지도자들을 가장 추앙한다고 공공연히 밝혔다. 1962년 4월에 백악관에서 대통령 주재로 열린 49명의 노벨상 수상자들을 축하하는 만찬이 열리는 동안, 35대 대통령 케네디는 자신의 개인적인 영웅에 대한 경외심을 감추지 못했다. 그는 토머스 제퍼슨(1743~1826)을 기리는 말로 연설을 시작했다.

오늘처럼 백악관에 탁월한 재능과 지성이 한꺼번에 모이기는 처음입니다. 홀로 저녁식사를 하던 토머스 제퍼슨을 제외하면 말이죠. 언젠가 혹자가 말하기를, 서른두 살의 신사 토머스 제퍼슨은 일식을 계산하고, 부동산을 측량하고, 동맥을 묶고, 건물을 설계하고, 소송을 변론하고, 말을 길들이고, 미뉴에트를 출 줄 아는 사람이었습니다.

미국의 세 번째 대통령이자 정치 철학자와 정치인으로서 뛰어난 선각자였던 제퍼슨은 괴테, 모차르트, 나폴레옹, 베토벤이 그러했듯 계몽주의의 산물이었다. 그는 독립 선언서를 기초하고 종교와 국가를 분리하는 법안을 발의했다. 그리고 프랑스 공사를 거쳐 국무장관과 부통령을 역임했으며, 대통령 당선에 이어 재선에도 성공했다. 또한 1819년에 버지니아 대학교UVA를 설립했는데, 이 일을 제퍼슨은 대통령이 되었던 것보다 더 자랑스럽게 여겼다. 그는 손수 작성한 묘비명에 이러한 업적들을 명시했다.

제퍼슨은 법학도였지만 윌리엄 앤드 메리 대학 재학 시절 가장 존경한 교수로 항상 스코틀랜드 출신의 의사이자 과학자였던 윌리엄 스몰(1734~1775)을 꼽았다. 제퍼슨에게 과학에 대한 사랑과 뉴턴에 대한 경외심을 심어준 이가 바로 스몰 박사였다. 버지니아 주 몬티첼로에 있는 제퍼슨의 서재 책장에는 그가 역사상 가장 위대한 지성의 소유자라고 했던 세 사람의 대리석 흉상이 전시되어 있었다. 제퍼슨은 그들에 대해 이렇게 썼다. '베이컨과 로크, 뉴턴은 역사상 가장 위대한 인물들로 의심의 여지가 없으며, 나는 그들이 물리학과 윤리학이라는 건축물의 초석을 놓았다고 생각한다.'

최근에 대통령 역사학자 존 미첨은 정치와 과학이 연결된다는 제퍼슨의 개인적 신념을 다음과 같이 설명했다.

제퍼슨의 유해는 그가 사랑한 버지니아 주 샬러츠빌의 몬티첼로 영지에 있는 가족 묘지에
안장되었다. 제퍼슨의 묘비에는 그가 손수 쓴 소박한 묘비명이 새겨져 있다. '미국 독립 선
언서와 버지니아 주 종교 자유 법안의 기초자이자 버지니아 대학의 아버지, 토머스 제퍼슨
이 이곳에 묻히다.'

개인의 자유를 중시하는 정치는 탐구의 자유를 추구하는 욕망을 낳는
다. 군주제나 세습적 한계에서 해방된 인간은 시민들이 본질적인 화합
과 애정으로 함께 살아가는 환경에서 자유롭게 돌아다니고, 성장하고,
창조하고, 혁신하는 정신을 갖게 될 가능성이 더 크다. 이것이 제퍼슨
이 꿈꾼 이상적인 공화정이었으며, 그는 이를 실현하고자 헌신했다.

독립 선언서에서 제퍼슨은 미국 건국의 의미가 담긴 가장 고귀
한 말을 남겼다. '우리에게 다음과 같은 진리는 자명하다. 즉 모든 인

간은 평등하게 태어났고, 누구도 빼앗을 수 없는 권리를 부여받았으며, 이는 생명과 자유 그리고 행복을 추구할 권리이다.' 하지만 곡식과 가축을 기르는 농장주였던 제퍼슨은 수백 명의 노예를 동원해 영지를 운영했다. 자신의 도덕적 딜레마를 잘 알고 있던 그는 친구들에게 보낸 편지에서 고민을 토로했다. '우리는 늑대의 귀를 붙잡고 있다네. 계속 붙들 수도 없고, 안전하게 손을 놓을 수도 없지. 저울의 한쪽에는 정의가, 반대쪽에는 자기보존이 있는 셈이야.[8] 그러나 제퍼슨은 20년 전 조지 워싱턴이 그랬던 것처럼 자신의 노예들을 해방한다는 유언을 남기지 않았으며, 이는 오늘날 인간이 인간에게 행한 참혹한 범죄로 마땅히 인정된 노예제를 폐지하는 방향으로 미국이 확고히 나아가지 못하게 한 실수였다. 역사학자 윌리엄 크롤리는 제퍼슨이 노예 해방의 불가피성을 예견했을 것이라 주장한다. 제퍼슨은 이렇게 썼다. '시간 앞에 영원한 것은 없으며, 이 악惡 또한 그렇게 사라질 것이다.[9] 미국의 주요 설계자 중 한 사람인 제퍼슨은 그 시대 사람이기도 했다. 당대에는 죄가 아니었던 그의 '범죄'를 남북전쟁이 끝난 시점을 기준으로 단죄해야 하는 걸까? 민주주의 발명으로 오늘날에도 찬양받는 고대 그리스인들은 자유인 한 명당 노예를 다섯 명씩 소유했다. 동성애는 여러 시대와 장소에서 명백한 범죄로 간주되었지만, 계몽된 현대에서는 대부분 용인되고 있다.

제퍼슨에 관한 모든 것을 섭렵한 케네디는 과학기술에 대한 깊은 경외심을 갖게 되었다. 워싱턴DC의 포토맥 강변에 자리 잡은 케네디 공연 예술 센터와 플로리다 주 케이프 커내버럴의 나사 케네디 우주 센터 모두 미국 제35대 대통령의 개인적인 관심사가 오롯이 반영된 기념비적인 장소들이다. 비록 생전에 목도하지는 못했지만 케네디는 미국 청년들에게 영감을 주고 창의성을 크게 고취하는 시대정신을 조성함으로써 이 장의 서두에 언급한 페리클레스, 로렌초 데 메디치, 엘리자베스 1세 여왕처럼 깨어 있는 지도자로 평가받게 되었다. 케네디가 대통령이던 시절에 대한 향수 어린 은유로서 '캐멀롯'이 거론되곤 한다. 1963년 〈라이프〉와의 인터뷰에서 재클린 케네디는 남편이 가장 좋아했던 러너와 뢰베의 뮤지컬 〈캐멀롯Camelot〉의 대사 한 구절을 소개했다. '부디 잊히지 않기를. 한때 짧지만 빛나는 시절이 있던 곳, 카멜롯이라 불리던 곳이 있었음을.'

2부

예술계의 천재들

4

예술사의 특이점

설령 뉴턴이나 라이프니츠가 태어나지 않았더라도 세상은 [결국] 미적분을 알게 되었겠지만, 베토벤이 태어나지 않았다면 세상은 결코 〈운명 교향곡〉을 듣지 못했으리라.

— 알베르트 아인슈타인

아인슈타인의 말은 예술의 창조성과 과학의 창조성 간의 전형적인 차이를 보여준다. 가장 파괴적이고 혁명적인 음악가인 루트비히 판 베토벤(1770~1827)의 삶은 역사상 가장 뛰어난 두 과학자 아이작 뉴턴(1642~1727)과 알베르트 아인슈타인(1879~1955)의 생애 사이에 끼어 있다. 두 이론 물리학자 모두 시계처럼 정밀한 우주의 가장 깊은 비밀을 파헤치는 데 몰두했으나, 생활방식과 개성은 엄청나게 달랐다.

과학자의 연구는 자연 현상 관찰과 더불어 기존에 확립된 자연 법칙에서 출발한다. 각자의 업적은 자연 현상을 설명하기 위해 도입한 수학적 모델로 구현된다. 우주의 법칙은 정확하고 명료하며, 문제 제기 방식에 따라 달라 보일 수 있지만 본질적으로는 동일하게 표현된다. 이를테면 지구의 물리학 우등생은 2015년에 발견된 500광년 너머의 지구형 행성 케플러-186f에 가더라도 거기서 치르는 시험 역시 합격할 것이다. 케플러-186f에서 온 교환학생 또한 지구에서 치르는 시험을 잘 볼 것이다.

그러나 오래도록 남는 예술 걸작은 처음에는 텅 빈 상태(대리석 덩어리, 빈 캔버스, 백지 한 묶음, 텅 빈 악보)로 대개 당대의 지배적인 전통이나 장르에서 출발하지만 결국 그 작품 없이는 해당 장르를 거론할 수 없을 만큼 완전히 혁신적인 작품으로 완성된다. 이러한 창작은 처음부터 끝까지 무한에 가까운 다양한 형태가 가능하고, 어떤 작품이 더 뛰어난지 판단하는 것은 궁극적으로 인간의 주관에 좌우된다. '아름다움은 보는 사람의 눈에 있다.' 수천 년의 지혜가 담긴 이 속담은 존 로크와 데이비드 흄을 비롯한 여러 사상가들이 각자 다른 표현으로 언급했으며, 오늘날의 표현은 19세기에 마거릿 울프 헝거포드가 정리한 것이다.

불멸성 획득

예술은 감정 전달이 목적이다. 대개 예술가들은 자신의 창작물이 널리 전파되고 오래도록 살아남아 자신이 유명해지기를 고대한다. 재능 있는 영화감독이자 작가, 코미디언인 우디 앨런은 농담조로 이런 말을 했다. "나는 내 작품으로 불멸을 얻고 싶지 않아요. 죽지 않아서 불멸하고 싶답니다." 물론 그런 일은 불가능하다. 당대에 훗날 불멸에 이를 것처럼 보인 예술가들은 종종 있었지만, 역사가 늘 그들에게 우호적이지는 않았다.

　기원전 5세기 조각가이자 건축가 페이다이스는 건축가 이크티노스와 칼리크라테스와 함께 파르테논 신전을 설계하였고, 이후 박공과 띠 장식에 조각상을 새겼다. 파르테논 신전의 폐허는 지금도 건축 역사상 가장 아름다운 '외향성 건물'[1]의 모습으로 서 있다. 본래 조각상과 띠 장식은 현재 영국 박물관에 전시 중이고, 아테네에서는 석고 복제품만 볼 수 있다. 하지만 파르테논의 중심을 장식한 페이디아스의 작품, 아테나 파르테노스 여신의 거대한 크리셀레판틴(금과 상아로 덮은 대리석) 조각상과 또 다른 웅장한 크리셀레판틴 조각상인 올림피아의 제우스 상은 살아남지 못했다. 후자는 고대 7대 불가사의 중 하나로 지정되기까지 했다. 기원전 4세기에는 로마 역사학자 대* 플리니우스가 '고대의 가장 위대한 화가'로 손꼽은 아펠레스도 있었지만, 그의 원작은 하나도 남아 있지 않다. 아펠레스의 작품을 가장 가까이 엿볼 수 있는 것은 서기 79년 베수비오 화산의 대분화로 파괴된 로마의 도시 폼페이의 폐허에서 발견된 두 점의 복제품이다.[2] 첫 번째는 알렉산드로스 대왕과 다리우스 3세의 이소스 전투를 묘사한 모자이크 복원본이다. 두 번째 작품은 〈바다에서 태어나는 비너스Venus Anadyomene〉라는 벽화로, 르네상스의 거장 산드로 보티첼리(1445~1510)의 최고 걸작 〈비너스의 탄생La nascita di Venere〉에 영감을 주었다고 한다. 그림을 그리면서 스스로를 아펠레스의 환생이라고 상상하기까지 한 보티첼리는 또 다른 걸작 〈아테네 학당〉에서 자신을 고대 미술의 신 아펠레스로 묘사했으며, 레오나르도를 플라톤의 모델로, 미켈란젤로를 헤라클레이토스의 모델로 삼았다.

궁극적으로 취향과 기법, 기술은 시대적 특성이다. 그리고 진화한다. 이는 음악, 조각, 회화, 문학, 영화 등 모든 예술 분야에서 줄기차게 등장하는 다양한 장르에서 알 수 있다. 불가리아 태생의 크리스토(1935~2020)와 그의 프랑스인 아내 잔-클로드(1935~2009)는 '환경 예술 작품' 창조하는 현대 개념 예술가들이다. 이들은 자신의 작품이 장대하고 전위적이며 상징적이지만, 따사로운 햇살을 받는 눈사람처럼 덧없이 사라질 거라고 사전에 인정했다.[3] 대표작으로는 베를린의 〈포장된 국회의사당Wrapped Reichstag〉, 파리의 〈포장된 퐁네프 다리The Pont Neuf Wrapped〉, 뉴욕 센트럴 파크에서 23마일에 걸쳐 사프란색 깃발을 세운 〈더 게이츠The Gates〉, 캘리포니아 주 소노마에 설치된 끝없이 이어진 빨랫줄을 연상시키는 24마일(39킬로미터) 길이의 〈러닝 펜스Running Fence〉가 있다. 두 부부는 〈포장된 해안Wrapped Coast〉(호주)이라는 한층 더 야심찬 프로젝트에도 착수했다. 대중이 쉽게 접할 수 있는 이들의 작품은 끊임없이 관심을 불러일으켰지만, 평단의 반응은 엇갈렸다. 영속적이지 못한 유형의 작품을 만든 그들은 아마도 찰나의 예술을 추구한 예술가 정도로 역사에 남을 것이다. 동료 예술가 사울 스타인버그는 크리스토의 창작 방식을 이렇게 설명했다. '그는 자신을 창조했을 뿐만 아니라 자신의 예술을 창조했으며, 더욱 놀라운 점은 자신의 관객을 창조했다는 것이다.' 작고한 영국 작가 앨러스테어 쿡은 그런 현대 미술을 '독창성이라는 이름의 퇴폐'라 평하면서, 레오나르도와 미켈란젤로의 유산과 본격적으로 경쟁하기는 어려울 것이라 했다. 진공청소기 세 대와 바닥 광택기 한 대, 엽총 네 자루를 '악기'로 사용한 맬컴 아널드의 〈진공청소기와 오케스트라를 위한 협주곡 Concerto for Vacuum Cleaner and Orchestra〉[4] 역시 모차르트의 〈피아노 협주곡 21번〉이나 베토벤의 〈바이올린 협주곡 D장조〉와 경쟁할 가능성은 낮다. 이 책의 1장 도입부에서 규정한 천재의 특성과 조건은 지적 능력과 창조성 그리고 '영속적인' 성취이다. 이런 좁은 정의에 따르면 크르스토와 잔-클로드의 덧없는 작품들은 해당되지 않지만, 안타깝게도 아펠레스의 작품들 역시 마찬가지다.

위대한 작곡가들 중에서 인기의 변동이 없는 인물은 루트비히 판 베토벤뿐인 것 같다. 19세로 접어들면서 바흐의 별빛은 다소 흐려졌으나, 멘델스존이 그 광휘를 회복시켰다. 19세기 중반에는 엑토르 베를리오즈가 '프랑스의 베토벤'으로 불리며(특히 프랑스인들 사이에서) '세 명의 B'를 완성했다. 19세기 말에 이르자, 전설적인 지휘자 한스 폰 뷜로는 베를리오즈보다 브람스가 더 위대한 작곡가로서 올림포스 산의 정상에 선 삼인방을 완성한다고 평가하며 이렇게 단언했다. '나는 바흐가 음악의 성부요, 베토벤이 성자이며, 브람스가 성령이라고 믿는다.[5] 이 주제를 가볍게 다룬 만화 〈피너츠Peanuts〉를 보면, 피아노를 연주하는 슈뢰더를 보고 찰리 브라운이 말한다.[6] "너 바흐, 브람스, 베토벤에 대해 들어봤지? 자, 이제부터는 슈베르트, 슈만, 슈뢰더야!"

케임브리지 컴패니언(케임브리지 대학에서 출간하는 인문교양 시리즈-옮긴이)에 실린 현대 음악학자 스코트 버넘의 흥미로운 글은 다음과 같은 주장으로 시작한다.

> 지난 200년 동안 베토벤 음악의 수용에 관해 한 가지는 분명하다. 거
> 의 모든 여타 중요한 작곡가들이 겪은 대중적 인기와 비평적 평가의
> 반복적 부침이 거의 없었다는 사실이다.[7]

버넘의 주장에 따르면, 사후에도 줄곧 베토벤은 당대를 주도한 정
치적, 사회적 정신, 즉 시대정신에 발맞춰 끊임없이 재탄생되었다. 이
는 이 위대한 작곡가의 불멸성을 설명하는 중요한 단서로서, 이 장의
말미와 에필로그에서 다시 논의될 것이다. 더 나아가 그런 특징은 이
책에서 다루는 나머지 혁명적 천재들의 우월성을 설명해준다.

음악적 창조성의 코플런드 모델

음악의 창조성과 관련해, 음악가들 사이에서 '미국 음악의 대부'
라 불린 애런 코플런드(1900~1990)의 연구서《음악에서 무엇을 들
어야 하는가?》[8]에는 예리한 통찰이 담겨 있다. 이 책에서 그는 다양
한 작곡가들의 창작 과정을 이해하는 공식을 제시했다. 창조성의 기
본 세 유형 중 코플런드가 '전통적' 창조성으로 규정한 유형의 대표
적 인물로는 르네상스 시대 작곡가 조반니 피에를루이지 다 팔레
스트리나(1525~1594)와 바로크 시대 작곡가 요한 제바스티안 바흐

(1685~1750)가 꼽힌다. 따라서 이 유형은 팔레스트리나-바흐 모델이라 부르기로 하겠다. 이런 방식으로 작업한 작곡가들에 대해 코플런드는 다음과 같이 설명했다.

> 그들은 어떤 음악 스타일이 발전해 절정에 이르려는 음악사의 특정 시기에 태어났다. 여기서 관건은 이미 보편화되고 인정받은 스타일 안에서 음악을 창조하되 이전의 그 어떤 작곡가보다도 훌륭하게 해내는 것이었다.[9]

코플런드가 규정한 창조성의 두 번째 유형은 '저절로 영감이 떠오른' 작곡가로, 이 경우는 짧은 형식의 음악에 가장 적합하다. 그런 곡에는 뇌리에 각인되는 아름다운 선율이 흔히 등장한다. 코플런드가 설명하기를, '이런 유형의 작곡가는 음악적 주제에서 시작하는 것이 아니라 처음부터 완성된 곡을 갖고 작업한다.' 이러한 창조성을 지닌 작곡가로는 프란츠 슈베르트(1797~1828)가 손꼽히는데, 그에게서는 '음악이 그냥 샘솟듯 흘러나왔다.' 따라서 이를 슈베르트 모델이라고 부르겠다. 31년이라는 짧은 생애 동안 슈베르트는 아홉 편의 교향곡을 작곡했지만(가장 유명한 작품은 〈미완성 교향곡(8번 교향곡)〉), 대다수 작품은 간헐천이 분출하듯 쏟아져 나온 짧은 곡들로 서곡과 미사곡, 현악 중주와 6중주, 피아노 소나타를 비롯해 600편이 넘는 가곡이었다. 요절을 예감하기라도 한 듯, 슈베르트는 하루에 한 곡씩 써나갔다.

전 시대를 통틀어 최고의 신동이자, 작품의 압도적인 질과 경이로

운 양으로 전설이 된 볼프강 아마데우스 모차르트(1756~1791)는 전
통적인 창조성과 저절로 영감이 떠오른 창조성 모두를 가진 작곡가
였음이 틀림없다. 그는 코플런드가 말한 '이미 보편화되고 인정받은
[고전]스타일 안에서 음악을 창조하되 이전의 그 어떤 작곡가보다도
훌륭하게 해내는' 전통적 음악가이면서 동시에 '저절로 영감이 떠오
른' 창작가였다. 모차르트가 작곡한 교향곡과 오페라, 협주곡에는 가
공할 힘과 숭고한 아름다움이 있었다. 잉크를 찍어 곡을 쓰는 그의 속
도는 필사가 따라가지 못할 정도였다. 첫 오페라 〈아폴로와 히아킨투
스Apollo et Hyacinthus〉를 작곡했을 때 모차르트는 겨우 열한 살이었다. 많
은 음악학자들이 역사상 가장 위대한 오페라로 손꼽는 그의 걸작 〈돈
조반니Don Giovanni〉는 불과 6주 만에 완성되었다. 이런 점에서 보면 모
차르트는 팔레스트리나-바흐 모델과 슈베르트 모델을 겸비한 혼합
형이라 하겠다.

모차르트의 아버지 레오폴트에게 보낸 하이든의 서신에는 겸손과
경외가 담겨 있었다.

신 앞에 선 정직한 인간으로서 말씀드리는 바, 귀하의 아드님은 제가
사적으로 알거나 이름을 들어 아는 그 어떤 작곡가보다도 뛰어납니다.
독특한 감수성에 더해 지극히 심오한 작곡 능력을 갖고 있습니다.

베토벤에 대한 찬사로 이 장의 막을 연 아인슈타인은 사실 베토벤
보다 모차르트의 음악을 더 좋아한다고 말했다.

모차르트야말로 가장 위대한 작곡가이다. 베토벤은 자신의 음악을 창조했지만, 모차르트의 음악은 너무나 순수하고 아름다워서 만든 것이 아니라 그냥 발견된 것처럼 느껴진다. 우주의 내적 아름다움의 일부로서 늘 존재한 음악이 누군가에게 발견되길 기다렸다는 듯.

아인슈타인의 찬사는 '아빠'(제자와 음악가들이 다정한 하이든에게 붙인 별명-옮긴이) 하이든의 서신 내용과 다를 바 없다. 덧붙여 아인슈타인은 모차르트가 1777년에 〈피아노 협주곡 9번〉을 작곡하면서 성숙에 이르렀다고 평가하면서, '모차르트의 〈영웅 교향곡〉(음악사에서 가장 혁신적인 작품으로 손꼽히는 베토벤의 〈교향곡 제3번〉-옮긴이)!'이라고 표현했다. 오스트리아의 피아노 거장이자 모차르트, 슈베르트, 쇤베르크, 특히 베토벤 연주로 유명한 알프레드 브렌델은 그 협주곡이 '세상에서 가장 위대한 경이의 하나'라며 더욱 열렬히 찬미했다. 당시 베토벤, 바그너, 브람스, 차이콥스키 같은 동료 작곡가들의 찬사도 이어졌으며, 하워드 C. 로빈스 랜던은[10] 모차르트 탄생 255주년 기념식에서 경탄의 축사를 했다. "모차르트가 남긴 유산은 한마디로 인류의 존재 가치에 대한 질문의 가장 좋은 답이며, 어쩌면 결국 우리의 궁극적인 생존을 위한 작은 희망일지 모릅니다."

코플런드가 정의한 음악적 창조성의 세 번째 유형이자 그가 이상적으로 여기는 유형은 이른바 '구성주의자'라 불리는 작곡가 집단에게서 보인다. 이것이 바로 베토벤 모델이다. 이십대 초반에 빈에서 데뷔할 무렵, 심지어 그보다 앞서 본에서 음악적 기반을 다지던 시절에도, 최고의 음악 창작가이자 반항아인 베토벤은 모든 사회적, 시민적, 음악적 권위에 맞서는 기질을 품고 있었다. 따라서 그는 코플런드의 관점에서 결코 '전통적 음악가'일 수 없었다. 비록 일찍이 새로운 기법을 개발하고 거의 반사적으로 변주곡을 쓰는 재능이 있었지만, 베토벤에게는 슈베르트나 모차르트 같은 즉흥적 창조성은 없었다. 그의 작업 방식은 하나의 음악적 주제에서 출발하는 것이었다. 거기서 싹트는 아이디어들로부터 기둥과 뼈대를 세우면서 음악 작업을 구축해 나갔다. 악기 조합을 바꾸고, 주제에 맞춰 다양한 변주를 시도하고, 선율을 뒤집고 끊임없이 실험하면서 마침내 더 손볼 데가 없는 완벽한 작품을 만들어냈다. 코플런드에 따르면, 이후 작곡가들은 대부분 베토벤 모델을 따르게 되었다.

현대 음악학자들은 어빙 벌린, 조지 거슈윈, 듀크 엘링턴, 레너드 번스타인, 콜 포터를 비롯한 브로드웨이의 많은 유명 작곡가들 그리고 리처드 로저스와 오스카 해머스타인, 리처드 로저스와 로렌즈 하트, 앨런 제이 러너와 프레데릭 뢰베 같은 20세기 브로드웨이 뮤지컬의 거장 다수가(적어도 팀의 절반인 작사가들을 제외한 나머지 절반 음악가들은) 모두 음악 천재였다고 주장한다. 또한 여기에는 즉흥적 창조성을 지닌 스티븐 손드하임과 앤드류 로이드 웨버 같은 최근 작곡가들도 포함시킬 수 있는데, 이들이 쏟아낸 수많은 곡과 뮤지컬은 대부분 현대의 고전으로 자리 잡았다.

창의적인 예술가에게 매우 중요한 속성인 보편성에 관해 구스타프 말러는 동시대 핀란드 작곡가 얀 시벨리우스에게 조언을 건넸다.

"교향곡은 세상 같아야 하네. 보편적 정신을 모두 아울러야 하지." 이는 고전음악만이 아니라 모든 예술에 적용된다. 20세기에 압도적인 인기를 구가하며 사회적으로나 음악적으로 중요한 위치를 차지한 대중음악 그룹을 언급하지 않을 수 없다. 영국 리버풀 출신의 젊은이 네 명으로 구성된 4인조 밴드 비틀즈는 1960년에 결성되어 1970년에 해체되었는데, 말 그대로 초신성처럼 갑자기 등장해 다른 어떤 천체보다 밝게 빛나다 뚜렷한 외적 요인도 없이 사라졌다. 그들은 보편적이었고, 논란의 중심이었으며, 영원히 잊히지 않았다. 비틀즈의 음악 창작 활동이 중단되고 50년이 지난 지금도 그들의 앨범은 꾸준히 팔리면서 십대와 그들의 부모, 조부모가 소장하고 있다. 현대의 고전이 된 것이다. 1960년대에 레너드 번스타인은 이미 비틀즈의 작품에 담긴 보편적 정신을 인정하면서 '우리 시대의 슈베르트'라고 불렀다. 그로부터 30년 뒤, 번스타인은 앞서 했던 말에 더욱 무게를 실어 비틀즈를 '조지 거슈윈 이래 최고의 작곡가들'로 칭송했다.[11] 감성 넘치는 그들의 음악에는 존 레넌의 절절한 가사가 담긴 노래들이 있었다.

> 당신은 내가 몽상가라고 말하겠지만, 나만 그런 게 아니에요. 언젠가
> 당신도 우리와 함께 해요. 그러면 세상은 하나로 살아가겠죠.
> 혼자 꾸는 꿈은 꿈으로 끝나요. 함께 꾸는 꿈은 현실이 되죠.
> 세상에 눈을 뜨면, 내가 알던 세상은 작아져요.

비틀즈는 집단적 천재성이 정점에 이른 사례였고, 특히 폴 매카트

니와 존 레넌의 상호보완적 관계에서 빛을 발했다.

플레처의 작곡가 순위

2008년 12월에 아스펜 연구소는 이탈리아 르네상스와 레오나르도 다빈치의 중요성에 관한 워크숍을 개최했다.[12] 대표 강연자 세 명 중 한 사람이었던 나는 '일반적 천재'와 '혁명적 천재'의 차이를 소개했다. 이어서 음악학자이자 작곡가이며 아스펜 뮤직 페스티벌 앤 스쿨의 회장으로, '뜻밖의 수학자' 섹션에서 곧 소개될 앨런 플레처가 고전음악 작곡가들의 중요도를 비교하는 글 한 편을 참석자들과 공유했다. 작곡가들의 순위를 매긴 이 글에서 그는 일반적 천재와 혁명적 천재 사이에 새로운 범주 두 개(과도적 천재와 총괄적 천재)를 추가했다. 이를 반영한 표의 가로는 천재성의 네 가지 수준(일반적, 과도적, 총괄적, 혁명적), 세로는 그들이 속한 시대(대략적인 세기)로 구성돼 있었다.

표1. 플레처의 작곡가 순위

시대	일반적	과도적	총괄적	혁명적
중세				힐데가르트 폰 빙엔
르네상스				요스캥 데 프레
후기 르네상스				클라우디오 몬테베르디
바로크	비발디	쉬츠	헨델	바흐
고전주의	하이든		모차르트	베토벤
낭만주의	슈만	말러	베르디	바그너
20세기	바르토크	스트라빈스키		

앨런 플레처의 작곡가 순위는 600년의 시간대에 걸쳐 있다. 첫째 줄에는 중세 시대의 음악 천재가 포함되고(힐데가르트), 둘째 줄은 르네상스 시대(요스캥 데 프레: 레오나르도의 동시대인), 셋째 줄은 르네상스 후기(몬테베르디: 갈릴레오의 동시대인)이며, 넷째 줄은 바로크 시대, 다섯째 줄은 고전주의 시대, 여섯째 줄은 낭만주의 시대 그리고 일곱째 줄에는 20세기 작곡가들이 들어간다.

힐데가르트 폰 빙엔(1098~1179)은 혁명적 천재로 인정하기에 결코 모자람이 없는 후보이지만, 중세 음악이 포함될 때만 그러하다. 플레처는 편지에 이렇게 썼다.

힐데가르트가 과학과 신학, 행정 분야의 탁월한 사상가가 아니라 '오로지' 작곡가로만 알려졌다 해도, 여전히 지적 역사와 문화적 역사의 위인 중 한 사람일 겁니다. 그녀의 단선율 음악은 지극히 창의적이고

수학적으로 매우 정교하며 한없이 아름답습니다.[13]

플레처는 어떤 합리적 근거로 순위를 매겼는지 다음과 같이 설명했다.

일반적 천재도 당연히 훌륭하지요! 과도적 천재는 기존의 위대한 전통의 어깨 위에 서서 아주 새로운 것을 이뤄냅니다. 총괄적 천재는 하나의 양식에 내재된 모든 면면과 장르를 완벽히 섭렵함으로써, 이탈리아의 오페라 전통인 벨칸토처럼 그 양식 또는 그 안의 장르가 필연적으로 변화해 활력을 이어가게 하지요. 앞서 불렌트 아탈라이 씨가 설명한 영역에 들어가는 것은 혁명적 천재뿐입니다. 그런 천재들은 새로운 것을 창조하지만, 다른 이들이 그 혁신의 함의를 '곡으로 구현해내기'까지는 한 세기 이상이 걸릴 만큼 압도적인 완성도를 보여줍니다. 몬테베르디와 베토벤은 확실히 이에 해당됩니다. 바그너는 당대에 세계적으로 문화적 중요 인사가 된 드문 유형의 작곡가입니다. 바흐는 생전에 그러한 명성을 얻지 못했으며 심지어 유럽에서 그의 작품을 알던 몇몇 이들에게는 시대에 조금 뒤처진 존재로 여겨졌다는 점에서 독특합니다. 하지만 역사는 그의 편이었죠. 칵테일파티에서 '만찬의 손님으로 누가 이상적일까?'라는 게임을 할 때면 저는 늘 바흐를 떠올립니다. 오늘날 세상이 그의 음악을 어떻게 받아들이는지 알려주면 굉장히 재미있을 테니까요. 베토벤은 혁신과 완성도, 영향력 그리고 음악을 넘어선 문화적 중요성까지 모든 면에서 거인입니다.

　　내가 플레처의 표처럼 네 가지 유형으로 구분된 과학 천재들의 표를 만든다면, 뉴턴과 아인슈타인을 혁명적 천재 칸에 넣을 것이다(플레처의 작곡가 표에서 몬테베르디의 자리에는 역사적 대응 인물로 갈릴레오를 넣을 수 있다). 시대별로 따지면, 후기 르네상스에는 갈릴레오, 바로크 시대에는 뉴턴, 현대에는 아인슈타인을 넣겠다. 총괄적 천재 유형으로서(세 번째 세로줄) 19세기 과학자로는 마이클 패러데이, 찰스 다윈, 제임스 클러크 맥스웰을 포함시키고, 20세기 과학자로는 러더퍼드, 지그문트 프로이트, 닐스 보어 그리고 양자역학 삼인방인 슈뢰딩거와 하이젠베르크, 디랙이 포함될 것이다.

만인의 작곡가

예술은 소통이며, 위대한 예술은 감질나게 하는 열린 결말 방식으로 소통한다. 음악에서 작곡가는 청중이 자신의 창작물과 대화하도록 유도하고, 시각 예술에서는 화가나 조각가가 관객이 자신의 창작물에 빠져들도록 유도한다. 위대한 예술 작품은 수준 낮은 작품보다 더욱 매력적이고 도전적이며, 더 큰 긴장감으로 더 복잡한 대화를 이끌어낸다. 코플런드는 베토벤과 차이콥스키의 음악을 비교했다.

　　전문 음악가는 다를지 몰라도 대부분의 음악 초심자들은 자신의 음악적 반응을 특정한 말로 단정하려는 경향이 있습니다. 그래서 언제나 베토벤보다 차이콥스키가 '이해하기' 쉽다고 하죠. 베토벤의 작품보다 차이콥스키의 작품의 의미를 말로 표현하기가 쉽다고 말입니다. 훨씬 쉽죠! 더구나 이 러시아 작곡가의 작품은 다시 들을 때마다 거의 매번 같은 의미를 주는 반면 베토벤의 작품은 종종 무얼 말하려는지 콕 집어내기가 어렵거든요. 그리고 음악가라면 누구나 그래서 베토벤이 더 위대한 작곡가라고 말할 겁니다. 왜냐하면 늘 같은 의미를 주는 음악은 머지않아 금세 지루해지는 법이지만, 들을 때마다 의미가 조금씩 달라지는 음악은 오래 살아남을 가능성이 크니까요.

"나는 내가 예술가라는 걸 안다!" 죽어가던 베토벤이 힘겹게 내뱉은 이 말은 가슴 아픈 과소 평가였다. 그는 과거의 어느 누구보다도 음악 세계에 큰 변화를 가져왔으며, 이후로도 베토벤에 필적할 자는 없었다. 그에게 규칙이란 구부리고 부수고 해체해야 할 대상이었으며, 그러한 변화는 음악을 천상의 경지로 끌어올렸다. 오스트리아 출신의 미국인으로 박식한 학자인 로버트 헤이븐 쇼플러(1879~1986)는 베토벤을 이렇게 묘사했다. '그가 본 음악 예술은 특별한 사회 계층의 오락거리에 불과했다. 그는 음악을 모두의 것으로 만들었다. 그의 음악은 초인의 경지였다.'[14] 물론 다른 이들도 음악의 해방에 기여했지만, 베토벤만큼 효과적으로 해낸 음악가는 없었다. 그는 역사적으로 절묘한 시기에 등장했고, 변화를 이끌어낼 기질과 천재성을 갖추었다. 음악학자 도널드 제이 그라우트는 베토벤의 영향을 한마디로 요약했다. '베토벤은 음악 역사상 가장 위대한 파괴력이었다. 베토벤 이

후로 음악은 결코 이전과 같을 수 없었다. 그는 신세계로 가는 문을 열었다.'[15]

〈뉴요커〉의 음악 평론가 알렉스 로스는 기고문 '데우스 엑스 무지카Deus Ex Musica(음악에서 나온 신)'에서 포괄적인 일반화로 글을 시작했다.

> 베토벤은 예술 역사에서 하나의 특이점으로, 황홀하면서도 당혹스러운 힘을 보여준 현상이었다. 그는 후대의 모든 작곡가들에게 영향을 끼쳤을 뿐만 아니라 전체적인 구조를 변화시켰다... 그의 족적을 따라 지휘 예술이 등장했다. 현대의 피아노는 더 깊은 울림과 유연성을 가진 악기에 대한 베토벤의 요구로부터 발전한 것이다. 녹음 기술은 베토벤을 염두에 두고 진화했는데, 1931년에 나온 최초의 상업용 33⅓rpm LP에는 〈교향곡 제5번〉이 수록되었으며, 1세대 컴팩트디스크CD의 재생 시간이 75분으로 정해진 것도 〈교향곡 제9번〉을 끊김 없이 담기 위해서였다. 베토벤 이후 연주회장은 다양하고 어수선한 오락거리를 제공하는 장소가 아니라 예술적 위엄을 가리는 엄숙한 공간으로 인식되었다······ 음악을 듣는 방식도 근본적으로 바뀌었다. 베토벤의 밀도 높고 열정적인 음악적 서사를 따라가려면 몸을 앞으로 숙이고 열심히 집중해야 한다.[16]

다른 어떤 작곡가의 음악을 들을 때보다 베토벤의 음악을 들을 때 온전히 집중할 것을 요구받는 느낌이 드는데, 실제로 다들 그렇게 한다! 수많은 이들이 병적으로 베토벤을 숭배하고 있지만, 알렉스 로스는 그게 꼭 음악 발전에 좋지만은 않다고 인정한다. '이런 우상화는 베토벤의 영광을 지속하려고 마련된 무대 위에서 경쟁해야 하는 후대 작곡가들의 숨통을 조이는 악영향을 끼쳤다.'

그는 자신이 십대 시절에 작곡가가 되려다 포기한 일화를 소개한다. 보스턴에서 연주회를 관람하던 중, 무대 위 장식 아치에 새겨진 단 하나의 이름 '베토벤'을 보고 그는 혼잣말을 했다. '관두자!'

굴곡진 삶

본에서 유년기를 보내는 동안 베토벤은 아버지 요한 판 베토벤(1740~1792)으로부터 건반악기인 피아노와 오르간, 현악기인 바이올린과 비올라를 배웠다. 하지만 요한은 아들이 음악을 완전히 혐오할 지경에 이를 만큼 몰아붙였고, 결국 베토벤은 아버지를 증오하게 되었다. 비록 정규 교육을 5학년까지 받고 기초적인 읽기와 산수만 겨우 배웠지만, 젊은 시절 베토벤의 음악 수련은 유난히 철저했다. 아버지 말고도 그에게는 지역 건반 교사들이 여럿 있었는데, 단연 가장 큰 영향을 끼친 스승은 크리스티안 고틀로프 네페(1748~1798)였다. 라이프치히에서 성장한 네페는 다른 음악가들과 여러 면에서 달랐다. 그는 철학과 문학을 공부했고, 요한 제바스티안 바흐의 음악 교육법을 연구했다. 무엇보다 그는 헌신적이고 이타적인 스승으로 어린 베토벤의 무한한 잠재력을 처음부터 간파했다. 네페는 자신의 제자에게 바흐의 작품들을 들려주고, 개인적으로 좋아한 시인 실러도 소개했다. 또한 바흐의 아들들이 작곡한 당대 최신작들도 접하게 해주었다. 바흐의 〈평균율 클라비어 곡집Well-Tempered Clavier〉을 완벽히 익힌 베토벤은 '음악가들의 음악가'로 가장 많이 언급된 바흐의 진가를 알게 되었다.

네페는 베토벤 집안의 해로운 분위기를 알고 있었다. 아버지는 학대를 일삼는 타락한 알코올 중독자였고, 어머니는 자애롭지만 무력하고 병약해 자기 앞가림도 어려운 처지라 세 아들을 챙기는 것은 무리였다. 네페의 도움으로 베토벤은 궁정 오르간 연주 보조가 되어 약간의 수입이 생겼고, 아버지의 벌이에 보탬이 되었다. 1783년 열두 살의 나이에 베토벤은 건반 변주곡들을 발표했고, 이후 처음으로 만든 세 편의 피아노 소나타를 선제후 막시밀리안 프리드리히에게 헌정했다. 1785년 당시 겨우 열네 살이었던 그는 이미 가족의 주요 생계 부양자가 되었다. 1787년에 네페는 자신의 열여섯 살 제자를 모차르트가 있는 빈에 보내고자 선제후 궁정에 추천해 지원금을 받았다. 추천서에서 네페는 신성한 'M으로 시작하는 단어', 즉 모차르트를 언급했는데, '시작한 일을 앞으로 계속할 수 있다면, [베토벤은] 틀림없이 또 한 명의 모차르트가 될 것입니다.'라고 했다. 하지만 빈에 도착하고 불과 2주 뒤 모친이 폐병(결핵)으로 죽어가고 있다는 서신을 받은 베토벤은 집으로 돌아왔다. 1792년 11월에 빈으로 영구 이주했을 때는 이미 어머니와 모차르트 모두 세상을 떠난 뒤였다.

18세기의 마지막 10년 동안 베토벤은 하이든과 모차트르의 음악을 모델로 삼고 곡을 써냈지만, 이 작품들에도 혁명가로서의 면모가 번뜩였다. 1801년 무렵에는 완전히 자유로운 영혼으로서 자기표현을 탐구하기 시작했고, 다소 악마적인 경향도 드러냈다. 여러 요인들이 조합되어 훗날 그의 작품 세계에 불을 지핀 시기였다. 계몽주의의 시대정신, 프랑스 혁명, 혁명 이후 나폴레옹 시대의 폭발적인 힘, 아버지 요한에 대한 식지 않는 분노 그리고 다가오는 청력 상실. 마지막 요소인 청력 악화는 아무리 강조해도 지나치지 않을 만큼 결정적이다.

대부분의 작곡가와 여타 예술가들(화가, 조각가, 작가 등등)의 직업 이력은 일반적으로 세 시기, 즉 초기, 중기, 후기로 나뉜다. 하지만 베토벤의 경우는 좀 더 복잡하다. 음악학자이자 작곡가인 로버트 그린버그는 베토벤의 예술적 재탄생의 해를 1789년, 1802년, 1819년으로 규정해 그의 음악가 이력을 네 시기로 나눈다. 이런 구분은 지나친 단순화일지 모르지만, 우리는 좀 더 일반적인 세 시기를 따르기로 하자. 첫 번째 시기는 본에서의 어린 시절부터 빈에서의 첫 10년까지로, 당시 베토벤은 하이든과 모차르트의 양식에 기반을 둔 전형적인 고전주의 작곡가였다. 베토벤이 재탄생한 세 시기(혹은 네 시기)와는 별개로 음악학자 스코트 버넘은 베토벤의 사후 시간대를 네 개의 '결정적 단계'[17]로 규정하는데, 그 출발점은 베토벤이 사망한 1827년이다. 알렉스 로스의 묘사대로 베토벤은 '시대를 초월하는 작곡가'로서, 43년 주기와 57년 주기로 번갈아 이정표가 찍히면서 세상은 그를 끊임없이 재발견했다. 이는 베토벤이 불멸의 지위에 등극했다는 대표적 증거일 것이다. 그에게는 여느 작곡가들이 맞닥뜨린 시대적 부침이 전혀 없었다.

베토벤의 예술적 재탄생을 촉발한 것은 성공과 위기를 받아들이는 그의 독특한 방식이었다. 1789년에 베토벤을 가족의 주된 생계부양자로 인정한 선제후들은 아버지가 받을 연금의 절반을 18세이던 베토벤에게 지급하기로 결정했다. 수입 증가와 더불어 아마도 그에 따른 아버지의 공개적 망신에 고무된 베토벤은 즉시 창작력이 폭발해 다섯 편의 피아노 변주곡, 발레 음악, 콘서트 아리아, 피아노와 관악기를 위한 실내악 작품, 독창과 오케스트라를 위한 두 개의 칸타타를 쏟아냈다.

1802년 10월에 베토벤은 그 유명한 〈하일리겐슈타트 유서〉라는 서신을 동생들에게 보냈다. '사랑하는 카를과 (　)에게…'(여기서 (　)의 주인공은 당연히 아버지와 이름이 같은 동생 '요한')로 시작하는 이 글에서 베토벤은 청력 상실로 괴로워하며 삶을 포기할 생각까지 한다. 이 편지는 햄릿의 유명한 독백 '사느냐 죽느냐' 못지않게 비통하다. 하지만 이 편지를 쓴 것은 베토벤이 개인적 위기를 극복하고 재탄생하는 카타르시스(정화)의 과정이었다. 1802년부터 1805년까지 작곡하고 1805년에 초연한 〈교향곡 제3번, 작품번호 55〉, '영웅'은 베토벤의 예술적 부활을 알리는 암묵적 선언이었다. 그린버그는 다음과 같이 설명했다.

영웅의 모습으로 등장해 기악 음악의 표현적 본질을 재창조하고, '창조자'로서 예술가의 역할을 재평가했으며, 음악적 표현의 본질에 혁명을 일으켰다.

뜻밖의 수학자

앞서 언급한 2008년 12월 아스펜 연구소 컨퍼런스에 참석한 나는 한 세션에서 '위대한 예술에 내재된 수학'아리는 주제로 발표했다. 피보나치 수열이 고전주의 시대와 르네상스 시대의 예술과 건축에 어떻게 적용되었는지 설명하는 동안, 강연장 뒤쪽에 앉아 있는 한 남자가 눈에 띄었다. 열심히 뭔가 적고 고민하며 계산하는 눈치였다. 그때는 그가 아스펜 뮤직 페스티벌 앤 스쿨의 회장이자 저명한 작곡가이며 음악학자인 앨런 플레처라는 사실을 몰랐다. 휴식 시간에 나를 찾아온 그는 아까 베토벤의 〈교향곡 제1번〉을 분석해보니 반복이 피보나치 수열(1, 1, 2, 3, 5, 8, 13, 21, 34, 55, 89, 144...)을 따른다는 사실을 발견했다고 말했다 (7장 '예술과 과학이 만나는 지점' 참조). 이후 플레처는 한 편의 글을 써서 워크숍 참석자들에게 나눠주었다. 그중 한 단락은 다음과 같다.

베토벤의 〈교향곡 제1번〉 1악장은 대략적인 황금비 구성을 보여준다. 도입부는 12마디로 이루어져 있지만, 일반적인 템포로 연주하면 이후 악장의 템포를 기준으로 66마디 정도의 길이이다. 이후 악장은 제시부[18](96마디), 제시부 반복(96마디), 전개부[19](78마디), 재현부[20](120마디)로 나뉜다. 숫자들이 정확히 황금비를 따르지는 않지만, 도입부에서 전개부까지가 전체 악장과 대략적인 황금비를 이루고, 제시부는 반복까지 포함해 재현부와 거의 황금비를 이룬다.

베토벤의 〈교향곡 제3번〉(영웅)도 비슷한 특징을 보인다. 도입부(4마디, 전체 악장과 동일한 템포), 제시부(151마디, 반복), 전개부(142마디), 재현부(293마디). 도입부와 제시부는 전개부와 황금비를 이루고, 나머지 부분과는 역 황금비를 보인다. 도입부와 제시부, 전개부는 나머지 부분과 황금비이고, 전개부는 재현부와 역 황금비이다.

중요한 점은 이 비율 모두 정확히 황금비는 아니라는 것이다. 베토벤이 피보나치 수열을 알고서 의도적으로 이런 비율을 사용하지 않은 것은 거의 틀림없다.

베토벤은 수학에 아주 젬병이었다. 정규 교육 기간이 짧았던 이 불쌍한 학생은 간단한 곱셈조차 못했으며, 긴 나눗셈은 언감생심이었다. 현존하는 베토벤의 대화 노트 중 하나를 보면, 12 곱하기 12를 할 때 그는 12을 12번 더했다고 한다. 에드먼드 모리스가 지적했듯[21] 베토벤에게 다소 난독증이 있었다는 증거도 있는데, 1181을 1811로 쓰거나 41을 14로 잘못 적었다는 것이다. 이런 심리적 특이성은 사물을 단일 수평선이 아니라 다양한 관점에서 보는 능력과 관련이 있는데, 피카소와 브라크의 입체파 회화 기법에서 볼 수 있고, 베토벤의 음악에 담긴 창조성에서도 드러난다.

빈 주변의 숲속을 오래 걷기를 즐겼던 베토벤은 거기서 자연이 보내는 무언의 메시지를 받았을지 모른다. 나뭇가지에 달린 잎사귀들의 패턴, 나뭇가지가 퍼져나간 형상, 해바라기 씨들이 만들어낸 소용돌이무늬, 솔방울 비늘의 소용돌이무늬, 꽃잎의 배열 등등 다양한 식물들의 독특한 입차례 패턴이 베토벤의 잠재의식에 자리 잡고 그의 음악에 스며들었을 것이다. 의식적이든 아니든 레오나르도의 그림에도 그런 모습이 보인다. 물론 레오나르도 추종자들은 대부분 그에게 우연은 없다고 주장한다. 따라서 레오나르도는 의식적으로 그렇게 그렸을 가능성이 크고, 벨라 바르토크 역시 그런 식으로 곡을 썼다.[22]

심장의 음악

2015년 옥스퍼드 대학 동문 계간지 〈옥스퍼드 투데이〉에 '심장의 음악'이라는 흥미로운 제목의 글이 실렸다.[23] 이 대학 래드클리프 병원의 심장 전문의 피터 슬라이트 교수는 다른 심장의학자들과 공동 연구로 〈인간의 심혈관과 뇌, 음악 간의 역동적 상호 작용〉이라는 보고서를 발표했다.[24] 그들은 반복된 리듬이나 10초 길이의 후렴을 가진 느린 음악, 특히 아다지오가 청자에게 독특한 진정 효과가 있다는 사실을 발견했다. 그런 음악은 인체에서 자연스럽게 발생하는 10초 간격의 혈압 조절 파동과 일치한다는 것이다. 이 연구는 25세 전후의 건강한 남녀 24명을 대상으로 이뤄졌는데, 절반은 음악 교육을 받지 않은 의대생이고 나머지 절반은 음악원 출신 뮤지션이었다. 이들 모두에게 무작위로 재생된 다양한 스타일과 장르의 음악을 들려주면서, 그 사이 심전도 측정기로 혈압과 호흡수를 면밀히 기록했다.

진정 효과가 가장 크다고 밝혀진 레퍼토리는 베토벤의 〈교향곡 제9번〉 아다지오 악장을 비롯해 베르디와 푸치니의 일부 오페라 가곡들이었다. 베르디의 〈히브리 노예들의 합창〉은 혈압을 정상 수준으로 낮추는 것으로 나타났다. 그밖에도 푸치니의 오페라 〈투란도트〉의 〈공주는 잠 못 이루고〉와 바흐의 칸타타 〈오직 주님만이 내 마음을 가지리〉(BWV 169) 역시 비슷한 결과를 보였다. 연구진이 밝혀낸 바에 따르면, 가끔 이탈리아 가톨릭 미사에서처럼 〈아베 마리아〉 기도문을 라틴어로 50번 반복 낭송하면 10초 리듬이 생긴다.

슬라이트는 이 현상을 다음과 같이 설명한다. '그런 곡들에는 심혈관계 조절 리듬과 정확히 일치하는 10초 반복 리듬이 유독 많다. 혈압 측정값은 심장이 뛸 때마다 뇌로 전달되지만, 뇌가 심장으로 보내는 조절 신호는 서로 다른 속도로 작동하는 두 개의 신경을 통해 전달되기 때문에 서로 위상이 맞지 않다가 10초마다 한 번씩 다시 일치하며 도달한다.' 슬라이트의 가설대로라면, 맥박과 호흡수 같은 신체의 자연적 순환 과정과 느리고 반복적인 음악이 시너지를 일으켜 진정 효과가 발생한다. 그는 또 덧붙였다. '우리의 연구는 음악, 즉 특정 리듬이 심장과 혈관에 끼치는 영향에 대한 이해를 높였다. 하지만 음악이 실체 치료에 쓰일 가능성에 대한 의심을 해소하려면 더욱 엄격한 추가 연구가 필요하다.' 슬라이트와 공동 연구자들은 남녀의 반응, 음악가와 비음악가의 반응에 유의미한 차이가 없다는 사실도 알아냈다.

여기서 한 가지 의문이 든다. 청각적 자극이 원심성 신경계에 그러한 변화를 일으키는 생리학적 원인은 무엇인가? 우리 모두는 경험으로 알고 있다. 특정한 리듬이 동반된 멜로디는 눈물을 자아내는 힘을 갖고 있으며, 심지어 처음 들어도 그럴 때가 있다. 어떻게 이런 일이 벌어질까? 개인적 사건과 연관된 익숙한 곡조는 설명하기 쉽지만, 난생처음 듣는 음악도 그러하다면 생리학적으로 원초적인 뭔가가 있다. 음악가와 생리학자, 인문학자 들이 교류하고 협력한다면 당연히 훌륭한 결과를 도출해 낼 수 있을 것이다.

이 연구는 불안증이나 우울증 같은 심리적 장애뿐만 아니라 고혈압 같은 심장 질환에도 보완 치료법으로 적용될 가능성이 있지만, 고전음악을 도입한 치료의 효과적인 프로토콜을 정립하려면 상당한 연구가 더 이뤄져야 한다. 슬라이트가 지적하기를, '비발디의 〈사계〉처럼 템포가 빠른 고전음악은 청자의 혈압 강하에 실패했다. 심장 전문의가 테일러 스위프트의 노래를 하루 한 번 듣거나 비발디의 곡을 30분씩 들으라고 권유하는 날이 오려면 더욱 확고한 입증이 필요하다.'

베토벤은 하이든과 모차르트가 정립한 음악 사조의 막을 내리면서 영웅적이고 혁명적이고 모험적인 새로운 사조인 낭만주의 시대의 막을 올리는 데 성공했다. 그의 영향력은 베버, 슈베르트, 브람스, 말러, 차이콥스키, 쇤베르크, 스트라빈스키, 슈토크하우젠을 거쳐 오늘날에까지 이어지고 있다.

20세기 음악사는 종종 (음악적 탐구에 골몰한)작곡가들과 (기량을 과시하려는)연주자들 사이에 벌어진 물의와 논쟁으로 점철된 드라마처럼 기록되곤 한다. 이러한 전통은 베토벤에게까지 거슬러 올라간다. 오늘날 슈토크하우젠이나 불레즈의 곡에 어려움을 겪는 연주자라면 베토벤의 〈현악 사중주 제13번〉 마지막 악장 연주를 거부했던 슈판치히 사중주단에게 베토벤이 했던 말을 떠올려보면 좋을 듯싶다. "내가 왜 너희와 네놈들의 우라질 바이올린을 신경 써야 하지?"[25]

1812년에 발표된 베토벤의 유일한 오페라 〈피델리오Fidelio, 작품번호 72〉는 평범한 오페라로 평가받았지만, 그 배경으로 쓰인 음악은 훌륭했다. 〈교향곡 제7번, 작품번호 92〉는 역시나 베토벤답게 강렬한 작품이었다. 〈교향곡 제8번, 작품번호 93〉은 가볍고 간결하며 유머러스하다. 그린버그는 이렇게 설명한다. '〈교향곡 제8번〉의 경쾌한 분위기에는 베토벤의 어두운 심리가 감춰져 있다. 그는 우울할 때 아주 밝고 화려한 곡을 많이 썼다. 교향곡 2번과 7번, 8번 모두 낙담한 상태에서 작곡했는데, 심지어 자살 충동에 시달릴 때도 있었다.'

1815년 무렵 베토벤은 일상생활이 어려울 만큼 우울증에 빠졌고, 이 상태는 1819년까지 지속되었다. 그 4년을 지나 이후 5년 동안에도 교향곡을 전혀 쓰지 못했다. 이 시기의 주목할 만한 작품 〈웰링턴의 승리Wellingtons Sieg 작품번호 91〉은 여러 악기를 자동으로 연주하는 '판하모니콘(베토벤의 친구 요한 네포무크 멜첼이 1805년에 발명한 악기-옮긴이)'을 위해 만든 15분 길이의 관현악곡으로, 베토벤의 작품 중 가장 뜨거운 논란의 대상이다. 당시 빈의 청중은 음악 평가 수준이 매우 높았지만 이 곡의 속물스러움을 크게 개의치 않았는데, 그 시대의 괴물 나폴레옹에 대한 승리를 찬미한다는 이유 때문이었다.

독일의 박식가이자 의심의 여지가 없는 천재 요한 볼프강 폰 괴테는 가장 어두운 시기를 보내고 있던 베토벤과의 만남을 자주 가졌다. 함께 공원을 거니는 동안 두 사람은 서로에 대한 존경심을 빠르게 키워갔다. 하지만 세 번째 만남 이후 그런 존경심이 시들었는데, 둘 다 서로의 사회적 행동이 못마땅했기 때문이다. 베토벤이 보기에 괴테는 황후를 비롯한 귀족들에게 쓸데없이 굽실거렸다. 괴테가 모자를 벗고 그들에게 길을 비켜줄 때면 베토벤은 불쾌감을 드러냈다. 베를린에 사는 친구에게 보낸 괴테의 편지에 따르면, 베토벤이 몸을 숙여 괴테에게 속삭였다. "여태 그랬듯이 내 팔을 잡고 계속 걸어요. 저들이 길을 비켜야 하는 겁니다. 우리가 아니라."[26] 하지만 괴테는 베토벤의 무례한 행동을 안쓰럽게 여기며 편지에 덧붙였다.

그의 재능은 놀라웠다네. 하지만 안타깝게도 괴팍한 성격이야. 물론 세상이 혐오스럽다는 생각이 아주 틀린 건 아니지만, 자신이나 타인을 위해 세상을 즐겁게 만들려는 노력은 전혀 안 하더군. 우린 그를 용서하고 연민해야 하네. 청력을 잃어가고 있거든. 음악적인 면보다는 사회적인 면이 더 문제야. 원래 과묵한 친구인데 청각 장애 때문에 점점 더 말수가 적어져.

불멸의 연인

빈에서 지낸 수년간 베토벤은 여성들과 자주 사랑에 빠졌다. 약혼한 여자, 유부녀, 사회적으로 훨씬 신분이 높은 여자, 아니면 애초에 가질 수 없는 여인. 하지만 그들을 사로잡는 데는 실패했다. 여자들은 처음에는 베토벤의 재능에 매료되었지만, 괴팍한 성격과 끌리지 않는 외모 때문에 이내 퇴짜를 놓았다. 베토벤은 몸은 다부졌지만 키가 165센티미터 정도로 작았다. 넓은 어깨 위에 얹힌 불균형적으로 큰 머리와 곰보 자국이 있는 얼굴 그리고 머리카락은 헝클어진 까만 덤불 같았다.[27] 그러나 1812년 혹은 1813년에 마침내 베토벤은 한 여인을 열렬히 사랑하게 됐으며, 그녀도 그만큼의 애정으로 화답했다. 이 관계의 증거는 오늘날 '불멸의 연인'이라 불리는 뜨거운 연정이 담긴 편지로, 베토벤 사후에 그의 책상 비밀 서랍에서 발견되었다.

나의 천사, 나의 전부, 또 다른 나인 그대여. 오늘은 몇 자 적지 못 하오. 그것도 연필로(당신의 연필로). 내일이나 되어야 숙소가 확실히 정해질 것 같소. 이런 일로 시간을 허비하다니 한심하기 짝이 없구려. 어쩔 수 없는 상황이건만 왜 이토록 비탄에 잠겨야 하오?

우리의 사랑은 모든 것을 바라지 않는 희생을 통해서만 지속될 수 있소? 그대는 온전히 내 것이 아니며 나는 온전히 그대의 것이 아님을 정녕 바꿀 수 없단 말이오? 오, 신이시여. 아름다운 자연을 바라보며 우리의 필연에 마음을 열어주오. 사랑이 모든 것을 요구함은 지극히 당연한 이치이기에, 당신에 대한 나의 사랑이 그러하고, 나에 대한 당신의 사랑이 그러하다오. 하지만 그대는 너무 쉽게 잊는구려. 나는 그대를 위해 살고 나를 위해 살아야 한다는 것을…….

베토벤은 편지의 수신자를 적지 않았다. 작성 날짜도 쓰지 않았고, 편지를 부치지도 않았다. 지난 200년 동안 이 수수께끼 같은 여성의 정체는 베토벤 학자들을 혼란에 빠트렸다. 베토벤의 '연인'이었을 수 있는 여자는 십 여 명이다. 1994년 영화 〈불멸의 연인Immortal Beloved〉은 관객에게 숨 막히게 아름다운 음악을 선사하지만 역사적 사실과는 다르다. 영화가 제시한 다소 믿기 어려운 가설대로라면, 먼저 죽은 동생 카스파르 안톤 카를 판 베토벤의 미망인이었던 요한나 라이스가 편지의 수신자였다. 하지만 그린버그는 음악학자 메이너드 솔로먼이 결국 이 수수께끼를 풀었다고 열렬히 지지한다. 베일에 싸였던 여인은 안토니 브렌타노이며, 편지 작성일은 1812년 7월 6일부터 7일까지로 보인다. 베토벤보다 열 살 연하였던 브렌타노는 기혼자로서 네 아이의 엄마였다. 열정적인 연애와 더불어 같이 살자는 이야기도 오갔다. 하지만 이 관계를 끝낸 쪽은 브렌타노가 아니라 결혼을 두려워한 베토벤이었다. 뒤틀린 가정환경에서 자란 기억이 결혼을 부정적으로 보게 한 것이다.

'불멸의 연인' 편지는 10년 전 하일리겐슈타트 유서 같은 정화 효과를 일으키지 못했다. 이후 예술적 재탄생이나 창작력 폭발은 전혀 없었다. 오히려 베토벤의 창작 열정은 급격히 식었다. 1815년부터

1819년까지의 그의 삶은 나태하고 추레할 따름이다. 오스트리아 빈에 가면 베토벤이 56년을 사는 동안 30곳의 집을 전전하며 29번이나 쫓겨났다는 여행가이드의 설명을 듣게 될 것이다.

베토벤은 늘 동생들의 보호자 노릇을 했지만, 제수들에게는 유난히 모질었다. 1815년에 카스파르가 죽자 베토벤은 동생의 아들 카를의 단독 후견인이 되고자 집착했다. 결국 사람을 고용해 카스파르의 미망인 요한나의 평판을 실추시킴으로써 조카를 합법적으로 입양했다. 이 과정에서 두 모자의 삶은 나락에 떨어졌다. 카를은 자살을 시도하다 실패했다. 권총에 화약을 충분히 넣지 않고 총구를 관자놀이에 비스듬히 겨누어 총알이 두피와 두개골 사이에 박히고 말았다. 그린버그의 지적에 따르면, '이 사건은 고전적인 방식의 구조 요청이자, 줄기차게 간섭하는 삼촌에게서 벗어나려는 몸부림에 불과했다.' 한편 베토벤의 미망인 제수 요한나는 재혼해 딸을 낳았는데, 아마도 잃어버린 아들의 상징적인 대체였을 것이다. 그녀는 갓난아기의 이름을 '루트비히'의 여성형인 '루트비가'로 지었다. 이 시기에 자신만의 현실을 만들어 망상에 빠진 베토벤은 자신이 프리드리히 대왕의 아들이며 조카의 친부라고 주장했다. 이 무렵 그는 천재와 광인 사이의 가느다란 경계선에서 나쁜 쪽으로 자주 넘어갔다.

한때 베토벤은 나폴레옹을 떠받들며 평범한 사람들의 영웅으로 여겼다. 하지만 프랑스 척탄병들의 수류탄이 사방에 터지는 동안 빈의 어느 집 지하실에 숨어 있던 그는 나폴레옹이 스스로 황제에 즉위했다는 소식을 듣고 〈교향곡 제3번〉의 악보 표지를 찢어버렸다. 그리고 자신의 판단 착오에 스스로를 욕했다. "빌어먹을, 넌 틀렸어……
또!"〈뉴요커〉에 실린 알렉스 로스의 글은 베토벤의 비통한 한탄을
전한다. "음악 말고는 내가 하는 일은 전부 엉망진창 바보짓이야!"

세 개의 G와 E플랫 하나

일반적으로 음악 역사상 가장 중요한 두 연주회로 꼽히는 공연에서
베토벤은〈교향곡 제5번〉(1808)을 먼저 선보이고 16년 후〈교향곡 제
9번〉(1824)을 공개했다. 힘과 독창성을 기준으로, 혁명적인〈교향곡
제3번〉의 후속으로 마땅한 작품은〈교향곡 제4번〉이 아니라〈교향곡
제5번〉이다. 마찬가지로 베토벤의 음악 혁명을 완성하는〈교향곡 제
5번〉후속으로 마땅한 작품은〈제6번〉도,〈제7번〉도,〈제8번〉도 아닌
〈교향곡 제9번〉이다. 하지만 숨을 거두는 날까지 베토벤이 가장 아낀
작품은〈교향곡 제3번〉, '영웅'이었다.

　베토벤이〈교향곡 제5번〉을 본격적으로 작곡한 것은 1806에서
1808년까지이지만, 초안 작업은 그로부터 6년 전에 시작되었다. 그 2
년 동안〈교향곡 제5번〉과 더불어 베토벤은〈열정 소나타〉,〈피아노
협주곡 제4번〉,〈라주모프스키 현악 4중주〉,〈교향곡 제4번〉,〈바이올
린 협주곡 D장조〉[28], 콘서트 아리아〈아! 못 믿을 이여!〉,〈교향곡 제6
번〉'전원', 오페라〈피델리오〉,〈합창 환상곡 D장조〉,〈미사곡 C장고〉
등 많은 작품을 써나갔다. 나폴레옹 전쟁이 유럽을 휩쓸고 1805년에

실제로 빈이 프랑스에게 점령당한 것이 이런 작품들이 탄생한 두려운 배경이었다. 창조성이 폭발한 1806년에서 1808년까지 2년의 시간은 베토벤에게 기적의 해였다. 1665년에서 1666년(과 1684년에서 1685년)이 뉴턴에게 그러했고, 1905년(과 1915년)이 아인슈타인에게 그러했듯이.

1804년에서 1808년 사이에 완성된 베토벤의 여덟 작품은 1808년 12월 22일에 안 데어 빈 극장에서 장장 4시간에 걸친 마라톤 콘서트로 초연되었다. 난방이 되지 않은 연주회장에서 리허설도 제대로 못한 평범한 수준의 오케스트라에 의해 진행된 이 공연에서, 〈교향곡 제5번〉과 〈교향곡 제6번〉의 지휘자는 베토벤 본인이었으며, 〈피아노 협주곡 4번〉의 피아노 연주 역시 베토벤이 직접 맡았다. 현명한 사람이라면 프로그램이 너무 길다고 판단했겠지만, 베토벤은 공연 시간을 줄이기는커녕 오히려 곡을 더 추가했다. 심지어 긴 연주 부분을 다시 하기까지 했다. (청력이 나빠진 탓에 〈합창 환상곡〉 악보에서 자기 파트를 놓치자, 잠시 후 청중을 향해 소리쳤다. '처음부터 다시!') 그런 혁명적 음악을 청중이 한꺼번에 이해하기는 불가능했다. 수준 높고 세련된 빈의 청중에게조차 너무 길고 지나치게 혁명적이었다! 음악에 시달린 사람들은 지친 표정으로 극장을 나섰고, 베토벤의 후원자 로브코비츠 공의 초대로 참석한 당대 작곡가 요한 프리드리히 라이하르트는 이날의 경험을 한마디로 요약했다.

우리는 혹독한 추위에 떨며 6시 반부터 10시 반까지 앉아서, 좋은 것도 과하면 독이 된다는 격언을 몸소 확인했다.

전설적인 지휘자 레너드 번스타인은 1956년에 모교인 하버드 대학에서 교향곡의 진화를 다룬 애니메이션[29]으로 강연을 했다. 〈교향곡 제5번〉 1악장을 분석하면서 그는 베토벤이 악기를 넣고 빼면서 끊임없이 악기 조합을 실험하고 주제를 변주함으로써 마침내 대략 500마디로 이루어진 교향곡 전체가 지극히 자신만만하고, 성숙되고, 완벽해서 더는 손댈 수 없는 경지에 이르렀다고 극찬했다.

프로이센 출신의 작곡가이자 음악 교사, 법학자, 화가였던 에른스트 T. A. 호프만(1776~1822)은 하이든, 모차르트, 베토벤의 동시대 후

〈교향곡 제5번〉의 1악장 도입부는 G장조 8분음표 셋과 E플랫 장조 2분음표 하나,
이어서 F장조 8분음표 셋과 D장조 2분음표 하나로 구성되어 있다.
베토벤은 이 교향곡을 로브코비츠 공☆과 라주모프스키 공☆에게 헌정했다.

배 음악인이었다. 작가로서 그가 쓴 환상적인 이야기는 차이콥스키의 발레 〈호두까기 인형〉의 원작이며, 오펜바흐의 발레 〈호프만의 이야기〉의 호프만이 바로 그다. 베토벤의 그 유명한 1808년 연주회가 있고 불과 2년 뒤, 라이프치히의 한 출판사에서 음악비평가로 자리 잡은 호프만은 베토벤의 〈교향곡 제5번〉을 날카롭게 분석한 첫 비평가로 인정받고 있다. 베토벤을 최초이자 진정한 낭만주의 작곡가로 평가한 그는 1810년에 낭만주의 시대의 화려하고 열정적인 언어로 다음과 같이 썼다.

> 현대 기악 음악의 창시자인 하이든과 모차르트는 우리에게 그 예술[기악 음악]의 아름다움을 처음으로 완벽하게 보여주었다. 베토벤은 예술을 열렬한 사랑으로 보고 예술의 가장 깊은 본질을 꿰뚫었다.…… 모차르트는 우리를 영계의 심연으로 인도한다. 두려움이 우리를 에워싸되 고통을 주지는 않으며, 오히려 무한의 예감을 불러일으킨다.…… 모차르트의 음악은 초인적이며, 내면에 깃든 경이가 담겨 있다. 베토벤의 음악은 공포와 경악, 전율, 고통을 유발해 낭만주의의 본질인 끝없는 갈망을 일깨운다. 베토벤은 순수한 낭만주의 작곡가이다(그리고 바로 이런 이유로 진정한 음악가이다).

베토벤이 최초의 낭만주의 작곡가라는 호프만의 주장은 당시 음악계에서는 인정받았지만, 오늘날은 베토벤이 낭만주의 작곡가였는지조차 의견이 엇갈린다. 18세기와 19세기 음악을 전공한 가장 존경

받는 음악학자들 중에는 루트거스 대학교의 더글러스 존슨처럼 베토벤을 고전주의 작곡가로 보는 이들도 있다.

베토벤이 만든 〈교향곡 제5번〉은 음악 역사상 가장 강력하고, 영속적이며, 만인에게 감동을 주는 걸작 중 하나로 평가받는다. 프랑스 낭만주의 작곡가 엑토르 베를리오즈(1803~1869)는 베토벤이 〈교향곡 제5번〉에 불어넣은 불굴의 정신을 느끼고 다음과 같이 말했다.

오로지 베토벤의 천재성에서 직접적으로 발산되는 음악으로, 베토벤 자신의 내밀한 생각이 발전된 것이다. 그의 숨겨진 슬픔과 울분, 울적한 압박감에 사로잡힌 꿈, 밤의 환상과 폭발적인 열정이 전체 주제를 이루며, 아름답고 조화롭고 율동적인 오케스트라 구성을 형상화하는 본질적인 새로움과 개성은 엄청난 힘과 기품까지 부여한다.

가장 일찍 발표된 베토벤 전기 중 하나인 《내가 아는 베토벤 Beethoven as I Knew Him》의 저자이자 베토벤의 시종, 필기 보조, 허드렛일 꾼 노릇을 했던 안톤 펠릭스 쉰들러는 베토벤이 〈교향곡 제5번〉의 악보를 보다가 이렇게 외쳤다고 주장했다.

이렇게 운명이 너의 문을 두드리는구나!So pocht das Schicksal an die Pforte!

이 교향곡은 '운명 교향곡'으로 불리게 되었다. 그밖에 '심판의 날을 알리는 나팔 소리', '빈의 숲에서 노래하는 새' 같은 해석도 있었다.

역사상 최초의 원거리 통신 기술인 전보는 1884년에 등장했다. 미국의 화가이자 발명가인 새뮤얼 모스(1791~1872)는 전선을 통해 전기 펄스를 한쪽 전자기 스위치에서 다른 쪽 전자기 스위치로 보내 종이 릴테이프에 표시가 찍히도록 했다.[30] 또한 전기 펄스의 조합을 기호, 즉 글자와 숫자로 변환하는 코드도 발명했다. 모스 코드 중에서 점 3개와 대시 하나, 즉 '• • • —'는 글자 'v'를 의미하는데, 공교롭게도 v는 로마 숫자 기호로서 숫자 5를 뜻한다. 그리고 영어 단어 'victory(승리)'의 첫 글자이기도 하다. 제2차 세계 대전 당시 연합군은 〈교향곡 제5번〉을 '연합군의 승리 교향곡'으로 채택했다(연합군의 주적이 베토벤의 고국 독일이었다는 점은 아이러니다). 숫자로서 v는 베토벤 교향곡들의 연대기적 순서에서 〈교향곡 제5번〉의 위치를 나타낸다.

1989년에 베를린 장벽이 철거되고 서구권 민주주의 국가들과 동구권 독재 국가들 간의 냉전이 물리적, 상징적으로 종결되면서, 동독, 폴란드, 루마니아, 우크라이나 등 소련 체제 하의 많은 나라들이 독립을 얻었다. 독일의 평화와 재통합의 상징으로 레너드 번스타인은 베토벤의 〈교향곡 제9번〉을 지휘했다. 베토벤 음악의 힘과 아름다움은 영원할 것이다. 하지만 평화는 일시적이다. 2022년 1월에 러시아는 우크라이나를 다시 동구권에 포함시키고자 침공을 감행했다.

베토벤의 〈교향곡 제9번〉이 일본에서 처음 연주된 것은 1918년이며, 2018년에는 초연 100주년을 기념하는 플래시몹 공연이 이루어졌다. 그보다 불과 몇 년 전 일본에서는 가수 1만 명이 부른 〈환희의 송가〉 합창의 장대한 녹음도 있었다.[31] 원래 이 노래는 의사이자 철학자,

역사학자, 극작가, 시인이었던 프리드리히 실러(1759~1805)가 1785
년에 쓴 시였다. 이후 그는 이 시를 자신의 작품 중 저급한 축으로 치
부하며 '현실과 동떨어져 있고 기억할 가치가 전혀 없다'고 혹평했다.
실러가 죽고 19년이 지난 뒤, 베토벤의 합창곡 노랫말로 쓰인 이 시는
그 팔방미인 독일인의 가장 유명한 작품으로 등극하게 되었다.

긴장과 해소

기초 음악 이론에서 긴장과 해소는 서로를 보완하는 한 쌍의 기술적
용어로, 전자는 청자의 마음속에 형성되는 기대감을 의미하고 후자
는 마음에 쌓인 긴장이 풀리는 안도감을 뜻한다. 긴장을 조성하는 것
은 반복과 다이내믹 증가, 점진적인 음의 상승이나 하강, 협화음과 불
협화음 사이의 (부분적인) 싱코페이션이며, 결국 해소감으로 이어진
다. 이것들은 일반적인 예시로 베토벤의 〈교향곡 제5번〉과는 딱히 관
련이 없다. 기초 화성에서는 (같은 조에 있다면)어떤 화음을 사용해도
긴장을 유발할 수 있지만, 가장 좋은 해소 방법은 으뜸음으로 돌아가
는 것이다. 으뜸음은 온음계의 첫 번째 음이자 조성음악의 중심 또는
최종 해결 음으로서, 고전음악과 대중음악을 비롯해 전통음악의 마
지막 케이던스에 흔히 사용된다.

베토벤 음악에서 긴장과 해소의 원천은 〈교향곡 제5번〉에서 보듯
주제를 풀어내는 능력에 있다. 베토벤은 하나의 주제를 탐구하면서

그것을 확장하고 가능한 모든 방식으로 활용하며 다양한 목소리와 자리바꿈을 탐구하다가 마침내 케이던스에 이르러 해소한다. 주제는 가능한 모든 방식으로 해소 없이 연주되고, 결국 긴장이 최고조에 달하면 폭넓은 케이던스와 코다로 해소되는 것이다.[32] 베토벤은 긴장과 해소의 창조자로서 타의 추종을 불허했다.

여기서 한 가지 의문이 생긴다. '긴장과 해소'의 메커니즘은 타고나는 것일까 길러지는 것일까? 일본이나 중국, 호주 원주민 사회 같은 다른 문화권에도 그런 메커니즘이 존재해 서양 음악과의 유사성, 특히 동일한 화음 진행을 엿볼 수 있을까? 아니면 후천적으로 습득되는 메커니즘인가? 2,500년 전에 피타고라스 학파는 특정한 화음 조합이 협화음 또는 불협화음을 만들어냄으로써 어떤 화음은 조화로워 듣기 좋고, 다른 화음은 그렇지 않다는 사실을 인지했다. 이는 인류의 먼 조상들이 아프리카 대초원에서 함께 노래 부르던 때부터 유전자에 새겨진 것일 수도 있고, 동양과 달리 서양에서 문화적으로 습득된 것일 수도 있다.

5

킹콩과 원숭이들

위대함을 두려워 마라. 누군가는 타고나고, 누군가는 성취하며,

누군가는 운명처럼 짊어진다.[1]

— 윌리엄 셰익스피어

셰익스피어라면 자신이 불멸의 지위에 오른 것을 어떻게 설명할까? 400년 전, 그와 동시대인이자 뛰어난 시인이며 극작가, 까다로운 문학 비평가였던 벤 존슨은 이미 셰익스피어의 불멸을 예견하며《제1작품집》서문에 헌사를 썼다. '그는 한 시대가 아니라 만세에 남을 작가이다!' 100년 전, 저명한 극작가이자 비평가, 웅변가이며 전설적인 기인이었던 조지 버나드 쇼는 이렇게 썼다. '호메로스라는 단 하나의 예외 말고 걸출한 작가들 중에서 내가 나의 지성과 비교해 셰익스피어만큼 철저히 경멸하는 작가는 없다.'[2] 현대의 셰익스피어 학자 스티븐 부스는 우리가 늘 생각하지만 좀처럼 입 밖으로 내지 않는 질문 '셰익스피어가 정말로 그렇게 위대한가?'에 합리적으로 대응한다.

셰익스피어는 가장 과소평가된 시인이다. 셰익스피어가 영국 최고의 시인 후보들 중 제일 뛰어나다는 점은 대부분 동의하지만, 이는 마치 킹콩이 다른 원숭이들[유인원들]보다 크다고 말하는 것과 다를 바 없다. 셰익스피어의 언어적 능력은 밀턴이나 초서, 벤 존슨과 비교해 그 차이가 어마어마하다. 그의 시적 조화는(음성적으로나 사상적으로나) 밀도가 높아 손쉬운 계산이 불가능하며, 그의 시를 분석하는 행위는 자기모순에 빠지고 만다. 복잡하게 얽히고설킨 일관성이 드러나면서, 분석한 구절들의 물리적 구조가 이해되기는커녕 오히려 더 모호해지기 때문이다.[3]

월리엄 셰익스피어만큼 언어와 문학에 심대한 영향을 끼친 작가는 없다. 영어뿐만 아니라 그 어떤 언어권에서도 비견할 상대가 없는 극작가이자 시인이었으며, 가장 통찰력 있는 심리학자이자 예언자이기도 했다. 그는 인간의 마음을 탐구한 궁극의 탐험가였다. 셰익스피어만을 위해 만들어진 단어들도 있다. Bardology(셰익스피어학), Bardolater(셰익스피어 숭배자), Bardolatry(셰익스피어 우상화). 마지막 단어는 '셰익스피어에 대한 익살맞은 우상화나 과도한 찬양'을 의미한다. 이는 종종 피하기 어려운 함정이다.

거장의 비판

흔히 레오 톨스토이로 알려진 백작 레프 니콜라예비치 톨스토이

(1828~1910)는 셰익스피어 우상화 반대 입장을 분명히 하면서 〈셰익스피에 대한 비판적 고찰〉이라는 짧은 평론을 다음과 같이 시작했다.

> 처음 셰익스피어를 읽었을 때 느낀 놀라움이 기억난다. 강렬한 미학적 쾌감을 기대했건만, 그의 최고작으로 평가받은 작품들을 차례차례 읽어가는 동안 일말의 기쁨도 느끼지 못했을 뿐만 아니라 참기 어려운 혐오와 지루함을 느꼈다.[4]

《안나 카레리나》와 《전쟁과 평화》를 쓴 톨스토이는 역사상 가장 위대한 소설가 중 한 사람이며, 최고 수준의 천재가 틀림없었다. 그가 셰익스피어를 읽고 느낀 실망감은 레오나르도를 비판한 미켈란젤로나 뉴턴을 비판한 라이프니츠처럼 정상에 있는 존재에 대한 단순한 직업적 시기였을까? 아니면 수세기를 뛰어넘은 문화나 언어 번역의 장벽 때문에 뭔가를 놓친 것일까? 그럴 리가! 톨스토이는 셰익스피어의 전작을 영어 원서뿐만 아니라 독일어와 러시아어 번역본으로도 읽을 수 있었고 실제로 읽었으며, 삶의 두세 단계에 걸쳐 재독했다.

톨스토이는 부유한 귀족 가문에서 태어났다. 그는 크림 전쟁의 전선에서 전장의 야만성을 몸소 체험했고, 파리에서는 공개 처형을 목도했다. 이후 그는 빅토르 위고의 《레 미제라블 Les Misérables》을 읽고 불의와 비참에서 헤어나지 못할 운명의 굴레를 쓴 가련한 사람들의 이야기에 깊은 감명을 받았다. 소설의 주인공 장발장은 빵 한 덩이를 훔친 죄로 19년을 복역하고 감옥을 탈출하지만, 경찰서장 자베르에게 끊임없이 쫓기는 신세였다. 결국 예수의 〈산상수훈〉을 읽고 영적으로 각성했다고 주장한 톨스토이는 평화주의자이자 기독교적 아나키스트로 탈바꿈했다. 비폭력 저항의 정신이 담긴 그의 작품들은 마하트마 간디, 마틴 루터 킹 주니어, 테레사 수녀, 넬슨 만델라에게 영감을 주었다.

톨스토이의 삶을 뒤바꾼 카타르시스적 경험은 그를 토지 사유와 러시아 정교회, 결혼 제도를 반대하는 길로 이끌었다. 그는 친구에게 보낸 편지에 이렇게 썼다. '국가란 단순히 착취를 위한 음모가 아니라 무엇보다 국민을 타락시키는 모략이야. …… 따라서 앞으로 나는 그 어떤 정부도 섬기지 않을 걸세.[5] 이는 단순히 허울 좋은 말이 아니었다. 정직한 지성인으로서 그는 자신의 전 재산을 자녀와 손자들이 아니라 갓 해방된 농노들에게 물려준다는 유언장을 썼다. 또한 농노의 자식들을 위해 13개의 학교를 세웠다. 톨스토이의 아내로 오십 평생을 살며 끝까지 그를 사랑한 소피아 백작부인은 남편이 미쳤다고 확신했다. 가치관과 세계관이 남들과는 확연히 달랐던 톨스토이는 권위를 혐오했다. 문학에서 셰익스피어는 궁극적 권위의 상징이었다. 톨스토이가 그 권위에도 반감을 가졌으리라는 짐작은, 특히 말년에 쓴 비판적 평론에서라면 당연하지 않을까?

톨스토이의 비판에 대한 보완적 설명은 다른 데서 찾을 수도 있다. 영국 역사학자이자 저술가, 다큐멘터리 영화감독인 마이클 우드에 따르면,[6] 셰익스피어의 먼 친 척인 로버트 서틀 또한 시인이었다. 하지만 그의 유명한 친척은 몰래 가톨릭을 신봉한 반면, 구교를 열렬히 옹호한 서틀은 금서로 지정된 《성 베드로의 탄식St. Peter's Complaynte》과 《성 마리아 막달레나의 장례의 눈물Saint Mary Magdalen's Funeral Tears》의 저자였다. 서틀의 책에는 치명적인 헌사가 담겨 있었다.

> 훌륭하고 선량한 나의 친척 '거장 WS' 님께. 시인들은 자신의 재능을 남용해, 갖은 우행과 거짓된 사랑을 주제로 천박한 글을 써댐으로써 시의 명예를 나락으로 떨어뜨렸기에 '사랑, 거짓말쟁이, 연인'이라는 세 단어는 하나의 뜻이 되고 말았습니다.…… [그러나] 시인의 의무는 주님을 찬미하는 것이지요.

서틀은 결국 체포되어 재판을 받고 런던 마블 아치(19세기에 세워진 흰색 개선문-옮긴이) 근처 타이번에서 처형당했다. 그가 걸었던 참혹한 길은 자신뿐만 아니라 많은 독실한 신도들까지 죽음으로 내몰았다. 셰익스피어는 자신과 육친의 목숨이 위태로운 상황에서 종교적 분쟁에 휘말리지 않고 살아남았다. 하지만 서틀이 처형되고 불과 며칠 뒤, 여왕의 후원을 받는 극단이 책 한 묶음을 여왕에게 바쳤다. 우연이었는지는 모르지만, 책들 가운데는 '훌륭한 친척'에게 바치는 헌사가 적힌《성 마리아 막달레나의 장례의 눈물》이 한 권 있었다. 우드의 설명에 따르면, '여왕은 이를 알아보고 눈물을 글썽였지만, 그 문제를 더 깊이 추궁하지는 않았다.' 어쩌면 톨스토이는 자기도 모르게 로버트 서틀의 말을 되풀이했던 것인지도 모른다. '시인의 의무는 주님을 찬미하는 것이지요.'

음모론

셰익스피어의 언어는 인류의 문화적 DNA에 너무도 깊이 각인되었고, 이제 그의 실체는 안개 속으로 사라져 완전히 신화가 되었다. 그가 쓴 희곡들이 단번에 성공을 거두자 런던이 발칵 뒤집혔다. 흔히 언급되는 일화는 셰익스피어보다 여섯 살 연상이자 이미 극작가로 자리를 잡고 있던 로버트 그린의 반응이었다. 그린은 가방 끈 짧은 변방의 신인이 런던 연극계에 발을 들이려 한다는 사실에 격분했다. 당시 주요 극작가들(키드, 로지, 라일, 말로, 내시, 필 그리고 물론 그린 자신)은 모두 대학을 나왔다. 그린은《한 푼어치 지혜Groatsworth of Wit》에서 셰익스피어를 신랄하게 비난했는데, 셰익스피어 희곡의 대사 '오, 여인의 가죽을 뒤집어쓴 호랑이의 심장이여.'[7]를 가져와 조롱에 써먹었다. '우리의 깃털로 치장하고 '배우의 가죽을 뒤집어쓴 호랑이의 심장'을 가진 벼락출세한 까마귀가 있으니, 자신은 능히 최고의 극작가다운 멋들어진 글을 쓸 수 있다며 허풍을 떤다. 게다가 진정한 '요하네스팍토툼(척척박사)'로서 오만하게도 이 나라 연극계에는 자기밖에 없는 줄 안다.' 그린은 이 독설을 쓰고 얼마 지나지 않아 죽었으며, 이후에 글이 활자화되었다. 셰익스피어의 작품들을 돌아보건대, 이 신랄한 독설은 한 남자의 질투 어린 폭언쯤으로 보인다.

지난 160년 동안 주기적으로 등장한 셰익스피어 회의론자들은 13세에 학업을 접고 제대로 교육받지 못한 잉글랜드 변방 출신의 극작가가 어떻게 그토록 심오한 문학을 창조할 있었냐며 줄기차게 의문을 제기했다. 혹자는 이렇게 외쳤다. "멍청하기는! 셰익스피어가 글 쓴이일 리 없어! 크리스토퍼 말로(1564~1593)만이 그런 작품들을 쓸 수 있었을 거야!" (물론 이 주장대로라면 말로는 확인된 사망일보다 20년은 더 살았어야 했다.) 19세기에는 옥스퍼드파Oxfordians라는 집단이 이렇게 주장했다. "아니, 아냐, 아니라고! 진짜 저자는 17대 옥스퍼드 백작 에 드워드 드 비어(1550~1604)였어." 또 이런 주장도 있었다. "엘리자베 스 여왕이 필명으로 쓴 희곡들이야." 다른 음모론자들은 5대 러틀랜 드 백작 로저 매너스(1576~1612)나 월터 롤리(1552~1618)를 저자로 지목했다.

셰익스피어 가족이 스트랫퍼드 어폰 에이번에 살던 시절의 경찰 기록을 추적한 마이클 우드는 윌리엄 셰익스피어가 실제 저자였다 는 신뢰할 만한 근거를 제시했다.[8] 버지니아 대학의 셰익스피어 학자 폴 캔터는 셰익스피어가 모든 사람의 심리 속으로 자신을 투영하면 서 자신의 정체성을 억누르는 불가사의한 천재성을 지녔다고 주장한 다. 존 키츠(1795~1821)는 셰익스피어가 어떤 존재로도 변신할 수 있 는 '카멜레온 시인'이라고 표현했다. 셰익스피어는 자신이 남자나 여 자, 영웅이나 악당, 지도자나 추종자인 것처럼 쓸 수 있었고, 그의 글 이 어찌나 설득력 있었는지 한 사람 한 사람 모두가 셰익스피어를 자 기편으로 여길 정도였다. 캔터가 말하기를, '셰익스피어의 위대한 능 력은 세상을 대변해 정확하게 재현하는 것이었다.'

2005년에 컬럼비아 대학의 셰익스피어 학자 제임스 샤피로는 《셰 익스피어를 둘러싼 모험Contested Will: Who Wrote Shakespeare?》이라는 책을 내면서, 베일에 싸인 천재는 바로 프랜시스 베이컨(1561~1626)이라고 주장했다. 그러자 〈가디언〉의 칼럼니스트 로버트 맥크럼이 반박 글을 게시했다. '샤피로 교수는 저작자 논쟁의 말라버린 황야, 그 어둠의 세계로 넘어갔다.'[9]

2014년에는 존 허드슨이 자신만의 이론을 내세워 가장 해묵은 저작자 논쟁 경기를 부활시켰는데, 2019년에 저널리스트 엘리자베스 윙클러의 열렬한 지지를 받았다.[10] 두 방의 펀치 중 첫 번째는 에밀리아 바사노 라니에르(영국 역사상 최초의 전문 여류 시인-옮긴이)가 셰익스피어 소네트에 등장하는 '검은 여인Dark Lady'이라는 가설이었다. 나아가 허드슨은 라니에르가 셰익스피어 희곡의 실제 저자라고 추정했는데, 오직 여성만이 여자의 마음을 그토록 완벽하게 깊이 공감하며 들여다볼 수 있다는 주장이었다.

셰익스피어 저작자 논쟁 경기는 내 체급으로는 감당하기 어렵다. 하지만 이 책에서 다루는 나머지 네 명의 혁명적 천재들을 통해 알게 된 것은 교육의 부족이 혁명적 천재성 형성에 장애가 되지 않는다는 사실이다. 심지어 셰익스피어보다 정규 교육을 훨씬 덜 받은 레오나르도는 심리학적 가치가 충만한 〈최후의 만찬〉과 〈모나리자〉를 그렸고, 역사상 가장 위대한 해부학 연구를 수행했으며, 과학의 전 분야를 일궈냈다. 그리고 5년 동안 최소한의 의무 교육을 마친 베토벤은 〈교향곡 제3번〉과 〈교향곡 제5번〉, 〈교향곡 제9번〉을 비롯해 후기 현악 사중주곡들(작품번호 127, 130, 131, 132, 133, 135)[11]로 음악의 본령을 변화시켰으며, 작품 하나하나가 비약적 도약이었다. 혹시 이런 수준의 천재에게는 교육 결핍에서 비롯된 불안이 복수심에 불타는 채울 수 없는 갈망에 불을 지펴, 무의식의 각본이 머릿속에서 완전히 수행되어 일정 수준의 성취에 이르기 전까지는 자신의 노력에 만족하지 못하는 것은 아닐까?

위대한 예술과 위대한 과학: 빈틈과 모호성, 열린 결말

'셰익스피어가 어째서 21세기에 의미 있는가?'라는 질문에 대한 매력적이고 새로운 접근법을 옥스퍼드 대학 셰익스피어 연구 교수인 에마 스미스가 제시한다. 그녀의 책《이것이 셰익스피어다》[12]는 연극계나 학계의 일반적인 대답 목록을 의심하는 것으로 시작한다. 대개 이런 대답들이다. '그의 작품은 인간이 처한 상황을 누구보다 잘 담아내기 때문이다.' '천사의 손길로 어느 누구보다도 훨씬 훌륭하게 표현했기 때문이다.' '어휘력이 방대하기 때문이다.' '통찰력과 독창성, 문학적 완성도에서 당대 작가들을 압도했기 때문이다.' '관용과 인류애라는 영원한 가치를 대변하기 때문이다.' 하지만 스미스의 대답은 다르다. '아니, 그래서가 아니다. 전혀! 이런 대답들은 마치 죽은 고양이를 탁자 위에 올려놓아 더 교묘하고 본질적인 문제에서 눈을 돌리게 만드는 것과 같다. 그로 인해 우리는 셰익스피어의 침묵과 불일치, 모호성 그리고 무엇보다 '그의 작품이 지닌 의도적 허용의 빈틈'에 담긴 예술적, 이념적 함의를 탐구할 기회를 놓치고 만다.' 이어서 그녀는 덧붙인다. '그 '빈틈의 성질'이야말로 핵심이다. 셰익스피어의 희곡은 불완전하며, 말한 것과 말하지 않은 것, 둘 사이의 공백들로 엮여 있다.' 독자는 자신의 세계와 시대, 경험과 가치관에 부합하는 대답을 채워 넣어야 한다.

에마 스미스의 책에서 셰익스피어는 '의문투성이고 모호하며, 당대의 역사적 환경을 반영하면서도 뜻밖의 방식으로 우리 시대에도 의미를 준다.' 셰익스피어 희곡에 대한 그녀의 평가는 아이버 A. 리처즈(1893~1979)가 이끈 신비평 학파의 평가와 같은 맥락으로, 그들은 위대한 시에는 '역동적 긴장'이 조성된다고 주장했다.

셰익스피어의 희곡이 그토록 막강한 것은 작품 세계 전반을 아우르는 열린 결말 덕분인데, 이는 베토벤의 〈교향곡 제5번〉과 〈교향곡 제9번〉, 레오나르도 다빈치의 〈최후의 만찬〉과 〈모나리자〉에도 해당된다. 레너드 번스타인이 혁명적 천재 베토벤과 일반적 천재 차이콥스키의 음악을 어떻게 비교했는지 떠올려보자. '베토벤은 같은 곡을 반복해 들어도 질리지 않지만, 차이콥스키의 곡은 반복해 들으면 지루해진다.' 열린 결말이란 점에서 레오나르도의 회화도 마찬가지다. 그의 그림을 본 사람들은 각자 다른 해석을 하게 된다. 앞서 플레처가 제시한 작곡가 순위표의 (음악 분야) 혁명적 천재 범주에는 끊임없는 논란의 주인공이자 다재다능한 박식가 리하르트 바그너(1813~1883)가 들어갔다. 과거 〈뉴욕타임스〉에서 음악 평론을 하고 현재 〈뉴요커〉 음악평론가로서 퓰리처상을 수상한 저술가인 알렉스 로스는 2020년에 발표한 책에서 바그너를 분석했다.[13] 바그너의 오페라 〈니

벨룽의 반지Der Ring des Nibelungen〉는 게르만 신화와 북구 신화를 융합해 보편적 주제로 승화시킨 걸작이다. 바그너는 직접 이렇게 썼다. '신화의 독특한 점은 그 내용이 극도로 압축적이면서도 시대를 초월해 마르지 않는 샘이라는 것이다.' 로스는 이 거장이 '청중의 귀에 속삭이는 비밀은 언제나 진실하지만 각자 다르게 듣는다.'라고 표현했다. 따라서 바그너의 작품에는 '거의 무한한 가변성'이 담겨 있다. 로스가 바그너의 음악을 설명하며 사용한 '가변성'이라는 성질은 에마 스미스가 극찬한 셰익스피어 희곡의 또 다른 특성이며, 나아가 모든 형태의 위대한 예술에 내포되어 있다. 이러한 점에서 로스와 스미스의 책은 서로 공명한다.

하지만 과학자는 정반대의 가치를 추구한다. 빈틈과 불일치, 개방성, 모호성, 가변성은 설 자리가 없다. 과학의 목표는 정확성, 수학적으로 도출된 일관성, 자연 법칙의 통합이다. 자연의 모든 현상은 중력, 전자기력, 약한 핵력, 강한 핵력, 이 네 가지 기본 힘으로 설명할 수 있다.

알베르트 아인슈타인은 두 차례 기적의 해를 거치며 뉴턴의 물리학을 새롭게 썼고, 이후 25년간 대통일 이론을 정립하려고 노력했으나 실패했다. 아인슈타인 사후 20년 동안 이른바 기초 입자 표준 모형으로 세 가지 힘은 통합되었다. 하지만 한 가지 힘, 즉 중력만은 통합된 전체에 포함되지 못했는데, 대부분의 물리학자들은 네 가지 힘이 빅뱅의 순간에 하나의 힘으로 존재했으리라 믿는다. 수학적으로 보면 문제는 미시 세계의 물리학인 양자역학과 거시 세계의 물리학인 일반상대성 이론의 통합에 있다. 초끈 이론과 그 변형 이론들은 만물 이론으로 이 문제에 다리를 놓으려 한다. 위대한 과학의 목적은 자연 법칙을 통일해 모호성과 불일치, 빈틈을 제거하는 것이다. 여기서 한 가지 주의점이 있다. 자연계의 기반인 수학이 엄격하고 반박의 여지가 없다 해도, 그 결과와 예측의 해석은 이따금 첨예한 의견 충돌을 야기할 수 있다. 양자역학의 토대인 불확정성 원리가 요구하는 확률적 해석을 두고 물리학계는 구세대와 신세대로 양분되었다.

예술가이자 과학자인 레오나르도와 아인슈타인, 수학적 통찰을 가진 작곡가 베토벤, 수학자이면서 물리학자인 뉴턴과 마찬가지로, 인본주의자 셰익스피어 역시 실험에 매진했다. 이런 관점에서 그는 과학자, 즉 정신분석학적 극작가이다.[14] 이를테면 〈율리우스 카이사르〉보다 앞서 나온 역사 비극 〈리처드 2세〉에서 셰익스피어는 암살 사건을 종반부에 배치했는데, 이로써 암살이 이루지는 심리적 과정이 극의 대부분을 차지하고, 암살의 후폭풍이 전개될 시간이 거의 없었다. 〈율리우스 카이사르〉 직후 발표된 비극 〈햄릿〉에서는 초반에 암살을 배치함으로써 거의 줄거리 전체가 암살 이후의 사건에 할애되었다. 〈햄릿〉의 주인공은 거의 처음부터 끝날 때까지 정신분석학자 셰익스피어의 소파에 누워 있는 셈이다.

그러나 〈율리우스 카이사르〉에서는 극의 절정(정치적 암살)이 정중앙에 배치되어, 후반부에 카이사르의 후계자 옥타비우스가 군대를 결집해 브루투스의 세력을 물리치는 이야기가 전개된다. 포로가 되길 거부한 브루투스는 자신의 칼에 몸을 던져 자결한다.

율리우스 카이사르

셰익스피어의 정치 스릴러 〈율리우스 카이사르〉의 역사적 배경은 기원전 48년에 그리스 중부 파르살라에서 벌어진 전투에서 폼페이우스 대제가 율리우스 카이사르에게 패배한 사건이다. 이 결정적인 전투로 사실상 로마 내전은 종식되었다. 수적 열세인 카이사르 군대의 보급 식량을 차단하려던 폼페이우스의 전략은 역효과를 일으켰다. 시간만 끌고 전면전을 주저하던 그는 치욕적인 패배를 당하고 프톨레마이오스 왕조의 이집트로 달아났으나 결국 프톨레마이오스 13세의 부하들 손에 살해당했다.

〈율리우스 카이사르〉 도입부에서 카이사르가 군대를 이끌고 로마로 개선하자, 시민들은 숭배에 가까운 열광적인 환호로 그를 맞이한다. 원로원의 카이사르 지지파는 그에게 엄청난 영예를 안겨주고 전례 없는 권력을 부여하려 한다. 반대파는 한 명의 지도자에게, 특히 자기애가 강한 자에게 지나친 힘을 주면 권력 남용이 발생하고 결국 폭정으로 이어질 것을 두려워한다. 반대파에 속한 가이우스 카시우스는 카이사르에 대한 시기와 혐오에 사로잡혀 그를 조롱한다. '그는 이 좁은 세계 위에 거인처럼 다리를 벌리고 서 있는데, 하찮은 우리는 그 거대한 다리 밑을 걸으며 눈치나 본다.' 카시우스는 카이사르 암살을 주모한다. 하지만 먼저 모두가 존경해 마지않는 애국자이자 카이사르의 막역한 벗인 마르쿠스 브루투스를 포섭해 반란에 가담시켜야 한다. 브루투스를 비롯해 카시우스, 카스카, 킨나 등 공모자는 총 8

명. 이들은 카이사르 암살에 다 같이 나서야 한다. 마지막으로 공모자들에 대한 역공을 차단하는 예방책으로 카이사르의 충성스러운 친구 마르쿠스 안토니우스도 제거해야 한다. 카시우스가 브루투스에게 말한다. '안토니우스와 카이사르 모두 쓰러뜨려야 하네.'

　진정 고결한 애국자인 브루투스는 공화국을 지키고자 음모에 가담하기로 결심한다. 과수원에서의 독백 장면에서 그는 카이사르가 과거에 행한 일이 아니라 훗날 저지를지 모를 일 때문이라고 자신의 결정을 정당화한다. 하지만 암살 실행에 대한 고민으로 갈등하며 속내를 털어놓는다. '카시우스가 내게 카이사르 시해를 처음 부추긴 후로 줄곧 잠을 이루지 못했다.' 에마 스미스의 지적에 따르면, 이 지점에서 셰익스피어는 이미 〈햄릿〉을 염두에 두었다. 햄릿은 클로디어스 숙부를 죽일 마음을 품게 되는데, 클로디어스는 햄릿의 아버지를 죽이고 왕위를 찬탈한 뒤 햄릿의 어머니와 결혼한 자다. 햄릿 역시 자신의 행위 대한 고뇌로 불면증에 시달린다고 호소한다. '[그것이] 잠을 살해했구나.'

　카이사르의 충성스러운 동지 안토니우스까지 죽이는 것에 대해 브루투스는 말도 꺼내기 싫어한다.

> 우리 행위가 너무 잔인해 보일 거요, 카이우스 카시우스.
> 머리를 베고 사지를 난도질하는 것은
> 나중에 분노와 시기로 비치겠지.
> 안토니우스는 카이사르의 팔 한 짝일 뿐이니…

카이사르의 머리가 떨어지고 나면

안토니우스도 더는 팔 노릇을 못 할 거요.

물론 이는 음모자들의 치명적인 실수로 판명난다. 원로원 계단에서 암살이 이뤄지고, 8명 모두가 단검을 찌른다. 공포와 당혹감에 사로잡힌 카이사르는 숨을 헐떡이며 최후의 한마디를 내뱉는다. '너마저, 브루투스?'

곧바로 공모자들의 계획은 다음 단계로 넘어간다. 모두의 존경을 한 몸에 받는 브루투스가 군중에게 연설한다.

어이하여 브루투스는 카이사르에 반기를 들었는가,

나는 이렇게 답하노라.

카이사르를 덜 사랑해서가 아니라, 로마를 더 사랑했노라고.

그대들은 카이사르가 살아서 모두가 노예로 죽기를 바라는가,

아니면 카이사르가 죽고 모두가 자유인으로 살기를 원하는가?

카이사르가 나를 사랑했기에, 나는 그를 위해 흐느낀다.

그가 행운을 누렸기에, 나는 그 행운에 기뻐한다.

그가 용맹을 떨쳤기에, 나는 그를 우러른다.

허나 그가 야심을 품었기에, 나는 그를 해하였노라.

— 〈율리우스 카이사르〉 3막 2장

브루투스의 연설이 끝나자, 한 평민이 말한다. '이 자리에서 안토

니우스는 브루투스를 비난해서는 안 돼.' 다른 평민이 맞장구친다. '카이사르는 폭군이었어.' 또 다른 목소리가 이어진다. '맞아, 틀림없어. 그자가 로마에서 사라진 건 축복이야.' 또 다른 외침. '조용히들 해! 안토니우스가 뭐라고 할지 들어보자.' 공모자들은 마음이 놓인다. 브루투스 덕분에 군중은 그들 편이다. 안토니우스는 카이사르의 죽음에 대해 공모자들을 비난하지 않는다는 조건으로 추도사를 허락받는다. 공모자들은 안토니우스가 그들의 명분을 결코 퇴색시키지 못할 거라고 확신한다.

안토니우스가 군중 앞에서 말한다.

> 벗들이여, 로마인이여, 동포여, 내 말을 들어보라.
> 나는 카이사르를 추모할 뿐 찬미하지 않겠노라.
> 인간의 악행은 죽음 뒤에도 살아남고
> 선행은 종종 뼈와 함께 묻히나니,
> 카이사르도 그러하리라. 고결한 브루투스가
> 그대들에게 말하기를 카이사르는 야심을 품었도다.
> 실로 그러하다면, 통탄스러운 과오였으니…
> 그리하여 카이사르는 통탄스럽게 대가를 치렀노라.
> ― 〈율리우스 카이사르〉 3막 2장

안토니우스의 연설은 브루투스와 나머지 암살자들의 행위를 정당화하는 말로 시작한다. '나는 카이사르를 추모할 뿐 찬미하지 않겠노라.' 그래서 처음에는 공모자들이 안심한다. 추도사를 이어가는 동안 안토니우스는 '브루투스는 명예로운 사내다.'라는 대사를 다섯 번 반복하지만, 그 사이 메시지의 어조를 바꿔 로마인에 대한 카이사르의 충성심과 애정을 상기시키는 수사적 언사로 군중을 자극한다. 그는 두루마리 한 장을 꺼내 들고 주장한다. '이 종이에는 카이사르의 인장이 찍혀 있다. 내가 발견한 이것은… 그의 유언장이다.' 그러고는 말을 잇기 어렵다는 듯 잠시 침묵한다. 연설이 멈춘 이 잠깐 동안 군중의 분위기는 카이사르 살해의 명분을 수긍하는 태도에서 애정 어린 은인이자 영웅을 빼앗겼다는 불쾌감으로 바뀐다. 안토니우스에게 마저 읽으라고 요구하는 소리가 여기저기서 터져 나온다. '유언을 들어야겠다! 읽어라, 마르쿠스 안토니우스!' '유언! 유언! 카이사르의 유언을 듣겠다!' 안토니우스는 다시 읽으면서, 유언장에 담긴 카이사르의 너그러움과 시민에 대한 애정을 전한다. 다시 돌아온 카이사르는 신과 같은 지위에 오르고, 공모자들에게 때는 이미 늦었다. 안토니우스의 마법에 걸린 피에 굶주린 군중은 당장이라도 암살자들에게 달려들 기세다. 문학사의 가장 위대한 연설인 이 글에서 셰익스피어는 정치와 심리 모두에 대한 깊은 이해를 드러낸다. 현대 정치 심리학자 제롤드 포스트Jerrold Post는 이를 두고 '위험한 카리스마'라 한다.[15]

　셰익스피어는 전혀 관련 없는 인물인 시인 킨나를 등장시키는데, 이는 가벼운 희극적 요소이자 광기에 사로잡힌 군중의 맹목성을 보여주려는 의도이기도 하다. 카이사르의 장례에 참석하러 가던 킨나(실은 카이사르의 지지자)와 마주친 평민 네 명이 그에게 이름을 묻는다. 그는 순진하게 대답한다. '킨나요.' 성난 무리에 이 남자가 암살 가담자 킨나가 아니라는 사실은 중요치 않다. 이름이 같다는 것만으로 충분하다.

> 시민: "이자를 찢어 죽여라. 공모자 중 한 놈이다."
>
> 킨나: "나는 시인 킨나요. 시인 킨나란 말입니다."
>
> 시민: "형편없는 시를 썼으니 찢어 죽여라. 시인 나부랭이를 찢어발겨."
>
> 킨나: "나는 공모자 킨나가 아닙니다."
>
> 시민: "상관없어. 이름이 킨나잖아. 심장에서 이름만 뽑아내고 돌려보내라."

풍요로워진 영어

현대 영어에서 자주 쓰이는 셰익스피어의 대사들은 한두 가지 아니다. 'To be, or not to be.(사느냐, 죽느냐, 그것이 문제로다.)' 'Methinks the lady doth protest too much.(저 여인은 반발이 너무 심한데.)' 'All the world's a stage, and all the men and women merely players.(온 세상이 무대이며, 모든 남녀는 배우에 불과하다.)' 'It was Greek to me.(무슨 말인지 모르겠다.)' 'All that glitters is not gold.(반짝이는 것이 모두 금은 아니다.)' 'Don't kill the messenger.(메신저를 죽이지 마라.)' 'I'll not budge an inch.(한 발짝도 물러서지 않겠다.)' 'Wear my heart upon my sleeve.(내 감정을 숨김없이 드러내다.)' 'Knock knock! Who's there?(똑똑! 누구시죠?)’ ‘Frailty, thy name is woman.(연약한 자여, 그대의 이름은 여자로다.)’ ‘Woe is me!(비통하도다!)’ ‘Conscience does make cowards of us all.(양심이 우리 모두를 겁쟁이로 만든다.)’ ‘You can have too much of a good thing.(좋은 것도 과하면 독이 된다.)’ ‘In my heart of hearts.(깊고 깊은 내 마음속에.)’ ‘Devil incarnate.(악마의 화신.)’ ‘Wild-goose chase.(헛된 노력.)’ ‘Seen better days.(좋은 시절은 갔다.)’ ‘The milk of human kindness.(인간적인 따뜻한 심성.)’ ‘The finger of scorn.(경멸의 삿대질.)’ ‘The world is your oyster.(세상이 네 것이로구나.)’ ‘Top to toe.(머리부터 발끝까지.)’ ‘What's past is prologue.(과거는 서막에 불과하다.)’

셰익스피어가 죽고 400년 정도가 지난 오늘날 우리는 익숙한 그의 이미지와 은유, 유명한 구절들을 사용하면서 유래를 궁금해 하지 않지만, 셰익스피어의 것임을 알게 되어도 별로 놀라지 않는다. 셰익스피어는 최소 1,700개의 일반 단어들도 창조했다.[16] 하지만 교수가 학생의 과제를 검사할 때 흔히 사용하는 현대의 표절 감지 프로그램으로 분석한 최근 연구 결과에 따르면, 우리에게 익숙한 ‘셰익스피어적인’ 단어들인 ‘hint(힌트, 단서)’, ‘critic(비평가)’, ‘swagger(으스대다)’, ‘gossip(소문, 험담)’, ‘grovel(굴복하다)’, ‘quarrelsome(싸우기 좋아하는)’, ‘sanctimonious(신실한 체하는)’을 비롯해 ‘Now is the winter of our discontent(고통의 시절도 이제 막바지다)’, ‘a heart of gold(다정한 마음)’, ‘bated breath(숨죽이고)’, ‘one fell swoop(단번에)’ 같은 표현은 모두 셰익스피어가 차용한 것이었다. 최신 컴퓨터 분석을 통해 셰익스피어의 어휘가 당대 작가들보다 몇 배나 풍부하다는 주장도 깨졌다. 실제로 그의 어휘 사용량은 동시대 작가 십여 명과 비교해 중간 수준이었다. 한 단어를 반대말로 바꿔주는 일반 접두사 'un'(예를 들어 likely의 반대말 unlikely)은 셰익스피어가 만든 것이다. 그에게 신랄한 독설을 날린 로버트 그린과 조지 필은 셰익스피어보다 폭넓은 어휘를 사용했다. 셰익스피어가 더 많은 단어를 사용한 게 아니라 정확한 단어를 구사한 것이었다. 레이철 킹Rachel King은 이 현상을 한마디로 설명했다. '셰익스피어가 이룬 언어적 혁신의 신화는 그의 전설적 지위의 불가결한 요소가 되었다.'

그가 우리에게 선사한 희곡 속의 인물들(햄릿, 마르쿠스 안토니우스, 맥베스 부인, 리어 왕, 오델로, 이아고, 로미오, 줄리엣 그리고…… 팔스타프)은 모두 그들의 실제 모델인 역사적 인물들보다 더 현실적으로 느껴지게 되었다. 주인공들이 실제로는 영어나 라틴어, 이탈리아어, 그리스어, 덴마크어로 말했을지 모르지만 상관없다. 그들이 실존 인물인지조차 관심 없다! 셰익스피어가 그들 모두를 영어로 대변했으니까. 하지만 그의 원작들은 100여 개 언어로 번역되었고, 심지어 영화 〈스타트랙〉의 클링온 제국에서 사용하는 가상의 언어로도 번역되었다. 〈햄릿〉과 〈헛소동Much Ado about Nothing〉 모두 클링온 언어 연구소에서 클링온 셰익스피어 복원 계획의 일환으로 번역되었다. 셰익스피어는 단순히 세계적인 작가가 아니다. 은하계와 우주의 작가이다!

저명한 문학 비평가 해럴드 블룸은 예리하고 치밀한 연구서《팔스타프: 내게 생명을 달라Falstaff: Give Me Life》[17]에서 인간의 복잡한 전체적 특성을 그려내는 능력이야말로 셰익스피어가 불멸의 경지에 오른 근간이라고 설명한다.

문학 속 인물은 언제나 창작물이며, 앞선 창작물에 빚지고 있다. 셰익스피어는 오늘날 우리가 아는 문학 속 인물들을 창조했다. 그는 인물의 언어적 구현에 대한 우리의 예상을 혁신적으로 변화시켰으며, 그 혁신은 영구적이고 신비롭게도 필연적이다. 성경과 호메로스의 서사시에는 강렬한 인물들이 등장하지만, 그들의 성격은 대부분 변하지 않는다. 각자의 이야기 안에서 나이 들어 죽어가는 동안 존재 방식은 달라지지 않는다. 셰익스피어의 인물들은 변화한다. 벤 존슨이나 크리스토퍼 말로의 인물들과도 유사점이 거의 없다.

정확히 52년을 살다

셰익스피어가 자필로 쓴 원본은 희곡이건 소네트건 한 편도 남아 있지 않다. 셰익스피어의 삶에 대해서는 온갖 추측이 난무한다. 예로부터 영국의 교구 교회들은 신도의 생일, 결혼, 세례, 사망 기록을 철저히 보관했지만, 다른 자료는 거의 없다. 셰익스피어에 대해 남아 있는 기록은 세례일, 18세에 결혼했다는 혼인 증명서, 세 자녀의 세례 등록뿐이다. 그가 자필로 남긴 글은 고작 147줄의 대사뿐인데, 이마저도 자기 작품이 아닌 다른 희곡의 필사본 일부이다. 공문서에 적힌 4개의 다른 서명도 있다. 그리고 스태랫퍼드 어폰 에이번의 홀리 트리니티 교회에 안치된 셰익스피어의 비석에 새겨진 묘비명도 있다. 사망일로 적힌 1616년 4월 23일은 그의 52번째 생일이었다.

> 선량한 벗이여, 주님을 생각해서라도
>
> 이 땅의 흙을 파헤치지 말아주오
>
> 이 돌을 건드리지 않는 자에게는 축복이
>
> 내 뼈를 옮기는 자에게는 저주가 내릴지니.

윌리엄 셰익스피어는 고작 52년을 살았다. 그는 런던에서 북서쪽으로 130킬로미터쯤 떨어진 영국 중부 워릭셔 카운티의 스트랫퍼드 어폰 에이번에서 태어났다. 셰익스피어의 부모는 부유한 장갑 제조 업자이자 양모 상인이었던 존 셰익스피어와 그의 아내 메리 아든이었다. 당시에는 출생아 중 3분의 1이 첫 해를 넘기지 못하고 죽었는데, 부모가 낳은 여덟 자녀 중 셋째였던 셰익스피어는 처음으로 유년기를 넘기고 살아남은 자식이었다. 이들 가족이 '구교', 즉 가톨릭 집안이었다는 사실은 셰익스피어 외조부의 유언장에 실린 독특한 표현에서 드러난다. 셰익스피어의 정확한 출생 기록은 남아 있지 않지만, 세례 날짜는 홀리 트리니티 교회 교구 기록부에 1564년 4월 25일로 분명히 등재돼 있다. 정확한 출생일은 알려진 바 없으나, 당시에는 보통 생후 하루나 이틀 안에 세례식을 치렀다. 오늘날 셰익스피어의 생일은 4월 22일이나 24일, 25일이 아니라 성 조지의 날인 4월 23일로 보는 게 일반적인데, 어쩌면 이 불세출의 작가를 국가의 수호성인과 동일시하려는 영국인들의 의지가 반영된 관습일 수 있다.

1564년생이라고 전제하면 셰익스피어는 당시 다른 7세 소년들처럼 1571년에 문법학교(라틴어와 산수 등을 가르친 중등 교육기관-옮긴이)에 들어갔을 것이다. 그가 다녔을 학교는 스트랫퍼드 어폰 에이번에 있는 킹스 뉴 스쿨인데, 헨리 6세 학교로도 알려진 곳이다. 그를 가르친 선생은 옥스퍼드 대학을 갓 졸업한 사람이었거나, 대학을 나오지는 못했으나 폭넓은 학식으로 지역 당국에 눈도장을 찍은 인물이었을 수도 있다. 처음에 셰익스피어는 예절과 철자법, 문법, 개신교 신앙을 배웠을 것이다. 이후 산수와 영어 문학을 접하고 최종적으로 라틴어를 익혔을 것이다. 이 교육 과정은 하루 10시간 내지 11시간 수업으로 주 6일간 이어졌고, 대부분 암기 위주의 학습이었다. 엘리자베스 시대 사람들은 문학과 연극을 좋아했기 때문에, 이 시기에 셰익스피어가 처음으로 연극에 참여했을 가능성이 크다. 14세가 되면 귀족 자제를 비롯해 셰익스피어 가문 정도의 사회적 지위 이상인 집안의 소년들은 대학 진학으로 학업을 이어갈 수 있었는데, 주로 스트랫퍼드 남쪽으로 64킬로미터 떨어진 옥스퍼드와 동쪽으로 129킬로미터 떨어진 케임브리지를 선호했다. 하지만 셰익스피어가 문법학교 이상의 정규 교육을 받았다는 증거는 존재하지 않는다.

14세 즈음 셰익스피어는 이미 문학에 대한 사랑에 전염된 상태였지만, 돌연 학교를 그만두게 되었다. 시의원으로 선출될 만큼 사회적, 정치적, 종교적으로 지역 유지의 자리에 오른 아버지가 재정 상황이 급격히 악화되어 점차 공직에서 밀려났기 때문이다.

셰익스피어의 인생에서 두 차례의 '잃어버린 세월'에 대해서는 알려진 바가 거의 없다. 첫 번째 시기는 문법학교를 졸업한 14세(1578년)에서 앤 해서웨이와 결혼한 1582년까지 4년의 기간이다.

남아 있는 교회 기록 중에는 우스터 주교의 명으로 윌리엄 셰익스피어와 앤 해서웨이에게 발급된 1582년 11월 28일자 혼인 증명서도 있다. 당시 셰익스피어는 18세였고, 신부 앤 해세웨이는 26세로 십대 남편보다 다소 연상이었다. 결혼식은 개프턴 교회에서 존 프리스 목사의 주례로 거행되었다. 또한 교회 기록에는 셰익스피어의 장녀 수재너의 세례일인 1583년 5월 26일도 적혀 있는데, 부부가 결혼한 지 불과 6개월 만이었다. 2년 뒤인 1585년, 셰익스피어가 21세이던 당시, 이란성 쌍둥이인 딸 주디스와 아들 햄넷의 출생을 알리는 세례일이 기록되었다. 아들의 이름은 셰익스피어의 어릴 적 친구 햄넷 새들러에게서 따온 것이며, 새들러 집안도 아들 이름을 윌리엄으로 지어 화답했다.

영향과 영감

셰익스피어가 스트랫퍼드 어폰 에이번의 헨리 가(街)에 신혼살림을 차린 1585년부터 런던에서 배우 겸 극작가로 고용된 1592년까지 7년의 기간이 그의 인생의 '두 번째 잃어버린 세월'이다. 이 시기 그의 행적에 대한 추측은 한두 가지가 아니다. 한 가설에 따르면 셰익스피어는 스트랫퍼드에서 북쪽으로 320킬로미터 떨어진 랭커스터의 문법 학교 교사로 일했으며, 법학 공부를 했다는 설도 있다. 그의 희곡과 시에 빈번하게 등장하는 법률적 이미지와 은유는 법과 법률가에 대한 깊은 이해를 보여준다. 다른 위대한 천재들과 마찬가지로 셰익스피어는 박식가였다. 그가 군복무를 했다는 설도 있고, 그의 희곡에 자주 등장하는 무대인 이탈리아를 비롯해 해외를 만유했다는 추측도 떠돈다. 하지만 셰익스피어에 대한 여타 많은 소문이 그러하듯, 이들 중 지금껏 확인된 설은 하나도 없다.

당시 때마침 발간된 라파엘 홀린셰드의《잉글랜드, 스코틀랜드, 아일랜드 연대기Chronicles of England, Scotland and Ireland》개정판은 훗날 셰익스피어의 역사극에 많은 아이디어를 준 중요한 작품이다. 영국 역사와 그 역사의 재현에 대한 열정이 싹트고 발현된 10년을 거치면서 셰익스피어의 창작력은 넘쳐흐르기 시작했다. 그에게 큰 영향을 끼친 두 작가가 있으니, 한 명은 고대인이고, 다른 한 명은 동시대인이었다. 전자는 셰익스피어가 평생 존경한 문학적 영웅 중 한 사람인 로마의 시인 오비디우스(기원전 43년~서기 17년)로, 그의 작품 세계는 언어유희와 패러독스, 성性에 대한 집착으로 가득하다. 후자인 당대 극작가 크리스토퍼 말로(1564~1593)의 작품들은 나중에 셰익스피어가 무대 위에 도입할 많은 문학적 장치와 주제를 앞서 선보였다.

1587년 여름에 뜻 깊은 사건이 하나 있었으니, 바로 순회극단 '엘리자베스 여왕의 사람들'이 스트랫퍼드에 온 것이었다. 그들을 따라나선 셰익스피어는 좋아하는 일을 하면서 가족을 부양할 수 있게 되었다. 이 극단은 옥스퍼드에 있는 골든 크로스 인 마당에서 공연했고, 글로스터의 뉴 인을 비롯해 중부의 여러 인근 도시들과 멀리 북쪽의 랭커스터에서도 공연을 펼쳤다. 셰익스피어는 연기를 좋아했지만, 이 무렵 부분적으로 희곡을 쓰기 시작했다. 그러나 연극 광고지에 그의 이름이 오르기까지는 몇 년의 시간이 더 필요했다.

셰익스피어는 동시대 작곡가들처럼 대학을 나오지 못한 것에 불안감을 드러냈다. 그는 시름에 잠겨 한탄했다. '오, 이놈의 학벌, 참 대단도 하구나!'[18] 이는 레오나르도를 떠올리게 하는데, 그 역시 자신의 정규 교육 부족, 특히 라틴어 고전을 읽지 못하는 것을 결함으로 여겼다. 이 시점에 셰익스피어는 말로의 우월성을 인정하기까지 했다.

> 오, 당신에 대해 쓰려니 혼미하도다,
>
> 더 뛰어난 영혼이 그대의 이름을 쓰고
>
> 온 힘을 다해 찬미하고 있음을 알기에,
>
> 당신의 명성을 말하려는 내 혀는 굳노라![19]

정확한 날짜와 사건 순서는 확실치 않지만, 1590년에서 1592년 사이에 셰익스피어는 런던으로 이주해 배우이자 극작가로 활동하면서, 〈헨리 5세〉 3부작과 초기 희극 〈실수 연발The Comedy of Errors〉(1593~1594), 〈사랑의 헛수고Love's Labour's Lost〉(1590년대 중반), 〈끝이 좋으면 다 좋아All's Well That Ends Well〉(1598), 〈뜻대로 하세요As You Like It〉(1599)를 완성했다. 또한 이 시기에 그는 런던에서 활동하던 가장 주목 받는 극작가의 영향권에 들어갔고, 그 인물은 극작가로서 셰익스피어의 예술에 여향을 끼치게 된다.

창조성의 모차르트 모델

셰익스피어의 창작 스타일을 애런 코플런드가 작곡가를 구분한 방식으로 규정한다면, 바흐-팔레스트리나 모델과 슈베르트 모델에 모두 부합할 것이다. 셰익스피어는 전자의 방식처럼 기존의 장르 안에서 최고의 작품을 만들지만, 슈베르트 모델의 방식처럼 광적인 속도로 분출하듯 써내기도 한다. 그리고 최종판을 잉크로 쓰면서 거의 수정하지 않는다(이는 동시대 극작가 벤 존슨이 증언한다). 앞서 우리는 이런 혼합형을 모차르트 모델이라 명명했다. 하지만 셰익스피어의 작업 방식은 베토벤의 방식과도 유사점이 있는데, 하나의 작품을 쓰는 동안 또 다른 희곡과 소네트 한두 편을 동시에 구상한다.

　캔터베리 출신으로 셰익스피어와 동갑인 크리스토퍼 말로는 1587년에 대학에서 학업을 마치고 런던으로 이주했다. 하지만 대학 시절 영국 정부 추밀원에 스파이로 차출된 그는 처음 2년간 프랑스에서 첩보 활동을 한 뒤, 영국에서 반개신교 집단이나 반정부 단체로 의심되는 가톨릭 세력을 감시하는 임무를 수행했다. 다소 불분명하지만, 대학 졸업 후에도 말로는 간첩 활동을 이어간 것으로 보인다. 혹은 그가 실은 이중첩자였으나, 노골적인 반개신교 무리를 함정에 빠뜨리는 계략을 수행한 것은 아닐까? 스파이라면 자신을 드러내지 않으려고 노력할 법한데, 말로는 자신의 희곡에 등장시킨 허풍선이 주인공들처럼 뻔뻔하고 무모했다.

말로는 전형적인 반체제주의자로서 종교, 사회, 문화의 질서에 도전하기를 즐겼다. 그는 이단의 수류탄을 분별없이 닥치는 대로 던져 권위를 뒤흔들었다. 이미 무신론자로 의심받으면서도 거침없이 내뱉었다. "그리스도는 세례 요한의 (동성) 애인이었다." "개신교도들은 위선적인 멍청이들이다!" "성모 마리아는 창녀였다!" "예수는 사생아였다!" 당시에 신성 모독자는 감옥에 처넣고 반역자는 교수형에 처했지만, 엘리자베스 시대의 이 앙팡 테리블(악동)은 두 경우 모두에 해당되었다. 말로가 보여준 자기파괴적인 무모함은 그의 배후 조종자들조차 경악케 했을 것이다. 하지만 체포되어 재판을 받기도 전에 그는 1593년 5월에 술집에서 싸움을 벌이다 살해당했다. 고작 29세의 나이였다. 사건의 정황은 의문투성이였고, 용의자는 조속히 풀려났다.

말로의 희극에 등장하는 탐욕스러운 주인공들과 대담한 플롯, 무운시에 영향을 받은 셰익스피어는 말로의 극적 장치를 자신의 희곡에 많이 적용했다. 1593년 5월 28일 사망할 당시 말로는 런던에서 고작 6년 동안 극작가로 활동하며 여섯 편의 희곡을 써냈는데, 〈탬벌레인[태멀레인] 대왕Tamburlane[Tamerlane] 1부와 2부〉, 〈카르타고의 여왕 디도Dido, Queen of Carthage〉, 〈파우스투스 박사Dr. Faustus〉, 〈몰타의 유대인The Jew of Malta〉이 대표작으로 꼽힌다. 특히 마지막 네 작품은 혁신적인 독창성이 담긴 명작으로, 21세기인 오늘날에도 말로는 가장 위대한 영국 극작가 10인의 한 사람으로 평가받는다. 사실 셰익스피어에게 영향을 끼쳤다는 것만으로도 그런 영예를 누릴 자격은 충분하다. 2016년에 나온 《셰익스피어 전집New Oxford Shakespeare》에는 말로가 셰익스피어 희곡 〈헨리 6세〉 1부, 2부, 3부의 공동 저자로 기재되어 있다. 컴퓨터 분석 결과 1부는 말로가 썼고, 2부의 저자는 불분명하며, 3부는 셰익스피어 썼다.[20]

제3대 사우샘프턴 백작 헨리 리오슬리(1573~1624)와 우정이 싹트면서 셰익스피어의 창작은 탄력을 받았는데, 특히 소네트에 영감을 받았다. 19세의 젊은 백작은 셰익스피어보다 아홉 살 연하였다. 그는 막대한 재산을 소유한 오랜 가톨릭 가문의 후손으로, 촉망받는 작가들의 후원자가 되기를 갈망했다. 또한 세련된 분위기와 매력을 발산하는 공개적인 양성애자였다. 사우샘프턴은 셰익스피어에게서 헤아릴 수 없는 재능, 세 자녀를 둔 기혼 남성, 후원이 필요한 작가를 발견했다. 셰익스피어 역시 자신의 성적 모호성을 해소할 준비가 되었던 것 같다. 나이 차나 사회적 지위 불균형은 서로에게 끌린 두 사람을 떼어놓지 못한 듯싶다.

이후 4년 동안 셰익스피어는 〈말괄량이 길들이기The Taming of the Shrew〉(1590~1592), 〈리처드 3세Richard III〉(1591), 〈사랑의 헛수고〉(1590년대 중반)를 집필했다. 당시 쓴 서사시 〈비너스와 아도니스Venus and Adonis〉(1593), 〈루크리스의 능욕The Rape of Lucrece〉(1594)은 모두 사우샘프턴 백작에게 헌정되었다. 1593년에 런던에서 창궐한 흑사병으로 극장들이 문을 닫자, 셰익스피어는 극작과 시작에 집중하면서 미친 듯이 써내려갔다. 이러한 폭발적인 창조성은 1665년에서 1666년까지 흑사병이 창궐한 기간에 뉴턴이 보인 모습과 유사하다. 1594년에 셰익스피어는 사우샘프턴에게서 받은 선금 100파운드로 극단 '궁내부 장관의 사람들'의 지분을 매입했다. 흑사병이 제법 누그러지자 런던의 극장들이 다시 대중에게 개방되었고, 점차 런던에서 인기를 끌던 셰익스피어의 극단은 엘리자베스 1세 여왕의 궁정에 초청되어 공연하는 최고의 영예까지 누렸다.

1596년에 셰익스피어는 서른한 살로 접어들었다. 이전 5~6년 동안 그가 써낸 11편의 희곡 중 대략 절반은 인기 있는 역사극 장르였다. 〈리처드 2세〉와 〈로미오와 줄리엣〉 공연에서는 처음으로 그의 이름이 극본 표지에 저자로 실렸다.

셰익스피어가 모든 작가를 통틀어 최고로 꼽히는 것은 희곡 덕분이다. 오랜 세월 TV 퀴즈쇼 진행자들은 이 질문을 던졌다. "셰익스피어가 쓴 희곡은 몇 편일까요?" 일반적으로 용인되는 답은 37편이다. 하지만 정확히 따지면 셰익스피어의 이름이 오른 작품은 40편이다. 이중 두 편은 셰익스피어의 친구이자 극단 동료였던 존 헤밍스와 헨리 콘델의 뚜렷한 흔적이 남아 있어 관례상 전체 편수에서 제외된다. 셰익스피어가 직접 쓴 또 다른 희곡은 유실되어 복원 가능성이 '절망적'으로 평가되기 때문에 최종 합계가 37편이 되는 것이다.

지난 두 장(章)에서 한 가지 중요한 주제가 대두되었다. 위대한 음악과 위대한 문학은 모두 열린 결말이라는 점이다. 셰익스피어의 희곡은 베토벤의 〈교향곡 제5번〉과 마찬가지로 보편적이고 시대를 초월하며, 각 시대마다 전혀 새로운 감동을 주는 추상적 특성을 갖추고 있다.

소네트

셰익스피어의 소네트 154편은 모두 세 개의 4행 연과 마지막 2행 연, 도합 14행으로 구성된 전형적인 영국 소네트 형식이다. 대부분 1592년에서 1595년 사이에(일부는 1598년 후반에) 쓰인 이 시들은 모두 강렬하고 아름다우며, 읽고 또 읽을 가치가 있다. 인류의 영원한 화두를 탐구하기 때문이다. 삶의 유한성, 인간이 창조한 모든 것의 덧없음, 사랑과 우정의 본질, 우주의 장엄함, 불가사의한 예술의 신비가 정교하고 아름다운 시어로 표현되어 있다. 약강 5보격이라는 시적 장치는 인간의 심박과 유사한 '약강-약강'의 리듬으로, 필요에 따라 반대로 '강약-강약'의 강약 5보격으로 바뀐다. 이는 극적 긴장감을 배가시키는데, 이를테면 〈맥베스〉에서 마녀들의 괴기스러운 목소리가 그런 식으로 강조된다. 이러한 기법은 소네트에서도 보인다.

만약 이 소네트들을 자전적 추측의 도구, 즉 셰익스피어 자신의 이야기를 들려주는 수단으로 본다면, 19세기 이후 많은 비평가들이 주장했듯이, 이들 시에서는 창조적 천재에게 드물지 않은 특징인 모호한 성정체성이 드러난다.

내가 그대 눈의 아름다움을 글로 쓸 수 있다면,

참신한 시어로 그대의 매력을 모두 헤아릴 수 있다면,

후대 사람들은 이르리라. "이 시인은 거짓을 말한다.

그런 천상의 손길이 지상의 얼굴에 닿은 적은 없도다."[21]

〈소네트 17〉에서 셰익스피어가 자신의 '연인'을 묘사한 것보다 더 낭만적으로 감정을 표현할 수 있는 시인이 과연 있을까. 1950년대 10년 동안 셰익스피어는 후원자였던 리오슬리(사우샘프턴)와 은밀한 관계를 이어갔다. 그의 마음을 사로잡은 '아름다운 젊은이'가 사우샘프턴 백작이었을까? 그렇다면 후기 소네트에 등장하는 검은 여인은?

예술적 재탄생 1 중기(1595~1601)와 기적의 해

동시대 비평가 프랜시스 미어스는 셰익스피어의 작품에 열렬한 찬사를 쏟아냈다. 셰익스피어가 37세이던 1601년 무렵, 그는 지난 6년간 11편의 희곡을 완성했고 1591년 이후로는 22편의 희곡을 써냈다. 이들 대부분은 진정한 걸작으로, 이탈리아가 무대인 〈율리우스 카이사르〉(1599~1600), 플랑드르 아르덴 숲이 배경인 〈뜻대로 하세요〉(1599~1600), 이탈리아가 무대인 〈십이야Twelfth Night〉(1599~1600), 덴마크를 배경으로 한 〈햄릿〉(1600~1601)이 손꼽힌다.

17세기에 들어서면서 셰익스피어에게 심란한 사건들이 여럿 벌어졌다. 1601년에 부친 존 셰익스피어가 스트랫퍼드에서 숨을 거두었다. 학계의 많은 가설 중 하나는 셰익스피어가 아버지의 죽음을 계기

로 그의 희곡 중 가장 유명하고 비극 중 가장 긴 작품인 〈햄릿〉을 쓰게 되었다는 것이다. 이 작품을 비롯해 이후 몇 년간 발표된 셰익스피어의 희곡들은 음울하고 고뇌에 찬 분위기를 띤다. 같은 해에 친구이자 후원자인 사우샘프턴이 에식스 반란에 가담한 혐의로 사형 선고를 받는다. 이 사건은 제2대 에식스 백작 로버트 데버루가 앙심을 품고 서툴게 꾸민 시시한 반란이었다. 불과 2년 전 데버루는 잉글랜드의 지배에 반기를 든 폭도를 진압하라는 여왕의 명을 받고 아일랜드로 건너갔다. 하지만 아일랜드 반란군과의 소득 없는 몇 차례 전투 후 폭도 진압에 실패하고 본국으로 돌아왔다. 오히려 유화적인 조약만 체결하고 온 데버루에게 진노한 여왕은 그의 엄청난 무능을 질타하고 귀족으로서의 권리와 향후 소득을 박탈해버렸다. 이에 격분한 데버루는 여왕을 몰아낼 음모를 꾸몄다. 가톨릭교도인 사우샘프턴은 개신교도 엘리자베스 여왕을 애초부터 마뜩찮게 여긴 터라 이 음모에 가담했다. 그는 자신의 집에 반란 음모자들이 모이는 것을 허용했다. 처음에는 사우샘프턴도 다른 가담자들과 함께 사형을 언도받고 런던탑에 투옥되었지만, 결국 그는 사면 받고 나머지는 처형되었다. 〈햄릿〉에서 주인공은 죽음과 자살을 고민하며 문학사에서 가장 유명한 독백을 한다. '죽느냐 사느냐…….' 햄릿의 대사에 반영된 셰익스피어의 참담한 개인적 경험들은 극작가로서 그의 창작력을 폭발시킨 불씨였다. 2세기 후, 하일리겐슈타트 유서에 실린 베토벤의 청력 상실에 대한 두려움 역시 창조성 폭발의 불씨 노릇을 했다.

예술적 재탄생 2 후기(1601~1613)

3장 '시대정신 요소'에서 보았듯, 1602년 엘리자베스 여왕 사후 스코틀랜드의 제임스 6세가 런던으로 불려와 잉글랜드 제임스 1세로 즉위하였다(물론 스코틀랜드의 왕위는 유지했다). 왕위에 오르고 불과 1년 만에 제임스는 성경을 다시 번역할 것을 명하면서 제임스 1세 시대를 열었다. 이 작업에 참여한 47명의 번역가들은 모두 잉글랜드 성공회 소속 성직자들로, 가장 오래된 (비잔티움) 그리스어 성경의 구약을 주로 번역했다. 1611년에 이르러서야 완성된 이 번역본이 바로 오늘날 가장 유명한 킹 제임스 성경이다. 대규모 공동 작업의 산물인 이 책은 권위와 품격, 장엄한 문체로 가득한 최고 수준의 문학 작품으로 평가받는다. 기독교와 훌륭한 문학에 대한 잉글랜드와 제임스의 열정이 담긴 킹 제임스 성경은 제임스 1세가 남긴 가장 위대한 유산이다.

하지만 제임스는 영혼의 어둠도 알고 있었다. 그는 세상을 뒤덮는 어둠의 힘이 존재한다는 것을 머리로, 가슴으로, 영혼으로 믿었다. 악마와 그의 하수인들이 기근과 질병, 전쟁과 역병, 화재와 홍수 등 세상의 온갖 불행을 야기한다고 믿었다. 그에게 마법과 주술은 엄연한 현실이었으며, 마녀 수천 명의 공개 화형도 직접 보았다고 한다. 수학자 모리스 클라인의《서양 문화 속의 수학Mathematics in Western Culture》에는 제임스의 세계관을 잘 보여주는 섬뜩한 구절이 나온다.

17세기에 '가장 영향력 있는 존재'를 선정하는 여론 조사가 있었다면, 십중팔구 악마가 1위를 차지했을 것이다. 당시 신학자들이 만들어내

퍼뜨린 악마학에 따르면, 악마와 그를 돕는 악령들은 전쟁과 기근, 역병, 폭풍을 일으켰다. 놈들은 어린 아이를 겁주고 우유를 저어도 버터가 되지 않게 방해하는 등 장난을 일삼았다. 또한 악마의 일을 돕는 마녀들도 있었으니, '악마에게 점지된' 인간은 악마의 힘을 갖고 있었다. 마녀들은 사람에게 병을 옮기고, 늑대로 변신해 이웃의 가축을 잡아먹으며, 심지어 악마와 육체적 관계를 맺기도 했다. 그리고 한가할 때는 빗자루를 타고 굴뚝을 오르거나 하늘을 날아다녔다.[22]

연극 산업에 다행스러웠던 것은 국왕이 여전히 연극계를 열렬히 후원했다는 점이다. 1604년 11월부터 1605년 11월까지 12개월 동안 제임스는 셰익스피어 극단의 공연을 열한 차례 관람했다. '여왕의 사람들'로 시작한 이 극단은 이후 '궁내부 장관의 사람들'고 개명했고, 나중에는 '왕의 사람들'로 이름이 바뀌었다.

셰익스피어 해석자들　배우와 감독

일류 배우가 갖춰야 할 덕목을 들자면 고도로 단련된 연기력, 또렷한 발음, 강한 발성, 다재다능, 자부심, 존재감, 자신감, 헌신, 기억력, 손동작과 얼굴 표정의 완벽한 표현력 등이 꼽힌다. 또한 인간의 행동에 대한 통찰도 요구되는데, 2023년 CBS 인터뷰에서 영화배우 해리슨 포드가 한 말도 같은 맥락이다. "배우의 본능은 인간의 행동에 관심을 갖는 것입니다. [……사람들을 관찰하는 것이죠.]" 왕립 셰익스피어 극단에서 활동하는 배우라거나 '셰익스피어 전문 배우'로 하면 최고의 전문 극단 소속이라는 인상을 바로 불러일으킨다. 경험 많은 셰익스피어 전문 배우들은 영웅에서부터 악당에 이르기까지 다양한 배역을 소화하면서, 신뢰할 만한 연기력으로 한없는 기쁨부터 처절한 고통까지 온갖 감정을 표현한다. 현실에서도 그들은 셰익스피어의 극중 인물처럼 성숙의 단계를 밟으며 세월과 함께 늙어가고, 인간의 강인함과 나약함을 보여주면서 '무대를 모방하는 삶'을 살아간다.

나이 들어가는 셰익스피어 전문 배우들

배우의 주요 자질 중 하나는 뛰어난 기억력이다. 하지만 기억력이 쇠퇴하기 시작하면 어떻게 될까? 옥스퍼드에서 들었던 짠하면서도 재미있는 이야기가 떠오른다. 나이 든 유명한 셰익스피어 전문 배우가 1950년 즈음에 나이츠브리지의 한 가게에서 쇼핑을 하고 있다. 그는 매장 통로 끝에 서 있는 우아한 옷차림의 여성을 어렴풋이 알아보지만 정확히 누군지는 기억나지 않는다. '유명인사인가? 아니면 배우? 귀족?' 그녀 곁에 일행이 있는 것을 본 그는 자리를 피하기로 결심한다. 괜히 맞닥뜨렸다 이름이 생각나지 않으면 난처할 테니까. 안타깝게도 매장을 이리저리 헤매며 출구를 찾던 그는 갑자기 그녀와 정면으로 마주친다. 엎친 데 덮친 격으로 여자는 그를 알아본다! 그는 여자의 정체를 확인하려는 마음에 가벼운 인사를 건네며 묻는다. "안녕하세요. 잘 지내시죠? 그나저나 남편 분은 이제

> 은퇴하셨나요, 아니면 지금도 일하시나요?" 여자는 놀란 얼굴로 대답한
> 다. "어머, 아뇨. 여전히 왕이에요!"

셰익스피어와 오스틴　21세기에도 통하는 두 거장

셰익스피어는 인간의 심리를 탐구하는 강렬하고 시대를 뛰어넘는 세
계적인 희곡과 시의 창조자로서 독보적인 존재이지만, 다른 두 명의
영국 작가도 인간 심리를 심도 있게 다룬 문학적 유산을 남긴 부정할
수 없는 천재 거장들이다. 셰익스피어보다 2세기 전에 활동한 제프리
초서(1343~1400)와 2세기 후에 등장한 제인 오스틴(1775~1817)이 바
로 그들이다. 초서는 이 책에서 다루는 지난 500년 이전에 살았던 작
가이므로 논의 대상에서 제외되지만, 오스틴은 거론할 가치가 충분
하다.

　19세기 중반 이후 문예 비평가들은 소설가 오스틴과 극작가 셰익
스피어를 잇는 다리를 구축해왔다. 현대 호주 학자 존 월트셔는 다수
의 논문과 연구서에서 셰익스피어가 오스틴에게 끼친 영향과 영감
을 분석한 비평가들을 추려냈다.[23] 이 목록에서 몇 가지를 소개하자
면 다음과 같다. (1) 1843년에 맥컬레이 경卿은 제인 오스틴을 '위대한
거장 셰익스피어의 방식에 가장 근접한 산문 작가 중 한 사람'으로 묘
사했다. (2) 월터 스콧은 그녀가 "셰익스피어적인 섬세함과 열정', 놀
라운 '극적 표현력'을 지녔다'라고 평가했다. (3)앨프레드 테니슨은

오스틴이 '사실적이고 생생한 인물 묘사에서 셰익스피어에 버금간 다.'라고 평했으며, 이는 러디어드 키플링도 공감한 바였다. (4) 1870 년에 셰익스피어 학자 리처드 심슨은 '오스틴과 셰익스피어는 단순 히 비슷한 유형이 아니라 뚜렷한 영향을 받은 관계이다.'라고 덧붙였 다. (5) 1911년에 앤드루 C. 브래들리가 오스틴에 대해 쓰기를, '그녀 는 자신이 속한 비교적 좁은 영역 안에서 탁월한 능력을 발휘했으며, 덕분에 셰익스피어가 자신의 영역에서 차지한 위상을 그녀도 자신의 영역에서 차지하게 되었다.' (6) 20세기 중반에 영국 작가이자 저널리 스트 클레어 토멀린은 오스틴의《맨스필드 파크Mansfield Park》와 셰익스 피어의《베니스의 상인The Merchant of Venice》을 비교하며 '셰익스피어의 희곡과 오스틴의 소설은 둘 다 생동감이 넘치는 유연한 예술 작품으 로, 이렇게도 저렇게도 해석될 여지가 있다.' 이는 바로 에마 스미스 가 지적한 셰익스피어의 특징인 열린 결말, 모호함으로 가득 찬 대사, 완숙한 언어의 표본이며, 이로써 오스틴의 문학도 셰익스피어처럼 불멸의 경지에 오른다.

영어권 문학에서 오스틴처럼 독자가 행간의 의미를 읽도록 유도하 면서, 정반대로 해석될 수 있는 글을 쓴 작가는 드물다. 오스틴 서거 200 주년을 맞아(2017년) 컬럼비아 대학의 니콜라스 데임스는 〈애틀랜틱 먼슬리〉에 '제인 오스틴은 모든 것이다'라는 제목의 글을 썼다.[24]

모브캡(18~19세기에 유행한 여성용 실내 모자─옮긴이)을 쓴 녹갈색 눈동자 의 이 여인은 단순한 우상이 아니라 문학 그 자체를 상징한다. 오스틴의 소설 속 주인공 에마 우드하우스는 불평 많은 아버지에게 말한다. '세상의 절반은 나머지 절반이 누리는 기쁨을 이해하지 못해요.'

데임스는 묻는다.

오스틴은 품위와 예절의 안온한 환상을 전달해 과거의 향수에 젖은 독자를 달래는 작가일까? 아니면 반항과 조롱의 현대적 정신으로, 자기 책을 읽는 독자의 그릇된 태도나(주로 남성 독자의) 오만함을 비꼬는 작가일까? 우리가 오스틴을 읽는 것은 현대성을 벗어나가 위함일까, 아니면 또렷이 보기 위해서일까?

최근에 에마 스미스는 문학 전공자와 경영 전공자 두 그룹으로 이루어진 옥스퍼드 대학생들을 상대로 강연을 했다. '셰익스피어 브랜드 구축 — 엘리자베스 시대의 극장 마케팅'이라는 제목의 이 강연은 셰익스피어가 뜻밖에도 현대 비즈니스 모델에 의미를 가진다는 점을 보여준다.[25] 마찬가지로 하버드 대학 MBA 과정 교수 미히르 데사이는 최근 저서 《금융의 지혜: 위험과 수익의 세계에서 인간성을 찾다 The Wisdom of Finance: Discovering Humanity in the World of Risk and Return》[26]에서 투자와 사업의 참신한 리스크 관리법을 제시했다. '제인 오스틴이 알려주는 리스크 관리.'

오스틴은 당시의 젊은 여성 기준에서 괜찮은 수준의 신부 교육을 받았지만, 기본적으로 셰익스피어처럼 고등 교육을 받지 못한 독학자였다. 그 시대의 전형적인 여성이었던 오스틴의 관심사는 여느 중상류층 아가씨들과 다름없이 사랑, 결혼, 자긍심, 경제적 안정, 가문의 명성, 행복이었다. 그녀의 소설은 유머가 가미된 도덕극으로 풍속희극 장르에 속한다.

오스틴 비판자들은 그녀가 그려낸 아름다운 동화는 현실과 동떨어져 있으며, 그녀가 살던 안온한 시골 마을의 변주일 뿐이라고 할지 모른다. 그래서 당시 영국에서 움트기 시작한 산업혁명도 없고, 1800년부터 1815년까지 이어진 나폴레옹 전쟁의 영국 봉쇄도 없고, 유럽 대륙을 뒤흔든 전쟁도 없으며, 영국 식민지들이 영국에서 떨어져나간 미국 독립 혁명이나 프랑스 혁명도 없다는 것이다. 오스틴은 자신이 세상물정에 어둡다는 것을 잘 알고 있었다.

> 가능한 모든 허영심을 담아서, 저는 제 자신을 자랑하고 싶어요.
> 가장 못 배우고 세상모르는 여자가 감히 작가가 되었노라고 말이죠.
> — 제인 오스틴, 1815년에 제임스 클라크 목사에게 보낸 편지

하지만 자신이 아는 것은 누구보다 잘 알았으며, 그것을 비범한 언어로 완벽하게 표현해냈다. 오스틴은 브론테 자매나 빅토르 위고, 톨스토이보다 뛰어난 소설가는 아니었다. 그러나 이 위대한 19세기 작가들보다 최소 30년 앞서 일관되게 훌륭한 소설 6편을 썼다. 문학사에서 오스틴의 중심적 위치는 확고하다.

옥스퍼드 대학을 나온 오스틴의 아버지는 방대한 서재를 꾸리고

자녀들에게 배움에 대한 사랑을 심어주었다. 그는 일곱 번째 자식인 제인에게서 독서뿐만 아니라 창작에 대한 열의도 일찌감치 알아차렸다. 아버지가 딸의 열아홉 살 생일 선물로 준 마호가니 무릎 책상은 사실상 제인의 이동식 사무실이 되었다. 그녀가 가족을 따라서 조지 왕조 시대의 도시 바스로 이주해 5년을 살고, 아버지 사망 후 어머니와 언니와 함께 런던, 클리프턴, 사우샘프턴을 거쳐 마지막으로 초턴에 정착할 때까지, 이동식 사무실은 항상 제인 곁에 있었다. 실제로 그녀는 무릎 책상에서 소설 여섯 편을 모두 썼는데, 네 편은 생전에 출간되었고 두 편은 사후에 발표되었다. 출간 순으로 정리하면 이 여섯 소설은 《이성과 감성Sense and Sensibility》(1811), 《오만과 편견Pride and Prejudice》(1813), 《맨스필드 파크》(1814), 《엠마Emma》(1814)와 오스틴이 죽고 1년 뒤에 나온 《노생거 사원Northanger Abbey》과 《설득Persuasion》(1818)이다.

41년이라는 짧은 생을 살며 오스틴은 36세에 첫 책을 냈고, 39세에 네 번째 책을 출간했다. 생전에 발표한 4편의 소설에는 저자명이 '어느 부인a Lady'로 비밀스럽게 표기되어 있었는데, 신비감을 조성하려는 게 아니라 그녀가 사생활을 철저히 지켰기 때문이다. 1816년 3월에 월터 스콧은 〈쿼털리 리뷰〉에서 《엠마》를 평하며 찬사를 보냈다. '이 이름 없는 저자는 탁월한 현대 소설 작가다.[27]

사망 후[28] 오스틴의 유해는 윈체스터 대성당에 안치되었다. 장례식에는 오빠 셋과 조카 한 명만 참석했다. 비문은 장남 제임스 오스틴(1765~1819)이 낭독했다. '그녀의 자애로운 마음과 다정한 성품, 비범

한 지성은 그녀를 아는 모든 이의 존경을 받았으며, 가까운 이들로부터 사랑을 받았다.'

사후 출간된 《노생거 사원》에서 오스틴의 오빠 헨리는 동생의 대리인으로서 지금껏 발표된 소설들의 저자가 제인이란 사실을 문학계에 공표했다.[29] 그는 제인의 소설들이 '힘도 들이지 않고 술술 완전한 형태로 탄생했다'고 말했다. 이는 모차르트의 음악을 설명하는 것과 일치한다. 실제로 모차르트처럼 유별나게 조숙했던 오스틴은 11세에 소설의 구조를 완벽히 깨쳤다. 헨리가 설명한 제인의 창작 방식은 '빠르고 정확하며, 아무런 수고도 없이' 이야기가 흘러나와, 무엇을 쓰건 너무나 쉽게 '그녀의 펜에서 완성되었다.' 우리는 그녀에게서 노력, 전념, 야심, 지능, 기술이 아니라 '타고난 재능', '천재성', '본능적 창작력'을 상상하게 된다. 남보다 뛰어나려고 열심히 배우는 학생을 뜻하는 '책벌레'라는 말은 부정적인 느낌을 준다. 노력 없이 뛰어난 게 훨씬 낫다. 아마 그래서 헨리 오스틴도 이렇게 말했을 것이다. 제인은 책벌레가 아니었다! 그로부터 52년 뒤, 장례식에 참석했던 조카 제임스가 발표한 오스틴의 첫 전기에는 상상력의 세계에 살지 않았다면 지극히 평범한 인생을 살았을 비범한 여인의 모습이 담겨 있다.

사후에 두 편의 소설이 발표된 이후, 한동안 오스틴 소설에 대한 관심이 시들해졌다. 하지만 침체기는 오래가지 않았다. 1833년 즈음 다시 인기가 살아났고, 특히 단정하게 6권으로 나온 전집이 주목 받았다. 그 후로 오스틴의 소설은 절판된 적이 없다. 참으로 아이러니한 점은 낭만주의 시대를 대표하는 최고의 로맨스 작가 오스틴이 정작 본인은 결혼한 적이 없고, 자기가 쓴 소설에서 자신의 이름을 한 번도 보지 못했다는 사실이다.

제인 오스틴의 사망 후 지금까지도 그녀를 숭배하는 열혈 독자들은 그녀의 소설 여섯 편을 모두 사랑한다며 순위 매기기에 열을 올리는데, 각자의 삶과 경험에 따라 순위가 바뀌기도 한다. 이런 놀이는 셰익스피어의 연극이나 베토벤의 교향곡 순위 매기기와 다르지 않다. 이 책에서도 자주 언급되지만, 그런 순위는 우리의 기분과 감성, 사소한 계층적 편견, 심지어 각자가 처한 삶의 단계에 따라서도 달라진다. 영화와 연극, 소셜미디어의 시대인 오늘날에도 신선하고 다양한 각색과 전편, 속편, 블로그 같은 형식으로 때로는 예리하게 때로는 터무니없는 방식으로 오스틴의 이야기들이 새롭게 해석되고 있다.

셰익스피어와 오스틴의 풍자

문학적 장치로서 풍자는 사람이나 사상을 비웃는 것이 아니라 만연한 부패나 부정직한 지성에 대한 묵과 따위를 독자에게 경고하는 것이 목적이다. 또한 문명을 위협하는 악덕을 부각시키거나 인류 발전의 고결한 해법을 제시하기도 한다. 〈리어 왕〉에서 셰익스피어가 등장시킨 풍자적 인물 어릿광대는 처벌을 두려워하지 않고 마음껏 지껄인다. 그가 언급한 속담 '빈 수레가 요란하다'는 왕을 빗댄 풍자였을 것이다. 〈헨리 5세〉에도 같은 속담이 등장한다.

《모비 딕Moby Dick》(1851)의 '내 이름은 이슈메일이다.'와 《두 도시 이야기Tale of Two Cities》(1859)의 '최고의 시대였으며, 최악의 시대였다.'는 문학사에서 가장 익숙한 첫 문장들이다.[30] 《오만과 편견》의 첫 문장도 이들 못지않게 익숙하다. '누구나 인정하는 진실 하나, 돈 많은 독신 남자는 아내를 필요로 하게 마련이다.' 여기서 '필요로 하게in want of'는 '찾게' 또는 '갈망하게'로도 해석할 수 있다. 풍자 작가 오스틴이 보기에, 부유한 독신 남자는 젊은 상류층 여성들의 사냥감이었다. 여기에는 조롱과 냉소가 담겨 있다. 오스틴의 소설에 등장하는 베넷 부인과 콜린스 목사는 풍자적인 인물이다. 이들을 조롱의 대상으로 삼음으로써, 여성에게 명백히 불공평한 당시 사회 관습과 시대착오적인 재산 상속법을 비판하려 했다. 오스틴은 베넷 부인을 통해 겉치레와 사회적 신분 상승에 집착하고 사랑 대신 돈을 기준으로 중매하는 볼썽사나운 행태를 조롱했다. 하지만 베넷 부인은 자식들을 헌신적으로 보살피는 긍정적인 면도 있다. 반면 우스꽝스러운 콜린스 목사는 베넷 가문의 재산을 상속받기에 가장 부적격한 인물이다.

그 시대 여성답게 제인 오스틴도 돈 문제로 결혼에 실패했다. 사랑하던 남자 톰 르프로이의 집에서 오스틴 집안의 경제 사정을 마뜩찮게 여겼기 때문이다. 몇 년 뒤 그녀는 해리스 빅-위더의 청혼을 거절했는데, 남편감을 구할 시간이 얼마 남지 않았다는 것도 알고 있었다. 어쩌면 독신녀로 사는 것이 더 많은 창작 기회를 주리라 믿었을지도 모른다. 오스틴의 풍자는 부드럽고 섬세하지만, 남성 중심 사회의 지배적인 법과 관습을 거부하는 강력한 반항이 담겨 있다.

조지와 조르주

제인 오스틴은 영국 소설에 현대적인 특징을 부여한 작가로 손꼽힌다. 그녀는 비범한 재능을 지녔지만, 자신의 작품이 무시당할까 봐 성별을 드러내지 않았다. 비범한 재능을 지닌 다른 여성 작가들은 각자의 방식으로 여성 차별에 맞섰다. 오스틴이 개척한 장르를 계승하고 확장한 작가들은 소설가이자 시인이었던 브론테 자매—샬럿 브론테(1816~1855), 에밀리 브론테(1818~1848), 앤 브론테(1820~1849)—였다.[31] 브론테 자매의 소설에서는 유머가 절제되고 독창성과 사실성, 심리적 통찰이 도드라졌다. 처음에는 각각 '커러 벨', '엘리스 벨', '액턴 벨'이라는 필명으로 작품을 발표했다. 소설 《제인 에어Jane Eyre》, 《폭풍의 언덕Wuthering Heights》, 《아그네스 그레이Agnes Grey》가 일찌감치 성공을 거둔 후로는 본명을 쓰기 시작했고, 빅토리아 여왕 시대의 다른 여류 작가들도 자신의 이름을 내걸기 시작했다.

오스틴이 죽고 불과 2년 뒤에 태어난 또 한 명의 위대한 작가 메리 앤 에번스(1819~1880)는 여성은 가벼운 로맨스 소설만 쓴다는 통념을 깨려 했다. 그녀의 작품들은 좌뇌와 우뇌를 따로따로 활용한 듯 상반된 두 분야, 즉 소설과 논픽션으로 구성된다. 논픽션 작품에는 본명을 사용하면서 편집자, 문예 비평가, 번역가, 저널리스트로 활동하며 탄탄한 입지를 굳혔다. 그녀는 다양한 관심사를 글로 표현했다. '나는 산책하고, 피아노를 치고, 볼테르를 읽고, 친구와 담소하며, 하루에 한 차례 수학을 공부한다.' 관심사가 너무 잡다해 보일지 모르지만,

이 탁월한 박식가는 소설과 논픽션에서 개별적인 평가를 받기로 마음먹었다.

조지 엘리엇이라는 남성 필명으로 소설과 시를 쓴 그녀는 당대 최고의 작가 중 한 명으로 평가받는다. 오스틴보다 20년 더 오래 살았지만 작품 편수는 한 권 더 많을 뿐이다. 잉글랜드 시골을 무대로 펼쳐지는 그녀의 소설을 출간 순으로 정리하면《플로스 강의 물방앗간 The Mill on the Floss》(1860),《사일러스 마너Silas Marner》(1861),《로몰라Romola》(1862~1863),《급진주의자 펠릭스 홀트Felix Holt, the Radical》(1866),《미들마치Middlemarch》(1871~1872),《다니엘 데론다Daniel Deronda》(1876)이다. 평단에서는《미들마치》를 엘리엇의 대표작이자 빅토리아 시대 소설의 가장 위대한 걸작 중 하나로 꼽는다. 이 소설은 1829년에서 1832년까지 잉글랜드 중부에 위치한 가상의 마을에서 벌어지는 얽히고설킨 이야기를 정교하게 풀어낸다.

아망틴 뤼실 오로르 뒤팽(1804~1876)은 엄청난 재능을 지닌, 굉장히 화려한 프랑스 소설가였다. 그녀는 동시대 남성 작가 빅토르 위고(1802~1885)나 오노레 드 발자크(1799~1850) 못지않은 천재성과 창의성을 보였다. 당시 사회상이 반영된 그녀의 페미니즘 소설은 위고나 발자크의 작품보다 훨씬 더 인기를 끌었다. 자신의 재능에 일말의 의심도 없던 이 푸른 눈의 미녀는 지배적 사회 규범을 벗어난 기행을 일삼았다. 남자처럼 차려입고, 남자처럼 담배를 피우고, '조르주 상드'라는 남자 이름을 필명으로 삼았다. 낭만주의 시대 여류 작가들 중에서 상드가 성적으로 더 해방되었는지 여부보다 중요한 것은 신념을 실행으로 옮길 만큼 자유로운 작가는 그녀뿐이었다는 사실이다! 이는 특히 브론테 자매의 갑갑한 삶과 비교하면 두드러진다. 빅토르 위고는 그녀에 대해 이렇게 썼다. '조르주 상드가 남자인지 여자인지 분간이 안 간다. 나는 모든 동료 작가를 깊이 존경하지만, 그녀가 여자 후배인지 남자 후배인지 판단하는 것은 내 몫이 아니다.' 러시아 소설가 이반 세르게예비치 투르게네프(1818~1883)는 상드를 찬미했다. '그녀는 실로 용감한 남자였으며, 실로 훌륭한 여자였다.'

6

레오나르도의 모델

완벽한 정신을 계발하는 원칙. 예술의 과학을 공부하라.

과학의 예술을 공부하라. 감각을 연마하라. 특히 보는 법을 익혀라.

세상 만물이 모두 연결되어 있음을 깨달아라.

—레오나르도 다빈치

'뭐든 다 하지만, 잘 하는 건 하나도 없다.'라는 속담은 관심사가 너무 잡다한 사람을 비꼬는 말이다. 이와 같은 표현은 대부분의 문화권에 있다. 중국에는 '열 자루 칼을 들었으되, 예리한 칼은 하나도 없구나.'라는 말이 있고, 에스토니아에는 '아홉 가지 일을 하면, 열 번째는 굶주림이다.'라는 속담이 있다. 하지만 드물게 긍정적인 의미가 담긴 튀르키예 속담은 다양한 관심사를 가진 사람을 칭찬한다. '열 손가락에 열 가지 재능이 있다'. 앞선 영어 속담도 원래는 다른 지혜의 말이 뒤에 이어진다. '뭐든 다 하지만, 잘 하는 건 하나도 없다 …… 그러나 하나만 아는 것보다 나을 때도 많다!' 실제로 다양한 분야의 교차 학습을 통해 아주 풍성한 결실을 맺을 수 있다.

　오늘날 과학기술 혁신을 추구하는 연구 개발자들은 대체로 한두 분야에 전문화되어 있다. 하지만 다방면에 관심을 갖는 것을 거부하기보다는 최대한 폭넓은 가능성을 수용할 필요가 있다. 현재의 지배적인 유형과는 대조적으로, 역사상 가장 성공한 혁신가들은 다분야 교차 학습의 효과를 누린 박식가들이었다. 페이디아스, 아르키메데스, 폰 빙엔, (로저) 베이컨, 브루넬레스키, 레오나르도, 미켈란젤로, 갈릴레오, (프랜시스) 베이컨, 케플러, 요하네스 페르메이르, 데카르트, 하위헌스, 훅, 뉴턴, 라이프니츠, 볼테르, 프랭클린, 폰 괴테, 실러, 폰 훔볼트, 다윈, 파스퇴르, 마리 퀴리, (사라) 베르나르, 아인슈타인, (에미) 뇌터, 하이젠베르크, 폰 노이만, (헤디) 라마르 등이 인류 역사의 박식가들이다. 셰익스피어는 그 어떤 정신분석가보다 인간의 행동을 잘 이해했으며, 잉글랜드와 스코틀랜드, 덴마크, 고대 로마, 중세 이탈리아의 역사가 담긴 책들을 섭렵했다.

'레오나르도의 모델'은 두 가지 또는 세 가지 의미로도 읽힌다. 이 표현은 단순히 역사상 가장 유명한 초상화의 주인공으로 불멸의 존재가 된 젊은 여인 리자 게라르디니를 가리킬 수도 있다. 물리학자인 나에게는 껍질 모형, 액적 모형, 광학 모형, 통합 모형 같은 원자 모형(모델)을 의미한다. 또는 레오나르도의 작업 방식, 즉 사물을 여러 관점에서 보고 그의 방대한 정신세계의 요소들(회화, 음악, 수학, 해부학, 지질학, 수문학, 생리학, 기상학, 심리학)을 완벽하게 조합하는 능력을 가리키는 것일 수도 있다. 그가 정통한 분야의 수는 깜짝 놀랄 정도로 많으며, 이에 필적할 자는 아마 영원히 없을 것이다. 르네상스를 대표하는 이 남자야말로 역사상 최고의 박식가였다.

레오나르도는 '선 원근법' 이론을 개발하지도 않았고, 그림을 벽이나 판에 옮기는 스폴베로 기법을 처음 도입하지도 않았지만, 이런 기법들을 정밀하게 활용했다. 하지만 '대기 원근법'은 그가 발명했다. 멀리 떨어진 물체는 빛의 확산으로 인해 색상이 흐리고 선명도가 낮아 보이는 데서 착안한 것이었다. 레오나르도는 이 기법을 치밀하게 적용해 사실적인 회화의 배경을 만들어냈다. 둥근 형체의 경계를 부옇게 표현하는 '스푸마토(부드러운 혼합)' 기법도 개발했다. 또한 불투명한 안료와 반투명 기름이 섞인 유약을 손가락으로 아주 얇게 덧바르는 '벨라투라' 기법을 고안해 표면 물감의 평평한 느낌을 줄였다. 그리고 빛과 그늘의 대조를 강조해 입체감을 만들어내는 '키아로스쿠로' 기법을 사용했는데, 이는 당시 막 쓰이기 시작한 기법이었다. 한 세기 뒤, 카라바조는 더 강화된 키아로스쿠로인 '테네브리즘' 기법을 도입해 장면의 극적 효과를 높였다.

연필로든 물감으로든 모든 회화에서 형상을 캔버스로 옮기는 기계적 측면에 대해 레오나르도는 과학자처럼 체계적으로 그림의 요소들을 실험했다. 그는 어떤 실험은 실패가 필연적이지만 실험 없이는 발전도 없다는 것을 알고 있었다. 400년 후 아인슈타인도 같은 생각을 했다. '한 번도 실수하지 않은 사람은 한 번도 새로운 것을 시도해보지 않은 사람이다.' 레오나르도의 위대한 실험 중 하나인 〈최후의 만찬〉은 부분적으로 실패였다. 물감이 떨어져 나갔다. 또 다른 실험 〈앙기아리 전투〉는 철저한 실패였다. 물감이 흘러내린 것이다.

500년 전에는 미술용품점이 존재하지 않았다. 회화 도구와 재료는 단순하거나, 간단한 성분으로 만들어졌다. 가루 형태 색소, 뼛가

라파엘로의 〈아테네 학당〉 소모 세부 이미지.
그림의 윤곽을 벽에 옮기려고 뚫어 놓은 구멍들이 보인다.

루, 연단鉛丹 물감, 상아 재로 만든 흑색, 거위 깃펜, 은필銀筆, 수제 종이, 목재 화판 등등. 캔버스를 씌운 화판은 북유럽에서 처음 도입되었으며, 이탈리아 화가들이 사용하기까지는 레오나르도가 죽고 10년에서 20년이 걸렸다. 르네상스 시대의 작업장 '보테가'에서는 스승과 제자들이 기술을 공유했으며, 실험도 흔하게 이뤄졌다. 하지만 이따금 경쟁자에게서 제작 기밀을 빼오기도 했는데, 라파엘로는 티치아노의 조수 한 명을 고용해 그 베네치아 화가가 사용한 유난히 화려한 색깔을 만드는 비법을 알아냈다. 티치아노 역시 같은 방법으로 무라노의 유리세공사들이 개발한 색조를 흉내 냈다.

다량의 작은 종이를 이어 붙인 라파엘로의 벽화 〈아테네 학당〉 전체 소묘.
현재 밀라노 암브로시아 도서관에 보존되어 있다. 이 소묘와 벽화를 비교하면 라파엘로가
구도를 재구성하고 미켈란젤로와 자신을 포함시켰음을 알 수 있다.

　　종이들을 이어 붙여 완성된 전체 크기의 '소묘'는 준비된 화판이나
벽으로 옮겨진다.　레오나르도의 스승 베로키오가 발명한 '스폴베로'
라 불리는 기법은 송곳으로 그림의 윤곽을 따라 구멍을 뚫는 것이었
다. 숯가루가 담긴 모슬린 주머니로 구멍들을 두드리면 화판 표면에
점선 윤곽이 남게 된다. 베로키오와 레오나르도의 그림을 비롯한 르
네상스 시대 회화를 적외선으로 촬영하면 물감 아래 동그란 숯가루
점들이 보인다. 다중분광 디지털 사진에는 밑그림과 전체 구도, 팔의
배치나 얼굴 방향도 드러난다. 그렇게 종이를 이어 붙여 완성한 것이
라파엘로의 〈아테네 학당〉 소묘이다.

　　레오나르도가 밀라노에서 활동하던 1480년대와 1490년대에 각
각 제작된 〈암굴의 성모 Vergine delle rocce〉의 두 버전을 보면 그가 다양한
분야의 과학과 예술을 어떻게 융합했는지 알 수 있다. 두 그림 모두에
서 성모 마리아와 천사, 아기 세례 요한, 아기 예수는 동굴 입구에 모

여 앉아 있다. 이들 주위의 배경은 자연에 대한 화가의 깊은 이해를 보여준다. 동굴 바깥의 다채로운 식물은 모두 르네상스 시대의 상징적 의미를 지닌다. 그리고 동굴 안에는 온갖 바위와 종유석, 석순이 등장한다. 성모와 천사는 둘 다 아름답고 젊은 여인으로 그려져 있고, 천진난만한 한 쌍의 아기들은 앙증맞은 모습으로 아기답게 서로를 신기한 듯 바라본다. 이 네 인물의 배치는 이등변 피라미드 꼴을 이룬다. 이전 회화에서는 볼 수 없는 이 피라미드 구조가 레오나르도 이후 다른 화가들의 작품에 등장한다. 라파엘로의 톤도(원형 회화) 〈알바의 성모Alba Madonna〉는 워싱턴 국립 미술관에 걸려 있고, 미켈란젤로의 유일한 액자형 회화이자 역시 톤도 형식인 〈성가정聖家庭Sancta Familia〉은 피렌체 우피치 미술관에 전시돼 있다. 이 그림은 두 개의 이등변 삼각형이 하나는 똑바로, 하나는 거꾸로 배치된 구도로서 다윗의 별을 이룬다.

(왼쪽) 레오나르도가 〈암굴의 성모〉의 천사를 염두에 두고 특수 처리된 종이에 은필로 그린 소묘. (가운데) 레오나르도가 첫 번째 〈암굴의 성모〉에 그린 천사.
(오른쪽) 신비로운 천사의 눈길은 요하네스 페르메이르의 〈진주 귀걸이를 한 소녀〉(1665)에 영감을 주었을지 모른다. 현재 네덜란드 헤이그 마우리츠하위스 미술관 소장.

위의 세 그림 중 레오나르도가 은필로 그린 천사의 얼굴은 왼쪽 그림이다. 예술 역사학자 케네스 클라크는 이 소묘를 일컬어 '장담하건대, 세상에서 가장 아름다운 소묘 중 하나'라고 극찬했다. 가운데 그림은 완성된 〈암굴의 성모〉에 등장하는 채색된 천사의 모습이다.

200년 후, 레오나르도가 그린 천사의 얼굴은 페르메이르의 〈진주 귀걸이를 한 소녀Meisje met de parel〉에 영감을 준다. 이 그림에서 인물의 앉은 자세는 레오나르도의 영향일지 모르지만, 페르메이르는 '소녀가 얼굴을 돌리는 찰나의 순간'을 포착했다. 그의 절친이자 현미경의 발명가로 더 잘 알려진 안토니 판 레이우엔훅은 다음과 같이 술회했다.

그는 앉아 있는 조카를 그리기로 마음먹었다. …… 그녀는 앉아서 창밖을 바라보고 있었다. "여기 봐!" 그는 커튼 뒤에 숨어서 별안간 소리쳤다. 목소리에 놀란 소녀는 고개를 획 돌렸다. 순간 페르메이르는 자신이 그리고 싶었던 이미지를 포착했다. 그는 이렇게 말했다. "우리가 개를 불시에 습격한 셈이지."

초상화를 그리는 박식가

훌륭한 초상화는 반드시 세 방향의 대화를 유발한다. 즉 화가와 모델의 대화, 완성된 초상화와 감상자의 대화, 화가와 감상자의 대화로 삼각형을 이룬다. 이 삼각형의 첫 번째 꼭짓점에는 관찰자(화가)의 눈과 관찰 대상(모델)의 눈이 포함된다. 그 심리적 상호작용이 이번 장에서 논의할 화두 중 하나다.

레오나르도는 대략 15년의 간격을 두고 세 여인의 초상화를 그렸는데, 합쳐서 '세 자매'라고 불리는 이 작품들은 〈지네브라 데 벤치 Ginevra d'Benci〉, 〈담비를 안고 있는 여인Dama con l'ermellino〉, 〈모나리자〉이다. '세 자매'의 두 번째와 세 번째 사이에 '라 벨 페로니에르'라는 여인을 그린 네 번째 초상화도 있는데, 나머지 세 그림 같은 신부 초상화는 아니다. 화가는 레오나르도로 알려져 있지만, 앉아 있는 여인의 정체에 대해서는 아직도 의견이 분분하다.

네 초상화 중 첫 작품인 〈지네브라 데 벤치〉는 현재 워싱턴 D. C. 국립 미술관에 걸려 있다. 17세 신부 지네브라의 초상화를 그릴 당시 레오나르도는 21세였다. 이 그림 역시 색과 형태, 패턴, 비율에 대한 레오나르도의 열의와 자연에 대한 사랑을 보여준다. 비율의 경우, 지네브라의 정수리에서 턱까지의 길이를 1로 보면 정수리에서 보디스의 가로선까지 길이의 비는 1:1.618, 즉 황금비가 된다. 다음 장에서는 황금비를 주제로 수학에 대한 레오나르도의 관심을 조명할 것이다. 〈담비를 안고 있는 여인〉과 〈모나리자〉도 황금비에 따라 그린 작품이다.[1]

레오나르도는 노간주나무를 그려 넣어 위트를 가미했는데, 노간주나무가 이탈리아어로 '지네프로'여서 모델의 이름과 비슷했기 때문이다. 특이하게도 양면 그림인 이 초상화 뒷면에는 지성과 도덕을 상징하는 종려나무와 월계수가 그려져 있다. 두 나무가 이루는 아치형 틀 안에는 두루마리가 하나 있고, 거기 적힌 구절 '아름다움이 덕성을 꾸미도다.'는 초상화의 주인공을 상징적으로 표현한다.

두 번째 초상화의 주인공인 21세의 체칠리아 갈레라니는 레오나르도가 밀라노에서 활동하던 시절 그의 후원자였던 루도비코 스포르차의 정부였다. 〈담비를 안고 있는 여인〉으로 불리는 이 초상화는 폴란드 크라쿠프의 차르토리스키 미술관이 소장하는 독보적인 보석이다. '최초의 진정한 현대적 초상화', '이성적이면서 동시에 관능적인 초상화'[2], '심리적 인물 묘사의 획기적 작품'으로 평가받는 이 그림은 〈모나리자〉의 자연스러운 전신前身이자 〈모나리자〉로 이어지는 초상화 진화 과정의 묘연했던 연결 고리이다.

레오나르도는 체칠리아의 이마와 목에 감긴 가느다란 끈으로 고정된 거의 투명한 베일을 그녀의 얼굴에 씌워 초점을 아주 살짝 흐리게 했다. 이 끈들은 당시 밀라노에서 유행한 패션 액세서리인 '페로니에르'의 일부이다. 동물(담비라고 명명되었지만 실은 페렛일 것이다[3])을 쓰다듬는 체칠리아의 긴 손가락은 요염하고 매혹적이다. 경건함과 성적 매력을 동시에 발산하는 이 초상화는 〈모나리자〉보다 훨씬 더 보는 이를 홀린다. 감상자와 시선이 마주치는 불편함을 피해 여인은 눈을 돌리고 있지만, 보는 사람은 뜻하지 않게 관음자가 되고 만다. 〈라 벨 페로니에르〉나 〈모나리자〉와는 사뭇 다르다.

고향 시에나를 떠나 처음 밀라노에 왔을 때 체칠리아는 불과 열여섯 살이었지만, 루도비코 스포르차는 그녀를 낚아채 정부로 삼고 레오나르도에게 초상화를 맡겼을 가능성이 높다. 그러나 루도비코가 정치적 이득을 위해 베아트리체 데스테(1475~1497)와 결혼하자, 새로운 정실부인은 곧바로 남편의 정부를 밀라노에서 추방했다. 그 사이 체칠리아는 예술 역사상 가장 아름다운 초상화 중 하나의 주인공으로 이미 불멸의 존재가 되었다. 레오나르도는 앞서 지네브라 데 벤치를 모델로 삼았을 때도 그랬고, 훗날 〈모나리자〉와 〈라 벨 페로니에르〉에서도 그러듯이, 체칠리아에게도 3/4 포즈를 취하게 해 그녀의 용모가 더 잘 드러나도록 했다. 〈라 페로니에르〉와 〈모나리자〉처럼 체칠리아의 포즈에는 부드러운 역동성이 담겨 있다. 얼굴을 살짝 왼쪽으로 돌리고 몸통은 약간 오른쪽으로 향해 나선형으로 비틀린 모습이다. 〈지네브라〉와 〈모나리자〉의 인물들은 야외에 나와 있어 식물과 지형이 배경 노릇을 한다. 〈지네브라〉에서는 늘 푸른 노간주나무 숲이 어두운 배경이 되어 그녀의 조금 창백한 피부가 강조된다(가무잡잡한 피부색은 굳은살 박인 손처럼 볼썽사나워 우아하지 못하고 천박하다는 징표였으며, 당연히 귀족스럽지 못했다).

다른 자매 초상화들과 마찬가지로 〈체칠리아〉는 레오나르도 회화 기법의 중요한 비밀을 품고 있다. 레오나르도는 반투명 물감 유약을 굉장히 얇게 층층이 덧바르는 벨라투라 기법을 사용했는데, 때로는 손가락으로 문질러 매끄럽게 하기도 했다. 체칠리아의 가느다란 목에는 레오나르도의 지문이 남아 있다. 지네브라 초상화 배경의 노간주나무 숲에도 같은 지문이 보인다. 크리스토퍼 콜럼버스의 신세계 발견 500주년 기념식을 맞이해, 체칠리아의 초상화가 워싱턴 국립 미술관을 찾아 지네브라 옆에 걸렸다.

크라쿠푸의 〈체칠리아〉 소유주들과 워싱턴 국립 미술관의 협약에 따라 이 그림은 6주 동안 전시되었고, 추가로 2주간 미술관의 보존 연구소에서 분석 작업을 시행했다. 1992년 당시 이 연구소에는 고화질 촬영 기기가 없어 레오나르도의 지문을 찍지 못했다. (고해상도 디지털 카메라는 아직 개발되지 않았다.) 결국 이런 포렌식 장비를 훨씬 더 잘 갖춘 미국 연방수사국FBI이 참여했다. 이렇게 촬영된 레오나르도의 지문은 현재 미술관 서쪽으로 겨우 몇 블록 떨어진 연방수사국 건물에 보관되어 있다. 기계에 관심이 많았던 레오나르도라면 이 기술을 흥미롭게 여겼을 것이다.

세 번째 초상화 〈라 벨 페로니에르〉는 모델이 누구냐를 두고 추측이 난무하며, 그래서 〈미지의 여인의 초상화〉라는 또 다른 제목이 붙었다. 그 여인은 아라곤의 이사벨라였을까? 실제로 별명이 '페로니에르'였던 프랑스 앙리 2세의 정부? 한때 루드비코 스포르차의 배우자였던 베아트리체 데스테인가? 아니면 루크레치아 크리벨리? 열렬한 레오나르도 연구가인 빈센트 피넌에 따르면, 체칠리아가 추방된 뒤 루도비코의 정부가 된 크리벨리일 가능성이 높다. 레오나르도가 〈최후의 만찬〉 제작을 맡기 직전에 그린 초상화의 주인공 크리벨리는 1497년 데스테의 사망 후 불과 두 달 만에 루도비코의 아들 지안 파올로를 낳았다. 체칠리아의 초상화와 마찬가지로, 〈라 벨 페로니에르〉 속 인물의 창백한 얼굴은 어두운 배경과 강렬하게 대비된다.[4]

모나리자의 수수께끼

흔히 유럽에서 '라 조콘다('조콘도 부인' 또는 '미소 짓는 여인'이라는 뜻-
옮긴이)'라 불리는 초상화 〈모나리자〉는 세계에서 가장 위대한 미술
관인 루브르 미술관의 왕관에 박힌 보석이다. 심리학적 가치가 큰 이
걸작 앞에서 사람들은 각자 다른 인상을 받는다. "그녀가 나를 따라
온다." "비밀을 품고 있다." "자신감에 차 있다." "우월한 분위기를 풍
긴다." "임신한 것 같다." 한마디로 사람을 홀리는 그림인데, 〈지네브
라 데 벤치〉처럼 경건하지는 않고 〈체칠리아 갈레라니〉만큼 관능적
이지도 않다. 지구상에서 가장 비싼 이 예술 작품은 구름처럼 몰려드
는 인파로부터 오랫동안 격리된 상태이다. 보호 차원에서 2.5센티미
터 두께의 방탄유리가 덮여 있고, 접근 차단 줄과 반원형 나무 난간이
앞을 막고 있으며, 그림 밑에는 추락 방지용 선반이 달려 있다. 이제
그녀는 관람객에게 최면을 걸지 못하며, 고해상도 디지털 사진 말고
는 사람들과 가까워질 방법도 없다. 요즘에는 〈모나리자〉가 걸려 있
는 커다란 전시실로 관람객 수백 명이 한꺼번에 몰려 들어간다. 모두
스마트폰을 높이 들고 〈모나리자〉를 찍은 다음, 그림을 등지고 서서
셀카를 찍는다. 고해상도 사진을 얻으려는 게 아니라 이렇게 말하려
는 것이다. "나 여기 왔었어!"

이 초상화의 모델 리자 게라르디니는 상인 프란체스코 델 조콘도
와 결혼했다(이 작품의 다른 제목 〈라 조콘다〉는 여기서 유래했다). 레오나
르도는 이 초상화를 그림으로써 그녀를 불멸의 존재로 만들었으며,

여성 표현의 극치를 이뤄냈다. 이 작품은 시각적 유혹과 모호성으로 규정된다. 레오나르도는 자신이 아는 모든 것, 과학자이자 화가로서 오랜 세월 실험으로 깨달은 모든 것을 〈모나리자〉에 쏟아 부었다. 16세기 미술사학자 조르조 바사리의 연구에 따르면 레오나르도는 모델이 편안하게 사색에 잠긴 표정을 짓게 하려고 화실에 음악가들까지 불러 들였다.

오늘날 전문가용 디지털카메라는 대부분 몇 메가 화소에서 최대 16메가 화소 파일 크기로 사진을 찍는다. 최근 프랑스 엔지니어 파스칼 코테가 개발한 특수 뤼미에르 테크놀로지 카메라는 240메가 화소 크기로 촬영한다. 이 카메라는 적외선과 가시광선, 자외선뿐만 아니라 아주 짧은 X선 영역까지 14개의 전자기 스펙트럼 영역을 들여다볼 수 있다. 이 카메라가 〈모나리자〉 분석에 동원되었다. (서로 다른 파장의 전자기 복사는 그림의 개별 층을 모두 관통한다.) 이 연구로 기존에 몰랐던 사실들이 밝혀졌다. 예컨대 스폴베로 자국에서 밑그림이 드러났고, 레오나르도가 작업하면서 그림 형태를 바꾸는 습관도 드러났으며, 사라진 눈썹과 속눈썹에 대한 의문도 풀렸다. '그것들이 원래는 존재했을까?' 실제로 처음에는 있었지만, 지난 500년 동안 그림 표면을 닦는 과정에서 의도치 않게 지워진 것이었다. 여인의 왼쪽 어깨를 덮고 있는 것이 베일이며, 모델이 실제로는 그림 속 모습보다 날씬했다는 점도 X선 촬영으로 밝혀졌다. 누렇게 바랜 유약을 벗겨내고 500년 전의 본래 색으로 복원하자 (포토샵을 이용한 가상의 작업이다) 하늘이 푸르스름한 빛을 띠고 인물의 볼에 옅은 홍조가 되살아났다. 레오나르도가 본래 의도한 그림으로 다시 태어난 것이다.

모나리자는 수수께끼 같은 미소를 짓고 있다. 하지만 입을 정면에서 보면 미소가 사라지고, 5도에서 10도 정도 비스듬한 각도로 보면 다시 나타난다. 레오나르도는 교묘한 착시 효과를 사용한다.[5] 훌륭한 화가는 인물 뒤의 지평선을 수평으로 맞추고, 서툰 화가는 그렇지 않을 것이다. 레오나르도는 어떨까? 마치 서툰 화가처럼 지평선을 비딱하게 그려 불안정한 느낌, 즉 긴장감을 조성함으로써 감상자가 무의식적으로 시선을 이리저리 움직이게 한다. 얼굴과 눈, 입으로 시선을 옮길 때 미소가 나타났다 사라지는 이 경험은 매혹적이다. 레오나르도의 기법은 음악에서의 긴장과 해소를 연상시킨다. 그가 자신의 초상화에 담은 심리적 효과는 스스로 설명했듯이 '마음의 움직임'이다. 앞서 〈지네브라 데 벤치〉(약 1473년)와 〈체칠리아 갈레라니〉(약 1492년)에서 그랬듯이 레오나르도는 리자 게라르디니(모나리자)를 3/4 포즈로 앉혀 더욱 입체적으로 보이게 했다. 이 그림은 지적이고 경건한 아름다움을 뿜낸다. 지네브라와 모나리자의 배경에는 식물이나 바위가 배치되어 있다. 수세기 동안 미술학자들은 배경으로 쓰인 바위 풍경과 구불구불한 강, 여러 개의 아치로 이뤄진 다리가 레오나르도의 상상에 비롯되었을 가능성이 높다고 짐작했다. 현재는 모나리자 왼쪽의 험준한 절벽 지대가 실제 존재하는 곳으로 간주되고 있으며, 피렌체와 아레초 사이 도로변 발다르노 마을의 발차 산지로 추정된다. 다리 역시 아레초의 폰테 부리아노인 것으로 거의 확실하게 판명되었는데, 이 다리는 레오나르도가 그림에 넣기 250년 전에 지어졌다.

보는 자의 눈과 보이는 자의 눈

캘리포니아 주 샌프란시스코에 사는 영국 출신의 심리학자이자 미술 애호가인 크리스토퍼 타일러가 발견한 '중심선 원칙'에 따르면, 대가들이 그린 1인 초상화는 대부분 그림의 수직 이등분선이 인물의 한쪽 눈을 통과하거나 매우 가까이 지나간다.[6] 이 원칙은 레오나르도의 〈모나리자〉와 〈담비를 안고 있는 여인〉, 렘브란트의 자화상, 피카소의 〈도라 마르의 초상Portrait de Dora Maar〉에도 해당된다. 이때의 눈은 오른쪽 눈이나 왼쪽 눈일 수 있고, 주도하는 눈(〈모나리자〉)이나 따라가는 눈(렘브란트의 자화상과 피카소의 〈도라 마르의 초상〉)일 수도 있다. 미술 학교에서는 가르치지 않는 원칙이지만, 가장 재능 있는 화가들은 인물의 한쪽 눈에 초점을 맞추는 듯하다. 타일러의 발견은 1988년 〈뉴욕타임스〉에 특집 기사로 소개될 만큼 중요한 사건이었다. 1달러 지폐를 정확히 반으로 접으면 조지 워싱턴의 오른쪽 눈으로 중심선이 지나간다. 2달러, 5달러, 10달러도 마찬가지였다. 하지만 일부 지폐는 위조를 더 어렵게 하려고 디자인을 변경했다.

타일러가 3×3 행렬 모양으로 배열한 9편의 초상화 중에서 의문을 자아내는 그림은 피카소의 〈도르 마르의 초상〉이다. 병적인 고집통이 피카소가 어째서 여느 화가들이 해온 것처럼 도라 마르의 왼쪽 눈을 중심선에 두었을까? 다른 화가와 마찬가지로 그 역시 전혀 의식하지 못하고 한 것이다. 만약 이 원칙을 이미 알고 있었다면, 십중팔구 중요한 눈을 중심선이 아니라 프레임의 오른쪽 하단이나 왼쪽 하단에 그렸을 것이다. 타일러의 행렬에 나오는 그림 중 하나는(그림 9A 아래 중앙) 영국 초상화 화가 그레이엄 서덜랜드의 작품이다.

훗날 서덜랜드는 영국 의회로부터 윈스턴 처칠의 80번째 생일을 기념하는 초상화 제작을 의뢰받았다. 완성된 초상화에는 모두의 우상이었던 정치가의 얼이 고스란히 담겨 있었다. 열정과 용기, 자신감을 발산하는 행동하는 지도자이자 타고난 웅변가. 하지만 처칠의 다른 특징도 정확히 포착했다. 처칠은 허영심과 불같은 성미, 고집으로 유명했다. 진심으로 이 정치인을 존경한 화가가 있는 그대로 솔직하게 그린 초상화는 처칠 가문을 만족시키는 데 완전히 실패했다. 그들은 처칠의 영웅적 면모를 부각하는 초상화를 원했다. 그러나 초상화 속의 그는 '사자 같은' 모습이지만 '렘브란트적인 위엄'은 결코 아니었다. 처칠 가문에 전달된 초상화는 갑자기 사라졌다. 이 그림의 운명은 2015년에야 밝혀졌다. 공개된 지 얼마 지나지 않아, 처칠의 부인 클레멘타인과 그녀의 오빠가 한밤중에 차에 싣고 시골로 가서 불태워 버린 것이다! 하지만 주목할 점은 이 초상화에서도 화가의 의도가 아니라 본능적 선택으로 인물의 왼쪽 눈이 중심선을 지나간다는 사실이다.

눈여겨볼 또 다른 작품은 삼대에 걸친 뛰어난 미국 화가 집안의 세 번째 화가 제이미 와이어스[7]가 그린 존 F. 케네디의 사후 초상화다. 와이어스는 인물의 어느 쪽 눈도 중심선에 두지 않았지만, 이 그림을 면밀히 살펴보면 프레임의 왼쪽 가장자리로부터 1:1.618 비율인 지점의 수직선을 케네디의 왼쪽 눈이 가까이 지나간다. 화가는 영리하게도 케네디를 한쪽으로 몰리게 배치함으로써, 아마도 위기의 순간에 결정을 저울질하며 고민에 잠겨 있을 인물을 표현해냈다.

20세기를 거치는 동안 초상화 속 인물들이 오른쪽보다 왼뺨을 더 자주 드러낸다는 사실이 알려졌다. 중심선 문제와 마찬가지로 왼뺨 문제도 의문을 자아냈다. 모델이 어느 쪽으로 얼굴을 둘지는 화가의 결정일까, 아니면 그림 속 인물의 결정일까? 스스로 '더 나은' 쪽을 드러내는 걸까? 1999년에 멜버른 대학교 심리학과의 젊은 교수 마이크 니콜은 마침내 초상화의 왼뺨 우세에 대한 물음에 답했다. 그의 발견은 〈뉴욕타임스〉 예술 섹션에서 크게 주목받았다. 그는 강당에 모인 많은 학생들에게 각자 액자용 사진을 찍게 될 거라고 했다. 그리고 두 그룹으로 똑같이 나눈 뒤, 서로 듣지 못하는 상태에서 각각 다른 지시 사항을 이야기했다. 첫 번째 그룹에게는 "여기서 찍은 사진을 액자에 담아 부모님이나 애인 등 사랑하는 사람의 집 벽에 겁니다."라고 했다. 첫 번째 그룹에서는 왼뺨을 내민 학생이 오른뺨을 내민 학생보다 많았다. 이어서 두 번째 그룹에게는 그들의 사진이 천재의 보증수표인 알베르트 아인슈타인 사진 옆에 걸린다고 했다. 이번에는 오른뺨을 선호한 학생이 압도적으로 많았다. 니콜 교수 연구진이 제시한 설명은 간단하지만 설득력이 있었다. 인간의 우뇌는 감정을 관장한다. 그래서 매력적으로 보이고 싶을 때는 당연히 우뇌가 제어하는 왼뺨을 내밀게 된다. 우리가 수학을 할 때 작동하는 좌뇌 하두정소엽은 귀 바로 위에 있다. 좌뇌는 오른뺨을 제어한다. 따라서 아인슈타인 옆에 사진이 걸릴 만큼 굉장히 지적으로 보이고 싶으면 반사적으로 오른뺨을 내보인다. 더욱이 이 실험에서 남녀 모두 같은 양상을 보였다.

네덜란드 최고의 거장 렘브란트 판 레인(1606~1669)은 흥미로운 사례이다. 레오나르도보다 대략 150년 뒤에 태어난 렘브란트는 66년을 사는 동안 자화상 97점을 남겼는데, 이중 57점은 유화이고 40점은 동판화와 소묘였다. 57점의 유화를 보면, 5:1의 비율로 오른뺨이 왼뺨을 압도한다. 어째서 렘브란트는 감정을 관장하는 우뇌로 왼뺨을 내밀게 해 친절과 호의를 부각하려 들지 않고 (좌뇌로 오른뺨을 내밀게 해) 지성을 강조하려 했을까?

렘브란트의 대표적인 자화상 6점을 보면, 그는 감정적인 쪽(우뇌)로 친절과 호의를 드러내기보다 지성(좌뇌)을 앞세우고 있다. 거울에 비친 모습은 반대이므로, 오른뺨이 실은 왼뺨이고 왼뺨이 오른뺨인 셈이다. 그의 본래 성향 역시 자신이 좋아하는 면을 드러내는 것이다.

네덜란드의 초상화 거장들

17세기 전반에 걸친 네덜란드와 플랑드르의 황금기에 렘브란트 판 레인, 요하네스 페르메이르, 프란스 할스를 비롯한 역사상 가장 위대한 화가들이 등장했다. 세 화가는 중요도에 따라 열거한 것으로, 금메달리스트인 렘브란트에 대해서는 앞서 간략히 논의했다.

은메달리스트 페르메이르의 중요성을 이야기하기 전에, 동메달리스트 프란스 할스(대략 1582~1666)의 영향을 살펴보자. 할스는 활기

차고 자유로운 붓 터치로 초상화 속 인물을 사실적으로 그려내면서, 지극히 차분한 분위기에 때로는 유머 감각도 담아냈다. 그의 작품에는 시장에서부터 서기, 군인까지 모든 사회 계층이 등장한다. 어부와 음유시인, 신사와 숙녀, 보통 사람들도 보인다. 할스의 작품들은 예술가와 과학자, 탐험가에게 우호적인 문화의 밑거름이 된 상업 경제를 반영한다. 비록 할스는 과학과 직접적인 관련이 없었지만, 당대 프랑스의 박식가 르네 데카르트(1596~1650)의 뛰어난 초상화를 그렸다. 수학자이면서 철학자, 물리학자인 데카르트는 20년 동안 네덜란드 공화국에 거주했다. 할스가 경비대를 그린 〈성 게오르기우스 민병대 장교들Maaltijd van de officieren van de Sint_Jorisschutterij〉(1639)은 렘브란트의 걸작 〈야경夜警De Nachtwacht〉(1639)에 영감을 주었다. 암스테르담 국립 미술관에서 가장 큰 인기를 끄는 〈야경〉은 17세기의 최대 단일 그림으로서 카라바조의 〈세례 요한의 참수Decollazione di San Giovanni Battista〉(1608)와 우열을 다툰다.

17세기 네덜란드를 아우른 시대정신 아래 적어도 한 명의 비범한 재능을 지닌 여성 화가 유딧 레이스터르(1609~1660)가 등장해 당대 최고의 남성 화가들과 어깨를 나란히 했다. 17세기의 한 미술 비평가는 그녀의 재능을 극찬하며 '레이스터르는 화가들 사이에서 진정 '선도하는 별'이다.'[8]라고 했는데, 그녀의 이름이 네덜란드어로 '선도하는 별'을 뜻한다는 점을 이용한 언어유희이다. 당시 다른 여자들은 아버지나 남편, 오빠나 남동생의 사업을 거들며 네덜란드 상업 경제를 뒷받침하는 노릇을 했지만, 레이스터르는 자신만의 길을 개척했다. 6

년 동안(1629~1635) 그녀는 고향 하를럼에서 자신의 화실을 운영하며 제자를 양성하고 24점의 작품을 그렸으며, 하를럼의 유명한 예술인 연맹 성ㅉ 루가 길드에 여성 최초로 가입했다. 할스와 레이스터르의 두 초상화는 비슷한 인물(음유시인)을 다루고 있는데, 레이스터르의 전반적인 스타일과 주제, 구성, 붓질, 색감은 그녀처럼 하를럼에 살았던 동시대 선배 화가 프란스 할스를 떠올리게 한다. 레이스터르의 그림 〈합주het concert〉에 등장하는 남자 음악가 두 명은 현악기를 연주하고 그들 사이에서 여자 한 명이 노래하고 있다. 워싱턴 국립 박물관에 걸려 있는 유명한 유딧 레이스터르의 자화상과 비교하면 〈합주〉의 노래하는 여인은 레이스터르 본인이 거의 확실하다. 이 삼인조의 왼쪽 남자는 레이스터르의 남편으로 확인되었다. 300년 동안 레이스터르의 작품은 할스의 그림으로 알려졌다. 최근에 이 그림이 여성인 레이스터르의 작품으로 명백히 판명되자 가격이 급락했다. 이는 진정 재능 있는 여성 예술가들이 줄곧 감내해온 불행한 저주다.

레이스터르보다 한 세기 앞서 세 명의 여성 화가 소포니스바 앙기솔라(대략 1532~1625), 라비니아 폰타나(1552~1614), 아르테미시아 젠틸레스키(1593~1656)는 르네상스 시대 이탈리아에서 남성 중심이던 초상화 분야에 진출했다. 네덜란드에서 활동한 레이스터르보다 한 세기 후에는 프랑스에서 비제 르 브룅이 그녀의 전철을 밟았다. 크레모나의 아니발 소포니스바는 여섯 딸 모두가 그림을 배우게 했지만, 장녀 소포니스바 앙기솔라만이 성적 편견과 기존 관습을 이겨낼 재능을 보였다. 인물의 심리를 그려낸 초상화로 유명한 그녀는 미켈란젤로와 바사리에게 깊은 인상을 주었으며, 특히 바사리의 저서《가장 뛰어난 화가, 조각가, 건축가들의 생애Le vite de' più eccellenti pittori, scultori e architettori》에 포함될 만한 자격이 충분했다.

소포니스바와 마찬가지로 폰타나 역시 초상화가로 큰 인기를 끌었는데, 처음에는 볼로냐에서 살다가 이후 로마로 이주했다. 그녀에게 초상화를 의뢰한 귀족 후원자들은 자신의 부를 과시하는 것을 중요하게 여겼다. 폰타나는 인물의 부유함을 표현하면서도 으스대지 않는 듯 보이게 하는 재주가 있었다. 그녀의 작품은 흠잡을 데 없는 세밀한 묘사를 보여주며 특히 인물의 의상에 집중했는데, 이는 소포니스바의 초상화와 같은 특징이다. 하지만 폰타나의 초상화, 예컨대 〈귀부인의 초상Ritratto di nobildonna〉은 소포니스바의 여성 초상화 같은 심리 묘사가 부족하다. 일상에서 폰타나는 11명의 자녀를 둔 어머니였다. 당시 남자 화가들이 육아는커녕 집안일도 신경 쓰지 않았다는 점을 고려하면, 그녀가 어떻게 작품 의뢰를 소화했을지 불가사의하다.

소포니스바와 폰타나를 잇는 세대의 대표적인 여성 화가는 아르테미시아 젠틸레스키였다. 발전된 키아로스쿠로 기법과 테네브리즘(테네브로소) 기법으로 카라바조가 이탈리아 바로크 시대를 열면서, 그의 제자였던 젠틸레스키도 화려하게 등장했다. 역사는 그녀를 피렌체 예술 아카데미에 가입한 최초의 여성으로 기억할 것이다. 또한 그녀의 엄청난 자신감도 역사에 남을 것이다. 초상화를 의뢰한 피렌체 대공 코시모 데 메디치에게 젠틸레스키는 자신만만하게 말했다.

"고귀하신 대공 각하, 여자가 뭘 할 수 있는지 제가 보여드리겠나이다."

젠틸레스키의 그림은 성서적이고 풍자적이며 은근히 자전적이기도 했다. 이는 셰익스피어의 소네트나 프리다 칼로의 회화와 닮았다. 젠틸레스키는 페테르 파울 루벤스나 디에고 벨라스케스 못지않게 비너스를 도발적으로 묘사했으며, 그녀의 우상이었던 카라바조 못지않게 강렬하고 충격적인 악당을 그려냈다. 화가로서 그녀의 기량과 자신감, 자전적 요소는 자신을 모델로 〈비너스와 큐피드 Venere e Cupido〉(1625~1630)에 등장하는 로마의 사랑의 여신을 그렸다는 점에서 확인된다.[9] 15장에서는 젠틸레스키가 젊은 시절에 참담한 일을 겪고 의지를 불태우게 된 과정을 돌아볼 것이다.

소포니스바, 폰타나, 젠틸레스키는 너무 늦게 태어나서 바사리의 대작《가장 뛰어난 화가, 조각가, 건축가 들의 생애》에 이름을 올리지 못했다. 하지만 이 책이 반세기 뒤에 출간되었다면 포함되고도 남을 만큼 훌륭한 화가들이었다.

2012년, 워싱턴에 위치한 국립 여성 예술가 미술관NMWA에서 18세기 중반부터 19세기 중반까지 100년간 활동한 여성 화가들의 작품을 기리며 '왕당파에서 낭만주의자로Royalists to Romantics'[10]라는 제목의 특별 전시회를 열었다. 여기에는 프랑스 국가 소장품에서 대여한 그림들과 NMWA의 자체 소장품을 비롯해 이탈리아 우피치 미술관의 소장품 최소 1점이 포함되었다. 이 전시에서 가장 주목받은 화가는 파리 출신 화가 엘리자베트 비제 르 브룅이었다.

비제 르 브룅은 화가였던 아버지로부터 일찌감치 교육을 받았다. 미술품 중개상이었던 남편 덕분에 17세기의 위대한 네덜란드 화가들과 플랑드르 화가들의 작품을 접할 수 있었는데, 특히 안토니 반 다이크와 페테르 파울 루벤스의 영향을 받았다. 옛 거장의 작품을 모사하는 것은 예나 지금이나 화가들의 훈련 방식이다. 무엇보다 그녀가 재능을 타고났다는 점이 중요하다. 불과 한 세기 전 폰타나는 인물의 부유함을 훌륭히 표현해 냈지만, 분을 처바른 방자한 프랑스 귀족들에게 부鳧는 당연한 것이었다. 그들의 관심사는 외모로 주목받는 것이었다. 그리고 비제 르 브룅에게는 고객이 생각하는 자신의 모습 또는 바라는 모습을 포착하는 천재적 능력이 있었다.

프랑스 혁명이 발발하기 전, 비제 르 브룅은 초상화가로 명성을 얻어 마리 앙투아네트 왕비의 궁정 화가가 되었다. 혁명이 일어나자 열렬한 왕당파였던 그녀는 왕족과 추종자들에게 위기가 닥칠 것을 예감했다. 결국 딸만 데리고 남편을 남겨둔 채 프랑스를 떠났다. 그나마 다행히 목숨을 건진 남편은 가문의 재산을 독차지했다. 한편 르 브룅의 왕실 후원자였던 마리 앙투아네트는 단두대에 희생된 가장 유명한 인물 중 하나로 남게 되었다.

간과된 박식가들

프롤로그와 4장에서 언급한 힐데가르트 폰 빙엔(대략 1090~1179)은

‘성聖 힐데가르트’나 ‘라인 강의 시빌라(무녀 혹은 여자 예언자-옮긴이)’
라고도 불린다. 그녀는 시인이자 작곡가, 철학자, 기독교 신비주의자,
예언가였으며 당대의 가장 뛰어난 자연학자 중 한 명이었다. 또한 노
골적인 페미니스트였다. 실용적이고 비판적 사고를 가진 그녀는 자
신의 사촌도 수녀인 베네딕토회의 광신도들이 행하던 자학 관행에
반대했다. 그리고 여자도 오르가즘을 느낄 수 있다고 인정한 최초의
작가였다. 그녀는 수많은 분야의 유리 천장을 줄기차게 깨부수었다.
많은 음악학자들에 따르면, 예배 음악 작곡가로서 힐데가르트는 몬
테베르디나 바흐와 동급이었다. 900년 동안 교계의 전설적 인물이었
던 그녀는 2012년에 교황 베네딕토 16세가 성인聖人 자격을 공식적으
로 부여했으며, 이로써 수세기 전에 시작되어 미완으로 남아 있던 시
성諡聖 절차가 마무리되었다.

어떤 이들은 압도적인 재능을 지닌 덕분에 ‘유명해서 유명한 사람’
으로 불리곤 한다. 사라 베르나르, 바츨라프 니진스키, 엔리코 카루
소, 야샤 하이페츠, 마리아 칼라스 같은 공연 예술가들은 그런 엘리트
그룹에 속할 자격이 있다. 이들의 명성은 확고할지 모르지만, 음성이
나 영상 기록 말고는 유형의 창작물을 남기지 않았다. 만약 그들이 확
연히 다른 여러 분야에 재능을 가진 박식가라면, 주 무대인 예술 분야
밖의 영역에 물리적 유산이 남아 있을 수 있다. 이러한 맥락에서 거론
할 만한 두 인물은 여배우 사라 베르나르와 헤디 라마르이다.

사라 베르나르(1844~1923)는 19세기 연극계를 대표하는 다면적
이고 다재다능한 여배우로, 프랑스 연극의 여주인공뿐만 아니라 셰

익스피어 연극의 남자 역할도 소화했다. 그녀는 햄릿을 연기한 최초의 여성이었다(1899). 프랑스 시인이자 극작가 에드몽 로스탕(1868~1918)은 그녀를 일컬어 '포즈의 여왕이자 제스처의 공주'라 했다. 미국 소설가이자 출판인, 유머 작가였던 마크 트웨인(1835~1910)은 개인적인 등급을 제시했다. '여배우는 다섯 가지 종류다. 형편없는 여배우, 그저 그런 여배우, 괜찮은 여배우, 훌륭한 여배우 그리고 사라 베르나르.' 20세기까지 걸친 삶을 사는 동안 베르나르는 전 세계를 돌며 국제적인 무대에서 공연했고, 생전에 자신의 공연을 무성영화로 보고 축음기로 자신의 목소리를 들었다.

연극학자 중에도 이 전설적인 여배우가 놀랍도록 다재다능했다는 사실을 아는 이는 드물다. 젊은 시절 베르나르는 대리석 조각 기술을 익혔다. 한번은 프랑스 북서부 모서리에 있는 브르타뉴를 여행하다가, 어망에 걸려 익사한 소년과 손자의 죽음을 애통해하는 할머니를 목격했다. 이 비극적 사건에 자극 받은 32세 여배우는 손자의 주검을 안고 있는 노파의 좌상을 조각했는데, 미켈란젤로의 걸작 〈피에타 Pietà〉에서 영감을 받은 것이다. 이 조각상은 베르나르가 평생 만든 50여 개 작품 중에서 가장 야심찬 작품이었다고 한다.

미켈란젤로 디 로도비코 부오나로티 시모니는 혁명적 천재였지만, 그의 위대한 라이벌은 이 책의 모든 장에서 언급된 반면 그에게는 고작 몇 방울의 잉크가 할애되었을 뿐이다. 미켈란젤로 역시 최고 수준의 박식가였다. 그는 24세에 성스러운 〈피에타〉를 만든 조각가일 뿐만 아니라, 시스티나 성당의 천장을 장식한 화가요, 성ᵖ 베드로 대

왼쪽: 미켈란젤로 부오나로티, 〈피에타〉(1499), 바티칸 시국 성 베드로 대성당.
오른쪽: 사라 베르나르, 〈폭풍 후Après la tempête〉(1876), 국립 여성 예술가 미술관.
노파가 죽은 손자를 안고 있고, 어망 일부가 노파의 무릎 위에 보인다. 베르나르가 새긴 노
파의 주름과 소년의 머리카락, 파도의 거품, 조악한 어망은 각기 다른 질감을 보이는데, 이
는 베르나르의 기술적 완성도를 증명한다.

성당의 반구 지붕을 지은 건축가이자 기술자이며, 감동적인 시를 많
이 남긴 시인이었다. '나는 대리석에서 천사를 보았고, 조각으로 그를
해방시켰노라.'

　　1914년 오스트리아 빈에서 유대인 부모의 딸로 태어난 헤트비히
에바 마리아 키슬러는 할리우드로 이주해 '헤디 라마르'라는 예명으
로 스타덤에 올랐다. 초록색 눈과 새까만 흑발로 유명한 그녀는 영화
〈삼손과 데릴라Samson and Delilah〉(1949)에서 빅터 매추어가 연기한 삼손
의 상대역인 성경 속의 아름다운 요부 데릴라로 지금도 기억되고 있

다. 하지만 흔히 영화배우가 보이는 썩 유쾌하지 않은 행태들로 눈총을 샀고, 결혼도 여러 차례 했다. 그녀는 결혼을 여섯 번 했는데 이는 헨리 8세의 결혼 횟수와 같으며, 여섯 번의 이혼은 헨리 8세보다 네 번 더 많다.

다섯 살 때 라마르는 오르골을 분해해 호기심 강한 모습을 보였고, 이 기질은 성인이 된 후로도 이어져 낮에는 배우이고 밤에는 발명가인 이중의 삶을 살았다. 첫 결혼은 18세에 했는데, 상대는 나이가 두 배나 많은 부유한 무기 제조업자 프리츠 만들이었다. 그녀의 호기심 많은 성격은 기계 장치와 무기 설계에 대한 열정을 키웠다. 1938년에 미국으로 이주한 뒤, 1940년대 초에는 새로운 조국이 뛰어든 전쟁에 기여하고자 노력했다. 그녀는 전파 조종 어뢰 유도 시스템의 전파 방해 취약성에 따른 어뢰의 경로 이탈 가능성을 알아냈다. 그리고 동료였던 작곡가 조지 앤테일과 함께 새로운 주파수 도약 확산 스펙트럼 기술의 기초 설계도를 해군에 제출했으며, 이는 자동 연주 피아노의 롤이 작동하는 기계적 원리에서 영감을 받은 기술이었다. 1942년에는 두 번째 남편 헤디 키슬러 마키의 이름으로 설계도의 특허를 신청해 '1941년 6월 10일자 미국 특허 번호 2,292,387'을 획득했다. 하지만 회의적 반응을 보인 해군의 결정은 내부에서 추진하던 프로젝트로 기울었다. 라마르의 설계도는 보류되었다. 20년 뒤, 쿠바 미사일 위기가 최고조에 이른 1962년에 마키-앤테일 주파수 도약 기술의 개량된 설계가 미 해군 함정에 적용되었다. 21세기에는 이 아이디어에서 비롯된 현대적인 확산 스펙트럼 통신 기술인 와이파이와 블루투

스 기술이 탄생했다. 사후에 헤디 라마르는 미국 발명가 명예의 전당
에 헌액되었다.

긴장과 해소: 라오콘의 사라진 팔

[라오콘은]······ 회화와 조각이 탄생시킨

모든 예술품 중에서 가장 뛰어난 작품이다.

— 대 플리니우스

신화적인 맹인 시인 호메로스는 기원전 8세기 후반에서 기원전 7세
기 초반까지 에페소스에서 살았다고 전해진다. 그는 대략 500년 전
일어난 트로이 전쟁에 대해 두 편의 서사시를 썼다. 이 전쟁은 트로이
의 왕 프리아모스의 아들 파리스가 그리스 스파르타의 왕 메넬라오
스의 아름다운 아내 헬레네를 데리고 도주하면서 시작되었다. 호메
로스는 이렇게 썼다. '그리스인들은 천 척의 배를 띄워 트로이를 포위
했노라.' 수없이 많은 병사들이 전사했다. 당시 영웅들 중에는 파리스
의 형 헥토르를 쓰러뜨린 전사 아킬레우스도 있었다. 아킬레우스도
그의 유일한 약점인 발목에 파리스가 쏜 화살이 꽂혀 전사했다. 하지
만 10년에 걸친 전쟁은 결국 교착 상태에 빠졌다. 이윽고 그리스인들
은 예언자 칼카스의 영리한 계략에 따라 속이 빈 거대한 목마를 만들
었다. 오디세우스가 이끄는 전사들이 목마 안으로 들어갔고, 그리스

군은 이 목마를 트로이 성문 앞에 끌어다 놓고 왔다. 그리고 트로이인들에게 교활한 메시지를 보냈다. '우리는 이 공성전의 무익함을 깨달았다. 실수였도다! 과오를 인정하며, 존경의 표시로 이 목마를 두고 가노라.'

아침에 눈을 떠 성문 밖에 홀로 서 있는 목마를 본 트로이인들은 당황했다. 트로이의 사제이자 예언가 라오콘이 단언했다. '이 무슨 악랄한 속임수인가? 그리스 놈들이 꾸민 계략이다!' 그의 말에 동조한 트로이인들은 목마를 거부하고 성문 밖에서 태워버릴 수도 있었다. 하지만 그리스를 수호하는 신들은 독사 두 마리를 풀어 라오콘과 그의 두 아들 안티판테스와 팀브라이오스를 죽임으로써 징표를 보냈다. 트로이 지도자들은 독사의 출현을 망상에 빠진 사제를 벌하라는 트로이 수호신들의 계시로 해석했다. 결국 트로이인들은 목마를 성벽 안으로 끌어들였으며, 역사상 가장 유명한 실수로 남은 이 사건의 교훈은 이렇다. '선물을 가져온 그리스인을 조심하라.'

대리석 라오콘 조각상은 기원전 2~3세기 헬레니즘 시대에 로도스 섬의 거장 삼인방 아타나도로스, 하게산드로스, 폴리도로스가 만든 청동상의 2세기 로마 복제품이다. 이번 장의 도입부 인용문에서 대 플리니우스가 극찬한 대리석 조각상은 1세기 로마 황제 티투스의 궁전을 장식한 작품으로 알려져 있다. 하지만 원작 청동상의 대리석 복제품이었다. 교황 율리우스 2세의 재위 기간이었던 1506년, 로마의 부자 펠리체 데 프레디스의 포도원에서 우연히 (오른팔이 없는) 대리석 복제품이 발굴되었다. 어렵게 복원된 조각상을 보자, 교황의 명을 받고 확인하러 온 미켈란젤로마저 경탄을 금치 못했다고 한다. 로마로 옮겨진 조각상은 새로 조성된 바티칸 미술관의 중심으로 자리 잡았다. 복원 작업을 위해 교황이 꾸린 30명의 미술가들은 사라진 팔을 어떻게 만들지 고민했다. 라오콘의 분노를 오롯이 전하려면 원작자의 마음속으로 들어가야 했다. 30명의 조각가 중 29명은 사라진 오른팔이 위로 뻗어 뱀의 목을 움켜쥔 채 뱀의 벌린 입을 멀리하려고 기를 쓰는 형상일 거라고 추측했다. 오직 미켈란젤로만이 어깨 너머로 팔을 굽힌 형상이어야 강렬함을 최대로 끌어올릴 수 있다고 주장했다. 이 작품에 담긴 긴장과 해소의 메시지를 극대화하려는 의도였다. 결국 오른팔은 다수의 뜻에 따라 복원되었다.

조각상이 발견되고 400년 후 모습을 드러낸 사라진 오른팔은 땅속에서 400년간 광물질을 흡수한 탓에 색이 더 짙었다. 팔의 형태는 미켈란젤로의 판단이 옳았음을 입증했다! 이 일화는 통찰력을 지닌 혁명적 천재와 르네상스 절정기의 재능 있는 예술가들이 어떻게 다른지 보여준다. 그리고 분명 이 조각상을 만든 고대의 예술가들도 평범한 천재는 아니었음을 시사한다.

1797년에 나폴레옹 보나파르트는 자신이 벌인 전쟁에 대한 배상물로 바티칸의 〈라오콘〉 조각상을 요구했다. 바티칸은 그에게 복제품을 보내고 진본은 선적 준비 중이라고 통보했다. 결국 진본은 파리로 보내지지 않았다. 1906년 이전에 잘못 복원된 조각상의 복제품들은 현재까지도 남아 있다(첨부한 사진에서 1906년 이전 작품과 1906년 이후 작품 참조). 라오콘 조각상은 지금도 바티칸 미술관에서 가장 유명

왼쪽: 1506년에 오른팔이 없는 〈라오콘Laocoön〉 조각상이 발견된 후, 바티칸 당국은 조각가 30명으로 위원회를 구성했다. 이들의 임무는 사라진 팔을 복원할 최선책을 결정하는 것이었다. 조각가 29명은 팔을 완전히 뻗은 형태로 복원해야 한다고 주장했고, 이는 왼쪽 사진의 복제품과 같은 모습이다. 유일하게 미켈란젤로만 팔이 굽혀져 있어야 긴장감이 극대화된다고 주장했다. (1790년대에 나폴레옹은 왼쪽 사진의 복제 조각상을 받았다.)

오른쪽: 1960년에 원래의 오른팔이 발견되자, 바티칸의 조각상은 본래 모습으로 복원되었다. 미켈란젤로가 옳았던 것이다! 왼쪽 사진의 조각상은 밀라노 암브로시아 도서관에 전시되어 있는 축소 복제품이다. 오른쪽 사진은 성 베드로 대성당에 있는 정확히 복원된 조각상을 보여준다.

한 조각상으로 평가받는다. 하지만 훨씬 더 유명한 조각상은 24세의 미켈란젤로가 만든 〈피에타〉로, 이 조각상은 성 베드로 대성당의 정문 바로 안쪽에 자리하고 있지만 공식적으로 대성당은 바티칸 미술관에 포함되지 않는다.

프랜시스 아널드 — 남들과 다른 길을 가다

생화학 분야에서 길들여지지 않은 천재로 유명한 캐리 멀리스 (1944~2019)는 반항적이고 자유로운 사고를 바탕으로 기후 변화는 부정하면서(과학자로서 드문 경우) 점성술은 믿었다(이런 과학자는 거의 없다). 그는 고향 캘리포니아에서 자신이 서핑을 즐기는 해안의 파도 높이로 '좋은 날'을 판단했으며, LSD(정신분열을 유발하는 마약의 일종-옮긴이)를 거리낌 없이 즐겼다. 1960년대 후반에는 권위에 저항하기로 유명했던 버클리 캘리포니아 대학 대학원을 다녔다. 멀리스는 말라붙은 혈흔이나 네안데르탈인의 골수에서도 미량의 DNA 샘플을 채취해 대량으로 증식시키는 기술을 개발한 공로로 1933년 노벨 화학상을 수상했다. 그의 기법은 해외여행을 하려면 PCR 검사 음성 반응 판정이 필수였던 코로나 바이러스(COVID-19) 팬데믹 기간에 크게 주목받았다.

멀리스가 누린 별난 인생은 효소 연구로 2018년 노벨 화학상의 절반을 수상한 프랜시스 아널드의 삶과 이력의 예고편으로 봐도 무방하다. 1956년 피츠버그에서 전업주부 어머니와 핵물리학자 아버지 사이에서 태어난 아널드는 다섯 자녀 중 둘째였다. 학교 수업은 그녀에게 하품이 날 정도로 쉬웠다. 성적은 뛰어났지만, 땡땡이를 치는 날이 잦았다. 열다섯 살이 된 1971년에는 히치하이킹으로 워싱턴까지 가서 베트남 전쟁 반대 시위에 참여했다. 부모가 '우리 방식을 따르지 않을 거면 떠나라'며 꾸짖자, 그녀는 후자를 택했다. 학교 성적이 탁월하지는 않았지만, 만점에 가까운 SAT 점수와 설득력 있는 자기소개로 프린스턴 대학 입학 행정처의 인정을 받고 그 대학에 들어가 기계공학과 항공우주공학을 공부했다. 프린스턴은 그녀에게도 도전이었지만, 전통적인 길을 따르는 것에 만족하지 못했다. 결국 한 학년을 휴학하고 이탈리아로 건너가, 원자로 부품 제조 회사에서 일하며 오래된 모토구찌500 오토바이로 밀라노에서 이스탄불까지 육로 여행을 다녀왔다. (그녀처럼 '한 학년을 해외에서 보내는' 제도가 지금은 보편화됐지만 당시에는 없었다. 그녀가 동시대 학생들보다 수십 년 앞선 셈이다.) 미국으로 돌아와서는 1979년에 프린스턴 대학을 졸업했고, 멀리스와 마찬가지로 버클리 캘리포니아 대학에서 박사 학위를 받았다. 또한 버클리에 남아 생물물리화학 분야에서 박사후博士後 연구를 진행했다. 이듬해 서른 살이 된 아널드는 캘리포니아 공대 화학공학과 교수진에 합류해[11] 효소 구조 재설계 기술을 개발하는 연구에 착수했다. 효소란 수천 개의 아미노산이 연결되어 긴 사슬 형태를 이루고 삼차원 구조로 접혀 있는 복잡한 거대분자이다. '자연은 역사상 최고의 생명공학자'라는 신념을 가진 그녀는 진화의 원리를 실험실에서 활용하는 방법을 알아내 '유도 진화를 이용한 새로운 효소 설계'를 도입한 선구자가 되었다.[12]

아널드는 서브틸리신 효소를 변형해 세포 내부의 수성 환경이 아닌 디메틸포름아마이드 용매에서도 기능하도록 만들어 자신이 개발한 기술을 입증했다. 먼저 특정 서브틸리신 유전자에 돌연변이를 주입한 다음, 그 변이 유전자를 박테리아에 삽입하면 새로운 단백질들이 생성되었다. 이렇게 만들어진 단백질을 분류해 원하는 특성을 보이는 단백질을 찾아냈다. 그 단백질의 유전자를 추출해 같은 과정을 반복하면서 몇 세대를 거쳐 배양하면 정확히 그녀가 원하는 변이체만 남았다. '원리는 다윈의 적자생존이지만, '적자'는 아널드가 결정했다.' 그녀가 이끄는 캘리포니아 공대 연구진은 화학, 생명공학, 생화학, 분자생물학, 미생물학, 화학공학, 응용물리학 등 다양한 과학 분야 간의 지속적인 협력을 강조한다.[13]

아널드와 멀리스의 연구 방식과 특성 사이에는 놀라운 공통점이 있다. 둘 다 총명하고, 독창적이고, 비범하며, 자신만의 길을 갔다. 이들이 자연을 탐구한 방식을 레오나르도가 보았다면 전적으로 지지했을 것이다. 500여 년 전, 그는 이렇게 썼다.

인간의 능력으로는 결코 자연의 창조물보다 더 아름답거나, 더 단순하거나, 더 명확한 것을 발명해낼 수 없다. 자연의 창조에는 모자람도 없고, 넘침도 없기 때문이다.

프랜시스 아널드는 1911년에 마리 퀴리가 여성 최초로 노벨 화학상을 수상한 이후 다섯 번째로 같은 상을 받은 여성이었다. 불과 2년 뒤인 2020년에는 제니퍼 다우드나와 에마뉘엘 샤르팡티에가 노벨 화학상을 공동 수상해 여섯 번째와 일곱 번째 여성 수상자가 되었다.[14] 이들이 발견한 크리스퍼(CRISPR-Cas9)는 'Clustered Regularly Interspaced Short Palindromic Repeats(규칙적 간격으로 나타나는 짧은 회문 구조의 반복 서열)'의 약자로, 원핵생물(박테리아와 고세균古細菌)이 박테리오파지라 불리는 바이러스에 감염되는 것을 막는 데 사용하는 미생물 '면역 시스템'이다. 크리스퍼의 핵심은 원핵생물이 박테리오파지 같은 침입자들 일치하는 특정 유전자 서열을 인식해 특수한 효소로 그 유전자 서열만 노려 파괴하는 능력을 주는 것이다. 또 다른 생명과학 용어 약자인 'DNA'가 일상적인 단어가 되었듯, '크리스퍼CRISPR도 같은 길로 나아가고 있다.

2021년에 컴퓨터 과학자 신시아 루딘은 여성 최초이자 역대 두 번째로 스쿼럴 AI상을 수상했다.[15] '인공지능 컴퓨터 과학의 노벨상'이라 불릴 만큼 전통적인 분야의 노벨상에 비견되는 이 상의 상금은 무려 100만 달러이다.

2012년에 다우드나와 샤르팡티에가 개발한 기술이 워낙 빠르게 확산돼서 이들 두 사람과 상당수의 후발 연구자들 모두 노벨상 후보로 거론되었다. 하지만 스톡홀름 노벨 위원회는 선구자인 두 사람을 수상자로 선정했다. 오늘날 겸상 적혈구 빈혈, 근육 위축증, 안 질환, 헌팅턴 병, 낭포성 섬유증, 각종 암을 비롯한 7,000가지 질병은 유전자 돌연변이로 발생한다. 이들 대다수는 크리스퍼 기술을 활용한 유전자 편집과 치료로 해결될 대상이다. 프랜시스 아널드와 마찬가지로 제니퍼 다우드나의 버클리 직함은 생명과학 분야에서 그녀가 다재다능한 인물임을 보여준다. '생화학 및 생물물리학, 생물학 교수.'

7

예술과 과학이
만나는 지점

회화는 과학이며, 모든 과학의 바탕은 수학이다.

수학적 설명과 증명을 통해 목적을 추구하지 않는다면

인간의 그 어떤 탐구도 과학이 될 수 없다.

―레오나르도 다빈치

2차원 평면에 사물을 그릴 때, 화가는 깊이와 현실감의 환상을 만들어 3차원 현실을 2차원 평면에 옮기려 한다. 프랑스 남부의 라스코 동굴 벽화에서 알 수 있듯, 대략 2만 년 전에 뛰어난 재능을 지닌 예술가들은 숯과 붉은 황토를 벽에 칠해 자신이 느낀 야생 동물들의 인상을 남겼다. 그들은 밝은 공간과 어두운 공간의 개념을 직관적으로 이해했으며, 비스듬한 선이 운동과 속도의 착시를 일으킨다는 것도 안 듯하다.

예술가는 작품을 만들 때 주관적일 수 있지만, 과학자는 언제나 객관적이어야 한다. 예술가와 과학자 모두 진리와 아름다움을 동등한 가치로 여긴다. 그렇다면 '아름다움은 보는 사람의 눈에 있다'라는 격언은 진리도 보는 사람의 눈에 달려 있고 객관적이지 않음을 시사한다. 하지만 과학에는 오직 하나의 진리, 객관적 진리만 존재할 수 있다. 존 키츠는 불멸의 작품 〈그리스 항아리에 부치는 송시^{Ode on a Grecian} ^{Urn}〉에서 두 가치를 하나로 묶었다.

아름다움은 진리요, 진리는 아름다움이라. 이것이야말로
지상에서 우리가 아는 전부요, 알아야 할 모든 것이니.

이는 예술적 창조물에 대한 설명일 뿐, 과학적 진리를 언급한 것이 결코 아니다. 과학자에게 '아름다운 이론'이란 보편적이고 증명 가능한 것이다. 변화의 수학(미적분), 운동 법칙, DNA의 이중나선 구조, 일반상대성 이론이 바로 심오한 과학적 '진리'의 본보기이다.

수학의 미학 — 미학의 수학

잘 들여다보면 수학에는 진리뿐만 아니라 최상의 아름다움,
조각상 같은 차갑고 엄격한 아름다움, 우리의 나약한 본성에 호소하지 않고,
그림이나 음악의 화려한 장식은 없지만, 숭고하고 순수하며,
가장 위대한 예술만이 보여주는 준엄한 완벽성을 구현하는 아름다움도 있다.
최고의 탁월성을 가름하는 시금석인 진정한 기쁨의 정수, 정신의 고양,
인간을 초월하는 느낌은 시만이 아니라 수학에서도 찾을 수 있다.

—버트런드 러셀

위대한 수학 논리학자 버트런드 러셀은 수학에 내재된 엄격성과 아름다움을 '수학의 미학'으로 표현했다. 이 동전의 뒷면에는 미학 철학자의 관심사인 '미학의 수학'이 있을 것이다. 위대한 예술에 담긴 형태와 비율, 대칭성의 토대가 수학이기 때문이다. 여기서는 후자를 주제로 논의할 것이다.

고대 그리스의 황금기와 로마 영광의 시대에 탄생한 서양 고전 예술은 인류에게 엄청난 정서적 영향을 끼쳤다. 이 시기에는 예술뿐만 아니라 음악과 문학, 철학, 과학에도 문화적 혁명이 일어났다. 당시 예술품 중에서 현존하는 것들은 주로 조각인데, 오래가는 대리석이나 청동과 달리 그림은 구겨지거나 찢어지고 퇴색되기 때문이다. 명확한 비율과 대칭성, 부분들의 조화가 그리스인이 추구한 이상적인 아름다움의 요소였다.

피타고라스(기원전 570~495)는 튀르키예 아나톨리아 해안의 사모스 섬 건너편 밀레토스 섬에 있는 탈레스 학당에서 일찍이 수학과 철학을 공부했다. 젊은 시절 그는 전설적인 소크라테스 이전 철학자이자 그 학당의 창립자인 탈레스를 만났을지도 모른다. 밀레토스 이후 피타고라스는 바빌론에서 학업을 이어갔고, 나중에 알렉산드리아에서도 공부했다고 한다. 하지만 수학자로서 그의 명성은 이탈리아라는 장화의 밑창에 해당하는 크로토네로 이주하면서 시작되었는데, 그가 그곳에 설립한 피타고라스 학당은 역사상 최초의 과학 연구소였다. 피타고라스 학파가 탐구한 분야는 수학과 음악 그리고 두 분야의 연관성이었다. 그들은 다섯 가지 종류의 정다면체(정사면체, 정육면체, 정팔면체, 정십이면체, 정이십면체)가 있음을 발견했다. 오늘날까지 전해지는 피타고라스의 유명한 말 중 하나는 이것이다. '현의 울림에는 기하학이 있고, 행성들의 간격에는 음악이 있다.'

하지만 그들이 세운 여러 가설에는 과학적 직관과 미신이 뒤섞여 문제가 많다. 이들은 양의 정수에 자연의 모든 비밀이 담겨 있다고 믿었다. 또한 자연에는 네 가지 원소(불, 흙, 공기, 물)만 있으며, 이 네 원소가 서로 다르게 섞여 기존의 모든 물질을 이룬다고 여겼다. 그리고 정다면체 중 첫 번째부터 네 번째까지가 원소들의 아트모스(원자)이며, 다섯 번째는 원소가 아니라 우주의 형태를 설명한다고 믿었다. 이런 믿음 때문에 그들은 유사과학자로 간주되기도 한다. 중학생이라면 누구나 알고 있을 피타고라스 정리에 따르면, 모든 직각삼각형(한 꼭짓점의 각도가 $90°$이고 세 변의 길이가 a, b, c인 삼각형)은 $a^2+b^2=c^2$인 관계식이 성립한다. 예를 들어 $3^2+4^2=5^2$은 세 변의 길이가 각각 3, 4, 5인 직각삼각형을 의미하며, 이 세 정수의 조합을 피타고라스 수 (3, 4, 5)라고 한다. 이밖에도 (5, 12, 13), (16, 30, 34), (39, 80, 89) 등 무수히 많은 피타고라스 수가 존재하며, 모두 이 유명한 정리를 만족시킨다.

황금사각형

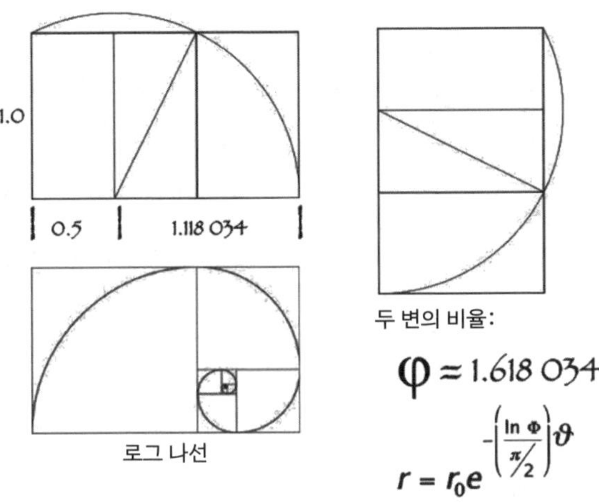

$$\varphi \approx 1.618\ 034$$

$$r = r_0 e^{-\left(\frac{\ln \Phi}{\pi/2}\right)\vartheta}$$

피타고라스 학파는 컴퍼스와 자를 이용해 황금사각형(가로와 세로의 비율이 ϕ = 1.618)을 작도했다. 후대 건축가들에게 이 수치는 건축 설계의 이상적인 비율이었다. 수많은 고대 신전들의 동쪽과 서쪽 정면부가 이 형태로 이루어졌는데, 아테네의 파르테논 신전과 한 세기 앞서 에페소스에 지어진 훨씬 더 큰 아르테미스 신전도 해당된다.

파르테논 신전의 설계자들은 수평으로 팽팽하게 당긴 줄이 지평선을 배경으로 하면 중간 부분이 처져 보일 것을 알고 있었는데, 실제로는 볼록한 곡선 형태인 지평선을 일직선으로 여겼기 때문이다. 또한 일렬 기둥들을 볼록한 표면에 정확히 수직으로, 즉 '일반적으로' 세우면 상단이 벌어져 보일 것도 알고 있었다. 마지막으로, 옆면이 완벽히 곧은 기둥은 허리 부분이 가늘어 보이는 것도 눈에 거슬리는 착시 현상이다. 따라서 당시 건축가들은 이런 착시 현상을 상쇄하는 설계 요소를 도입했다. 파르테논 신전의 기초는 곡률반지름이 5.6킬로미터인 볼록 곡선 형태로 만들고, 기둥들은 건물 위 2.4킬로미터 하늘에서 만나도록 설계되었다.[1] 마지막으로 기둥에 '세로로 홈을 파서' 가벼운 느낌이 들게 했다. 이 모두가 완벽하게 성공해 오늘날 역사상 가장 아름다운 '외향적 건물'이 탄생한 것이다. 불필요한 착시 현상을 없앤 유익한 시각적 설계의 산물이었다.

그로부터 2,500년이 지난 20세기 말에 워싱턴 국립 대성당 관계자들은 서쪽 주 출입구 팀파눔(문 위의 움푹 들어간 삼각형 공간-옮긴이)을 장식할 복합 조각물 설계 공모전을 열었다. 이 경쟁의 승자였던 프레더릭 하트(1943~1999)는 여러 긍정적인 특징과 부정적인 면을 가진 전형적인 천재였다. 고통 받는 예술가요, 중학교를 자퇴한 독학자였으며, 사회의식을 가지고 권위에 맞선 반항아였지만, 비례에 대한 놀라운 안목을 지녔다.[2] 은유적이며 사실적인 스타일로 유명한 하트는 20세기 전반에 로댕이 그러했듯 20세기 후반에 가장 뛰어난 기술을 가진 조각가였다. 수학 교육은 전혀 받지 못했지만 하트처럼 자연과 교감하는 불가해한 능력을 보여준 조각가는 지금껏 없었다. 그는 무의식적으로 로그 나선을 이해하고 자신의 작품에 '성장 곡선'을 불어넣었다.

화가나 건축가가 로그 나선 방정식을 알 필요는 없다. 하지만 자연은 마치 그걸 잘 알기라도 하는 듯, 생명체뿐만 아니라 무생물에서도 그런 모습이 자주 보인다. 앵무조개, 자궁 속의 태아, 사람의 귀 모양,

수양의 뿔, 태풍, 소용돌이, 나선 은하 모두 로그 나선으로 설명할 수 있다.

위대한의 예술의 바탕인 수학: 일 피사노와 일 피오렌티노

페이디아스$^{\Phi\epsilon\iota\delta\iota\alpha\varsigma}$의 이름 첫 글자 ϕ(피)는 황금비를 나타내는 기호이지만, 피사 출신 수학자 레오나르도 피보나치^{Fibonacci}의 머리글자 F의 사투리 버전일 가능성도 충분하다. 피타고라스 학파보다 1,700년 늦게 태어난 '일 피사노(피사 사람)' 피보나치는 이탈리아 반도에 살았으며, 피사를 대표하는 탑이 그의 생애 중간 수년에 걸쳐 세워졌다. '얼간이의 아들'이라는 뜻의 본명과 '빌라고네'(돌머리)라는 별명에 비춰보면 그의 사회적 지위는 마술사 수준을 넘지 못했을 것이다. 하지만 시간

피보나치 수열

1월	1 1 2 3 5 8 13 21 34 55 89 144
2월	233 377 610 987 1597 2584 4181...
3월	2584/1597 = 1.618033813...
4월	4181/2584 = 1.618034055 = ϕ
5월	
6월	

이 흘러 당대 최고의 수학자로 명성을 얻은 그는 유럽을 암흑기의 침체에서 깨운 여러 촉매 중 하나였다. 피보나치는 아버지가 세관원으로 일하던 알제리의 도시 베자이아에서 일찍이 이슬람 수학자들의 교육을 받았다. 고향인 피사로 돌아온 후에는 실용 대수학 연구를 이어갔으며, 마침내 1202년 방대한 저서 《산술의 책》으로 정점을 찍었다. 이 책의 도입부에서 피보나치는 인도-아라비아 십진법과 자릿수 개념 그리고 무엇보다 중요한 숫자 '0'을 처음으로 유럽에 소개했다. 또한 연산이 번거로운 로마 숫자보다 십진법이 우월하다는 것을 설명했다. 이 책은 상업 활동에 도움이 되는 다양한 계산법의 용례와 문제, 힌트를 제공했으며, 화폐 단위를 비롯해 상품의 무게와 길이, 부피 변환표도 실려 있었다.

《산술의 책》 마지막 장에서 피보나치는 수열 1, 1, 2, 3, 5, 8, 13……을 소개하며 연속된 두 항들의 비율이 ϕ로 수렴한다고 했다. 하지만 여기서 황금비에 도달하는 방식은 피라고라스 학파의 방식과 전혀 달랐다. 전자는 정수론이고 후자는 기하학이었다. 피보나치 수열의 항에 해당하는 '자연의 숫자들'은 나무와 꽃, 꽃잎에서 볼 수 있다. 수목학자는 나무와 관목, 넝쿨의 가지가 자라나는 순서에서 이 수열을 보고, 식물학자는 잎맥과 꽃잎에서 본다. 방사선사와 특히 손 외과의사는 모든 손가락의 연속된 마디들에서 이 비율을 본다. 양봉업자는 벌집에서 수컷 꿀벌이 암컷 꿀벌보다 많다는 건 알지만, 그 비율이 ϕ라는 사실을 아는 경우는 드물 것이다. 1980년대 이스라엘 생물물리학자들의 측정 결과 DNA 한 주기의 길이와 너비 비율 또한 ϕ였다.

선형 원근법 이론

2,000년 전 폼페이의 화가들은 사실적인 풍경화를 그렸지만, 그들의 작품에는 깊이감이 부족하고 비율이 정확하지 않았다. 신과 귀족, 첩, 성노예가 등장하는 2층 집을 그리면서 화가는 수평선을 여러 개 집어넣었다. 하나는 2층, 또 하나는 1층, 지하실이 있으면 하나 더 넣었다. 인간은 수평으로 배열된 한 쌍의 눈을 갖고 있어 하나의 수평선만 본다. 로마의 화가들은 선형 원근법의 불편한 현실을 이해하지 못했다.

15세기 초에 건축 천재 필리포 브루넬레스키(1377~1446)가 선형 원근법 이론을 정립했다. 그는 피렌체 산 조반니 세례당 문을 조각하는 일을 맡는 경쟁에서 로렌초 기베르티(1378~1455)에게 패했다. 은 세공사, 조각가, 건축가 수련을 쌓은 이 예술가는 실의에 빠져 로마로 이주했는데, 이때 데려간 젊은 제자 조각가가 도나텔로(1386~1486)였다. 브루넬레스키는 로마에서 13년을 보내며 이 '영원한 도시'의 거리를 누비고 다녔다. 2세기의 경이로운 건축물 판테온과 그 거대한 반구형 돔을 연구하고, 점점 황폐해져 풀 뜯는 소들만 늘어가는 기념비적 건축물 포로 로마노의 폐허를 배회하기도 했다. 그는 드넓은 포로 로마노의 폐허 건물들을 자주 관찰하면서 다양한 선과 패턴을 알아내 선형 원근법 이론을 정립했다. 이 획기적인 이론은 미술사에서 근본적으로 중요한 의미를 가지며, 예술가들의 작업 방식을 혁명적으로 변화시켰다.

브루넬레스키의 두 가지 발견은 젊은 레오나르도에게 중대한 가치가 있었다. (1) 피렌체 대성당 산타 마리아 델 피오레의 돔 제작을 위한 브루넬레스키의 공학적 설계에 영감을 받은 레오나르도는 평생토록 공학을 사랑했다. (2) 그가 만들어낸 선형 원근법은 특히 시각 예술가들에게 중요하다.

일점 투시. 간단히 말해, 화가의 눈높이에 그려진 하나의 수평선이 존재한다. 일점 투시에서 관찰자는 방이나 안뜰을 들여다보고, 왼쪽과 오른쪽에 서로 마주보는 벽이 있다(관찰자 맞은편에도 벽이 있을 수 있지만, 기하학적 구성에 필수 요소는 아니다). 마주보는 두 벽 위의 평행선들, 이른바 직각선들을 연장하면 수평선상의 한 점, 즉 소실점에서 모두 만나는 것으로 보인다.

최근 브로드웨이에서 상연된 연극 〈한밤중에 개에게 일어난 의문의 사건The Curious Incident of the Dog in the Night-Time〉은 아스퍼거 증후군을 앓는 고기능 자폐 소년이 신비로운 수학적 천재성으로 세상을 알아가는 법을 배우는 이야기이다. 이 연극의 무대인 어두운 방은 LED 조명들이 박힌 좌표평면처럼 생긴 격자무늬 바닥, 마주보는 두 벽, 뒷벽으로 이루어져 있다. 아주 단순한 무대 디자인이다. 마주보는 두 벽과 바닥의 선들을 격자 선을 따라 연장하면 모두 수평선상의 소실점에서 만난다. 이 무대 사진은 극장 발코니 좌석에서 찍은 것으로, 무대보다 상당히 높고 중앙에서 오른쪽으로 치우친 자리였다. 하지만 관찰자가 내려가면 수평선도 낮아지는데, '직각선들'은 여전히 하나의 소실점에 수렴한다.

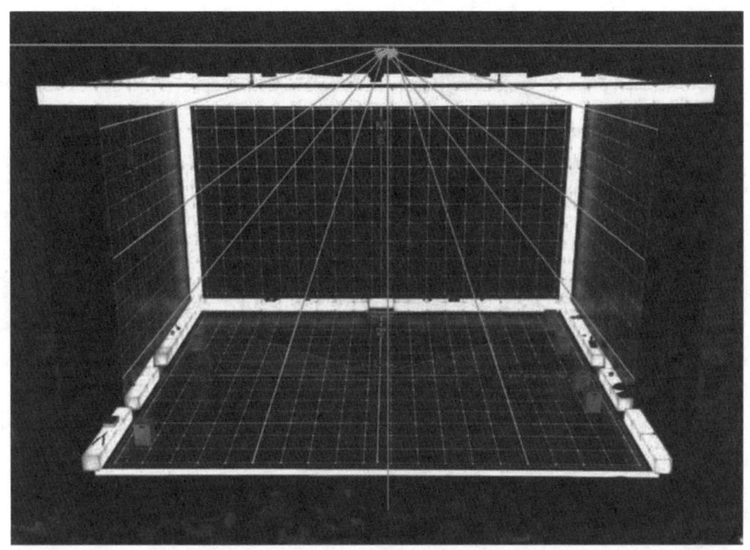

브로드웨이 연극 〈한밤중에 개에게 일어난 의문의 사건〉의 무대. 수평선과 소실점이 일점 투시 원근법을 보여준다. 사진 촬영 위치는 발코니 앞줄 좌석이다.

1495년에 레오나르도 다빈치는 스포르차 가문이 다니던 교회 산타 마리아 델레 그라치에의 식당 뒷벽에 4.6m×8.8m 크기의 대형 벽화를 그려 달라는 의뢰를 받았다. 3년 뒤에 완성된 최종 작품은 초상화 〈체칠리아 갈레라니〉와 〈모나리자〉처럼 심리적 깊이가 담겨 있었으며, 르네상스의 전성기를 열었다. 시스티나 성당을 장식한 미켈란젤로의 장엄한 프레스코화와 바티칸의 스탄츠(라파엘로의 방) 벽을 장식한 걸작 〈아테네 학당〉을 비롯해 교황궁에 걸려 있는 라파엘로의 숭고한 벽화들이 탄생하기 불과 12년 전에 나온 레오나르도의 획기적인 벽화 〈최후의 만찬〉을 두고 케네스 클라크는 '서양 예술의 주춧

돌'이라 했다.

중세 시대부터 줄곧 화가들은 각자의 방식으로 〈최후의 만찬〉을 그려왔지만(구성과 상징, 심지어 색깔까지 세세한 부분을 그 작업에 돈을 댄 교회가 정하는 일이 빈번했다) 오랜 세월에 걸쳐 정형화된 형식에는 큰 변화가 없었다. 예수는 식탁 중앙에 앉고 사도들은 예수 주위에 배치되어 정면을 바라보는데, 모두 머리 위에 후광이 빛나지만 당연히 유다만은 후광이 없고, 사악한 눈이 보이지 않도록 등지고 앉아 있다. 그림을 에워싸는 패널에는 미덕과 신성한 사랑을 상징하는 금박을 폭넓게 입힌다.

레오나르도는 〈최후의 만찬〉을 우아함과 화려함 대신 단순함을 불어넣어 사실적으로 그리기로 했다. 민주적으로 자리 배치를 하고, 유다도 정면을 보게 했다. 열두 사도들은 예수의 양쪽에 여섯 명씩 대칭으로 두고, 세 명씩 네 조로 묶었다. 왼쪽 두 번째 삼인조의 가운데 앉은 유다의 '사악한 눈'은 옆자리 베드로의 그늘에 가려 있다.

이 장면은 예수가 사도 중 한 사람이 배신할 거라고 선언하는 전율의 순간이다. 열한 명의 사도들은 움찔하지만, 한 명만은 담담하게 앉아서 아마도 적에게 받은 뇌물 '은화 서른 닢'이 들어 있을 작은 주머니를 한 손에 쥐고 있다. 예수 앞에 보이는 접시에서 소금이 식탁 위로 쏟아져 있는 것은 상징적이다. 전체적으로 이 거대한 벽화는 흠잡을 데 없는 일점 투시를 보여준다. 천장과 양쪽 벽을 이루는 '평행선들', 격간 천장의 세로선들, 벽에 걸린 태피스트리 가장자리의 수평선들, 식탁 양쪽 측선들 모두 연장하면 예수의 이마에 수렴한다. 이탈리아 사람은 손으로 말한다. 지금도 그렇고, 500년 전에 마찬가지였다. 이 벽화의 열세 사람은 손으로 말하고 있는데, 스물여섯 개의 손 모두가 다른 자세를 취한다. 예수의 오른손과 유다의 왼손이 동시에 접시의 빵을 집으려 하지만, 유다는 반사적으로 손을 뒤로 빼고 있다. 레오나르도는 노트에 이렇게 적어두었다. '어떤 두 사람의 손도 같은 자세가 되지 않게 할 것.' 그렇게 이 찰나의 순간을 포착한 것이다.

다른 화가들이 그린 〈최후의 만찬〉에 흔히 등장하는 상징적 키치, 즉 충성스러운 사도들의 머리 위에 빛나는 타원형의 황금빛 후광이 레오나르도의 그림에는 빠져 있다. 중앙 창문으로 들어오는 빛이 예수의 후광 노릇을 할 뿐이다. 오늘날 할리우드의 배우 섭외 담당자처럼 레오나르도는 자신의 구상에 어울리는 얼굴들로 만찬 참석자들을 채웠다. 이를 위해 공책과 분필을 들고 밀라노 거리와 시장을 돌며 자신이 구상한 장면에 걸맞은 얼굴들을 포착했다. 이 거대한 벽화에 쓰려고 그가 얼굴을 연구한 사료는 지금도 많이 남아 있다.

1954년에 살바도르 달리는 개인 미술품 수집가로부터 '최후의 만찬'을 그의 전매특허인 초현실주의 양식으로 그려달라는 의뢰를 받았다. 완성된 그림은 1965년에 워싱턴 국립 미술관에서 구입했다. 달리의 〈성찬식으로서 최후의 만찬Sacrament of the Last Supper〉은 피타고라스학파처럼 수학적 대칭과 수비학數祕學이 어우러져 있다. 이 그림은 숫자 12를 찬미한다. 대칭으로 배치된 12사도, 밤의 12시간, 낮의 12시간, 일 년의 12개월. (얼굴이 프레임 밖에 있는)주님의 두 팔 바로 아래 위치한 다면체는 12개의 오각형 면을 가진 십이면체로, 그림에 기하학적 구조를 부여한다. 피타고라스 학파는 다섯 개의 정다면체 중 정십이면체만은 네 가지 원소, 즉 아트모스와 관련이 없고, 우주의 형상을 의미하는 신비로운 형체라고 생각했다. 이 사실을 달리가 알았는지는 확실치 않다. 이 그림의 가로와 세로의 비율은 1.618 : 1.000, 즉 황금비이다.

로마의 성 베드로 대성당을 건축한 브라만테(1444~1514)는 밀라노의 경이로운 건축물인 작은 교회 키에사 산 사티로도 설계했다(1476~1482). 의뢰인들이 요구한 평면도에 따르면 이 건물은 같은 길이의 팔이 네 개인 그리스 십자가 모양이었다. 하지만 교회를 지을 공간의 한계로 세 팔의 길이만 같게 할 수 있고 넷은 곤란했다. 이 교회에 들어가 제단 쪽을 바라보면, 평행선들이 수렴하는 원근법을 이용한 인위적인 단축 효과로 제단 뒤의 팔 부분이 정상 길이로 보인다. 아래 나오는 한 쌍의 사진들 중 왼쪽 사진을 보면, 제단을 정면으로 응시할 때 짧은 팔의 길이가 정상으로 보인다. 제단 오른쪽에서 찍은 두 번째 사진에서는 제단 뒤의 팔 부분이 고작 1~2미터 깊이이다. 원근법, 착시, 트롱플뢰유(프랑스어로 '눈속임 기법'-옮긴이), 수학적 패턴은 화가와 건축가만이 아니라 사진가에게도 중요하다.

간단히 말하자면, 이점 투시에서는 바닥이 정사각형인 건물의 바깥 모서리 하나를 기준으로 눈에 보이는 두 벽이 90°로 그 모서리에서 양쪽으로 멀어져간다. 눈높이의 지평선도 설정한다. 모서리 양쪽에 수직으로 선 두 벽의 '수평선들'(창문의 상단과 하단, 지붕선)을 연장하면 모두 지평선의 양쪽 점으로 수렴한다. 이 두 소실점으로 이루

브라만테가 설계한 키에사 산 사티로의 내부는 착시를 일으켜 제단 뒤의 깊이가 5~6미터로 보이게 한다. 오른쪽 사진을 보면 실제 깊이는 몇 미터 안 된다.

어진 것이 이점 투시이다.[3] 마천루 같은 고층 건물에 쓰이는 삼점 투시는 건물 위 높은 곳에 세 번째 점이 추가되어 모든 수직 평행선들이 거기로 수렴한다.

레오나르도가 1498년 밀라노에서 완성한 〈최후의 만찬〉은 시각 예술의 역사에서 가장 중요한 시기인 르네상스 전성기를 열었다. 그에게 영감을 받은 동시대 후배 조각가 미켈란젤로는 화가로서 시스티나 성당 천장에 걸작을 그렸고, 라파엘로는 37년의 짧은 생애를 살며 엄청나게 많은 명작을 남겼다. 거장 삼인방 레오나르도, 미켈란젤로, 라파엘로가 예술에 끼친 영향은 그 이전에도 이후에도 유례가 없을 만큼 거대했다.

예술과 과학의 교차점을 논하면서 네덜란드 황금기를 빼놓을 수는 없다. 이탈리아 르네상스를 부흥시킨 은행가와 상인 들을 떠올리게 하는 재력 있는 기업가 계층이 17세기에 등장했다. 탐험과 무역에 투자해 막대한 부를 축적한 거상들은 특별한 시대정신을 창출했다. 풍차를 지어 저지대의 물을 퍼내 바다를 육지로 만들고, 새로운 기술을 개발해 황동과 유리로 각종 기구를 제작했다. 독일 태생의 네덜란드 렌즈 제작자 한스 리페르스헤이(1571~1619)는 '망원경'을 발명했고, 네덜란드 사업가이자 과학자인 안토니 판 레이우엔훅(1632~1723)은 현미경을 개발했다. 리페르스헤이의 발명에 영감을 받은 갈릴레오는 1609년에 최초로 굴절망원경을 만들어 천문학에 일대 혁명을 일으켰다. 레이우엔훅의 발명에 영감을 받은 로버트 훅은 자신이 만든 기계로 미생물을 관찰했다. 그의 저서《마이크로그라피아Micrographia》에 실린 관찰 기록은 생물학 발전에 크게 기여했다.

유대인 부모에게서 태어난 베네딕투스 스피노자(1632~1677)는 가장 중요한 저서《윤리학Ethica》에서 불변의 자연 법칙이 자연을 지배한다고 주장했다. 인간은 수학을 통해 자연을 이해할 수 있다고 믿은 그는 신이 창조주라는 전통적 믿음을 거부했다. 발언의 자유와 관용, 민주주의에 대한 그의 사상은 오늘날에도 합리적 세계관의 기초를 이룬다. 신을 믿느냐는 질문을 받았을 때 알베르트 아인슈타인은 유일하게 좋아한 철학자를 떠올리며 대답했다. "나는 스피노자의 신을 믿습니다!"

　부유한 상인들은 자기 집에 걸 작품도 의뢰하기 시작했다. 특히 1655년에서 1685년까지 30년 동안, 네덜란드 화파畫派의 화가들은 확연히 비종교적인 성격의 그림을 양산했다. 그들의 작품에는 가구, 태피스트리, 악기, 기도, 그림이 가득한 집안 풍경과 더불어 잘 차려입은 거주자들, 즉 부유한 남편과 아내, 하인이 늘 등장했다. 테르 보르흐를 중심으로 샘솟은 기류는 다른 화가들에게로 빠르게 확산되었으며, 헤릿 다우, 프란스 할스, 유딧 레이스터르, 가브리엘 메취, 얀 스테인, 피터르 더호흐, 요하네스 페르메이르 등이 동참했다(총 18명). 이 화가들이 살던 도시들은 모두 네덜란드 왕국의 운하망으로 연결돼 있었다. 하를럼, 암스테르담, 레이던, 헤이그, 델프트, 로테르담, 도르드레흐트 그리고 멀리 동쪽의 즈볼러와 데벤터르. 운하 덕분에 화가들은 서로의 작품을 관찰하고, 협업하고, 모방할 수 있었다.

　21세기에 페르메이르는 네덜란드 황금기 화가 순위에서 흔히 렘브란트 판 레인에 이어 두 번째로 평가받는다. 생전에 페르메이르는 지금처럼 인정받지 못했다. 그의 작품은 언제나 사색적인 고요와 인물의 내적 평온, 화가의 놀라운 총명함이 깃들어 있지만, 결코 자신을 장면에 심어 넣지 않는다. 그는 벽에 붙은 파리보다 존재감이 없다. 빛과 그림자를 다루는 솜씨, 탁월한 키아로스쿠로 기술, (특히 바닥 타일에서 드러나는)선형 원근법을 비롯해 인물의 미묘하고 절제된 표정도 일품이다.

페르메이르와 카메라 옵스쿠라

라틴어 '카메라 옵스쿠라'는 글자 그대로 '어두운 방'을 뜻한다. 일찍이 기원전 5세기에 중국 철학자 묵자는 빛이 작은 구멍을 통해 어두운 공간으로 들어오면 구멍 맞은편 벽에 외부 풍경이 거꾸로 비친다고 썼다. 한 세기 뒤, 아테네에서 일식을 관찰한 아리스토텔레스는 햇빛이 천장 구멍으로 들어오자 바닥에 형상이 생긴다고 기록했다. 이슬람 황금기에 바그다드 지혜의 전당의 과학자이자 수학자 이븐 알-하이삼은 시각의 생리학에 대한 이해가 담긴 광학 연구서를 여러 권 집필했다. 그는 사람의 눈이 카메라 옵스쿠라처럼 작동한다고 생각했다. 눈으로 들어가는 빛은 구멍이 아니라 볼록렌즈를 지나면서 눈 뒤쪽에 초점이 생기는 것이다. 레오나르도도 세밀한 눈 해부도를 그리면서 뇌로 이어지는 시신경까지 표현했으며, 따로 카메라 옵스쿠라를 그렸다.

17세기 초에 케플러가 상자를 이용해 만든 휴대용 카메라 옵스쿠라는 구멍 자리에 볼록 렌즈를 설치해 상자 후면의 반투명 유리에 형상이 맺혔다. 17세기 네덜란드 황금기에는 고품질 렌즈를 개발해 안경과 현미경, 망원경을 제작했다. 또한 케플러가 만든 것과 유사한 휴대용 상자 카메라도 제작되었는데, 내부에 설치한 거울이 45°로 빛을 반사해 외부 풍경을 원래 형태로 되살렸다. (프랑스에서 감광 유제가 개발되어 현대적인 카메라가 탄생하기까지는 두 세기가 더 지나야 했다.) 하지만 여기서 중요한 관심사는 현대의 카메라가 아니라 당시 네덜란드

요하네스 페르메이르의 〈지리학자De geograaf〉, 프랑크푸르트 슈테델 미술관 소장. 〈천문학자
De astronoom〉, 파리 루브르 미술관 소장. 두 작품 모두 안토니 판 레이우엔훅이 모델이었다.
과학 기구로 둘러싸인 남자를 그린 이 한 쌍의 작품은 페르메이르가 남자 한 명만 등장시킨
유일한 사례이다. 창문과 의자, 탁자로 이루어진 안정적인 기하학적 구도 안에 인물을 배치
하고 자연광으로 실내를 채우는 방식은 페르메이르 특유의 스타일이다. 〈지리학자〉와 〈천
문학자〉의 모델인 레이우엔훅과 페르메이르 모두 당시 삼십대 중반이었다.

에서 쓰인 카메라 옵스쿠라이다. 최근 제기된 주장처럼 페르메이르
가 광학 기술을 이용해 정교한 그림을 그렸던 걸까?

앞서 6장에서는 안토니 판 레이우엔훅이 페르메이르의 〈진주 귀
걸이를 한 소녀〉 작업 과정을 술회한 일화를 소개했다. 1685년 12월
14일 런던 왕립학회에 보낸 장문의 편지에서 레이우엔훅은 페르메이
에르가 카메라 옵스쿠라로 실험한 사실을 이야기하면서 그림 두 점
도 언급했다. 이 편지는 왕립학회 기록 보관소에 보존되어 있다.[4]

10년 전 오늘, 내 친구이자 이웃이었던 요하네스 페르메이르가 이곳 델프트의 자택에서 숨을 거두었다. …… 나는 평생 그를 알고 지냈다. 우리는 이틀 차이로 태어났으며, 이곳 델프트 구교회에서 같은 날 세례를 받았다.……

그[페르메이르]는 광학 및 원근법에 관한 이탈리아 서적 한 권과 렌즈 하나를 구입해 카메라 옵스쿠라 설치 요령을 익혔다. 다음날 그는 내게서 커다란 검은색 양모 천을 빌려 자기 집 창문을 가렸다. 이어서 천에 작은 구멍을 낸 다음, 렌즈를 가운데 끼운 나무판을 구멍 자리에 고정했다. 그러자 어두워진 방의 맞은편 벽에 렌즈를 통과한 바깥 풍경의 환한 형상이 거꾸로 나타났다.

그는 자신의 화실 중앙에 양모 천을 커튼처럼 다시 걸고, 작은 구멍 앞에 렌즈를 설치했다. 맞은편 벽에 창문 전체와 그 옆의 의자의 형상이 비쳤다. [그는 동시대 화가 더 호흐와 나눈 대화를 떠올렸다] "하지만 렌즈를 사용해도 예술이라 할 수 있나?" 더호흐의 질문에 요하네스가 대답했다. "당연히 예술이지." 창밖을 보던 그는 내 눈을 뚫어져라 보며 말했다. "렌즈는 하나의 도구에 불과해. 그것도 제한된 도구. …… 정말로 나를 이해하는 사람은 안토니 자네뿐이야. 자네를 그리고 싶어!"

…… 그는 내게 긴 페르시아 가운을 입힌 다음, 캘리퍼스를 들고 지도 위에 몸을 숙인 자세를 취하게 했다. 내 뒤쪽 캐비닛 위에는 내가 암스테르담에서 사온 지구본을 두겠다고 했다. "세상의 끝을 탐구하는 지리학자의 모습으로 자네를 그릴 생각이야." 그는 물감을 섞고 차례차례 붓질을 해나갔다.

이 그림 완성에 4개월이 걸렸다. 나는 100길더(네덜란드의 옛 화폐-옮긴이)를 지불했다. 내가 가진 돈의 전부였다. 하지만 그는 자신의 작품에 매우 흡족해했다. 그리고 나를 또 그리고 싶어 했다. 이번에는 창밖의 하늘을 보며 천체를 관찰하는 천문학자였다. 나는 그 그림도 샀다.

이 초상화들은 부드럽고 감성적이고 현대적이며, 황홀하고 고요한 분위기를 풍긴다. 2023년 페르메이르 작품 전시회를 평하면서 니나 시걸은 우리가 느끼는 애정과 매혹을 포착한다. '이 신비로운 '델프트의 스핑크스'는 1632년에 태어나 주로 자기 집의 두 방에서 작업하며 거의 돌아다니지 않았고, 관련 문헌도 거의 남기지 않은 채 1675년에 무일푼으로 사망했다. 예컨대 페르메이르의 외모를 정확히 알려주는 그림 한 장 남아 있지 않다.[5]

3부

과학계의 천재들

8

세계적인 천재와
실패한 과학 혁명

아라곤 왕국의 루이스 추기경이 독일과 네덜란드, 프랑스, 이탈리아 북부를 여행하며 1517년 10월 10일에 쓴 편지에 다음과 같은 글이 나온다.

[앙부아즈] 변두리의 한 마을에서 우리는 피렌체 사람 루나르도 빈치 선생을 만나러 갔다. ······ 이분이 해부를 하며 남긴 상세한 기록에는 팔다리와 근육, 신경, 혈관, 인대, 장기 등등 남녀의 인체에 관한 모든 것이 그려져 있었는데, 이런 놀라운 연구는 지금껏 누구도 하지 못했다. 이 모두를 우리 눈으로 똑똑히 보았으며, 그는 서른 구가 넘는 남녀 노소 시신을 부검했다고 한다. 또한 물의 성질과 각종 기계, 여러 물질에 관해서도 누구나 읽을 수 있는 통속어로 수많은 책을 썼다.[1]

기원전 6세기에서 3세기까지는 위대한 자연철학자들이 과학을 영원한 지적 문화로 확립해 갔다. 이후 1,700년 동안은 로마가 영광의 시대를 누렸으나, 뒤이어 천 년간의 중세 암흑기에는 기초과학이 정체되거나 심지어 퇴보했다. 반면 기술은 발전 일변도였다. 로마인들은 자연철학을 무의미한 시간낭비로 여기고 공학을 선호했다. 15세기 말에서 16세기 초까지 불과 이삼십 년의 짧은 기간에 레오나르도 혼자서 이룬 업적은 과학 혁명과 산업 혁명 모두를 일으킬 뻔했다. 그의 노력은 실패로 끝났다. 하지만 그가 죽고 24년 후인 1519년에 코페르니쿠스와 베살리우스는 과학 혁명의 첫 신호탄을 쏘아 올렸다. 2세기 뒤, 제임스 와트와 일라이 휘트니는 산업 혁명의 문을 열었다. 만약 고대 그리스 철학자들의 과학 혁명이 성공했거나 레오나르도가 과학 혁명과 산업 혁명을 동시에 이뤄냈다면, 과연 오늘날 우리는 어떤 모습일까?

레오나르도가 설계한 기계를 제법 안다고 자부하는 사람들도 자연과 과학적 탐구에 대한 그의 사랑을 아는 이는 드물다. 어릴 때부터 자연의 비밀을 풀고 자연에서 보이는 패턴을 설계에 반영하려고 노력한 그는 종종 이렇게 말했다.

인간의 능력으로는 결코 자연의 창조물보다 더 아름답거나, 더 단순하거나, 더 명확한 것을 발명해낼 수 없다. 자연의 창조에는 모자람도 없고, 넘침도 없기 때문이다. 단순함이야말로 궁극의 세련됨이다.

레오나르도에게 과학과 예술은 불가분의 일체였다. 그가 그린 정교한 해부도는 누구도 흉내 내지 못할 만큼 탁월했다. 그는 실험이 실패할 수 있다는 걸 알았지만, 예술을 비롯한 모든 분야의 의미 있는 발전을 이루는 유일한 길은 실험뿐이라 믿었다. 실험을 바탕으로 그는 회화 기법을 완성했다. 장면의 구도, 아마인유와 물감의 혼합, 선형 원근법, 키아로스쿠로, 스푸마토, 벨라투라, 스폴베로 기법으로 인물에게 감정과 생동감을 불어넣었다. 하지만 뜻밖에도 그런 천재성이 오히려 발목을 잡을 때도 있었다. 오랜 세월 검증된 정통 템페라 기법(달걀노른자나 벌꿀을 용매로 안료와 섞어 만든 물감을 이용한 그림-옮긴이)을 거부하고, 대신 기름에 섞은 물감을 축축한 회벽에 바른 결과 〈최후의 만찬〉은 복원이 거의 불가능한 지경에 이르렀다. 벽에 습기가 차올라 물감이 떨어지기 시작한 것이다. 그러나 아직 본격적인 손상이 일어나기 전, 불과 5년 후 피렌체에서 더 위대한 걸작이 될 수 있는 대작에 착수했다. 레오나르도는 젖은 회벽에 바를 유화에 밀랍을 첨가했다. 이 실험은 대실패로 끝났다! 1504년에서 1505년 사이에, 정치 철학자이자 정치가였던 니콜로 마키아벨리는 피렌체 시당국을 설득해 흔히 '베키오 궁'이라 불리는 팔라초 델라 시뇨리아 내부 살로네 데이 친케첸토(500인의 방)의 마주보는 두 벽을 장식할 대형 벽화를 경쟁자 관계였던 레오나르도와 미켈란젤로에게 각각 맡겼다. 레오나르도는 동쪽 벽에 〈앙기아리 전투〉를 그리고, 미켈란젤로는 서쪽 벽에 〈카시나 전투Battaglia di Cascina〉를 그리기로 했다.[2] 스텐실 기법으로 밑그림을 벽에 옮긴 뒤, 레오나르도는 물감과 아마인유, 밀랍의 혼합물을 바르기 시작했다. 하지만 물감이 빨리 마르지 않는 느낌이 들자, 숯불을 피운 금속 화로를 벽화 근처에 가져다 놓았다. 이윽고 그림에 불이 옮겨 붙으면서 밀랍과 물감이 벽 밑으로 흘러내려 바닥에 고이기 시작했다. 한편 기초 작업만 해둔 상태였던 미켈란젤로는 교황 율리우스 2세가 로마로 와서 자신의 무덤을 완성하라고 명하는 바람에 서쪽 벽 작업을 중단해야 했다. 이 일련의 사건들로 미술 역사상 가장 위대한 그림 대결은 무산되고 말았다.

세 장님 우화

'레오나르도는 연구하고 이해하기 어려운 존재다.' 건축사학자 킴 윌리엄스의 글이다.

학자들은 각자의 관점에서 [그에게] 접근하는 경향이 있다. 건축가의 관점이 그러하고…… 외과의사 셔윈 널랜드가 레오나르도의 해부도에 관해 쓴 글이나 미술사학자 마틴 켐프가 회화 연구서를 쓰며 정한 주제도 마찬가지다. 나는 레오나르도를 생각하면 세 남자와 코끼리 이야기가 떠오른다. 촉감으로 코끼리를 설명해보라고 하자 한 장님은 몸통을 더듬고 코끼리는 벽 같다고 말한다. 또 다른 장님은 꼬리를 만지고 코끼리는 뱀 같다고 한다. 세 번째 장님은 다리를 더듬고 코끼리는 기둥 같다고 답한다. 레오나르도는 한 마리의 거대한 코끼리다.[3]

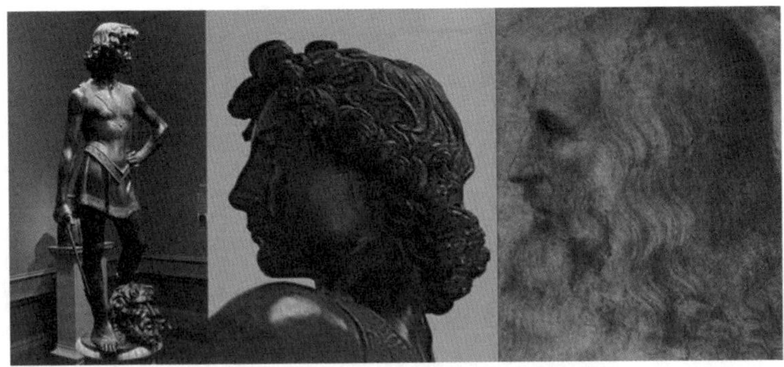

왼쪽: 베로키오의 다비드 상(1460년대 후반), 피렌체 바르젤로 미술관.
가운데: 다비드 상의 옆얼굴 클로즈업.
오른쪽: 1517년 프란체스코 멜치가 그린 장년기로 보이는 레오나르도의 옆얼굴. 두 얼굴을 자세히 살펴보면 코의 윤곽, 위아래 눈꺼풀, 뺨, 입술 모양이 놀랍도록 흡사하다. 크리스토퍼 타일러는 이 조각상이 사시를 앓았던 레오나르도를 모델로 삼은 예술품 중 하나라고 언급했다.

피렌체의 베로키오 화실에서 도제로 일하는 동안(1470년 경), 레오나르도는 스승을 도와 대담한 공학 프로젝트에 참여했다. 브루넬레스키가 만든 돔 꼭대기 등탑 위에 지름 2.3미터의 속이 빈 금박 구리 공을 설치하는 작업이었다. 베로키오의 공사 팀은 브루넬레스키가 돔을 지을 때 사용한 기술을 이용해 특수 도르래를 만들고 공을 높이 올려 등탑 위에 얹었다. 이 프로젝트로 레오나르도 안에서 깨어난 기계 장치와 공학에 대한 열정은 평생 타올랐다. 같은 해 그는 베로키오의 〈그리스도의 세례^{Battesimo di Cristo}〉 속 천사를 그리면서 금빛 곱슬머리를 정확히 로그 나선으로 표현했다.

조르조 바사리는 레오나르도가 머나먼 앙부아즈에서 숨을 거둘 당시 고작 아홉 살이었기에 개인적으로 그를 알았을 리가 없다. 화가로서 바사리는 평범한 수준이었지만, 당대 예술가들의 기록자로서는 최초이자 가장 위대한 미술사가로 유명해졌다. 그의 대작《가장 뛰어난 화가, 조각가, 건축가들의 생애》는 1550년에 출간되었고, 1568년에는 개정판이 나왔다. 당시 그는 레오나르도가 평범한 천재가 아니란 사실을 똑똑히 알고 있었다.

> [레오나르도는] 지적 능력이 너무 뛰어나 뭐든 관심을 가지면 손쉽게 통달했다. …… 어떤 인간에게는 천상의 재능이 소나기처럼 쏟아지는 것 같다. 가끔은 초자연적으로, 불가사의하게, 모든 재능이 한 사람에게로 쏠린다. …… 이는 우리 모두가 레오나르도에게서 보았고 인정한 바이며, 그는…… 설명할 수 없는 신비한 재주로 그 어떤 일도 힘들이지 않고 해냈다. 실로 드문 재능을 타고난 그는 관심이 생긴 모든 분야에 통달했다. 그토록 다재다능하지 않았다면 어쩌면 과학자가 되었을지 모른다.

마지막 구절 '어쩌면 과학자가 되었을지 모른다.'를 보면, 바사리는 레오나르도가 얼마나 깊고 넓게 기술을 연구했는지 전혀 알지 못했다. 레오나르도가 탐구했다고 알려진 과학기술 분야는 토목, 상업, 군사 공학, 건축 프로젝트로 묶을 수 있는데, 여기에는 공기역학, 수문학, 기상학, 지도제작, 도시 계획, 자연 보존이 포함된다. 그리고 수학을 비롯해 기초과학인 물리학, 광학, 천문학, 생물학, 식물학, 지질학, 동물학도 연구했는데, 가장 좋아한 것은 해부학과 지질학이었다. 레오나르도는 고생물학의 아버지요, 로봇공학의 아버지였다. 그가 탐구하지 않은 과학기술 분야를 세는 것이 탐구한 분야를 나열하는 것보다 쉽다. 그는 증기, 전기, 태양열, 원자력을 개발하지 않았다. 미적분이나 상대성이론, 양자역학을 정립하지도 않았으며, 후대를 위해 남겨두었다. 세계적인 천재 레오나르도를 이해하는 데 특히 중요한 몇 가지 주제를 골라 논의를 이어가보겠다.

1910년에 프로이트는 레오나르도의 전설적인 호기심과 업적에 대한 경외심으로 다음과 같이 썼다.

> …… 저 위대한 레오나르도는 평생 어떤 형태로든 아이 같은 면모를 잃지 않았다. 위인은 누구나 유아적인 면을 갖고 있다고 한다. 심지어 어른이 되어서도 레오나르도는 놀이를 좋아했으며, 이로 인해 종종 당대 사람들의 눈에 이해 못 할 괴짜로 비쳤다. …… [그는] 남들은 모두 아직 자고 있는 캄캄한 새벽에 너무 일찍 깨어난 사람 같았다.

프로이트 이후 한 세기 동안, 레오나르도의 광대한 우주에 대해 더욱 많은 사실이 밝혀졌다.

공학자 레오나르도

왼쪽: 밀라노의 세력가 루도비코 스포르차에게 보내려고 준비한 레오나르도의 이력서. 실제로 보냈는지는 알 수 없지만, 뛰어난 리라 연주 실력 덕분에 일자리를 제안 받았을 가능성은 존재한다.
오른쪽: 레오나르도가 술탄 바예지드 2세에게 쓴 편지로, 1952년 이스탄불 톱카프 궁전 기록보관소에서 발견되었다.

두 장의 이력서

약 1481년과 1503년 두 차례에 걸쳐 레오나르도는 이력서를 제출했다. 평소에 기록할 때는 오른쪽에서 왼쪽으로 글을 썼지만, 1481년에 루도비코 스포르차에게 보낸 공식 서한에서는 일반적인 이탈리아 표기 방식처럼 왼쪽에서 오른쪽으로도 쓸 수 있음을 보여주었다. '존귀하신 각하'라는 간단한 인사말로 시작한 편지는 다음과 같이 이어진다.

> …… 숙련된 무기 설계자를 자처하는 모든 이들의 작품을 충분히 검토해본 바로는, 그 무기들의 개발과 작동 원리가 일반적으로 쓰이는 것과 다르지 않습니다. 저는 어느 누구에 대한 선입견 없이 각하께 제 소개를 하고자 합니다. 또한 저만의 기술을 공개하고 각하께서 기꺼이 받아들여 주신다면 빠짐없이 제공해 적절한 시기에 효과적으로 쓰일 수 있도록 하겠습니다. 그중 일부를 아래에 간략히 소개합니다.

이 편지에서 언급한 11가지 장치와 기술 중 일부는 이미 만들어졌고, 나머지는 아직 설계 단계였다. '극도로 가벼우면서 견고한 이동식 다리, 낫이 달린 전투용 마차(전장에서 적 보병을 쓰러뜨리는 용도), 장갑 수레(탱크의 전신), 박격포, 경화기를 위한 설계'와 더불어 '평화 시의 도시 계획 기술.' 이 목록의 11번째 항목은 사족처럼 보인다. '그림도 그릴 줄 압니다.' 밀라노에서 일자리를 얻은 레오나르도는 그곳에서 20년 동안 주로 기계를 설계했고, 이따금 그림을 그렸다. 〈담비를 안고 있는 여인〉과 두 가지 버전의 〈암굴의 성모〉 그리고 벽화 〈최후의 만찬〉이 이 시기에 탄생했다.

술탄을 위한 다리

튀르키예 역사학계에 떠도는 전설에 따르면, 파티흐 술탄 메흐메트

(정복자 메흐메드 2세)가 레오나르도를 이스탄불로 초청해 자신의 초상화를 맡기려 했지만, 때마침 밀라노에서 고용된 레오나르도는 콘스탄티노플의 의뢰를 수락할 없었다. 이 이야기를 뒷받침하는 문헌은 존재하지 않는다. 하지만 레오나르도와 동시대에 살았던 베네치아 화가 젠틸레 벨리니가 콘스탄티노플에 가서 튀르키예 사람이라면 누구나 아는 술탄의 대표적 초상화를 그렸다는 것은 역사적 사실이다. 비록 정확한 날짜는 알려지지 않았지만, 젠틸레 벨리니의 메흐메드 초상화는 현재 런던 국립 미술관에 전시되어 있다.

1500년에 프랑스가 밀라노를 침공해 루도비코 스포르차를 감금하자, 그의 후원을 받던 레오나르도는 일자리를 잃고 말았다. 그는 친구인 수학자 프라 루카 파치올리와 '살라이'로도 불리는 사고뭉치 제자 잔 자코모 카프로티(1480~1524)를 대동하고 밀라노를 떠나 새로운 일자리를 찾아다녔다. 동쪽의 도시 만토바와 베네치아로 간 그는 한동안 베네치아에서 군사 기술자로 일했다. 거기서 당시 오스만 제국과 무역을 하던 상인 무리를 만났다고 한다. 20년 전 밀라노의 스포르차에게 서신을 보냈던 것처럼 이번에는 오스만 제국의 술탄 바예지드 2세에게 편지를 썼는데, 필경사를 고용해 대필했을 가능성이 높다. 아이러니하게도 이 편지는 옛 튀르키예어 방식으로 오른쪽에서 왼쪽으로 쓰여 있지만, 평소 레오나르도가 글을 쓰는 방향이기도 하다.

이 편지에서 레오나르도는 파티흐 술탄 메흐메트의 아들 술탄 바예지드 2세[4]의 궁정에서 일하고 싶다는 뜻을 전한다. 작성 날짜는 7

월 3일이지만 연도는 명시되지 않았는데, 현재는 1502년으로 추정하고 있다. 레오나르도가 제안한 네 가지 프로젝트 중 하나는 금각만(이스탄불을 끼고 도는 해협 어귀-옮긴이)에 놓일 다리이고, 마지막은 훨씬 더 야심찬 계획인 보스포루스 해협을 가로지르는 현수교 건설이다.

- '흐르는 물의 도움 없이 풍력으로 가동되는 제분소 설계도를 갖고 있습니다.'
- '밧줄과 도르래를 사용하지 않고 물을 빼내는 배수 펌프를 개발했습니다.'

여기서 레오나르도는 수력 기계를 염두에 두고 있으며, 그의 공책에서 발견된 그림들이 이를 방증한다.

- '충실한 하인으로서 제가 아는 바, 폐하께서는 갈라타(페라)와 스탐불(이스탄불의 가장 오래된 구역-옮긴이)을 잇고자…… 할리치(금각만)에 다리를 놓을 생각이지만 마땅한 전문가가 없어 뜻을 이루지 못하고 계십니다. 아뢰옵건대, 제게는 그 다리를 건설할 방안이 있습니다. 건물만큼 높게 석조 다리를 지으면 큰 배도 그 밑으로 지나다닐 수 있을 것입니다.' 이 다리가 곧 이야기할 주제이다.
- '저는 보스포루스 해협에 현수교를 건설해 사람들이 유럽과 아시아를 오가게 할 계획입니다. 신의 가호에 기대어, 부디 제 말씀을 믿어주시길 바라옵니다. 불러만 주시면 언제든 달려가겠나이다.'

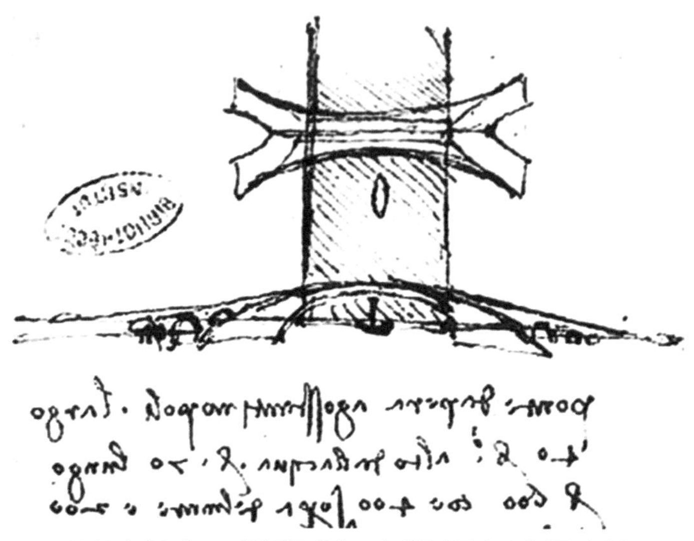

1966년 레오나르도의 발명품 설계도 및 재현작 특별 전시회를 관람한
베비욘 산드는 레오나르도가 공책에 그린 다리의 아름다움과 현대성에 매료되었는데,
이 그림은 금각만에 지으려 했던 다리의 기초 설계도로 보인다.[5]

술탄 바예지드의 궁정 서기관은 이 편지를 피렌체의 레오나르도
가 아니라 제노바의 리카르도가 보낸 것으로 잘못 기록했다. 결국 레
오나르도는 일자리를 얻지 못했다.

베비욘 산드는 오슬로와 뉴욕을 오가며 활동하는 현대 노르웨이
화가이다. 그는 노르웨이 공공도로청을 찾아가 레오나르도의 다리를
본뜬 다리를 노르웨이에 건설하는 프로젝트의 파트너십을 제안했다.
본래 튀르키예를 위해 구상한 500년 전 설계를 부활시켜 기꺼이 스
칸디나비아에 도입하겠다는 긍정적 반응은 그에게 즐거운 놀라움을

노르웨이 오슬로 서쪽으로 E-18 고속도로를 따라 20킬로미터 떨어진 아스에 있는 레오나르도-산드 다리. 레오나르도가 술탄 바예지드 궁정에 제안한 원래 다리의 1/3 크기 축소판으로, 형태와 기능의 궁극적 융합을 보여준다. 본체인 통행로의 우아한 곡선과 포물선 모양의 지지대는 '당겨진 활'처럼 보인다. 이 사진을 촬영한 드론은 비행 기계에 대한 레오나르도의 집착에 잘 어울린다.

선사했다. 레오나르도의 설계를 적용한 이 보행자/자전거 전용 다리는 오슬로와 베르겐을 잇는 E-16 고속도로 위로 지어졌으며, 오슬로 남서쪽으로 약 20킬로미터 떨어진 마을 아스(Ås)에 있다. 이 새로운 다리의 크기는 레오나르도가 금각만에 지으려 했던 원래 다리의 3분의 1 정도이며, 전체 길이는 110미터에 이른다.

1996년부터 2001년까지 레오나르도 다리 프로젝트 팀은 건축가 및 엔지니어들과 긴밀히 협력해 체계적인 설계와 구조 하중 테스트를 진행했다. 초기에는 레오나르도 방식 석조 다리와 집성목 다리를 개발하고 시험했다. 최종적으로 만들어진 다리는 집성목 기반의 강철 보강 구조였다. 정확한 형태로 사전에 제작한 부품들을 현대식 크레인으로 현장에서 조립해 레오나르도 다리를 완성했다. 이 다리는 3개의 포물선형 지지대가 떠받치는 구조로, 중앙 지지대는 다리 본체를 지탱하고 나머지 두 지지대는 양쪽에서 기울어져 중앙 지지대를 안정적으로 고정했다. 본체는 다양한 길이의 금속 기둥들로 떠받쳤다(사진에는 보이지 않는다). 이 다리는 크게 주목받을 수 있었지만, 공교롭게도 공개 시점이 9/11 테러와 겹쳤다. 하지만 2005년 무렵에는 꽤 유명해져서 〈와이어드〉가 선정한 '세계에서 가장 멋진 5대 다리'에 이름을 올렸다.[6]

최근 MIT 공대생들이 레오나르도의 다리 설계를 다시 연구해 하중 지지 능력을 평가했다.[7] 이들은 5세기 전에 동원되었을 만한 자재와 기술뿐만 아니라 당시 금각만의 지질학적 여건까지 분석했다. 그리고 3D 프린팅 기술을 이용해 만든 구성 요소들로 1:500 축소 모형을 제작했다. 이 모형에는 126개 블록만 쓰였지만, 실제 크기 다리는 벽돌 수천 개가 필요했을 것이다. 레오나르도는 다리 건설에 쓰일 자재를 명시하지 않았지만, MIT 연구진은 정밀하게 자른 벽돌들이 다리에 가해지는 힘을 견뎠을 거라고 결론지었다.

평화주의 군사 기술자

《코덱스 아틀란티쿠스》에 실린 무기 설계 중 일부는 로마나 중세 무기의 개량품이고 나머지는 본인이 발명한 것이다. 차축에 낫날이 달린 전차는 고대 로마에서 처음 만들어졌다. 투석기와 대형 쇠뇌는 중세의 무기였다. 성벽 안으로 동물 사체를 던지는 투척기는 생물학적 전쟁을 목적으로 설계한 무기가 틀림없다. 한 세기 전 몽골 침략자들은 전염병으로 죽은 시신을 성벽 너머로 던져 사체에 담긴 죽음의 기운을 적에게 퍼뜨렸다. 레오나르도가 설계한 독창적인 무기 중에는 증기로 작동하는 소총, 박격포, 개틀링 기관총을 연상시키는 다연장 화기, 불꽃으로 화약을 점화해 납탄을 발사하는 치륜총齒輪銃(화승총보다 진보된 작동 방식) 등 다양한 총포가 있었다. 또한 잠수함, 도하용 주교舟橋, 잠수종도 있었다. 그리고 악명 높은 장군 체자레 보르자와 그의 외교관 니콜로 마키아벨리 밑에서 잠깐 일하던 시절에는 역사상 최초의 등고선 지도를 만들었다. 이 지도는 피사 근처 아르노 강의 수로를 돌려 바다로부터의 접근을 차단하려는 전략의 일환이었다.

밀라노에서 활동하던 초기에 레오나르도는 대포 여러 대를 방사형으로 탑재한 원형 장갑 수레, 즉 탱크를 설계했다. 이 무기에는 주의점이 하나 있다. 레오나르도가 직접 그린 도면임에는 의심의 여지가 없지만, 기어 설계에 오류가 있었다. 병사 넷이 손으로 움직이는 방식인데, 두 명이 돌리는 크랭크 방향과 나머지 두 명이 돌리는 크랭크 방향이 엇갈렸다. 수레가 전진하지 못하고 제 자리에서 돌기만 하는 것이었다. 이 설계 오류에 대해 오랫동안 갖은 추측이 난무했는데,

단순한 착오에서부터 평화주의자 레오나르도의 의도치 않은 잠재의
식 반영까지 다양했다. 어쩌면 군사 기술자가 산업 기밀을 감추려고
다른 무기업체에 혼란을 주려는 술수였을 수도 있다.

상업 및 토목공학 프로젝트

레오나르도의 《코덱스 아틀란티쿠스》는 밀라노 암브로시아 도서관
이 소장하고 있다. 1478년부터 1519년까지 작성된 1,119쪽의 필사본
들을 16세기 후반에 조각가 폼페오 레오니가 처음으로 묶어 한 권의
책이 되었다. 1796년에 밀라노를 점령한 나폴레옹은 상처에 소금을
뿌렸다. 바티칸 미술관에 〈최후의 만찬〉과 〈라오콘〉을 비롯해 이 귀
중한 책까지 모두 '전쟁 배상물'로 요구한 것이다.

《코덱스 아틀란티쿠스》는 레오나르도가 40년에 걸쳐 이룩한 지적
사유의 산물로, 회화를 위한 스케치와 수학을 비롯해 각종 기계 설계
도가 빼곡히 담겨 있다. 이중 선체 선박, 후면과 측면 수레바퀴를 이
용한 수상 동력 장치, 이동식 다리, 회전형 다리, 운하 준설기, 주행 거
리 측정기, 풍속 측정기, 습도계 등등. 또한 다층 도로 구조를 갖춘 도
시 계획과 동심원 형태로 확장되는 도시 지도뿐만 아니라 전염병 격
리를 위한 도시 설계도 있다. 그밖에 회전 운동과 왕복 운동을 상호
변환시켜주는 기어 장치, 렌즈를 가공하고 연마하는 기계, 장대를 세
우는 기계도 설계했다. 또한 토지 거리를 재는 다양한 계측기 도면도
남아 있다. 자동차가 등장하기 4세기 전에 그린 실용적인 자동 변속
기 설계도는 현대의 공학자들도 감탄해 마지않는다.

인간의 비행

나는 인간을 날게 할 기계를 만드는 것이 내 운명이라고 항상 느꼈다. ……
날개가 있어야 한다! 내가 이루지 못한다면 다른 누군가가 이루리라.

—레오나르도 다빈치

초고속 카메라로 찍은 영상처럼 움직임을 아주 느리게 보는 능력을 일컫는 '초자연적 시력'은 여전히 풀리지 않는 비밀이다. 20세기에 거포로 유명했던 야구선수 테드 윌리엄스는 20/3의 놀라운 시력(20피트 너머의 물체를 3피트 앞처럼 보는 능력)을 가졌다고 하는데, 시속 160킬로미터에 가까운 속도로 날아오는 공의 실밥을 볼 수 있다고 주장했다. 1485년 이후 레오나르도의 공책에는 인간의 비행을 연구한 흔적이 가득하다. 그는 새의 날개를 공기역학적으로 연구하며 단언했다. '새도 하는 일을 인간이 왜 못 하겠는가!' 레오나르도가 새의 날갯짓을 모방해 만든 인간 비행 기계는 천으로 덮은 틀을 끈으로 몸에 장착하고 도르래로 조정하는 오니숍터로 여러 형태가 있었다. 또한 톱니바퀴 장치와 회전 핸들이 달린 나선형 프로펠러는 헬리콥터의 원형이다.[8] 인간의 근력만으로 공기보다 무거운 비행 기계를 땅 위로 띄우는 일은 불가능했겠지만, 글라이더라면 가능했을 것이다. 이에 대해 레오나르도가 쓴 글을 《코덱스》에서 본 적은 없지만, 행글라이딩 애호가들의 매혹적인 말은 레오나르도에게도 해당된다. "한번 비행의 맛을 보면, 걸어 다니면서 항상 하늘로 눈길이 간다. 하늘에 올라가본 사람은 늘 돌아가고픈 갈망을 안고 산다." 레오나르도가 글라이더를 만들어 실제로 비행을 경험했을까, 아니면 그저 공상에 불과했을까? 그의 스케치 중에는 숫자로 규격을 표시한 사각뿔 모양의 낙하산을 대략적으로 그린 것도 있는데, 비행 기계가 하늘로 떠올랐다가 추락할 경우를 대비한 듯하다.

가로세로 모두 12브라치아[1브라치아는 약 70센티미터]이고 바람 새는 구멍이 없는 리넨 천을 들고 있으면, 아무리 높은 곳에서 뛰어내려도 다치지 않을 수 있다.[9]

20세기 항공공학자들은 레오나르도의 낙하산 설계를 두고 그의 선견지명에 감탄했지만, 실용성에 대해서는 회의적이었다. 몇 년 전 스위스의 베이스 점퍼(고층 건물이나 절벽 등에서 낙하산을 매고 뛰어내리는 스포츠를 즐기는 사람-옮긴이) 올리비에 비에티-테파는 남아프리카로 건너가 레오나르도의 낙하산을 만들어 헬리콥터에 싣고 하늘로 올라가 뛰어내렸다. 성공이었다!

로봇 공학의 선구자

현대 용어 '로봇'과 '로봇 공학'은 기계공학과 전기공학의 융합적 협업을 떠올리게 한다. 플라스틱과 합금 부품, 디지털 및 아날로그 컴퓨터, 현실화된 인공지능 제어, 전기 에너지를 이용한 구동으로 이루어지기 때문이다. 로봇은 폭발물을 탐지하고 해체하거나, 붕괴된 건물이나 광산의 좁은 틈으로 들어가거나, 이집트 피라미드의 숨겨진 방을 찾아내는 등 위험한 작업에 동원된다. 화성을 비롯해 여러 소행성에 보낸 탐사 로봇들은 화학 분석을 수행하며 유기 분자, 즉 생명체를 찾고 있다. 2011년 일본 후쿠시마 원전 핵 반응로 폭발 사고 후, 인간이 생존할 수 없는 구역의 방사능 수치 측정에 로봇이 활용되었다. 대형 로봇은 자동차의 주요 부품 용접과 조립에 쓰이고 있으며, 다빈치 수술 시스템은 섬세한 작업을 요하는 산부인과 수술에 일상적으로 사용된다. 심지어 자기복제에 쓰이는 새로운 차원의 로봇도 있다.

20세기에 널리 알려진 레오나르도의 태엽 구동 수레 그림은 그가 처음 밀라노로 이주한 무렵에 그린 것이다. 그 자체로도 인상적인 이 장치는 21세기가 개막되면서 많은 비밀이 밝혀졌다. 감각적 피드백으로 연결 동작을 제어할 수 있는 이 수레는 최초의 로봇인 셈이다!

〈최후의 만찬〉(1495)을 그리기 시작할 즈음 레오나르도는 스포르차 공작에게 한 가지 일을 부탁받았다. 밀라노에서 열릴 행사를 조직하는 것이었다. 이 행사에 등장한 각종 장식물과 장치 중에는 레오나르도가 설계한 자동인형도 있었다. 최종 완성품은 현재 남아 있지 않지만, 정교한 그림과 메모는 《코덱스 아틀란티쿠스》에 나온다. 여러 개의 도르래와 톱니바퀴, 밧줄, 추로 구동되는 이 기계는 모든 동작이 가능한 갑옷 기사였다. 앉고, 일어서고, 걷고, 양팔을 따로 움직이고, 얼굴 가리개를 올리고, 가슴판의 문을 열어 깜짝 선물처럼 꽃다발을 꺼내기도 했다. 2002년에 로봇공학자 마크 로스하임은 레오나르도의 그림을 바탕으로 로봇 기사의 초기 모델을 제작하고, 이 프로젝트

에 대한 책을 썼다.[10]

과학자 레오나르도

코페르니쿠스를 앞선 태양 중심 세계관

앙드레 뷔스가 주목한 두 개의 인용문은 코페르니쿠스가 혁신적 이론을 발표한 1543년보다 30년 앞서 레오나르도가 지동설을 부정하고 태양 중심 세계관을 인정했다는 점을 시사한다. (물론 사모스의 아리스타르코스가 기원전 3세기에 이미 태양 중심설을 주창했지만, 초기 교회가 지구 중심설을 수용하면서 그의 이론은 거의 잊혔다.) 레오나르도의 글에는 교회의 입장에 회의적인 태도가 담겨 있다.

> 지구는 태양 궤도의 중심이 아니며, 우주의 중심도 아니다. 지구에 딸린 행성들의 중심으로서 그들과 결합되어 있다. 태양은 움직인다. ······ 만약 우리가 달에 서 있으면······ 지구도 달처럼 햇빛을 반사하는 모습을 보게 될 것이다.

그리고 다음 글은 레오나르도가 훗날 뉴턴이 입증했듯 중력은 무한히 뻗어나간다는 사실을 알고 있었음을 암시한다.

> 중력은 물과 흙의 요소로 한정된다. 하지만 그 힘은 무한하며, 만약 중

력을 생성하는 장치를 만들어낸다면 무수히 많은 세계를 움직일 수 있을 것이다.

물론 뉴턴이 수학적으로 표현한 중력은 거리의 제곱에 반비례로 감소하며, 레오나르도가 이를 알았을 리는 없다.

갈릴레오를 앞선 자유낙하 법칙과 투사체의 궤적

'초자연적 시력'이라 부를 만한 능력이 실제로 존재한다면, 레오나르도는 틀림없이 그 능력을 갖고 있었다. 이를 기반으로 그의 다른 능력들, 즉 놀라운 관찰력을 비롯해 물리 법칙을 직관적으로 이해하는 능력이 강화되었을 것이다. 그는 탑에서 물체를 떨어뜨리면 무게와 상관없이 일정한 가속도로 떨어진다는 사실을 알았다. 이 원리는 한 세기가 지난 뒤 갈릴레오에 의해 입증되었다.

사냥꾼과 전사들이 최초로 창과 화살로 목표물을 맞히던 시절부터 투사체의 궤적은 줄곧 관심의 대상이었지만, 오랜 세월 잘못 이해되어 왔다. 레오나르도가 사망하고 한 세기는 족히 지난 1615년 말에도 여전히 포술 서적들은 어떤 각도로 쏘든 투사체는 직선으로 올라가 힘을 잃고 느려져 정점에 다다르면 방향이 꺾여 수직으로 떨어진다고 기술했다. 1609년에 갈릴레오가 투사체의 궤적은 포물선이라고 입증한 사실은 무시되었다. 갈릴레오보다 거의 120년 전에 이미 레오나르도는 투사체의 궤적이 포물선이며 처음에 여러 각도로 쏘면 정점과 거리가 다른 포물선들이 생긴다는 사실을 분명히 보여주었다.[11] 이 또한 뉴턴의 《프린키피아^Principia》에 담긴 고전역학이 발표되고서야 완전히 수학적으로 기술되었다.

레오나르도의 선구적인 중력 연구를 이해하기 위한 최신 다분야 연구 결과가 2023년 2월에 발표되었다. 캘리포니아 공대 항공학과 교수 모르테자 가립은 레오나르도의 《코덱스 아룬델^Codex Arundel》에 나오는 일련의 삼각 구조를 해석해냈다. 떨어지는 물방울의 변위를 나타내는 수평 요소와 수직 요소를 그래프로 표시하면 포물선 궤적을 형성하는데, 이는 중력가속도가 일정함을 보여주는 것이다.[12] 갈릴레오나 뉴턴이 사용한 것보다 조악한 도구와 수학을 가지고도 레오나르도는 중력가속도를 계산해냈으며, 이 수치는 현대의 계산 결과와 비교해도 그 차이가 10퍼센트 미만이다. 가립의 연구 결과가 담긴 흥미로운 논문은 국제학술지 〈레오나르도〉에 실렸다.

뉴턴을 앞선 반사망원경

2000년 초부터 나는 작고한 미술사학자이자 화학공학자 토머스 소마와 함께 레오나르도 탄생 550주년 기념행사를 준비했다. 우리가 마련한 6주간의 전시회 '레오나르도: 예술가, 과학자, 공학자'는 2002년 4월 15일에 버지니아 주 메리 워싱턴 대학교 리더호프 마틴 미술관에서 개막했다. 워싱턴 국립 미술관의 르네상스 미술 큐레이터이자 저명한 미술사학자인 데이비드 앨런 브라운은 초빙 큐레이터로서 레오나르도의 예술 세계를 조명했다. 나 또한 초빙 큐레이터로 레오나르도의 과학 및 공학 업적을 소개했다. 이 전시에는 IBM 센터에서 대여한 레오나르도의 발명품 재현작들[13]과 더불어 워싱턴 국립미술관이 소장한 르네상스 시대 희귀 도서 여러 권이 공개되었다. 또한 《코덱스 아틀란티쿠스》, 《코덱스 아룬델》, 《코덱스 윈저Codex Windsor》에 실린 레오나르도 그림 중 국립미술관이 소장한 팩스 사본 가운데 내가 개인적으로 선정한 24점도 전시되었다.

레오나르도의 생일인 4월 15일에 열린 공식 개막 행사에 나의 막역한 친구 두 명이 참석했다. 하버드 대학의 노먼 램지와 미국 국립표준기술 연구소NIST의 윌리엄 D. 필립스 모두 유명한 노벨 수상자들이다. 나는 개인적으로 그들을 데리고 행사장 안내를 하다가, 유리 진열장에 전시된 특별한 그림 한 점을 보여주었다. 넋 놓고 그림을 보던 램지와 필립은 믿지 못하겠다는 듯 동시에 외쳤다. "이건 반사망원경이잖아!" 평행 광선들이 반원형 오목거울에 튕겨 거울 곡률 반경의 약 절반 지점 위치에 '초점'으로 수렴하는 것을 표현한 레오나르도의 그림이었다. 이 도면보다 한 세기 후 1609년에 갈릴레오가 개발한 굴절망원경은 천문학에 혁명을 일으켰고, 훨씬 더 강력하고 작은 뉴턴의 반사망원경은 1671년에 나왔다. '달을 크게 볼 수 있는 장치를 만들라.' 1500년대 초에 레오나르도가 쓴 글이다.

남아프리카 프레토리아 대학 교수이자 핵공학과 기계공학을 전공한 앙드레 뷔스는 망원경 애호가이다. 레오나르도는 원형 거울에 튕긴 평행 광선들이 거울 곡률 반경의 절반 정도 지점에 수렴한다는 사실을 알았는데, 이 원리는 오늘날에도 초점거리가 긴 망원경을 만들 때 사용된다. 레오나르도의 그림 사본들을 연구해 반사망원경 설계의 실마리를 찾은 뷔스는 레오나르도의 망원경을 복원해냈다. 그가 만든 기구는 육중한 나무 받침대 위에 얹은 원통이 수직축을 기준으로 ±30° 정도 회전한다. 원통 하단에 달린 오목거울은 레오나르도의 연마기로 원형 평면 유리를 연마해 만들었고, 연마기도 이 작업을 위해 재현한 것이었다. 거울의 반사면 제작에 사용된 특수 청동 스페큘럼(금속 거울)은 이미 15세기부터 쓰였다. 레오나르도가 설계한 거울 연마기는 발로 페달을 밟아 구동하는 것이었다. 뷔스는 현대적인 전기 모터로 인력을 대체했다. 그는 이렇게 썼다.

> 레오나르도는 망원경을 만들 지식과 기술이 있었다. 그는 망원경으로 달의 형상을 확대했으며…… 그의 망원경은 훗날 만들어질 대부분의 망원경을 예견했으며, 뉴턴과 허셜의 망원경도 예외가 아니다.

물론 한 가지 의문은 계속 남을 것이다. '이게 정말 망원경일까? 혹시 박격포는 아니고?' 하지만 뷔스의 연구에 따르면 최초의 천체망원경이 틀림없다. 그는 레오나르도가 쓴 글을 증거로 제시한다.

> 행성의 실제 성질을 관찰하려면, 덮개[상단]를 열고 하단에서 하나의 행성만 주목한다. 그러면 하단에 반사된 움직임으로 그 행성의 성질을 알 수 있다. 하지만 그 시간에 행성 하나만 하단에 비치도록 해야 한다.

레오나르도가 남긴 보름달 그림은 뷔스의 주장을 결정적으로 뒷받침한다. 이 그림 속 달 표면의 4시 30분 방향을 보면, 작고 희미한 원이 하나 있다. 육안이나 일반 쌍안경으로는 그 작은 원이 보이지 않았다. 하지만 첨단 대형 망원경으로 달을 관찰하면 오늘날 '티코 크레이터'라 부르는 원이 보인다. 미국 항공우주국NASA 천문학자 리브스는 레오나르도의 그림을 분석해 달의 칭동을 $\pm2°$로 정하고 언제 그림을 그렸는지 계산했다. 결과는 1513년 12월 12일 초저녁이었다. 공교롭게도 이 그림이 실린 공책은 레오나르도가 로마에 살던 시기인 1513년에서 1514년 사이에 작성되었다.

《디비나 프로포르티오네》와 수학적 사유들

1490년대에 레오나르도는 스포르차 공작을 설득해 프란체스코회 수사 루카 파치올리를 공작 자제들의 수학 교사로 고용하게 했다. 그리고 한동안 그림 작업을 중단하고 파치올리에게 개인적으로 수학을 좀 더 배우면서, 그와 협력해《디비나 프로포르티오네(신성한 비례)》를 완성했다. 파치올리는 본문을 작성하고 레오나르도는 다면체 60개를 그려 넣었는데, 모서리를 자르거나 별 모양으로 바꾸는 등 다양한 변형 정다면체를 현대의 투명 아크릴 구조물처럼 투명하게 표현했다. 이 책에서 레오나르도는 이상적인 인간 얼굴의 비율을 도해하고, 자와 컴퍼스로 새로운 서체를 창안하기도 했다.

레오나르도는 파치올리에게 수학을 배우면서, 수학이 그 어떤 학문보다 순수하고 정확하며 보편적이라는 신념이 더욱 굳어졌다. 이후 수세기에 걸쳐 등장할 위대한 수학자와 과학자 들처럼, 레오나르도도 수학의 신비에 감탄했다.

수학적 검증을 거치지 않는다면, 인간의 그 어떤 탐구도 과학적일 수 없다.

수학의 절대적 명확성을 이해하지 못하는 자는 혼돈의 늪에서 허우적댄다.

회화는 과학이며, 모든 과학의 바탕은 수학이다. 수학적 설명과 증명을 통해 목적을 추구하지 않는다면 인간의 그 어떤 탐구도 과학이 될 수 없다.

한 세기 뒤에 갈릴레오도 같은 맥락으로 이야기했다.

철학이 쓰여 있는 이 우주라는 거대한 책은 언제나 우리 눈앞에 펼쳐져 있다. 그러나 이 책을 이해하려면 먼저 그 언어를 배우고 그 언어를 이루는 글자를 읽을 줄 알아야 한다. 이 책은 수학의 언어로 쓰여 있으며, 그 문자는 삼각형과 원 같은 기하학적 도형들이기에, 이를 모르는 인간은 단 한마디도 이해할 수 없다.

두 개의 생명체[14]

모든 과학 분야 중 지질학과 해부학이 가장 레오나르도의 마음을 끌었다. 그는 우리가 사는 이 거대한 천체를 살아 있는 역동적 유기체로 여겼고, 인간의 몸도 역동적인 유기체로 보았다. 레오나르도는 지질학-고생물학 연구와 해부학-생리학 연구 양쪽 모두에 열정적이었다.

18세기와 19세기에 자연학자들은 그때까지 수집한 화석들이 사실은 고대 동식물의 흔적이며, 그들이 바라보는 세상의 모습은 이 행성 역사에서 지나가는 단계에 불과하다는 사실을 깨닫기 시작했다. 그런 변화의 요인은 비와 바람, 햇빛 같은 자연의 힘이었으며, 크고 작은 강들은 흙과 돌을 하류로 운반해 퇴적시켰다. 오랜 세월에 걸쳐 형성된 퇴적층은 지구의 지질학적 역사를 보여주었다. 오래된 암석 위에 젊은 암석이 쌓여 있었던 것이다. 지층을 연구하는 층서학層序學은 고고학적 발굴시 문화의 상대적 연대를 정하는 데 유용하며, 지구의 상대적 연대 추정에도 쓸모가 있다.

16세기와 17세기에 교회는 내적 갈등뿐만 아니라 합리주의자라는 새로운 유형의 무리와도 전쟁을 벌였다. 그리고 합리주의자들끼리도 전쟁 중이었다. 이미 과학 혁명이 시작된 1650년대에 아일랜드 성직자 제임스 어셔는 자신이 쓴 연대기에서 천지창조의 순간을 정확히 기원전 4004년 10월 23일 오후 6시로 못박았다. 하지만 우주의 비밀을 체계적으로 풀어내며 역사상 최고의 과학자로 훌륭하게 자리 잡아가던 뉴턴 역시 성경에서 실마리를 찾아 성서적 연대를 정립하려는 비과학적인 연구에 뛰어들었다.

1859년에 다윈은 확신과 불안을 동시에 품고 대표작《종의 기원On the Origin of Species》을 발표한다. 엄청난 논란을 불러온 그의 자연선택 진

화론은 유전적 신체 변화나 행동 특성의 변화로 시간이 흐르면 생물
이 변한다는 개념을 설파했다. 다윈은 환경에 잘 적응하는 생물의 생
존 가능성이 높으며, 그 과정에서 더 많은 자손을 남겨 후손이 번성할
기회가 확대된다고 주장했다.

1861년에 다윈은 장-바티스트 라마르크를 '진화론의 선구자'로 인
정했다. 하지만 라마르크보다 300년 먼저 레오나르도가 진화의 필요
성을 언급했다는 사실은 알지 못했다. 레오나르도는 이렇게 생각했다.
'자연은 변화무쌍하고 창조에 기쁨을 느끼며 끊임없이 새로운 생명체
를 만들어낸다. 왜냐하면 그래야 세상의 물질이 늘어남을 알기 때문이
다. 자연의 창조는 시간의 파괴보다 더 의욕적이고 더 빠르다.'

500여 년 전, 레오나르도는 자신만의 체계적인 방식으로 자연을
탐구하면서 평원과 절벽, 산과 강을 관찰하고 무수한 기록을 남겼다.
밀라노 시절에는 이탈리아 북부 아펜니노 산맥의 최고봉인 몬테로사
의 동굴을 탐사하며 조개(아마도 신생대 연체동물), 물고기 뼈, 특이한
거대 동물의 화석을 발견했다. 그의 기록에 따르면, 일단의 농부들이
화석에 관심을 보이는 그에게 조개껍데기 화석 한 자루를 가져다주
었다. 이 증거물을 연구한 그는 현대 지질학과 고생물학을 예견하는
일련의 놀라운 결론에 다다랐다.

이 산맥의 암석층은 모두 퇴적암으로, 강이 범람할 때마다 점토가 차
레차례 쌓인 것이다. …… 고지대의 모든 동굴 바위에서는 항상 여러
개의 지층이 발견된다. …… 조개가 파도에 밀려와 쌓이고, 깨지고, 갈

라진[잘게 부서진] 해안 지대로 추정해야 마땅하다.

　조개와 물고기 화석은 어느 먼 옛날 바다를 헤엄치던 동물들의 흔적일 수밖에 없었다. 레오나르도는 이 모두가 성서의 대홍수로 인해 쌓인 것이라는 주장이 터무니없다고 판단했다. 따라서 한때 바다였던 곳이 지금은 땅인 셈이었다. 지표면은 오랜 세월을 거치며 극적으로 변화했을 테고, 계속 변화할 것이 틀림없었다. 레오나르도는 이렇게 기록했다. '롬바르디아의 조개 화석은 네 개 지층에서 발견되고 어디서나 같은 양상이므로, 각기 다른 시기에 형성되었을 것이다.'

　영국 국왕 찰스 3세(즉위 전 웨일스의 찰스 왕세자)는 영국 역사 보존을 위해 노력한 공로를 충분히 인정받지 못하고 있다. 하지만 그는 윈저 성의 로열 컬렉션(영국 왕실이 소장하고 있는 예술품들-옮긴이)이 지닌 가치를 깊이 이해한다. 찰스 왕세자 시절 그는 왕실을 대표해 프랜시스 웰스의 최근작 《레오나르도의 심장The Heart of Leonardo》 서문에 다음과 같이 이야기했다.

　현존하는 가장 뛰어난 레오나르도의 그림들이 로열 컬렉션에 포함되어 있다는 점은 크나큰 행운이다. 이 500여 장의 그림들은 레오나르도 사후 줄곧 유실 없이 보존돼 왔으며, 17세기에 찰스 2세가 획득한 것으로 추정된다.

　케임브리지 대학 팹워스 병원의 저명한 심장외과 의사 웰스는 지금껏 수많은 개심술(흉부 절개 후 심장 근육이나 판막, 동맥에 대한 수술-옮긴이)을 집도했으며, 수백 차례의 승모판막 수선과 치환에 성공했다. 그는 자신의 수술법이 레오나르도의 작업 방식과 500년 전 심장 연구에서 영감을 받았다고 주장한다. 앞서 언급한 책에서 웰스가 자세히 분석한 레오나르도의 해부도는 대부분 《코덱스 윈저》에 실린 그림 500여 점 가운데 정교한 해부도 200점 중에서 엄선한 것들이다.

레오나르도의 해부도는 질적 수준과 통찰력에서 플랑드르 해부학자 안드레아스 베살리우스의 1543년 저서 《7권으로 구성된 인체 구조에 관하여De humani corporis fabrica libri septem》에 실린 해부도를 훨씬 뛰어넘는다.[15] 당대 유럽 최고의 의대였던 파도바 대학을 졸업한 베살리우스는 해부도가 실린 의학서 일곱 권을 발표했고, 이 책들은 과학 혁명의 의학 분야에 혁명을 일으켰다.

영국인 윌리엄 하비(1578~1661)는 케임브리지 대학에서 의학 박사학위를 받고 파도바 대학에서 학업을 이어갔다. 열렬한 왕당파였던 그는 비운의 국왕 찰스 1세의 주치의가 되었으며, 직책상 잉글랜드 내전(잉글랜드 왕당파와 의회파가 벌인 대규모 내전-옮긴이)에 휘말리지 않을 수 없었다. 국왕이 왕당파의 거점이던 옥스퍼드로 피신하자, 하비 또한 그 대학 도시로 이주해 계속 주치의로 일하면서 옥스퍼드 대학 머튼 칼리지Merton College의 학장도 역임했다. 하비는 주로 체내 혈류 역학 연구에 몰두했다. 당시 대부분의 의사들은 허파가 혈액의 체내 순환을 담당한다고 믿었다.

하비의 역작 《동물의 심장과 혈액의 운동에 관한 해부학적 연구

Exercitatio Anatomica de Motu Cordis et Sanguinis in Animalibus》(흔히 줄여서《심장의 운동에 관하여de Motu Cordis》로 불린다)는 그가 50세이던 1628년에 프랑크푸르트에서 라틴어로 출간되었다. 살아 있는 동물을 해부해 여전히 뛰는 심장을 관찰한 하비는 수축기가 심장 운동의 능동적 단계로서 근육이 수축해 혈액을 심장 밖으로 내보낸다는 사실을 확인했다.

하비의 동시대 의사들은 소화된 음식에서 새로운 피가 끊임없이 만들어지고 세포 조직에서 소모되어 사라진다고 믿었으며, 심장의 주요 기능은 열을 발생하는 것이라 여겼다. 반면 하비는 수학적 데이터를 활용해 피가 소모되지 않는다는 것을 입증했다. 요컨대, 살아 있는 체내에는 혈액 보존 법칙이 작용한다는 것이었다. 다만 아쉽게도 당시는 물론이요 이후 150년간 흔히 행해진 사혈瀉血 치료에 적극적으로 반대하지는 않았다.

이보다 150년 전에 레오나르도는 소와 말, 작은 동물을 대상으로 해부 실험을 했다. 그의 주장대로라면 인간 시신도 30구나 부검했다. 웰스는 해부 역사를 다룬 짧은 장에서 사체 해부의 적기는 더위로 인한 부패와 악취가 적은 겨울이라고 지적한다. 또한 허가된 해부 연구용 시신 확보의 대상은 중범죄를 저지른 범죄자 중에서도 특히 타지 출신 그리고 비非가톨릭교도(가능하면 유대 후손)였다고 언급한다.

레오나르도가 한 노인을 부검한 일화는 흥미로우면서 애잔하다. 병원에서 처음 노인과 마주했을 때 레오나르도가 묻는다. "연세가 어떻게 되시죠?" 노인이 대답한다. "잘 모르겠소만, 내 손자가 쉰여덟이라우." 레오나르도가 살펴보니 100살도 넘은 노인이다. 하지만 얼마

후 숨을 거둔 노인의 웃음 띤 얼굴을 보고 레오나르도는 의아해한다. '어떻게 죽으면서 행복할 수 있지? 아무래도 부검을 해봐야겠어.' 노인의 심장과 연결된 혈관을 관찰한 레오나르도는 '탄력이 없고 막혀 있다'라고 기록한다. 반대로 아이를 부검할 기회가 왔을 때는 같은 혈관을 '유연하고 내부가 깨끗하다'라고 표현한다. 레오나르도는 동맥이 딱딱해지는 증상, 즉 동맥경화를 발견했으며, 4세기 후 오스트리아의 외과의사들은 이 병을 치명적 질환으로 분류했다.

혈액을 순환시키는 심장의 펌프 역할과 한쪽으로 열리는 문으로서 판막의 기능을 인지했다는 점은 수력 펌프에 대한 레오나르도의 이해와 같은 맥락이다. 그가 그린 심장 해부도를 보면, 심장을 온몸의 순환계를 따라 피를 돌게 하는 근육으로 이해했음을 알 수 있다.

레오나르도가 죽고 500년이 지났다. 오늘날 학자들은 그의 글과 그림 중 불과 20~25퍼센트만이 현재 남아 있다고 추정한다. 사라진 기록 속에 그가 구상한 또 어떤 과학기술 프로젝트들이 빼곡했을지 우리는 영영 알 수 없다. 레오나르도의 후손인 우리가 그것들을 모두 되살려냈을 수도 있고 아닐 수도 있다. 과학을 향한 그의 관심과 발견만으로도 세상만물에 대한 그의 호기심이 얼마나 광범위했는지 짐작할 수 있다. 레오나르도는 '120권의 책을 쓸' 계획이라고 말했다. 하지만 그가 남긴 책은 한 권도 없다. 비록 수학자 친구 루카 파치올리를 위해 《디비나 프로포르티오네》에 삽화를 그렸지만, 이 책에는 그의 이름조차 언급되지 않는다. 레오나르도가 죽고 100년이 지난 뒤, 그가 남긴 기록들을 바탕으로 쓴 《회화의 기술The Art of Painting》이 출간되었다. 하지만 그는 생전에 책을 낸 적이 없기에, 어떤 분야에도 제대로 영향을 끼치지 못했다. 이 점이 바로 레오나르도의 비극이다.

아이러니하게도, 미래를 여는 일에 평생을 바친 남자가 혁신적 과학기술을 개발하고도 정작 미래에 영향을 미치지 못했다. 만약 그가 이룬 업적이 유능한 과학자나 기술자의 손에 들어갔다면 코페르니쿠스와 베살리우스가 등장하기 30년 전에 과학 혁명이 일어났을 수도 있고, 산업 혁명은 2~3세기 앞당겨졌을 수도 있다. 실로 흥미로운 가정이 아닐 수 없다. 뉴턴이 태어나지 않았다면 과학기술의 발전은 2~3세기 뒤로 밀렸을 거라는 가정도 마찬가지다. 이것이 바로 혁명적 천재의 힘이다.

레오나르도는 화가이자 동시에 과학자였으므로, 우리는 그를 형태와 기능의 궁극적인 완성자라 부를 수 있다. 그가 만든 것은 외형도 뛰어나고 기능도 훌륭했다. 2008~2009학년도에 버지니아 주 리치먼드의 버지니아 커먼웰스 대학교VCU에서 '생산 설계 및 개발 혁신을 위한 다빈치 센터'라는 새로운 기구가 발족했다. 이 센터의 목표는 해당 홈페이지에 간략히 소개되어 있다. '다빈치 센터는 VCU의 예술, 경제, 공학, 인문과학 분야 간 협업을 통해 혁신과 기업가 정신을 고취하는 독특한 대학 모델이다.'[16]

레오나르도 탄생 557주년을 맞아 다빈치 센터는 창립 첫 해 축하 행사의 기조연설을 나에게 부탁했고, 내 발표에 이어 공동 프로젝트에 참여한 대학원생들의 시연이 있었다. 이 프로젝트는 작고 저렴한 접이식 병원용 들것 겸 수술대를 설계 제작해 방글라데시를 비롯한 개발도상국에 제공하는 것이었다. 궁극적으로 이 센터는 레오나르도식 수평적 사고로 다양한 학문 분야를 통합해 인류의 더 큰 발전을 도모하고자 한다.

우리는 우리가 '해낼' 일로 스스로를 평가하지만, 남들은 우리가 '해낸' 일로 우리를 평가한다. 이는 자명한 진리이다. 따라서 레오나르도가 한 말은 괜한 겸손이 아니었다. '나의 작업은 마땅히 도달해야 할 수준에 이르지 못했으므로, 나는 신과 인류를 욕되게 하였다.'

레오나르도는 태양 중심 세계를 코페르니쿠스보다 30년 먼저 깨달았고, 일정한 중력가속도를 갈릴레오보다 110년 앞서 발견했고, 혈액 순환 원리를 하비보다 120년 먼저 알았고, 반사망원경을 뉴턴보다 160년 앞서 개발했고, 진화론은 다윈보다 350년 앞섰고, 동맥경화는 오스트리아의 의사들보다 400년 먼저 알았고, 로봇공학은 450년 앞서 시작했다. 그런데도 죽음을 앞둔 상황에서 조수 멜치를 보며 생각했다. '뭐라도 이룬 게 있었나?' 반면 우리는 경외감에 사로잡혀 자문한다. "'레오나르도 다빈치'라는 이름을 가진 최고의 천재가 열두 명쯤 있었던 건가?" 르네상스 시대의 가장 위대한 지성이었던 그가 어쩌면 모든 천재 중 가장 위대한 천재가 아닐까? 어쨌든 압도적인 존재였던 것만은 틀림없다.

레오나르도 다빈치는 남들은 모두 아직 자고 있는 캄캄한 새벽에

너무 일찍 깨어난 사람 같았다

—지그문트 프로이트

9

자연을 탐구해
현대를 열다

확신에서 출발한 자는 의심에 도달하지만,

기꺼이 의심에서 출발한 자는 확신에 이른다.

— 프랜시스 베이컨

1543년에 발표된 코페르니쿠스의 기념비적인 저서 《천체의 회전에 관하여De revolutionibus orbium coelestium》에서 '회전revolution'이라는 단어는 인간의 우주관을 태양과 행성들이 지구 주위를 도는 그림에서 지구와 나머지 행성들이 태양 주위를 도는 그림으로 바꿔놓는다. 즉, 지구 중심에서 태양 중심으로 바뀐다. 하지만 시야를 넓히면 이 단어는 훨씬 더 폭넓은 의미를 가지는데, 단순히 물체들끼리의 물리적 회전만이 아니라 사고의 근본적 변화, 조직과 사회 구조의 극적인 변동, 정치권력의 격변, 이 모든 것이 비교적 단기간에 일어나는 '혁명'을 뜻하기도 한다. 인류 역사에 등장한 수많은 혁명을 꼽자면, 과학 혁명과 산업 혁명, 미국 독립 혁명, 프랑스 혁명, 공산 혁명이 있었고 반혁명反革命도 빈번했다. 여기서도 혁명, 저기서도 혁명. 하지만 모든 혁명이 똑같은 영향을 끼치는 것은 않는다.

이스라엘 역사학자 유발 노아 하라리는 자신의 책《사피엔스 Sapiens》[1] 서두에서 인류 성장의 세 가지 기념비적 혁명을 제시한다. 그중 첫 번째는 70,000년 전에 일어난 '인지 혁명'으로, 당시 인류의 직계조상 호모 사피엔스는 발달된 인지 능력으로 협동 작업이 가능해졌다. 큰 짐승을 함께 사냥하고, 전보다 더 큰 무리를 이루었으며, 관찰과 자각, 사유, 언어적 표현을 할 수 있었다. 그들은 문화를 창조하고, 종교를 만들고, 사상을 형성했다. 아주 아주 나중에는 현대 접미사 '-ism(주의)'로 표현되는 봉건주의, 자본주의, 마르크스주의, 사회주의, 여성주의(페미니즘), 세계주의 등등 다양한 사상을 정립했다.

하라리가 비슷한 중요성을 가진 두 번째 혁명으로 규정한 '농업 혁명'은 10,000~11,000년 전에 일어났는데, 당시 예리코 주변 사해 인근에서 야생 밀인 외알밀이 처음 재배되었다. 1994년에 튀르키예 남동부 괴베클리테페에서 12,000년 전에 지어진 신석기 사원 복합체가 발견되었다. 이는 종교 건물이 농업의 발명과 인류의 정착 생활보다 앞섰다는 점을 시사하는 중요한 발견이다. 기원전 7500년 무렵부터 초기 도시들이 생겨나기 시작했다. 그중 가장 컸던 인구 5,000~10,000명의 신석기 도시 차탈회위크는 튀리키예 남중부에 자리 잡고 있었다. 이후 복잡성의 순서에 따라 왕국과 제국, 문명이 등장했다.

시간 순으로 주목할 만한 다른 중요한 사건들은 인류 문명의 발전 양상이다. 기원전 4000년 경 메소포타미아(오늘날의 이라크)에 등장한 역사상 최초의 국가 수메르, 기원전 3500년 경 수메르인의 문자 발명, 기원전 2640년 이집트 사카라의 조세르 계단 피라미드를 시작으로 건설된 최초의 피라미드들, 기원전 15세기 중반 그리스 황금기 또는 페리클레스 시대, 기원전 3세기 진시황의 중국 통일, 기원전 6년과 4년 사이 예수의 탄생[2], 2세기 초 차이룬蔡倫의 종이 발명, 14세기부터 16세기까지 이어진 이탈리아 르네상스, 18세기 계몽주의, 20세기의 제1,2차 세계대전, 원자력 에너지 도입 그리고 디지털 혁명.

세 번째 혁명

하라리의 주장에 따르면, 인류 역사를 써내려간 세 번째 대규모 혁명은 이번 장의 주제인 500년 전의 '과학 혁명'이다.

조형 예술, 음악, 문학 같은 예술적 표현은 과학보다 훨씬 오래전부터 있었다. 문학의 치료 효과에 대해 러디어드 키플링은 말했다. '언어야말로 인류가 사용하는 가장 강력한 묘약이다.' 키플링이 비유적으로 표현한 문학의 치료 효과, 이른바 독서 요법은 다른 예술에도 쉽게 적용할 수 있다. 흔히 예술에 대한 사랑은 인생에 본질적 아름다움과 기쁨을 가져다주고 삶을 세련되게 해준다고 이야기한다. 또한 자존감을 키워주고, 올바른 미적 가치관을 심어주며, 인류의 업적에 긍지를 갖게 해준다고 믿는다. 그리고 오래전부터 음악이 질병 치료에 효과적으로 쓰였다는 사실은 널리 알려져 있다.

우리는 음악의 치유력과 정신 고양의 힘을 진심으로 믿지만, 음악의 효과를 수치로 나타내기는 쉽지 않다. 물론 4장에서 보았듯이, 생리학자들은 바흐와 베토벤, 로시니가 작곡한 특정 음악이 실제로 혈압을 낮춘다는 사실을 확인했다. 음악의 유익한 효과를 과학적으로 입증하는 데 사용된 방법으로 미술 치료나 독서 요법의 효과를 연구할 수도 있을 것이다.

예술과 달리 과학은 삶의 물리적 질을 개선하고 더 확실하게 안전과 안정을 보장하는 방법을 적극적으로 모색한다. 과학과 그 기반인 수학에 본질적 아름다움이 존재한다는 사실과는 별개로, 과학 연구의 결과는 쉽게 정량화할 수 있다. 기대 수명 증가를 나타내는 곡선은 에너지 생산 및 소비 곡선과 밀접하게 연관된다. 우리는 종교나 예술이 아니라 과학을 통해 우주를 이해하는 법을 배운다. 과학과 종교에 대해 작고한 하버드 대학 고생물학자 스티븐 제이 굴드는 두 문화의 영역이 겹치지 않는다는 점을 한마디로 요약했다. '과학은 바위의 나이를 찾고, 종교는 영원永遠의 바위를 찾는다. …… 과학은 천체의 움직임을 설명하고, 종교는 천국에 이르는 방법을 알려준다.'[3] 부정적인 면을 따지자면, 오용된 과학은 오용된 예술보다 훨씬 더 위험하다. 과학기술의 부정적인 면은 군비 경쟁, 특히 대량 살상 무기 개발에서 잘 드러난다.

1959년 케임브리지 대학에서 벌어진 사건은 과학 역사 수업에 자주 언급된다. 그날 리드 강연(15세기 영국 대법원장 로버트 리드를 기리는 의미의 연례 강연-옮긴이) 연사로 나선 유명한 영국 과학자이자 저술가 찰스 P. 스노는 두 지적 문화, 즉 인문학과 과학의 문화를 언급했다. 그리고 잠시 후 두 집단의 소통이 제한적이거나 아예 이뤄지지 않는 안타까운 상황을 한탄하기 시작했다. 듣고 있던 인문학자들은 크게 반발했다. '과학은 문화가 아니다!' 정확히 40년 후, 〈타임〉은 1999년 12월 호에서 20세기를 '과학의 세기'로 명명했다. 이제 과학이 문화라는 사실을 부정하는 것은 의미가 없다. 과학은 독자적인 언어와 방법론을 갖고 있다. 게다가 이제는 제3의 지적 문화, 즉 컴퓨터 과학의 존재도 부정할 수 없는데, 물론 그 명칭으로 보면 자연과학도 아니고 인문학 분야도 아니다. 오늘날 컴퓨터 과학은 인류 사회의 구석구석까지 스며들었고, 앞으로도 사라지지 않을 것이다. 적절하게 쓰인 과학은 인간의 삶의 질을 향상시킨다! 1930년대에 수많은 유럽 과학자들을 받아들인 미국은 20세기에 다른 나라들을 앞질러 도약했으며, 21세기에는 중국도 과학 경쟁에 뛰어들고 있다. 원자력 과학과 마찬가지로, 급속히 확산하는 인공지능 기술은 인류의 삶에 빛과 그림자를 동시에 던진다.

자연철학의 탄생

그리스 철학을 대표하는 삼인방 소크라테스, 플라톤, 아리스토텔레스가 등장하기 3세기 전에 활동한 소크라테스 이전 철학자들 중 가장 뛰어난 존재는 밀레토스의 탈레스였다. 아리스토텔레스는 탈레스를 '그리스 철학의 아버지'이자 '최초의 자연철학자', 즉 진정한 과학자로 인정했다. 탈레스는 밀레토스에 학당을 세우고 아낙시만드로스, 아낙시메네스, 피타고라스를 비롯한 많은 자연철학자를 양성했다. 엄청난 천재였던 탈레스는 사실 이 책에 더 많은 분량을 할애해야 마땅하다. 그가 남긴 유명한 말이 있다. '자연 현상은 자연의 법칙으로 설명할 수 있다. 자연에서 벌어지는 일은 신의 공로도, 신의 잘못도 아니다.' 이 발언은 탈레스가 오늘날 '물리 법칙', '화학 법칙', '생물학 원리'라고 부르는, 자연 현상을 지배하는 법칙의 존재를 이해했다는 것을 뜻한다.

오늘날 탈레스에 관해 그나마 확실히 알려진 유일한 날짜는 그가 일식을 예측한 날인 기원전 585년 5월 28일이다.[4] 한낮에 해가 달에 가려질 거라고 미리 경고할 수 있는 인간이 얼마나 망각한 힘을 가졌을지 상상해보라! 어쨌든 일식이 발생한 그날은 우리가 중세 시대에 대해 아는 몇 안 되는 명확한 기준 날짜인 셈이다. 역사학자 헤로도토스에 따르면, 당시 전쟁 중이던 메디아와 리디아는 그 일식을 불길한 징조로 보고 싸움을 중단했다고 한다.

탈레스가 죽고 300년 뒤, 사모스 섬 출신의 또 다른 자연철학자 아리스타르코스는 상호보완적인 두 가지 발견을 했다. 첫째, 지구는 공 모양이며, 둘째, 지구도 당시 알려진 나머지 행성들, 즉 수성, 금성, 화성, 목성, 토성처럼 행성이고 모두 태양 주위를 돈다. 그의 태양 중심 세계관은 코페르니쿠스보다 1,800년 앞선 것이었다. 알렉산드리아에 살던 아리스타르코스와 활동 시기가 겹치는 후배 자연철학자 키레네의 에라토스테네스는 지구의 둘레와 반지름을 상당히 정확하게 측정했는데, 오늘날 인정되는 측정값인 각각 40,000km와 6,400km에 근접한 수치였다.

안타깝게도 아리스토텔레스와 히파르코스 그리고 이후에 등장한 프톨레마이오스 같은 더 유명한 철학자들의 이론이 지배적이었다. 초기 교회가 아리스타르코스의 태양중심설 대신 지구 중심설을 수용하면서, 올바른 우주관은 2천년 동안 동면기에 접어들었다. 인류사에서 중세를 암흑기라 부르는 것을 언짢아하는 중세학자들에게는 미안하지만, 로마 제국의 몰락에서 이탈리아 르네상스 번영기에 이르는 기간은 역사상 훨씬 더 계몽된 시기에 비하면 최소한 과학의 부분적 암흑기로 보아도 무방하다. 그리스인들은 탁월한 과학자이자 수학자였다. 뛰어난 건축가로서 영광의 시대를 구가한 로마인들은 순수과학과 수학에 대한 그리스인의 열정을 잿더미가 된 문명의 케케묵은 몽상으로 여겼다. 따라서 그리스 황금기에 상승해 절정에 다다른 과학은 초기 기독교 시대에 곤두박질쳐 오랫동안 비참하게 바닥을 기었다. 로마가 붕괴된 뒤, 비잔티움 제국이라고도 부르는 동로마 제국이 다시 천 년 동안 번영을 누렸다. 하지만 이 기간에도 의미 있는 과학적 발견은 기록되지 않았다. 반면 기술은 로마 시대와 중세를 거치며 줄곧 완만하지만 꾸준하게 성장했다.

이러한 과정은 과학과 기술이 개별적으로 발전할 수 있음을 시사한다. 하지만 과학 혁명으로 과학과 기술이 결합하는 시기가 되어서야 건강한 동반 성장이 이루어졌고, 이는 곧 산업 혁명으로 이어졌다. 이제 과학과 기술은 서로를 위로 끌어당기며 점점 더 빠르게 발전했다. 지난 2,3세기 동안 기술 없는 과학이나 과학 없는 기술은 사실상 불가능해졌다.

과학 혁명을 통해 우리 선조들은 세계를 이해하기 시작했고, 과학을 이용해 삶을 개선하면서 근대화의 단계로 올라섰다. 따라서 이 시대는 인류의 그 어떤 위대한 시대보다도 의미심장하다. 이집트, 중국, 그리스-로마, 비잔티움, 중앙아메리카, 오스만 제국, 이탈리아 르네상스보다 더욱 중요한 시대였다.

1543년에 출간된 두 권의 책은 과학 혁명의 양대 주춧돌이다. 첫 번째 책 《천구의 회전에 관하여》는 니콜라우스 코페르니쿠스(1473~1543)의 두말할 나위 없는 걸작이다. 폴란드 프로이센 왕국 토룬Toruń에서 태어난 코페르니쿠스는 파도바 대학에서 수학과 천문학을 공부하고 폴란드로 돌아와 교회법 박사 학위를 받고 가톨릭 신부로 서품되었다. 그리고 크라쿠프 야기엘론스키 대학에서 교수로 재직하는 동안 기념비적인 책을 썼다. 하지만 교회의 처벌이 두려워 출간을 미루다 임종이 가까워서야 발표했다. 물론 이 책의 주제는 사실 아리스타르코스의 재발견이었다. 《천구의 회전에 관하여》는 천문학 혁명의 첫걸음이었다. 신의 특별한 피조물로서 우주의 중심이라는 신성한 자리에 있던 인간이 우주 안의 수많은 세계 중 하나의 주민으로 전락한 것이다. 실로 겸허의 발견이 아닌가!

1543년에 출간된 두 번째 기념비적인 저서는 줄여서 《인체 구조Fabrica》라 부르는 《7권으로 구성된 인체 구조에 관하여》이다. 안드레아스 베살리우스(1514~1564)의 대표작인 이 책은 인체 해부학과 의학에 혁명을 일으켰다. 플랑드르 태생의 베살리우스는 파도바 대학 의대에서 의학과 해부학을 공부했는데, 이 대학은 이탈리아에서 교

파도바 의과대학의 극장형 수술실. 여기서 베살리우스가 공부하고 나중에 학생들을 가르쳤
다. 인근 건물의 강의실에서는 갈릴레오가 몇 가지 고전역학 이론을 정립했고, 18년 동안
교수로 재직하며 강의를 했다.

황청이 인간 시신 해부 연구를 허가한 두 교육기관 중 하나였다. 파도
바 대학에 신설된 극장형 수술실은 의대생들이 수술대에서 진행되는
과정을 지켜보기에 이상적인 환경이었다. 물론 실제 수술 집도는 여
전히 이발사의 몫이었으며, 담당 교수는 수술대 앞의 높은 의자에 앉
아 지시만 내릴 뿐 수술에 물리적으로 참여하지는 않았다.

하지만 여느 의사들과 달리 베살리우스는 직접 수술을 집도했고,
그 사이 티치아노의 제자였던 나폴리 화가 얀 스테판 반 칼카르는 베
살리우스의 요구대로 정밀한 해부도를 그렸다.

《인체 구조》가 출간되자마자 베살리우스는 유명해졌다. 황실 의사

로 등극한 그는 신성 로마 제국 황제 카를 5세와 그의 후계자 펠리페 2세의 주치의로 일했다. 명성과 함께 새로운 특권도 생겨, 고위 성직자와 고관대작 앞에서 행하는 부검 시연을 허가받았다.

1546년 해부 시연은 참혹한 결과로 이어졌다. 사망 직후 부검 대상이 된 젊은 왕자가 수술대 위에 올려졌다. 처음에는 시신에 대한 호기심이 수술실에 가득했지만, 베살리우스가 시신 흉부를 절개하고 보니 심장이 아직 뛰고 있었다. 소름끼치는 공포에 갑자기 주위가 술렁였다. 지켜보던 이들은 고래고래 소리쳤다. "저자는 악마다!" "불태워라! 말뚝에 묶고 불태워라!" 베살리우스는 끌려가 투옥되었다. 하지만 그가 심판을 받기 전, 스페인 무적함대로 유명한 왕이자 베살리우스를 존경하던 펠리페 2세(1527~1528)가 나서서 위기를 무마하는 명령을 내렸다. "그를 거룩한 땅으로 보내 영적 구원을 받게 하라!" 결국 풀려난 베살리우스는 당장 예수살렘으로 떠났다. 정화를 마친 후에 이탈리아로 돌아오는 배에 올랐지만, 불행히도 그가 탄 배는 이오니아 제도 자킨토스 섬 해안에 좌초되었다.

거기서 치명적인 병에 걸린 베살리우스는 50세 생일을 눈앞에 두고 숨을 거두었다. 이 사건은 이탈리아 반도의 향후 해부학 연구에 먹구름을 드리웠다. 이후 1600년에 또 다시 과학은 심각한 퇴행을 겪었는데, 도미니코회 수사 조르다노 브루노가 코페르니쿠스의 우주관을 지지하는 책을 낸 죄로 로마에서 화형당하는 일이 벌어진 것이다(그는 한 발 더 나아가 별은 멀리 떨어진 태양이며, 태양계 밖에 생명체가 있는 행성들이 존재한다는 대담한 추측을 제기했다). 하지만 그는 무생물에 영

후드를 뒤집어 쓴 채 로마 캄포 데 피오리의 높은 받침대 위에 서 있는 조르다노 브루노. 1889년에 세워진 이 청동상은 앞서 3세기 전에 브루노가 화형당한 지점에 자리 잡고 있다. 조각가 에토레 페라리가 만든 참회하지 않은 수사는 비티칸을 마주보고 있다.

혼이 있다는 등 황당무계한 주장도 서슴지 않았다. 훨씬 더 중대한 혐의는 그리스도의 신성, 영원한 지옥형地獄刑, 성모의 처녀성, 삼위일체의 정당성에 대한 극악한 부정이었다. 종교 재판관들도 더는 참을 수 없었다. 결국 이 불경한 수사는 1600년 2월 17일에 로마 캄포 데 피오리 광장의 시장 한복판에서 산 채로 화형 당했다. 3세기 후, 프리메이슨(16세기 말에 등장한 비밀 조직으로 기독교에 적대적인 단체로 알려져 있다-옮긴이)은 이 비운의 수사가 처형당한 자리에 그를 기리는 대형 청동상을 세웠다.

베살리우스 추방 사건과 브루노 화형 소식은 역사상 가장 위대한 과학자 중 한 사람인 갈릴레오의 창의성에 걸림돌이 되었을 것이다. 최초의 근대 과학자로 불리는 이 토스카나 출신의 학자는 구르는 공, 미끄러지는 공, 떨어지는 공, 던져진 공, 스프링이나 추에 매달려 진동하는 공의 조화 운동 등 지상의 물리학에 대한 관찰 결과를 발표했다. 그는 나무 블록을 수평 탁자 밖으로 밀고 추락 궤적을 표시해, 투사체가 포물선 형태로 움직인다는 것을 입증했다. 또한 피사의 사탑에서 다트를 떨어뜨리는 실험으로 (속도와 구별되는)가속도의 개념을 도입했으며, 가속도가 물체의 무게와 상관없이 일정하다는 사실을 발견했다. 이러한 발견을 수학적으로 표현한 갈릴레오는 과학자로서의 명성과 권위를 얻었다.

1608년 네덜란드의 렌즈 제작자 한스 리페르스헤이가 원통과 몇 개의 렌즈를 조합해 굴절망원경을 개발했다는 과학계의 소문을 들은 갈릴레오는 독자적으로 망원경을 만들기 시작했다. 리페르스헤이 망원경의 세부 사양을 모른 채 갈릴레오가 즉흥으로 개발한 굴절망원경은 오히려 성능이 더 뛰어났다. 이 망원경을 들고 베네치아 산마르코 종탑 꼭대기로 올라간 갈렐레오는 멀리서 상선들이 다가온다는 것을 알려 후원자들로부터 제법 큰돈을 받았다.

그는 망원경의 천문학적 활용성을 최초로 인지했다. 하지만 망원경 배율을 20배로 끌어올리고 밤하늘을 보면서부터 팔자가 꼬이기 시작했다. 달의 마레(바다)와 크레이터, 태양의 흑점, 목성 주위를 도는 여러 개의 달, (훗날 카시니에 의해 고리로 밝혀진)토성의 '귀', 금성의 위상 변화 등 천체 관찰로 교회와 마찰을 빚기 시작한 것이다. 성직자들은 천체의 표면은 매끄러워야 하며 오직 지구에만 달이 있다고 주장했다. 갈릴레오가 망원경을 한번 들여다보라고 했지만, 그들은 정중히 거절하며 그의 눈에 문제가 있다고 우겼다. 볼 필요도 없다는 것이었다!

피렌체 갈릴레오 과학사 박물관에는 그가 사용한 기구들이 다수 보존되어 있으며, 벽에는 그의 말이 새겨져 있다. '모든 진리는 일단 발견하면 이해하기 쉽다. 관건은 발견하는 것이다.' 1623년에 갈릴레오는 18세기 전 아르키메데스가 주장했듯 수학이라는 기둥이 자연법칙을 떠받친다고 확신하며 이렇게 썼다.

철학이 쓰여 있는 이 우주라는 거대한 책은 언제나 우리 눈앞에 펼쳐져 있다. 그러나 이 책을 이해하려면 먼저 그 언어를 배우고 그 언어를 이루는 글자를 읽을 줄 알아야 한다. 이 책은 수학의 언어로 쓰여 있으며, 그 문자는 삼각형과 원 같은 기하학적 도형들이기에, 이를 모르는 인간은 단 한마디도 이해할 수 없다.

한편 종교 재판관들의 손이 미치지 않는 북유럽에서는 수학자이자 천문학자, 점성학자인 독일의 박식가 요하네스 케플러가 행성 운동에 대한 질문의 답을 찾고 있었다. 덴마크 천문학자 티코 브라헤가 유럽에서 가장 정확한 관측 데이터를 갖고 있으며 최근 벤 섬의 관측소에서 프라하로 이주했다는 소식을 들은 케플러는 그 데이터를 얻고자 길을 나섰다. 브라헤의 조수 자리에 지원한 그는 실제로 1600년에서 1601년까지 브라헤와 함께 지냈다. 그러나 얼마 지나지 않아 브라헤가 데이터를 공유할 마음이 없으며, 특히 자기보다 수학적 능력이 뛰어난 자에게는 주지 않을 거란 사실을 알게 되었다. 브라헤의 데이터를 손에 넣을 길이 없어 낙담한 케플러는 떠나기로 마음먹었다. 하지만 브라헤가 어느 귀족을 위해 마련한 연회에서 난처한 상황이 벌어졌다. 소변이 급했던 그는 억지로 참을 것이냐 아니면 실례를 무릅쓰고 화장실에 갈 것이냐 하는 흔한 갈등에 빠졌다. 결국 잘못된 선택을 했다. 억지로 참다가 그만 방광이 터져 급기야 죽음에 이르고 만 것이다. 안타까운 일이었지만, 케플러는 이때를 틈타 데이터를 훔쳤다. 티코가 숨을 거두기 전에 케플러에게 "내 삶이 헛되지 않도록 해주게."라고 속삭였다는 설도 있다. 케플러의 절도 행위는 종종 범죄가 좋은 일을 위해 정당화되는 것을 입증한 사례이다.

　티코의 관측 데이터를 입수한 케플러는 곧바로 질문의 답을 찾는 임무에 착수했다. '우리가 사는 세계는 지구 중심인가 태양 중심인가? 행성의 궤도는 원형인가, 또는 역행 궤도인가?' 12년간의 연구 끝에 마침내 케플러는 정확한 행성 궤도를 밝히는 데 성공했다. 그가 발표한 세 가지 행성 운동 법칙 중 첫 번째와 두 번째는 금방 완성됐지만, 세 번째 법칙 도출에는 꼬박 10년이 걸렸다.

(1) '지구를 포함해' 모든 행성은 타원 궤도로 태양을 공전하며, 태양은 타원의 두 초점 중 한 곳에 위치한다.(나머지 초점에는 아무것도 없다.)

(2) 행성의 반지름 벡터(행성의 중심과 태양의 중심을 잇는 선)가 동일한 시간 동안 휩쓸고 지나가는 면적은 동일하다. 즉 면적속도는 일정하다는 것이며, (이후 나올 미적분의 언어로 표현하면) '$dA/dt=$상수'이다.

(3) 행성 공전 주기의 제곱은 궤도 평균 반지름의 세제곱에 비례한다. ($T^2=CR^3$, 여기서 C는 상수.) 예를 들어, 토성에서 태양까지 거리는 지구에서 태양까지 거리의 10배이다. 10의 세제곱은 1,000이고, 1,000의 제곱근은 32이므로 공전 주기 T는 32년이다(즉 토성이 태양을 한 바퀴 도는 시간은 지구의 1년을 기준으로 32년이다). 마찬가지로 케플러의 세 번째 법칙으로 계산한 수성의 공전 주기는 88일, 금성은 243일, 화성은 2.02년, 목성은 12년이며, 모두 정확하다!

코페르니쿠스와 갈릴레오, 케플러뿐만 아니라 미운 오리 브루노까지 모두가 주장했듯, 행성들은 다른 세계였다. 갈릴레오와 케플러는 서신을 주고받으며 '코페르니쿠스 신봉자 동지'로서 서로에 대한 존경을 표했는데, 이처럼 일부 천문학자들은 작은 공동체를 이루고 우주의 새로운 질서를 인정했다. 하지만 케플러가 망원경을 빌려 달라고 했을 때 갈릴레오는 그 요청을 받아들이지 않았다. 이 독일인이 너무 영민한 수학자였고, 심지어 갈릴레오보다도 뛰어났기 때문이다.

마르틴 루터는 과학 신봉자가 아니었기에 케플러는 유럽 개신교 지도자들의 비난을 받았지만, 교단으로부터 심각한 신체적 위해 협박을

당한 적은 없었다. 반면 갈릴레오는 로마 가톨릭 종교 재판의 분노에 정면으로 맞닥뜨렸다. 종교개혁으로 크게 흔들린 가톨릭교회는 더 이상 이단을 용납하지 않으려 했다. 이미 브루노를 처형한 그들은 교회 권위에 맞서는 새로운 이교도 수색에 열을 올리고 있었다. 종교 재판소의 부름을 받고 여섯 번이나 로마에 갈 때마다 점점 더 큰 적대감에 직면한 갈릴레오는 브루노처럼 비참한 최후를 맞지 않고자 막판에 신념을 철회할 수밖에 없었다. 이제 그는 교회가 승인한 지구 중심설 신봉자가 된 것이다! 종교 재판관들 앞에서 갈릴레오는 '[자신의] 기존 주장을 포기하고, 저주하고, 혐오하며 다시는 되풀이하지 않겠노라' 맹세했다. 그가 받은 처벌은 가장 가벼운 '3년 동안 매주 7개의 참회 시편을 낭송하기'부터 가장 무거운 '여생을 가택연금 상태로 살기[결국 8~9년을 그렇게 지냈다]'까지 다양했다. 1642년 피렌체에서 사망할 당시 그는 좌절과 상심에 젖은 장님이었다. 망원경으로 태양 흑점을 무분별하게 관찰한 탓에 망막이 영구적으로 손상된 것이다.

종교적 이단으로 간주된 갈릴레오는 피렌체 성벽 밖에 묻혔다. 95년 후 부분적으로 죄를 용서받고 도시 안으로 옮겨져 단테, 미켈란젤로, 마키아벨리 등 피렌체가 배출한 위인들이 잠들어 있는 산타 크로체 성당에 안장되었다. 하지만 이장 과정에서 오른손 손가락 두 개가 떨어져 나갔는데, 다행히도 보존되었다. 현재 피렌체 갈릴레오 과학사 박물관의 유리 진열

장 안에 전시돼 있으며, 수직으로 세워 놓은 가운데손가락은 하늘을 가리

킨다. 갈릴레오를 사랑했던 딸, 비르지니아 수녀 역시 산타 크로체 성당에

서 아버지 근처에 안장되었다.

17세기로 접어들 무렵 영국에서는 엘리자베스 1세 여왕 말년에 시작된 신세계 탐험 정신이 전혀 다른 영역으로 확대되고 있었다. 향수를 뿌린 멋쟁이 신사 과학자들이 등장해 과학 분야의 변방이던 나라에서 자연 탐구에 뛰어들기 시작한 것이다. 위대한 문학이 탄생한 엘리자베스-제임스 시대의 시대정신은 과학에도 긍정적으로 작용했다. 로마에서 브루노가 처형당한 해인 1600년에 케임브리지 대학 출신의 왕실 주치의였던 윌리엄 길버트(1544~1603)는 자철석을 비롯한 강자성 물질을 체계적으로 실험한 결과를 발표했다. 그의 저서 《자석에 대하여De Magnete》는 최초로 자성의 물리적 현상을 연구한 책일 뿐만 아니라, 전적으로 실험 과학에 기반을 둔 최초의 책이었다.

자연을 심문하다

과학 혁명에 불을 지핀 새로운 시대정신의 씨앗을 심은 공로는 그 어떤 군주나 성직자, 과학자보다도 엘리자베스 시대 대법관 프랜시스 베이컨에게 돌아가야 마땅하다. 셰익스피어와 동시대를 살았던 베이컨은 이력서에서 자신을 '법률가, 정치인, 궁정 관료, 철학자, 웅변가,

수필가'로 소개할 수 있을 만큼 다재다능했다. 어릴 때 가정에서 교육받은 그는 1573년 케임브리지 트리니티 칼리지에 입학했다. 당시 나이 12세였다. 그리고 케임브리지 대학생 시절에 엘리자베스 1세 여왕을 처음 알현했다. 여왕은 이 신동에게 깊은 인상을 받았지만, 어떤 형태로도 도움을 주진 않았다. 1603년에 제임스 1세가 즉위하면서, 베이컨은 42세에 화려한 성공 가도를 달리기 시작했다. 추밀원 법무장관으로 임명되었고, 나중에 영국 대법원장 자리에까지 오르며 크나큰 영예를 누렸다.

베이컨은 정치가나 과학자가 아니라 과학 철학자로 기억되어야 할 것이다. 사실 정치가로서는 평가가 엇갈린다. 제임스타운에 정착촌이 생긴 1607년에 베이컨이 영국의 버지니아 식민지화를 열렬히 주창한 것은 그의 업적이다. 이를 통해 영국은 포르투갈과 스페인, 네덜란드와 경쟁하며 탐험과 식민지 개척에 매진했다. 하지만 10년 뒤, 그는 뇌물 수수 혐의로 기소되어 재판을 받고 런던탑에 잠시 수감되었다. 영국 왕실이 나서서 보석금 40,000파운드를 내주지 않았다면 채무자 감옥에 훨씬 더 오래 있었을 것이다. 이 수치스러운 스캔들 이후, 베이컨은 명예를 회복하고자 인식론 연구에 천착하면서 자신의 진정한 천직인 저술가로 돌아와 이렇게 선언했다. '아는 것이 힘이다.' 그가 인간에게 가장 중요한 '두 권의 책'으로 규정한 것은 바로 '자연'과 '성경'이었다. 또한 종교 근본주의자들의 반발을 무마하고자 한마디 덧붙였다. '주님의 영광을 위해 우리가 그분의 방식을 배우려면…… 자연을 이해해야 한다.' 그리고 그 과정을 정제된 법률가의 언

어로 표현했다. '자연을 심문하고…… 마음의 법정에서 의문을 제기
한다.'

실험을 썩 중요시하지 않은 아리스토텔레스와 달리 체계적인 실
험을 강조한 베이컨은 '경험주의의 아버지'라는 별명을 얻었다. 자연
을 탐구하는 과정에 대해 그는 자신의 책《신기관新機關Novum Orgamum》
(1620)에서 귀납적 추론의 활용을 제안했다. 이는 특수성에서 일반화
로 단계적으로 올라가는 '상향식' 접근법이다. 그리스의 거룩한 '철
학자의 대명사' 아리스토텔레스의 아성에 도전한 것이었다. 베이컨
은 자연 현상을 설명할 때는 종교적 논쟁이 배제되어야 한다고 강조
했는데, 소크라테스 이전 철학자 밀레토스의 탈레스가 했던 말과 일
맥상통한다. 아이러니하게도 실제 과학자로서 베이컨은 실패자였다.
(눈雪으로 덮어) 고기를 얼리면 오래 보존할 수 있다는 것을 입증하려
다 폐렴에 걸려 사망했다.

연역적 추론

아리스토텔레스가 정립하고 다른 고대 철학자들이 실천했으며 중세
학자들이 계승한 추론 방식은 연역적 추론이었다. 이 논리 구조의 특
징은 일반적 원리에서 구체적 결론으로 단계를 밟아 내려가는 '하향
식' 접근이다. 즉, 네 단계의 순서를 거친다. 원리〉가설〉관찰〉결론.

17세기에 르네 데카르트가 남긴 유명한 세 단어 표현 '나는 생각

한다, 고로 존재한다.'는 연역적 추론의 본보기이다. 전제 '나는 생각한다'가 참이면 결론 '고로 존재한다'도 참이다. 물론 이 명제는 사고 행위가 존재의 최소 충분조건임을 뜻한다. 연역적 추론에서는 좋은 전제가 좋은 결론을 이끌어내고, 나쁜 전제는 나쁜 결론을 도출한다. 상상이나 기만, 실수로 인한 그릇된 정보가 전제로 쓰일 수도 있다.

잘못된 연역적 추론의 사례로 어느 행동생물학자의 실험을 살펴보자. 이 과학자는 건강하고 정상적인 개구리 한 마리를 가져와 뛰어오르라고 명령한다. 개구리는 뛰어오른다. 과학자는 개구리의 앞다리 하나를 절단하고 뛰어오르라고 명령한다. 개구리는 또 뛰어오른다. 그러자 과학자는 나머지 앞다리도 절단하고 다시 뛰어오르라고 명령한다. 개구리는 뛰어오른다. 이번에는 개구리의 뒷다리 하나를 절단다고 다시 뛰어오르라고 명령한다. 개구리는 꿈틀대다가 가까스로 약하게 뛰어오른다. 이제 과학자는 나머지 뒷다리도 자르고 소리쳐 명령한다. "뛰어!" 개구리는 맥없이 앉아 있다. 과학자는 뛰라고 연거푸 명령하지만, 개구리는 뛰지 못한다! 과학자는 실험 노트에 기록한다. '개구리는 두 뒷다리만 있으면 뛰어오른다. 뒷다리 하나를 절단하면 개구리의 청력이 약간 손상되고, 두 다리 모두 절단하면 청력이 완전히 상실된다!' 여기에는 모든 건강한 개구리는 명령을 듣고 뛴다는 잘못된 전제가 숨어 있다. 사실 개구리는 큰 소리에 놀라 반사적으로 뛰었을 뿐이다. 그러니 엉터리 결론이 나올 수밖에!

앞서 1장과 3장에서 과학적 통찰을 얻기 위한 하향식 추론과 상향식 추론의 상호보완적 성질을 언급했다. 2009년 미국 수학회 기조 강연[5]에 나선 프리먼 다이슨(1924~2020)은 '새 같은 수학자'와 '개구리 같은 수학자'라는 개념을 소개했다. 그의 설명에 따르면, '새는 하늘 높이 날며 멀리 지평선까지 펼쳐진 수학의 풍광을 두루 살핀다. 그리고 이 전경 곳곳의 다양한 문제들을 그러모아 우리의 사고를 통합하는 원리를 찾는 것에 기쁨을 느낀다.' 반면 새와 달리 '개구리는 땅에 살면서 근처에 핀 꽃만 본다. 특정 사물의 구체적 특징을 관찰하고 문제를 하나씩 해결하는 것이 개구리의 기쁨이다.' 다이슨은 르네 데카르트를 새로 보고, 프랜시스 베이컨을 개구리로 보았다.

> 베이컨의 경험주의나 데카르트의 원리주의만으로는 자연의 비밀을 밝힐 수 없지만, 둘이 결합했을 때 놀라운 성과를 이뤄냈습니다. 400년 동안 영국 과학자들은 베이컨의 방식을 따랐고, 프랑스 과학자들은 데카르트의 방식을 따랐습니다. 패러데이와 다윈, 러더퍼드는 베이컨을 추종했고, 파스칼과 라플라스, 푸앵카레는 데카르트를 추종했죠. 대조적인 이 두 문화가 상호 교류하면서 과학은 크게 발전했습니다.

여기에 첨언하자면, 뉴턴은 궁극의 개구리 수학자였지만 높은 곳에서 더 큰 그림을 내려다보는 독특한 능력의 소유자였다. 아인슈타인 역시 '새 같은 물리학자들 중 누구보다 멀리 보는 최고의 물리학자'[6]이면서 그런 넓은 시야의 기반이 되는 충분한 수학적 능력도 갖고 있었다.

귀납적 추론

베이컨이 제시한 추론 과정은 연역적 추론과 반대로 이루어진다. 이 '상향식' 접근법은 구체적 관찰/측정에서 출발해 패턴이나 규칙성, 추정이 드러나는 단계에 이른다. 여기서 잠정적 가설이 세워지고, 일정 수준의 확률을 가진 일반화/이론이 도출된다. 관찰〉 규칙성〉 잠정 가설〉 원리.

다시 말해 이 두 가지 추론 방식은 정확히 서로 반대이며(귀납적 추론은 '상향식'이고 연역적 추론은 '하향식') 귀납적 추론은 일반적으로 과학적 탐구와 연관되어 있다. 연역적 추론에 비해 귀납적 추론은 열린 결말이며, 더 신중한 주장으로 이어진다. 확실한 답이 아니라 확률이 높은 답을 제시하는 것이다. 드문 경우를 제외하면 현대 과학의 모든 명제는 확정이 아니라 확률로서, 일어날 가능성이 가장 큰 것을 예측한다. 태양이 16억 4천만 일 동안 줄곧 동쪽에서 떴다는 사실은 내일도 동쪽에서 뜰 가능성이 높다는 뜻이다. 반대의 가능성은 너무 미미해서 무시할 수 있다.

현대 과학의 방법론은 대체로 귀납적 추론에 기반을 두지만, 현실에서는 정보가 충분하지 않을 때 두 추론 방식이 자주 혼용된다. 순환 논리에 빠질 수밖에 없는 경우도 종종 있다. 숙련된 현대 과학자들은 과학 방법론의 인식론적 특성에 의문을 제기하지 않는다. 이러한 문화는 과학계에 뿌리 깊게 박혀 있다. 중요한 것은 방법론이나 인지 부조화의 가능성이 아니라 지적 정직성이다.

17세기에 서유럽 전역에서 벌어진 크고 작은 종교 분쟁은 이제 아메리카 대륙으로 확산되었다. 여기에는 가톨릭과 개신교를 비롯해 청교도 등 급속히 늘어난 개신교 분파들도 포함되었다. 이들 모두가 마녀사냥에 열을 올리면서 대략 90,000명이 마녀로 몰려 불에 타죽고, 익사하고, 교수형 당하고, 사지가 찢겨 죽었다. 모리스 클라인의 책 《수학, 문명을 지배하다 Mathematics in Western Culture》에는 이 끔찍한 시대가 묘사되어 있다.

> 지극히 빈약한 증거만으로도 남녀노소 가리지 않고 마녀로 몰렸다. 의심 가는 자들을 놓치지 않기 위해 익명의 고발도 부추겼다. …… 고발당한 사람들은 투옥되고, 고문 받고, 자백을 강요당했다. 실토 여부와 상관없이 죽을 때까지 고문이 지속되었는데, 실토하지 않으면 독종으로 치부되고 실토하면 당연히 처벌 대상이었기 때문이다. 재판관들의 쥐꼬리만 한 양심의 가책을 덜고자, 자백하지 않은 자들 중 일부는 '무죄 증명서'를 받았다. 사후에.[7]

마녀사냥 추종자들은 농부와 방앗간 주인, 화가와 장인 등 평범한 일반인이었다. 하지만 국가와 교단, 문화계의 지도자들도 포함되어 있었다. 성서를 영어로 번역하도록 지시한 제임스 1세, 종교개혁의 설계자이자 루터 교敎를 일으킨 마르틴 루터, 칼뱅주의의 창시자 장 칼뱅, 감리교의 시조 존 웨슬리를 비롯해 교황도 여럿 있었다. 한편 미국 뉴잉글랜드에서 성직자 코튼 매더는 자유주의적 퇴폐에 허우적대는 모교 하버드 대학에 크게 실망해 새로운 교육기관을 세우는 운동을 시작했다. 1703년 코네티컷 주에 설립된 컬리지트 스쿨은 이후 영국 자선사업가 엘리후 예일의 이름을 따서 개명했다. 1718년에 예일은 457권의 책과 560파운드 상당의 물품 아홉 자루, 국왕 조지 1세의 문장과 초상화를 이 대학에 기부했다.

영국을 대표하는 두 종합대학 옥스퍼드와 케임브리지는 합쳐서 옥스브리지 대학군Oxbridge Colleges으로 불리며, 자율적으로 운영되는 단과대학(칼리지) 연합체로 구성된다. 둘 중 규모가 조금 더 큰 옥스퍼드의 단과대학은 38개이고 케임브리지는 31개이다. 두 대학의 단과대학 수장들은 교장, 총장, 학장, 총감으로 다양하게 불린다. 1096년에 설립된 옥스퍼드는 영어권 지역에서 가장 오래된 대학이고, 세계적으로는 세 번째로 오래된 대학이다. 더 오래된 곳은 모로코 페스의 알카라윈 대학과 이탈리아의 볼로냐 대학뿐이다.

옥스퍼드와 케임브리지의 학문적 운명은 사회 고위층과 연계되어 국내 정치에 따라 부침을 겪었다. 둘 중 옥스퍼드는 정치적 충돌 상황에서 지는 편을 든 것으로 자주 회자된다. 16세기에 케임브리지는 이혼과 재혼을 반복하는 국왕 헨리 8세에 반기를 든 교단에 맞서 군주의 편에 섰다. 그 보답으로 국왕이 세워준 트리니티 칼리지는 훗날 케임브리지의 가장 유명한 단과대학으로 발돋움했다.

반면 무자비한 폭군의 반대편에 선 옥스퍼드의 수많은 종교 지도자들은 화형 당했다. 당시 울지 추기경이 세운 카디널 칼리지는 왕에게 빼앗겨 헨리 8세 칼리지로 이름이 바뀌었다. 국왕 서거 후에는 다시 크라이스트 처치로 개명되었으며, 훗날 옥스퍼드의 가장 유명한 단과대학이 되었다. 옥스브리지 대학군의 특별한 유산으로 영국 총리 배출 기록을 들 수 있는데, 케임브리지에서는 14명이 나왔지만 옥스퍼드는 30명이나 배출했다(크라이스트 처치 출신 13명 포함). 13세기의 뛰어난 자연철학자 삼인방 둔수 스코투스, 로저 베이컨, '오컴의 면도날(가장 단순한 해법이 최선이라는 의미-옮긴이)'로 유명한 오컴의 윌리엄은 옥스퍼드 출신이다. 하지만 17세기부터 케임브리지는 뉴턴의 독보적인 업적을 이어받은 위대한 과학자들을 더 많이 배출함으로써 옥스퍼드를 압도했다.

워덤의 총감 윌킨스

2014년 11월 25일, 옥스퍼드 워덤 칼리지의 실내 원형 극장인 셀도니언 극장에서 특별한 모임이 열렸다. 17세기에 일어난 세 가지 연관된 사건을 기념하는 자리였다. 첫 번째는 워덤 칼리지 출신 건축가 크리스토퍼 렌(1632~1723)의 설계로 1664년에 착공한 셀도니언 극장 건립이었다. 2년 뒤 런던 대화재를 겪고 런던으로 이주한 렌은 53개 교회의 설계를 시작했는데, 그중 세인트폴 대성당은 훗날 런던을 대표하는 걸작 건축물이 되었다. 두 번째는 런던 왕립학회 창설 350주년이었고, 세 번째는 존 윌킨스 탄생 400주년이었다. 17세기 초반 옥스퍼드 3세대 단과대학 중 하나로 건립된 워덤 칼리지는 1660년대에 존 윌킨스를 제6대 총감으로 추대했다. 호기심 많고 열정적인 과학자이자 정치적 수완가였던 윌킨스는 영국 역사의 중대한 시기에 서로 적대적이었던 두 집단, 왕당파와 크롬웰파 사이에서 훨훨 날아다녔다. 그가 쓴 논문 〈어떻게 하면 달로 날아갈 것인가How One Might Fly to the Moon〉는 윌킨스처럼 과학을 신봉한 비과학자 존 케네디 초기의 선견지명을 연상케 한다. 케네디는 인간을 달로 보낸 아폴로 계획과 긴밀한 관련이 있었다.

윌킨스는 보일, 렌, 훅을 비롯해 뜻이 맞는 옥스퍼드 출신 학자들을 모아 일종의 과학 동아리를 꾸려 런던으로 탐사 여행을 떠났다. 이들이 주축이 된 새로운 연구 기관은 반세기 전 프랜시스 베이컨이 제시한 연구 전략을 충실히 따랐다. (1) 이론적으로만 자연을 연구하지 않고 체계적인 실험을 수행했다. (2) 망원경, 현미경, 온도계, 기압계, 정밀 시계, 수력 펌프 같은 새로운 기술을 개발했다. (3) 발견한 것을 책으로 내어 세상에 알렸다. 이들은 '누구의 말도 듣지 말라Nullius in verba'를 좌우명으로 삼고 지켰다. 권위자의 말이 아니라 논증의 무게로 시비를 가렸다. 궁극적으로 과학의 목적은 인류의 발전이었다.

1661년 이 과학자들이 런던에 도착한 시기에 때마침 찰스 2세가 국왕으로 즉위했다. 그들은 엘리자베스 시대의 자선가 로버트 모레이(1608~1673)가 세운 그레셤 칼리지의 연구소에 자리를 잡았다. 모레이는 국왕을 찾아가 이 과학자 집단에 왕실 헌장을 수여하고, 간섭하지 않는 명예 총장이 되어 줄 것을 청원했다. 비록 자신은 실패한 과학자였지만 자연 탐구에 참여하고 싶었던 찰스 2세는 모레이의 제안을 받아들였다. 왕의 후원 아래 이 연구소는 정부의 간섭에서 자유로운 런던 왕립학회로 거듭났으며, 이러한 성격은 항구적인 전통으로 자리 잡았다. 한편 윌킨스의 추천으로 로버트 훅이 왕립학회 최초의 유급 실험 감독으로 고용되었다.

찰스 2세는 대량의 수은을 가열하고 증류하는 실험을 자주 했다. 결국 식욕 부진과 불면증 증세를 보이기 시작했다. 그리고 다리 궤양과 농양에 시달려 운동할 기회가 거의 없다 보니, 신부전으로 인한 요독증尿毒症이 발생했다. 이런 증상들은 모두 만성 수은 중독의 영향으로 보인다. 당시 원인불명 질환 치료에는 대부분 사혈 요법이 동원되었는데, 이는 오히려 국왕의 상태를 악화시켰다. 그의 부친 찰스 1세는 1600년에 태어나 1625년부터 1649년까지 통치했으며, 종교와 정치의 신념에 따라 숨을 거두었다. '왕실 순교자'로 역사에 기록된 그는 사형집행인의 도끼에 희생되었다. 55세에 병으로 쓰러진 찰스 2세 역시 왕실 순교자였지만, 그의 신념은 과학이었다.

현대의 알렉산드리아 도서관

존스 홉킨스 대학교에서 고전학 학사 학위를 받고 졸업한 에이브러햄 플렉스너(1866~1959)는 고향인 켄터키로 돌아와 고등학교에서 잠깐 동안 라틴어와 그리스어를 가르쳤다. 자신이 가르친 반의 모든 학생을 낙제시킨 그를 훌륭한 교육자로 보기는 어렵다. 하지만 훨씬 더 큰 무대에서 두 가지 기념비적인 업적을 거둔 그는 선구적인 교육자로 영원히 기억될 것이다.

독일의 유명한 하이델베르크 의과대학의 연구 방식에서 영감을 받은 플렉스너는 카네기 재단에 제출한 보고서 〈미국과 캐나다의 의학교육Medical Education in the United States and Canada〉(1910)으로 의학 교육에 일대 혁신을 불러일으켰다. 이 보고서의 내용을 최초로 채택한 플렉스너의 모교 존스 홉킨스 대학은 세계 유수의 의학 연구 기관 중 하나로 굳건히 자리 잡았다. 이후 같은 과정이 재현되었다. 1929년에 옥스퍼드 대학교를 방문한 플렉스너는 특별한 광경을 목격했다. 이 대학에 소속된 올 소울스 칼리지는 아테네 학당이나 알렉산드리아 도서관처럼 학자들이 학생 지도에 대한 부담 없이 연구에 전념하는 거점 구실을 하고 있었다. 미국으로 돌아온 그는 백화점 사업으로 성공한 뱀버거 가문을 찾아가 고등연구소 설립을 제안했다. 학생 없이 박사 과정을 마친 뛰어난 연구자들로 채워질 연구 기관을 만들자는 것이었다. 젊고 우수한 박사들과 대학에서 안식년을 맞은 기성 학자들을 영입해 기간제 연구진을 구성하고, 엄선된 상임 교수진은 나머지 연구자들의 멘토 역할을 하기로 했다. 처음 10년간은(1930~1939) 고등연구소가 들어설 건물들이 완공되지 않아 프린스턴 대학의 파인 홀을 빌려 연구를 진행했고, 플렉스너는 연구소장으로 활약했다.

아인슈타인은 1931년에서 1933년 사이에 옥스퍼드를 세 차례 방문했다(1931년 방문 당시 상대성이론 강의를 세 번 하고 명예박사 학위를 받았다).[8] 플렉스너가 정확히 언제 아인슈타인을 만나러 갔는지는 의견이 분분하지만, 1932년 10월 31일 〈뉴욕타임스〉에 실린 기사의 골자는 다음과 같다.

> 알베르트 아인슈타인 교수가 앞으로 미국에서 연구를 진행하겠다는 결정보다 더 중요한 것은 그가 참여할 교육 프로젝트의 시작이다. 이 위대한 과학자의 이름은 내년에 에이브러햄 플렉스너 박사가 출범시킬 고등연구소에 권위를 더해주지만, 만약 이 초특급 대학이 성공한다면 그것이 미국 사회에 끼칠 영향은 어쩌면 상대성이론과 그에 따른 모든 결과보다 훨씬 더 막대할 수도 있다.

당시 아인슈타인은 캘리포니아 공대, 옥스퍼드 대학, 프린스턴 대학을 비롯한 여러 대학의 임용 제안을 받고 고민했다. 하지만 갓 출범한 고등연구소에 합류해 달라는 플렉스너의 초청에 마음이 끌렸고, 결국 거기서 22년 동안(1933~1955) 활약하게 되었다. 비록 그의 위대한 발견은 대부분 이미 이뤄진 뒤였지만, 아인슈타인은 여전히 자석처럼 다른 위대한 지성들을 끌어들이고 영감을 주는 독보적인 권위자였다!

시간이 지나면서 이 연구소에는 헤르만 바일, 헤티 골드먼, 에미 뇌터, 에르빈 슈뢰딩거, 존 폰 노이만, 앙드레 베유, 쿠르트 괴델, 이지도어 아이작 라비, 폴 디랙, 앨런 튜링, 양천닝, 리청다오, 닐스 보어, 프리먼 다이슨, 볼프강 파울리, 에드워드 위튼, 프랭크 윌첵, 줄리어스 로버트 오펜하이머, 알베르트 센트-죄르지 등 유수의 과학자들이

플렉스너 가문의 두 선구자. 왼쪽: 에이브러햄 플렉스너.
오른쪽: 에이브러햄의 딸 엘리너 플렉스너. 미국의 여성 인권을 폭넓게 다룬 그녀의 책은
출간된 지 반세기가 넘은 지금도 이 분야의 탁월한 저술로 인정받고 있다.

상임 교수와 기간제 연구원, 객원 학자로 참여했다. 이중 33명은 노벨 물리학상 수상자였고, 수학 분야 필즈상 수상자는 42명(역대 총 61명), 수학 분야 아벨상 수상자는 2019년에 수상한 캐런 울렌벡을 포함해 16명(역대 총 18명)이었다. 또한 울프상과 맥아더 펠로십 '천재들의 상' 수상자도 다수 이 연구소와 인연을 맺었다. 각각 노벨 문학상과 경제학상을 받은 토머스 S. 엘리엇과 존 내시 역시 이곳의 일원이었다. 역사상 가장 영향력 있는 과학자이자 알베르트 아인슈타인의 막역한 벗이었던 덴마크 물리학자 닐스 보어(1885~1962)는 1938년부터 1958년까지 여러 차례 미국을 방문하면서 고등연구소를 자기

집처럼 여겼다.

역사학자 엘런 캐럴 뒤부아에 따르면,[9] '세상을 움직인' 이들 중 한 사람은 플렉스너의 둘째 딸 엘리너 플렉스너(1908~1995)였다. 권위와 관습에 저항한 그녀는 두 가지 대의에 헌신했는데, 1936년부터 1956년까지 공산당원 좌익 운동가로 활동하는 한편 여성과 소수자를 위한 인권 운동가로서 여성이 직면한 불의에 항거하는 글을 쓰고 시위에 참여했다. 사회의식이 깔린 이런 활동들은 조지프 매카시 상원의원이 주도한 반미 활동 조사위원회 청문회에 불려나갈 소지가 충분했다. 하지만 용케 이들의 감시망을 벗어난 그녀는 한 번도 조사위원회에 소환되지 않았다. 페미니스트였던 그녀의 저서 《투쟁의 세기: 미국 여성 권리 운동Century of Struggle: The Women's Rights Movement in the United States》(1959)은 최초의 권위 있는 여성 투쟁사로 평가받는다.

10

뉴턴 혁명

사례 연구: 뉴턴

자연과 자연 법칙은 밤에 숨어 있도다.

주께서 '뉴턴이 있으라' 하시니, 세상이 밝아졌노라.

—알렉산더 포프[1]

임종을 앞두고 갈릴레오는 20년 전에 밝힌 굳은 신념을 재차 되새겼
다. '자연의 법칙은 수학적이다.' 하지만 이번에는 한마디 덧붙였다.
'나보다 총명한 자가 나타나면 그것을 증명하리라.' 이 예상이 얼마나
정확한 예언이었는지 그는 알지 못했다. 갈릴레오가 숨을 거둔 해, 영
국 링컨셔 남부의 외딴 마을 울스소프에서 아이작 뉴턴이 태어났다.
1642년 성탄절이었다.

자연은 속일 수 없다

1986년 1월 28일, 우주왕복선 챌린저 호가 4차 임무 수행을 위해 플
로리다 주 케이프커내버럴에서 발사되었다. 이륙하고 불과 73초 후,

고도 14,000미터에 다다랐을 때 끔찍한 폭발이 일어났다. 우주왕복선은 대서양에 추락했고, 탑승한 우주비행사 7명 전원이 사망했다. 참사 원인을 규명하기 위해 꾸려진 특별 조사위원회에는 물리학자 리처드 파인만도 있었다. 엔지니어들이 추측한 사고 원인 중 하나는 1월의 혹한에 O형 고무링이 얼어 밀봉 기능을 상실했다는 것이었다. 하지만 대부분 회의적인 반응을 고수하자, 추운 날씨 탓이었을 가능성은 뒷전으로 밀려났다.

비록 실험주의자는 아니었지만, 파인만은 한 가지 실험을 선보였다. 캘리포니아 공대 물리학자인 그는 같은 크기의 고무링 2개와 역시 동일한 마이크로미터 2개, 얼음물이 담긴 스티로폼 컵 1개를 준비했다. 방송 카메라가 테이블에 앉아 있는 엔지니어들과 작은 객석에 자리한 조사 위원들을 번갈아 비추는 사이, 파인만은 마이크로미터로 두 고무링을 압축한 다음 하나를 얼음물에 넣고 나머지 하나는 실온에 두었다. 회의가 끝나갈 무렵, 카메라에 클로즈업 된 파인만은 보란 듯이 두 고무링에서 마이크로미터를 제거했다. 짜잔! 얼음물에서 꺼낸 고무링은 계속 수축돼 있었지만, 실온에 둔 고무링은 즉각 본래 형태로 돌아왔다. 사고 원인이 규명되었다. 고체연료 탱크의 두 섹션 연결부 고무링이 수축되어 고온의 가스가 새어나오자, 연료 탱크가 반동하고 맹렬히 흔들리면서 액체연료가 가득 찬 메인 탱크와 충돌한 것이다. 파인만의 간단한 시연은 논리적 사고만으로 과학의 문제를 해결할 수 없고 실험이 필수라는 사실을 보여주었다. 최종 판단은 자연의 몫이며, 파인만이 선언했듯, '자연은 속일 수 없다!' 안타깝게

도 파인만의 지혜가 아리스토텔레스에게는 해당되지 않았으니, 그는
아내의 치아 수를 세어보지도 않고 여자가 남자보다 이가 적은 것은
복이라고 주장했다. 남자가 여자보다 갈비뼈가 하나 적은 것은 그 하
나가 여자를 창조하는 데 쓰였기 때문이라고 성서를 글자 그대로 해
석하는 성서 문자주의자들의 믿음 역시 같은 맥락이다.

가설, 원리, 이론, 법칙

"진실은 따로 있어. 내 이론은 말이야……." 이런 식으로 시작하는 어
설픈 음모론은 누구나 한 번쯤 들어봤을 것이다. '케네디 암살은 공
작이다.' '달 착륙은 가짜다.'(할리우드 세트장에서 찍은 것이다.) '매릴린
먼로의 죽음은 타살이다.' '상대성이론은 사기다!'(유대인의 물리학이
다!)[2] '인류가 초래한 기후 변화는 좌파의 음모다.' 등등. 기후 변화에
대해서는 막연한 느낌이나 과학 부정론이 아니라 반드시 과학을 믿
어야 한다.[3]

　이런 음모론과 달리 상대성이론과 양자역학 이론, 진화론 같은 이
론들은 인류가 거둔 가장 위대한 과학적 발견이다. 그리고 뉴턴의 세
가지 운동 법칙과 만유인력 법칙, 케플러의 세 가지 행성 운동 법칙,
보일의 법칙, 맥스웰 방정식으로 기술된 법칙, 열역학 제2법칙, 경제
학의 수요와 공급 법칙 같은 법칙들은 과학이 밝혀낸 위대한 지적 성
취이다. 이러한 법칙은 대체가 불가능하다. 한 세기 동안 축적된 데이

터를 근거로 정립해 '(반복되는) 오류가 하나도 없는' 아인슈타인의 상대성이론과 다윈의 진화론은 '법칙'으로 불러야 마땅하다.

여기서 끝이 아니라, 끊임없이 시험하고 검증한 '원리'도 존재한다. 최소 작용의 원리, 등가 원리, 하이젠베르크의 불확정성 원리, 파울리의 배타 원리, 베르누이의 유체역학 원리, 회화의 선형 원근법 원리, 음악의 멜로디와 '긴장과 해소' 원리 등 이들 모두는 엄격히 검증되었으며, 자연의 본질이나 인간의 본성을 이해하는 데 믿을 만한 길잡이 노릇을 해왔다.

'가설', '원리', '이론', '법칙'의 의미가 모호해지면서 때로는 뒤바뀌어 쓰이기도 한다. 여기에는 과학자들의 거만한 태도도 책임이 있다. 이로 인해 과학에 문외한인 사람들은 다윈은 진화론을 '어차피 하나의 이론일 뿐이야'라고 폄하하면서 '유신 진화론(신이 생명체에게 진화 능력을 부여해서 현재의 다양한 생명체들이 생겨났다고 보는 창조론의 일종—옮긴이)'이나 '지적 설계 이론' 같은 대안 이론을 주창한다. 이 두 이론은 시험이나 검증이 불가능하며, 따라서 과학적 이론이 아니다. 요컨대 '이런 혁명도 있고 저런 혁명도 있지만 모두가 똑같이 중요하지는 않다'라는 것처럼, '이런 이론'도 있고 '저런 이론'도 있지만 모두가 똑같이 중요하지도, 똑같이 가치 있지도 않다.

호모 사피엔스가 '현대인'이 되기 전, 그러니까 과학 혁명 이전에는 자연 현상을 신과 여신의 행위로 여겼으며, 상서로운 일은 하느님의 뜻이요 재앙은 악마와 그 하수인들 탓으로 돌렸다. '답은 주님만 알아!' '세상사에는 다 이유가 있어.' '그 친구는 더 좋은 곳으로 갔을 거야.' 절망에 빠진 친구를 위로하려는 진부한 선의의 말들. 하지만 과연 실질적인 경험과 이해에 바탕을 둔 주장일까? 500년 전 레오나르도는 공책 작성을 마무리할 때마다 자신의 신조를 적으며 되새겼다. '경험 혹은 실험의 신봉자 Discepolo della sperientia'. 세상을 올바르게 이해하려면 가정, 실험, 관찰, 이론, 검증의 과정을 거쳐야 한다. 물론 경험에 바탕을 둔 예측과 학문적 사고는 가설 수립에 도움이 되지만, 진실을 찾으려면 반드시 실험이 필요하다. 그것이 바로 챌린저 호 사고 조사위원회가 내린 최종 결론의 핵심이다.

뉴턴의 운동 법칙과 만유인력 법칙은 말 그대로 '법칙'이지만, '상대론적 한계 내에서만' 유효하다. 물리학 이론이 다듬어지는 과정은 대개 점진적으로 진행되지만, 아주 드물게 근본적인 패러다임의 전환이 필요할 때도 있다. 아인슈타인의 특수 상대성이론은 뉴턴 역학의 기존 패러다임을 뒤집었다. 삼차원 공간과 시간은 별개라는 개념에서 시간이 사차원 시공간의 한 요소로 바뀐 것이다. 이후에 다시 설명하겠지만, 지극히 빠른 속도에서 시간은 지연되고 삼차원 공간은 수축한다. 그러나 이 두 현상은 상호의존적으로 일어난다. 즉, 시간 지연은 항상 길이 수축을 동반하며 그 반대도 마찬가지다. 가속 운동과 중력에 적용되는 아인슈타인의 일반 상대성이론은 뉴턴의 중력을 거대 물체에 의한 시공간의 휘어짐으로 대체했다. 우주선이 달에 가서 연착륙할 때는 속도가 느려서 뉴턴 물리학만으로 충분하다. 하지만 GPS를 사용하려면 일반 상대성이론을 적용해야 한다. 빛의 속도에 가까워질 경우 또는 거성이나 중성자별, 블랙홀 같은 초거대 질량 천체를 다룰 때는 뉴턴의 법칙에 따른 예측이 실제와 어긋나고 결국 붕괴되기 때문에 상대론적 보정이 필요하다. 하지만 상대성이론에 의한 변화가 뉴턴의 법칙을 완전히 무너뜨렸다고 규정하는 것은 옳지 않다. 오히려 강화시켰다고 보는 편이 적절하다. 아인슈타인은 자신이 이룬 업적의 중요성을 알면서도, 뉴턴과의 비교에서는 겸손하고 너그러웠다. '행복한 과학의 유년기를 보낸 행운아 뉴턴. 자연은 그에게 열린 책이었으며, 그 책의 글자들은 술술 읽혔다. 뉴턴은 강인하고 확신에 찬 모습으로 우리 앞에 홀로 서 있다.'

뉴턴은 울스소프 매너, 케임브리지, 런던을 세 꼭짓점으로 갖는 날씬한 이등변 삼각형 안에서 84년의 생애를 보냈다. 런던에서 그리니치 왕립 천문대까지 11킬로미터 거리를 강을 따라 내려갔다 돌아온 한 번의 여행 말고는 그 좁은 세상을 벗어난 적이 없기에, 어쩌면 바닷가를 본 적도 없을지 모른다. 하지만 시계처럼 정확한 우주의 본질을 과거의 어느 누구보다도 깊이 파헤쳤으며, 이후로도 그를 능가한 자는 없었다. 뉴턴은 인간이 우주를 이해할 수 있고, 자연 법칙은 보편적이며, 이 법칙들이 수학적 원리를 따른다는 사실을 입증했다. 고전역학과 유체역학, 광학, 순수 수학에서 이룬 방대한 업적에도 불구하고 그는 담담하게 스스로를 평가했다. '세상이 나를 어떻게 볼지는 모르겠으나, 나는 그저 바닷가에서 놀며 이따금 유난히 매끄러운 돌멩이나 예쁜 조가비를 찾는 어린애와 같다. 그런 내 앞에는 숨겨진 진리의 바다가 드넓게 펼쳐져 있다.'

이 말에는 자연에 대한 경이를 불러일으킨 유년기의 호기심 그리고 자신의 발견이 앞으로 밝혀질 진리의 극히 일부에 불과하다는 깨달음이 동시에 드러난다. 뉴턴이 바라본 세계의 구조는 열린 결말 방식이지만, 여기서 '열린 결말'은 상상할 수 있는 모든 수준에서 자연을 탐구하는 방법론을 의미한다. (그림이나 작곡, 소설 같은 예술적 창작물에 의도적으로 부여한 심리적 장치로서의 '열린 결말'과는 다르다.) 뉴턴은 수학의 본질에 대한 논쟁에는 뛰어들지 않았다. '수학은 발견인가 발명인가?' 여기서는 수학이 물리학, 화학, 생물학, 사회과학 등 총체적 과학의 토대라고 이야기하는 것으로 충분하다. 자연 법칙이 수학적인 까닭에 대해서는 여전히 만족스러운 대답이 나오지 않았다. 그래서 이 상황을 한탄한 유진 위그너의 글 〈자연과학에서 수학의 비합리적인 효율성〉은 공감을 얻는다. 그는 이렇게 말했다. '자연과학에서 수학의 어마어마한 유용성은 불가사의에 가까우며…… 현재로서는 합리적 설명이 불가능하다.'[4]

수학의 본질적인 정밀성(또한 그 본질의 불확실성)은 이 책에 자주 등장하지만, 그 해답은 이 책의 범위를 훌쩍 넘어선다. 솔직히 개인적으로 나도 수없이 생각이 바뀌었다. 어쩐지 '새 수학자'는 수학을 인간의 창조물로 여기고 '개구리 수학자'는 수학을 과학으로 여길 것 같은데…… 아니면 그 반대일까?

유복자

아이작 뉴턴은 1642년 성탄절에 링컨셔 카운티의 마을 울스소프-바이-콜터스워스에서 해나 아이스코-뉴턴(1623~1679)의 아들로 태어났다. 당시 영국은 1년을 365.25일로 계산하는 율리우스력을 여전히 사용하고 있었다. 1752년, 즉 뉴턴이 죽고 25년이 지나고서야 더 정확한 그레고리력을 받아들였는데, 이 달력의 1년은 365.24255일이었다. 그레고리력이 로마에 도입된 것은 1584년이지만, 16세기 영국은 가톨릭교회가 채택한 것은 무엇이든 수용하기를 꺼렸다. 1642년 성탄절이었던 뉴턴의 생일은 오늘날 1643년 1월 4일로 수정되었다. 그는 아버지가 죽은 뒤에 태어난 자식, 즉 유복자였다. 아버지의 이름도 아이작 뉴턴이었다. 문맹 자작농이었던 그는 아들이 태어나기 석 달 전에 죽었다. 뉴턴은 미숙아로 태어났는데, 당시 기록에 따르면 작은 단지에 들어갈 정도로 왜소해서 유아기를 넘기지 못할 거라고 했다. 하지만 그는 살아남아 '현대의 설계자'라는 무게 있는 명성에 걸맞은 유산을 쌓고 90세 가까이 장수했다. 직계가족과 의붓형제, 친인척 모두 평범한 일반인들이었다. 뉴턴을 혁명적 천재로 만든 뛰어난 유전자 조합이 그들 중 누군가에게서 발견된 적은 없었다. 그들의 유일한 공통 관심사는 1~2년쯤 교육을 받고 결혼해 농사일을 거들 자식을 낳는 것이었으며, 다들 주님을 섬기고 악마의 유혹을 뿌리칠 생각에만 골몰했다. 뉴턴은 사실상 신체적으로 고립된 삶을 살았고, 따라서 천재성도 고립되었다. 앞서 레오나르도와 셰익스피어가 그랬듯, 뉴턴도 방대한 정보를 스스로 소화해낸 독학자였다. 문법학교를 다닌 기간은 고작 7년이었으며, 그마저도 1년은 농장에서 보냈다.

뉴턴은 생애 첫 3년을 어머니와 외조부모와 함께 울스소프 저택에서 보냈다. 하지만 막 세 살이 되었을 때, 어머니는 근처 노스 위덤에 사는 부유한 목사 바나바스 스미스(1582~1653)와 재혼했다. 당시 어머니는 겨우 33세였는데 목사는 63세였다. 잔인하게도 혼전 계약 때문에도 이 미망인은 아들을 외조부에게 맡겨야 했다. 목사는 아내를 노스 위덤으로 데려가면서 어린 소년에게 엄마를 빼앗는 대신 약간의 토지를 양도하는 아량을 베풀었다.

뉴턴이 열 살이 되던 1653년에 그의 양아버지가 사망하자, 이제는 해나 아이스코-뉴턴-스미스가 된 어머니는 아이 셋을 데리고 울스소프로 돌아왔다. 하지만 어머니와 재회하고 겨우 18개월이 지난 1654년에 뉴턴은 그랜섬에 있는 문법학교 킹스 스쿨로 보내졌다. 집까지 거리는 15킬로미터 정도로 썩 멀지 않았지만, 날마다 걸어서 통학하는 것은 시간낭비였다. 학교 다니는 동안 가끔 집에 오긴 했지만, 주로 윌리엄 클라크 약국 위 하숙집 다락방에서 시간을 보냈다.

다락방에서 홀로 지내는 삶에 익숙해진 뉴턴은 몽상을 하거나, 목탄으로 그래프를 그리거나, 나무 기둥에 기하학적 형상을 새기며 소일했다. 해시계를 만들어 정밀한 눈금을 새기고, 모형 물레방아와 풍차를 깎아 만들었으며, 인형의 집에 넣을 작은 가구도 제작했다. 클라크의 의붓딸 캐서린 스토어에게 줄 선물이었다. 스토어와의 인연은 그가 평생 여성과 가진 유일한 낭만적 관계로 기억되었다. 뉴턴은 이따금 약국에서 클라크를 도와 물약을 조제했는데, 이 경험이 화학에 대한 호기심을 촉발했다. 클라크가 소장한 책들을 접할 기회도 있었으며, 특히 존 베이츠의 《자연과 예술의 신비The Mysteryes of Nature and Art》를 즐겨 읽었다. 이 시기에 뉴턴은 화학 물질을 구별하고 정확하게 계량하는 법을 배우면서 약학에 눈을 뜨기 시작했다. 아이러니하게도 이때의 경험은 훗날 그의 은밀한 관심사였던 연금술로 이어졌다. 화학에 대한 호기심이 유사과학에 대한 열정으로 퇴보한 셈이다.

청교도적 가치를 지향하는 킹스 스쿨에서 교사 존 스톡스는 학생들에게 라틴어 일변도의 단순한 수업을 했는데, 토지 면적 계산과 부피 변환, 예산 관리에 써먹을 실용적인 산수도 조금 가르쳤다. 하지만 최근 발견된 1654년 스톡스가 직접 옮겨 쓴 에우클레이데스의 《원론Elementa,》 필사본은 이 교사가 일부 학생들에게 좀 더 어려운 수학 문제와 기초 대수학, 제곱근과 세제곱근 도출법도 가르쳤으리라는 점을 시사한다. 덕분에 뉴턴이 수학에 몰두하고 손에 닿는 책은 뭐든 닥치는 대로 읽게 됐다는 사실을 스톡스는 알아차렸을 것이다. 오늘날 영어가 만국 공용어로 쓰이듯이 본격적인 학문의 공용어였던 라틴어는 학자로서 뉴턴에게 평생 엄청나게 유용한 도구였다. 학교생활이 6년째로 접어든 1659년에 어머니 해나는 열여섯 살이 다 된 아들을 울스소프로 불러 가족 농장 운영을 맡겼다. 이로써 캐서린 스토어와의 순수한 풋사랑은 싹이 잘렸으며, 정규 교육도 더는 기대하지 못할 듯 보였다.

그러나 울스소프 농장으로 돌아온 뉴턴은 독서에 정신이 팔려 농사일을 소홀히 하기 일쑤였다. 금세 주변 사람들은 그가 농부로서 소질이 없다고 판단했다. 당시 교장이던 스톡스는 해나뿐만 아니라 그녀의 오빠 윌리엄 아이스코 목사에게도 연락해 뉴턴은 농장보다 학교가 어울린다고 말한 것 같다. 결국 아이스코 목사가 나서서 해나를 설득해 그녀의 아들이 계속 킹스 스쿨에 다니며 대학 진학을 준비할 수 있게 했다고 한다.

뉴턴이 남긴 낙서와 그림, 기학학적 형상의 일부 흔적들은 지금도 울스소프에 남아 있다. 석재 창틀 안쪽에 새겨놓은 원에 내접한 사각형은 아르키메데스가 원의 지름과 둘레의 비율인 무리수 π 값을 구할 때 사용한 기하학적 구성과 닮아 있다. 기원전 3세기 시칠리아 시라쿠사에서 아르키메데스는 먼저 원을 그린 다음, 내접 삼각형과 외접 삼각형을 시작으로 변의 수를 두 배씩 늘려가며 육각형, 십이각형을 그려 π 값을 소수점 아래 여섯 자리까지 계산했다. 필시 이 방식에 영감을 받은 뉴턴은 이 무리수의 더 정확한 값을 찾고자 했다. 나중에 그는 자기 공책의 빈 페이지 반쪽에 π 값을 소수점 아래 60자리까지 계산한 과정을 남겨 놓았는데, 자신의 수학적 발견인 이항정리와 적분법을 조합해 더 정밀한 π 값을 도출했다.

$$\pi = 3.141\ 592\ 653\ 589\ 793\ 238\ 462\ 643\ 383\ 279\ 502\ 884\ 197$$
$$169\ 399\ 375\ 105\ 820\ 974\ 944\dots\dots$$

더 쓸 자리가 없자 뉴턴은 갑자기 계산을 멈추고 이렇게 적었다.

'좋은 머리를 이런 사소한 일에 낭비해서는 안 된다.'[5]

웨스트민스터 사원에 있는 뉴턴의 비문은 다음과 같이 시작한다.

여기 아이작 뉴턴 경이 묻혀 있나니, 그는 신기에 가까운 지성의 힘과

자신만의 고유한 수학적 원리로⋯⋯

여기서 '자신만의 고유한' 수학적 원리는 뉴턴이 운동과 변화를 설명하기 위해 정립한 '유율'과 '유량', 즉 미적분이다. 그는 이 수학적 보물을 비밀로 유지했는데, 1684년에 라이프니츠가 독자적인 미적분을 발표하자 뉴턴은 이 박식한 독일인을 표절 혐의로 몰아세웠다. 이 씁쓸한 일화에 대해서는 이번 장 후반에 다시 논의하겠다.

뉴턴은 그랜섬에서 총 6년간 학교를 다녔다. 처음 5년을 다니고, 농장에서 1년을 보낸 뒤, 1년을 마저 다녔다. 아이스코 목사는 모교인 트리니티 칼리지의 인맥으로 조카의 케임브리지 입학을 도왔을 것이다. 이 특출한 학생의 뛰어난 지적 능력을 알아본 그랜섬 교장 스톡스도 뉴턴이 학업을 이어가기로 했다는 소식을 듣고 굉장히 기뻐했다고 한다. 반면 뉴턴의 어머니 해나는 아들의 케임브리지 입학은 허락했지만 못마땅하게 여겼다. 연소득이 700파운드나 되면서 아들에게는 매년 10파운드만 보내줬고, 대학 사회에서 가장 낮은 위치인 '근로 학생'으로 다니게 했다. 하인이나 시종 노릇을 하는 학생이 된 뉴턴은 식탁 시중을 들고, 남은 음식을 먹고, 빈 접시를 치워야 했다. 약간의 감면을 받긴 했지만 강의료도 꼬박꼬박 내야 했다. 하지만 지극

히 검소하게 살면서도, 부유한 학생들에게 돈을 빌려주고 이자를 받아 생활비를 벌충했다.

성장기에 어머니의 사랑을 제대로 받지 못한 뉴턴은 어머니에게 애정과 원망이 뒤섞인 복잡한 감정을 품었다. 하지만 갓난아기 때 어머니를 빼앗아간 양아버지는 본능적으로 증오했다. 아마도 스미스 목사에게 딱 하나 고마웠던 것은 그에게서 물려받은 천 페이지에 달하는 두툼한 공책이었을 것이다. 스미스가 매 쪽마다 번호를 매긴 이 공책은 신학적 내용이 적힌 몇 장을 제외하면 나머지는 전부 백지였다. 뉴턴은 이 공책을 '기록장'이라고 부르면서 사색과 단어 목록, 청년기의 고백, 집요한 계산, 과학적 사유의 저장소로 삼았으며, 이따금 어머니와 양아버지를 향한 독설도 적었다. 뉴턴은 이 기록장을 1658년부터 1680년대까지 썼다.

1661년 6월, 트리니티 칼리지 입학 당시 뉴턴은 다른 어떤 신입생보다 수학을 많이 알았지만 딱히 티를 내지는 않았다. 그 역시 한 세기 전에 확립된 교육 과정에 따라 초반에는 문법과 논리, 수사학을 배우고 이후에는 아리스토텔레스의 논리학과 윤리학에 이어 줄기차게 아리스토텔레스 학문만 배웠다. 뉴턴은 흔히 고급 수학 연구를 위한 징검다리로 여겨지던 로버트 샌더슨의 《논리학Logicae》도 잘 알고 있었다. 1학년 초에 그는 캠 강변에서 해마다 열리는 스투어브리지 시장을 돌아다니며 몇 가지 물건을 구입했다. 잉크 1쿼트, 작은 공책, 삼각기둥 모양 프리즘(세 모서리각이 모두 60°), 냄비, 점성술서 한 권.

아리스토텔레스의 운동과 중력 이론은 원인 없이 일어나는 결과

뉴턴이 첫 광학 실험에 사용한 프리즘.
현재 케임브리지 대학교 휘플 과학사 박물관에 보관되어 있다.

나 운동은 없다는 원리에서 출발했다. 실험이 아닌 내적 성찰로 그는 각각의 원소들이 가진 '본질(본성)'과 '존재(어떤 상태가 되려는 성질)'라는 개념을 창안했다. 아리스토텔레스의 설명에 따르면, '무거운 물체, 이를테면 흙이라는 원소의 하강 운동은 그 원소의 본성 때문으로, 그것의 '본래 자리'인 우주의 중심으로 떨어지게 하는 것이다.' 철학자의 대명사로 불리는 아리스토텔레스의 이론들은 농업, 식물학, 윤리학, 논리학, 수학, 의학, 형이상학, 자연철학(물리학), 언어학, 심리철학, 정치학 등 수많은 분야에서 신성불가침으로 인식되었다.

1662년에 뉴턴은 종교적 위기를 겪었다. 그해 성령강림절 전후로 이제껏 자신이 저지른 죄의 목록을 작성했는데, 더 나은 인간이 되는 길을 찾으려 한 것 같다. 그의 양심은 어린 시절에 지은 죄의 기억으로 여전히 고통 받고 있었다. '에드워드 스토어의 체리 빵을 훔쳤다.' '도로시 로즈를 잡년이라고 불렀다.' '주일에 물을 뿌렸다.' '농장에 가라는 어머니의 명령을 거부했다.' '여러 사람을 때렸다.' '여동생을 주먹으로 쳤다.' '어머니에게 짜증을 냈다.' 훨씬 더 불길한 것도 있었다. '양아버지와 어머니를 불태워 죽이고 집에 불을 지르겠다고 협박했다.' '누군가 죽기를 바라고 빌었다.' 어둠의 시절에 뉴턴은 한때 자살까지 고민했다. 종교적 위기의 대응으로서 수학과 과학에 몰두한 것은 결국 정화의 과정이었다.

아마도 더욱 당혹스러운 뉴턴의 종교적 호기심은 시장에서 사온 점성술서일 것이다. 이 책을 이해하는 데 필요한 기초 기하학과 삼각법이 뉴턴에게는 낯설었다. 그래서 에우클레이데스의 《원론》을 구입한 그는 에우클레이데스가 제시한 명제들의 단순함에 놀랐다. 하지만 평면 기하학 숙달에 시간을 투자하지 않고, 자신이 구입한 또 다른 책, 데카르트의 《기하학 Géométrie》의 부록에 소개된 해석기하학에 집중했다. 새로운 수학적 도구인 해석기하학은 대수학과 기하학을 결합해 대수 방정식으로 기하학적인 직선과 곡선, 평면을 표현할 수 있었다. 그리고 에우클레이데스 기하학과 달리 2차원과 3차원을 포괄했다.

1664년에 뉴턴은 얼마 전 최초의 루커스 수학 석좌교수[6](영국 성직자 헨리 루커스가 케임브리지 대학에 만든 수학 분야 교수직-옮긴이)로 임명된 뛰어난 수학자 아이작 배로 Issac Barrow 의 강의를 들었다. 뉴턴이 배로를 찾아가 지도 교수가 되어 달라고 부탁하자, 이 노련한 학자는 뉴턴의 엄청난 잠재력을 모른 채 흔쾌히 받아들였다. 곧바로 뉴턴은 수학과 광학에 관한 개인 연구에 집중했으며, 공식적인 교육 과정인 고전학과 에우클레이데스 기하학, 아리스토텔레스 철학에 쏟을 시간은 거의 없었다. 토머스 홉스, 갈릴레오 갈릴레이, 르네 데카르트, 로버트 보일, 피에르 가상디의 책들을 비롯해 에우클레이데스의 《원론》보다 훨씬 발전된 수학 연구서들을 탐독했다. 당시까지 알려진 모든 수학을 섭렵하고 독창적인 원리 정립에 착수한 뉴턴은 자신보다 앞서 활약한 모든 수학자들을 이미 뛰어넘었다. 또한 자신의 대학 공책에 '어떤 철학적 문제들Quaestiones quaedam Philosphicae'이란 제목으로 일련의 관심사들을 채워 넣기 시작했다. '물질의 성질에 관한 일반적 주제', '장소', '시간', '운동', '우주의 질서' 그리고 촉각적 성질에 관한 부제로 '희박성', '유동성', '부드러움'을 비롯해 '격렬한 운동', '초자연적 특성', '빛', '시각' 등등 광범위한 과학적 질문을 다룬 45개의 화두는 모두 각 페이지의 제목으로 쓰였다. 물론 대부분 다른 학자들의 연구와 연관돼 있지만, 뉴턴이 전개한 장기적인 탐구의 일환이었다. 이 추상적인 주제들은 훗날 물리학의 관측 가능한 물리적 속성으로 거듭났다. 뉴턴은 그것들을 정의하고 연결점을 찾아냈다. 그는 시대를 초월하는 물리학을 창조하고 있었다.

뉴턴은 공책에 방대한 기록을 남겼으며, 소유한 책들에는 주석을 빼곡히 달면서 다른 수학자들의 증명을 검증하고 때로는 계산 과정의 오류를 바로잡았다. 계산이 워낙 집요해서 50항에 이를 때도 있었다. 임종 당시 그의 개인 장서는 2,000권이 넘는 것으로 추정되며, 이 중 트리니티 칼리지 렌 도서관이 소장한 800권은 대부분 가늘고 오밀조밀한 뉴턴의 필체를 담고 있다.

아리스토텔레스의 우주관은 200년 뒤에 히파르코스가 받아들였

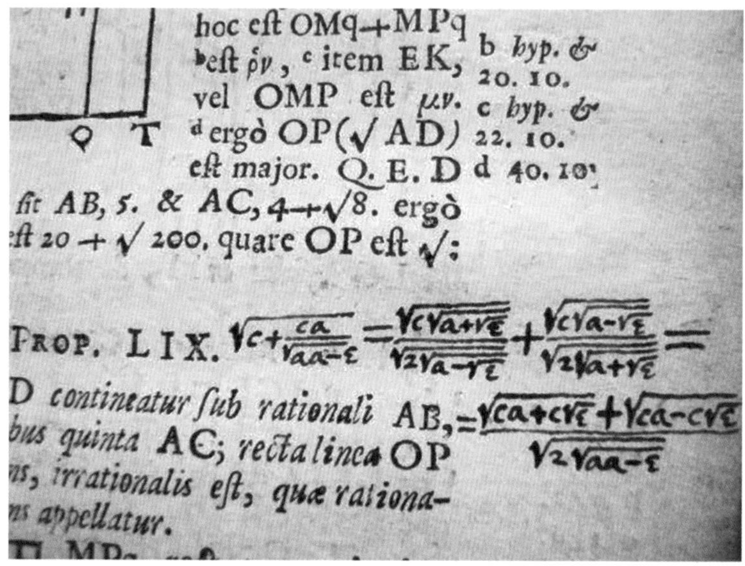

뉴턴이 갖고 있던 에우클레이데스의 《원론》. 렌 도서관의 독특한 'NQ-섹션'에 뉴턴이 소 장했던 책 800권이 보관되어 있다. 중첩된 제곱근 구조는 뉴턴이 17세기에 니콜로 타르탈 리아가 정립한 삼차방정식 해법을 사용했음을 보여준다.

고, 500년 후에는 프톨레마이오스도 수용했다. 이 우주관에서 행성들, 말 그대로 '떠돌이별'들은 각기 다른 주기로 지구 주위를 회전하는 수정 구체들로 박혀 있다. 이 수정 구체들을 에워싼 거대한 불투명 껍질에는 동그란 구멍들이 뚫려 있어 거대한 체를 연상시키고, 그 바깥에는 불길이 일렁여 구멍들이 있는 자리가 별처럼 보인다. 지구를 중심으로 하는 이 불투명 구체는 24시간을 주기로 회전한다. 이러한 지구 중심 우주관에서 아리스토텔레스는 혜성을 대기 현상으로 보았다. 뉴턴은 빛이나 꼬리가 달린 혜성의 개념을 비롯해 아리스토텔레스의 우주 대부분이 부조리하다는 것을 깨달았다. 그는 기존의 신념을 확장해 기록장의 제목 '질문들' 위에 한 문장을 썼다. '플라톤은 나의 벗이요, 아리스토텔레스도 나의 벗이나, 가장 훌륭한 벗은 진리로다.'

영국의 아누스 호리빌리스와 뉴턴의 아누스 미라빌리스

1665년과 1666년은 영국 역사에서 두 차례 재앙이 휩쓸고 간 실로 참혹한 시기였다. 우선 1665년에는 이미 유럽 대륙을 뒤덮은 흑사병이 네덜란드에서 영국 해협을 건너와 런던 시민의 목숨을 앗아가기 시작했다. 당시 영국의 사망자 수는 25만 명으로 추정되는데, 런던에서만 10만 명(전체 인구의 20퍼센트 정도)이 페스트균에 감염되어 죽었다. 감염 매개체로 밝혀진 쥐벼룩은 유럽 대륙 항구들을 출발한 배를 타고 건너왔으며, 특히 암스테르담 창고의 양털 포대에 섞여 들어왔다. 깨어 있는 과학자였던 찰스 2세가 왕립학회 과학자와 주치의의 조언을 무시하고 대중 모임을 금하지 않았다면 사망자는 더 늘었을 것이다. 케임브리지 출신의 정부 관료였던 새뮤얼 피프스는 날마다 늘어가는 사망자 수와 격리된 사람들의 고조되는 불만, 정부 지침에 반발하는 청년들과 폭도의 모습을 일기장에 기록했다. 〈뉴욕타임스〉의 논설가 애널리 뉴위츠는 당시 상황을 오늘날 코로나19 팬데믹과 연관 지었다. '공중보건 전문가들의 경고에 아랑곳하지 않고 플로

리다 해변으로 봄철 휴가를 떠나는 현대 미국인들도 다를 바 없다.[7]

1666년 9월 들어 흑사병이 거의 잦아들 즈음, 런던 동쪽 외곽의 한 빵집에서 시작된 불이 대화재로 이어졌다. 서풍을 타고 번진 불은 화재에 취약한 주택들로 이루어진 빈민가를 삽시간에 휩쓸었다. 당시의 부실한 건물들은 급격히 증가하는 인구를 감당하기 위해 수세기 동안 우후죽순으로 늘어나 있었다. 5~6층 높이의 건물 상층부는 돌출 형태로 지어졌는데, 점차 더 심하게 돌출되어 좁은 도로 위에서 마주보는 지붕들이 거의 맞닿아 거리와 골목을 천장처럼 덮을 지경에 이르렀다. 불운한 날씨 상황과 변변치 못한 화재 진압 기술, 지역 당국의 만성적인 소방대 부실 운영이 겹쳐 큰불이 며칠 내내 걷잡을 수 없이 번졌다. 가까스로 불길이 잡혔을 때는 이미 도시의 3분의 2가 거의 잿더미로 바뀌었다. 금융 지구의 석조 건물들과 넓은 정원을 갖춘 부유층 저택들은 아슬아슬하게 화마를 면했다. 이 화재는 런던의 전면적인 재건으로 이어졌으며, 크리스토퍼 렌의 걸작 세인트폴 대성당도 이때 탄생했다.

흑사병과 대화재의 동반 피해가 워낙 막대하고 파멸적이었기 때문에, 런던 시민들이 역사의 이 짧은 시기를 '아누스 호리빌리스(참혹한 해)'로 기억하는 것도 무리가 아니다. 장기적으로는 흑사병이 대화재보다 훨씬 더 악영향을 끼쳤다. 정부의 군집 해산 명령에는 옥스퍼드와 케임브리지 같은 학문 공동체도 예외가 아니었기에, 런던에서 80킬로미터쯤 떨어진 두 대학 모두 학자들을 집으로 돌려보내야 했다.

1665년 봄에 평범한 성적으로 학사 학위를 받은 뉴턴은 여름을 보내려 울스소프로 돌아왔다. 하지만 케임브리지에 흑사병이 창궐했다는 소식과 함께 기약 없이 울스소프에 머물러야 하는 신세가 되었다. 20개월 정도 지났을 때, 그는 자신의 '정신적 발명' 목록을 들고 다시 케임브리지의 아이작 배로 연구실을 찾아갔다. 그로부터 약 60년 뒤, 뉴턴은 조카사위 존 콘듀이트와 인터뷰하며 울스소프에서의 연구를 간략히 소개했다.

1665년 초에 이항급수를 발견했지. 같은 해 5월에는 접선 구하는 방법을 알아냈고…… 유율법을 고안했고, 이듬해 1월에 색채 이론을 정립했고, 이어 5월에는 역유율법을 도입했다네. 그리고 같은 해에 중력이 달 궤도로 확장된다는 생각을 하기 시작했고, (구체 내부를 회전하는 공이 구체 표면에 가하는 압력을 계산하는 방법을 알아내) 행성의 공전 주기가 궤도 중심까지 거리의 제곱에 비례한다는 케플러의 법칙을 바탕으로, 행성을 궤도에 잡아두는 힘은 그것이 공전하는 중심까지 거리의 제곱에 반비례한다는 결론을 이끌어냈지.…… 이 모든 것을 흑사병이 돌던 1665년부터 1666년까지 두 해 동안 이뤘어. 그 시절은 발명가이자 수학자이자 철학자로서 나의 전성기였고, 이후로도 그렇게 왕성한 시기는 없었다네.

이중 하나만으로도 위대한 과학자의 대표적인 업적이 될 수 있었다. 뉴턴에게는 점진적인 단계일 뿐이었다. 그의 연구는 크게 세 분야로 묶을 수 있다. 불가능할 정도로 큰 '무한대'와 사라질 정도로 작은

'무한소'의 통합이 그의 관심사였던 순수 수학, 빛의 성질을 이해하려는 탐구인 광학, 천체 운동에 이어 지상 운동까지 운동의 원리를 알아내려는 욕망인 역학. 훗날 그는 이들의 상호연결성을 규명하게 되지만, 순간의 깨달음으로 이룬 것은 아니었다. 이 복잡한 퍼즐의 조각들은 이후 20년 동안 여과와 증류의 과정을 통해 일관되고 엄격한 지적 체계를 갖춘 《프린키피아》로 통합되었다.

아이작 배로는 뉴턴의 '정신적 발명'을 보고 전율했을 것이다. 그 자신도 신동으로서 13세에 트리니티 칼리지에 입학하고 19세에 같은 대학 펠로우로 선정된 배로는 뉴턴의 연구를 보았을 당시 불과 36세였다. 당시 수학자로 두각을 보이고 있었지만, 곧 수학을 접고 신학자가 되겠다고 선언했다. 사임 서한에서 그는 자신의 젊은 조수를 후임으로 천거했다. '뉴턴 군은 우리 대학의 펠로우로서, 비록 매우 젊지만 이 분야에서 비범한 천재성과 숙련도를 지녔습니다.' 학계 최고의 권위를 자랑하는 루커스 석좌교수 자리에 오른 이들 중에는 디랙도 포함되고, 최근까지 스티븐 호킹이 차지하고 있었다.

1666년은 영국에게도 '아누스 미라빌리스(기적의 해)'였다. 네덜란드 해군을 격파했고, 런던 대화재가 진압되어 도시가 완전히 재건의 길로 들어섰으며, 흑사병도 잦아들었다. 그리고 뉴턴은 과학사에 유례가 없는 창조적인 시기를 누렸다. 혜성에 대한 초기의 관심은 시들해졌지만, 혜성의 궤도와 중력의 성질에 대한 의문은 훗날 뉴턴의 창조성이 다시 폭발하는 시기, 즉 두 번째 아누스 미라빌리스를 촉발한 핵심이었다.

과학사에서 아누스 미라빌리스라는 표현이 거론된 사례는 단 두 번뿐일 정도로 드물며, 두 경우 모두 한 개인의 업적을 기린 것이었다. 첫 번째는 물론 뉴턴이었다. 두 번째는 230년 후에 등장한 알베르트 아인슈타인이다. 1905년 당시 아직 물리학자로서 주목받지 못하고 있던 그는 26세의 나이에 기념비적인 논문 네 편을 연이어 발표했다. 더욱 놀라운 점은 두 사람 모두 과학적 재탄생, 즉 두 번째 기적의 해를 경험했다는 사실이다. 뉴턴은 1684년부터 1686년까지 두문불출하며 세 권짜리 《프린키피아》를 완성했고, 아인슈타인은 1915년에 일반 상대성이론을 선보였다.

프린키피아

역사상 가장 위대한 독보적인 과학서로 평가받는 뉴턴의 《프린키피아》는 원래 당시 학술 언어였던 라틴어로 쓰였다. 이 책은 3권으로 나뉘어 있다. 에우클레이데스 《원론》의 공리적 방식에 영감을 받은 《프린키피아》의 형식은 정의, 공리, 명제, 원리, 증명으로 구성되며, 모든 증명은 평면기하학으로 표현된다. 앞서 뉴턴은 유율과 유량(미분과 적분)을 이미 정립했지만, 독자의 혼란을 고려해 미적분법은 사용하지 않았다.

《프린키피아》 1권은 8개의 정의와 3개의 공리로 시작한다. 이 공리들은 오늘날 뉴턴의 운동 법칙으로 불린다.

1. 물체는 정지해 있거나 일정한 직선 운동을 하며, 이 상태는 힘이 가해질 때만 변한다. 본래 갈릴레오가 발견한 이 원리는 간단한 수식으로 표현할 수 있다. ($\Sigma F=0$ 또는 간단히 $F=0$). 만약 물체가 받는 힘의 합(좌변)이 0이면 운동은 변하지 않는다. 즉, 가속도는 0이다(우변).

2. 운동 변화는 가해지는 운동력에 비례하고, 힘이 가해지는 직선 방향으로 일어난다($\Sigma F=MA$). 이때 비례 상수는 물체의 질량(m)이다. 첫 번째 법칙과 비교해, 만약 알짜힘(사라지지 않는 힘)이 존재하면 그 힘에 비례하는 가속도가 같은 방향으로 발생한다. 참고: 첫 번째 법칙은 두 번째 법칙의 특수한 경우이다.

3. 모든 '작용(힘)'에는 항상 반대 방향의 동일한 '반작용(힘)'이 일어난다. 이 법칙의 수식은 $F=-F'$이다. 이때 음수 부호는 두 힘이 서로 반대 방향이라는 뜻이다. 지극히 단순한 이 법칙의 예로서, 우리가 서서 땅에 힘(우리의 체중)을 가하면 땅은 동일한 힘을 반대 반향으로 우리에게 가한다. 또한 로켓이 공기가 없는 우주에서 가속하는 것도 같은 원리이다. 로켓 노즐에서 가스가 분출되면 가스는 노즐을 반대 방향으로 민다. 중요한 점은 작용-반작용의 두 힘이 같은 물체에 작용하는 것이 아니라 마주한 두 물체에 작용한다는 것이다.

《프린키피아》제2권이 다루는 점성 매질을 통과하는 물체의 운동은 제1권과 제3권의 주제에 비해 본질적으로 중요도가 떨어진다. 과학사가들 사이에서는 뉴턴이 굳이 제2권을 쓴 까닭을 두고 논란이 분분했다. 다만 우주 공간에서 천체들이 소용돌이에 의해 움직인다는 논리를 무력화시켜, 소용돌이를 궤도 운동의 원천으로 인정할 수 없게 만든 점은 유의미하다. 소용돌이 이론은 당시의 거장 삼인방 케플러와 데카르트, 하위헌스가 중력 이론의 근간으로 삼았던 개념이다. 물리적 접촉력을 가진 소용돌이의 밀고 당기는 힘 때문이었다. 뉴턴은 주류 학설 밖에서 길을 찾아야 했다. 그가 만유인력의 법칙을 발표할 무렵 케플러와 데카르트는 오래전에 세상을 떠났지만, 아직 현역이던 하위헌스는 반발할 입장이었고 적어도 한동안은 시끌벅적하게 반대했다. 하지만 뉴턴의 이론은 신비주의자들의 반발에도 불구하고 모든 예측이 너무 잘 맞아떨어졌다!

뉴턴의 목적은 중력의 원인이 아니라 원리를 밝히는 것이었다. 실

뉴턴이 소유했던 《프린키피아》.
현재 트리니티 칼리지 렌 도서관에 전시되어 있다. 이 귀중한 책에 실린 주석들은
저자의 친필로, 개정판에 넣을 수정 사항을 기록한 것이다.

제 중력의 성질에 관해 '무엇이 우주를 구성하는가?'라는 질문에 뉴
턴은 '나는 가설을 지어내지 않는다.'라고 대답했다고 한다.

한 세기 후, 위대한 스코틀랜드 철학자 데이비드 흄은 틀을 벗어난
사고, 즉 처음에는 터무니없이 보이는 생각을 수용하는 열린 자세를
강조했다. 200년 뒤, 흄의 충고를 가슴에 새긴 아인슈타인은 마침내
상대성이론을 정립했다.

인간 지성의 가장 위대한 요체

《프린키피아》 제3권의 핵심 주제인 만유인력 법칙을 이끌어낸 논리
적 사고를 가리켜 리처드 파인만은 '인간 지성의 가장 위대한 요체'[8]
라 했다. 중력의 역제곱 법칙은 소용돌이 이론의 맥락 안에서도 이미
전부터 논의되어 왔다. 하지만 이 성질을 어느 누구도 수학적으로 입
증하지는 못했다.

사과가 땅으로 떨어지는 도식을 가정하자(비례를 맞추지 않고, 달의
궤도를 단순한 원형으로 그린다). 갈릴레오의 자유낙하 방정식 $s(t)=\frac{1}{2}gt^2$
에서 $s(t)$는 처음 높이에서 떨어진 거리 g는 지구 중력에 의한 가속도
($32\text{ft}/\text{sec}^2$ 또는 $9.8\text{m}/\text{sec}^2$), t는 시간을 뜻한다. 이 식에 따르면 1초 동안
사과는 본래 높이에서 16피트(4.9미터) 떨어진다. 뉴턴은 달이 지속
적으로 지구(E)를 향해 나선으로 '떨어진다'고 생각했다. 만약 떨어
지지 않는다면 달은 궤도의 접선 MT를 따라 직선으로 나아갈 것이

다. 1초 뒤, 달은 MT를 따라 움직이지 않고 TM만큼 떨어진다. 뉴턴은 ∠EMT와 ∠MM'T가 모두 90°이며, ∠MTM'을 삼각형 ΔMM'T와 ΔEMT가 공유한다고 보았다. 두 각이 같은 두 삼각형은 세 번째 각 역시 같으므로 서로 '닮은꼴'이다. 그가 알기로 지구와 달의 거리 EM은 대략 240,000마일이고, 지구와 사과의 거리(사과에서 땅까지의 거리가 아니라 지구 중심까지의 거리)는 4,000마일이었다. 이 두 거리의 비율은 60이다. 두 삼각형은 닮은꼴이므로, 대응변의 비율도 같을 것이다. 달의 공전 주기 28일(= 28일×24시간/일×3,600초/시간)과 궤도 반지름(240,000마일)을 알기에, 달의 운동 속도를 계산하면 1초에 움직이는 거리를 계산할 수 있었다. 뉴턴은 달이 1초 동안 지구를 향해 떨어지는 거리 TM이 1/19인치라는 결과를 얻었다. 마지막으로, 1초 동안 달이 떨어지는 거리와 사과가 떨어지는 거리의 비율을 따져보니 1/3,600이었다. 1686년이 되어서야 뉴턴은 만유인력 이론을 완성했다. 우주의 모든 물체는 서로 끌어당기며, 그 힘은 두 물체간의 거리의 제곱 r^2에 반비례한다.

$$F = G \times \frac{mm'}{r^2}$$

기호 G는 비례상수로, 훗날 실험으로 결정하고자 남겨둔 만유인력 상수이다.

1964년 코넬 대학교 연례 메신저 강연에서 파인만은 뉴턴의 중력 이론을 한마디도 설명했다. "자연은 가장 긴 실로만 무늬를 짜기 때

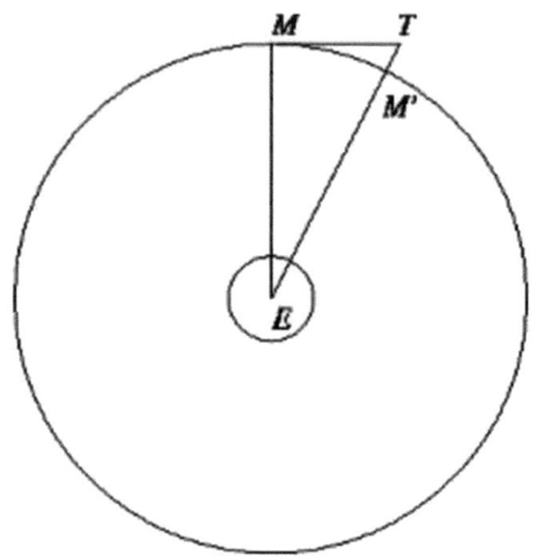

단순하게 표현한 달의 원형 궤도.
이 기하학적 구조에 닮은꼴 삼각형 ΔMM'T와 ΔEMT가 존재한다.
지구(E)의 표면에 서 있는 나무와 곧 떨어질 사과를 상상해보라.

문에, 그 태피스트리의 조각 하나만으로도 전체 구성을 알 수 있습니다." 앞서 150년 전, 시인 바이런은 다음과 같이 노래했다.

떨어지는 사과를 보고 뉴턴은 발견했노라
지구가 돈다는 사실을 증명함으로써
가장 근원의 힘, 중력이라는 것을.
그리하여 아담 이래 추락과 사과를
온전히 꿰뚫어본 유일한 인간일지니.

뉴턴이 실제로 사과에 맞았다는 증거는 없다. 우연의 일치인지는 몰라도, 트리니티 칼리지 렌 도서관에 있는 바이런의 대형 조각상은 한때 뉴턴이 소유했던, 가장자리에 그의 주석이 빼곡한 800권의 책이 전시된 특별 벽감을 지키고 서 있는 듯 보인다. 어쩌면 영감을 준 사과는 로터트 훅과 뉴턴의 대화에 있을지도 모른다. 한때 훅은 뉴턴에게 행성 운동이 궤도 접선을 따라 움직이려는 힘과 천체들이 서로 끌어당기는 힘(구심력, 즉 '중심을 향하는 힘') 때문일 가능성을 제안했지만, 자신의 역량으로는 수학적 증명이 어렵다고 털어놓았다. 이후 1684년에 그는 자신을 만유인력 이론의 창시자로 해 달라고 간청했다. 뉴턴은 단호히 거부했다. 훅의 주장이 전적으로 옳았지만, 뉴턴은 《프린키피아》에서 한 번도 훅을 언급하지 않았다. 그리고 자신의 광학 연구 업적을 (부당하게) 비난한 훅에 대해 죽을 때까지 분노했다. 훗날 런던 왕립학회 회장으로 선출된 뉴턴은 그 학회에서 후크의 이름과 유산을 지우려고 갖은 노력을 기울였다. 짐바브웨 원주민들은 아프리카의 육상 동물 두 마리를 이렇게 표현한다. '코끼리는 절대 잊지 않고, 물소는 절대 용서하지 않는다.' 뉴턴은 이 두 거대 동물을 합친 존재였다. 뉴턴의 사과는 한 입 베어 문 형태로 스티브 잡스에게 영감을 주었다.

　뉴턴은 자신의 두 번째 운동 법칙인 만유인력 법칙과 구심력(중심 지향 가속도) 개념을 결합해 행성의 공전 속도, 즉 케플러가 경험적으로 수립한 제3법칙(공전 주기의 제곱은 궤도 반지름의 세제곱에 비례한다)을 도출했다. 19세기 초에 아일랜드 물리학자 윌리엄 해밀턴이 운동 에너지(K.E.)와 잠재 에너지(P.E.)의 개념을 도입하면서, 우주선의 탈출 속도를 계산할 수 있게 되었다. 여기서 G는 만유인력 상수, r은 위성이 발사되는 천체(행성)의 질량 r은 궤도 반지름 즉, 위성이 공전하는 천체(행성)의 중심에서 위성까지 거리이다. 비록 수학적으로 입증하지는 않았지만, 뉴턴은 지구 내부(즉 r〈R, 여기서 R은 지구 반지름)에서는 물질이 사방에서 끌어당기므로 중력은 역제곱이 아니라 일차방정식($F=kr$)일 거라고 예측했다. 이는 공교롭게도 진동하는 용수철의 조화 운동을 설명하는 훅의 법칙이다. (지구 중심을 관통하는 터널을 뚫고 물체를 떨어뜨리면 그 물체는 지상의 정반대 지점, 예컨대 미국 뉴욕과 오스트레일리아 퍼스 사이에서 진동한다는 것은 수학적으로 쉽게 입증된다. 한 번 왕복하는 시간은 90분으로, 저궤도 위성의 주기와 일치한다.)

지구의 무게를 재다

《프린키피아》가 출간되고 110년이 지난 1797년에, 부유한 독립 과학자 헨리 캐번디시는 런던의 개인 실험실에서 만유인력 상수 G를 측정했다. 그는 우선 가느다란 막대 양 끝에 각각 같은 질량의 물체를 고정하고, 막대 중간에 가는 실을 묶어 막대를 수평으로 매달았다. 이어서 막대와 같은 높이로 두 기둥 위에 무거운 물체를 하나씩 올렸다. 작은 물체가 무거운 구체에 끌려 회전력이 발생하자 막대가 돌기 시작했다. 캐번디시는 작은 두 물체 사이의 거리와 질량들을 연관시켜 만유인력 상수 값을 계산해냈다. $G=6.67\times10^{-11}\mathrm{Nm}^2/\mathrm{kg}^2$. 이제 지구의 공전 속도와 탈출 속도를 계산할 수 있으며, 각각 5 mi/s(8 km/s)와 7 mi/s(11 km/s)이다. 캐번디시는 '지구 무게 측정'이라는 묵직하고 흥미로운 제목으로 논문을 발표했다. 그는 만유인력을 나타내는 수식과 뉴턴의 제2법칙을 등치시켜 지구의 무게를 구했다. 이 방정식의 좌변은 만유인력 상수 G(아는 값), 임의의 질량 m, 지구의 질량 M(모르는 값)의 곱을 지구 반지름 r의 제곱(아는 값)으로 나눈 수식이고, 우변은 임의의 질량 m과 중력가속도 g($32 ft/sec^2$ 또는 $9.8 m/sec^2$)의 곱이다.

$$\frac{G \times m \times M}{r^2} = m \times g$$

임의의 질량 을 양변에서 소거하면 지구의 질량은 간단히 계산된다. $M = 6 \times 10^{24} kg$. 이는 6백만 조 톤에 해당한다. 구의 부피를 구하는 방정식 $V = (4/3)\pi r^2$을 이용하면 지구의 부피와 평균 밀도(질량/부피)도 계산할 수 있다. 지구의 평균 밀도는 $5.5 g/cm^3$로, 물의 밀도의 5.5배이다. 지질학자들이 측정한 지표면의 물질 평균 밀도는 절반쯤 된다.

지구의 질량, 달과 태양의 거리, 지구의 공전 주기(1년)를 모두 알고 있으니, 위의 원리를 2차적으로 적용해 태양의 질량을 구하면 $M_s = 2 \times 10^{33} kg$이다(지구 질량의 330,000배).

미적분 전쟁

1665년 11월에 작성된 문서를 보면 뉴턴은 완만한 곡선 위 특정 지점의 순간 기울기와 그 점의 접선 방정식으로 곡률 반지름을 구하는 유율법, 즉 미분을 이해했던 것이 틀림없다. 1666년에는 이미 이항정리와 무한소 계산법(둘 다 뉴턴이 고안했다)을 활용해 운동과 변화의 문제를 해결했지만, 전부 꽁꽁 숨겨 비밀로 했다. 1670년대 후반에 뉴턴은 라이프니츠와 서신을 주고받으며 수학 토론을 했는데, 그답지 않게 자신이 만든 미분 기본 정리를 경쟁자에게 알려주고 적분이 함수의 역도함수라는 것을 입증해주었다. 미분 기본 정리는 미적분법의 중추로서 두 가지 주요 개념, 즉 지극히 작은 무한소들의 무한급수인 적분과 연속 분포를 무한히 작게 쪼개는 미분을 연결해준다.

뉴턴은 다른 석학들과 수없이 불화를 겪었으며, 발목을 무는 강아지쯤으로 보이는 시답잖은 비판자가 아닐 때는 불구대천의 적으로 간주했다. 드물게 그와 맞먹는 지적 무게를 가진 상대는 독일의 박식가 고트프리트 빌헬름 라이프니츠였다. 뉴턴보다 4살 연하인 라이프니츠는 수학, 철학, 법학, 윤리학, 신학, 정치, 역사, 언어학, 기계공학을 공부했다. 그리고 이 모든 분야의 학술서를 라틴어, 프랑스어, 영어, 독일어로 집필했다. 직접 만난 적은 한 번도 없지만, 뉴턴과 라이프니츠가 죽기 살기로 싸운 미적분 전쟁은 백년 전쟁과 장미 전쟁을 합친 기간보다 오래 이어졌다. 논쟁의 핵심은 미적분의 창시자가 누구냐는 것이었다.

뉴턴이 《프린키피아》를 집필하기 시작한 1684년에, 라이프니츠는 독자적으로 정립한 미적분을 발표했다. 그 사이 뉴턴은 자신의 책에 실린 미적분 이론을 다른 학자들이 이해하지 못할까 봐 그들이 잘 아는 평면기하학만 쓰기로 결정했다. 하지만 라이프니츠의 미적분이 먼저 등장하자 뉴턴은 노발대발했다. 그는 라이프니치를 표절 혐의로 정식 고소했다. 이에 라이프니츠는 자신이 미적분 창시자라고 뉴턴을 맞고소했지만, 애초에 이길 수 없는 싸움이라는 사실을 전혀 몰랐다. 당시 왕립학회 회장이던 뉴턴은 라이프니츠의 주장을 따져보고 '공정한 중재자'로서 최종 판결문을 작성할 장본인이었다.

미적분 전쟁은 좀처럼 끝날 줄을 몰랐지만, 처음 시작되고 330년이 지난 지금 대부분의 학자들은 두 탁월한 천재, 영국인 뉴턴과 독일인 라이프니츠를 미적분의 공동 창시자로 본다. 현대 수학자라면 누구나 인정하듯, 라이프니츠의 방식이 둘 중 더 뛰어나고 오늘날 보편적으로 쓰인다. 애초에 전쟁을 벌일 필요가 없었던 것이다! 충분히 공로를 나눠 가질 수 있었다. 둘 중 더 품위 있는 쪽은 라이프니츠였다. 프로이센 왕비가 뉴턴을 어떻게 생각하느냐고 물었을 때, 라이프니츠는 이렇게 대답했다. "태초 이래 지금까지 모든 수학자를 통틀어도 아이작 경卿이 이룬 업적의 절반에도 못 미칩니다."

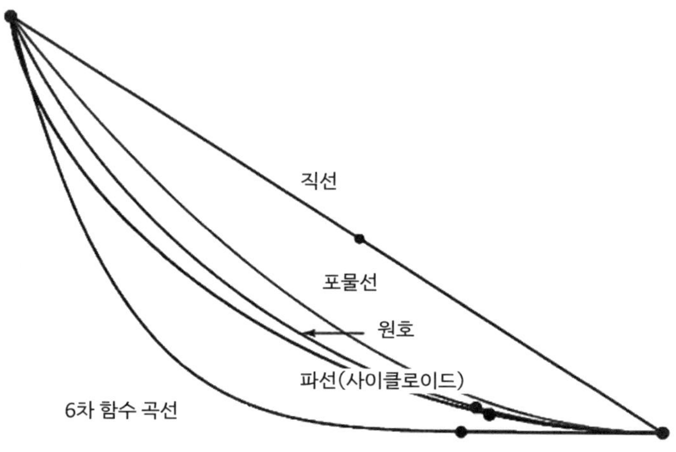

다섯 가지 서로 다른 곡선의 강하 시간 비교.
(a)직선, (b)포물선, (c)원호, (d)파선(사이클로이드), (e)6차 함수 곡선.
다섯 개의 공을 동시에 떨어뜨리면 파선을 따라가는 공이 확실한 우승자다.

미적분 전쟁의 크고 작은 논란이 장기간 이어지면서, 유럽 대륙의 학자들은 라이프니츠를 미적분 창시자로 인정한 반면 영국 학자들은 자국의 총아 뉴턴이 그 이론을 정립했다고 주장했다. 하지만 그때 스위스의 형제 학자 야코프 베르누이(1654~1705)와 요한 베르누이(1667~1748)가 이 전투에 뛰어들면서 신무기를 선보였다. 그들이 새로 개발한 독자적인 미적분은 오늘날 변분법이라고 부른다. 베르누이 형제는 1696년에 요한이 제기한 특정 문제에 이 방식을 적용했다. '중력장 안의 물체가 높은 지점에서 측방으로 떨어져 있는 낮은 지점으로 가장 빠르게 내려가는 최적의 경로가 있는가?' 그들은 변분법을 이용해 강하 속도를 최소화하는 최적의 특정 경로, 즉 '파선(사이클로이드)' 또는 '최단시간 곡선'이 존재한다는 것을 밝혀냈다. 베르누이 형제가 변분법을 완성하기까지는 10년이 걸렸지만, 이 특별한 방법으로 문제를 푸는 데는 2주밖에 걸리지 않았다고 한다. 라이프니츠 지지자였던 베르누이 형제는 이 최단시간 문제로 뉴턴을 골탕 먹일 기회라고 생각했다. 그들은 런던으로 이주한 뉴턴이 왕립 조폐국장으로 일하느라 수년째 수학에서 손을 뗐다는 것을 알고 있었다. 결국 뉴턴에게 편지를 보내 문제를 풀어보라고 도전했다.

뉴턴의 조카 캐서린 바턴은 이후 벌어진 광경을 전했다. '오후 4시에 퇴근하고 돌아온 아이작 숙부님은 베르누이 형제가 보낸 편지를 발견했다. 곧장 2층 침실로 올라간 그분은 저녁도 거르고 밤새 촛불을 켠 채로 내려오지 않았다. 이튿날 아침, 숙부님은 해답이 적힌 편지를 베르누이 형제에게 부쳤다.' 서명도 없이! 뉴턴의 해답을 본 요한 베르누이는 기겁을 하고 중얼거렸다고 한다. "사자는 발톱 자국만 봐도 알 수 있지."

이 일화는 뉴턴이라는 인물의 핵심적인 면모를 보여준다. 그는 왕립 조폐국장 자리를 수락하고 런던으로 이주했다. 하지만 형식적으로 해도 무방했을 직무에 열정적으로 임하면서 한층 더 무자비해졌다. 화폐 위조범들을 교수대로 보내고, '자비를 구하는' 개인적인 탄원도 거부했다. 그리고 비록 10년 넘게 순수 수학과 담을 쌓았지만, 까다로운 문제 풀이를 마다하지 않았다. 하지만 줄기차게 달려들어 발목을 무는 자들에게는 신물이 나 있었다. 그는 종종 위층으로 올라가 새로운 미적분을 개발하고, 이튿날 아침에 해법을 들고 내려오곤 했다.

맥스웰의 위대한 통합

전기의 사용은 인류가 거둔 가장 중요한 기술 혁신이다. 아인슈타인이 태어난 19세기에 서로 무관해 보이던 전기적 발견들이 마침내 하나의 일관된 회로로 연결되는 통합이 이루어졌다. 2,000년 전, 역사가이자 자연학자이며 로마의 고위 관리였던 대 플리니우스는 성벽을 지키는 병사들의 창끝이 특정한 대기 조건에서 빛나는 현상을 기록했다. 중세와 르네상스 시대 자연철학자들은 호박琥珀이나 유리 같은 물질을 비단, 양모, 고양이털로 문지르면 서로 달라붙는다고 썼다(의류 건조기에서 옷을 꺼내거나 긴 호텔 복도를 걷다 문손잡이를 만질 때의 느낌). 이 모두가 오늘날 우리가 아는 정전기이다.

18세기 후반에 프랑스 자연철학자 쿨롱은 샤를 프랑수아 드 시스테르네 뒤 페이와 벤저민 프랭클린이 이미 두 가지 정전하(±)의 존재를 확인했다는 사실을 알고 있었으며, 이 두 전하 사이에 발생하는 힘의 성질을 규명하려 했다. 결국 그 힘은 두 전하량의 곱에 비례하고 서로 떨어진 거리의 제곱에 반비례한다는 사실을 알아냈다.

$$F = C \cdot \frac{qq'}{r^2}$$

여기서 q와 q'는 두 전하를 뜻한다. 기호 C는 비례상수로서, 사용된 단위계와 두 전하를 분리하는 매질에 따라 달라진다. 이 방정식의 구조를 보면 뉴턴의 만유인력 법칙이 생각난다.

18세기 미국의 인쇄업자이자 발명가, 선구적 정치가였던 벤저민 프랭클린은 벼락이 치는 날 연을 날려 번개가 전류에 불과하다는 사실을 확인했다. 구름과 구름 사이, 또는 구름과 땅 사이의 전위차가 매우 클 때 발생하는 방전 현상이었던 것이다. 이후 수십 년에 걸쳐 여러 물리학자와 화학자, 수학자 들이 전기와 자기에 관한 중요한 발견을 이어갔다. 가우스, 볼타, 외르스테드, 앙페르, 비오-사바르, 헨리 그리고 특히 패러데이의 공이 컸다. 마이클 패러데이(1791~1867)는 가난한 집안에서 태어나 초등학교만 다녔다. 소박하고 돈독한 신자였던 그는 19세기 과학자들이 변변한 수학 교육을 받지 못한 사람을 지칭하던 '수학 문외한'의 전형이었다. 하지만 비범한 통찰력을 가진 여느 독학자들처럼 그 역시 자기 분야에서 정점에 올랐다. 패러데이는 머릿속에 형상을 떠올리는 시각화 능력이 뛰어났다는 점에서 레오나르도나 아인슈타인과 동등한 반열에 선다. 그는 전기 분해 실험을 하면서 패러데이의 역선, 즉 전자기장 개념을 도입했고, 1831년에는 자기력선(자기 선속)이 변화하면 전류가 발생한다는 물리 법칙을 발견했다. 이 법칙을 기반으로 초소형 전기 장치에서부터 도시 전체에 전기를 공급하는 수력 발전소와 원자력 발전소에 이르기까지 모든 발전기와 교류기가 만들어진다.

제임스 클러크 맥스웰은 패러데이가 자신의 가장 위대한 발견을 했던 1831년에 태어났고, 알베르트 아인슈타인이 독일 울름에서 태어난 1879년에 사망했다. 신동이었던 맥스웰은 장차 전자기 이론을 통합하고 수리물리학의 모든 분야에 중대한 기여를 했는데, 특히 열역학과 통계역학, 빛과 색채 이론에 공헌한 바가 크다. 당시 케임브리지 대학의 동료 학자는 그를 가리켜 '물리학에서 실수를 모르는 사람'이라고 칭송했다. 맥스웰은 1863년에서 1864년 사이에 자신의 가장 중요한 논문을 발표했고, 10년 뒤에는 〈전기역학 논고Treatise on Electrodynamics〉를 선보였다. 후자는 서문에서 패러데이를 '확장된 전자기학의 아버지'라 칭하며 감사를 전한다. 맥스웰은 통합 이론은 단 6개의 적분 방정식, 또는 동등한 수의 미분 방정식으로 집약되었다. 한 세대가 지난 뒤, 런던 출신의 독학 수학자이자 물리학자인 올리버 헤비사이드(1850~1926)는 효율성이 향상된 벡터 해석학을 개발해 맥스웰의 방정식을 단 4개로 압축했으며, 이는 현대 과학자와 엔지니어에게 너무나 익숙하고 아름다운 공식이다.

$$\nabla \cdot E = \frac{\rho}{\varepsilon_0},\ \nabla \cdot B = 0,\ \nabla \times E = -\frac{\partial B}{\partial t},\ \nabla \times B = \mu_0 g E + \varepsilon_0 \mu_0 \frac{\partial E}{\partial t}$$

맥스웰 방정식. 처음 두 방정식은 '전기장과 자기장의 발산'을 뜻하며,
각각 독립된 스칼라 방정식이다. 나머지 두 방정식은 '전기장과 자기장의 회전'을
표현한 벡터 방정식으로, 각각 세 개의 개별적인 스칼라 방정식을 의미한다.
기호 ε_0, μ_0, g는 유전율誘電率, 투자율透磁率, 도전율導電率로서
전자기장과 전류의 매질이 갖는 특성이다.

벡터 해석학의 언어로서 첫 번째 방정식은 쿨롱의 힘(전하 사이의 인력과 척력)을 간결하게 표현한 것이다. 두 번째 방식은 자기 전하(자기 단극)가 존재하지 않는다는 의미이다. 세 번째 방정식은 패러데이의 전자기 유도 법칙(발전기의 원리)의 수학적 표현이다. 네 번째 방정

식은 앙페르의 회로 법칙이라 불리는 것으로, 자기장 안에서 발생한 전류 고리가 힘을 받고 회전하는 원리를 설명한다(전동기의 원리).

만약 우리가 특정한 수학적 연산을 한다면, 특히 세 번째 또는 네 번째 방정식에서 '회전의 회전'을 계산할 경우, 네 방정식 모두 어떤 속도(v)로 이동하는 전자기파에 대한 고전 파동 방정식으로 귀결됨을 알 수 있다.

$$v = \sqrt{\frac{1}{\varepsilon\mu}}$$

진공 상태에서 모든 전자기 복사는 빛의 속도(초속 300,000km)로 이루어진다는 것을 입증한 이 결과는 그것만으로도 맥스웰 방정식의 가장 위대한 업적 중 하나다. 전자기 복사는 파장이 가장 짧은 감마선에서부터 파장이 가장 긴 송전선 전류 복사선에 이르기까지 범위가 넓다. 가시광선은 전체 전자기 스펙트럼의 극히 일부일 뿐이다.

전자기 이론과 전기 기기, 즉 정전하, 전류, 전기력, 자기장의 원천, 자석, 전자기 복사로서의 빛 그리고 발명가와 엔지니어가 개발하는 전동기와 발전기 들이 갑자기 근본적인 수준에서 이해되고 최적화되었다. 이론과 실험의 결합은 두 분야의 동반 수직 상승을 촉진했다. 토머스 에디슨이나 니콜라 테슬라 같은 이들이 만든 장치는 더 이상 신비로운 마술 상자가 아니었다. 기본 물리 법칙으로 설명되는 전기 기기의 사례들이었다. 맥스웰의 전자기역학 통합은 1687년에 뉴턴이 고전역학을 통합해 출간한 책에 비견되는 업적이었다. 180년의

마이클 패러데이(1791~1867)와 제임스 클러크 맥스웰(1831~1879)의 초상화.
이 두 초상화는 뉴턴의 판화와 함께 알베르트 아인슈타인의 소장품으로
그의 서재에 걸려 있었다. 1993년 영국에서 가진 인터뷰에서 아인슈타인은
맥스웰을 가리켜 '내가 이 거인의 어깨 위에 서 있었다.'라고 했다.

간격을 두고 완성된 고전역학과 전자기 이론은 각각 완벽하게 작동하면서 상호보완적인 관계로 오늘날 물리학의 두 기둥으로 평가받는다.

두 이론 모두 절대적인 공간과 시간을 가정했다. 삼차원 공간(x, y, z)과 독립적 차원인 시간(t). 물체의 질량 m도 시간과 공간, 운동과 독립된 절대적인 값으로 여겼다. 두 이론 모두 발광성 에테르^{ether}의 존재를 가정했는데, 이는 우주 전체에 퍼져 빛을 전파하는 가상의 투명 매질이다. 모순적이게도 에테르는 그 안에서 천체들이 방해받지 않고 날아다니려면 부드러우면서 동시에 단단해야 했는데, 놀라울 정도로 빠른 빛의 속도는 제대로 설명하지 못했다. 뉴턴이 가정하고 맥

스웰이 발전시킨 에테르는 우주의 절대 정지 상태, 즉 고정 좌표계를 정의하는 데 편리한 도구였다.

11

상대성 혁명

사례 연구: 아인슈타인

이제 끝이로다, 악마가 외치나니, '보아라!'

아인슈타인이 있으라 하니, 세상이 복원되노라.

—존 C. 스콰이어[1]

1895년에 저명한 스코틀랜드 출신 아일랜드 물리학자 켈빈 남작
(1824~1907)은 전문가로서 견해를 피력했다. '공기보다 무거운 기계
로 하늘을 나는 것은 불가능하다.' 그리고 19세기가 저물어갈 무렵,
훌륭한 업적을 남긴 켈빈 남작은 물리학의 현황을 살피고 다시 한마
디 했다. '이제 물리학에서 새롭게 발견할 것은 없다. 더욱 정교하게
측정하는 일만 남았다.'

　이보다 불과 몇 년 전인 1887년, 어느 누구보다 정확하게 빛의 속
도를 측정해 이미 유명 인사였던 앨버트 A. 마이컬슨(1852~1931)은
에드워드 W. 몰리와 함께 에테르를 탐지하는 실험을 했다. 이들이 그
신비로운 물질을 찾아내는 데 실패하자 물리학의 많은 기본 전제가
흔들렸다. 아인슈타인의 상대성이론으로 그 난제들이 해결되는 것을
본 마이컬슨은 탄식했다. "내가 이 괴물을 만들어냈구나!" 그는 죽을

때까지 아인슈타인의 이론을 완벽히 이해하지 못했다. 수년 뒤 이 '실패한 실험'을 반추하며 아인슈타인은 '역사상 가장 중요한 과학 실험'이라고 평가했다.

켈빈 남작과 마이컬슨의 발언은 이후의 사건들로 인해 곧바로 퇴색된 '유명한 마지막 말'로서, 오만하고 부정적인 예언이었다. 켈빈이 그런 말을 했을 당시 이미 물리학은 최소 10여 년의 격동기를 겪고 황금기의 문턱에 서 있었다. 이 30년 황금기에 물리학은 뿌리째 흔들렸다. 그것도 한 번이 아니라 두 번! 이 시기는 300년 전 과학 르네상스의 부활 또는 '재탄생'이었으며, 그 끝자락인 1925년부터 1928년까지 3년은 물리학의 '르네상스 전성기'였다. 알베르트 아인슈타인은 레오나르도 다빈치가 예술에 그랬던 것처럼 물리학 발전에 중추적 역할을 했다. 이 시기에 탄생한 두 이론 모두 수학적으로 엄정하게 반직관적으로 정확히 표현되며, 이들이 제시한 새로운 패러다임은 우리가 세상을 보는 방식을 완전히 바꿔놓았다.

뉴턴의 고전역학과 맥스웰의 전기역학처럼 상대성 혁명도 과학적 결정주의에 기반을 둔다. 이 혁명은 한 사람의 공인데, 스스로 종종 언급했듯 그는 '신의 마음을 읽으려' 했다. 반면 양자역학의 토대는 과학적 비결정론이다. 그 기초 이론은 천재 집단의 산물로 전체의 성취가 개인 능력의 합을 훨씬 넘어선다. 비록 양자역학은 상대성 혁명보다 조금 더 일찍 부상하기 시작했고 아인슈타인의 결정적인 인정도 받았지만, 완성되기까지는 더 오랜 시간이 걸렸다. 양자역학에 대한 논의는 다음 장에서 이어가겠다.

새로운 이론이 야기하는 패러다임 변화에 대해 파인만은 이렇게 말했다.

자연의 원리를 이해하려는 과정에서 인간의 추론 능력은 가혹한 시험 대에 오른다. 이 섬세하고 교묘하며 아름다운 논리의 외줄타기에 성공하려면 섣불리 미래를 예측하는 우를 범해서는 안 된다. 양자역학과 상대성이론이 바로 그런 예이다.

아인슈타인은 더 간결하게 표현했다. '신은 난해하지만, 장난치지는 않는다.' 이 불멸의 명언은 1921년에 그가 처음 이 말을 했던 프린스턴 대학 파인 홀의 벽난로 장식에 새겨져 있다.

상대성이론은 두 단계로 등장했다. 특수 상대성이론(1905)과 일반 상대성이론(1915). 특수 상대성이론은 마이컬슨-몰리 실험의 무효 결과를 설명했으며, 자연철학자들이 처음으로 자연을 탐구한 이래 굳건히 자리 잡은 시공간의 패러다임을 완전히 바꿔놓았다. 또한 물리학의 두 중심 기둥, 즉 뉴턴의 고전역학과 맥스웰의 전기역학 사이의 풀리지 않는 수학적 비호환성 문제를 해결했다. 일반 상대성이론은 천체들로 이루어진 대우주를 이해하는 새로운 시각을 제시했으며, 우주 배경 복사(에테르와 혼동해서는 안 된다), 자체 무게로 붕괴하는 별들, 블랙홀, 중력 렌즈, 우주의 탄생과 확장을 설명해주었다.

19세기부터 남아 있던 문제들

박사 학위를 받고 불과 5년 만에 이미 베를린 대학 정교수가 된 하인리히 헤르츠는 1885년부터 두 쌍의 금속 전극 단자가 달린 장치로 실험을 진행했다. 한 쌍의 단자에 충분히 높은 전압차를 걸면 두 단자 사이에 불꽃 방전이 발생한다는 것은 물리학자들이 이미 아는 사실이었다. 하지만 헤르츠가 두 번째 장치를 첫 번째 장치 근처로 가져갔을 때, 첫 번째 단자들 사이의 방전이 두 번째 단자들의 방전을 유도했다. 맥스웰 방정식이 예측한 전자기 복사가 두 장치의 신호 전달 매개체 역할을 한 것이다. 2년도 안 돼 헤르츠는 두 번째 단자들을 자외선에 노출하면 전보다 낮은 전압에서도 방전이 더 쉽게 일어난다는 사실을 발견했다. 자외선 복사로 두 번째 단자에서 전자가 방출된다는 것을 입증한 헤르츠는 광전 효과(광자 흡수, 전자 방출)를 최초로 관측한 과학자가 되었다. 하지만 자세한 연구는 훗날 레나르트가 이 문제를 다시 거론하며 이루어졌다. 헤르츠는 뇌염에 걸려 1894년 36세의 나이로 요절했지만, 그가 남긴 어마어마한 풍요의 유산은 라디오, 레이더, 텔레비전, 휴대전화 같은 무선통신의 꿈을 실현시켰다. 그리고 주파수 단위가 그의 이름을 따 '헤르츠(Hz, 1초에 1주기)'로 정해지면서 불멸을 얻게 되었다.

마이컬슨-몰리 실험

헤르츠가 광전 효과를 관측한 해, 마이컬슨과 몰리는 오하이오 주 클리블랜드 케이스 응용과학 대학 지하 연구실에서 에테르 속의 지구 운동을 탐지하는 실험을 했다. 당시 학계의 변방이던 클리블랜드에서 첨단 과학 연구를 한다는 것은 1895년에 역시 클리블랜드에서 일어난 교통사고처럼 가능성이 낮은 일이었다. 당시 클리블랜드 전체에 자동차는 2대뿐이었다. 그 둘이 시내 교차로에서 충돌해 완파되었다. 믿기 어려운 일도 실제로 일어나는 법이다!

지구에서 경험하는 '에테르 흐름'을 이해하는 도식적 비유로 '강 문제'가 자주 쓰인다.[2] 아래 제시한 도표의 위쪽 두 그림에서, 길이가 L인 강이 오른쪽으로 흐른다고 가정하자. 신체적 능력이 동일한 일란성 쌍둥이 래리와 개리가 수영 시합을 한다. 래리는 A에서 B까지, 즉 강의 길이 L만큼 강물이 흐르는 방향으로 헤엄치고, 다시 B에서 A로 물살을 거슬러 헤엄친다. 개리는 A에서 C까지 강물의 방향과 수직으로 헤엄친 다음 A로 돌아온다. 정지된 물에 대한 두 수영자의 속도는 c, 육지에 대한 강물의 속도는 v로 표시한다.

강에서 수영하기

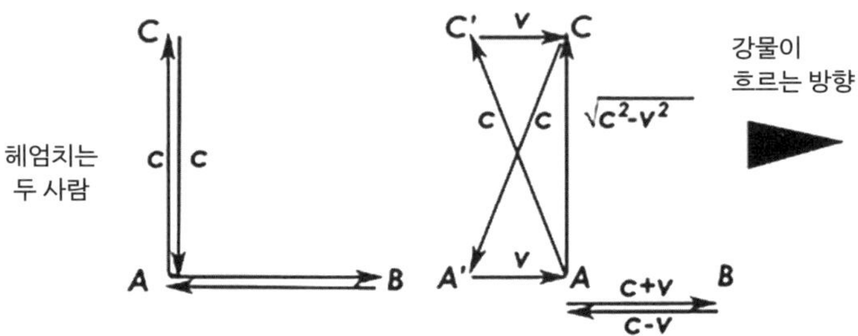

에테르를 통과하는 광선

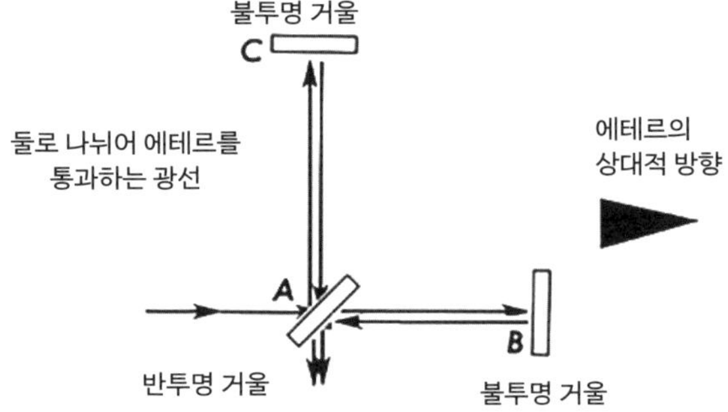

상단 왼쪽 그림에서, 물이 흐르지 않을 때($v=0$) 두 쌍둥이는 출발점 A로 동시에 돌아온다. 하지만 속도 v인 물살이 존재하면 래리는 조합 속도 $(v+c)$로 하류로 갔다가 $(v-c)$로 상류로 돌아온다. 개리는 하류로 밀려가지 않으려면 조금 상류 지점인 C'를 목표로 삼아야 반대편 물가 C에 도달한다. 이때 강을 비스듬히 가로지르는 조합 속도는 피타고라스 정리로 구할 수 있다.

$$\sqrt{c^2 - v^2}$$

　이어서 개리는 상류의 A′ 지점을 목표로 삼아야 A로 돌아올 수 있다. 래리와 개리의 소요 시간을 비교하는 이 문제의 일반적인 해법은 단순힌 비율로 귀결된다.

$$\frac{t_{래리}}{t_{래리}} = \frac{1}{\sqrt{1 - \frac{v^2}{c^2}}}$$

　물살이 없을 경우(v=0, 이 비율은 $t_{래리} = t_{개리}$가 되어 래리와 개리의 시합은 무승부가 된다. 만약 강물의 속도가 수영자들의 속도와 같거나 빠르면($v \geq$ c), 이 문제의 답은 허수(음수의 제곱근)이 된다. 두 수영자 모두 강물에 떠내려가 돌아올 수 없다. 하지만 일반적인 경우, 즉 $0 \langle v \langle c$일 때는 분자가 분모보다 커져 $t_{래리} \geq t_{개리}$가 된다. 따라서 수직으로 헤엄치는 개리가 시합에서 이긴다. 이 해석은 두 쌍둥이가 강을 횡단하고 평행으로 헤엄치는 경우뿐만 아니라 가상의 에테르 속에서 빛의 수직 경로와 수평 경로에도 적용된다.

　마이컬슨과 몰리가 개발한 간섭계干涉計는 세 개의 거울과 광원을 대리석 판 위에 배치하고 수은 위에 띄워 놓은 소형 장치다(수은은 대리석보다 무거워 진동을 흡수하고, 간섭계를 90°로 돌려 수평 팔과 수직 팔의 위치를 서로 바꿀 수 있다). A 지점의 반투명 편광 거울을 입사광의 방향에 45°로 놓으면, 광선의 50%는 B 지점의 불투명 거울에 수직으로 가고, 나머지 50%는 C 지점의 불투명 거울로 직진한다. 간섭계의 '수평 팔과 수직 팔'의 길이는 각각 1미터였다. 반사되어 돌아온 두 광선이 A 지점에 모이면, 동시에 돌아와서 위상이 일치하는지 아니면 한쪽의 소요 시간이 다른 쪽보다 긴지 비교했다. 간섭계는 클리블랜드 실험실에 고정돼 있고 클리블랜드는 우주 공간을 운행하는 지구의 일부이므로, 두 광선이 A 지점에 도달한 시간은 달라야 했다. 즉, 수직 광선이 수평 광선보다 먼저 도착했어야 한다.

막상 실험을 해보니 두 광선은 정확히 동시에 A 지점으로 돌아왔다. 에테르가 발견되지 않은 것이다! 아일랜드의 피츠제럴드와 네덜란드의 로렌츠는 간섭계의 수평 팔이 실제로 수축했을 거라고 추측했고, 그래서 다음과 같은 시가 탄생했다.

> 피스크라는 젊은이가 살았지
> 놀라운 검술의 소유자였어
> 찌르기가 어찌나 빠르던지
> 로렌츠 수축이 일어나
> 검이 원반으로 변했다네

X선

1895년에 독일 물리학자 빌헬름 뢴트겐(1845~1923)은 뷔르츠부르크 대학에서 음극선을 연구하던 중, 자외선보다 파장이 훨씬 짧은 새로운 종류의 복사선을 발견하고 'X선'이라 명명했다. 인체를 투과해 부드러운 조직과 단단한 조직을 구별하는 능력을 가진 X선은 최초의 의학용 방사선 촬영 도구가 되었다. 뢴트겐은 1901년에 최초로 노벨 물리학상을 받았다.

라듐과 폴로늄, 퀴륨의 어머니

'그녀의 삶에서 가장 위대한 과학적 업적은 방사성 원소의 존재를 증명하고 분리해낸 것으로, 대담한 직관뿐만 아니라 상상하기 어려운 극한의 고난을 이겨낸 헌신과 끈기 덕분이며, 이는 과학사에서 자주 볼 수 없는 사례이다.' 아인슈타인의 말이다. 스스로도 고난에 익숙했던 그가 개인적으로 공감과 존경을 표한 마리 퀴리(1867~1934)는 20세기 초 과학 르네상스의 선구자중 한 사람이었다.

아인슈타인의 찬사에 깔려 있는 명확한 메시지는 여성이 결코 남성보다 창의성이 떨어지지 않는데도 사실상 뛰어넘을 수 없는 편견의 장벽에 직면한다는 사실이다. 수천 년을 이어온 가부장제 사회에서 여성이 예술과 과학 분야에서 남성과 동등한 수준의 걸작을 창조하기는 지극히 어려웠다. 하지만 퀴리는 불가능을 극복하고 과학자로서 우뚝 섰다. 그녀의 업적은 두 차례 노벨상 수상을 일궈냈다. 1903년에 물리학상, 1911년에는 화학상을 수상했다. 또한 그녀는 혼자서 두 딸을 키워냈다. 둘째 딸은 노벨 화학상을 수상했고, 첫째 딸은 어머니의 생애가 담긴 훌륭한 전기를 썼다.

　대학 졸업 후 마리 퀴리는 빌헬름 뢴트겐이 창시한 흥미진진한 새로운 분야였던 X선 물리학 연구에 뛰어들 수도 있었다. 하지만 앙리 베크렐(1852~1908)의 연구 조교로 일하며 인광燐光을 연구했다. 이는 특정 결정형 광석을 햇빛 자외선에 노출하면 빛이 나는 현상이다. 하지만 이 빛은 점차 약해져 사라진다. 그녀의 동료 연구원이었던 여덟 살 연상의 피에르 퀴리는 곧 그녀와 결혼했다. 베크렐이 연구 대상으로 삼은 다양한 광물 주에는 피치블렌드(역청우라늄석)라는 거무스레한 광석이 있었다. 이 광물 표본이 방출하는 특이한 방사선은 파장이 가시광선보다 훨씬 짧고, X선보다도 훨씬 짧았으며, 고체를 관통하는 성질이 있었다. 1898년 12월 21일의 이 발견은 순전히 행운이고 완벽하게 확실했지만, 몇몇 사고와 소통 오류의 결과였다.

　퀴리 부부는 피치블렌드 더미를 삽으로 퍼 나르고 화학적 분리 기법을 이용해 그 광물 안에서 원인 물질을 규명하는 고된 작업에 착수했다. 결국 티스푼 하나도 안 되는 소량의 순수 방사성 물질을 추출했는데, 이 물질이 내는 빛은 인광처럼 흐려지지 않았다. 마리 퀴리는 방사성 물질이 내뿜는 방사선이 분자가 아니라 원자에서 방출되는 것일 수 있으며, 이 과정은 화학 작용이 아니라는 가설을 최초로 제시했다. 당시 원자의 존재에 대해서는 여전히 논란이 분분했다. 전자를 발견한 조지프 J. 톰슨은 '만약 원자가 존재한다면, 아마도 음전하를 띤 전자들이 양전하 물질 덩어리에 박혀 있는 형태일 것이다.'라고 짐작했다. '건포도 푸딩 모델'이라 불리는 이 가설은 원자의 총 전하가

피치블렌드에서 화학적으로 라듐을 추출하는 마리 퀴리와 피에르 퀴리

중성이라는 뜻이었다.

베크렐 연구진의 발견으로부터 15년 뒤, 뉴질랜드 출신 핵물리학자 어니스트 러더퍼드는 맨체스터 대학에서 금박 실험을 했다. 그는 비닐 랩처럼 생긴 매우 얇은 금박 조각에 방사성 물질에서 나오는 알파 입자를 쏘았다. 놀랍게도 많은 알파 입자들이 큰 각도로 튕겨 나갔다. 이 현상에 대해 러더퍼드는 유명한 말을 남겼다. "15인치 해군 포탄을 종이에 쐈더니 내 얼굴로 튕겨 나왔다!" 새로운 원자 구조의 필요성을 느낀 그는 '핵을 품은 원자'를 제시했다. 음전하를 가진 전자

들이 양전하를 띠는 굉장히 작지만 극도로 무거운 핵 주위를 돈다는 가설로, 이 역시 원자의 총 전하가 중성이라는 뜻이었다. 1932년에 제임스 채드윅이 중성자(n)을 발견하면서 더욱 정교한 모델이 등장했다. 여기서 원자핵은 양전하를 띠는 양성자(p)와 전하가 없는 중성자로 구성된다. 외곽을 도는 전자들이 붕괴하면 가시광선이 방출되고, 가장 안쪽에서 도는 전자들이 붕괴하면 뢴트겐의 X선이 방출되며, 베크렐 연구진이 발견한 방사선은 원자핵에서 방출된다. 원자핵은 알파(a), 베타(b), 감마(g)의 형태로 방사선을 내뿜는데, 알파 입자는 양성자 2개와 중성자 2개, 베타 입자는 전자 1개, 감마 입자는 광자 1개로 이루어진다.

자연에서 발견되는 방사성 물질 중 하나는 수명이 긴 우라늄 동위원소인 우라늄-238이다(양성자 92개와 중성자 146개로 이루어진 원자핵 주위를 전자 92개가 돈다). 이 원소는 여러 단계의 붕괴를 거치면서 알파선, 베타선, 감마선을 방출하고 마지막에 납-206이 된다. 이 안정된 핵종은 무한한 반감기를 갖는다. 이에 비해 우라늄-238의 반감기는 45억 년이며, 다른 우라늄 동위원소들은 반감기가 훨씬 짧다. 45억 년이 지나면 우라늄-238의 양은 처음의 절반으로 줄고, 2차 반감기 후에는 4분의 1만 남게 된다.

더 자주 언급되는 동위원소 우라늄-235(양성자 92개, 중성자 143개로, 반감기는 7억 3,500만 년)는 동위원소 우라늄-238과 유사한 붕괴 사슬을 보인다. 하지만 우라늄-235의 더 중요한 특징은 핵분열에 의해 쉽게 변한다는 것으로, 이 원리를 이용하면 엄청난 양의 핵에너지를 사용할 수 있다.

주기율표의 가벼운 원소들 사이에서는 또 다른 종류의 핵반응이 일어난다. 강한 고열과 고압 상태에서 수소 핵과 헬륨 핵은 융합한다. 핵분열보다 훨씬 강력한 핵융합은 별이 수십억 년을 살면서 끊임없이 에너지를 발산하는 원리이다. 또한 인간이 만든 수소 폭탄(열핵폭탄)의 원리로서, 여기에 필요한 압축열과 고압은 방아쇠 역할을 하는 원자폭탄을 터뜨려 생성한다. 필자뿐만 아니라 많은 물리학자들도 제어된 핵융합 기술이 미래 문명의 궁극적인 원천이 되리라 생각한다. 바다의 중수소 원자들에 저장된 거의 무한한 에너지를 활용할 수 있기 때문이다. 2022년 12월 5일에 미국 로런스 리버모어 국립 연구소는 관성밀폐융합 점화(압축과 가열로 핵융합 반응을 일으키는 프로세스-옮긴이)에 성공했다고 발표했다.

탄소의 동위원소 탄소-14는 반감기가 약 5,700년으로, 한때 살아 있었거나 현존하는 유기물의 자취, 즉 뼈나 상아, 조개껍데기, 나무, 가죽, 미라의 살 등의 연대 측정에 쓰인다. 하지만 화석 연대 측정에는 적합하지 않은데, 한때 살아 있던 생물 세포의 원자가 주변 땅의 무기물 원자로 하나하나 대체되기 때문이다. 유기체가 죽는 순간부터 시계가 돌기 시작해 10번의 반감기(57,000년)가 지나면 본래 방사능이 대략 1천분의 1로 줄어 탄소-14 측정의 신뢰성이 대폭 떨어진다. 신석기 시대 유기물 흔적의 연대는 측정할 수 있지만, 6,600만 년 전 공룡 화석이나 그 이전 화석 표본은 탄소-14가 남아 있지 않아 측정이 곤란하다. 마리 퀴리 사후 수십 년에 걸쳐 이런 현상들은 대부분

이해되었다.

마리 퀴리는 통찰력과 끈기를 갖춘 총명한 과학자이면서 동시에 지극히 인간적이었다. 1906년 4월, 그녀의 소중한 남편 피에르는 파리에서 길을 건너다 마차에 치여 46세를 일기로 별세했다. 4년 뒤, 마리 퀴리는 다섯 살 연하의 남성과 연인 사이가 되었다. 상대는 유부남 폴 랑주뱅(1872~1946)으로, 네 아이의 아버지이자 한때 그녀의 남편 밑에서 박사 과정을 밟은 물리학자였다. 두 사람은 뜨거운 연애편지를 주고받았으며, 소르본 근처에 함께 살 아파트를 얻어 몰래 살림까지 차렸다. 불륜이 들통 나자 두 사람 모두 욕을 먹었지만, 퀴리에게 훨씬 더 큰 비난이 쏟아졌다.

1927년 솔베이 회의의 유명한 사진에서 마리 퀴리는 앞줄에 앉아 있고, 왼쪽 바로 옆에 플랑크, 오른쪽에는 로런츠와 아인슈타인, 랑주뱅에 보인다.

1911년에 스톡홀름 노벨위원회가 퀴리를 화학상 단독 수상자로 발표했지만, 프랑스 일간지는 랑주뱅과 퀴리의 관계를 추잡한 불륜으로 몰아가면서 조롱조로 퀴리를 '외국 출신의 해방된 여성 지식인'이라 불렀다. '그녀는 한 집안의 아버지를 가정 파괴범으로 내몰았다.[3] 도덕군자를 자처하던 출판업자 귀스타브 테리는 퀴리의 연애편지 일부까지 공개했다. 이에 격분한 랑주뱅은 결투 신청으로 반격했다. 다행히 두 사람 모두 목숨을 잃지는 않았다.

스웨덴에서도 퀴리와 랑주뱅의 불륜 폭로를 달가워하지 않았다. 노벨위원회 위원장 스반테 아레니우스는 퀴리에게 연락해 명예가 회복될 때까지 수상을 보류해 달라고 요청했다. 퀴리는 놀랍도록 침착하게 답장을 썼다. '이 상은 라듐과 폴로늄을 발견한 공로로 저에게 수여된 것입니다. 저의 과학 연구와 사생활 간에는 아무런 관련이 없다고 생각합니다.'

노벨상을 넘어 과학자에게 최고의 영예는 기본 물리 단위에 자신의 이름이 붙는 것이다. 힘의 단위 뉴턴, 압력의 단위 파스칼, 전하의 단위 쿨롱, 전류의 단위 암페어, 저항의 단위 옴 등이 그런 예이다. 1910년에 라듐 동위원소 라듐-226 1그램의 방사능을 나타내는 단위가 퀴리로 정해졌다. 또 다른 엄청난 영예는 자연 원소에 자신의 이름이 붙는 것이다. 예컨대 아인시타이늄은 양성자 99개를 가진 99번 원소의 이름이다. 마리 퀴리가 숨을 거두고 10년 뒤, 버클리 대학의 입자가속기로 양성자를 플루토늄 원자에 충돌시키는 과정에서 원자번호 96번에 해당하는 원소가 발견되었다. 이 원소는 퀴리 부부를 기리는 뜻으로 퀴륨이라 명명되었다.

마리 퀴리는 생전에 시기적절하게 인정받은 드문 여성 과학자 중 한 사람이었다.[4] 하지만 엄청난 성차별의 대상이기도 했다. 두 차례의 노벨상을 비롯해 수많은 상을 받았는데도, 결국 프랑스 과학한림원 회원으로 받아들여지지 않았다. 소르본 대학 교수 자리도 남편의 갑작스러운 죽음 뒤에야 주어졌다. 평생 방사성 물질을 다루며 얻은 백혈병으로 67세에 생을 마감한 마리 퀴리는 과학의 순교자였다.

전자, e-

1897년 케임브리지 대학의 조지프 J. 톰슨(1856~1940)은 음극선을 전기장 E와 자기장 B에 통과시키는 실험으로 음극선이 연속된 복사가 아니라 개별 입자로 구성되어 있다는 사실을 발견했다. 이 실험으로 확인한 개별 입자, 즉 전자의 전하-진량 비율은 $e^-/m = -1.76 \times 10^{11}$C/kg이었다. 이렇게 전자의 전하-질량 비율은 정해졌지만, 전자의 전하와 질량을 각각 특정할 수는 없었다. 1911년 로버트 A. 밀리컨은 기름방울 실험으로 마침내 전자의 전하 $e^- = -1.61 \times 10^{-19}$C(쿨롱)과 전자의 질량 $m = 9.1 \times 10^{-31}$kg을 계산해냈다.

이제 전자의 전하와 질량을 알았으니, 두 전자 사이에 나타나는 정전기적 반발(전하의 작용)과 중력(질량의 작용)의 상대적 힘을 계산할 수 있었다. 놀랍게도 그 결과는 10^{42}로, 우주에서 자연 발생하는 상수 중 가장 큰 값이다.

흑체 복사

19세기 말에 또 다른 미해결 문제는 흑체 복사였다. 흑체는 내부에 무정형의 공동空洞이 있고, 외부에서 안으로 구멍을 뚫어 놓은 금속 블록이다. 이 블록이 차가울 때, 구멍이 전체에서 가장 어두운 지점이다. 열을 가해 블록이 매우 뜨거워지면, 구멍은 가장 밝은 부분이 된다. (따라서 블록이 차가울 때 가장 효율적인 흡수체가 블록이 뜨거울 때 가

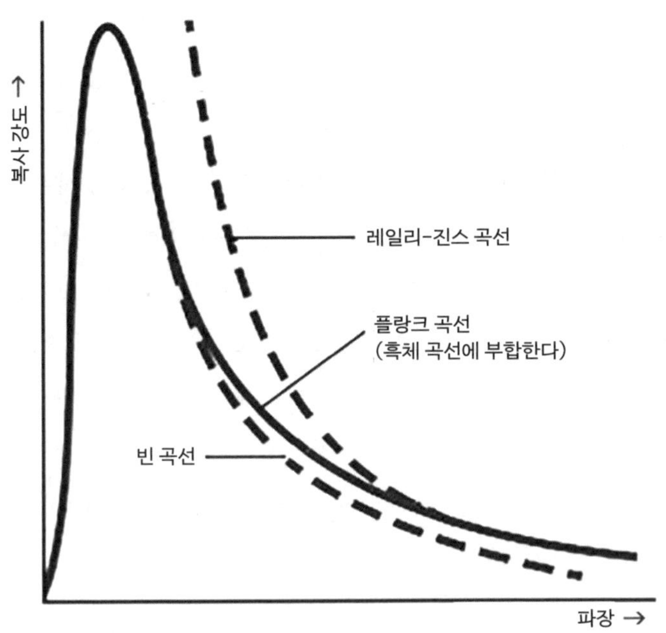

흑체 복사 분포도.
세로축은 복사 강도이고 가로축은 파장이다.
각기 다른 세 곡선을 보면 빈의 고전 이론은 '준수하고', 레일리-진스는 '참담하며',
플랑크의 양자 이론은 '완벽하다'.

장 효율적인 방출체이다.) 구멍에서 나오는 복사, 즉 흑체 복사는 독특한 분포를 보인다. 복사 강도를 파장에 따라 그래프로 표시하면 이 분포가 나타난다. 왜곡된 종형 곡선에서 짧은 파장의 기울기가 긴 파장 쪽보다 가파르다.

이 특이한 분포를 설명하는 가설은 두 가지였다. 첫 번째는 독일 물리학자 빌헬름 빈(1864-1928)이 제시한 이론으로, 유사성 기반의 물리학적 접근이었다. 빈이 제시한 곡선은 흑체 곡선과 유사할뿐더러 짧은 파장에서는 실험 곡선과 거의 정확히 일치했다. 이 결과는 물리학자들의 의욕을 북돋았다. 하지만 빈의 이론은 기본 원리로부터 도출한 것이 아니기에 좋은 평가를 받지 못했다. 이에 맞서 레일리 남작 존 윌리엄 스트럿 (1842~1919)과 제임스 진스(1877~1946)가 제시한 이론의 곡선은 실험 곡선의 긴 파장에는 들어맞았지만, 짧은 파장에서는 경로를 이탈해 거의 수직 상승하는 참담한 양상을 보였다. 하지만 이 실패한 이론은 굳건히 자리 잡은 전자기 이론과 통계역학을 토대로 한 것이어서 진지하게 받아들여졌다.

마침내 1900년 12월에 막스 플랑크(1858~1947)는 흑체에서 방출하는 전자기 복사가 양자로 이루어져 있으며, 에너지를 가진 개별 묶음으로 방출된다는 것을 입증했다.

$$E = hv = \frac{hc}{\lambda}$$

이 방정식에서 c는 빛의 속도를 뜻하고, v와 λ는 각각 진동수와 복사 파장이며, h는 플랑크 상수(6.63×10^{-34}J·s)이다. 빛은 개별 묶음 형태로 방출되며, 플랑크는 이를 양자라 명명했고 후대 과학자들은 광자라고 불렀다.

복사가 양자로 구성된다는 개념에 당황한 과학자들은 곧바로 의문을 제기했다. '복사가 광자라는 불연속적인 묶음 형태로 방출된다면, 시공간을 통과할 때도 불연속적인 상태가 유지되는가?' 플랑크는 이 문제를 신경 쓰지 않았다. 그의 우선 과제는 흑체 곡선을 수학적으로 설명하는 것으로, 하나의 수학적 장치를 활용해 목적을 달성했다. 따라서 그 결과는 임시 가설이었던 셈이다. 심지어 자신이 만든 이론의 후폭풍을 바로 예측하지 못했다. 2주 뒤, 20세기의 첫날이 밝으면서 세상을 뒤흔들 물리학의 30년이 시작되었다.

아인슈타인의 첫 번째 아누스 미라빌리스

월터 아이작슨의 대표적인 아인슈타인 전기[5]는 1905년에 이 젊은 물리학자가 친구 콘라트 하비츠에게 보낸 편지로 문을 연다.

> 자네에게 논문 네 편을 약속하네.…… 첫 번째는 빛의 복사와 에너지 성질을 다룬 아주 혁명적인 논문이야. 두 번째는 원자의 실제 크기를 확정한 연구이고, 세 번째 논문은 물에 뜬 미세 입자[꽃가루]의 불규칙 운동을 설명하지. 네 번째 논문은 아직 초고 단계로, '움직이는 물체의 전기역학에 관하여'일세.

추신으로 다섯 번째 논문을 추가할 수도 있었을 것이다. 비록 당시에 아직 완성하지는 못했지만, 네 번째 논문의 연장선인 이 논문에 실릴 에너지와 질량의 등식은 모든 과학 분야에서 가장 유명한 방정식 $E=mc^2$이다.

아인슈타인이 26세가 된 1905년은 23세의 뉴턴이 폭발적인 창조의 시기를 경험한 1665년부터 1666년까지의 1년과 자주 비교된다.

일상에서 아인슈타인의 과제는 균형 잡기였다. 특허청 직원으로 날마다 일하면서, 틈틈이 당시 물리학자들을 괴롭히던 가장 어려운 문제들과 씨름하고, 동시에 한 살배기 아들 한스 알베르트를 무릎에 앉히고 놀아주었다. 1903년에서 1905년까지 이들 가족이 살았던 스위스 수도 베른 크람가세 48번지 아파트는 오늘날 '아인슈타인하우스'로 불리며, 그곳에서 아이슈타인은 기적의 해를 맞이했다.

광전 효과

20세기 초에 필리프 레나르트는 유럽에서 가장 뛰어난 실험 물리학자 중 한 사람으로 평가받았다. 1902년에 그는 두 개의 평행 금속판(전극)을 진공 유리관 안에 설치한 장치를 개발했다. 자외선을 투명한 유리관을 통해 한쪽 금속판 표면에 쏘니 '광전자'가 방출되었다(평범한 전자이지만, 빛의 의해 방출되는 원리 때문에 붙은 명칭이다). 두 금속판에 가변 전압을 걸어 회로를 완성하자, 전자들이 맞은편 금속판으로 쏠렸다(전압을 반대로 걸면 금속판들 사이의 전자 흐름이 멈췄다). 이 전류의 흐름, 즉 광전류를 전류계로 기록할 수 있었다. 음극선에 관한 혁신적인 발견의 공로로 노벨상 위원회는 레나르트에게 1905년 물리학상을 수여했다. 아인슈타인은 빛이 입자이면서 파동이라는 이중성 개념을 설정했다. 즉, 빛이 입자처럼 작동하는 물리적 현상과 파동처럼 작동하는 현상이 존재한다는 것이다.

광전 효과에서 빛은 입자 성질을 보이는데, 마치 '덩어리'처럼 금속판 표면의 광전자들을 밀쳐서 방출시킨다. 파장이 λ인 복사선의 에너지는 h/λ이다.

이 관계는 두 가지 등식으로 표현된다.

$$h\nu = h\nu_0 + T_{max} \ \frac{hc}{\lambda} = \frac{hc}{\lambda_0} + \frac{1}{2}m{v_{max}}^2$$

이들 방정식의 좌변은 입사 복사선의 에너지를 뜻하며, 각각 진동수 ν와 파장 λ로 표현되어 있다. 우변의 첫 번째 항들은 광전 효과 일함수이고(각각 최소 진동수 ν_0와 최대 파장 λ_{max}로 표현되어 있다), 두 번째 항들은 광전자가 가질 수 있는 최대 운동 에너지 T_{max}를 나타낸다. 운동 에너지는 양의 값이어야 하므로, 입사 에너지는 광전자가 방출되는 문턱 에너지보다 커야 한다. 이 설명으로 아인슈타인은 1900년 플랑크의 흑체 복사 이론, 즉 빛은 양자로 방출된다는 이론을 부활시켰다. 하지만 대답하지 못한 질문이 남아 있었다. '빛의 양자 성질이 복사의 수명 내내, 심지어 수백만 광년 거리를 이동한 뒤에도 유지되는가?'

아인슈타인은 광전 효과 연구로 1921년 노벨 물리학상을 받았지만, 훨씬 더 큰 업적인 특수 상대성이론과 일반 상대성이론은 이후 몇 년간 제대로 인정받지 못했다. 1905년 아인슈타인이 밝혀낸 빛의 이중성은 양자 이론 발전에 크게 기여했다. 20년 뒤, 루이 드 브로이는 빛의 이중성을 이어받아 입자로도 확장해, 이들 또한 어떤 물리적 현

상에서는 입자로 작용하고 다른 현상에서는 파동으로 작용하는 이중
성을 가진다고 주장했다.

질량과 속도의 곱으로 정의되는 운동량을 가진 입자는 파장을 가
진 파동으로 간주할 수 있다.

$$\lambda = \frac{h}{운동량}$$

같은 해(1905) 아인슈타인은 브라운 운동 이론을 정립하고, 원자
의 크기에 대한 질문에도 답했다. 이 시점에 현실적인 결정을 내려야
했다. 박사 학위 요건을 충족하려면 어느 논문을 제출해야 좋을지 고
민했다. 결국 논란이 적을 법한 원자 크기에 관한 논문을 선택했다.
브라운 운동에 대한 논문에서 아인슈타인은 꽃가루 미세 입자들과
무작위로 충돌하는 원자 수백만 개의 알짜힘을 계산해 원자의 존재
를 입증하고 크기를 구했다.

특수 상대성이론

특수 상대성이론은 관성 좌표계에만 적용된다(정지 상태이거나 등속
운동하는 좌표계). 이 이론에서 아인슈타인은 두 가지 전제로 출발했
다. 첫 번째는 갈릴레오가 처음 제시한 것이고, 두 번째는 아이슈타인
자신의 반직관적 가정이었다.

(1) 17세기에 갈릴레오가 처음 제시한 상대성 원리(상대성이론과 구별된다)에 따르면, 등속 운동하는 기준 좌표계 안에서는 좌표계 자체의 운동을 감지하는 실험이 불가능하다.

(2) 모든 관측자는 자신과 광원의 상대적 운동에 상관없이 빛의 속도를 동일한 상수 c로 측정하게 된다.

이 전제들은 시간과 공간의 절대성을 부정하고, 오로지 빛의 속도만 절대적인 것으로 간주한다. 관성 좌표계는 실제로 무한히 존재할 수 있고, 이들은 상대적 운동으로 규정된다. 서로 다른 좌표계에서 측정한 값은 모두 다르면서 모두 맞을 수 있다. 지구상의 정반대 지점(예를 들어 미국 뉴욕과 호주 퍼스)에서 하늘로 레이저 광선을 쏜다면, 상식적이고 직관적인 뉴턴 물리학에서는 두 광선이 조합 속도($c+c=2c$)로 서로에게서 멀어진다고 할 것이다. 아인슈타인의 반직관적이고 상대적인 물리학에 따르면, c와 c를 더한 값은 c이다($c+c=c$).

물리학자들은 물리 법칙이 보편적이라는 간단한 진술을 굳게 믿는다. 물리 법칙은 우주 어디서나 동일하고 모든 관성 좌표계에서 동일하다는 것이다. 물리 법칙의 수학적 표현을 검증하려면 갈릴레오-뉴턴(G-N) 변환을 적용해야 하는데, 4개의 단순한 방정식으로 이루어진 이 방법은 17세기부터 존재했다. 법칙의 동일성, 즉 '불변성'을 확인하기 위해, 물리적 좌표 (x, y, z, t)로 이루어진 고정 좌표계와 좌표 (x', y', z', t')로 이루어진 이동 좌표계를 설정한다. x방향으로의 이동과 보존에 대한 G-N 변환은 다음과 같다.

$$x' = x - vt, y' = y, z' = z, t' = t$$

G-N 변환을 뉴턴 법칙에 적용하면, 이 법칙들은 변함없이 동일하다. 즉, G-N 변환에 대해 불변한다. 이를테면 뉴턴의 제2법칙 F=ma는 그냥 F=m′a′가 된다. 비행기 내부 바닥에 공을 튕기면 실험식 바닥에 튕길 때와 똑같이 튕길 것이다. 양쪽 좌표계 모두 공은 위아래로 진동하는 것으로 보인다. 하지만 비행기 바깥의 좌표계(새로운 좌표계)에서 관찰하면, 공의 궤적은 농부 존의 밭, 농부 브라운의 밭, 농부 스미스의 밭 등등 위에서 통통 튀는 연속된 포물선으로 보일 것이다. G-N 변환을 맥스웰 방정식에 적용하면 이 방정식들은 불변하지 않는다. 이는 곧바로 맥스웰 이론의 보편성을 위태롭게 한다.

19세기가 저물어갈 무렵, 로런츠는 특히 맥스웰 방정식이 변하지 않도록 4개의 새로운 변환 방정식(로런츠 변환)을 제시했다.

$$x' = \frac{x - vt}{\sqrt{1 - \frac{v^2}{c^2}}}, y' = y, z' = z, t' = \frac{t - \frac{xv}{c^2}}{\sqrt{1 - \frac{v^2}{c^2}}}$$

하지만 이 변환을 적용하면 뉴턴의 법칙은 바뀌었다. 이 변화는 뉴턴의 이론을 위태롭게 했다. 물리 법칙과 마찬가지로 올바른 변환 검증은 모든 물리 법칙에 보편적이고 동일해야 한다. 물리 법칙마다 다른 변환을 적용해서는 안 된다. 물리학의 기둥인 두 이론의 수학적 비호환성은 고전역학의 창공에 커다란 균열을 일으켰다. 문제는 두 변환 중 어느 쪽이 옳으냐는 것이었다. 아니면…… 둘 다? 하지만 G-N 변환을 수용하면 맥스웰의 물리 법칙이 붕괴하고, 로런츠 변환을 인정하면 뉴턴의 고전역학이 무너졌다. 결국 뉴턴의 법칙과 맥스웰의 이론 중 하나 또는 모두 극단적인 수정이 필요했다. 빛의 속도에 관한 반직관적인 두 번째 전제로 아인슈타인은 로런츠 변환과 맥스웰 방정식이 모든 속도에 대한 올바른 조합이라고 판단했으며, G-N 변환은 일상적인 속도의 근사치에 불과하므로 거부하고 뉴턴의 법칙에는 '상대론적 수정'이 필요하다고 보았다.

특수 상대성이론의 효과들

• 길이 수축, 시간 지연, 쌍둥이 패러독스

한 사람은 자신의 기준 좌표계에서 길이 또는 거리를 측정해 (고유 길이)로 기록하고, 한 사람은 또 다른 관성 좌표계에서 '같은 길이'를 (비고유 길이)로 기록한다. 로런츠 변환을 적용하면 고유 길이와 비고유 길이의 관계, 고유 시간과 비고유 시간의 관계, 고유 시간 t'와 비고유 시간 t의 관계, 고유 질량(정지 질량) $m0$과 비고유 질량 m의 관계는 다음과 같이 표현된다.

$$l' = \frac{l}{\sqrt{1 - \frac{v^2}{c^2}}}, \, t = \frac{t'}{\sqrt{1 - \frac{v^2}{c^2}}}, \, m = \frac{m_0}{\sqrt{1 - \frac{v^2}{c^2}}}$$

우주선 안에 단위 길이 1.00(피트, 야드, 미터 등등)으로 정의된 고유 길이를 갖는 정밀한 측정봉을 둔다. 우주선이 광속의 50%($v = 0.5c$)로 이동하면, 우주선 밖에서는 같은 측정봉이 본래 길이의 87%에 해당하는 비고유 길이로 보일 것이다. 우주선의 운동을 인지하지 못하면서 측정봉 옆에 누워 같은 방향으로 이동하는 우주비행사도 본래 신장의 0.87배로 줄어들 것이다. (이를테면, 원래 신장 6피트가 5피트 2인치로 줄지만 본인은 알지 못한다.) 광속의 99%에 이르면 측정봉의 비고유 길이는 본래 길이의 고작 14%로 줄어든다. (우주비행사가 스스로 잰 자신의 키는 여전히 6피트이지만, 외부 관찰자에게는 10인치에 불과하다.) 마침내 v가 c에 다다른 한계 속도($v=c$)에서는 측정봉과 우주비행사의 비고유 길이가 0으로 귀결된다!

일란성 쌍둥이 개리와 래리가 2000년 3월 14일에 몇 분 차이로 태어났다고 가정하자. 30세가 된 2030년 3월 14일에 래리는 우주선을 타고 '순식간에' 광속의 99%에 도달해 등속으로(관성 좌표계 안에서) 이동한다.[6] 정확히 10년 후 돌아온 래리는 우주선 안의 원자시계와 똑같이 지구의 날짜가 2040년 3월 14일일 거라 예상한다. 하지만 개리가 존재하는 지구 관성 좌표계의 시간은 71년이 흘러 게리는 101살이 되었을 것이다. 과연 둘은 여전히 일란성 쌍둥이일까? (당연히 외모는 40살과 101살로 보일 것이다.)

• 비상대성(선형) 속도 가감과 상대성(비선형) 속도 가감

A를 중심으로 하는 관성 좌표계가 있고, B를 중심으로 하는 두 번째 관성 좌표계는 v의 속도로 A에서 멀어진다고 가정하자. 마지막으로, 관성 좌표계 C에 있는 물체가 A에 대해 속도 u로 이동하고, B에 대해 속도 u′로 이동한다고 가정하자.

관성 좌표계 A에서 점 C의 좌표는 (x, y, z, t)로 표시되고, 관성 좌표계 B에서 같은 점 C′의 좌표는 $(x′, y′, z′, t′)$로 표시된다. 속도 u와 u′는 두 관성 좌표계에서 거리를 시간으로 나눈 값이다. 뉴턴 물리학, 즉 비상대성 물리학에서 상대 속도는 두 속도의 합 또는 차, 즉 $u=u′+v$과 $u′=u-v$이다. 수학 용어로 '선형 가감'인 이 수식은 두 속도를 '1+1=2' 또는 '1=2-1'처럼 더하거나 빼는 것이다. 이 수식에 대응하는 상대론적 수식을 구하려면, 로런츠 변환을 수치에 적용해야 한다. 그 결과로 나온 비선형 속도 가감 수식은 다음과 같다.

$$u = \frac{u' + v}{1 + \frac{u'v}{c^2}} \quad \text{그리고} \quad u' = \frac{u - v}{1 - \frac{uv}{c^2}}$$

우주선 A는 정지해 있고, 우주선 B는 광속의 60%$(v=0.6c)$로 동쪽으로 이동하고, 우주선 C도 동쪽으로 B에 대해 광속의 80%$(0.8c)$로 이동할 경우, 비상대성 물리학(선형 속도 가감)에 따르면 우주선 C는 우주선 A에 대해 광속보다 40% 빠르게 이동한다. 반면 상대성 물리학을 적용하면 속도의 합은 광속의 95%가 된다. $c+c$의 값은 상대론적으로 c가 되며, 따라서 '1+1=1'로 쓸 수 있다.

$$u = u' + v = 0.8c + 0.6c = 1.4c \quad \text{비상대성}$$

$$u = \frac{u' + v}{1 + \frac{u'v}{c^2}} = \frac{0.8c + 0.6c}{1 + \frac{(0.8c)(0.6c)}{c^2}} = \frac{1.4c}{1.48} = 0.95c \quad \text{상대성}$$

• 상대성 운동 에너지와 질량-에너지 등가 원리

에너지는 다양한 형태로 존재한다. 전자기 복사(태양 에너지 포함), 열에너지, 화학 에너지(전자 구조 안에 갇히고 화학 반응으로 방출), 핵에너지, 중력 에너지, 탄성 에너지, 정지 에너지 그리고 두 가지 기본 형태인 운동 에너지와 잠재 에너지. 질량에 속도의 제곱을 곱한 값, 즉 운동에 의한 에너지의 개념을 처음 구상한 라이프니츠는 이 힘을 '활력vis viva'이라 불렀다.

19세기에 켈빈 남작은 운동으로 발생하는 에너지를 '운동 에너지'라 표현했다. 윌리엄 랭킨은 위치에 의한 에너지를 '잠재 에너지'로 명명했다. 운동 에너지 이론을 수식으로 나타내면 $K.E. = \frac{1}{2}mv^2$이다. 즉, 하나의 입자(물체)가 거리 증가분 dx만큼 이동한 일의 양(운동량)과 정지 상태에서 도달한 속도 v를 곱한 값이 그 입자가 얻는 운동 에너지이다.

뉴턴이 발견한 기본 자연 법칙인 선운동량 보존 법칙을 만족하려면, 질량도 로렌츠 변환에 부합해야 한다.

$$m = \frac{m_0}{\sqrt{1 - \frac{v^2}{c^2}}}$$

　　아인슈타인은 이 수식이 뉴턴의 이항정리에 적합한 후보라고 생각했다.

$$mc^2 = m_0c^2 + \frac{1}{2}m_0v^2 + \frac{3}{8}m_0\frac{v^4}{c^2} + \frac{5}{16}m_0\frac{v^6}{c^4} + \frac{35}{128}m_0\frac{v^8}{c^6} + \cdots$$

　　우변의 첫 번째 항은 물체의 속도 v에 영향을 받지 않는다. 물체의 존재 덕분에 생기는 정지 에너지이다. 두 번째 항, 세 번째 항, 네 번째 항으로 이어지는 우변의 무한급수는 모두 물체의 속도 V를 포함한다. 앞서 본 비상대성 운동 에너지(K.E. $=\frac{1}{2}mv^2$)는 이 무한급수의 근사치에 불과한 것이다.

$$mc^2 = m_0c^2 + K.E.$$

　　따라서 총 에너지는 정지 에너지와 운동 에너지의 합이다.

$$E = mc^2$$

　　물리학에서 가장 유명한 이 방정식이 질량과 에너지의 등가 원리이다. 여기서 m은 정지 질량 m_0이 아니라 가변 질량이며, c^2는 광속의 제곱이다.

• 뉴턴의 제2 법칙 수정

비상대성 형태로 표현하면 뉴턴의 제2 법칙은 간단하다.

$$F = ma = m\frac{d\,v}{d\,t}$$

상대성 형태로 나타내면 달라진다.

$$\mathbf{F} = \mathbf{ma} = \frac{m_0 \frac{d\mathbf{v}}{dt}}{\left(1 - \frac{\mathbf{v}^2}{c^2}\right)^{\frac{3}{2}}}$$

이 두 공식에서 벡터 물리량(크기와 방향을 가지는 힘, 속도, 가속도)은
굵은 글자로 표시되어 있고,
스칼라 물리량(크기만 가지는 질량, 속력, 시간)은 보통 글자이다.

비상대성 수식에서는 물체가 도달할 수 있는 속도에 한계가 없는 반면, 상대성 수식에서는 물체가 빛의 속도 c에 다가갈 수는 있지만 절대 도달할 수 없다.

마지막으로, 선운동량 p와 운동 에너지 K.E.의 관계를 비상대성 수식에서 상대성 수식으로 고치면 다음과 같다.

$$K.E. = \frac{1}{2}mv^2 = \frac{p^2}{2m} \ \text{이(비상대성)}$$

$$K.E = \sqrt{p^2c^2 + m_0{}^2c^4} \ \text{이 된다.(상대성)}$$

(참고로, 두 번째 식은 슈뢰딩거 방정식을 상대성으로 해석한 디랙 방정식

에 결정적인 역할을 했다.)

첫 번째 기적의 해였던 1905년에 아인슈타인이 거둔 눈부신 업적은 물리학계가 이해하기까지 시간이 조금 걸렸지만, 일단 명성을 얻기 시작하자 거침없이 학계의 사다리 꼭대기로 올라갔다. 1908년에 아인슈타인은 이론물리학 초빙 교수가 되었고, 1909년에 취리히 대학 이론물리학 부교수, 1911년에 프라하 독일 대학교 이론물리학 교수, 1913년에 모교인 취리히 연방 공과대학 교수, 1917년에는 베를린 카이저 빌헬름 연구소 소장과 베를린 대학교 이론물리학 교수로 임용되었으며, 마지막 자리는 막스 플랑크가 주선해준 것이었다. 10년도 안 돼서 아인슈타인은 지그재그로 질주하며 정상에 올라섰다.

• 아인슈타인의 두 번째 아누스 미라빌리스 – 일반 상대성이론

1905년에 특수 상대성이론을 발표하면서 아인슈타인은 다른 물리학자들에게 가속 운동을 포괄하는 일반 상대성이론 수립이라는 도전 과제를 던졌다. 결국 결승선 테이프를 끊은 사람은 이번에도 아인슈타인 자신이었다. 일반 상대성이론은 그의 최대 업적이 되었다. 1915년 11월 36세의 나이로 이 이론을 완성할 때까지 그는 10년간 스스로를 지칠 때까지 몰아붙였으며, 마지막 몇 달은 그야말로 전력 질주였다.

뉴턴은 중력을 무한한 속도로 공간을 퍼져 나가는 원격작용(물체의 운동이 물리적 접촉 없이 다른 물체에 영향을 주는 것-옮긴이)이라고 생각했다. 하나의 천체가 흔들리면 다른 모든 천체가 즉시 흔들린다는 것이었다. 다만 정확한 원리를 설명하지는 못했는데, 그의 유명한 말 '나는 가설을 지어내지 않는다.'에서 보듯 뉴턴은 실험으로 증명하지 못하는 것을 추측할 생각이 없으며 특히 신비주의는 자연철학에 설 자리가 없음을 분명히 했다. 물론 그는 200년에 걸친 물리학의 발전, 특히 19세기 말 10~20년간의 성취를 목도하는 호사는 누리지 못했다. 아인슈타인은 중력이 초고속으로 전파되지만 결국 광속이라는 속도 제한을 따른다고 생각했다. 그가 일반 상대성이론의 토대인 등가 원리를 제시하면서 돌파구가 열렸다. 특수 상대성이론의 '질량-에너지 등가 원리'와 혼동해서는 안 된다. 일반 상대성이론의 바탕인 등가 원리는 중력 효과와 가속 효과가 사실상 구별되지 않는다는 것이다.

앞서 만난 일란성 쌍둥이 래리와 게리를 다시 떠올려보자. 지금 래리는 엘리베이터 통로 안에 정지해 있는 엘리베이터 바닥에 서 있다. 밑으로 당기는 1G의 중력이 느껴진다. 래리는 엘리베이터 바닥에 놓인 욕실 체중계 위에 서 있다. 체중계를 보니 80kg(질량)이다.[7] 곧이어 사과 두 개를 양손에 하나씩 들고 두 팔을 양쪽으로 뻗어 사과를 동시에 놓는다. 두 사과는 중력가속도 $g=9.8\text{m}/sec^2(32\text{ft}/sec^2)$로 점점 빨리 떨어져 동시에 엘리베이터 바닥에 부딪친다.

이제 나머지 쌍둥이 게리가 엘리베이터 내부처럼 생긴 밀폐실 안에 있다고 가정하자. 만약 이 밀폐실이 일정한 속도로 우주 공간을 단순 표류하고 있다면, 게리는 밀폐실 내부에 떠 있어 중력을 전혀 느끼지 못하고, 체중계는 0이 찍혀 있을 것이다.

하지만 이 밀폐실 바닥에 강력한 추진 로켓이 달려 있어, 밀폐실을 천장 방향으로 조용히 1G의 가속도($a=9.8m/sec^2$)로 가속시킨다고 가정하자. 래리와 마찬가지로 게리가 서 있는 체중계에도 그의 무게 80^{kg}이 찍힐 것이다. 이어서 사과 두 개를 양옆으로 내밀고 동시에 놓는다. 사과들은 가속도 $a=9.8m/sec^2$로 '낙하'해 동시에 바닥에 부딪칠 것이다. (실제로는 바닥이 올라와 사과들과 부딪치는 것이지만, 게리는 인지할 수 없다.) 밀폐실의 가속 운동이 유사 중력을 만들어낸 것이다. 게리와 래리는 각자 자신이 두 밀폐 공간 중 어디에 있는지 구별할 수 없다.

하지만 여기에는 작은 주의점이 있다. 등가 원리에서 중력과 가속도는 '완전히 구별할 수 없다'가 아니라 '거의 구별할 수 없다'이다. 게리의 좌표계, 즉 우주 공간을 나는 밀폐실 안에서 두 사과의 낙하 궤적은 '정확히' 평행이다. 지상의 엘리베이터 내부 레리의 좌표계에서는 밑으로 떨어지는 두 사과의 궤적이 '거의' 평행이지만, 지구 내부로 연장하면 '두 평행선'은 6,400km(4,000마일) 아래 지구 중심으로 수렴한다. 중력에서 얻은 물리 법칙은 유사 중력(가속도)에 적용할 수 있으며, 그 반대도 마찬가지이다.

아인슈타인은 천체들 사이에 만연한 매질로 여겨지던 에테르를 특수 상대성이론에서 배제했는데, 이는 우주에 질량 – 에너지와 시공간만 존재한다는 뜻이었다. 그는 물체의 질량-에너지가 시공간 구조에 왜곡 또는 휘어짐을 일으키고, 빛까지 포함해 나머지 모든 천체는 휘어진 시공간을 따라갈 뿐이라고 추측했다. 아인슈타인이 제시한 중력장 방정식의 해는 질량이 M인 물체가 만들어내는 초과 반지름 Rexcess이다.

$$R_{excess} = \frac{G}{3c^2} \cdot M$$

1687년에 뉴턴이 도입하고 헨리 캐번디시가 실험으로 측정한 만유인력 상수 G가 여기에도 등장한다. 지구, 태양, 은하 등의 질량을 M에 대입하고 c를 빛의 속도라 하면, 지구의 초과 반지름은 1cm 정도이고 태양의 초과 반지름은 0.5km이다. 제1차 세계대전이 종식되고 불과 6개월 후인 1919년 5월 29일, 영국 천문학자 아서 에딩턴이 주도하는 연구진이 일반 상대성이론 검증에 착수했다. 아프리카 가봉 서쪽 적도 남단에 위치한 프린시페 섬에서 완벽한 개기일식이 예고되었다.

고맙게도 자연의 우연으로 태양과 지구의 거리는 달과 지구의 거리의 400배이며 태양과 달의 직경 비율과 정확히 일치한다. 개기일식 때 달의 원반이 태양을 완전히 가려 한낮에 밤하늘이 생긴다는 뜻이다. 태양 뒤에 있어 보이지 않는 별이 이날 사진판에 나타났다.

1986년에 프린스턴 대학 천체물리학자들은 서로 다른 두 지점에서 관측된 단일 은하의 형상을 포착했다. 그 머나먼 은하와 지구 사이 딱 알맞은 지점에 자리 잡은 초거대 천체가 만들어낸 보이지 않는 굴곡의 원인, 즉 '중력 렌즈'로 인해 실제 형상의 두 광선이 지구로 모인 것이었다. 다시 10년이 흐른 뒤, 허블 궤도 망원경은 시공간 굴곡의

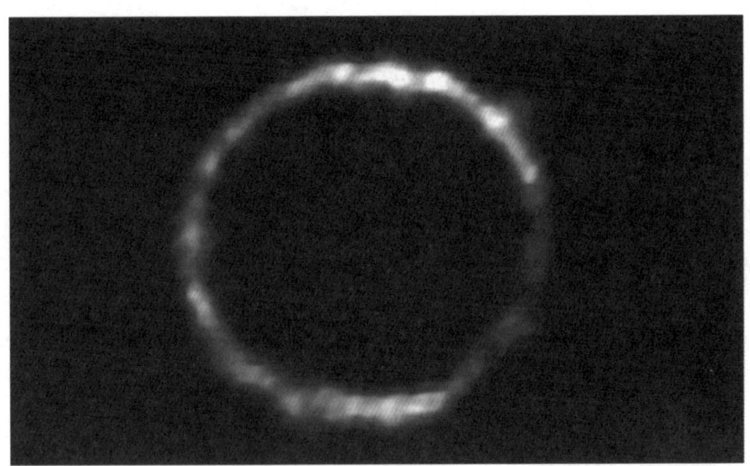

아인슈타인 고리.
제임스 웹 우주 망원경JWST이 관측한 이 은하는 빅뱅 후 겨우 14억 년 된 모습이다.

보이지 않는 원인이 만들어낸 빛나는 원, '아인슈타인 고리'를 포착
했다. 범인일 가능성이 가장 높은 거대 블랙홀은 망원경에도 보이지
않지만, 은하와 지구 중간의 정확히 알맞은 지점에 위치해 모든 빛을
지구로 집중시켰다. 새로운 제임스 웹 망원경의 등장으로 장차 관측
되는 수는 급격히 늘어날 것이다. 2023년 2월에는 120억 년 된 은하
가 아인슈타인 고리 모습으로 관측되었는데, 그 앞으로 고작 16,000
광년 떨어진 이웃 은하는 너무 흐려 보이지는 않지만 그 중력이 중력
렌즈 구실을 한 것이다. 이 고리야말로 별들이 태어나는 요람이다.

　복사선의 양자, 즉 광자는 정지 질량을 갖고 있지 않다. 하지만
에너지가 있으므로 '유효' 질량이 있는 것으로 간주한다. 파동으로

서 광자의 총 에너지와 입자로서 광자의 총 에너지를 등치시키면 ($E=hf=mc^2$), 유효 질량을 구하는 수식이 나온다($m=hf/c^2$). 여기서 h는 플랑크 상수를 의미하고, f는 광자의 진동수, m은 유효 질량, c는 진공에서 빛의 속도이다. 탑 꼭대기에서 바닥으로 '떨어지는' 빛의 에너지 증가는 진동수 증가로 표현된다. 그리고 진동수 증가(Δf)는 시간 경과에 상응한다. 중력가속도($g=9.8m/sec^2$)와 탑의 높이 100미터를 고려하면, 꼭대기에 둔 시계가 바닥에 있는 시계보다 10^{-14}초 정도 빠를 것이다. 꼭대기층 주민이 반지하 주민보다 그만큼 빨리 늙는 셈이다.

중력과 가속도가 비슷한 효과를 낸다는 등가 원리에 따르면, 가속하는 비행기 안에서는 조종석과 일등석 구역의 시계가 뒤쪽 일반석 구역의 시계보다 빨리 간다. 일등석 승객이 일반석 승객보다 살짝 더 빨리 나이를 먹는 것이다!

에미 뇌터

아말리에 에미 뇌터는 1882년 독일 에를랑겐에서 유대인 부모 막스 뇌터와 이다 뇌터 사이에서 태어났다. 추상 대수학에 뇌터 환環과 뇌터 가군加群을 도입한 그녀의 획기적인 연구는 순수 수학에 강력한 도구를 제공했다. 또한 군론과 비가환 대수학,

뇌터 환을 다룬 논문들로 그녀는 물리학계의 명사가 되었다. 뇌터 정리는 물리학의 두 중심 기둥, 즉 물리 법칙의 대칭성과 보존 법칙을 하나로 통합한다. 그녀가 군론에 기여한 바는 분자와 원자, 핵, 기본 입자의 세계를 다루는 미시적 물리학에서 없어서는 안 될 업적이다.

젊은 시절 뇌터는 관습적으로 여성에게 요구되는 가사 기술을 배웠다. 하지만 뉴턴이 농사일에 무관심했듯이 그녀도 애초부터 여성에게 허용된 전통적인 일에는 전혀 관심이 없었다. 정작 열정을 보인 것은 수학이었다. 남자 형제 셋 중 두 명은 과학자가 되었지만, 어느 누구도 에미 뇌터 같은 천재성은 없었다. 십대 시절 뇌터에게 에를랑겐 대학 수학 교수였던 부친처럼 학계로 진출하는 것은 꿈일 뿐이었다. 당시 독일은 여성 학자를 육성하지 않았다. 1900년에 뇌터는 에를랑겐의 한 사범대학을 졸업하고 여학교에서 영어와 프랑스어를 가르치게 되었다. 1900년에서 1902년 사이에는 에를랑겐 대학의 허가로 수학 수업을 청강했지만 학위 취득 과정에 참여하지는 못했다. 마침내 에를랑겐 대학이 여학생을 받아들이기로 하자, 뇌터는 정식으로 수학과에 입학했다. 1907년에 수석으로 수학 박사 학위를 받은 그녀는 1908년부터 1915년까지 에를랑겐 대학 수학 교수로 일했지만, 봉급 없이 아버지의 지원을 받으며 생활했다.

1915년에 당대 최고의 수학자 중 한 사람이었던 다비트 힐베르트가 괴팅겐 수학 연구소 조교 자리를 제안하자, 뇌터는 뛸 듯이 기뻐하며 수락했다. 비록 이번에도 무급이고 또 아버지의 도움을 받아야 했지만, 힐베르트와 연구할 기회를 놓칠 수는 없었다. 그들의 첫 과제는 아인슈타인과 경쟁하며 일반 상대성이론의 중력장 방정식을 도출하는 것이었다.

일반 상대성이론에는 난제가 하나 있었다. 중력파를 방출해 에너지를 잃은 물체의 속도가 더 빨라질 가능성이 제기된 것이다. 질량이 줄어든 물체가 느려지지 않고 오히려 빨라지다니! 이는 에너지 보존법칙에 위배되는 것으로 보였다. 이 난제를 해결한 뇌터의 통찰력을 아인슈타인은 기꺼이 인정했다.

어제 뇌터 박사로부터 불변량에 관한 매우 흥미로운 논문을 받았다. 이 문제가 그렇게 보편적인 방식으로 설명된다는 점이 인상적이었다. 괴팅겐의 구세대 학자들이 학교로 돌아가 뇌터 박사에게 배우는 것도 나쁘지 않을 듯싶다. 그녀는 이 분야 권위자다.

뇌터 정리는 1918년에야 공식적으로 발표되었지만, 일반 상대성이론에 대한 아인슈타인과 힐베르트의 우려를 말끔히 해소했다. 1933년에 나치 정부가 독일 대학들의 유대인 교수진을 해임하고 아인슈타인이 영구히 독일을 떠나자, 뇌터 역시 짐을 싸서 미국으로 떠났다. 아인슈타인의 강력한 추천으로 브린 모어 대학은 뇌터에게 완전 급여 초빙 교수직을 제안했는데, 처음에는 1년 계약이었지만 이후 연장되었다. 마침내 운이 찾아오는가 싶던 시점에 그녀는 암에 걸리고 말았다. 1935년 불과 53세의 나이로 뇌터가 사망하자, 아인슈타인은 〈뉴욕타임스〉에 추모의 글을 남겼다. '뇌터는 여성의 고등교육이

$$\frac{d}{dt}\left(\sum_a \frac{\delta L}{\delta\left(\frac{dq_a}{dt}\right)}\delta q_a\right) = 0$$

수학적 진리와 아름다움 뇌터 정리. 이 수식은 라그랑주 방정식의 두 항 중 하나로, 힘 대신 에너지의 관점에서 뉴턴의 제2 법칙을 재정립했다. 여기서 L은 운동 에너지와 잠재 에너지의 차를 의미하며, '라그랑지언'이라고 한다. 괄호 안의 시간 미분 값이 0이라는 것을 증명함으로써 뇌터는 이 식이 시간에 상관없이 일정함을 보여주었다. 에너지 보전이 시간 불변성으로 치환되었다. 따라서 공간에서의 변위, 즉 '자리 옮김'은 선운동량 보전과 동등하고, 공간에서의 회전은 각운동량 보존과 동등하다. 뇌터 정리는 미시 세계부터 대우주까지 모든 규모를 포괄하는 것이었다. 키츠는 '진리와 아름다움'이라는 표현을 예술의 영역에 적용했지만, 간결하면서도 강력한 뇌터 정리는 수학과 물리학의 영역에서 키츠의 표현에 걸맞은 업적이다.

시작된 이래 지금껏 가장 중요하고 창의적인 수학 천재였다.' 하지만 이 찬사가 결과적으로 뇌터를 '여성 천재'라는 틀에 가둔 것은 안타까운 노릇이다. 사실 그녀는 남녀를 막론하고 20세기의 가장 위대한 수학자 중 한 명이었다.

위대한 도구 제작자의 긴 그림자

아인슈타인의 중력장 방정식은 우주가 팽창하고 있음을 시사했다. 예술가이자 물리학자였던 아인슈타인은 이 점이 미학적으로 못마땅했다. 직관적으로 합리적인 일정한 우주, 즉 크기가 변하지 않는 우주의 해법을 찾기 위해, 그는 우주를 정적인 상태로 유지시키는 보정 계수인 우주상수 Λ를 방정식에 추가했다. 1920년대가 저물어갈 무렵, 천문학자 에드윈 허블은 칸트가 '섬 우주'라 부른 각각의 은하들이 실제로 서로 멀어지고 있다는 사실을 발견했다. 아인슈타인은 충격 받았다! 그는 애초에 자신의 방정식을 믿었어야 했다고 토로하면서, 당장 보정 계수를 제거하고 우주 팽창 관측 결과와 일치하는 원래 형태로 방정식을 복원했다.

기술이 과학을 따라잡는 동안에도 과학자 아인슈타인의 그림자는 길어져만 간다. 아인슈타인의 이론은 검증과 재검증을 거치면서 수천 편의 논문으로 확장되어 수많은 노벨상을 양산했다.

1912년에 '인간 컴퓨터' 헨리에타 스완 리빗이 발견한 세페이드 변광성의 밝기와 주기 사이의 직접적 연관성은 은하 간 거리를 구하는 도구가 되었고, 1929년에는 허블이 우주의 팽창을 발견했다. 둘 다 천문학의 중대한 쾌거로, 지난 한 세기 내내 리빗 법칙과 허블 법칙으로 추앙받아 왔다.

영국 출신의 물리학자 세실리아 페인(1900~1979)은 〈행성The Planets〉을 작곡한 음악 교사 구스타프 홀스트가 음악가의 길을 걸으라고 조언했지만 이를 거부하고 케임브리지 대학에 들어가 학부에서 과학을 공부했다. 졸업 후에는 미국 매사추세츠 주 케임브리지로 건너가 하버드 대학에서 〈항성 대기Stellar Atmospheres〉라는 논문으로 박사 학위를 취득했다. 이때 불과 24세였던 페인은 우주에 가장 풍부한 원소는 수소와 헬륨이며, 다른 원소들보다 100만 배 더 많다는 놀라운 주장을 했다. 당시에는 천체들의 원소 구성이 지구의 원소 구성과 비숫하다는 것이 중론이었다. 1954년에 그녀의 발견은 완벽히 입증되었다. 페인은 여성 최초로 하버드 대학 천문학과장이 되었으며, 역시 하버드 대학에서 첫 여성 정교수로 승진했다.

리빗과 허블, 페인의 업적은 모두 노벨상을 받아 마땅했다. 하지만 당시 천문학은 아직 물리학의 영역이 아니어서 천제물리학과 우주과학으로 자리 잡지 못한 상태였다. 그들의 걸림돌은 성차별이 아니라 시기였다.

일반 상대성이론은 우주 팽창과 더불어 별의 붕괴도 예측했지만, 후대 천문학자들이 풀어야 할 몇 가지 숙제를 남겼다. (1) 전체 우주는 팽창 속도가 느려지고 다시 수축해 스스로 붕괴할 것인가 (2) 한없이 팽창하다가 무한대에서 속도가 0이 될 것인가 (3) 아니면 영원히 가속 팽창할 것인가. 1930년에 수브라마니안 찬드라세카르는 케임브리지 트리니티 칼리지에서 천체물리학을 공부하고자 증기선을 타고 인도에서 영국으로 건너가는 중이었다. 긴 항해 동안 그는 상대론적 계산으로 가설을 세웠다. 즉, 초기 질량이 1.4 태양 질량(m^s)보다 크고 $2.5m^s$보다 작은 별이 폭발해 초신성이 되면, 백색왜성(중성자별) 형태의 고밀도 핵이 남는다. 질량이 $5m^s$를 초과하는 별은 원자 내부 반발력을 압도하는 중력으로 인해 엄청난 붕괴를 거쳐 블랙홀이 된다.[8]

찬드라세카르가 84세를 일기로 세상을 떠나자, 1995년 8월 22일자 〈뉴욕타임스〉에 그의 부고 기사가 실렸다. 이 기사에서 그는 시카고 대학에서 50년 가까이 교편을 잡았고, 그와 아내 모두 박식가였으며, 학자로서의 사명에 유난히 충실했다고 소개되었다. 교수 시절 그는 한 학기 동안 단 두 명의 학생이 등록한 강의를 하러 여키스 천문대에서 시카고 대학까지 왕복 240km를 직접 운전했다. '시간과 에너지 투자의 비효율성을 지적할 수도 있겠지만…… 1957년 노벨 물리학상 수상자는 그의 수업을 들은 전원[2명] 리청다오와 양천닝이었다.' 찬드라세카르 자신도 '천체물리학의 선구적 업적'으로 캘리포니아 공대 물리학자 윌리엄 파울러와 함께 1983년 노벨상을 공동 수상했다.

일반 상대성이론은 우주를 창조한 빅뱅의 잔광인 우주 극초단파 배경 복사CMBR가 여전히 우주 공간에 존재한다고 예측했다. '창조의 속삭임'이라고 시적으로 표현되는 CMBR은 1964년 뉴저지 주 크로퍼드 힐스에 있는 벨 연구소의 두 과학자 아노 펜지어스와 로버트 윌슨이 혼 안테나에 잡힌 전파 노이즈의 원인을 찾던 중 우연히 발견했다. 당시 프린스턴 대학 천체물리학자 삼인방 로버트 H. 딕, 짐 피블스, 데이비드 윌킨슨이 CMBR 탐지기를 만들고 있었는데, 벨 연구소 과학자들이 얼결에 선수를 친 셈이었다. 이들이 탐지한 극초단파 복사는 전자기 복사의 극초단파 구간에서 최고점을 보이는 흑체 복사와 같은 형태로, 온도는 3K(켈빈) 정도이며 대략 우주 나이 140~150억년에 해당한다. 펜지어스와 윌슨은 1978년 노벨 물리학상을 받았다. 하지만 CMBR의 파장과 온도가 균등한 것은 오늘날 관측되는 은하와 별, 행성으로 이루어진 우둘투둘한 우주와 모순되는 점이었다.

1992년, NASA 고다드 우주 센터의 존 매더와 버클리 캘리포니아

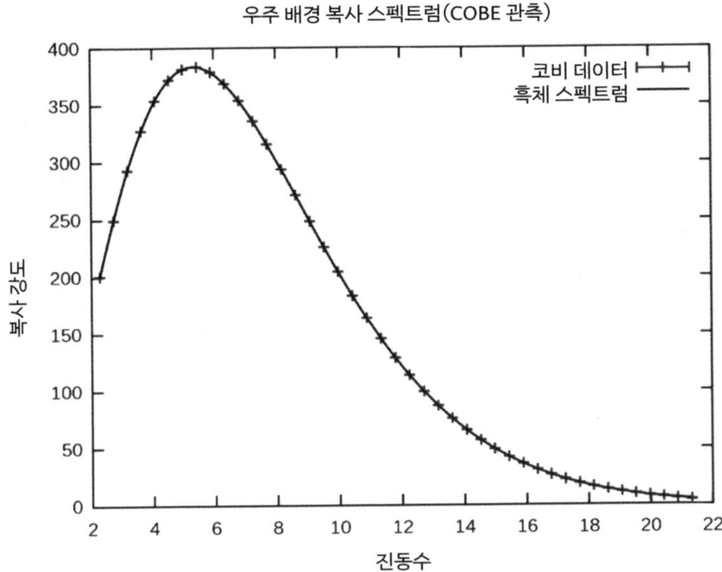

COBE 위성의 데이터는 빅뱅 이론이 예측한 흑체 곡선과 실제 관측된 우주 배경 복사가
완벽하게 일치한다는 것을 입증했다. 최고점 온도는 2.735K에 상응한다.

대학의 조지 스무트가 설계한 우주 배경 탐사 위성COBE이 배경 복사
에서 잔물결을 발견했다. 소수점 다섯째 자리의 온도 변동이었는데,
따뜻한 지점들이 불룩한 형상을 만들어냈다. 스무트와 매더는 이 발
견으로 2006년 노벨 물리학상을 공동 수상했다.

일반 상대성이론의 또 다른 예측은 거대 블랙홀의 붕괴 같은 엄청
난 우주적 사건으로 발생하는 '시공간 구조의 잔물결'인 중력파 방출
이다. 1887년 마이컬슨-몰리의 간섭계 실험과 1905년에 등장한 특
수 상대성 이론이 서로를 설명해준 사례와 유사한 사건이 벌어졌다.

일반 상대성이론이 발표되고 한 세기가 지난 2015년 말과 2016년 초에 한 차례씩 두 번에 걸쳐, 레이저 간섭계 중력파 관측소LIGO에서 중력파가 검출되었다. 미국 국립 과학 재단의 지원을 받아 캘리포니아 공대와 MIT가 진행한 이 프로젝트는 서로 3,000km 떨어진 루이지애나 주 리빙스턴 관측소와 워싱턴 주 핸퍼드 관측소 간의 협력이 필요했다. 이 거대한 장비들은 중력파가 동시에 도착할 때만 '작동하도록' 연결되었다. 각 관측소에서는 서로 4km 떨어져 있고 서로 수직 방향인 두 개의 표적 거울에 한 쌍의 레이저빔을 동시에 발사했다. 이 LIGO 실험에서 레이저빔들은 처음 위치의 거울에서 다시 반사되었다. 하나의 거대한 간섭계로 작동한 것이다.

이때 기록된 사건들은 시공간의 변동을 의미했는데, '원자 직경의 일부'에 불과할 만큼 극미했다.[9] 까마득한 과거에 두 블랙홀의 충돌로 발생한 중력파의 신호가 빛의 속도로 날아와 이제 막 지구에 다다른 것이었다. 2017년 10월 노벨 물리학상은 세 명의 물리학자 라이너 바이스, 배리 배리시, 킵 손에게 수여되었다. 이들은 LIGO 실험을 설계하고 1,000명이 넘는 연구자들을 이끌었다.[10] 그 후 2017년 11월에 LIGO는 네 번째이자 가장 최근의 중력파 검출을 발표했다. LIGO의 두 검출기는 유럽의 새 검출기 VIRGO와 함께 18억 광년 떨어진 두 거대 블랙홀의 신호를 포착했다. 현재 프린스턴 대학 알베르트 아인슈타인 명예 과학 교수이자 펜지어스와 윌슨에게 선수를 빼앗긴 세 연구자 중 한 사람인 제임스 피블스는 2019년 노벨 물리학상의 절반을 받았고, 나머지 절반은 태양형 항성을 공전하는 외계 행성을 발견한 미셸 마요르와 디디에 켈로즈에게 돌아갔다. 노벨 위원회는 피블스의 폭넓은 기여를 수상 근거로 들었다. '현대 우주론의 근간인 이론적 얼개를 1960년대 중반부터 발전시켜 온 제임스 피블스는 우주 형성기의 흔적을 해석해냈다. 그 결과 우리가 아는 우주 물질이 전체의 5퍼센트뿐이라는 사실이 밝혀졌다. 나머지 95퍼센트는 미지의 암흑 물질과 암흑 에너지이다.[11]

2020년 10월 노벨 물리학상 수상자가 발표될 당시, 중력 붕괴에 관한 중요한 물리학적 발견을 한 과학자들이 주인공이라는 사실에 놀란 학자는 거의 없었다. 영국 수리물리학자 로저 펜로즈는 1965년에 획기적인 논문을 썼고, 미국 UCLA 천체물리학자 안드레아 게즈와 막스 플랑크 연구소의 천체물리학자 라인하르트 겐첼은 둘 다 은하계 중심의 거대 블랙홀을 연구했다. 겐첼은 이 값진 상의 역사상 네 번째 여성 수상자이며, 최초 여성 수상자는 마리 퀴리였다.

지구 무게 측정

1797년에 뉴턴의 만유인력 법칙에 등장한 중력 상수 G를 측정한 캐번디시는 '지구 무게 측정'이라는 묵직한 제목의 논문을 발표했다. 이 논문에서 그가 정한 지구의 질량은 6×10^{24}kg이며, 평균 밀도는 5.5g/cm³로서 물의 밀도의 5.5배이자 지구상 모든 물질의 평균 밀도의 2배이다. 오늘날 천체 물리학자들이 정한 우주 배경 복사 평균 온도는

2.753K이고, 관측 가능한 우주의 크기는 137.2억 광년이며[12], 발광 물질과 암흑 물질, 암흑 에너지를 포함한 총 질량/에너지는 10^{52}–10^{53}kg이다. 무엇보다 중요한 점은, 이제 우리가 뭘 모르는지도 안다는 것이다. 어째서 우주의 팽창 속도는 느려지지 않고 빨라질까? 장기적으로 우주는 어떤 운명을 맞게 될까? 다른 우주, 심지어 무한히 많은 우주로 이루어진 다중우주가 존재할까? 비록 가능성이 의심되긴 하지만, 지능을 가진 외계 생명체가 존재할까? 일반 상대성이론과 양자역학은 어떻게 조화할 수 있을까?

미시적 세계를 다룬 아인슈타인의 광범위한 이론 중 일부는 그의 결정적 역할로 정립된 '초기 양자론'의 틀 안에서 구상한 것이었다. 하지만 그 이론들은 모두 현대 양자역학의 관점에서 더 완벽하게 설명할 수 있다. 일반 상대성이론을 완성하고 불과 3개월 뒤, 아인슈타인은 '복사 유도 방출'에 관한 논문을 썼다. 광자가 특정 원자와 전자를 흡수하면 위상이 일치하는 한 쌍의 광자를 방출하고, 이번에는 그 두 광자가 각자 새로운 한 쌍의 광자를 방출하는 식으로 같은 현상이 계속 되풀이된다는 것이었다. '메이저(MASER, 복사 유도 방출에 의한 마이크로파 증폭)'와 '레이저(LASER, 복사 유도 방출에 의한 빛 증폭)'라는 단어가 등장한 것은 아인슈타인이 사망할 즈음이었다. 특히 레이저는 이제 날마다 어디서나 쓰이는 기술이 되었다. 1964년에 찰스 타운스와 니콜라이 바소프, 알렉산드르 프로호로프는 메이저와 레이저를 발명한 공로로 노벨상을 공동 수상했다. 2018년에는 레이저 기술을 획기적으로 발전시킨 아서 애슈킨, 도나 스트릭랜드, 제라르 무루가 공동으로 노벨상을 받았다.

2011년 11월 4일, 20세기 과학의 거장 중 한 사람이 노먼 F. 램지가 메사추세츠 주 웨일랜드에서 별세했다. 그의 삶과 이력은 거의 한 세기를 아울렀다. 1915년 8월 워싱턴 D. C.에서 태어난 램지의 부친은 장교였고 모친은 수학 선생님이었다. 아버지의 임지였던 캔자스에서 15세에 고등학교를 졸업한 램지는 컬럼비아 대학 수학과에 들어가 수석으로 학위를 땄다. 뛰어난 성적으로 장학금을 받고 영국 케임브리지 대학에 입학한 램지는 이번에는 물리학으로 두 번째 학사 학위를 받았다. 의기양양하던 케임브리지 시절에 그가 만난 현대 물리학의 여러 선구자 중에는 조지프 J. 톰슨도 있었다. 말년에 램지는 강의 도중 톰슨의 수업 광경에 대해 농담을 즐겨 했다. "그 양반은 이미 너무 연로해서 하필 중요한 순간마다 틀니가 빠지곤 했지." 그러고는 덧붙였다. "지금 난 훨씬 더 늙었지만 내 치아는 아직 멀쩡해!" 케임브리지를 떠나 컬럼비아 대학으로 돌아온 램지는 폴란드 출신 미국 물리학자 이지도어 아이작 라비 밑에서 핵자기공명NMR에 대한 첫 박사 논문을 썼다.

그 후 램지는 일리노이 대학교에서 교편을 잡았다. 하지만 유럽에서 제2차 세계대전이 격화되자, 그는 일리노이를 떠나 MIT에서 3cm 레이더 개발 연구진을 이끌었다. 이후에는 로스 앨러모스에서 맨해튼 프로젝트에 참여해 전시에 훨씬 더 중요한 임무를 수행했다. 전후에는 잠시 컬럼비아 대학으로 돌아와 당시 1944년 노벨상 수상자였던 라비와 함께 전쟁으로 수년간 묵혀 두었던 분자 빔 실험을 재개했다. 한편으로는 브룩헤이븐 국립 입자가속기 연구소 설립을 거들면서, 그곳 물리학부의 초대 부장이 되었다. 1947년에는 하버드 대학 교수직을 수락한 뒤, 원자와 분자의 에너지 및 진동수를 전례 없이 정밀하게 측정하는 기계를 설계했다. 이 장비로 확인한 세슘^{Cs} 원자의 특징적인 진동수가 원자시계의 기반이 되었고, 나중에는 시간 단위를 새롭게 정의할 수 있었다. '1초는 세슘 진동수 9,192,631,770에 해당한다.'라는 현상은 까마득히 오래전부터 시간 측정의 전통적 수단이었던 미세하게 변덕스러운 지구 공전보다 훨씬 더 높은 안정성을 가진다. 그리고 원자시계 덕분에 GPS(범지구 위치 결정 시스템) 활용이 가능해졌다.

1960년대 램지는 자신이 지도하던 박사과정 학생 대니얼 클레프너와 공동으로 수소 메이저를 개발했다. 나중에 이 기술은 중력이 시간 흐름에 영향을 미친다는 일반 상대성이론의 예측을 확인하는 실험에 적용되었다.[13] 램지가 25년에 걸쳐 연구한 핵자기공명의 용도는 의학으로 확장되었다. 일리노이 대학의 화학자 폴 로터버가 개발한 자기공명영상^{MRI}은 빌헬름 뢴트겐이 X선 기술을 선보인 이래 가장 중요한 의료용 진단기이다. MRI 덕분에 방사선사들은 연조직으로 이루어진 장기 내부를 들여다보고 종양과 건강한 세포를 구별할 수 있게 되었다. 로터버는 2003년 노벨 생리의학상을 수상했다.

노먼 램지는 하버드 대학 교수로 40년을 일하고 1986년에 은퇴했지만, 이후 수차례 은퇴를 번복했다. 집요한 열정으로 자기 분야의 새로운 발전상을 따라갔으며, 이를 하나의 취미로 여겼다. 그렇게 쌓인 업적들은 1989년 노벨 물리학상 수상으로 이어졌다.

1924년 인도의 젊은 물리학자 사티엔드라 나트 보스(1895~1974)가 아인슈타인에게 보낸 편지에서 시작된 두 사람의 협력은 보스-아인슈타인 통계와 보스-아인슈타인 응축이라는 놀라운 결실을 맺었다. 특히 후자는 노벨상을 받기에도 손색이 없었다. 하지만 기체, 액체, 고체에 이어 물질의 네 번째 상태를 의미하는 이 현상은 대기압 이하의 압력을 가진 희박기체를 거의 절대 영도까지 냉각시켜야만 관측할 수 있었다.

램지의 제자였던 대니얼 클레프너는 1970년대에 윌리엄 필립스의 박사과정 지도교수였다. MIT 클레프너 연구실에서 기술을 갈고 닦은 필립스는 미국 국립 표준청^{NBS}으로 자리를 옮겼다. 이 기관은 1988년에 국립표준 기술 연구소^{NIST}로 이름이 바뀌었다. 1980년대에 필립스는 스티브 추와 클로드 코엔 타누지와 협력해 레이저 냉각 및 포획 기술을 개발해, 원자군의 온도를 은하간 공간 온도인 3.7K보다 수백만 배나 더 차가운 0.18μK(마이크로켈빈)까지 낮추는 데 성공했다. 이들 세 사람은 1997년 노벨 물리학상을 공동 수상했다. 램지는 필립스를 자신의 '연구 손자'라고 부르기를 좋아했다. 1990년대 중반 에릭 코넬, 볼프강 케털리, 칼 와이먼은 '증발 냉각 기법'을 개발해 레이저 냉각 및 포획 기술과 병행 사용하였다. 그들은 루비듐 원자 2,000개로 이루어진 희박기체 안에서 보스-아인슈타인 응축^{BEC} 현상을 최초로 목격했다. 이 원자들은 모두 양자 수가 같아서 단일 원자처럼, 즉 '한목소리로 노래하는' 것처럼 움직였다. 코넬과 케털리, 와이만은 2001년 노벨 물리학상을 공동 수상했다. 코넬과 와이먼의 지도교수 데이브드 프리처드 역시 클레프너 밑에서 박사과정을 밟았다. 결국 램지는 케틀리와 와이먼의 연구 증조부이고, 라비는 연구 고조부인 셈이다.

1935년에는 아인슈타인이 공동 저자로 참여한 아인슈타인-포돌스키-로젠EPR 논문이 발표되었다. 당시 이 논문은 물리학계에서 제대로 인정받지 못했지만, 1990년대부터 자주 인용되기 시작했다. 이 논문에는 양자 얽힘의 개념이 담겨 있었다('얽힘'이라는 표현은 같은 해 EPR 논문의 후속 연구 논문에서 에르빈 슈뢰딩거가 도입했다).

캘리포니아 공대 2018년 노벨 화학상 수상자 프랜시스 아널드는 이 책을 쓰려고 선정한 다섯 명의 혁명적 천재들에 대해 한마디 했다. '이 위대한 지성들은 인류가 탐험해야 할 전혀 새로운 우주의 문을 열어주었습니다.'[14] 물론 그녀가 말한 '새로운 우주'는 가장 창조적이었던 위인들의 혁명적 사고에 대한 은유이지만, 아인슈타인의 경우는 글자 그대로 사실이다. 앞서 현대의 과학자들을 줄줄이 나열한 것은 아인슈타인의 위대한 과학적 사고가 나뭇가지처럼 돋아나 그 수많은 가지들이 수많은 노벨상으로 열매를 맺었다는 사실을 보여주기 위함이다.

12

양자 혁명:
집단적 천재성

보어는 일관되지 않고, 명확하지 않고, 고의로 비현실적이었지만 옳았다.

아인슈타인은 일관되고, 명확하고, 현실적이었지만 틀렸다.[1]

—존 스튜어트 벨

불과 3년 만에 탁월한 천재 여럿이 만들어낸 양자역학은 과학 역사에서 '집단적 천재성' 또는 '천재 집단'의 가치를 보여주는 가장 좋은 본보기이다. 당대 주류를 형성하는 시대정신과 불가분의 관계인 '집단적 천재성'이란 표현은 천재 집단의 유산이 개개인의 능력과 업적의 총합을 훨씬 능가한다는 뜻이다. 이 집단의 '고해 신부' 닐스 보어를 필두로 코펜하겐 해석을 통해 널리 알려진 이들의 기본 원칙은 반직관적 비결정론으로, 직관적 결정주의를 표방한 고전역학(상대성이론 포함)과 대조된다. 위대한 예술과 마찬가지로 양자역학은 열린 결말이며 다공성多孔性이다. 역사상 가장 성공적인 이 과학 이론은 모나리자의 미소처럼 오묘하고 신비롭게 영원히 울려 퍼지며 자연의 메시지를 전할 것이다. '너희보다 많은 걸 아는 것이 내 운명이다!'[2]

1927년에 열린 그 유명한 제5차 솔베이 회의의 목적은 하이젠베르크의 행렬역학과 불확정성 원리, 슈뢰딩거의 파동역학 그리고 막스 보른이 처음 제시한 파동함수의 확률적 해석에 바탕을 둔 양자역학의 신뢰성을 따지는 것이었다. 마치 네트를 사이에 두고 서로를 노려보는 두 명의 테니스 챔피언처럼, 아인슈타인은 '사고 실험'이라는 공을 눈부시게 빠르고 완벽히 정확하게 연거푸 서브했다. 보어는 톱스핀과 슬라이스로 리시브해 이리저리 공을 되돌려 보냈다. 결국 보어가 포인트를 전부 획득했다. 보어와 아인슈타인의 논쟁은 1930년 제6차 솔베이 회의에서도 이어졌고, 1933년 제7차 회의에서도 아인슈타인이 불참하지 않았다면 계속됐을 것이다. 이 논쟁은 현실 세계의 본질을 설명하는 양자역학의 철학적 토대로서 기념비적인 중요성을 갖는다.[3] 죽는 날까지 아인슈타인은 불확정성 원리를 받아들이지 못했다. 두 과학자가 나눈 유명한 대화는 조금씩 변용되면서 끊임없이 회자되어 왔다. 아인슈타인은 불확정성 원리를 비난했다. "신은 우주를 가지고 주사위 놀이를 하지 않아!" 보어는 재치 있게 응수했다. "아인슈타인, 신에게 이래라 저래라 하지 마시오!"

1935년에 아인슈타인과 보리스 포돌스키, 네이선 로젠이 발표한 공동 논문은 양자역학이 불완전하며, '숨은 변수'(이 표현은 훨씬 나중에 등장했다)가 존재하므로 확률적일 뿐 정확하지 않다고 주장했다. 이번 장을 시작하며 인용한 알쏭달쏭한 평가는 존 스튜어트 벨(1928~1990)의 주장이다.[4] 대다수 양자역학 창시자들과 달리 학문적 계보가 없는 벨은 뜻밖의 인물이었지만, 양자역학의 세계를 어느 누구보다도 깊이 파고들었다. 그 시대의 벤저민 로빈스 같은 존재로 볼 수 있다. 하지만 진정한 양자역학 애호가였던 이 북아일랜드 출신 과학자는 양자역학의 진위를 검증하는 놀라운 정리를 만들어냈다. 벨 정리는 다음과 같다.

> 숨은 변수 이론이 국소적이라면 양자역학에 부합하지 않고, 부합한다면 국소적일 수 없다.[5]

벨이 제안한 실험에 따라 그의 정리와 이후 변형 이론들은 1972년부터 수차례 실험적으로 검증되었으며, 1980년대 프랑스 물리학자 알랭 아스페의 실험이 가장 주목 받았다. 벨은 보어-아인슈타인 논쟁에서 처음에는 아인슈타인 편이었다고 실토했지만 마음이 바뀌었다. 미시적 세계를 탐구하는 과정에서는 필연적으로 탐구자가 개입해 결과가 달라진다. 정통 물리학에서는 이 개념을 전적으로 수용한다. 20세기 후반에 전설적인 옥스퍼드 물리학자 루돌프 파이에를스는 코펜하겐 해석을 '전장에서 검증된' 논리라고 표현했다. 하지만 전쟁에서 패한 쪽이 반드시 재도전하는 것도 인간의 본성이다.

아이러니하게도 아인슈타인은 양자 혁명이 시작될 때 결정적인 역할을 했다. 그에게 노벨상을 안겨준 광전 효과 이론(1905)은 플랑크 흑체 이론을 바탕으로 빛의 파동-입자 이중성을 제시했다. 그 후 1912년에 보어는 플랑크 상수 h를 각운동량의 단위로 보고 각운동량을 양자화함으로써 전자의 원형 궤도 반경을 양자화했다. 또한 전자가 허용 가능한 고궤도에서 저궤도로 붕괴하면 광자가 방출되고, 역으로 원자가 광자를 흡수하면 전자가 저궤도에서 고궤도로 상승한다는 가설을 제시했다. 얼마 후 보어의 이론을 조금 개선해 발표한 보어-조머펠트 이론은 양자화된 타원 궤도를 포괄해 수소 원자 스펙트럼의 갈라짐을 설명했다. 하지만 이 방식으로는 수소를 제외한 나머지 원자들의 미시적 세계를 폭넓게 설명할 수 없었다. 이 난관은 10년이나 지속되었다. 지금껏 소개한 내용을 오늘날 물리학자들은 '초기 양자론'이라고 부른다.

집단적 천재성의 가장 훌륭한 본보기

1924년에 루이 드 브로이는 파리 대학(소르본) 교수단에 박사 논문을 제출했다. 매우 짧은 이 논문에서 그는 운동량 $p=mv$(m과 v는 각각 질량과 속도)를 가진 전자를 파장이 $\lambda=h/p$인 '길잡이 파동'으로 간주할 수 있다고 제안했다. 이 등식은 아인슈타인이 광전 효과를 설명하며 사용한 $p=h/\lambda$를 뒤집은 형태에 불과하다. 드 브로이 가설을 한마디로 요약하면, '전자, 광자, 핵, 원자, 분자 같은 물질은 빛(광자)처럼 입자-파동 이중성을 갖는다.' 외부 심사 위원으로서 드 브로이의 논문을 살펴본 랑주뱅은 처음에는 회의적이었다. 그해 여름, 랑주뱅은 논문 사본을 아인슈타인에게 보내 고견을 청했다. 드 브로이의 가설은 대담한 아이디어였지만, 아인슈타인이 생각한 빛의 특성을 보완해주었다. 9월이나 10월쯤 아인슈타인은 짤막한 답장을 보냈다. '흥미롭군.' 이 간단한 반응만으로도 랑주뱅의 의심은 믿음으로 바뀌었다. 나중에 아인슈타인은 랑주뱅에게 보낸 편지에 이렇게 썼다. '드 브로이는 거대한 장막의 한 귀퉁이를 들어 올렸네.'[6] 뉴욕 주립 대학 교수이자 재미있는 물리학사 이야기꾼이었던 작고한 맥스 드레스덴은 아인슈타인이 랑주뱅에게 보낸 메시지를 더 창의적으로 각색했다. '그 친구에게 박사 학위를 주게나. 물리학 박사 학위로 사고 칠 일은 없을 테니까.'

드 브로이 가설과는 별개로, 1925년 중반에 괴팅겐 대학의 베르너 하이젠베르크는 막스 보른과 파스쿠알 요르단의 결정적 도움에 힘입어 행렬역학을 정립했다. 그 후 1926년 전반기에는 오스트리아 물리학자 에르빈 슈뢰딩거가 드 브로이 가설에 영감을 받아 파동역학을 발표했다. 행렬역학과 공통점이 없어 보이던 그의 이론은 하인젠베르크의 행렬역학이 제기한 여러 원자 문제에 유사한 답을 도출해냈다. 슈뢰딩거의 이 놀라운 업적은 기이했던 2주간의 산물이었다. 취리히 대학 물리학 교수이던 1925년 12월에 그는 알프스 아로사의 필라 헤르비히 스키 산장으로 연구 휴가를 떠났다.[7] 지성의 올림포스 산 정상에도 막장 드라마의 바람이 분다는 것을 몸소 보여주기라도 하듯, 슈뢰딩거는 애인이었던 이타 융거를 이 여행에 데려갔다. 그 사이 아내 안네마리는 슈뢰딩거의 친구이자 수학자요 물리학자인 헤르만 바일의 품에 안겨 있었다. 6년 후인 1931년, 아내가 유대인이었던 바일은 유럽을 떠나 상대적으로 안전한 미국에 안착했다. 그는 당시 갓 설립된 프린스턴 고등연구소에 일자리를 얻었는데, 아인슈타인이 오기 직전이었다. 슈뢰딩거의 파동 이론(1926)이 인정받고 데이비슨-거머 실험으로 전자의 파동 특성이 입증되자(1926),[8] 아인슈타인은 드 브로이를 1928년 노벨상 후보로 지목했다. 드 브로이는 1929년 노벨 물리학상을 받았다.

19세기 초에 뛰어난 아일랜드 수학자 윌리엄 해밀턴은 기하광학과 고전역학을 통합했다. 구체적으로 '고전역학은 기하광학의 파동 운동 한계에 해당한다.'[9]라는 사실을 입증했다. 슈뢰딩거는 이 통합을 파동역학으로 확대하려 했다. 프리먼 다이슨은 슈뢰딩거가 어떻게 해결했는지 다음과 같이 설명했다.

> 파동 광학 모델로 기계적 입자의 미분 방정식을 기술하려 했지만, 말이 되지 않았다. 이 방정식은 연속 매질에서의 열전도 방정식처럼 보였다. 열전도는 입자 역학과 가시적 연관성이 전혀 없다. 하지만 곧 놀라운 일이 벌어졌다. 이 방정식에 허수(예컨대 $\sqrt{-1}$)를 넣자, 갑자기 말이 되었다. 이 방정식의 해가 보어 원자 모델의 양자화된 궤도와 일치하자 슈뢰딩거는 뛸 듯이 기뻐했다.[10]

1927년에 하이젠베르크는 불확정성 원리를 완성했다. 같은 해 디랙은 양자역학과 특수 상대성이론을 통합하는 연구에 착수했다. 1928년 무렵 그는 자신의 이름을 딴 방정식을 도출했고, 이 과정에서 전자의 파동함수를 상대론적으로 기술하는 데 성공했다. 이 유명한 방정식은 전자를 비롯해 양전하를 띤 전자(양전자)의 에너지 준위를

계산했을 뿐만 아니라 스핀 효과도 이끌어냈다. 또한 강력하고 간결한 브라-켓 기호(⟨ | ⟩)를 사용하는 연산자 이론을 도입했다. 그의 저서《양자역학의 원리Principles of Quantum Mechanics》는 출간되자마자 '양자역학의 바이블'이라는 찬사와 함께 뉴턴의《프린키피아》이후 가장 위대한 과학서로 평가받았다.

1940년대 초, 프린스턴 대학의 물리학자이자 리처드 파인만의 논문 지도교수였던 존 휠러는 머서 가 112번지의 아인슈타인 자택을 방문했다. 그는 이 위대한 과학자에게 양자 이론의 발전 상황을 전하고, 양자역학의 확률적 특성을 받아들일 준비가 되었는지 물었다. 아인슈타인은 대답했다. "난 지금도 선하신 주님이 주사위 놀이를 한다고 믿지 않네." 그리고 잠시 후 덧붙였다. "어쩌면 나도 실수할 때가 됐을지도 모르지."[11]

슈뢰딩거가 완성한 두 방정식은 처음에는 '슈뢰딩거 1형 방정식'과 '슈뢰딩거 2형 방정식'으로 불렀지만, 이후 슈뢰딩거 시간 의존 방정식과 슈뢰딩거 시간 비의존 방정식으로 받아들여졌다. 이 방정식들은 고전역학에서 뉴턴의 제2법칙만큼 양자역학에서 중요한 원리이다. 현대 물리학자들에게 익숙한 기호로 표현해보자.

$$i\hbar\frac{\partial\Psi(x,t)}{\partial t} = -\frac{\hbar^2}{2m}\frac{\partial\Psi^2(x,t)}{\partial x^2} + V(x,t)\Psi(x,t) \quad \text{시간 의존}$$

$$-\frac{\hbar^2}{2m}\frac{\partial^2\Psi(x)}{x^2} + V(x)\Psi(x) = E\Psi(x) \quad \text{시간 비의존}$$

둘 다 '2차' 편미분 방정식이다. E와 V는 각각 총 에너지와 잠재 에너지를 뜻하고, m은 입자의 질량이다. 이 방정식들은 1차원 문제이지만, 3차원 문제로 쉽게 일반화할 수 있다.

$$\hbar = \frac{h}{2\pi}; \ \Psi(x, t) \ \text{상태함수} \ ; \Psi(x) \ \text{파동함수}$$

슈뢰딩거와 디랙 모두 파동함수와 하이젠베르크 행렬역학의 연관성을 이해하기 시작하면서 두 이론의 수학적 동일성을 입증하려 했다.

현대 양자역학은 몇 가지 공리에서 출발한다. (1) 관측 가능한 물리량 a에 대응하는 연산자 A에서 해당 물리량의 측정 결과를 도출할 수 있다. (2) 관측 가능한 물리량 A의 유일한 측정 결과는 연산자 A의 고유값 중 하나다. (3) 하나의 동적 시스템에는 그 시스템과 관련된 모든 정보를 포함하는 상태함수가 존재한다. (4) 특정 시점의 상태함수를 알면, 이후 모든 시점의 상태 함수 변화는 슈뢰딩거 시간 의존 방정식에 의해 결정된다.

두 연산자 A와 B가 교환된다는 것은 AB=BA라는 뜻이고, 교환되지 않는다는 것은 AB≠BA라는 뜻이다. A와 B가 교환되면, 관측 가능한 물리량 a와 b는 하이젠베르크 불확정성 원리에 영향을 받지 않고 완벽한 정확도로 동시에 알 수 있다. 만약 A와 B가 교환되지 않는다면, 관측 가능한 물리량 a와 b는 동시에 알 수 없다. 이것이 불확정성 원리의 수학적 핵심이다.

x, y, z축으로 입자 좌표의 불확정도를 각각 $\Delta_x, \Delta_y, \Delta_z$라고 하자. 그리고 입자의 선운동량 p_x, p_y, p_z의 불확정도를 $\Delta p_x, \Delta p_y, \Delta p_z$라고 하자. 불확정성 원리는 일련의 부등식으로 수학적으로 표현된다. 다음은 그 중 하나다.

$$\Delta x \, \Delta p_y = 0 \text{ 이고 } \Delta x \, \Delta p_z = 0, \text{ 반면} \Delta x \, \Delta p_x \geq \frac{\hbar}{2}$$

입자의 x축 위치는 그 입자의 y축 운동량 또는 z축 운동량과 동시에 완벽히 정확하게 알 수 있다. 이들의 불확정도를 곱한 값이 0이기 때문이다. 하지만 입자의 x축 위치와 운동량은 동시에 알 수 없다. 불확정도의 곱이 0이 아니기 때문이다. 이는 입자의 y축과 z축에도 해당된다. 위치와 선운동량은 켤레 쌍(두 개의 점이나 선, 수가 서로 바꿔 놓아도 관계가 변하지는 않는 관계-옮긴이)이며, 입자 각운동량의 모든 성분 쌍도 마찬가지이다. 마지막으로, 에너지와 시간은 세 번째 켤레 쌍이다. 따라서 ΔE와 Δt가 에너지와 시간의 불확정도일 때, $\Delta E \Delta t \geq \hbar/2$이다.

불확정성 원리의 직관적 설명은 이른바 관측자 효과인데, 이는 하이젠베르크의 개인적(하지만 잘못된) 견해였다. 요컨대 측정 기기가 관측 대상을 방해해 측정 전의 값과 다른 값을 도출한다는 것이다. 하지만 이후 밝혀진 바에 따르면, 양자역학의 불확정성 원리는 관측자 효과 때문이 아니라 입자 파동성의 필연적인 결과였다.

하이젠베르크

물리학의 모차르트였던 베르너 하이젠베르크(1901~1976)는 흠잡을 데 없는 학문적 금자탑을 쌓았다. 고대 및 후기 그리스어 교수의 아들로 태어난 그는 뮌헨 대학과 괴팅겐 대학을 다니며 조머펠트, 빈, 막스 보른, 프랑크에게 물리학을 배웠고, 힐베르트로부터 수학을 배웠다. 정규 교육 면에서는 아인슈타인보다 훨씬 더 인상적이었다. 하이젠베르크는 괴팅겐 대학에서 2~3년간 객원 교수로 일한 뒤, 록펠러 재단의 장학금을 받고 코펜하겐 대학에서 닐스 보어의 지도 아래 박사 과정을 밟았다. 이 시점부터 학자로서 삶은 고속도로를 탔다. 1925년 성탄절 기간에 그는 행렬역학을 정립했으며, 대략 6개월 뒤 슈뢰딩거가 독자적으로 파동역학을 완성했다. 처음에 하이젠베르크는 행렬 대수학에 문외한이었으나, 수학적 재능이 더 뛰어났던 동료 파스쿠알 요르단(1902~1980)과 그들의 지도교수 막스 보른에게 큰 도움을 받았다. 결국 1927년에 발표한 불확정성 원리로 하이젠베르크는 불멸의 명성을 얻었다

이후 그의 삶은 파란만장했다. 하이젠베르크는 1932년 노벨 물리학상을 수상했다. 10년 뒤 그는 나치의 원자폭탄 개발 계획 '히틀러 우라늄 클럽'의 수장이 되었고, 후배 과학자 베르너 폰 브라운(1912~1977)은 V-2 로켓 개발 책임자로 임명되었다. 전쟁이 막바지로 접어든 1945년 4월, 하이젠베르크와 오토 한, 카를 V. 바이츠자커 등 대표적인 독일 핵물리학자 10명은 '바스타드 부대(유럽 전역을 돌

며 나치의 원자 폭탄 계획 정보를 수집한 과학 특공대의 별명-옮긴이)'에게 체포되어[12] '러시아 놈들이 잡아가기 전에' 영국으로 끌려갔다. 이들의 취조와 사적 대화 내용은 케임브리지 근처 고드맨체스터의 안전 가옥 팜 홀에서 비밀리에 기록되었다. 그곳에 억류되었다 1946년 1월에 풀려난 과학자들은 독일로 돌아와 대학 강단에 섰다. 영국과 미국 과학자들에게 심문 받을 당시 독일 과학자들은 원자폭탄 계획에서 자신들은 윤리 기준에 따라 고의로 개발에 실패했다고 주장했다. 심문자들은 혼란에 빠졌고, 결국 결론 없이 흐지부지되었다. 하이젠베르크는 자청해서 원자폭탄 설계도를 그리기 시작했는데, 일주일 뒤 완성된 설계도는 미국이 실제로 일본에 투하한 폭탄 중 하나와 매우 유사했다. 연합군 과학자들이 진행한 팜 홀 심문은 나치의 원자폭탄 개발 계획에 관한 의문을 해소하지 못한 실패한 작전으로 평가받고 있다.

평화주의자로서 자살 충동에 시달렸다는 오토 한은 억류 중에 노벨상을 받았다. 역사상 전무후무한 일이다. 한편 하이젠베르크의 행렬역학 정립에 기여한 유능한 수리물리학자 요르단은 양쪽 모두에서 난처한 입장이었다. 젊을 때 히틀러 청소년단 소속이었고 나중에는 나치 당원이었던 그는 연합군 측에서는 나치 부역자로 간주되었다. 하지만 아인슈타인의 상대성이론과 코펜하겐 해석의 양자역학을 옹호했기에 나치 쪽에서는 정치 성향이 의심 되는 인물로 간주되었다. 이 문제만 아니었다면 요르단은 십중팔구 1954년 노벨 물리학상을 공동 수상했을 것이다.

여담으로, 하이젠베르크 식의 불확정성 원리는 전혀 다른 영역에서 종종 거론된다. 여론 조사 결과가 유권자 심리에 영향을 끼친다는 사실은 여론 조사 업계와 정가에서 익히 알고 있다. 그래서 정치인들은 자기에게 유리한 여론 조사 결과만 찾는다. 이 경우의 불확정성 원리는 실제로 관측자 효과이며 물리학과는 전혀 무관하다.

신비로운 원자의 세계

폴 에이드리언 모리스 디랙(1902~1984)은 양자역학 설계자 삼인방 중 세 번째 인물이지만 누구보다 상징적인 존재로서 양자역학이라는 말을 가장 효과적으로 확산시켰다. 하이젠베르크보다 1년 늦게 출생한 디랙은 스위스 이민자 아버지와 영국인 어머니 사이에서 세 자녀 중 둘째로 영국 브리스틀에서 태어났다. 훗날 천재적인 수리물리학자로 성장한 그는 위대한 선배 과학자 뉴턴 못지않은 은둔 학자였다.

어린 시절 디랙은 비숍 로드 초등학교에 다녔는데, 그보다 겨우 두 살 어린 학우 아치볼트 알렉 리치는 캐리 그랜트라는 예명으로 훨씬 더 유명한 세계적인 스타가 되었다. 이 영화배우와 정반대 성격이었던 디랙은 대중의 관심을 질색했다. 두 번째로 교육을 받은 곳은 아버지가 프랑스어 교사로 일하던 머천트 벤처러 기술학교였다. 평생 병적으로 과묵한 은둔자이자 완고한 원칙주의자였다는 디랙은 훗날 자신이 말수가 적어진 까닭이 자식들에게 완벽한 프랑스어만 쓰라고 강요한 아버지 탓이었다고 했다. 자신은 프랑스어를 완벽히 익히지 못해 아예 말문을 닫았다는 것이었다. 어릴 때는 남녀가 다른 언어를 쓰는 줄 알았다는 고백도 했다. 게다가 코펜하겐에서 보어 가족을 만나고서야 가족 간에 사랑이 있다는 것도 알았다고 한다.

브리스틀 대학에 들어가 전기공학을 공부한 디랙은 일자리가 귀하던 제2차 세계대전 후 영국의 사정 때문에 계속 브리스틀 대학에 남아 두 번째 학위를 받기로 결정했고, 이번에는 수학에 도전했다. 결국 두 분야 모두에서 수석을 차지했는데, 미국으로 치면 '수마 쿰 라우데(최우등생)'에 해당하는 것이었다. 뛰어난 성적에 힘입어 케임브리지 세인트 존스 칼리지에 입학한 디랙은 이론물리학 대학원 과정을 밟았다.

케임브리지 입학 당시 디랙은 브리스틀 대학에서 독학으로 공부했던 상대성이론에 관심을 보였다. 하지만 박사과정 지도교수 랠프 파울러는 하이젠베르크의 1925년 논문 사전 인쇄본을 보내주면서 공부해 보라고 했는데, 이 단순한 권유는 결국 물리학의 중대한 분수령이 되었다. 디랙 방정식은 하이젠베르크의 불확정성 원리를 일부 양자역학 연산자의 비가환성(연산자 A와 B에 대해 $AB \neq BA$)으로 통합했다. (참고로, 연산자 자체는 측정 가능하지 않은 수학적 개체이다. 이를테면 상수나 변수, 미분 지시어로, 고유함수에 적용해 측정 가능한 값인 고유값을 산출한다.) 기존 공식들은 다소 어수선한 반면 디랙의 체계는 일관되고, 공리적이고, 엄정하고, 간결하고, 열린 결말 구조로 평가 받았으며, 이는 뉴턴의《프린키피아》를 연상시킨다.

　　1926년에 파울러는 디랙에게 양자역학 강의를 요청했다. 이 수업은 영국에서 공식적으로 처음 개설된 양자역학 강의였다. 디랙은 특유의 정확하고 명료하고 절제된 방식으로 강의 자료를 준비해 당대와 미래의 최고 물리학자들 앞에서 한 치의 어긋남도 없이 강의했다. 이 양자역학 강의를 들은 전설적인 물리학자들 중에서 훗날 수많은 노벨상 수상자가 배출되었다. 디랙의 강의는 이듬해와 그 다음 해에도 이어졌으며, 결국 케임브리지 교수로 일한 43년 내내 되풀이되었다. 영국의 우주과학자 데니스 시아마와 그의 제자들인 스티븐 호킹, 필즈상 수상자 마이클 아티야, 파키스탄 출신 노벨상 수상자 압두스 살람 모두 디랙의 강의를 들었다. 훗날 로스 앨러모스 연구소 책임자가 되어 원자폭탄 개발을 주도한 미국 물리학자 줄리어스 로버트 오펜하이머도 수강자였다. 나중에 버클리로 돌아온 오펜하이머는 양자역학 강의를 맡았는데, 그의 제자였던 윌리스 램은 수소 원자의 미세 구조 연구로 1955년 노벨상을 수상했다. 이전 장에서 보았듯이, 노먼 램지(1989년 노벨상 수상)도 디랙의 강의를 들었다.

　　찬드라세카르는 학창 시절을 떠올리면서 디랙의 수업을 네 번이나 들었다고 했다. 디랙은 당시 발표한 저서를 교과서 삼아 같은 내용을 반복해서 가르쳤지만, '듣고 또 들어도 질리지 않는 음악 같았다.'[13] 차이콥스키와 달리 베토벤의 음악은 같은 곡을 들어도 매번 새롭다는 애런 코플런드의 주장과 닮았다. 찬드라세카르는 1983년에 노벨상 수상했다. 정확히 50년 전, 디랙은 어머니를 동반하고 스톡홀름에 도착해 노벨상을 받았다.

앞서 거론한 모든 물리 현상의 기저에는 영자역학이 있다. 내적 일관성을 갖춘 공리적 이론인 양자역학은 상상할 수 없을 정도로 응용 분야가 광범위하고 해석에 따라 미묘한 차이가 발생하며, 현상을 미리 예측하거나 관측된 현상을 설명할 수 있다. 프린스턴 대학 히긴스 석좌교수로 2016년 노벨상 수상자인 영국 물리학자 던컨 홀데인은 지도교수 필립 앤더슨에게 배운 양자역학의 다른 해석을 따랐다고 이야기했다. 미국 태생 하버드 출신 물리학자 필립 앤더슨은 당시 케임브리지 대학 교수로서 1979년 노벨 물리학상을 받았다. 홀데인의 인터뷰가 있기 90년 전에 디랙은 케임브리지에서 양자역학 강의를 시작했다.[14] 따라서 노벨상의 기나긴 계보를 거슬러 올라가면 디랙을 비롯해 당시 현대 물리학의 선구자들이 이룬 업적과 마주하게 된다. 물론 아인슈타인의 유산도 같은 맥락이다.

저명한 현대 물리학자이자 고등연구소에서 가장 오래 교수로 재직한 학자 중 한 명인 프리먼 다이슨은 1942년 케임브리지에서 들었던 디랙의 강의를 회상했다.

디랙의 발견은 하늘에서 차례차례 떨어진 정교하게 깎은 대리석 조각상들 같았다. 순전히 사고만으로 자연의 법칙들을 도출해내는 사람처럼 보였다. 그런 점에서 디랙은 독보적인 존재였다.[15]

훤칠하고 내성적이며 연약했던 디랙이 케임브리지에서 강의하던 모습은 전혀 위압적이지 않았다. 아마 뉴턴도 같은 대학 교수 시절이나 케임브리지 대표로 영국 의회에 나가던 기간(1689~1690)에 그랬을 것이다. 규정된 강의 회수를 채워야 했던 뉴턴은 빈 강의실에서 수업을 한 적도 있다고 한다. 그리고 유일하게 기록된 뉴턴의 의회 발언은 네 단어뿐이었다. '저 창문 좀 닫읍시다.'

1979년 3월, 디랙은 처남 유진 위그너(1963년 노벨상 수상)의 집에 머물며 고등연구소에서 열린 아인슈타인 탄생 100주년 기념식에 참석했다. 위그너와 디랙을 비롯해 과거와 미래의 노벨상 수상자들이 대거 모습을 보였는데, 이중에는 스티븐 와인버그, 로저 펜로즈, 펜지어스, 윌슨도 있었다. 이들 뿐만 아니라 노벨상 수상자 못지않게 유명한 스티븐 호킹, 존 휠러, 데니스 시아마, 프리먼 다이슨, 루돌프 파이에를스도 참석했다. 디랙은 달변가가 아니었지만, 두 차례 기술적 질문에 답하려고 그가 호명될 때마다 장내는 쥐 죽은 듯 고요해지고 다들 이 상징적 천재의 통찰을 듣고자 귀를 기울였다. 마치 디랙보다 앞서 250년 전 루커스 석좌 교수였던 뉴턴의 말을 경청하는 것 같았다. 조지프 J. 톰슨과 플랑크, 아인슈타인도 달변가는 아니었다. 1963년 노벨 생리의학상 수상자 존 에클스는 옥스퍼드 모들린 칼리지 로즈 장학생 시절에 참석한 행사에서 아인슈타인을 보았던 일을 종종 이야기했다.

1931년 3월 아인슈타인은 옥스퍼드를 방문해 세 차례 강연을 했다. 당시 모들린 칼리지의 젊은 교수였던 슈뢰딩거와 나는 강연 안내자 역할을 맡았다. 첫날 저녁 강연장은 위대한 유명인을 보려는 대학 고위관

료들과 위대한 물리학을 경청하려는 과학자들로 바글바글했다. 아인
슈타인은 칠판을 보며 불과 몇 발짝 거리에서 강연을 시작했다. 독일
어로! 셋째 날 저녁에는 독일어를 구사하는 물리학자들만 참석했다.[16]

그 칠판은 지금도 브로드 가(街)에 있는 옥스퍼드 대학교 과학 박물
관에 걸려 있다. 아인슈타인이 분필로 가득 채운 두 번째 칠판은 안
타깝게도 어느 성실한 관리인이 지워버렸다. 아인슈타인이나 디랙
과 달리 리처드 파인만은 화려한 말주변으로 전문 과학자와 일반인
모두를 사로잡는다. 가끔 대학생들은 교수가 너무 형편없다며 이렇
게 구시렁거린다. '그 양반은 너무 똑똑해서 말이 안 통해.' 그런 친구
들에게 지적해 주고 싶다. '추상적 사고와 소통 능력은 서로 직교하
는 선형 독립적 함수들이다.' (너무 양자역학적 표현일지는 모르겠지만.)
사람을 홀리는 연사지만 지적 능력이 떨어지는 사람도 있고(대부분
의 독재자들이 이 부류이다), 말주변이 부족한 엄청난 천재도 있는 법이
다(뉴턴과 아인슈타인, 디랙). 그리고 최고의 셰익스피어 전문 배우처럼
소통에 능숙한 천재도 존재할 수 있다(파인만과 다이슨).

1928년에 디랙은 운동량과 에너지에 대한 아인슈타인의 상대성
방정식과 자신이 고안한 비가환성 연산자 공식을 결합해 '디랙 방정
식'을 도출했다. 이 방정식은 베타 붕괴처럼 거의 빛의 속도로 움직이
는 아원자 입자의 행동을 설명하는 데 유용하다. 네 개의 성분으로 구
성된 디랙 방정식은 슈뢰딩거의 파동 이론과 하이젠베르크의 행렬
이론 같은 비상대성 양자역학보다 네 배 많은 해를 내놓았다. 하지만

이들이 실제 해일까 허구일까? 수학의 본질적인 힘과 아름다움을 믿은 디랙은 이 해들에서 놀라운 사실 두 가지를 발견했다. 첫 번째는 전자를 비롯해 페르미온이라 부르는 기본 입자 계열의 다른 아원자 입자들이 양자화된 궤도뿐만 아니라 양자화된 스핀도 가진다는 것이었다. 이 스핀의 값은 두 가지, 즉 스핀-업과 스핀-다운뿐이다. 앞서 30년 전인 1896년에 네덜란드 물리학자 피터르 제이만은 전자 빔에 강한 자기장을 적용할 때 스펙트럼이 둘 이상의 선으로 갈라지는 것을 관측했다. (이 발견으로 제이만은 헨드릭 로런츠와 함께 1902년 노벨 물리학상을 공동 수상했다.) 비상대성 양자역학은 양자화된 궤도 운동에 의한 갈라짐은 설명하지만 추가적인 이중 갈라짐은 설명할 수 없었다. 디랙의 방정식은 이러한 이중선을 설명했다.

두 번째는 전자의 내재적 스핀의 존재만큼 근본적인 발견이지만, 자연에 대한 예측 차원에서 훨씬 더 극적이고 충격적이었다. 스핀-업과 스핀-다운을 하는 음전하 전자에 상응하는, 스핀-업과 스핀-다운을 하는 양전하 입자가 존재한다는 것이었다. 처음에 디랙은 이 양전하 입자가 양성자일 거라고 추측했다. 하지만 양성자는 전자보다 1,836배 무거운데, 이 양전하 입자의 질량은 전자의 질량과 전혀 차이가 없었다. 이번에도 수학을 믿은 디랙은 전자의 거울상 입자를 보고 있다는 사실을 깨달았다. 그의 방정식은 전자와 질량은 정확이 일치하지만 극성은 반대인 반물질 전자, 즉 '양전자'의 존재를 밝혀냈다.

전자와 양전자의 정지 질량은 모두 0.511MeV(메가전자볼트)이다. 전자와 양전자의 질량을 합한 값인 1.02MeV 이상의 에너지를 가진 전자기 복사가 발생하는 현상을 '쌍생성'이라 부른다. 반대로 전자-양전자 쌍이 충돌하면 '쌍소멸'이 일어나 1.02MeV 이상의 감마선을 방출하게 된다.

1982년 캘리포니아 공대 물리학자 칼 데이비드 앤더슨(1905~1991)은 로버트 밀리컨 밑에서 박사과정을 밟으며 윌슨 안개 상자cloud chamber를 이용해 중요한 실험을 했다. 1912년에 스코틀랜드 물리학자 찰스 T. R. 윌슨이 개발한 안개 상자는 우주 복사 검출기의 시초로서 윌슨에게 1927년 노벨 물리학상을 안겨주었다. (그 해 열린 유명한 솔베이 회의 사진에서 윌슨은 앞줄 오른쪽 끝에서 두 번째 자리에 앉아 있다.) 기본적으로 이 장치는 정밀한 피스톤으로 밀폐된 실린더 형태이며, 유리창을 통해 실린더 내부에서 벌어지는 상황을 포착한다. 실린더 안에는 응결 직전의 포화 수증기 들어 있다. 피스톤이 후퇴하는 순간 카메라가 작동하고, 이때 압력 저하로 생기는 응결이 우주 복사의 흔적을 표시해준다. 여기까지는 안개 상자의 기본 원리다. 앤더슨의 실험에서는 안개 상자 내부에 강철판을 수직으로 설치하고, 장치 전체를 강한 자기장 안에 두었다. 그러자 강철판에서 시작해 거의 같은 곡률 반지름으로 서로 반대 방향으로 회전하는 궤적 쌍이 사진판에 찍혔다. 우주 복사 감마선 광자가 강철판에 충돌하면서 전자-양전자 쌍생성이 일어난 것이다. 1933년에 디랙과 슈뢰딩거는 각자 양자역학을 정립한 공로로 노벨상을 공동 수상했다. 디랙은 상을 받고 싶지 않았지만, 수상을 거부하면 훨씬 더 유명해질 거라는 러더퍼드의 충고에 설득되었다. 기사 작위도 제안 받았지만 그건 거절했다.

훗날 다시 제안 받았을 때는 수락하기로 마음먹었다. 사람들에게 이름으로 불리는 것보다는 낫겠다고 판단했기 때문이다. 디랙과 슈뢰딩거보다 3년 늦게, 앤더슨도 디랙 방정식이 예측한 양전자 검출로 1936년에 노벨상을 받았다. 사실 양전하를 띠는 전자를 뜻하는 '양전자'라는 용어를 만든 장본인은 앤더슨이었다.

20세기 초반 30년에 걸쳐 양자역학을 발전시키고 이를 적용해 원자와 전자를 이해한 물리학자들은 이 새롭고 강력한 도구로 원자핵을 연구하기 시작했다. 두 가지 핵심적 사실, 즉 아인슈타인이 발견한 질량-에너지 등가 원리($E=mc^2$)와 원자 질량의 99.9%가 핵에 집중돼 있다는 러더퍼드의 발견은 원자의 나머지 부분과 비교해 핵의 에너지가 훨씬 더 크다는 것을 시사했다. 만약 핵에너지를 쓸 수 있다면, 같은 양의 화학 연료보다 수천 배 많은 에너지를 생산하게 되는 것이었다. 1930년대 초반에는 가벼운 원소로 실험하다 보니, 가까운 미래에 핵에너지를 사용할 가망이 전혀 없어 보였다. 심지어 러더퍼드는 단언했다.

'…… 원자 변환으로 에너지원을 찾는 자들은 허황된 꿈을 좇는 것이다.'[17] 그 유명한 (헝가리 출신) '화성인들' 중 한 사람으로, 러더퍼드의 강연에 참석한 레오 실라르드는 그 꿈에 도전적으로 몰두했다.[18]

1938년 독일에서의 한 가지 발견 그리고 두 통의 서신(1939년에 아인슈타인이 루스벨트 미국 대통령에게 보낸 편지와 1940년에 프리슈와 파이에를스가 영국 지도자들에게 보낸 비망록)은 원자력 시대를 열어준 결정적 촉매로 인류 역사의 방향을 영원히 바꿔 놓았다.

프리슈-파이에를스 비망록

프리슈-파이에를스 비망록(1940)은 아인슈타인의 편지에 가려 잘 알려지지 않았다. 그러나 새로운 기술의 실질적인 청사진으로서, 돌이켜 보면 놀라운 선견지명이었다. '슈퍼 폭탄' 개발 가능성을 기술한 이 비망록은 비행기로 실어 나를 만큼 가볍게 만들 수 있다고 주장했다. 이 비망록을 작성한 두 젊은 독일 망명 물리학자는 제2의 조국 영국을 히틀러 독일의 위협으로부터 지켜내려 했다.

이 비망록에서 프리슈와 파이에를스는 핵무기 제작 방법을 상세하면서도 간결하게 설명했다. 지난 장에서 설명했듯이, 이 두 물리학자는 우라늄 동위원소 U-235와 U-238을 구분했다. 이중 에너지를 발산하는 가벼운 동위원소는 자연에서 발견되는 우라늄의 0.7%에 불과하고, 무거운 동위원소가 99.3%를 차지한다. 프리슈와 파이에를스의 설명에 따르면, U-235를 혼합 상태에서 90% 이상 농축해 5kg 정도의 임계 질량을 만들어야 폭발적인 연쇄 반응이 일어났다. 이 비망록에는 독일 뮌헨의 물리화학자가 이미 기체 확산으로 농축하는 방법을 개발했다고 적혀 있었다. 핵폭발이 야기하는 인명과 재산 피해도 언급했다. 즉, 사람과 건물이 받는 1차 피해와 낙진과 오염으로 인한 2차 피해였다. 하지만 핵폭탄을 개발하지 않는 것은 적이 개발 중일 수도 있는 상황에서 자살 행위라고 경고했다. 심지어 양쪽 모두 핵무기를 보유하면 최소한 교착 상태는 될 수 있다고 예상했다. 오늘날 거론되는 '상호 확증 파괴(핵 공격이 시작되면 공멸할 것이므로 핵전쟁을 피한다는 개념-옮긴이)'를 예측한 것이다. 나치 독일이 이 기술의 가능성을 아직 제대로 파악하지 못했을 수도 있으니 반드시 비밀리에 연구해야 한다는 점도 강조했다. 다만 핵폭탄 개발의 사회적, 정치적 영향에 대해 자신들은 식견이 부족하다며 언급을 회피했다. 이 비망록은 순식간에 지휘 체계 꼭대기로 올라갔으며, 그 결과 우라늄 폭발의 군사적 활용 위원회MAUD가 설립되었다.[19]

　오스트리아 물리학자 오토 프리슈(1904~1979)는 오스트리아 태생의 뛰어난 스웨덴 물리학자 리제 마이트너의 조카였다. 이모와 마찬가지로 프리슈도 빈에서 태어나 빈 대학에서 공부하고 베를린 대학에서 대학원을 다녔다. 박사 학위를 받고 나서는 독일 함부르크 대학에서 노벨 수상자 오토 슈테른의 연구 조교로 일했다. 1933년에 히틀러 정권이 들어서자, 슈테른과 프리슈 모두 일자리를 잃고 독일을 떠났다. 프리슈는 런던 버크벡 칼리지에서 메이너드 블래킷(1948년 노벨상 수상)과 함께 일했으며, 이후 5년간 코펜하겐의 보어 연구소에서 활동했다. 1938년에 히틀러가 오스트리아를 합병할 당시, 리제 마이트너는 이미 중립국 스웨덴으로 이주해 있었다. 거기서 그녀는 독일 시절 옛 동료 오토 한이 슈트라스만과 함께 우라늄에 중성자를 쏘아 우라늄 질량의 대략 절반인 원소 바륨을 발견했다는 소식을 들었다.

한편, 1938년 크리스마스 휴가에 때마침 마이트너를 만나러 와 있던 프리슈도 그 소식을 들었다. 마이트너와 프리슈는 함께 그 과정을 물리학적으로 분석한 논문을 썼다. 그들은 우라늄 원자핵이 중성자 하나를 붙잡아 비슷한 질량의 두 조각으로 쪼개지고, 바륨이 그중 하나일 가능성을 제시했다. 원자핵 U^{235}가 '분열'(프리슈가 생물학에서 빌려온 표현)되는 것이었다. 두 사람은 한 차례 분열로 발생하는 에너지의 근사치(200MeV)도 계산했다. 잠시 코펜하겐으로 돌아온 프리슈는 독일 물리학자들이 발견한 우라늄 핵분열 반응 소식을 마침 미국으로 떠날 준비를 하고 있던 닐스 보어에게 알렸다. 회의적인 과학자들의 질문에 답하던 보어는 두 우라늄 동위원소의 다른 행동을 설명하다가 문득 깨달았다. 열화(느린) 중성자를 붙잡아 분열 반응을 일으키는 쪽은 더 가벼운 동위원소였다.

루돌프 파이에를스(1907~1995)는 비할 데 없는 학문적 배경을 가진 뛰어난 과학자였다. 처음에는 베를린 대학에서 공부했고, 이어 뮌헨 대학에서 아르놀트 조머펠트에게 물리학을 배웠다. 조머펠트가 안식년에 들어가자, 파이에를스는 라이프치히 대학으로 자리를 옮겨 젊은 베르너 하이젠베르크 밑에서 공부했다. 하지만 파이에를스가 박사과정을 끝내기 전에 세계 여행을 떠난 하이젠베르크는 제자를 아이슈타인의 모교 취리히 연방 공과대학으로 보내 볼프강 파울리 밑에서 연구를 계속하도록 주선해주었다. 이 대학에서 파이에를스가 쓴 논문은 하이젠베르크를 지도교수로 해 라이프치히 대학에서 승인되었다. 이후 록펠러 재단 장학금을 받고 로마에서 엔리코 페르미의 지도 아래 박사과정을 밟은 다음, 케임브리지 캐번디시 연구소에서 디랙의 옛 스승 랠프 파울러 밑으로 들어갔다. 1933년에 그가 참석한 제7차 솔베이 회의에는 참석자가 40명으로 늘었고, 이중에는 뛰어난 여성 과학자도 세 명 있었다. 마리 퀴리와 그녀의 딸 이렌 졸리오-퀴리 그리고 리제 마이트너. 미국으로 떠난 아인슈타인은 참석하지 않았고, 파스쿠알 요르단은 공산당원이라 초청받지 못했다. 같은 해 독일에서 반유대주의 물결이 거세지자, 파이에를스는 영국에 남겠다는 중대한 결정을 했다. 비록 실천적인 유대인은 아니었지만, 그는 독일로 돌아가는 것이 위험하다고 판단했다. 한때 맨체스터에서 러더퍼드의 조교였고 당시에는 버밍엄 대학 교수이던 영국 출신 호주 물리학자 마크 올리펀트는 1937년에 파이에를스를 자신의 연구실로 불러들였고, 1939년에는 프리슈를 영입했다. 1939년부터 1940년까지 두 사람의 공동 연구와 프리슈-파이에를스 비망록 이후, 두 남자는 1941년부터 1943년까지 MAUD에서 일했으며, 1943년에는 맨해튼 프로젝트에 참여해 한스 베테, 레오 실라르드, 닐스 보어, 엔리코 페르미, 리처드 파인만과 함께 처음에는 뉴욕에서, 그 다음은 로스 앨러모스에서 연구를 진행했다.

전후 프리슈는 케임브리지 대학 교수로 임용되었다. 파이에를스는 케임브리지에서 비슷한 자리를 제안 받았지만, 버밍엄 대학으로 돌아가서 영국뿐만 아니라 세계에서 가장 뛰어난 이론물리학 교육과정을 구축해 갔다. 1951년 그의 제자들 중에는 유럽 입자 물리 연구소CERN에 연구 휴가차 온 벨 정리의 주인공 존 스튜어트 벨도 있었

버지니아에서 물리학 세미나를 하는 루돌프 파이에를스(1981)

다. 1963년에 옥스퍼드로 자리를 옮긴 파이에를스는 이 유서 깊은 대학의 위컴 석좌교수와 이론물리학과 학장직을 맡아 달라는 요청을 받아들였다. 버밍엄에서처럼 이번에도 그는 학생과 교수로 이루어진 탁월한 연구진과 교수진을 구축했다. 영국의 정년제도에 따라 파이에를스는 1974년에 은퇴했다. 그가 세운 연구소는 21세기에 루돌프 파이에를스 이론물리학 센터로 이름을 바꿨다. 물론 가장 크게 기여한 분야는 고체물리학과 핵물리학이지만, 파이에를스가 끼친 영향은 거의 이론물리학 전반을 아우른다.

1946년에 파이에를스와 프리슈는 미국 대통령이 수여하는 자유 훈장을 받았다.[20] 이후 파이에를스는 로런츠 메달(1962), 막스 플랑크 메달(1963), 엔리코 페르미 상(1980)을 받았으며, 영국 왕실로부터 기사 작위를 받았다(1968). 생애 후반기 50년 동안 파이에를스는 핵무기 규제 운동에 적극적으로 나섰다. 영민하고, 지혜롭고, 겸손하고, 친절했던 그는 언제나 물리학 황금기의 중심에 있었으며, '과학의 세기'에 활약한 가장 위대한 과학자들과 어깨를 나란히 했다. 1995년 9월 30일 〈이코노미스트〉에 실린 그의 부고 기사는 다음과 같이 시작했다.

> 양자역학과 핵물리학이 꽃을 피운 20세기 초반은 과학사에서 특별한 시기로, 뛰어난 이론가와 실험가 집단이 원자와 원자핵의 비밀을 밝혀냈다.

1973년, 하루는 파이에를스 교수가 옥스퍼드 뉴 칼리지에서 손님 두 명을 저녁 식사에 초대했다. 한 사람은 그의 친구 프리슈였고, 또 한 사람은 굉장히 젊은 물리학과 교수(필자)였다.[21] 두 친구는 버밍엄 대학 시절 이야기를 나누었다. 슈퍼 폭탄 개발 연구가 담긴 충격적인 비망록 일화를 비롯해, 하이젠베르크가 과연 기초 물리학 연구를 했는지 여부를 판단하기 위해 관련 출간물을 체계적으로 분석한 이야기도 했다. 연구 논문이 없거나 부족한 점은 하이젠베르크가 독일 원자폭탄 개발에 가담했음을 시사하는 것이었다. 결국 하이젠베르크는 독일 핵무기 개발 계획을 주도한 과학자였다. 하지만 독일의 계획은 심각한 기술적 난관에 부딪쳤으며, 과학자들의 충고 대신 개인의 육감을 믿은 히틀러는 슈퍼 폭탄 개발 가능성에 회의적이었다. 연합군

측으로서는 이 모자란 독재자에게 두고두고 감사할 일이다.

사적인 여담으로, 1927년 10월에 파이에를스를 처음 만난 날 당시 여섯 살이던 내 아들 마이클을 데려갔다. 나는 아들에게 루돌프 경^{Sir}이라고 소개했는데, 그분이 파이에를스 교수(동료들에게는 루디)로 불리고 싶어 한다는 걸 그때는 몰랐다. 잠시 후 마이클이 물었다. "그 할아버지를 왜 루돌프 경이라고 불렀어요?" 나는 여왕폐하가 그분에게 기사 작위를 내렸다고 설명해주었다. 잠시 후 마이클이 곰곰이 생각하다 말했다. "기사처럼 안 보이는데요!"

아인슈타인이 몰랐던 것

우리는 정확하고 명확하며 닫힌 결말을 추구하는 과학을 신뢰하지만, 인간이 아는 것과 여전히 알고 싶은 것은 무엇인지 따져볼 수 있다. 자연의 모든 힘을 통합하려는 아인슈타인의 꿈인 대통일 이론 또는 만물 이론은 그의 생전에 결실을 맺지 못했다. 1955년에 숨을 거둘 당시 아인슈타인은 우주가 네 가지 힘에 지배된다는 사실을 알았다. 중력, 전자기력, 약한 핵력, 강한 핵력. 오늘날 물리학자들은 하나의 방정식이 언젠가 나타날 거라 확신한다. 누군가에게는 아름다운 열린 결말의 예술 작품이지만, 누군가에게는 무시무시한 괴물인 그런 방정식. 손톱만 한 이 궁극의 표현이 등장하려면 새로운 뉴턴이나 아인슈타인을 기다려야 할지도 모른다.[22]

(중력 작용) (전자기력)　　(강한 핵력)　(약한 핵력)

$$Z = \int D(\text{Fields}) \exp\left(i \int d^4x \sqrt{-g}\left(R - F_{\mu\nu}F^{\mu\nu} - G_{\mu\nu}G^{\mu\nu} - W_{\mu\nu}W^{\mu\nu}\right.\right.$$

$$\left.\left. + \sum_i \overline{\Psi}_i D\Psi_i + D_\mu H^\dagger D_\mu H - V(H) - \lambda_i \overline{\Psi}_i H\Psi_i\right)\right)$$

(물질)　　(힉스보손) (암흑 에너지) (암흑물질)

만물 이론. 이 방정식에는 자연의 네 가지 힘이 담겨 있다. 중력, 전자기력, 강한 핵력, 약한 핵력. 그리고 인류가 아는 모든 물질, 힉스 보손, 암흑 에너지, 암흑 물질도 포함한다. 이 표준 모형은 세 가지 힘, 즉 전자기력과 강한 핵력, 약한 핵력을 통합하는 데 성공했다. 하지만 중력은 아직까지 이 조합에 들어가지 못했다. 많은 물리학자들은 중력도 빅뱅의 순간에 존재한, 네 가지 힘을 포괄한 단 하나의 힘에 포함될 날이 언젠가는 오리라 믿는다.

빅뱅의 순간에 무차원의 한 점, 즉 시공간의 수학적 특이점에서 시작된 양자 요동은 이후 137억년 동안 끊임없이 뻗어나가며 오늘날 우리가 아는 우주를 형성했다. 텐서(좌표와 무관하게 물리 법칙을 기술해야 할 때 쓰는 개념-옮긴이) 언어로 쓴 이 방정식에는 네 가지 힘이 모두 포함되고, 가속 팽창하는 우주를 설명하기 위해 수학적으로 예측할 뿐 아직까지 관측되지 않은 '암흑 물질'(27%)과 '암흑 에너지'(68%)도 들어간다.[23] 우주에서 관측된 물질은 5% 미만이다. 바꿔 말하면, 우주의 95%는 미지의 상태이다.

4부

정신과 뇌

13

울퉁불퉁 덩어리와
비범한 정신

뉴턴 사후에 제작된 데스마스크는 지금도 케임브리지 대학 도서관에 보관되어 있으며, 복제품은 골상학회 박물관에 있다. 하지만 여든네 살 고령에 사망한 이 철학자는 말년에 정신적 능력이 크게 쇠퇴했기에, 데스마스크가 그의 전성기 얼굴을 제대로 담았으리라 보기는 어렵다. 그래도 '장소 감각'과 '무게 감각'을 관장하는 기관들이 잘 발달되어 있음은 알 수 있다. 케임브리지에 있는 루비약의 뉴턴 흉상을 보면 지각 기능 관련 기관이 무척 두드러진다. 이 기능이야말로 그가 이룬 업적의 원천이었다.

—〈골상학 저널 및 잡록〉(1831)[1]

뇌 기능에 대한 연구는 18세기 후반에서 19세기 초반 사이에 큰 관심을 끌었다. 빈에 거주하던 의사이자 선구적 신경과학자 프란츠 요제프 갈(1738~1828)이 연구를 주도했는데, 그는 다양한 정신 기능과 능력을 뇌의 특정 부위와 연결시키려 했으며, 주로 친구들을 관찰하고 특징을 파악해 실제 머리 생김새와 관련지었다. 갈은 골상학자를 위한 머리 도표를 만들어 당대의 관심과 가치, 즉 친화력, 식욕, 인정욕, 성욕, 너그러움, 양심, 영성, 경외심 등 38가지 정신 기능을 표시했다.

작곡가들의 머리 값어치

빈에서 유행한 골상학은 일단의 빈 예술가들에게는 썩 유쾌하지 않

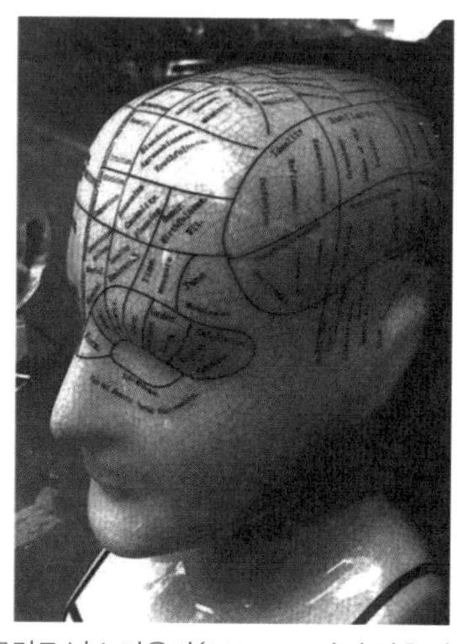

미국 골상학자 로런조 닐스 파울러(1811~1896)가 처음 만든 두상의 복제품

은 결과를 초래했다. 이 도시는 하이든과 모차르트, 베토벤, 폰 베버, 브람스의 본거지였다. 이 위대한 작곡가들 중 누가 생전에 골상학자의 손에 머리를 맡겼는지는 알 수 없지만, 상당수가 사후에 연구 대상이 된 것은 사실이다. 1809년에 요제프 하이든의 장례가 치러지기 전, 한 골상학자가 이 기회에 자신의 '과학'으로 그 작곡가의 두개골을 분석하려 했다. 그는 하이든의 머리를 '잠시 빌렸다가 바로 돌려줄 생각'이었다고 한다. 하지만 그 두개골은 금세 부유한 유럽 가문들의 관심 대상이 되었다. 145년간 은밀하게 수많은 가문을 전전하던 두개골은 결국 1954년에야 나머지 몸뚱이와 재결합했다. 1827년에 베토벤이 숨을 거둔 직후, 한 악덕 골상학자가 이 작곡가의 두개골을 가져다주는 도굴꾼에게 후한 보상을 한다는 소문이 돌기 시작했다. 당

장 베토벤의 친구들은 무덤 위에 대리석 비석을 세우기도 전에 골상학자의 하수인들이 삽과 괭이를 들고 한밤에 들이닥칠까 봐 베토벤의 묘 앞에 번갈아 앉아서 불침번을 섰다.

모차르트의 두개골도 하이든과 비슷한 수치스러운 시련을 겪었다. 1791년 12월에 사망한 모차르트의 유해는 그 무렵 죽은 여러 시민과 함께 빈 변두리 장크트 마르크서 공동묘지에 매장되었다.[2] 하지만 당시에는 묘지를 주기적으로 재정비하는 것이 관행이었다. 오래된 무덤을 파서 시신을 꺼내고 최근 사망한 이들로 채워 넣었다. 원래 모차르트의 시신을 매장했던 두 도굴꾼 중 한 명인 요제프 로트마이이어는 도굴 기록을 남겨 놓았다고 주장했다. 1801년 장크트 마르크서 묘지 재정비 당시 한 골상학자가 모차르트의 유해를 가져오면 돈을 주겠다고 하자, 로트마이어는 모차르트의 두개골을 꺼내와 진짜라고 맹세하며 건넸다. 아래턱과 앞니가 사라진 이 두개골은 곧 호기심의 대상이 되어 하이든의 두개골처럼 백 년 동안 이곳저곳 전전했다. 결국 모차르트 유물 전시와 학술 연구의 중심인 잘츠부르크 모차르테움 대학교에 안치되었다. 하지만 진위가 밝혀지지 않자 대학 당국은 1951년 이후 두개골의 대중 전시를 중단했다. 모차르트가 죽고 200년이 지난 1991년에야 프랑스 인류학자 피에르-프랑수아 퓌슈가 이끈 연구진이 이 두개골을 체계적으로 조사한 결과를 발표했다. 실제로 모차르트의 두개골이라는 증거를 충분히 확보했다는 것이었다.

현대 법의학자들은 종종 사람 시신을 검사해 신원을 밝히는 임무를 맡는데, 특히 범죄가 의심되는 상황에서 중요하다. 해골만 남아 있을 경우, 법의학자는 통계적으로 정해진 피부 두께의 원형 코르크를 두개골의 다양한 주요 지점에 붙인다. 그리고 조각가처럼 점토를 이용해 두개골에 살을 붙인다. 모차르트의 것으로 추정되는 두개골을 검사한 퓌슈 연구진은 위로 솟은 넓고 불룩한 이마, 커다란 타원형 안구, 도드라진 광대뼈, 눈썹 부위의 작은 융기, 왼쪽 관자놀이에 금이 갔다가 회복된 흔적을 찾아냈다고 발표했다.

현대 해부학자와 신경학자 들은 이마가 불룩해지는 원인으로 전두봉합 유합증을 거론한다. 이마뼈 사이의 분리선인 전두봉합은 대개 생후 18개월 정도부터 사라지기 시작하는데, 이 전두봉합이 비정상적으로 일찍 닫히는 것이다. 하지만 뛰어난 지능과 불룩한 이마의 연관성은 제시하지 못한다. 퓌슈의 연구에 따르면, 모차르트 두개골의 관자놀이가 깨졌다가 회복된 흔적은 모차르트가 숨을 거두기 18개월 전인 1790년 봄에 말을 타다 떨어져 크게 다친 사고 때문일 수 있다. 퓌슈는 혈종(내출혈로 피가 모여 혹처럼 된 것-옮긴이) 압력이 모차르트가 앓았던 심각한 두통의 원인이었을 가능성을 제시한다.

〈신경학〉에 실린 1994년 논문은 경막하 혈종이 모차르트의 조기 사망에 결정적 요인이었을 수 있다고 주장했다.[3] 2011년 논문에서는 모차르트가 앓은 질병과 심각한 비타민 D 부족의 연관성을 지목했다. 물론 모차르트의 사망 원인을 확실히 알 수는 없을지 모른다. 하지만 고농도 안티몬을 함유한 특허 약 사용과 과격한 사혈 치료 등 당시 일반적으로 자행된 치료법이 모차르트가 죽기 직전에 건강을 급격히 악화시켰을 것은 자명하다.

20세기 후반에 법의학자들은 요한 제바스티안 바흐의 것으로 추정되는 두개골도 연구했다. 점토로 재현한 그의 두상은 바흐의 유화 초상화와 매우 흡사했다. 21세기 초에는 코페르니쿠스의 해골도 확인되었다. 오래전부터 이 천문학자의 것으로 추정된 무덤에서 고고학자들이 유해를 발굴해냈다. 치아와 대퇴골의 DNA가 그의 책에 남아 있던 머리카락 유전자와 일치했다. 이후 안면 복원 기술을 두개골에 적용해 450년 만에 처음으로 코페르니쿠스의 얼굴을 재현했다.

유사과학인 골상학은 빈의 귀족들 사이에서 인기를 끌었지만, 인간 영혼의 수호자를 자처한 교단으로서는 단순한 유희거리로 간주할 수 없었다. 빈에서 추방당한 갈은 파리로 이주했다. 지나친 단순화와 수많은 오류에도 불구하고, 그의 이론은 뇌 기능을 구역별로 나누는 초기 연구로서 중요한 의미가 있다. 파리의 신경학자 마리 장 피에르 플루렁(1794~1867)은 이론가라기보다는 임상학자였다. 그는 갈의 이론을 공개적으로 비판하면서, 더욱 건전한 신경학 발전 방향을 제시했다. 플루렁은 주로 개와 닭을 대상으로 뇌의 특정 부위를 체계적으로 절제하는 실험을 했다. 갈의 주장대로 애정의 본능이 전두엽에 있는지 확인하고자 해당 부위를 제거했다. 이로 인해 특정 운동 기능에 장애가 발생했지만, 애정 표현에는 전혀 문제가 없었다. 이렇게 제거하는 방식으로 플루렁은 갈의 여러 주장을 검증했으며, 훗날 발전된 기술로 풀어야 할 과제들로 그 자리를 대체했다.

피에르 폴 브로카(1824~1880)가 신경생리학계에 등장한 1860년대에는 이미 뇌의 바깥층인 대뇌피질이 크게 네 부위로 나뉘고 각 부위는 특정 기능과 연관된다는 사실이 알려져 있었다. 전두엽은 계획과 단기 기억, 측두엽은 청각과 기억, 후두엽은 시각 인식, 두정엽은 공간 인지에 관여한다는 것이었다. 브로카는 갈이 창시한 분야의 거인이 되었다. 하지만 갈과 달리 그는 실증주의자였다. 뇌를 담는 단단한 외골격에 불과한 두개골의 모양을 다루는 골상학이 아니라, 주름과 돌기로 이루어진 기관인 뇌 자체에 주목했다. 브로카는 행동 장애를 보이는 환자들을 관찰하면 다양한 뇌 영역의 기능을 이해할 수 있으리라 생각했다. 국소적인 뇌 병변 환자, 암 환자, 뇌졸중 환자 등등이 대상이었다. 1861년에 브로카를 찾아온 환자는 특이한 실어증(유창한 언어 구사에 장애가 생기는 질환)을 앓았다. 그는 언어를 완벽하게 이해하지만 말로 표현하지는 못했다. 더구나 언어 사용의 여러 다른 측면도 영향을 받았는데, 여기에는 글쓰기도 포함되었다. 환자가 죽은 뒤 부검을 시행한 브로카는 그에게서 전두엽 병변을 발견하고 그 부위에 자기 이름을 붙여 '브로카 영역'이라 명명했다.

이후 브로카는 글을 쓰거나 생각을 말하는 데 어려움을 겪는 비슷한 실어증 환자를 예닐곱 명 더 부검했다. 그 결과 모든 환자의 병변이 전두엽 전체가 아니라 정신 기능을 관장하는 주요 영역인 좌측 전두엽에 있었다. 말하기가 좌뇌의 기능이라는 사실을 확인한 것이다. 이 발견에 자극 받은 학자들은 뇌의 나머지 부분들이 각각 어떤 기능과 연계되는지 연구하게 되었다.

1873년에 독일 신경학자 카를 베르니케는 또 하나의 중요한 임상 발견을 했다. 브로카의 환자들과는 다른 양상의 실어증 환자가 찾아왔는데, 그의 경우는 말의 의미를 이해하지 못하는 증상이었다. 환자가 죽은 뒤 부검을 시행한 베르니케는 뇌의 좌반구에서 병변을 발견했다. 브로카 영역은 발화發話와 관련이 있지만, 베르니케 영역은 말의 이해와 관련이 있다. 얼마 전 브로카가 시작한 전통에 따라서 베르니케도 자신이 발견한 부위를 '베르니케 영역'이라고 명명했다.

19세기 말에 뢴트겐이 X선 기술을 개발하기 전까지, 해부도는 수술이나 부검을 통해서만 그릴 수 있었다. 20세기의 마지막 20년 동안, 의료 영상 기술은 엄청난 발전을 이루었다. 오늘날 방사선사들의 무기인 컴퓨터 단층 촬영(CAT 스캔), 자기공명영상MRI, 양전자 방출 단층 촬영(PET 스캔)은 살아 있는 환자의 몸속을 전례 없이 정밀하게 보여주는 상호보완적 기술들이다. 특히 MRI는 고해상도 영상을 보여준다. 거대한 초전도 코일이 생성한 강력한 자기장을 인체에 가하면 수소 원자핵(양성자)의 스핀이 부분적으로 정렬되고(분극화), 따라서 체내 물 분자에도 같은 변화가 생긴다.[4] 신체 기관과 세포 조직(혈액, 혈관 벽, 세포판 등)은 모두 수분 함량이 다르기 때문에, 일반적인 X선 촬영보다 MRI가 훨씬 더 세밀한 차이를 보여준다. 기능 자기공명영상fMRI은 기본적으로 뇌에 사용되는 MRI로서, 다양한 정신 기능을 수행하는 뇌의 영역들을 정확히 구분할 수 있다. 수학 계산이나 예술품 창작 같은 특정 기능 수행이나 처리를 위해 뇌의 특정 부위에 산소가 필요해지면 혈류가 그곳으로 집중된다. 때로는 양전자 방출 단층 촬영(PET 스캔)과 fMRI를 병용해 특정 활동을 관장하는 뇌 부위를 확인하기도 한다. 오늘날 fMRI와 PET 스캔으로 밝혀낸 바에 따르면, 조증과 조현병, 창조성은 전두엽의 비슷한 영역을 활성화시킨다. 마찬가지로, 환각성 마약이 활성화시키는 뇌의 영역은 종교 활동이 활성화시키는 영역과 동일하다.

빈 태생의 컬럼비아 대학 정신의학 및 신경생리학 교수 에릭 캔들은 마음의 정신분석학적 특성과 뇌의 분자유전학적 또는 생물학적 특성 모두를 이해하는 드문 전문가이다. 기억과 학습을 분자 수준에서 설명한 공로로 2000년 노벨 생리의학상을 수상한 캔들은 정신 장애가 유전적 요인에서 비롯된다는 이론을 적극 지지한다.《마음의 오류들The disordered mind》[5]에서 그가 지적하듯, 예술적인 우뇌와 논리적인 좌뇌는 자극을 받을 경우(주로 단어나 그림, 소리) 다르게 작동한다. 좌뇌는 미미한 자극이라도 일단 받으면 감지 가능한 활동을 보여 진지하게 반응하지만, 쉽게 싫증을 내는 우뇌는 그러지 않는다. 그러나 아주 강한 자극일 때는 우뇌도 즉각 반응한다.

독일 프라이부르크 대학 신경학 연구진이 2109년에 발표한 보고서[6]는 좌뇌와 우뇌가 서로 다르면서도 상보적인 관계라는 캔들의 이론에 완벽히 부합한다. 엘리자베트 헤르텐슈타인과 그녀의 동료들은 더 종합적인 논문 발표에 앞서 경두개 직류 자극tDCS 기술을 이용한 실험 결과를 온라인에 게재했다. 이들은 두피에 낮은 전압을 걸어 좌뇌와 우뇌, 정확히 말해 좌뇌 하전두회IFG와 우뇌 하전두회 사이에 미세 전류가 흐르게 했다. 우뇌에 양극을 연결하고 좌뇌에 음극을 연결하자, 창의적인 우뇌는 강한 반응을 보인 반면 창의적이지 않는 좌뇌는 진정되는 양상을 보였다. 피험자들의 창의성이 10~20% 향상되는 유의미한 결과였다. 연구자들은 좌뇌를 자극하려고 극성을 바꾸면 창의성에 변화가 없다는 사실을 알아냈다. 이 실험에 피험자로 참여한 건강한 대학생 90명은 22분 동안 전기 자극을 받은 뒤 창의성 테스트를 받았다. 창의성 측정을 위해 연구진은 세 가지 상보적 테스트를 진행해 창의성을 다각도로 평가했다.[7]

아인슈타인의 뇌

특정 정신 기능이 뇌의 국소 부위에서 일어나는 집중적인 활동과 실제로 연관될 수도 있지만, 서로 다른 동떨어진 영역들의 협력이 사고 과정에 필요하다는 사실도 분명히 밝혀졌다. 탁월한 천재들의 뇌 중에서 오늘날 유일하게 보존되어 있는 것은 알베르트 아인슈타인의 뇌이다. 1955년 4월 18일에 76세를 일기로 아인슈타인은 복부 대동맥류 파열로 숨을 거두었다. 그가 죽은 뒤 프린스턴 대학병원의 예일대 출신 병리학자 토머스 하비가 부검을 시행했다. 아인슈타인의 유언에 따라 그의 유해는 화장되고 재는 뿌려졌다. 하지만 그 전에 하비 박사가 아인슈타인의 뇌를 몰래 꺼내 포름알데히드 병에 보관했다. 무단으로 뇌를 제거하고 전유한 사실이 알려지자, 아인슈타인의 친지들은 격분했다. 하지만 아인슈타인의 아들 한스 알베르트의 허락을 받은 하비는 향후 연구할 목적으로 뇌를 계속 보관해두었다. 세월이 흘러 뇌의 존재에 대한 기억마저 흐려질 즈음, 하비는 이미 프린스턴에서 해고되어 고향인 캔저스 주 로런스로 돌아갔다. 신경과학에 전문성이 거의 없던 그는 신경학이 충분히 발전할 때까지 아인슈타인의 뇌를 보관만 하는 지혜를 발휘했다. 아인슈타인이 죽고 30년 뒤, 뇌의 존재가 다시 수면으로 떠오르자 죽음에 대한 호기심과 병적 쾌감이 뒤섞인 기묘한 분위기가 조성되었다. 월터 아이작슨은 아인슈타인의 뇌를 일컬어 '떠도는 유물'이라 했는데, 19세기에 유럽 귀족 가문들을 전전하던 하이든과 모차르트의 뇌를 떠올리게 한다.

1980년대 초, 버클리 캘리포니아 대학 생리학 교수 매리언 다이아몬드는 하비의 허락을 받고 아인슈타인의 뇌 조각들을 검사했다. 초기 연구에서 아인슈타인의 뇌는 일반인의 뇌보다 교질 세포 밀도가 높았고, 특히 좌측 열성 두정엽 피질에서 두드러졌다. 1980년대 후반에는 온타리오 주 해밀턴에 있는 맥매스터 대학 신경학자들이 더 큰 뇌 샘플을 가지고 결정적인 연구를 진행했다.

현대 신경과학에 따르면 수학적 추상과 운동 심상, 시공간 인지에 특화된 뇌의 영역은 열성 두정엽이다. 맥매스터 대학의 캐나다 출신 신경학자 위텔슨이 이끈 연구진은 1999년에 아인슈타인의 뇌에서 특이성을 발견하고 〈알베르트 아인슈타인의 특별한 뇌The Exceptional Brain of Albert Einstein〉라는 논문을 발표했다.[8] 아인슈타인의 뇌는 크기는 정상이지만, 두정 덮개가 없는 대신 일반인보다 15% 정도 넓게 자란 열성 두정엽이 그 빈자리를 채우고 있었다. 이들의 연구에서 또 한 가지 주목할 점은 뇌를 가르는 홈인 실비안 열Sylvian fissure이 아인슈타인의 뇌에서는 유난히 얇다는 것이었다. 연구자들이 추측하기를, 이 특징 덕분에 해당 영역의 뇌세포들이 더 조밀해져 상호 연결이 활발해지고 정보와 생각을 공유하는 기능이 향상된다. 이는 분석적 사고에 매우 중요하다.

아인슈타인은 말이 늦게 터졌지만, 커가면서 독일어를 능숙하게 구사했다. 하지만 영어는 그렇지 못했다. 위그너는 자신의 서툰 영어에 대한 변명으로 아인슈타인에게 들었던 말을 언급하곤 했다. '외국어 실력은 수학 실력에 반비례한다.'[9] 아인슈타인의 특별한 재능이 그런 특성에서 비롯되었을까? 아니면 아인슈타인이 위그너에게 던진 특유의 농담일 뿐일까? 다르게 설명할 수도 있다. 즉, 골상학자 갈의 가설처럼 아인슈타인의 유난히 강도 높은 뇌 활동이 애초에 이 특이성을 유발했다는 것이다. 물론 관련된 뇌 부위가 도드라지지는 않았다. 어쨌거나 특수 상대성이론과 일반 상대성이론은 복잡한 기하학적 시각화와 심오한 수학을 요구하는데, 둘 다 열성 두정엽의 주요 기능이다. 결국 이런 분석은 아인슈타인의 뇌가 생리학적으로 일반인의 뇌와 다르게 구성되었다는 흥미로운 추측일 뿐 결정적 증거는 아니다. 인과관계를 확실히 입증하려면, 아인슈타인과 비슷한 연령대(70대 중반)에 사망한 수학 영재들의 뇌를 병리학적으로 폭넓게 연구해야 할 것이다. 물론 과학 발전을 위해 장기를 기증하는 수학 영재의 수가 증가한다 해도, 아인슈타인의 창조성에 버금가는 천재들의 뇌를 구하기는 매우 어려울 것이다. 다만 한 가지는 짚고 넘어가야겠다. 대부분의 과학자들에 비해 아인슈타인의 수학적 재능이 뛰어났던 것은 부정할 수 없지만, 그는 뉴턴이나 가우스, 맥스웰, 폰 노이만 같은 최고 수준의 수학자는 아니었다. 아인슈타인은 '수학적 새'이지 '수학적 개구리'가 아니었다.

인체의 다른 부분들과 마찬가지로 머리와 얼굴은 외관상 거의 완벽한 대칭이다. 얼굴 양쪽의 작은 차이는 대개 아주 미세해서 당사자만 인지할 수 있다. 좌우 대칭성이 인간 미학에서 중요한 요소라는 주장은 오랜 세월 큰 지지를 받았다. 대뇌와 소뇌 주름의 모양과 밀도, 뇌량腦梁, 해마 등 뇌의 종합적 형태를 고려하면 좌뇌와 우뇌는 대칭성을 보인다. 한쪽이 다른 쪽의 거울상인 셈이다. 하지만 기능을 따지면 좌뇌와 우뇌가 분명한 비대칭성을 보이는데, 이는 200년 동안 신경과학자들이 알고 있던 사실이다. 신체와 뇌를 잇는 신경망에서는 엄청난 교차가 일어나 우뇌가 신체 왼쪽을 제어하고 좌뇌는 오른쪽을 제어한다. 이러한 구조를 오른손잡이와 왼손잡이의 비율이 대략 10:1인 점과 연계하면 간단한 결론이 나온다. 좌우 손잡이성이 주로 좌뇌에 의해 결정된다는 것이다.

세속 성인 두 사람의 장례식

뉴턴은 죽기 전 몇 달간 통풍으로 고생했다. 대개 발과 관절의 염증으로 나타나는 통풍은 부종과 발적發赤, 미열을 동반하며, 걷거나 심지어 서 있기만 해도 매우 고통스럽다. 현대 의학에서는 과다하게 생성된

요산이 바늘처럼 뾰족하게 결정화되어 통풍을 일으킨다고 설명하는데, 이 결정은 현미경으로 관찰할 수 있다. 연조직에 이 결정이 쌓이면 단단한 통풍 결절이 생겨 관절 변형이 일어나고, 심지어 요로에서는 신장 결석으로 나타난다. 통풍을 방치하면 대사증후군과 더불어 심혈관 질환을 유발하기도 한다. 통풍 결절이 장기를 공격하면, 환자는 신장과 간, 췌장 등의 부전으로 사망할 수 있다. 따라서 통풍은 뉴턴의 사망 원인일 가능성이 높다. 그를 치료하러 온 의사들은 당시 만병통치약처럼 여겼던 방법을 썼다. 즉, 반복적으로 피를 뽑았다. 이 사혈법은 십중팔구 뉴턴의 고통을 배가시키고 죽음을 앞당겼을 것이다.

한 세기 후, 베토벤은 생의 마지막 3~4년 동안 건강 악화로 고통받았다. 최악의 정신 장애는 이겨냈지만, 몸 상태는 굉장히 나빠졌다. 1826년 말부터 1827년 초까지 심각한 복통과 복부 팽만, 탈수증으로 고생했다. 의사들은 그를 치료하고자 복부 천자穿刺, 즉 배에 바늘을 찔러 체액을 빼내는 시술을 네 차례 시행했는데, 첫 번째 시술에서 감염이 발생했다. 소독과 항생제가 없던 시절에는 수술이 질병 자체만큼이나 위험했다. 3월 26일에 베토벤이 혼수상태에 빠지자, 가톨릭 신부가 임종 성사를 하러 불려왔다. 베토벤의 절친 안젤름 휘텐브레너에 따르면, 3월 27일 사망 당시 임종을 지킨 사람은 그를 제외하면 베토벤이 미워하고 괴롭힌 제수 요한나뿐이었다고 한다.

부검 결과 베토벤은 간경화로 간이 심하게 손상돼 있었다. '의사들은 그의 췌장이 '위축되고 섬유질화' 되었으며, 췌관이 좁아져 매우 가늘다고 했다. 복부에 고인 다량의 적색 액체는 세균 감염과 혈액이 섞인 것으로, 말년에 복수를 빼낸 시술 때문일 수 있다.'[10] 간경화는 흔히 폭음과 관련이 있지만, 베토벤의 경우는 유전자 문제일 가능성이 크다. 그는 술꾼이 아니었다. 두개골 해부로 밝혀진 청신경과 주변 동맥의 상당한 위축은 청력 상실의 원인을 설명해주었다. 음악가이자 존스 홉킨스 대학 이비인후과 의사인 찰스 림의 소견에 따르면, '가장 유력한 가설은 티푸스 뇌수막염 이후 발생한 내이염이었다.'[11] 물론 베토벤의 청력은 거의 30년에 걸쳐 악화되었다. 1804년에 그는 〈제3 교향곡〉 초연을 지휘하고 1814년 말에는 대중 앞에서 피아노를 연주했지만, 1812년부터는 나팔 모양의 보청기를 사용하기 시작했다. 1818년 무렵에는 대화 노트를 들고 친구들과 소통했고, 1825년 즈음에는 아예 말을 듣지 못했다. 부검에서 뇌 크기가 작아진 것도 드러났는데, 다량의 액체가 증거였다. 뇌 위축은 말년에 진행되었지만, 친구들은 그에게서 인지 장애를 감지하지 못했다고 진술했다.

뉴턴과 베토벤의 또 다른 공통점은 두 사람 모두 각자 분야에서 당대의 수준을 뛰어넘어 최고의 천재이자 국가적 문화 보물로 인정받았다는 사실이다. 그리고 그때까지 왕족과 뛰어난 정치인, 걸출한 군사 지도자에게만 해당되던 국장國葬을 각자 분야에서 최초로 치른 인물들이었다. 전기 작가 제임스 글릭에 따르면, 1727년 3월 31일에 열린 뉴턴의 장례식에 '대법관과 공작 두 명, 백작 세 명이 관을 들었고, 왕립학회 회원 대부분이 뒤를 따랐다. 유해는 웨스트민스터 사원에 8일간 안치된 후 본당에 안장되었다.'[12]

훗날 가장 대표적인 계몽주의 철학자 볼테르로 명성을 떨칠 파리 출신의 젊은 역사가이자 작가였던 프랑수아-마리 아루에는 뉴턴 사망 당시 때마침 런던에 와 있었다. 뉴턴의 장례식을 목도한 그는 평범한 시민이 왕처럼 화려한 장례를 치르는 광경에 놀랐다고 적었다. 뉴턴은 자연철학자이자 과학자로서 오롯이 정신의 영역에서 위대한 업적을 이룬 인물이었다. 국장을 치르고 웨스트민스터 사원에 안장됨으로써 마침내 그는 세속 성인으로 시성되었다.

100년 뒤, 1827년 3월 26일에 베토벤 역시 죽음과 함께 크나큰 영예를 안았다. 빈 시市가 베토벤을 기리는 애도의 날을 선포하자, 상점과 극장은 하루 종일 문을 닫았고 30,000명에 이르는 인파가 장례 행렬을 보러 몰려들었다. 운구자들과 횃불을 든 이들 40명에 음악가들도 조문객으로 참석했는데, 이중에는 최소 세 명의 저명한 작곡가도 있었다. 훔멜과 체르니, 슈베르트가 그들이었다. 장례가 진행되는 동안 모차르트의 〈레퀴엠〉, 이그나츠 폰 자이프리트의 〈나를 구원하소서Libera me〉, 베토벤의 〈자비를 베푸소서Miserere〉와 네 대의 트럼본을 위한 장송 행진곡 〈소나타 작품번호 26〉이 울려 퍼졌다. 베토벤의 한 친구는 다른 친구들에게 보낸 편지에서 이 장례식에 대해 감탄했다. '오스트리아의 어떤 황제 장례식도 그렇게 화려하지는 않았다네.'

현대 법의학의 모발 분석

뉴턴과 베토벤이 다량의 중금속을 섭취했을지 모른다는 의문이 수세기 동안 제기되어 왔다. 중금속 중독이 그들의 질병과 정신적 문제, 죽음의 원인일 수 있기 때문이다.

1970년대 후반, 과학계에는 1690년 초에 잘린 뉴턴의 머리카락이 런던 왕립학회에 보존되어 있다는 소문이 돌기 시작했다. 당시에 이미 쓰이고 있던 중성자 활성화 분석NAA 기술은 특정 물질의 농도를 1조 분의 1까지(대피라미드(이집트 기자에 있는 가장 큰 피라미드-옮긴이) 크기의 건초 더미에서 바늘 하나 찾는 수준) 검출할 수 있었다. 이 포렌식 기법은 고체나 액체, 현탁액에 적용된다. 뼛조각이나 머리카락, 손톱 따위의 표본을 래빗이라 부르는 작은 원통형 플라스틱 용기에 넣고, 공기압을 이용해 교육 및 연구용 원자로TRIGA의 중심부로 발사한다. 20~30분 동안 중성자를 쐰 표본을 회수해 섬광 검출기, 즉 게르마늄-리튬GeLi 검출기로 감마 스펙트럼을 분석하면, 방사선을 쐬기 전에 표본에 포함돼 있던 원소를 알아낼 수 있다.

뉴턴의 머리카락은 핵물리학자들이 뉴턴 수수께끼의 해답을 찾을 기회를 제공했다. '1693년에 뉴턴은 어쩌다 신경 쇠약에 걸렸을까?' 듀크 대학의 과학자 존슨과 월버슈트가 발표한 논문 〈수은 중독: 뉴턴의 신체적, 정신적 질환의 유력한 원인Mercury Poisoning: A Probable Cause of Isaac Newton's Physical and Mental Ills〉[13]에 따르면, 뉴턴의 머리카락에 대한 중성자 활성화 분석 결과 생명체에 해로운 중금속인 수은, 납, 비스무트, 안티몬의 농도가 비정상적으로 높았는데, 이는 신경 쇠약의 원인이었을 가능성이 높지만 사망 원인까지는 아니라고 보았다. 위험한 중금속을 다루는 연금술 실험의 대가를 치른 것이었다. 연금술 연구를 중단하고 몇 년 뒤 건강을 회복한 뉴턴은 다시 예전처럼 과묵하고, 까칠하고, 은둔적인 성격으로 돌아왔다.

역사상 가장 위대한 과학적 지성은 스스로 심각한 손상을 입었지만, 그가 싹 틔운 과학이 훗날 개발한 도구들은 뉴턴이 그렇게 된 원인을 밝혀냈다. 300년이 지나서야 뒤늦게 뉴턴에 대한 진단이 내려진 셈이다.

이후 뉴턴은 진지한 과학적 사유를 하지 않았지만, 딱 한 차례 예외가 있었다. 스위스 바젤의 형제 수학자 야코프 베르누이와 요한 베르누이 10년의 연구 끝에 변분법이라는 새로운 수학 분야를 정립했다. 그들은 뉴턴과 라이프니츠에게 최단시간 문제를 풀어보라고 제안했는데, 전자는 깎아내리고 후자를 영웅으로 만들려는 속셈이었다. 뉴턴이 하룻밤 만에 문제를 풀어 서명도 없이 답장을 보냈을 때, 베르누이 형제는 큰 충격을 받고 한 사람이 탄식했다. "사자는 발톱만 봐도 안다!" 뉴턴의 가공할 분석력은 여전히 건재했던 것이다.

베토벤은 성인이 된 후로 줄곧 복통과 잦은 산통疝痛, 심각한 설사, 탈수에 시달렸다. 그의 성격도 건강 문제를 반영하듯 점점 퉁명스럽고 신경질적으로 변해갔다. 1994년부터는 그의 머리카락도 연구 대상이 되었다. 1827년 3월에 베토벤이 사망하고 이틀 혹은 사흘 뒤, 친구들과 의사들을 비롯해 기념물을 노린 자들이 그의 두피에서 머리

런던 왕립학회에 전시되어 있는 뉴턴의 데스마스크와 머리카락.
12장 도입부에 인용한 골상학 저널의 문구에서 언급한 데스마스크다.

카락을 모조리 잘라갔다. 이들 중 당시 15세이던 음악가 페르디난트 힐러는 가위를 집어 들고 베토벤의 머리카락을 한 움큼 잘랐다고 한다. 대략 60년 후, 힐러는 이 머리카락 뭉치를 아들에게 생일선물로 주었다. 다른 위대한 작곡가들의 두개골이 유럽의 여러 부유한 가문을 전전했던 것처럼, 힐러의 머리카락 뭉치도 유럽 부자들 사이에서 떠돌았다. 출처가 타당한 베토벤 머리카락 표본은 현재 8개가 남아 있는데, 그중 힐러의 머리카락 뭉치가 진짜일 가능성이 가장 컸다.

1994년 일리노이 주 아르곤 국립 연구소에서 힐러 표본의 머리카락 다섯 가닥에 대한 정밀 검사 결과, 검출된 납의 농도가 정상인의 수치보다 100배나 높았다. 메이요 의료 센터에 따르면, 고혈압이나 관절통, 근육통, 기억력 저하, 집중력 저하, 두통, 복통, 기분 장애, 정자 수 감소, 간 질환 등에서 납의 농도가 비정상적으로 높게 나올 수 있다.[14] 베토벤은 납 중독으로 인해 다양한 신체적 질환과 정신 질환을 겪었을지 모른다. 하지만 또 다른 중금속인 수은은 검출되지 않았는데, 19세기 초에는 수은이 보편적인 매독 치료제였다. 적어도 베토벤이 매독의 고통을 완화하려고 수은 치료를 받지는 않았다는 뜻이다. 그렇다면 납은 어떻게 베토벤의 몸에 축적된 것일까?

2014년부터 2023년 사이에 이루어진 베토벤 머리카락에 대한 두 번째 연구는 여러 국가에서 온 다양한 분야의 학자들이 참여한 대규모 프로젝트로 의사, 음악학자, 박물과 관리자를 비롯해 특히 게놈 서열, 의료 유전학, 유전자 계보학, 지리 유전학 등 새롭게 대두된 유전학 기술 전문가들이 참여한 점이 중요했다. 이 분석을 주도한 핵심 연구자는 케임브리지 대학 박사과정 학생이던 트리스탄 베그였다. 19세기에 다윈과 파스퇴르가 그러했듯이, 베그는 열정과 전문성을 적절히 조합해 유전체 분석 작업을 총괄했다. 비록 다른 연구자들보다 젊고 썩 유명하지 않은 인물이었지만, 그는 2013년 3월에 발표된 뛰어난 공동 논문의 대표 저자로 이름을 올렸다.[15]

해결된 여러 문제 중 하나는 베토벤 머리카락의 진위 여부였다. 분석한 8개 표본 중 5개가 진짜로 판별되었다. 뜻밖에도 힐러 표본은 가짜였다! 아슈케나지 유대인 여성의 머리카락들이었던 것이다(힐러의 아내가 유대인 여자였다). 본의 베토벤 하우스에 보관 중인 베토벤의 것으로 추정된 두 개의 두개골 뼛조각은 진짜로 밝혀졌다. 판 베토벤이라는 성을 써서 베토벤과 유전적 관계가 있다고 믿었던 플랑드르

다섯 가문의 후손들도 가짜였다! 성만 같을 뿐 유전자는 달랐다. 베토벤의 유전자 분석 결과 유당불내증과 B형 간염의 흔적도 발견되었는데, 후자는 간경변 같은 간 질환으로 발전할 수 있다. 술꾼이 아니어도 베토벤이 간 질환에 걸렸을 수 있다는 것이다. 납 중독으로 결론 내린 1995년 논문은 헛다리짚은 셈이었다. 하지만 한 가지 놀라운 결과는 베토벤 가계에 혼외자가 있었다는 점인데, 베토벤의 아버지 요한이 사생아로 태어났을 가능성이 크다.

문화 영웅들을 찬미하며 그들의 유해를 파헤치다

13세기 피렌체에 건립된 프란체스코회 산타 크로체 성당은 이탈리아의 위대한 문화 지도자들을 모신 성스러운 묘로서, 이곳에는 단테, 기베르티, 도나텔로, 마키아벨리, 미켈란젤로, 갈릴레오, 볼타, 마르코니, 로시니, 페르미의 유해가 안치되어 있다. 이런 점에서 산타 크로체 성당은 런던 웨스트민스터 사원에 비견된다.

산타 크로체 성당에는 단테의 묘가 있긴 하지만 비어 있는 상태다. 정치 활동 때문에 피렌체에서 추방된 이 위대한 이탈리아 작가의 유해는 라벤나에 묻혀 있다. 라파엘로는 로마 판테온에 안치되어 있다. 하지만 레오나르도의 묘는 이탈리아 반도에 있지도 않다. 사망하기 3년 전인 1519년 5월, 그는 당시 21세이던 프랑수아 1세의 초청을 받고 루아르 골짜기 앙부아즈로 이주했다. 피렌체 출신의 놀라운 천재를 알아본 젊은 군주는 그에게 왕궁 바로 옆에 위치한 대저택인 클로 뤼세 성과 '왕의 수석 화가, 공학자, 건축가'라는 명예직을 하사했다. 하지만 산타 크로체 성당에는 여전히 레오나르도를 피렌체의 총아, '일 피오렌티노Il Fiorentino'로 기리는 명판이 있다.

레오나르도의 죽음에 대해서는 여러 기록이 남아 있다. 한 기록에 따르면, 레오나르도가 사망한 1519년 5월 2일에 그의 충직한 제자 멜치가 임종을 지켰다. 또 다른 기록에서는 앙부아즈에서 말을 타고 하루 거리에 왕이 있었다고 한다. 레오나르도의 장례는 앙부아즈 궁의 생 위베르 예배당에서 국장으로 치러졌으며, 오늘날 대리석 바닥의 조각 문양으로 그 위치를 알 수 있다. 하지만 로마 가톨릭과 개신교(위그노) 간의 프랑스 종교 전쟁이 벌어지는 동안, 앙부아즈 궁이 훼손되고 심지어 왕실 묘소에서 해골 유해까지 파헤쳐져 쓰레기 구덩이에 버려졌다. 이때 레오나르도의 납골실도 파괴되었다. 19세기에 아직 골상학이 유행하던 무렵, 프랑스 소설가 아르센 우세가 그 구덩이를 파헤쳤다. 구덩이로 들어간 그는 유난히 큰 두개골을 쳐들고 의기양양하게 소리쳤다고 한다. "그렇지, 이게 레오나르도 다빈치야! 이 정도 크기는 되어야 가장 위대한 뇌를 담지!" 영국 〈텔레그래프〉의 과학 칼럼니스트는 우세의 방식을 '과학은 결여되고, 미신과 욕망 실현에만 충실했다.'라고 평가했다.[16]

14

과학 천재들의 기행:

한 줌의 광기

천재와 광인에게는 공통점이 있다.

둘 다 남들과는 다른 세상에 산다.

—아르투어 쇼펜하우어

지난 장에서는 정신/뇌 이분법의 하드웨어 측면에 집중하면서, 천재들의 두개골에 대한 관심 증폭이 신경학으로 발전한 과정을 다루었다. 이번 장에서는 소프트웨어 측면, 즉 정신에 집중하겠지만, 주로 과학 천재들의 정신을 탐구할 것이다.

어떤 수준의 천재이든 모두 비선형적 사고를 하며, 이는 일반인들과 근본적으로 다른 천재의 특성이다. 그래서 다른 사람들은 불편함을 느끼기도 하는데, 천재들과 그들의 창조물이 치러야 하는 대가인 셈이다. 작고한 인류학자이자 저술가 로렌 아이즐리는 이렇게 썼다. '위대한 과학자가 그렇듯, 위대한 예술가의 비극은 평범한 이들이 그를 두려워 한다는 것이다.'[1]

'한 줌의 광기'라는 말은 고대 로마의 철학자이자 극작가였던 시인 세네카가 사용한 표현으로, 그는 광기를 천재의 결정적 요소로 보았다. '괴팍하게 구는[2] 경향, 즉 정상과 비정상 사이의 구불구불하고 흐릿한 경계를 이따금 넘나드는 일탈은 비록 완전한 광기는 아닐지라도, 고도로 창의적인 사람의 저주받은 운명이다. 흔히 천재성은 일반 규범을 벗어나는 특징이나 행동을 수반하는데, 동성애(계몽된 시대에는 장애로 간주되지 않는다)나 가벼운 기행을 비롯해 극심한 불안이나 공황발작, 우울증, 양극성 장애, 자기애성 인격 장애, 조현병, 환각 같은 일부 정신 질환이 해당된다. 관습에 얽매이지 않는 사고방식을 가진 천재들은 대개 동시대인들로부터 이해받지 못하고 의심과 조롱, 심지어 핍박의 대상이 되는 경우가 허다하다. 셰익스피어는 희곡 〈한여름 밤의 꿈〉에서 테세우스의 입을 빌려 창조성과 광기의 불가분성을 한 줄의 대사로 표현한다. '광인과 연인 그리고 시인은 모두 상상의 세계에 산다.' 200년 뒤 바이런은 셰익스피어의 메시지를 되풀이했다. '작가로서 우리 모두는 미쳤다. 어떤 이는 환락에, 어떤 이는 우울에 사로잡혀 있지만, 모두 조금씩은 돌아 있다.'

전설적인 기인 오스카 와일드(1854~1900)는 이렇게 썼다. '대중은 너그럽다. 천재만 빼고 모든 것을 용서한다.' 여기에 한마디 첨언할 수 있다. '하지만 결국 천재를 인정한 대중은 그를 숭배하고 성인으로 추앙한다!' 그런 일이 실제로 이 책의 다섯 천재(레오나르도, 셰익스피어, 뉴턴, 베토벤, 아인슈타인)뿐만 아니라 몇몇 다른 천재들에게도 일어났지만, 모두가 생전에 경험한 것은 아니었다. 덧붙이자면, 주요 종교의 선각자들인 '모세, 예수, 무함마드, 석가모니, 공자도 그런 일을 겪었다.'

어느 정도의 광기는 예술적 창조성을 강화한다는 점에서, 창조적인 과학자보다 창조적인 예술가(작가, 작곡가, 화가, 조각가, 건축가)에게 정신 질환이 빈번한 것은 놀라운 일이 아니다. 예술적 창조성과 자살률 사이에는 유의미한 연관성이 있다. 논픽션 작가와 언론인의 자살률은 일반인과 비교해 큰 차이가 없을 만큼 미미하다. 하지만 소설가와 시인의 자살률은 각각 4%와 20%로 치솟는다. 이 통계를 소개한 정신과의사 아널드 루드윅의 책《위대함의 대가》에는 다양한 직업군의 알코올 중독 비율이 나온다. 자연과학자(무시할 정도), 사회과학자(10%), 건축가(22%), 음악 연주자(40%), 연극인(60%). 그리고 작가는 크게 세 부류로 나눠서 다룬다. 논픽션 작가(27%), 소설가(41%), 시인(34%). 한 가지 특이한 점은, 소설가가 시인보다 알코올 중독률이 높은 반면 자살률은 낮다는 것이다.

20세기의 독보적인 수학자 존 폰 노이만(1903~1957)이 개발한 '게임 이론'은 체스나 금융, 국제 관계에서 전술적이고 전략적인 의사 결정에 유용하게 쓰인다. 폰 노이만은 수학자이자 물리학자, 선구적 컴퓨터 과학자로서 현대 수학 발전에 크게 기여했다. 함수해석학, 에르고딕 이론, 표현론, 연산자 대수, 기하학, 위상수학, 수치해석학, 양자역학, 유체역학, 양자 통계역학, 컴퓨터 구조론, 선형 프로그래밍, 심지어 왓슨과 크릭이 DNA 구조를 밝혀내기도 전에 자기복제 분자 시스템(생명) 수학을 도입했다. 노벨 물리학상 수상자 한스 베테는 '폰 노이만의 뇌는 인간의 뇌보다 우수한 종의 뇌가 아닐까 궁금했다.'라고 썼다. 저명한 핵물리학자 에드워드 텔러는 이런 말도 했다. '폰 노이만이 나의 세 살배기 아들과 대화할 때, 둘은 동등한 수준으로 이야 기했다. 가끔 나는 그가 우리와도 같은 방식으로 이야기하는 게 아닐 까 궁금했다.' 3장에서 소개했듯이, 폰 노이만은 위그너와 텔러, 실라 르드와 함께 부다페스트 김나지움 19에서 라슬로 라츠의 수업을 들 은 화성인들 중 한 명이었다. 또한 고등연구소에서 아인슈타인의 동 료이자 절친한 벗이기도 했다. 위그너는 자신이 아는 머리 좋은 학자 들과 폰 노이만을 비교하며 다음과 같이 말했다.

> 폴 디랙은 나의 처남이었고, 레오 실라르드와 에드워드 텔러는 줄곧 막역한 친구들이었으며, 알베르트 아인슈타인도 좋은 벗이었다. 하지 만 어느 누구도 존 폰 노이만처럼 빠르고 예리한 두뇌를 소유하지는 못했다.

폰 노이만은 헤아릴 수 없는 넓이와 깊이를 가진 신동에서 훗날 가 장 위대한 수학 천재로 성장했지만, 다소 괴짜스러운 면이 있었다. 대 부분의 과학자들과 달리 노골적으로 미신을 믿었던 그는 항상 서랍 손잡이를 일곱 번 밀고 당긴 뒤에야 서랍을 열었으며,[4] 평생토록 유 난히 운전에 서툴렀다.

폴 디랙은 폰 노이만보다 더 괴짜에 운전 실력은 훨씬 더 형편없었 다. 위그너는 자신의 '유명한 처남'을 가리켜 양자역학의 언어로 '정 지와 전속력이라는 두 개의 고윳값'만 갖는 운전수라며, 오늘날 뉴 욕 파크 애비뉴의 택시 기사들 같다고 했다. 아인슈타인은 평생 운전을 배우지 않았다. 천재 수학자이자 논리학자였던 쿠르트 괴델 (1906~1978)은 고등연구소에서 폰 노이만과 아이슈타인의 동료로 존경받는 인물이었지만, 집착에 가까운 극심한 독살 공포증에 시달렸다. 그래서 아내인 아델 말고 다른 사람이 차려주는 음식은 입에도 대지 않았다. 아내가 병에 걸려 몇 주 동안 입원한 사이, 괴델은 말 그대로 굶어 죽었다.

책과 영화로 나온 《뷰티풀 마인드》의 주인공 존 내시는 조현병과 싸우는 동안에도 폰 노이만이 개발한 게임 이론의 범위 확장에 크게 기여했다. 그의 이론은 특히 양측이 비협조적인 상황에 유효한데, 참가자들이 각자 바라는 최상의 결과를 확보하고자 수학적, 논리적으로 행동을 결정할 때, 특정 결론이 경쟁자에게도 도움이 될 수 있다는 것이다. 내시는 게임 이론에 기여한 공로로 1994년 노벨 경제학상을 수상했다. 역사상 가장 영향력 있는 수리과학자들인 루트비히 볼츠만과 그의 제자 파울 에렌페스트는 통계역학의 선구자들이고 앨런 튜링은 컴퓨터 과학의 개척자였지만, 모두 심한 우울증에 시달렸다. 볼츠만은 1906년, 에렌페스트는 1933년, 튜링은 1954년에 스스로 생을 마감했다.

가장 위대한 수학자이자 과학자였던 뉴턴은 어땠을까? 최고의 뉴턴 전기 《아이작 뉴턴 Never at Rest: The Biography of Isaac Newton》[5]의 저자 리처드 웨스트폴은 20년간 뉴턴을 연구했는데도 오히려 점점 더 말문이 막힌다고 고백했다.

연구하면 할수록 뉴턴은 내게서 더 멀어져갔다.…… 지금껏 나는 다양한 시기에 수많은 천재를 알게 되는 특권을 누렸으며, 그들이 나보다 지적으로 우월함을 주저 없이 인정한다. 하지만 뉴턴에 대해서는 감히 내가 그의 반, 아니 삼분의 일, 아니 사분의 일 정도는 된다고 말할 엄두가 나지 않는다. 이런 인물은 난생처음이다. 뉴턴 연구의 최종 결과는 그를 측정하는 것은 불가능하다는 확신이었다. 내가 보기에 뉴턴은 전혀 다른 존재, 인간 지성의 범주를 규정한 극소수의 압도적인 천재, 우리가 다른 사람을 이해하는 틀 안에 가둘 수 없는 인물이다.

1987년은 뉴턴의 《프린키피아》 출간 300주년이 되는 해였다. 워싱턴 스미스소니언 국립 자연사 박물관에는 뉴턴의 유물을 전시하는 특별관이 마련되었다. 젊은 시절 깨알 같이 작은 글자로 적은 기록과 끝없이 거미줄처럼 이어지는 계산의 흔적이 담긴 공책, 노년에 쓰던 안경과 가늘고 흰 머리카락 뭉치 그리고 사후 제작한 데스마스크도 선보였다.

나는 대학생 제자들을 데리고 벽에 걸린 액자 앞에 둘러섰다. 액자 안의 종이에는 뉴턴이 자필로 쓴 기하학 정리 증명이 담겨 있었다. 갑자기 한 전시해설사가 관람객 무리를 이끌고 전시실로 들어오더니 유리 진열장 앞에 멈춰 섰다. 해설사는 진열장 안의 물품들을 힐끗 보고는 무덤덤하게 설명했다. "이곳에는 유명한 영국 과학자 아이작 뉴턴 경의 유물이 전시돼 있습니다. 뉴턴이 동성애자였다는 설도 있고……." 잠시 후, 묻지도 않은 질문에 대답하듯 그녀가 덧붙였다.

"정신이 온전치 못했다고도 합니다. 하지만 확실한 건 아니에요!" 그들은 곧 밖으로 나가 다른 전시물을 보며 얄팍한 해설을 들었다. 나와 제자들은 어안이 벙벙했다. 뉴턴은 그 해설사가 못마땅했을 것이다. 한 제자가 어처구니없다는 듯 해설사의 말을 되풀이했다. '뉴턴은 동생애자였을지 몰라요…… 게다가 미쳤답니다!'

그 전시관에서 불과 몇 백 미터 떨어진 곳, 내셔널 몰의 너른 잔디밭 너머에 스미스소니언 항공우주 박물관이 서 있다. 그 안에는 나사의 아폴로 로켓 엔진, 우주비행사들을 태우고 궤도로 올라가 달에 간 착륙선, 태양계를 벗어나 심우주로 떠난 무인 우주선들의 모형이 전시되어 있다. 이들 우주선의 길잡이 노릇을 한 물리학은 335년 전 뉴턴이 정립한 고전역학이었다. 이 물리학은 아주 단순한 공식으로 모든 건축물의 기본 설계 원리를 설명한다. 즉, 힘의 벡터 합과 토크(회전력)의 벡터 합은 각각 0이 되어야 한다는 것이다. 결국 스미스소니언 항공우주 박물관은 내부의 전시물뿐만 아니라 대리석과 강철, 유리로 지은 건물 모두 아이작 뉴턴의 기념비인 셈이다. 현대 과학의 대부분이 그렇다. 전기 작가 웨스트폴은 이렇게 말했다. '뉴턴은 말도 안 되는 수준의 천재이다. 세상사에 비춰 보건대, 그 정도의 천재성에는 대가가 따르게 마련이다.'[6]

뉴턴을 잠재적 동성애자로 은근슬쩍 규정한 해설사의 말이 옳았을 수도 있다. 뉴턴은 1690년부터 1693년까지 룸메이트로 지낸 스위스 출신의 젊은 수학자 니콜라스 파시오 드 듀일리에를 굉장히 좋아했다. 듀일리에가 유럽으로 돌아가자, 뉴턴은 케임브리지로 돌아와 달라고 애원하는 편지를 보냈지만 허사였다. 1693년에는 두 친구, 철학자 존 로크와 일기 작가 새뮤얼 피프스에 편지를 보내 '머리나 정신, 혹은 둘 다 뒤숭숭해' 괴롭다고 호소했다. 로크에게 보낸 서신에서 뉴턴은 '그를 여자들과 엮으려 하는' 로크에게 극도의 불만을 쏟아냈다. 나중에 다시 보낸 편지에서는 자신의 무례한 행동에 사과하며 변명을 했다. '2주 내내 밤에 한 시간도 못 잤고, 닷새 연속으로 눈을 못 붙였다네.' 34년 뒤, 임종을 앞둔 뉴턴은 자신의 가장 큰 업적은 한 번도 독신의 삶을 내던지지 않은 것이라 했다. 1693년의 편지들은 연인과의 결별에 괴로워하는 모습으로 읽힌다.

해설사의 두 번째 주장도 틀린 말은 아니다. 실제로 뉴턴은 광기의 벼랑 끝에 최소 세 번 내몰렸다. 1661년 케임브리지 입학 직후 그는 일종의 종교적 위기를 겪었다. 어린 시절 저지른 죄들이 자꾸 떠올라 양심의 가책에 시달린 것이다. 이 종교적 위기는 수학에 완전히 몰두한 시기와 겹치면서 결국 정화의 과정이 되었다. 당시까지 축적된 수학의 모든 것을 독학으로 섭렵한 그는 묵묵히 그 한계를 넘어 전혀 새로운 수학의 지평을 열었다. 우주의 비밀을 차례차례 밝혀나가던 뉴턴은 몹시 황당한 글을 남겼다. 과연 이것이 신에 대한 사과일까? '당신보다 많은 것을 알게 된 저를 용서하소서.'

1675년부터 1679년까지 뉴턴은 우울증과 싸웠다. 그는 수학과 물리학에서 획기적인 연구를 하고 있었지만, 동시에 오늘날 신비주의 유사과학으로 치부되는 연금술 실험에 점점 더 깊이 빠져들었다. 당대의 뛰어난 과학자들 중 뉴턴처럼 은밀하게 연금술에 몰두한 인물은 보일 법칙으로 유명한 로버트 보일(1627~1695)뿐이다.

타인의 비판을 병적으로 싫어한 뉴턴은 자신의 광학 이론에 대한 부당한 비난을 받고 격분했다. 신중하고 철두철미하게 수행한 그의 실험 결과는 정확했다. 네덜란드의 박식가 크리스티안 하위헌스(1629~1695)와 왕립학회 실험 감독 로버트 훅(1635~1703)이 가장 비판적이었다. 그들은 뉴턴의 물리광학을 이해하지 못했다. 눈엣가시 같은 존재였던 훅은 이후에도 뉴턴이 만든 반사망원경의 우월성을 비웃는 발언을 했다. 하지만 역시나 뉴턴이 옳았으며, 이번에도 그는 격노했다. 그 후 훅은 마치 뉴턴을 비난한 적이 없는 사람처럼 직접 연락을 해왔다. 구심(중심을 향하는) 가속을 일으키는 중력의 존재 가능성에 대해 요청하지도 않은 기술적 조언을 해주면서, 자신을 공동 연구자로 인정해 달라고 요구했다. 그러자 뉴턴은 훅과의 모든 교류를 중단했으며, 나중에 《프린키피아》를 집필하면서 훅의 공로를 일절 언급하지 않았다. 사실 훅의 조언이 뉴턴의 연구에 촉매 노릇을 했을 수도 있지만, 과학사의 가장 위대한 기념비 중 하나인 만유인력 이론을 수립한 엄정한 수학 원리는 뉴턴만이 만들어낼 수 있었다. 파인만은 만유인력 법칙을 가리켜 '인간 지성의 가장 위대한 요체'라 했다. 비록 역사는 훅의 편이 아니었지만, 사실 그는 매우 독창적인 과학자였다. 다이슨이 규정한 수학적 창조성 모델의 '새'로서 수학에 능숙하지 못했을 뿐이다.

1679년 6월에 뉴턴은 어머니의 부고를 받았다. 자애롭고 너그러운 어머니는 아니었지만, 뉴턴은 모친의 사망 소식에 괴로워하며 그해 말까지 울스소프에서 지냈다. 일부 학자들은 뉴턴이 오이디푸스 콤플렉스에 시달렸을 수 있다고 주장하지만, 그 슬픔이 신경 쇠약의 원인이었을 가능성은 낮다.

1692년에서 1693년 사이 20개월은 뉴턴에게 또 다른 시련기였다. 룸메이트였던 듀일리에를 잃고 낙담한 그는 다시 비밀스러운 연금술 실험에 매달렸다. 게다가 뉴턴의 집에 불이 나 다량의 문서가 소실되었는데, 이 사건으로 인한 심적 고통이 신경 쇠약의 또 다른 촉매였을지 모른다는 추측이 일었다.

그 무렵 로버트 보일은 죽기 전에 상당량의 '적토赤土'를 존 로크에게 넘겼고, 로크는 이 흙을 뉴턴에게 나눠주었다. 희귀하고 값비싼 적토는 '흐르는 은(퀵실버)', 즉 수은의 원천이었다. 뉴턴의 공책 가장자리에는 '납의 맛'과 '수은의 맛'이라고 적은 기록이 있다. 1693년 9월 13일에 피프스에게 보낸 편지에는 '[침실이자 서재, 실험실인]침실에서 수은을 끓이는 도가니를 곁에 두고 잡니다.'라고 적혀 있다. 뉴턴은 빛의 성질을 밝히는 매우 복잡한 물리 실험을 통해 최초의 반사망원경을 만들었지만, 화학 실험에서는 위험한 습관을 버리지 못했다. 이런 기록들은 두 번째 신경 쇠약의 원인이 그의 몸에 쌓인 중금속이었을 거라는 단서를 제공하지만, 논란의 여지가 없는 확실한 증거는 아니다.

마지막으로, 뉴턴이 직접 기록한(또는 친구들이 전한) 신체적 징후와 이상 행동이 있었다. 극도의 과민성, 심한 불면증, 쉽게 상기되는 경향, 성격 변화 그리고 가장 두드린 특징은 친구 회피였다. 9월 13일

피프스에게 보낸 편지 말미에 뉴턴은 심상치 않은 글을 썼다. '이제 저는 당신과의 친분을 끊고, 당신을 비롯해 다른 모든 친구들도 더 이상 만나지 말아야 할 것 같습니다.' 이런 행동은 수은 중독으로 나타나는 과민성의 흔한 증상이다. 훗날 뉴턴은 한때 룸메이트였던 친구 위큰스에게 보낸 편지에서, 끓는 수은 증기 때문에 너무 일찍 백발이 됐다고 농담조로 이야기했다.

　과학이 요구하는 지적 정직성과 수년간의 고립 생활이 성경의 가르침과 충돌하면서 뉴턴은 유니테리언(삼위일체를 인정하지 않는 종파-옮긴이) 교도가 되었다. 그는 삼위일체Trinity를 부정했지만, 거기서 이름을 따온 트리니티 대학의 가장 유명한 인물이었다. 영적인 세계에 집착한 뉴턴은 성경에 관한 30,000쪽에 달하는 글을 쓰고 암호 같은 숫자 단서를 기반으로 종말의 도래를 추측했다. 예루살렘 히브리 대학에 보관되어 있는 1704년 편지에서 그는 다니엘서를 이용해 세상의 종말을 예측했다고 주장했다.

> 내 말은 종말의 시기를 단정하려는 것이 아니라, 망상에 사로잡힌 자들의 경솔한 억측을 멈추게 하기 위함이다. 틈만 나면 종말의 날을 예견해 신성한 예언의 격을 떨어뜨리는 그들의 예측은 번번이 빗나간다.[7]

　기우에 사로잡힌 당대 사람들을 안심시키고자 뉴턴은 세상의 종말이 아무리 빨라도 2060년에나 온다고 설명했다.

왕립학회 명예 회장 마틴 리스. 트리니티 칼리지 집무실에 그의 초상화가 전시되어 있다.

우리 시대를 대표하는 과학자 중 한 사람이자 트리니티 칼리지 전임 총장으로, 영국 왕실천문관을 역임하고 현재 프린스턴 대학 고등 연구소 이사인 마틴 리스는 뉴턴과 다윈에 대해 다음과 같이 썼다.

찰스 다윈은 내가 개인적으로 가장 좋아하는 왕립학회 회원이다. 나는 물리학자이니 뉴턴을 선택해야 마땅할 것이다. 아이큐 검사라면 뉴턴이 가뿐히 이겼겠지만, 만약 '누가 가장 매력적인 인물인가?'라고 묻는다면 다윈을 만나보라고 권하겠다. 뉴턴은 고독한 은둔자였으며, 심지어 왕립학회 회장을 지낸 말년에는 허영과 앙심의 화신이었다.

뉴턴과 베토벤: 정신병리학적 쌍둥이

뉴턴과 베토벤의 성격과 기질 사이에는 놀라운 유사성이 있다. 영국 작가이자 문학 저널리스트, 과학 저술가인 존 설리번은 1920년대에 쓴 글에서 두 거장의 창조적 패턴에 나타난 몇 가지 유사점을 처음 지적했다. 50년 뒤, 인도 출신 미국 천체물리학자이자 1983년 노벨 물리학상 수상자인 찬드라세카르도 시카고 대학에서 일련의 강연을[8] 통해 그러한 유사성을 언급했다. 마지막으로, 다시 50년이 흐른 지금 이 책에서는 더 폭넓은 시각으로 같은 주제를 재조명한다.

128년의 시차를 두고 각각 1642년 12월과 1770년 12월에 태어난 두 사람에게는 우연의 일치인 유사점들이 있다. 둘 다 격변기를 거쳤고, 둘 다 강한 독립심과 엄청난 자신감, 굳은 의지를 가진 인물로 성장했다. 둘 다 평생 분노와 복수심에 사로잡혔으며, 어리석은 자들을 봐주지 않았다. 둘 다 비평가를 '죽마 위의 난쟁이'로 여겼는데, 훗날 아인슈타인도 프린스턴 대학 고위 관계자들을 그렇게 묘사했다. 뉴턴과 베토벤은 둘 다 세세한 부분을 집요하게 파고들었지만, 훨씬 더 큰 그림을 마음속에 품고 있었다. 수학자인 뉴턴은 당연히 놀라운 수학적 통찰을 지녔고, 베토벤은 무의식적으로 자신의 음악에 수학적 직관을 불어넣었다. 우연히도 두 남자의 신체적 특징에 공통점이 있다. 둘 다 키가 165cm이고, 둘 다 왼손잡이이며, 둘 다 정확히 100년 시차를 두고 거의 같은 날(3월 말) 사망했다.

이들 대부분은 우연의 일치에 불과하지만, 복수심과 분노 같은 몇

몇 성격적 특징은 비슷한 성장 과정에서 비롯된 전형적인 결과이다. 뉴턴과 베토벤은 모두 애정 없는 불안정한 가정환경의 산물이었다. 그런 불우한 여건에서 행복한 성인으로 성장하는 경우는 드물다. 하지만 이런 패턴은 시대를 막론하고 늘 있었다. 대개 이런 환경의 피해자들은 불안한 결핍감에 사로잡히고 거기서 벗어나려고 평생 싸우지만, 끝내 극복하지 못하는 경우도 허다하다.

베토벤의 아버지는 밤마다 잔뜩 취해 집으로 돌아와 침대에서 아들을 끌어내 억지로 건반 연습을 시켰다. 베토벤의 삶에서 행복했던 날은 17세에 독일 본 당국으로부터 가정의 주 소득자로 인정받아 동생들의 생계를 책임지게 되었을 때였다. 이후 아버지의 연금 일부도 베토벤의 수입에 포함되었다. 물론 불우한 가정에서 무조건 천재가 나올 리는 없다. 대개 그런 환경에서 성장한 이들은 과격한 기질로 사회의 짐이 된다. 하지만 몇 가지 내외적 요건이 충족된다면(적절한 유전자 조합, 좋은 천성, 뛰어난 지능) 복수심에서 비롯된 강한 추진력이 창조성을 증폭시킬 수도 있다.

베토벤처럼 평생 폭력적인 아버지를 증오한 수학 천재는 폴 디랙이었다. 그의 아버지 샤를은 프랑스어 교사로 주정뱅이는 아니었지만 인간 혐오자였다. 그는 가족 모두에게 집에서 프랑스어만 쓰게 했다. 식사 시간에는 삼남매 중 둘째인 디랙만 아버지와 식당에서 먹고, 어머니와 형, 여동생은 부엌에서 따로 먹었다. 형 펠릭스는 애정 없는 가정에서 벗어나려고 자살을 택했다. 폴이 평생 버리지 못한 광적인 일중독은 아버지에게 물려받은 습관이지만, 사람을 멀리하는 성격 또한 아버지 탓으로 여겼다. 말년에 그는 아버지에 대한 증오를 토로했다. '나는 그 양반한테 빚진 게 없다!'

뉴턴과 베토벤은 자신의 길을 막는 자들과 줄기차게 싸웠다. 뉴턴은 훅, 하위헌스, 라이프니치와의 전투에서 비열한 전술도 서슴지 않았다. 하지만 초대 영국 왕실 천문관이자 가장 오래 그 자리를 지킨 존 플램스티드(1646~1726)와도 계속 싸운 사실은 덜 알려져 있다. 아이러니하게도 플램스티드는 케임브리지 학부생 시절부터 줄곧 뉴턴을 존경했다. 실제로 1674년에 당시 신임 루커스 석좌교수였던 뉴턴의 강의를 열심히 들었다. 대략 한 세기 전, 망원경이 없던 시절에 천문학자 티코 브라헤는 40년 동안 밤하늘을 관찰하며 기록을 남겼다. 한 세기 뒤, 망원경이 관측 도구로 쓰인 시대에 플램스티드는 40년간 꼼꼼하게 관찰 기록을 남겼다. 그의 노력 덕분에 브라헤의 성도星圖 크기는 세 배로 확장되었다.

1681년에 플램스티드는 1680년 관측한 혜성과 1681년 관측한 혜성이 서로 다른 두 혜성이 아니라, 태양에 다가갔다가 멀어진 하나의 혜성이라고 주장했다. 뉴턴은 처음에는 동의하지 않았지만, 이내 마음을 바꿔 혜성이 행성처럼 태양을 공전한다고 추측했다. 다만 행성과 달리 혜성은 두 초점이 멀리 떨어져 있어 이심률(물체의 궤도가 원벽한 원에서 벗어나 있는 정도-옮긴이)이 매우 컸다(원형 궤도에서는 두 초점이 일치한다). 《프린키피아》 출간 당시 뉴턴은 플램스티드의 관측 자료를 사용했는데, 한때 플램스티드의 조수였던 에드먼드 핼리가 뉴턴에게 몰래 제공한 것이었다. 이 사건으로 뉴턴과 플램스티드와의 관계는 어긋났고, 플램스티드는 자신의 자료를 독자적으로 검증하기 전까지는 그리니치 천문대에 철저히 봉인하기로 결심했다.

30년 후인 1712년, 당시 왕립학회 회장이던 뉴턴은 다시 핼리와 공모해 플램스티드의 최신 관측 자료를 손에 넣었다. 결국 훔친 자료로 만든 책을 400권 인쇄했다. 역시나 왕실 천문관이 기록한 관측 자료라는 언급은 전혀 없었다. 하지만 이번에는 플램스티드가 전체 인쇄본의 4분의 3을 사들여 파기했다. 뉴턴에게 받은 모멸감에도 불구하고 플램스티드는 조수에게 쓴 편지에서 절제와 품위로 화답했다. '아이작 뉴턴 경이 알지는 모르겠으나, 내가 그분과 핼리 박사에게 큰 호의를 베푼 것이라네.'

마찬가지로 베토벤도 주변 사람 모두와 싸웠다. 후원자, 출판업자, 집주인과 싸우면서 종종 그들을 속이기도 했다. 자기 작품들을 여러 후원자에게 동시에 헌정곡으로 팔려 했다. 지휘자와 음악가, 성악가에게는 욕설을 일삼았다. 귀족과 왕족 앞에서 몸을 숙이는 괴테를 경멸했고, 조카 카를의 후견인이 되도록 도와준 거물 정치인 메테르니히 공을 조롱하기도 했다. 게다가 동생 요한을 모욕하며 즐거워했고, 제수 요한나에게는 모질게 굴었으며, 젊은 조카가 자살 시도를 할 만큼 강압적으로 대했다.

베토벤은 '불멸의 연인' 안토니 브렌타노와 결혼하지 않았다. 음악학자 로버트 그린버그의 추측에 따르면, 베토벤은 몹시 불우한 가정에서 자란 자신이 좋은 남편이나 아버지가 되지 못하고 결국 부친이 그랬듯 실패자로 끝나리라 확신했다.

권위에 저항하다

권위를 경멸하는 나를 벌하고자
운명은 나를 권위로 만들었다.
—알베르트 아인슈타인

갈릴레오, 파스퇴르, 다윈, 디랙 등등 모든 위대한 과학자를 통틀어 역사상 가장 영향력 있는 과학자라는 칭호를 두고 뉴턴과 겨룰 자격이 있는 인물은 아인슈타인뿐이다. 그의 외모, 특히 나이 든 시절 후광처럼 보이는 그 유명한 헝클어진 백발의 모습은 사람 좋은 호인, 유머 감각이 뛰어난 인도주의 평화주의자, 약자들의 영원한 영웅이라는 일반적인 평판과 잘 어우러진다. 하지만 아인슈타인도 인간이었기에, 뛰어난 재능과 더불어 인간적인 흠도 있었다. 이제부터 그의 생애와 업적에서 잘 알려지지 않은 면면을 살펴보기로 하자.

아인슈타인은 자신의 유명세를 도구로 편견과 인종차별, 종교적 불관용에 맞섰다. 1937년에 전설적인 흑인 콘트랄토 가수 매리언 앤더슨(1897~1965)은 프린스턴 대학에서 콘서트를 마치고 나소 인 호텔에 투숙하려 했지만 방이 없다며 거절당했다. 그러자 분개한 아인슈타인은 이 위대한 성악가를 머서 가街 112번지에 있는 자신의 집에 묵게 해주었으며, 그 일로 평생의 친구를 얻었다. 뛰어난 재능과 품위를 보여준 앤더슨은 영부인 엘리너 루스벨트의 찬사를 받았고, 훗날 케네디 대통령과 존슨 대통령은 그녀를 백악관으로 초청했다.

아인슈타인은 인기 배우이자 성악가인 폴 로브슨(1898~1976)과도 친구가 되었다. 그리고 로브슨을 통해 윌리엄 E. B. 듀보이스(1868~1963)의 민권 운동을 알게 되었는데, 둘이 펜팔 친구가 된 사실은 잘 알려지지 않았다. 당시 존 에드거 후버가 수장이던 FBI는 사회주의 성향을 문제 삼아 듀보이스를 표적으로 삼았고, 외국 정부 대리인 등록을 하지 않았다는 이유로 체포해 재판에 넘기기까지 했다(듀보이스는 핵무기를 반대하는 스톡홀름 평화 호소문에 서명했다). 이 재판은 변호인이 재판장에게 한마디 발언을 하고서야 기각되었다. "알베르트 아인슈타인 박사가 듀보이스 박사의 성품을 증언하러 나서겠다고 했습니다." 그 후 아인슈타인은 독일의 유대인 게토 정책(유대인을 특정 구역에 강제 거주시킨 정책-옮긴이)과 미국의 인종 분리주의의 유사성을 지적하는 글을 써서 큰 파문을 일으켰다.[10] 모든 대학에서 명예박사 학위를 받을 수 있는 드문 존재였던 아인슈타인은 그런 제안을 번번이 거절했지만, 1946년에는 로브슨과 흑인 법학자 서굿 마셜, 흑인 시인 랭스턴 휴스의 모교 펜실베이니아 링컨 대학에 가서 명예박사 학위를 받았다.

세계에서 가장 유명한 유대인인 아인슈타인은 유대인 운동을 적극 지지하고 고통 받는 유대인을 구하기 위해 온 힘을 다했지만, 유대교의 교리를 받아들이지는 않았다. 가장 널리 회자되는 그의 말 중 하나는 이러했다. '나는 선에 보답하고 악을 벌하는 신의 교리를 믿지 않는다.'

매혹적인 책 《도망자 아인슈타인*Einstein on the Run*》[11]에서 저자 앤드루 로빈슨은 아인슈타인과 영국의 인연을 들려준다. '영국은 줄곧 가장 뛰어난 물리학자를 배출해왔다.…… 내가 생각하는 중요한 과학자는 뉴턴만이 아니다. 맥스웰의 전자기 방정식이 없었다면 현대 물리학은 존재하지 않았을 것이다.' '일반 상대성이론을 처음 확증한 것은 영국 천문학자들[에딩턴 연구진]이었다.' '…… 영국에서는 업적으로 모든 것을 평가한다.' 1921년, 미국을 방문하고 돌아오던 아인슈타인은 처음으로 영국에 들렀다. 옥스퍼드 셸도니언 극장에서 명예 박사 학위를 받은 그는 맨체스터에서 러더퍼드의 실험실을 방문했고, 런던에서는 로열 앨버트 홀을 가득 메운 청중 앞에서 강연했다. 10년 뒤인 1931년과 1932년, 1933년에도 아인슈타인은 영국을 다시 찾았다.

로빈슨의 책을 보면, 아인슈타인은 처음에는 지인에게 이렇게 말했다. "서류만 통과되면 바로 영국 시민이 될 겁니다." 그 일은 이뤄지지 않았다. 1933년 말에 그는 아내 엘자와 함께 미국으로 건너가 영구적으로 정착했다. 아인슈타인은 영영 유럽으로 돌아가지 않았으며, 1934년에 엘자가 죽음을 앞둔 딸을 보러 갈 때도 동행하지 않았다.

아인슈타인은 위대한 인물부터 일반인까지 다양한 사람들과 왕성하게 서신을 주고받았다. 물리학 황금기의 가장 뛰어난 과학자들, 왕족(벨기에 엘리자베트 여왕), 심지어 수학 문제를 풀어 달라는 아이들의 편지에도 답장했다. 1932년에 정신의학의 아버지 지그문트 프로이트에게 보낸 편지에서는 '인간의 증오와 파괴 욕망을 치료할 처방'

이 있냐는 서글픈 질문을 하기도 했다.

세 통의 편지

아인슈타인의 가치관을 더 잘 이해할 수 있는 세 통의 편지를 소개하겠다. 시간 순으로 나열하면, 튀르키예 대통령 케말 아타튀르크에게 보낸 편지(1933), 미국 대통령 프랭클린 델라노 루스벨트에게 보낸 편지(1939), 이스라엘 총리 다비드 벤구리온에게 보낸 편지(1952)였다.

1933년에 아인슈타인이 아타튀르크에게 보낸 편지는 20세기에 가장 비범한 두 인물의 삶이 교차한 순간이었다. 아인슈타인은 케말 아타튀르크를 20세기에 가장 위대한 지도자로 손꼽았다. 이후에 소개하겠지만, 아인슈타인의 평가는 《산속의 왕King in the Mountain》(2002)[12]에서 정신의학자 아널드 루드윅이 제시한 순위에 힘을 실어준다.

이스탄불의 유대계 튀르키예인 치과의사 사미 M. 귄즈베르크는 파리에서 열린 유대인 보건 연맹 국제회의에 참석한 날, 그 단체의 명예회장이던 아인슈타인을 만났다.

둘은 함께 계획을 세웠다. 자신의 요청이 대통령에게 전달되리라 확신한 아인슈타인은 튀르키예 총리 으스메트 으뇌뉘를 거쳐 아타튀르크 대통령에게 편지를 보냈다.

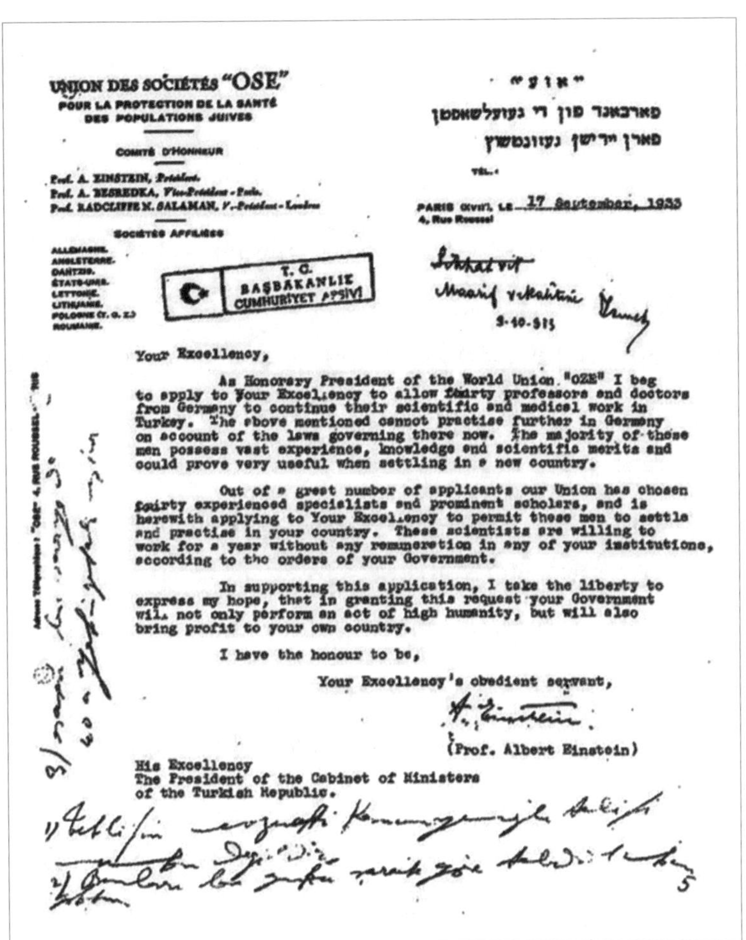

아인슈타인이 아타튀르크에게 보낸 편지. 1933년 12월 7일.

…… 독일의 교수와 의사 40명이 튀르키예에서 과학과 의학 연구를

이어가도록 허가해 주시기를 각하께 간청하옵니다. 이들은 법규 때문

에 더 이상 독일에서 일할 수가 없으며…… 저의 요청을 수락해주신다면, 튀르키예는 고결한 인도주의를 실천할 뿐만 아니라 국가적으로도 이익을 얻게 될 것입니다.

1933년 9월 30일, 귄즈베르크는 아인슈타인의 편지를 독일어에서 튀르키예어로 번역한 다음, 자신의 서한을 첨부해 튀르키예 정부에 제출했다.[13] 아타튀르크의 주치의였던 그는 히틀러 정권 아래 독일 유대인이 겪는 시련을 이미 대통령과 논의했던 것으로 보인다. 아타튀르크는 주요 관계자들(총리, 교육부 장관, 귄즈베르크 박사)과 회의를 열어 아인슈타인의 요청을 받아들였다. 초청 대상은 독일 유대인 과학자들로까지 확대되었으며, 아인슈타인의 편지를 계기로 튀르키예 고등교육의 개혁이 시작되었다.

이때를 기점으로 아타튀르크는 자국을 현대적인 국가로 변모시켰다. 아인슈타인이 요청한 40명뿐만 아니라 수십 명의 독일 및 오스트리아 유대인 과학자들이 가족과 조수들을 데리고 튀르키예로 이주했다. 이후 15년 동안 튀르키예에는 의학과 과학기술 대학이 부쩍 늘었는데, 특히 이스탄불에 집중되었다. 1950년대에는 이곳 출신의 많은 과학자들이 새로 탄생한 이스라엘국이나 미국으로 이주했는데, 대부분 아인슈타인의 추천으로 존스 홉킨스, 하버드, 컬럼비아, 시카고 대학 의대에서 교수로 임용되었다. 또한 프린스턴 대학과 아인슈타인의 고등연구소 물리학 부서에도 들어갔다. 심장 전문의이자 텔레비전 유명인사 메흐메트 오즈의 아버지였던 의사 무스타파 외즈는

1930년대에 튀르키예로 이주한 독일 유대인 의대 교수들에게서 수련을 받았다.

갈릴레오 이후 가장 뛰어난 이탈리아 과학자인 엔리코 페르미(1901~1957)는 실험가이면서 동시에 이론가였다. 1930년대 초반에 그는 이미 우라늄 원자핵에 중성자를 쏘는 실험을 하고 있었으며, 그 과정에서 우라늄보다 무거운 원소인 초우라늄의 존재를 알아냈다. 루돌프 파이에를스와 레오 실라르드는 각각 1932년과 1934년에 록펠러 재단 장학금을 받고 로마 대학에서 페르미와 함께 연구했다. 1938년에 페르미는 초우라늄 원소 연구로 노벨 물리학상을 받기 위해 스톡홀름에 갔는데, 시상식에 이탈리아 파시스트 제복을 입지 않고 파시스트 경례도 하지 않아 로마 정부의 심기를 건드렸다.[14] 점점 커지는 반유대주의 정서에 위험을 감지한 페르미는(아내 라우라가 유대인이었다) 이탈리아로 돌아가지 않기로 결심했다. 이들 부부는 우선 영국으로 갔다가 미국으로 망명했으며, 그곳에서 페르미는 컬럼비아 대학에 자리를 잡았고 이후 시카고 대학으로 옮겼다.

이 시점에 당시 우라늄 실험을 하던 독일 과학자 삼인방(오토 한, 프리츠 슈트라스만, 리제 마이트너)을 돌아볼 필요가 있다. 1938년 중반, 자신이 유대 혈통이라 위험하다고 판단한 리제 마이트너는 실험 결과를 제대로 분석하지 못하고 독일을 떠나 중립국 스웨덴으로 망명했다. 반면 연구를 이어간 한과 슈트라스만은 1938년 말에 실험 대상에서 더 무거운 원소들과 더불어 요오드-131과 세슘-137, 스트론튬-90 등 무게가 절반인 새로운 원소들이 생성된다는 사실을 깨달았다. 한은 이 발견을 스웨덴에 있는 마이트너에게 알렸다. 처음에는 원자핵이 물리적으로 쪼개질 가능성에 대해 회의적이었던 마이트너는 생성물 중에 바륨 원소도 존재한다는 사실을 깨달았다. 우라늄 무게의 절반인 바륨은 처음에는 존재하지 않다가 우라늄 핵이 분열하는 과정에서 생성되었다. 한편 보어의 코펜하겐 연구소에서 일하던 마이트너의 조카 오토 프리슈는 크리스마스 휴가 때 이모를 방문하면서 이 소식을 들었다. 코펜하겐으로 돌아온 프리슈는 곧장 닐스 보어에게 알렸는데, 마침 보어는 미국에서 열리는 학회에 참석하러 떠날 준비를 하고 있었다. 그렇게 미국에서 실라르드가 이 발견 소식을 처음 들었다.

1939년 7월과 8월에 불과 3주 간격으로 실라르드는 아인슈타인을 두 차례 만나 독일에서 들려온 최근 발견 소식을 전했다. 발견의 의미는 명확했다. 연쇄 반응이 일어나 추가 중성자들이 계속 생성되면, 상상을 초월하는 엄청난 양의 에너지가 방출된다는 것이었다. 그 결과는 슈퍼 폭탄의 개발이었다. 첫 번째 만남에서 실라르드는 아인슈타인을 설득해 그와 개인적으로 친한 바이에른 출신 벨기에 여왕 엘리자베트에게 서신을 보내 나치 독일이 벨기에령 콩고의 고품질 우라늄 생산에 눈독을 들인다고 경고하게 했다.[15]

하지만 훨씬 더 중요한 8월 2일의 두 번째 만남에서 실라르드와 아인슈타인은 독일 과학자들의 발견 소식을 각국 지도자들에게 알릴 도덕적 의무에 대해 상의했다. 만약 나치가 그런 폭탄 개발의 필연적인 길을 가고 있다면, 연합군이 먼저 완성해야만 했다. 핵폭탄의 잠재력을 깨달은 독일은 체코슬로바키아 야흐이모프 광산에서 생산하던 우라늄 수출을 돌연 중단했다. 실라르드는 아인슈타인이 나서지 않으면 그런 황당무계해 보이는 프로젝트를 아무도 진지하게 받아들이지 않을 테니, 루스벨트 대통령에게 편지를 쓸 사람도 아인슈타인뿐이라고 설득했다. 열렬한 평화주자였던 아인슈타인에게 대량 무기 개발을 촉구하는 일은 너무도 괴로운 결정일 수밖에 없었다. 하지만 다른 길이 없었다.

6년에 걸쳐 극비리에 진행한 연구 개발로 1945년 7월 16일 뉴멕시코 주 앨러모고도에서 최초의 원자폭탄이 제작돼 시험에 성공했다. 이후 일본 히로시마에 원자폭탄이 떨어졌다는 라디오 뉴스를 들은 아인슈타인은 이디시어로 탄식했다고 한다. "오이 베이!"(오, 슬프도다!). 훗날 그는 만약 프랭클린 루스벨트가 살아 있었다면(루스벨트는 넉 달 전인 4월에 사망했다) 원자폭탄은 투하되지 않았을 거라고 친구들에게 토로했다고 한다. 당시 부통령 트루먼은 그 프로젝트와 무관해서 아무런 정보도 없었다. 간단한 브리핑만 받고 폭탄 투하 최종 결정을 내린 것이다. 유럽의 유대계 과학자들이 대부분 그랬듯이, 아인슈타인은 원자폭탄이 만들어지면 히틀러에게 쓰일 거라고 믿었다. 생전에 그는 러시아가 1949년 8월에 원자폭탄을 독자적으로 개발하는 것을 보았고, 1952년 11월에 미국이 훨씬 더 강력한 수소폭탄(열화핵폭탄)을 개발하는 것도 보았으며, 소련 또한 1953년 8월에 수소폭탄을 만들어낸 것을 목도했다. 아인슈타인은 친구들에게 비통한 심정을 토로했다. "제3차 세계대전에 어떤 무기가 쓰일지는 모르지만, 제4차 세계대전에는 나뭇가지와 돌로 싸우게 될 것이 틀림없어." 그는 이 프로젝트를 부추기는 역할을 한 것을 '인생 최대의 실수'로 여겼다. 핵이라는 '램프의 요정'이 밖으로 나온 순간, 다시는 램프로 돌아갈 수 없게 되었다. (참고: '인생 최대의 실수'라는 표현이 이때가 두 번째였다. 11장에서 소개했듯이, 첫 번째는 일반 상대성이론 중력장 방정식에 '결정적 보정 계수'를 넣었을 때였다.)

1952년 11월 17일, 당시 73세이던 아인슈타인에게 워싱턴 주재 이스라엘 대사 아바 에반이 보낸 한 통의 편지가 배달되었다. 그 내용은 이스라엘 총리 다비드 벤구리온이 아인슈타인에게 대통령 직을 제안하는 것이었다. '크네스트(이스라엘 의회-옮긴이) 의결로 귀하께 대통령 직을 제안하면 받아들이시겠습니까? 수락하신다면 이스라엘로 이주해 시민권을 취득하셔야 합니다.' 벤구리온의 제안에 아인슈타인은 겸손한 태도로 응답했다.

우리 이스라엘국의 대통령 직 제안에 깊이 감동함과 동시에 애통하고 부끄럽게도 저는 이 제안을 수락할 수가 없습니다. 평생 객관적 문제를 다루며 살아온 저는 인간관계를 원만히 조율하고 공적인 직무를 수행할 자질과 경험 모두 일천합니다. 이러한 이유만으로도 그런 고위직의 본분을 다할 자격이 없으며, 게다가 나이가 들면서 기력도 점점 떨어지는 형편입니다. 전 세계 국가들 사이에서 우리의 위태로운 상황을 똑똑히 인지한 이후로 유대 민족에 대한 저의 인간적 유대감이 무엇보다 강해졌기에 더욱 안타까울 따름입니다.

가정적인 남자로서의 실패

'육체와 영혼을 과학에 바쳤다'라는 아인슈타인의 술회는 자신이 과학에 공헌했다고 으스대는 말이 아니라, 가정적인 남자로서 실패했다는 서글픔의 고백이었다.

그의 첫 번째 아내 밀레바 마리치는 아인슈타인이 독일 울름에서 태어나기 3년 전 오스트리아-헝가리 제국 동부에서 세르비아계 부모의 딸로 태어났다. 그녀는 아인슈타인 인생의 중요한 20년 기간에 가장 결정적인 역할을 했으며, 이때 아인슈타인의 좋은 기질과 나쁜 기질이 모두 터져 나왔다. 스위스에서 외국인 학생으로 공부하며 아인슈타인을 처음 알게 된 밀레바는 그의 물리학 연구 동료로서 토론 상대이자 부지런한 조수 노릇을 했고, 결국 열렬한 연인, 아내, 두 아들의 어머니로 등극했지만, 종국에는 아인슈타인이 보기에 그를 괴롭히는 원수로 전락하고 말았다.

오스트리아-헝가리 제국 노비 사드에서 유복한 공무원이자 지주인 남자의 딸로 태어난 밀레바는 총명하지만 몹시 내성적이었으며, 수수한 젊은 여성이었지만 선천적 고관절 기형으로 눈에 띄게 절룩거렸다. 밀레바가 물리학을 배우러 스위스로 떠나기 전, 어린 시절 그녀의 재능에 깊은 인상을 받은 교사들은 그녀의 아버지에게 조언을

했다. '이 아이는 물리학과 수학에서 대성할 수 있습니다.'

취리히 연방 공과대학의 유일한 여학생이었던 마리치는 처음부터 아인슈타인의 눈에 들었다. 하지만 아이슈타인이 특별한 관심을 보이기 시작하자, 그녀는 혼란스러워졌다. 장난기 가득한 유머 감각, 상대를 꿰뚫어 보는 그윽한 눈빛, 단정한 콧수염(평생토록 점점 더 풍성해진 대표적인 특징)이 돋보이는 이 잘생긴 청년에게 빠져든 것이다. 자신의 감정이 두려웠던 그녀는 결국 하이델베르크로 돌아가 그 도시의 가장 유명한 대학에서 청강하는 것으로 만족했다.

떨어져 지내는 동안 아인슈타인과 마리치는 친밀한 서신을 주고받으며 점점 더 서로에게 끌렸다. 그녀는 편지로 아인슈타인에게 자신이 청강하고 있던 필리프 레나르트의 기체 운동 이론 강의를 들려주었다. 원자와 분자의 존재가 아직 제대로 확인되지 않은 시대에, 미시적 현상과 거시적 현상을 조화시키려는 레나르트의 이론은 아인슈타인에게 영감을 불러일으켰다. 당시 레나르트는 음극선관을 이용한 실험으로 광전 효과를 연구하고 있었는데, 특정 물질에 자외선을 조사하면 전자가 방출되면서 양전하를 띠는 현상이 나타났다. 그는 물리학의 여러 분야에서 아인슈타인과 같은 생각을 하고 있었다. 하지만 훗날 노골적으로 반유대주의를 표방하면서 아인슈타인과 철천지원수 사이가 되었다. 하이델베르크 대학 교수직에서 은퇴할 무렵(1931) 레나르트는 이미 노벨 물리학상 수상자였지만(1905), 학자로서의 질투와 민족주의, 반유대주의에 사로잡힌 나머지 지적 정직성을 상실했다. 그는 아인슈타인이 추구하는 '극도로 이론적인 물리학'

을 불신하면서 해로운 지적 허영으로 치부했다. 또 다른 노벨상 수상자 요하네스 슈타르크까지 가세해 레나르트와 함께 아인슈타인의 상대성이론을 '유대인 물리학'이라고 조롱했다. 십중팔구 두 사람 모두 상대성이론처럼 반직관적인 이론을 본 적이 없었을 것이다. 아인슈타인은 친구에게 보낸 편지에서 레나르트의 지적 결핍을 비슷한 방식으로 비웃었다.

> 내가 보기에 그의 에테르 이론은 유치한 수준이고, 몇몇 연구는 우스꽝스러울 지경이야. 자네가 그런 한심한 짓거리로 시간을 낭비해야 하다니 참으로 안타깝네.[16]

아인슈타인의 설득에 결국 마리치는 하이델베르크를 떠나 취리히 공과대학으로 돌아왔고, 1898년 무렵 두 사람은 뗄 수 없는 사이가 되었다. 아이작슨에 따르면, 아인슈타인을 가르친 두 교수 하인리히 베버와 장 페르네는 이 젊은이의 독창성을 인정하면서도 반항적인 성향을 문제 삼았다. 아인슈타인과 베버의 관계는 처음에는 순조로웠지만, 아인슈타인이 취리히 공대에서 보낸 마지막 해에 결국 인내심이 바닥난 베버는 그를 호되게 꾸짖었다. "자네는 아주 영리한 친구야, 아인슈타인…… 극도로 영리하지. 하지만 아예 배울 생각이 없나 보군."[17] 페르네는 권위를 경멸하는 아인슈타인의 태도에 훨씬 더 당황했으며, 특히 잦은 결석을 못마땅하게 여겼다. 기초 실험물리학 수업에서 페르네는 아인슈타인에게 학점 등급 1~6 중에서 최저

밀레바 마리치와 알베르트 아인슈타인

인 1.0을 주었다. 아이작슨은 이 일로 페르네가 '물리학 수업에서 아인슈타인을 낙제시킨 교수'라는 불명예를 얻었다고 한다. 취리히 공대에서 4년 공부를 마친 1900년 졸업반 학생 5명 중 상위 4명은 학위를 받고 취업 전선에 뛰어들었다. 아인슈타인의 학점 평균은 4.9로 밑에서 두 번째였고, 마리치는 4.0으로 꼴찌였다. 그녀는 결국 졸업하지 못했지만, 나중에 다른 곳에서 학위를 따겠다고 결심했다. 이후 한 차례 기회가 있었으나, 안타깝게 이번에도 4.0을 받아 학자로서의 꿈을 접어야 했다.

아인슈타인과 마리치는 서로에게 좋은 영향도 주고 나쁜 영향도 끼쳤다. 적어도 학업에는 방해가 되었다. 당연히 아인슈타인의 형편

없는 출석 기록은 교수들에게 좋은 인상을 주지 못했으며, 추천서에
도 칭찬은 인색했다. 친구들이 취리히 공대 연구소의 자리를 꿰차는
동안, 아인슈타인은 스위스를 시작으로 독일, 네덜란드, 이탈리아의
여러 대학에 조교 자리를 지원했지만 죄다 허사였다. 결국 그의 첫 일
자리는 스위스 샤프하우젠에서 고등학생을 가르치는 개인 교사였다.
스위스 시민권을 취득한 1901년에는 동창생이자 친구였던 마르셀
그로스만의 도움으로 베른 특허청 3급 심사관이 되었다.

　학문적으로 크게 성공하지는 못했지만 아인슈타인과 마리치의 연
애는 계속되었고, 아인슈타인이 마리치를 만나러 이탈리아 북부로
갔을 때 이들의 밀회는 마리치의 임신으로 이어졌다. 이 시기에 주고
받은 여러 편지에는 애절하고 낭만적인 사랑의 밀어와 농담뿐만 아
니라 물리학에 관한 이야기도 많았다. 마리치는 처음에는 아인슈타
인의 집에서 불과 몇 킬로미터 떨어진 곳에 방을 얻어 살았지만, 임신
으로 점점 배가 불러오자 부모님 곁으로 돌아가서 1902년 1월에 딸
을 낳았다. 아인슈타인은 다시 마리치에게 편지를 써 딸의 안부를 묻
고 절절한 그리움을 토로했다. ‘우리 딸 리제를은 건강해? 많이 울지?
아직 보지도 못했는데 너무나 사랑스러워!’ 하지만 얼마 지나지 않
아 아이에 대한 이야기가 뚝 끊겼다. 아인슈타인 연구자들 사이에서
는 아이가 다운증후군을 갖고 태어나 시설에 맡겨졌거나 입양되었을
거라는 추측이 난무했다. 1903년에 성홍열에 걸려 죽었다고 주장하
는 역사학자들도 있다. 또 다른 편지에서 아인슈타인은 ‘움직이는 물
체의 전기역학에 관한 생각’을 들려준다. 다소 엉뚱해 보일 수 있지

만, 특수 상대성이론의 씨앗을 심는 과정이었던 셈이다. 아인슈타인 전기 작가 앤드루 로빈슨에 따르면, 1905년에 나온 혁신적인 특수 상대성이론에 마리치가 중요한 기여를 했다는 주장은 두 연인이 주고받은 현존하는 54통의 편지에서 근거를 찾을 수 없다.[18] 프린스턴 대학 출판부 수석 편집자를 역임한 앨리스 캘러프라이스도 같은 결론을 내렸다. 그녀는 방대한 아인슈타인 관련 문서를 분석해 훌륭한 아인슈타인 인용문 모음집을 출간했다.[19] 마리치는 아인슈타인의 말을 잘 경청하고 신중하게 기록하면서, 그의 수학과 원고를 검토해주었다. 하지만 훗날 아인슈타인이 '과학적 사고의 대화 상대로 유럽 최고'라고 콕 집어 극찬한 인물은 스위스 공학자 미헬레 베소였다. 요컨대 지적 정직성에 비춰볼 때, 마리치는 아인슈타인 같은 천재가 아니었으며 훗날 일부의 주장처럼[20] 상대성이론의 공동 창시자일 리도 없다고 봐야 한다. 아인슈타인이 마리치와의 결혼 계획을 알리자, 친구들은 깊은 우려를 표했고 부모님은(특히 어머니가) 격렬히 반대했다. '걔는 우리와 다른 민족이야.' '너보다 나이도 많잖니.' '얼굴도 못생겼고…… 설령 결혼하더라도 애는 낳지 마라.' 하지만 아인슈타인은 마음을 굳혔다. 두 사람은 1903년에 결혼했다. 이듬해 베른에서 첫 아들 한스 알베르트가 태어났고, 1910년에는 뮌헨에서 둘째 아들 에두아르트가 태어났다.

1912년부터 아인슈타인의 삶에 균열의 조짐이 보였다. 그는 점점 마리치를 멀리했으며, 베를린에 갈 때마다 육촌 엘자 (뢰벤탈) 아인슈타인(1876~1936)과 만남을 가졌다. 당시 엘자는 4년 전 이혼한 상태였다. 마리치와 마찬가지로 엘자도 아인슈타인보다 세 살 연상이었고, 베를린 섬유상 막스 뢰벤탈과의 결혼으로 얻은 두 딸, 일자와 마르고트의 엄마였다. 엘자에게 보낸 편지에서 아인슈타인은 마리치를 '유머라고는 모르는 불행한 인간'으로 묘사했다. 또 다른 편지에서는 둘의 관계가 어땠든지 잘 드러난다. '나에게 아내는 해고할 수 없는 직원이라오. 서로 각방을 쓰고, 단둘이 있는 상황은 피하지.'

1914년, 플랑크가 제안한 명망 있는 교수직을 수락한 아인슈타인은 마리치와 당시 네 살과 열 살이던 두 아들을 데리고 베를린으로 영구 이주했다. 하지만 얼마 지나지 않아 이혼을 요구했다. 마리치는 이혼을 거부하고 자식들을 위해 남기로 결심했는데, 아마 남편이 다시 정신을 차리기를 바랐을 것이다.[21] 이 무렵 아인슈타인은 마리치에게 결혼생활을 이어가는 조건을 제시하는 편지를 썼다. 흡사 기말 리포트 개요를 작성한 것처럼 보인다.

A. 당신이 해야 할 일.

　(1) 내 옷과 침구를 항상 정돈할 것.

　(2) 내 방에서 하루 세 끼 식사를 제공할 것.

B. 사회적 체면 유지가 필요할 경우가 아니면, 당신은 나와의 모든 개인적 관계를 포기해야 하며,

　(1) 나에게서 애정을 기대하지 말고……

　(2) 내가 요구할 경우, 군말 없이 내 방이나 서재에서 즉시 나갈 것.

남편의 행동을 더 이상 견디지 못한 마리치는 베를린에 온지 불과 석 달 만에 아들들을 데리고 취리히로 돌아갔다. 1914년 첫 별거 이후, 그녀는 가벼운 신경 쇠약에 시달렸다. 몹시 낙담했지만 여전히 이혼해줄 마음은 없었으며, 특히 아들들에 대한 무제한 접근권은 용납할 수 없었다. 한편 베를린에 살며 특수 상대성이론을 완성하려고 식사와 수면도 거르며 미친 듯이 연구에 매달린 아인슈타인은 육체적으로나 정신적으로나 녹초가 되었다. 이때 그의 삶에 다시 등장한 엘자의 보살핌으로 아인슈타인은 서서히 건강을 회복했다.

아인슈타인과 마리치의 결혼생활은 1919년 2월에 결국 고통스럽게 끝이 났다. 중재자로 나선 미켈레 베소를 통해 아인슈타인은 마리치에게 두 가지를 약속했다. 첫째, 엘자와 함께 살지 않을 것이며, 이혼 후 몇 년간은 가능한 한 결혼하지 않는다. 둘째, 자신이 노벨상을 받으면 '모든 상금을 마리치와 두 아들에게 양도한다.' 자신이 물리학에 가져온 혁명의 중요성을 누구보다 잘 알았던 아인슈타인은 노벨상 수상을 확신했다. 물론 그의 예상은 옳았다. 노벨상은 1901년 이후 전시를 포함해 해마다 수여되었는데, 1916년과 1921년 두 해만 예외였다. 1910년부터 1922년까지 아인슈타인은 해마다 노벨상 후보로 지명되었고, 여러 곳에서 추천받을 때도 있었지만, 번번이 탈락했다. 1922년 노벨상 수상자가 닐스 보어로 발표된 뒤, 마침내 아인슈타인은 스톡홀름으로부터 한 통의 전보를 받았다. 광전 효과를 설명한 공로로 1921년 노벨상을 소급해 그에게 수상한다는 내용이었다.

알베르트 아인슈타인과 엘자 아인슈타인은 1930년에 배를 타고 앤트워프와 뉴욕을 오갔다. 이후 1933년에는 마지막 편도 여행을 했다. 매번 레드 스타 라인의 여객선 SS 벨겐란트호를 타고 대서양을 건넜다. 마지막 여행 직전, 브뤼셀 독일 영사관을 찾은 아인슈타인은 생애 두 번째로 독일 시민권을 포기했다. 뉴욕으로 돌아와 고등연구소에서 새 삶을 시작한 뒤로는 두 번 다시 유럽에 가지 않았다. 앞서 1985년에 아인슈타인은 16세의 나이로 독일 시민권을 처음 포기했는데, 이 시기에 스위스로 이주해 아라우에서 고등학교를 졸업했다. 하지만 20년 뒤인 1914년에 베를린 카이저 빌헬름 연구소 책임자가 되면서 다시 독일 시민권을 취득했다.

역사학자 에이브러햄 페이스에 따르면, 아인슈타인은 1923년에야 지급된 노벨상 상금 전액을 마리치에게 보냈다. 또 다른 기록에서는 상금 투자로 발생하는 이자만 마리치에게 주기로 했을 뿐 전액은 아니라고 했다. 아인슈타인은 두 아들을 사랑했지만, 늘 멀리서 지켜볼 따름이었다. 엘자와 결혼하지 않겠다던 첫 번째 약속은 애석하게도 이미 깨졌다. 아인슈타인은 1919년 여름에 엘자와 결혼했다.

알베르트 아인슈타인과 육촌 관계인 엘자 아인슈타인은 1896년에 막스 뢰벤탈과 결혼하면서 성이 뢰벤탈로 바뀌었다. 하지만 1908년에 이혼하고 베를린의 아파트로 거처를 옮기면서, 그녀와 두 딸 마르고트와 일자의 성은 다시 아인슈타인이 되었다. 따라서 알베르트 아인슈타인과 결혼할 때 다시 성을 바꿀 필요가 없었다. 이 씁쓸한 코미디에는 마지막 반전이 있다. 엘자와 결혼하기 직전, 아인슈타인은 베소에게 편지로 엘자와 결혼할지 그녀의 딸과 결혼할지 결정을 못하겠다고 털어놓았다. 아인슈타인보다 지혜로운 베소는 충고했다. '어머니와 결혼해야지!'

엘자는 1936년에 사망했고, 마리치는 1948년에 세상을 떠났다. 1952년 친구에게 보낸 편지에서 아인슈타인은 환호했다. '나는 두 번의 전쟁, 두 명의 아내 그리고 히틀러로부터 살아남은 승리자라네!' 하지만 자식들에게 좋은 아버지가 되지 못한 점은 진심으로 슬퍼했다. 그의 두 아들은 부모의 이혼으로 큰 상처를 받았다.[22] 둘째 아들 에두아르트는 처음에는 정신과 의사 공부를 하고 싶어 하는 뛰어난 학생이었지만, 점차 정신질환 징후를 보였다. 1932년에는 조현병 진단을 받고 취리히의 요양원에 수용되었으며, 이후 수차례 병원을 들락거렸다. 평생 결혼도 하지 않았다. 1957년에 영구적으로 정신병원에 수용된 그는 차츰 세상에서 잊혀 갔고, 결국 1964년에 숨을 거두었다. 그보다 10년 전에 사망한 아버지는 1925년 이후로 한 번도 둘째 아들을 만나지 않았다.

장남 한스 알베르트는 아버지의 모교 취리히 공과대학에서 토목공학을 전공했다. 이후 박사 학위를 취득하고 퇴적물 이동과 수리공학水理工學 전문가가 되었다. 그는 스위스(1904~1926)와 독일(1926~1938)을 거쳐 미국(1943~1973)에서 살았다. 부상하는 나치의 물결이 초래할 파멸을 예견한 아버지의 권유로 유럽을 떠나 미국으로 이민을 간 것이었다. 처음에는 사우스캐롤라이나에서 미국 농무부 퇴적물 연구 전문가로 근무했다. 이후 캘리포니아로 건너가 캘리포니아 공대에서 미 육군 공병단 연구원으로 일했다. 마지막으로 1947년에 버클리 캘리포니아 대학에서 교편을 잡으며 정착했다. 1927년 첫 아내 프리다 크네히트와 결혼할 당시 한스 알베르트는 유명 인사였던 아버지에게서 '다시 생각해라.'라는 충고를 들었다. 아인슈타인 자신이 25년 전 겪은 부모의 반대가 되풀이된 것이다.

아인슈타인은 한스 알베르트의 신부를 지독히도 싫어했는데, 과거 자신의 어머니가 밀레바를 반대했던 수준을 뛰어넘었다. 1927년에 스물세 살이던 한스가 사랑에 빠진 여인은 연상에다 (아인슈타인이 보기에) 썩 매력적이지 않았다. 아인슈타인은 이 결혼을 반대하면서, 한스의 신부가 자기 아들을 이용하려는 교활한 여자라고 비난했다. 온갖 설득에 실패하자, 아인슈타인은 제발 자식은 갖지 말라며 간곡히 부탁했다. 어차피 이혼할 텐데 애가 있으면 더 힘들어진다는 것이었다.[23]

한스 알베르트의 맏아들 베른하르트 체자어 아인슈타인 (1930~2008)은 물리학을 전공했다. 아인슈타인이 사망할 무렵, 아마추어 음악가였던 베른하르트는 할아버지가 아꼈던 바이올린을 물려받았다. 그러나 한스 알베르트 아인슈타인과 그의 아들 베른하르트 체자어 아인슈타인은 평생 낙인을 품고 살아야 했다. 만나는 사람 모두가 내심 궁금해 했기 때문이다. '이들에게도 아인슈타인의 유전자가 있을까?' 그들은 천재가 아니었다.

아인슈타인-먼로 스캔들

아인슈타인의 두 번째 결혼생활은 점점 형식적인 관계로 변해간 듯하다. 그는 여러 젊은 여성들과의 연애를 거리낌 없이 즐겼으며, 놀랍게도 자신의 혼외 행각을 엘자에게 솔직히 털어놓았다. 인기 스타나 막강한 정치인처럼 유명한 천재도 성적 매력을 발산하는 법이다. 아인슈타인의 삶에는 최소 12명의 여인이 있었다.[24] 엘자와 부부였던 동안에도 비서 베티 뉴먼을 비롯해, 그의 조각상을 만들어준 조각가의 아내 마르가레테 엡슈타인(러시아 스파이로 밝혀졌다)[25], 에스텔라, 토니, 에셀과 교제하면서 함께 휴가를 가고, 책을 읽고, 콘서트를 관람했다.

　가장 충격적인 스캔들은 은막의 여신 매릴린 먼로(1926~1962)와의 관계였다. 이 루머를 처음 제기한 사람은 미국 영화배우 셸리 윈터

스였다.[26] 1947년에 윈터스와 매릴린 먼로는 룸메이트이자 단짝 친구였다. (당시 두 여배우 지망생은 뉴욕의 사립대학 뉴스쿨에서 리 스트라스버그에게 연기를 배우고 있었다.) 윈터스의 주장에 따르면, 그들은 '재미 삼아 각자 자고 싶은 남자 10명의 목록을 만들었다.' 먼로의 목록은 지적인 남자를 좋아하는 성향이 뚜렷했으며, 50대 이상의 남자에게도 매력을 느낀 듯했다. 윈터스가 술회하기를, '매릴린이 죽기 전에 목록을 얼마나 달성했는지 물어본 적은 없어요. 하지만 그녀의 목록에는 알베르트 아인슈타인이 있었죠.' (당시 먼로는 20살에서 22살 정도였고, 아인슈타인은 60대 후반이었다.) '먼로가 죽은 뒤, 그녀의 하얀 피아노 위에서 아인슈타인의 서명이 적힌 은빛 액자 사진을 발견했어요.' 도시 전설 같은 이야기이지만, 기괴할수록 더 빨리 퍼져나가는 법이다. 결국 먼로의 친구였던 영화배우 일라이 윌릭이 나서면서 헛소문으로 밝혀졌다. 그가 먼로에게 아인슈타인의 사진을 주면서 장난삼아 '매릴린에게, 존경과 사랑과 감사를 담아, 알베르트 아인슈타인'이라고 적은 것이었다.[27] 아인슈타인이 먼로와 밀회를 가진 적은 없었던 것으로 보이지만, 명백한 바람둥이로서 그의 명성은 크게 퇴색되지 않았다.

아인슈타인과 피카소의 유사성

앞서 우리는 뉴턴과 베토벤의 특성에서 드러난 공통점과 차이점을 살펴보았다. 분명 그들은 같은 문화나 같은 시대정신의 산물이 아니었지만, 각자의 시대에서 놀라운 창조성의 금자탑을 쌓았다. 둘 다 다혈질에 복수심과 분노를 주체하지 못했으며, 어리석은 자들을 봐주는 법이 없었다. 또한 고집이 세고, 사람을 멀리했으며, 사소한 일도 절대 잊지 않았다. 그리고 정상과 광기의 경계를 수시로 넘나들었다. 정신병리학적 일란성 쌍둥이로 보아도 무방할 정도다.

20세기의 가장 영향력 있는 예술가 파블로 피카소와 20세기의 가장 영향력 있는 과학자 아인슈타인은 동시대인이자 20세기 초 유럽을 휩쓴 보헤미안 시대정신과 저항 정신의 산물이었다. 아인슈타인이나 피카소는 정신병을 앓지는 않았지만, 두 사람 모두 끊임없이 권위에 저항하고 규범에서 일탈하는 경향을 보였다. 뉴턴과 베토벤이 128년의 시차를 둔 정신병리학적 쌍둥이라면, 아인슈타인과 피카소는 불과 2년 차이로 태어난 정신병리학적 사촌쯤 될 것이다. 하지만 두 사람은 만난 적이 없었다. 예술에 대한 아인슈타인의 관심은 고전음악에 국한되었고, 그림이나 조각에는 무관심했다. 그리고 피카소 전기에는 과학에 대한 언급이 일절 없다.

아인슈타인이 창조성의 절정을 구가하던 시기, 즉 20세기의 첫 20년 동안 그와 피카소는 각자의 분야에서 시간과 공간의 문제에 몰두했다. 그 결과 아인슈타인은 물리학에서 상대성이론을 정립하고, 피카소는 회화에서 입체파를 개척했다. 입체파는 대상을 다각도로 포착해 하나의 작품으로 녹여낸다. 뉴턴과 베토벤을 비교하면서 우리는 두 남자의 수학적 직관에 주목했다. 파카소와 아인슈타인의 경우는 예술적 직관이 공통분모이다. 물론 화가인 피카소에게 예술적 직관은 필수이다. 하지만 아인슈타인의 연구 방식은 '사고 실험'이었다. 레오나르도와 마찬가지로 아인슈타인은 과학 하는 예술가였으며, 다이슨이 제시한 수학적 창조성 모델에서 넓은 지역을 내려다보며 전체를 파악하는 '새'였다.

화가와 작가, 작곡가를 막론하고 창조적 예술가들은 흔히 초기, 중기, 말기를 거치며 평생 작품 활동을 한다. 피카소의 시기는 이보다 훨씬 더 많았다. 명확히 규정된 시기들을 정리하면, 1900년 이전 작품, 청색 시대(1901~1904), 장미 시대(1904~1906), 아프리카 미술과 원시주의(1907~1909), 분석적 입체파(1909~1912), 종합적 입체파(1912~1919), 신고전주의와 초현실주의(1919~1929), 대공황부터 뉴욕 현대미술관 전시까지(1930~1939), 제2차 세계대전과 이후 작품들(1939~1949), 말년(1949~1973)으로 나뉜다. 예술적 표현력에 걸맞게 피카소는 자기 홍보 능력도 발군이었다. 이는 아인슈타인이 절대 따라올 수 없는 재주이다. 그는 자기 홍보에 관심이 없었다. 평생 여자들을 모질게 대한 피카소는(두 여인은 자살까지 했다) '일탈' 포스터의 주인공으로 손색이 없으며, 아인슈타인보다 훨씬 큰 포스터에 실릴 것이 분명하다.

피카소와 도라 마르의 9년에 걸친 관계가 담긴 일련의 도라 마르 초상화를 보면, 그녀는 뮤즈 같은 여인에서 짐승 발톱처럼 생긴 손톱을 가진 존재로 변모한다. 도라 마르와 지내는 동안에도 피카소는 믿음직한 오랜 연인 마리-테레즈 월터와 계속 만났다. 1973년에 피카

소가 사망하고 불과 4년 만에 자살로 생을 마감한 그녀는 종종 친구
들에게 토로했다. "피카소 없는 세상에서는 살 수가 없어." 하지만 재
능 있는 화가이자 초현실주의 사진작가였던 도라 마르는 피카소에게
평생 그의 주위를 맴돈 수십 명의 여자들보다 더 큰 영향을 끼쳤다.
예컨대 피카소가 공산당에 가입한 것은 도라 마르의 힘이었다.

런던 유니버시티 칼리지의 과학사 및 과학철학 교수 아서 I. 밀러
는 아인슈타인과 피카소의 유사점과 차이점을 탁월하게 분석했다.[28]
그의 저서에는 피카소의 여인들 중 가장 총명했던 도라 마르의 설명
이 담겨 있다.

> 피카소의 생활방식과 스타일을 규정한 요소는 다섯 가지였다. 그가 사
> 랑하는 여자, 그에게 영감을 주는 시인들, 그가 사는 장소, 그를 숭배하
> 면서 늘 미진할지언정 이해하려 애쓰는 친구들 그리고 떼어놓을 수 없
> 는 동반자인 개.

1968년 〈라이프〉 연말호에는 프랑스 남부 화실에 있는 피카소의
모습이 실렸다. 대부분 상의도 걸치지 않은 속옷 차림의 사진들이었
다. 피카소는 아인슈타인보다 훨씬 더 순응이 불가능한 체질이었다.
1950년대 피카소의 개인 사진작가이자 오랜 손님이며 가까운 벗이
었던 데이비드 더글러스 던컨은 '럼프'라는 이름의 닥스훈트 한 마리
를 키웠는데, 이 녀석이 피카소의 행복한 동반자가 되었다. 분명 럼프
는 피카소의 인간 동반자들보다 더 나은 대접을 받았으며, 심지어 그

의 그림에도 등장했다. 1960년대에 아인슈타인 가족은 프린스턴에 살면서 '치코'라는 이름의 개뿐만 아니라 고양이를 비롯해 앵무새도 여러 번 키웠지만, 그가 마리치와 함께 베른에 살며 창조성의 전성기를 구가하던 시절에 개를 키웠다는 증거는 없다. 개를 제외하면 도라 마르가 열거한 나머지 네 요소는 아인슈타인의 삶에도 적용할 수 있을 것이다.

천재의 기벽

27년간 아인슈타인의 비서였던 헬렌 듀카스(1896~1982)는 아인슈타인 관련 이야기를 끝없이 쏟아냈다. 그녀는 프린스턴 머서 가 112번지에 있는 단순한 목조 주택에서 아인슈타인 가족과 함께 살며 가사를 도맡았고, 1982년에 자신이 사망할 때까지 그 집에서 27년을 더 살았다.[29] 아인슈타인 사후 듀카스의 집무실은 고등연구소 펄드 홀 2층으로 옮겨졌으며, 거기서 아인슈타인이 남긴 방대한 문서의 관리자 노릇을 했다.[30] 그녀는 종종 자신의 유명한 상사에 대한 이야기를 친구들에게 들려주었고, 아이슈타인과 관련한 소문의 진위를 밝히기도 했다. 개인적으로 나는 1974년 초부터 듀카스 여사와 친분을 쌓았다. 그녀는 아인슈타인의 지혜와 자유분방한 영혼, 전설적인 저항 정신, 뛰어난 유머 감각, 재미있는 기벽을 들려주었다. 이를테면 아인슈타인은 1,000달러 수표를 책갈피로 사용했는데, 결국 너무 닳아 숫자

왼쪽: 미국에 대한 충성 선서를 하는 헬렌 듀카스, 알베르트 아인슈타인, 마르고트 아인슈타인(1940). 프린스턴 아인슈타인 드라이브 74번지에 있는 필자의 집에서 1975년에 찍은 듀카스 여사의 사진.

가 안 보이는 종잇조각이 되었다고 한다.

듀카스 여사는 내게 아인슈타인이 면도할 때 면도 크림을 쓰지 않았다고 이야기했다. 아침을 먹으러 2층에서 내려올 때면 아인슈타인은 면도날에 베어 피가 난 얼굴에 휴지를 붙이고 나타났다. 왜 면도 크림을 쓰지 않느냐고 조수가 물으면 그는 콧방귀를 뀌었다. "그런 건 필요 없어!" 하루는 조수가 브러시 없는 면도 크림 한 통을 주었다. 이후 아인슈타인은 얼굴에 휴지를 붙이지 않고 환한 표정으로 아침에 내려왔다. 그는 자못 감탄했다. "내가 왜 여태 이걸 몰랐지?" 하지만 면도 크림이 다 떨어지자, 다시 얼굴에 휴지를 붙였다. 그가 조수 한두 명과 함께 날마다 1.6킬로미터를 걸어 점심을 먹으러 오던 일화도 재미있다. 그들은 늘 집 앞에서 뭔가에 정신이 팔려 다시 연구소로 걸어가곤 했다. 그때마다 듀카스 여사가 쫓아가서 소리쳤다. "점심 안 드셨잖아요!" 그제야 아인슈타인은 집으로 돌아와서 빼먹은 일을 완수한 다음 연구소로 복귀했다.

화려한 여성 편력에도 불구하고 아인슈타인은 정신이상자는 아니었다. 하지만 광기의 문턱에 서 있던 것은 틀림없다. 그의 아들 에두아르트는 평생 정신병원을 들락거리다 결국 영구 수용되었다. 1장에서 언급했듯이, 광기에 근접하는 것 또한 천재의 특징이다.[31]

잘 알려지지 않은 물리학계의 일화가 하나 있다. 1947~1948 학년에 아인슈타인은 고등연구소 펄드 홀 휴게실에 앉아 당시 케임브리지에서 안식년을 맞아 찾아온 후배 물리학자 폴 디랙과 차를 마시며 까다로운 물리학 문제를 논의하고 있었다. 이야기 도중에 아인슈타인은 자신이 젓고 있던 찻잔에서 기묘한 현상을 발견하고 중얼거린다. "찻잎이 가운데로 모이다니 이상하군. 가장자리로 몰려야 하지 않나?" (찻잎은 물보다 무거우므로 바닥에 가라앉는다. 그리고 둥글게 저으면 '원심력' 때문에 바깥쪽으로 움직일 거라 예상된다.) 아인슈타인은 한마디 덧붙인다. "이걸 연구한 사람이 있을까…… 누군가는 해야 할 텐데." 디랙은 아인슈타인의 찻잔을 힐끗 보고 말없이 고개만 끄덕인다. 과묵한 그답게 '1디랙(일 년에 한 단어)'으로도 대꾸하지 않은 것이다.

이튿날에도 같은 장면이 되풀이된다. 디랙과 함께 차를 마시며 난해한 물리학 문제를 토론하던 아인슈타인이 돌연 화제를 바꾼다. "그나저나 디랙, 내가 찻잎 문제를 해결했다네." 이번에는 디랙도 3디랙으로 화답했다. "저 역시 해결했죠!" 하지만 더 이상 찻잎 이야기는 하지 않고 두 사람은 당면 과제로 되돌아왔다. 아인슈타인의 직관과 디랙의 수학이 순식간에 정답을 도출해낸 것이다. 다만 두 사람 모두 너무 사소한 문제라고 느껴서 더 이야기하지 않았을 것이다.

내가 그 찻잎 이야기를 처음 읽은 것은 1982년 여름에 옥스퍼드로 돌아와 이론물리학과에서 연구를 진행하던 시기였다. 그날 나는 은퇴한 이론물리학과장 파이에를스 교수와 커피를 마셨다. 아인슈타인과 디랙을 잘 아는 분이었다. 나는 그분에게 찻잎 이야기를 들려주고 물었다. "이 찻잎 사건에 대해 들어보신 적 있나요?" 유심히 듣던 파이에를스 교수는 짧게 답했다. '아니. 하지만 그들이 옳다고 장담할 순 없지!' 이 순간 파이에를스는 올바른 과학 정신을 정확히 포착했다. 물리학 이론과 법칙의 성립은 권위의 무게가 아니라 설명을 뒷받침하는 논리적 근거나 실험 결과로 좌우되는 것이다.

괴짜 천재 디랙에게 감탄하면서도 혼란스러웠던 아인슈타인은 이 젊은 친구를 보며 탄식했다. '천재와 광기의 아찔한 경계선을 걷는다는 것은 끔찍한 일이다.'

15

혼돈의 소용돌이와
고통받은 정신

신은 우리의 기쁨에 속삭이고, 우리의 양심에 말하며,

우리의 고통에 소리친다.

고통은 귀머거리의 세상을 깨우는 신의 확성기이다.

—클라이브 S. 루이스

다작 작가이자 영향력 있는 평신도 신학자였던 클라이브 S. 루이스 (1898~1963)는 웨스트민스터 사원의 시인 코너Poets' Corner에 안장되는 영예를 누렸다. 그는 정신이 고통 받는 과정에서 고도로 예민해지는 감각을 신성神性으로 설명하곤 했다. 아르테미시아 젠틀레스키의 주체할 수 없는 분노가 표현된 걸작 〈홀로페르네스를 참수하는 유디트Giuditta che decapita Oloferne〉, 정신병원에 갇힌 빈센트 반 고흐의 외로움이 담긴 〈별이 빛나는 밤〉, 도와 달라는 간절한 애원을 그려 넣은 에드바르 뭉크의 〈절규Der Schrei〉 네 가지 버전이 그런 경우에 해당한다.

자폐증 일러스트레이터

현대 예술가이자 일러스트레이터 스티븐 윌트셔는 브루클린 프랫 인스티튜트의 스튜디오에 작업 공간을 마련하고 뉴욕 시의 다섯 구역 전체를 담은 가로 5.5m 크기의 3차원 파노라마 그림을 일주일 만에 완성했다. 건물, 거리, 부두, 창문, 문 등 수천 개의 세세한 부분이 거의 완벽한 비율로 담긴 이 작품은 헬리콥터를 타고 20분 동안 뉴욕 시를 내려다본 기억을 바탕으로 그린 것이다. 마치 마음속으로 수천 장의 스냅사진을 찍고 나중에 이어 붙인 콜라주 같다. 런던 출신의 이 예술가는 도쿄, 로마, 프랑크푸르트, 마드리드, 두바이, 예루살렘, 홍콩 그리고 당연히 그의 고향 런던 등 수많은 대도시를 이렇게 헬리콥터로 내려다본 다음 파노라마로 그렸다. 윌트셔의 사진 같은 기억력은 모두를 놀라게 한다. 윌트셔는 십대가 되기 직전에 자폐 진단을 받았다. 그는 언어 장애를 건축물 스케치로 이겨냈다. 윌트셔에게는 직관 기억, 즉 완벽한 시각 기억 능력이 있다. 그와 마찬가지로 1988년 영화 〈레인맨Rain Man〉에서 더스틴 호프먼이 연기한 인물도 직관 기억 능력이 있다. 한 식당 장면에서 톰 크루즈가 연기한 그의 이복동생이 성냥갑의 내용물을 쏟는다. 마지막 성냥이 바닥에 떨어지는 순간, 호프먼은 마치 공중에서 성냥들의 스냅사진을 찍기라도 한 듯 총 개수가 246개라고 말한다.

성정체성과 창조성

생물학과 성정체성의 연관성은 신경과학에서 활발히 연구되는 분야이다. 성정체성을 결정하는 단일한 유전적 요인은 아직까지 확실하게 밝혀지지 않았다. 지금껏 다양한 연구들이 서로 다르거나 때로는 상반된 결과를 내놓았으며, 사회과학자들은 유전자와 호르몬, 사회적 요인의 조합이 성정체성을 결정할 가능성을 제기하고 있다. 정신의학자 리처드 C. 프리드먼의 기념비적인 저서《현대 정신분석 관점에서 바라본 남성 동성애Male Homosexuality: A Contemporary Psychoanalytic Perspective》[1]가 출간된 이후, 성정체성의 뿌리는 대부분 생물학적 요인으로 인식되었다. 프리드먼은 동성애가 선택의 문제이며 '치료할' 수 있다는 프로이트의 이론을 효과적으로 반박했다.

《창조성과 광기》[2]의 저자인 정신과의사 로텐버그는 창조성과 동성애의 관계를 설명하면서 그리스 신화의 예언자 테이레시아스 이야기를 인용한다. 방랑하는 장님 예언자 테이레시아스는 남성과 여성의 생식기를 모두 가진 자웅동체이거나 수술로 성전환을 한 트랜스젠더로, 처음에는 남자로 살다가 여자로 바뀌고, 다시 남자로 바뀌었다. 하루는 제우스와 그의 아내 헤라가 논쟁을 벌이다 테이레시아스를 불러 답을 구한다. "성행위에서 더 큰 쾌락을 느끼는 쪽은 남자인가 여자인가?"[3] 제우스는 여자라고 주장하고, 헤라는 남자라고 주장한다. 테이레시아스는 제우스 편을 든다.

만약 사랑의 기쁨을 열로 나눈다면

아홉은 여인의 몫이요, 하나만 남자의 몫이라.

분노한 헤라는 예언자의 눈을 멀게 하고, 제우스는 시력을 되돌려 주지 않는 대신 통찰력을 선사해 그를 가장 지혜로운 인간으로 만들어준다. 트로이 전쟁이 끝난 뒤, 오이디푸스가 테이레시아스를 찾아와 자신의 운명을 물었을 때, 예언자는 오이디푸스에게 닥칠 충격적인 운명을 알려줄 수밖에 없다. "그대는 왕[오이디푸스의 아버지]을 죽이고 그의 왕비[오이디푸스의 어머니]와 결혼할 것이다." 고대 그리스인들은 미래를 보는 능력을 신에게 부여받은 기질로 여겼으며, 광기와 천재성도 마찬가지였다.

성정체성과 창조성의 관계를 밝힌 세 번째 연구자이자 가장 뛰어난 분석을 제시한 정신과의사 아널드 루드윅은《위대함의 대가: 창조성과 광기의 논쟁을 해결하다》[4]의 저자로 유명하다. 필자의 친구이기도 한 루드윅은 수십 년간 학자로 활동하면서 동시에 교도소와 정신병원에서 의사로 일했다.

과거에는 동성애가 널리 용인되던 시절이 있었다. 고대 작가들 중 아이스킬로스와 사포는 동성애자로 알려져 있다. 테바이의 정예 부대 신성대神聖隊는 스파르타 군을 물리쳐 한때 테바이를 그리스 최강의 도시로 등극시켰지만, 필리포스 2세와 그의 18세 아들 알렉산드로스가 이끄는 마케도니아 군에게 카이로네이아 전투에서 패해 전멸했다. 테베의 신성대는 150쌍의 연인들로 구성돼 있었다.

‘군사 천재’로 불리는 알렉산드로스 대왕은 양성애자로 알려졌다. 그의 스승이었던 철학자 아리스토텔레스에 따르면, 알렉산드로스와 그의 어릴 적 친구 헤파이스티온은 ‘하나의 영혼이 깃든 두 개의 몸’이었다. 고대 로마의 정치인이자 철학자 카토는 양성애자 율리우스 카이사르를 ‘모든 여자의 남편이요, 모든 남자의 아내’로 묘사했다.

이탈리아 르네상스의 거장들 중에는 보티첼리, 레오나르도, 미켈란젤로 같은 동성애자가 많았다. 그밖에도 매우 창의적이고 재능 있는 동성애자나 양성애자는 시대를 막론하고 등장했다. 크리스토퍼 말로, 윌리엄 셰익스피어, 표트르 일리치 차이콥스키, 마르셀 프루스트, 오스카 와일드, 월트 휘트먼, 바슬라프 니진스키, 테네시 윌리엄스, 트루먼 카포티, 에드워드 앨비, 거트루드 스타인, 위스턴 H. 오든, 앤디 워홀, 앨런 긴즈버그 등등.

동성애를 비도덕적이거나 불법적 행위로 간주하는 사회에서는 탁월한 재능을 가진 예술가들이 자살하는 경우가 종종 있다. 고전음악에서 가장 사랑받는 작곡가 중 한 사람인 표트르 일리치 차이콥스키가 사망한 직후 자살 의혹이 일었다. 레오나르도는 이십대 시절 피렌체에서 동성애 추문으로 익명의 고발을 당한 후 크게 낙담했다. 다행히 그는 극단적 선택을 하지 않고 다른 곳에서 일자리를 구했다. 1482년에 피렌체를 떠난 레오나르도는 밀라노의 스포르차 가문 궁정에서 일하게 되었다.

동성애는 고도로 창의적인 사람의 특징이기에 과학자보다는 예술가에게서 나타날 가능성이 높지만, 과학자들 사이에도 확실히 동성애자가 존재한다. 차이콥스키의 비극적 죽음과 비슷한 사례가 있으니, 바로 수학자 앨런 튜링의 자살이다. 1912년 런던에서 태어난 튜링은 20세기에 가장 독창적인 수학자 중 한 명이었다. 유명한 1936년 논문에서 그는 수학에는 보편적 진리 판별 알고리즘이 존재할 수 없고 항상 '논증 불가 명제'가 포함된다는 사실을 입증했다. 1950년 논문에서는 특정 조건에서 인간의 반응을 흉내 내는 컴퓨터, 즉 인공지능을 규정하는 기본 원리인 튜링 테스트를 제안했다. 제2차 세계대전 기간에 튜링은 블레츨리 파크에 있던 영국 정부의 극비 기관 정부암호연구소에서 일했으며, 그의 주도로 제작된 기계는 독일군의 에니그마 암호를 해독하는 데 성공했다.

튜링은 그의 집에 침입한 도둑이었던 19세 남성과 성관계를 가진 뒤 중대한 외설 행위 혐의로 기소되었다. 화학적 거세와 징역형 중 전자를 택한 그는 성욕을 감소시키는 호르몬 주사를 여러 차례 맞았다. 이 과정에서 성불능자가 되었고, 전과 기록 때문에 보안 인가를 박탈당했다. 히틀러의 군대를 물리치는 데 결정적으로 기여한 남자가 더 이상 암호 해독 분야에서 일할 수 없게 된 것이다. 좌절한 튜링은 청산가리를 주입한 사과를 한 입 베어 물고 42세의 나이에 스스로 생을 마감했다.

카라바조: 예술계의 망나니

같은 이름을 가진 불멸의 예술가가 세상을 떠나고 불과 7년 뒤에 태어난 미켈란젤로 메리시 다 카라바조(1571~1610)는 고작 38년을 살았지만, 카라바조라는 이름으로 활동하며 서양 예술 역사상 가장 독창적이고 가장 큰 영향을 끼친 화가 중 한 명으로 명성을 떨쳤다. 피카소를 '서양 예술의 악동'이라 부른다면, 카라바조는 '서양 예술의 망나니'로 불러야 마땅할 것이다. 정신 안정성의 연속 스펙트럼이 '일탈'에서 '만개한 광기'까지라고 할 때 카라바조는 광기 쪽에 가깝겠지만, 그의 재능은 숨이 막힐 정도로 탁월했다. 1571년 가을에 밀라노에서 태어난 카라바조는 갈릴레오, 케플러, 셰익스피어와 동시대를 살았다. 일찍이 부모를 여읜 그는 앞서 같은 나라 사람 타르탈리아가 그랬듯이 독학으로 기본적인 읽기, 쓰기, 산수를 깨쳤다. 13세에는 밀라노 화가 시모네 페테르차노의 도제가 되었는데, 페테르차노는 오늘날 카라바조의 스승으로만 기억된다. 밀라노에서 카라바조는 레오나르도의 벽화 〈최후의 만찬〉을 연구하면서 다른 화가들과도 교류했을 것이다. 그러다 20세 즈음 로마로 이주했다. 밀라노보다는 교황령 로마가 예술로 돈을 벌 기회가 더 많았기 때문이다. 타고난 혁명가였던 그는 스케치하고 캔버스로 옮긴 다음 채색하는 케케묵은 기법에 별로 관심이 없었다. 현대 영상 기술(적외선 반사 촬영과 X선을 비롯한 다중 스펙트럼 탐지 기술)로 카라바조의 그림을 층층이 분석하면 밑그림, 즉 스폴베로가 나타나지 않는다. 미켈란젤로가 대리석 덩어리를 보고 최종 형태를 머릿속에 그렸듯이, 카라바조도 완성된 작품을 미리 상상해놓았을지 모른다. 그는 미켈란젤로의 가장 뛰어난 기법을 받아들이면서 그를 수용하고 존경을 표했다. 죽은 예수를 무덤으로 내리는 장면을 그린 〈그리스도의 매장Deposizione〉에서 카라바조는 예수의 처진 오른팔을 미켈란젤로가 〈피에타〉에서 표현한 예수의 오른팔과 거의 똑같이 묘사했다. 또한 〈성 마태오의 소명Vocazione di San Matteo〉에서 그린 예수의 오른손은 미켈란젤로의 벽화 〈아담의 창조 Creazione di Adamo〉에 등장하는 신의 손을 모델로 삼은 것이다. 하지만 카라바조는 당시 주목받고 있던 새로운 양식, 즉 미켈란젤로가 도입한 매너리즘(르네상스 미술의 방식이나 형식을 계승하되 자신만의 양식으로 작품을 구현한 사조-옮긴이)에는 썩 관심이 없었다.

카라바조의 그림은 대체로 폭력, 고문, 관능, 죽음 같은 충격적인 성서 속 장면들을 극단적 자연주의 양식으로 표현했는데, 오늘날 텔레비전 범죄 드라마에서 볼 법한 광경들이다. 이 양식은 르네상스 전성기 매너리즘의 부드럽고 미화된 표현에 대한 반작용이다. 카라바조의 인물들은 이상화된 존재가 아니라 사마귀나 눈물 같은 결점을 그대로 드러낸다. 대개 한 줄기 빛이 인물들의 얼굴을 비추거나 다른 신체 부위를 강조해 극적 긴장감을 고조시킨다. 카라바조가 포착한 것은 눈에 보인 현실이지 상상 속 우화가 아니었다. 레오나르도와 마찬가지로 그도 저잣거리의 보통 사람들을 모델로 삼았지만, 레오나르도처럼 사전 스케치를 남기지는 않았다. 카라바조는 명암을 극적으로 대비시키는 키아로스쿠로 기법을 발전시킨 테네브리즘 같은 형식적인 광학 기법을 도입했다. 젊은 제자 체코를 모델로 삼은 〈모든 것을 이기는 사랑Omnia Vincit Amor〉과 〈세례자 성 요한San Giovanni Battista〉을 비롯한 몇몇 작품은 동성애를 표현했다고 볼 수밖에 없다. 그의 기술은 당대 화가들의 감탄을 자아냈지만, 찬사나 질투 말고도 그림 속의 잔혹한 표현과 일상에서의 무법적 행동으로 비난을 초래했다. 그림 제목만 보아도 현대 정신의학자들은 '정신질환 진단 및 통계 편람(미국 정신의학회에서 공식적으로 사용하는 정신질환 진단 기준-옮긴이)'를 꺼내 들고 카라바조의 정신상태를 진단하려 들 것이다. 〈나르키소스Narciso〉(약 1595), 〈아브라함과 이삭의 희생Sacrificio d'Isacco〉(1598), 다윗이 골리앗의 목을 베는 〈다윗과 골리앗David e Golia〉(약 1607), 다윗이 골리앗의 커다란 머리를(화가 자신을 쏙 빼닮았다) 왼손으로 들고 있는 〈골리앗의 머리를 든 다윗Davide con testa di Golia〉(약 1607), 〈유디트와 홀로페르네스Giuditta e Oloferne〉(약 1607), 같은 주제를 다시 그린 〈이삭의 희생〉(1603).

카라바조의 작품에 영향을 주었을 또 한 사람이 있다. 카라바조는 과학자들의 모임에 정기적으로 참여했는데, 그 중에는 일곱 살 연상이던 갈릴레오도 있었다. 그림 실력도 비범했던 갈릴레오는 자신의 책《두 가지 주요 세계관에 관한 대화Dialogo sopra i due massimi sistemi del mondo》의 표지를 손수 그렸는데, 이 책에서 얼간이를 교황과 똑같이 그리고 자신을 교섭자로 묘사해 논란을 초래했다. 카라바조는 델 몬테 가문의 저택에서 갈릴레오를 처음 만났다. 카라바조의 〈그를 보라Ecce Homo〉(약 1601)에 등장하는 본디오 빌라도는 갈릴레오가 모델이었던

것으로 사료된다.[5]

플랑드르 화가 페테르 파울 루벤스, 이탈리아의 로렌초 베르니니, 네덜란드의 거장들인 렘브란트 판 레인과 요하네스 페르메이르는 카라바조의 테네브리즘을 받아들였다. 이 양식은 낭만주의 화가들인 스페인의 프란치스코 고야, 프랑스의 테오도르 제리코, 프랑스 인상주의 화가 에두아르 마네, 미국 인상주의 화가 토머스 이킨스에게도 영향을 끼쳤다. 20세기 화가 그레이엄 서덜랜드의 〈처칠 초상화 Portrait of Churchill〉와 제이미 와이어스의 〈존 F. 케네디 초상화 Portrait of John F. Kennedy〉 역시 카라바조의 영향을 보여준다. 그의 명암 기법은 영화에서도 보이는데, 프랜시스 포드 코폴라 감독의 〈대부 The Godfather〉 삼부작이 대표적이다. 이 예술가들은 모두 자신도 모르게 카라바조의 제자, 즉 '테네브로시(테네브리즘 추종자)'가 된 것이다.

19세기 영국에서 옥스퍼드 대학을 나온 수필가이자 수채화가, 미술 평론가, 미술 후원자, 자선가였던 존 러스킨(1819~1900)은 빅토리아 시대 감성에 취해 카라바조의 작품을 경멸했으며 노골적으로 비난했다. 심지어 카라바조의 거칠고 음울한 사실주의는 '공포와 추악함, 더러운 죄악으로 가득하다'라고 혹평했다.

카라바조의 삶은 그의 예술과 마찬가지로 논란의 연속이었다. 당시 기록에 따르면, 그는 2주 동안 미친 듯이 작업한 다음 한두 달간 술에 절어 방탕하게 살면서 난동을 일삼았다. 마치 19세기 미국 서부의 골칫거리 총잡이처럼 늘 허리에 칼을 차고 다녔다. 흡사 소몰이를 마치면 으레 술집에 들러 노름하고 드잡이 하는 카우보이를 연상케 한다. 카라바조는 술을 퍼마시고 싸움에 휘말렸으며, 모호한 성정체성 탓에 창녀와 남창을 가리지 않고 만났다. 1606년에 한 창녀의 포주였던 라누치오 토마시노라는 남자를 살해한 그는 체포되어 교수형 당하지 않으려고 남쪽 나폴리로 도망쳤다. 거기서 배를 타고 성 요한 기사단의 본거지 몰타 섬으로 건너가, 기사단 손님 자격으로 수도 발레타에 거처를 잡았다.

몰타의 수도를 관광하다 보면 반드시 여행 가이드가 1607년부터 1608년까지 카라바조가 그곳에 살면서 '17세기 최고의 그림' 후보로 거론되는 걸작 〈세례 요한의 참수〉를 그렸다고 자랑할 것이다. 발레타에서 카라바조는 몰타 섬 기사들의 초상화도 다수 그렸다. 하지만 또 싸움을 벌여 체포되었다. 어느 귀족 기사의 집에 쳐들어가 중상을 입힌 것이었다. 체포된 뒤에도 다시 탈출한 그는 이번에는 시칠리아로 달아났다.

점점 불안정한 기미를 보이던 카라바조는 자신이 위험한 상태라 이탈리아 본토로 돌아가야 할 것 같다고 시칠리아 지인들에게 고백했다. 교황의 사면을 기대하며 나폴리를 거쳐 로마로 가던 그는 도중에 행방불명되었다. 보복 암살이었을 가능성도 제기되지만, 카라바조의 실종은 여전히 수수께끼로 남아 있다.

카라바조보다 잔혹한 여인, 유화로 복수하다

아르테미시아 젠틸레스키는 자기 인생의 공포(억압과 불의, 강간)를
잔혹한 성서 그림으로 승화시켰으며,

그것은 억압받은 여인들을 위한 전쟁의 함성이었다.
어째서 지금껏 그녀의 비범한 천재성이 간과되었을까?[6]
—조너선 존스

이 질문은 2016년 런던 국립 미술관에서 예정된 특별 전시회 '카라바조를 넘어Beyond Caravaggio'를 발표하며 제기된 것이었다. 카라바조의 독창적 화풍은 매너리즘에서 벗어난 새로운 이탈리아 바로크 양식에 심대한 영향을 끼쳤으며, 그의 열렬한 추종자였던 아르테미시아 젠틸레스키의 작품에서 가장 명확히 드러난다. 그녀는 로마와 피렌체, 베네치아, 나폴리에서 의뢰 받은 탁월한 작품들을 남겼다. 피렌체의 대공 코시모 2세 데 메디치로부터 의뢰를 받았을 때, 젠틸레스키는 전통적으로 남성 중심이던 업계에 진출한 여성 화가로서 보기 드문 자신감을 내비치며 기꺼이 수락했다. '고귀하신 대공 각하, 여자가 뭘 할 수 있는지 제가 보여드리겠나이다!'[7]

그녀의 작품 중 가장 극적인 그림인 〈홀로페르네스를 참수하는 유디트〉는 카라바조가 15년 전에 완성한 〈유디트와 홀로페르네스〉와 같은 맥락이지만 더 강렬하고 폭력적이다.

아르테미시아의 아버지 오라치오 젠틸레스키도 뛰어난 화가로 네 자녀(맏딸과 아들 셋)에게 그림 기술을 가르쳤다. 동생들보다 훨씬 뛰어난 재능을 보인 아르테미시아는 부모의 관심을 독차지하고 계속 수련을 쌓았다. 오라치오의 절친한 벗이었던 미켈란젤로 카라바조는 젠틸레스키의 집에 종종 들렀고, 그런 유명한 화가와의 만남은 재능이 일찍 꽃핀 소녀에게 영감을 주었을 것이다.

그녀는 겨우 열두 살에 어머니를 여의었다. 1년 뒤, 그녀의 우상 카라바조는 살인을 저지르고 로마로 도망가 영영 돌아오지 않았다. 4년 뒤, 젠틸레스키 집안은 그 지역 화가 아고스티노 타시를 아르테미시아의 스승으로 고용했다. 하지만 이 일은 비극적인 결과를 초래하고 말았다. 타시는 아르테미시아를 겁탈하고 결혼을 거부해 그녀의 명예를 실추시켰다.[8] 아르테미시아는 타시를 고소해 재판에 넘겼으며, 법정에서는 그의 범죄를 끔찍할 정도로 생생하게 증언했다. 7개월이나 이어진 당시 재판 기록은 현재까지도 남아 있다. 교황 이노첸시오 10세는 타시의 예술적 업적을 들먹이며 고소당한 화가 편에 서서 이렇게 말했다. '그는 나를 결코 실망시키지 않은 유일한 화가 중 한 사람이다.'

법원은 가해자에게 무죄를 선고하고, 아르테미시아에게는 무고죄 판결을 했다. 교황 대리자들은 형벌로 신체적 고문을 명했다. 다만 '어찌 됐든, 겨우 18세'인 점을 참작해 비교적 가벼운 엄지 비틀기를 지시했다. 이는 타시의 죄와 아르테미시아의 피해 사실을 암묵적으로 인정한 것이었다. 결국 그녀는 두 번 희생된 셈이다. 첫 번째는 강간범에게, 두 번째는 법원에게. 〈가디언〉의 예술 칼럼니스트는 이 사건을 젠틸레스키의 작품에서 읽어냈다.

> 그녀는 글과 그림으로 자신의 세계를 지배한 남성 폭력에 맞서 싸웠다.…… 그림 속에서 죽어가는 남자는 구약에 등장하는 이스라엘 민족

의 적 홀로페르네스이고, 그의 목을 자르는 젊은 여인은 신의 뜻을 받든 암살자 유디트이다. 하지만 동시에 이 남자는… 아고스티노 타시이며, 칼을 든 여자는 아르테미시아 젠틸레스키로…… 결국 자화상을 그린 셈이다.[9]

젠틸레스키는 탁월한 재능을 지닌 화가이자 강인한 페미니스트였다. 우피치 미술관에서 열린 새로운 전시회의 큐레이터 레티치아 트레베스는 젠틸레스키의 작품을 '여성들이 연대 의식을 가지고 뭉치라는' 메시지로 해석한다. 뛰어난 그림을 그린 젠틸레스키는 최고의 화가로서 족적을 남겼지만, 그녀를 겁탈한 자는 역사의 각주로 영원히 박제되었다.

노란 필터로 세상을 보다

내 삶의 목표는 최대한 많은 그림과 스케치를 최선을 다해 그리는 것이다.

그리고 삶의 끝에서 죽어갈 때,

사랑과 아련한 후회를 안고 과거를 돌아보며 생각하고 싶다.

'아, 내가 못 그린 그림들이여!'

—빈센트 반 고흐

빈센트 반 고흐(1853~1890)는 1853년 네덜란드 남부에서 태어나 열

세 살까지 학교를 다니고, 1880년까지 줄기차게 실패를 겪으며 세월을 낭비했다. 신학교에도 다니고, 프랑스어 개인 교사도 하고, 동생이 운영하는 화랑의 미술품 판매원으로도 일했다. 그러다 벨기에 바스메스에서 광부들을 상대로 전도 활동을 하는 동안 그림을 그리기 시작했다. 초기에는 농부들이 감자를 캐고 먹는 장면을 주로 그렸다. 1885년 뉘넌에서 그린 〈감자 먹는 사람들De Aardappeleters〉이 가장 유명한 초기작이다. 이 시기의 작품들은 모두 어두운 색조와 극도로 침울한 분위기가 특징으로, 광부와 농부의 비참하고 빈곤한 삶이 담겨 있다.

현대 정신의학자들은 반 고흐가 네 가지 개별적 정신질환을 앓았다고 진단한다. 그는 간질, 조울증, 정신병, 회피성 인격 장애 증상을 보였다. 또한 하이퍼그라피아도 앓았다고 한다. 이는 글쓰기나 그리기에 집착하는 행동 장애로, 측두엽 간질인 게슈윈드 증후군과 관련이 있다고 한다. 이런 정신질환에 더해 위胃매독이라는 질병까지 앓았다. 그의 직계 가족 중에는 정신질환자가 많았다. 다섯 형제자매 중 셋(남동생들인 코르넬리스와 테오도뤼스(테오), 여동생 빌헬미나)도 정신질환을 앓았다. 이런 유전자를 가진 집안에서 태어난 사람이 온전한 정신이기는 어려웠을 것이다.

1886년에 반 고흐는 자신을 가장 잘 따르고 늘 지지해주는 동생 테오와 살기 위해 파리로 이주했다. 당시 파리를 휩쓸고 있던 혁신적인 미술 사조인 인상주의의 물결은 그 역시 피할 수 없었다. 또한 일본 판화가들의 영향을 받고 독자적인 기법을 개발하기 시작하면서, 무의식적인 감정을 화폭에 담아내는 탈인상주의를 구축했다. 다른 어느 예술가보다도 반 고흐의 삶과 예술은 불가분의 관계였다. 그가 동생 테오와 주고받은 수많은 편지들은 현재까지 남아 있으며, 반 고흐의 예술적 진화 과정과 정신질환의 연관성을 짐작케 하는 단서를 제공한다. 화가로서 꽤 늦게 그림을 그리기 시작한 그는 집착에 가까울 만큼 열정적으로 작업했으며, 900점이 넘는 캔버스 작품과 더불어 종이에 그린 작품도 1,300점 이상 남겼다.

프랑스 프로방스 지방의 밝은 햇살과 화사한 색조를 갈망하던 반 고흐는 1888년에 파리와 마르세유를 잇는 철도 노선에서 마르세유 직전 정거장인 아를로 다시 이주했다. 그곳에서 '남쪽의 화실'을 열고 444일 동안 믿기 어려운 속도로 약 200점의 작품을 완성했다. 이들 그림에는 들판과 과수원, 복숭아나무, 바다 풍경, 집들, 자기 방 구석구석, 가구, 일상의 물건이 묘사되어 있다. 하지만 그가 사용한 밝고 행복한 색채에는 지독한 외로움이 감춰져 있다. 그는 파리에 사는 몇몇 화가 친구들에게 아를로 와서 함께 작업하자고 설득했지만, 유일하게 탈인상주의 동료 화가 폴 고갱(1848~1903)만 수락했다.

하지만 고갱도 잠시 머물다 떠났으며, 줄곧 경제적 지원과 정서적 지지를 해주던 동생 테오가 젊은 네덜란드 여자와 결혼한다는 소식까지 들렸다. 이 두 사건으로 반 고흐는 깊은 좌절감에 사로잡혀 절망의 나락으로 떨어졌다. 크게 낙담한 그는 면도칼을 집어 들고 왼쪽 귀를 잘라 종이로 싸서 유곽을 찾아가 젊은 매춘부에게 주었는데, 혼비백산한 그 여성의 신원은 가비 라첼로 최근 밝혀졌다. 이후 반 고흐는 두 편의 자화상을 그렸다. 하나는 앞서 1장에서 소개한 붕대 감은

왼쪽 얼굴이고(거울을 보고 그려 그림에서는 오른쪽 얼굴이다-옮긴이), 나
머지 하나는 멀쩡한 오른쪽 얼굴이었다. 자신의 상태가 위태롭다고
판단한 그는 자진해서 생-레미의 정신병원에 들어갔다. 하지만 얼마
지나지 않아 스스로 퇴원했다. 1년 사이 희망과 절망의 기복은 점점
더 심해졌고, 결국 자신이 애정을 담아 그렸던 들판 한복판에서 권총
자살로 생을 마감했다.

여담으로, 아를 주민 잔 칼망(1875~1997)을 언급할 필요가 있다.
역사상 최장수자로 기록된 그녀는 1990년대 초에 한 인터뷰에서 이
렇게 말했다. "반 고흐가 그림에 쓸 캔버스를 사러 가게에 들르곤 했
지. 그분은 그림보다 술을 더 좋아했어요.…… 여자들은 대부분 그를
두려워했지만, 매춘부한테는 돈을 잘 써서 인기가 많았지요." 이 내
용을 자신의 블로그에 실은 마틴 베일리는 그녀와의 대담이 반 고흐
와 현재를 직접 이어주는 특별한 경험이었다 말했다.[11]

죽기 불과 10년 전에 그린 반 고흐의 초기작들은 썩 뛰어나지 않
았다. 하지만 시간이 지나면서 점점 진화했고, 동시에 병세도 깊어져
갔다. 그의 대표작들은 광기의 나락으로 떨어진 생애 마지막 3년 동
안 완성되었다. 그리고 반 고흐의 비극적 자살은 만개한 광기의 마지
막 표출이었다.

생-레미에서 의사 폴-페르디낭 가셰에게 치료를 받은 반 고흐는
그를 존경하게 되어 두 점의 초상화를 그렸다. 가셰는 흔히 간질 치료
제로 쓰이는 다량의 디기탈리스를 반 고흐에게 처방했다고 알려지는
데, 당시 그의 간질 증세는 점점 두드러졌다. 가셰를 그린 두 초상화

중 하나는 이 의사가 디기탈리스 약물을 추출하는 원료인 자주색 디기탈리스 꽃(디기탈리스 푸르포레아)을 들고 있는 모습이다. 캘리포니아 출신 의사이자 미술 애호가 폴 울프에 따르면, 디기탈리스에 중독되면 '황색 시야' 증상이 나타난다고 한다.[12] 그는 반 고흐가 했던 말을 언급한다. '노란색은 참으로 아름답구나.' 이 시기에 반 고흐는 그 유명한 해바라기 연작을 선보였다.

1889년에 반 고흐는 자신의 대표작 중 하나인 〈별이 빛나는 밤〉을 그렸다. 이 그림에 등장하는 별을 둘러싼 노란 광환光環은 디기탈리스 과다 복용의 증상으로 보인다. 1890년에 자살하기 직전, 그는 또 하나의 걸작 〈밀밭Champ de blé〉을 완성했다. 이 그림에 나오는 소용돌이치는 붓질로 그린 동심원들과 단단히 감긴 과장된 아르키메데스 나선들은 반 고흐가 앓던 조울증의 표출일 수 있다고 울프 박사는 지적한다.[13] 생전에 무시당하고, 이해받지 못하고, 아무도 알아주지 않은 반 고흐는 1880년대에 1,000편에 가까운 그림을 그렸으며, 아를에서 보낸 15개월 동안 몇몇 대표작을 완성했지만, 팔린 작품은 단 한 점뿐이었다.[14] 동시대 화가였던 클로드 모네는 반 고흐의 재능이 빛을 보지 못한 것을 안타까워했다. '꽃과 빛을 너무나 사랑하고 그토록 훌륭하게 그려낸 사람이 어찌 그렇게 불행할 수 있단 말인가?'

형태 패턴 인식은 특히 광기가 고조된 상태에서는 환각제를 복용한 것처럼 비현실적이 될 수 있다. 이런 상태로 반 고흐가 그의 가장 유명한 작품 〈별이 빛나는 밤〉(1889)을 그린 것이다. 동생 테오에게 보낸 편지에서 그는 이 그림에 대해 이야기했다. '오늘 해 뜨기 한참

전에 창밖을 내다보니, 하늘에 홀로 뜬 샛별이 아주 커다래 보이더구나.'

여기서 언급한 창은 프랑스 남부 생-레미의 생-폴 정신병원에 있던 그의 방 창문이었다. 하지만 그림 속 풍경은 상상에 가깝다. 밤하늘을 배경으로 언덕 위의 높다란 교회 첨탑은 남부 프랑스가 아니라 반 고흐의 고향 네덜란드를 연상시킨다. 배경으로 삼은 밤하늘에는 빠른 원형 붓질과 눈부신 색채로(흰색과 노란색, 다양한 색조의 파란색) 소용돌이무늬의 수많은 별들과 혜성이 표현되어 있다. 〈별이 빛나는 밤〉의 소용돌이는 균일하게 감아 놓은 정원 호스가 만들어내는 아르키메데스 나선과 닮아 있다. 반 고흐의 소용돌이가 난류에서 발생하는 소용돌이와 유사하다고 보는 과학적인 분석도 있다. (레오나르도가 집착한 소용돌이와 현대 유체 흐름 촬영 기술로 포착한 소용돌이가 연상된다.) 큰 소용돌이가 작은 소용돌이를 일으키는 것은 혼돈 작용의 결과이다(프랙탈 기하학의 형상들과도 유사하다). 급류에서 나타나는 이런 소용돌이는 모형 잠수함 실험 수조, 풍동을 통과하는 색색의 공기 흐름, 인공위성이 촬영한 태풍 형상에서 볼 수 있다.

화가가 그린 광기의 풍경과 그의 정신적 불안 사이에 연관성이 있다는 주장은 오래전부터 제기되었다. 19세기 중반 프랑스의 선구적인 정신의학자들이 만든 용어 '모노마니아(편집광)'는 이런 상태를 뜻한다. 한 세기 후, 고야는 의사의 지시에 따라 정신이상 환자들의 소름끼치는 형상들을 그렸는데, 이 그림들은 오늘날 〈검은 그림Pinturas negras〉 연작으로 불린다.

고야의 작품은 이 환자들의 시련과 고통을 선명하게 담아냈다. 흥미롭게도 고야 역시 1792년 47세에 중병을 앓은 뒤, 균형 감각을 잃고 보행 장애가 생겼으며 부분적으로 눈과 귀가 멀었다. 현대 의학자들은 보그트-고야나기-하라다 증후군(멜라닌 색소 조직에 영향을 미치는 자가 면역이 원인으로 추정되는 다기관 질환-옮긴이)의 가능성을 제기한다. 이후 몇 달간 차츰 회복되었지만, 청력은 영구적으로 상실되었다. 이 끔찍한 병은 고야의 후기 작품에 영향을 끼쳤을 것으로 보인다. 또한 친척 두 사람(숙모와 숙부)이 정신병에 걸렸던 터라 자신도 미칠지 모른다는 두려움에 사로잡혔을 가능성도 있다.

— 앨런 E. H. 에머리, 〈실용 신경학〉 2008년 6월호

노르웨이 표현주의 화가 에드바르 뭉크의 〈절규〉는 네 가지 버전이 존재한다. 두 점은 템페라 기법으로 판지에 그렸고, 한 점은 파스텔, 나머지 한 점은 목탄으로 그렸다. 네 작품 모두 뭉크의 정서적 불안을 담고 있다. 뭉크 스스로 '미치광이가 그렸다'라고 인정한 자전적 작품들이다. 여동생 라우라 뭉크가 정신병을 앓았기에, 자신도 언젠가는 헤아릴 수 없이 깊은 광기에 빠질 거라는 두려움에 사로잡혔다. 이 작품을 심리학적으로 분석하면, 가파른 원근법으로 그린 인도와 난간은 현란한 곡선의 홍수를 차단해 전통적인 3차원 세계를 지켜주는 방벽이다. 이 안전한 이성적 세계에서 멀리 보이는 두 사람(주인공을 두고 간 동행자들)은 꼿꼿하고 남성적이다. 반면 전경前景에서는 어지럽게 뒤엉킨 자연이 난간을 넘어설 정도로 가까워 주인공의 형태

와 성격을 일그러뜨린다.

반 고흐, 카라바조, 미켈란젤로는 모두 난폭한 성향의 소유자였으며, 뉴턴과 베토벤이 분노와 좌절을 표출했듯이 종종 자제력을 상실했다. 앙심을 품은 분노는 대개 유년기에 시작된다. 어린 시절 미켈란젤로는 예술가가 되고 싶어 했으나, 그의 아버지 루도비코 부오나로티는 아들을 정신 차리게 하려고 모진 손찌검을 일삼았다. 아버지에 대한 식지 않는 분노를 품고 성장한 아들은 아버지의 기이한 버릇들을 답습하게 되었다. 그중 하나는 밤이고 낮이고 절대 신발을 벗지 않는 버릇이었는데, 이 강박적 행동 장애는 평생 고쳐지지 않았다. (한 번은 신발을 벗다가 살점이 함께 떨어져 나갔다.)

15세에 기를란다요의 화실에서 견습생으로 일하던 미켈란젤로는 동료 견습생 피에트로 토리자노(1472~1528)에게 재능이 없다고 조롱했다가 코를 세게 얻어맞았다. 이 일로 부러진 코는 미켈란젤로의 긴 여생 내내 그를 대표하는 신체적 특징이 되었다. 토리자노도 아주 실력 없는 조각가는 아니었다. 미켈란젤로의 수준에 미치지 못했을 뿐이다. 미켈란젤로를 폭행한 뒤 메디치 가문의 보복이 두려워 피렌체를 떠난 그는 이탈리아 북부를 떠돌다 잉글랜드로 건너가서 이탈리아 르네상스를 전파했다. 난폭한 기질 탓에 자주 말썽을 일으키던 그는 결국 스페인 감옥에서 사망했다.

여신도 아니고, 발판도 아니다

유명한 남성 예술가들의 그늘 속에 살았던 세 여성 예술가 카미유 클로델, 프리다 칼로, 프랑수아즈 질로는 각자의 남자에게 종속된 예술가로 기억되었다. 세 여성 모두 까다롭고 자기애가 강한 남자들과 끊임없이 부딪쳤는데, 이중 두 명의 삶은 비극적으로 끝났고 남은 한 명만 성공적인 삶을 살았다. 이들의 사연은 피카소의 사실상 아내 도라 마르와 아인슈타인의 첫 아내 밀레바 마리치의 삶과도 일맥상통한다.

프랑스 조각가 카미유 클로델(1864~1943)은 오귀스트 로댕의 연인이자 뮤즈였다. 그녀는 매우 독창적이고 재능 있는 예술가였지만 평생 주목받지 못했다. 로댕과 '그의 패거리'에게 해코지를 당하고 세상이 몰라준다는 억울함에 시달린 그녀는 자기 작품을 부수기 시작했다. 1913년에는 비유-에브라르 정신병동에 강제 수용되었고, 이듬해 몽드베르그 정신병원으로 이송된 클로델은 세상으로부터 잊힌 채 거기서 40년을 살고 숨을 거두었다.

독일계 멕시코 화가 프리다 칼로와 유명한 멕시코 화가였던 남편 디에고 리베라는 늘 열애와 다툼을 오가며 관계를 지속했다. 서로 사랑하지만 각자 자기만의 공간이 너무나 중요했던 그들은 떨어져 살수도, 함께 살 수도 없었다. 한 슬기로운 건축가가 그들을 설득해 흰색과 파란색의 똑같은 두 건물을 이웃해 짓고, 서로 방문할 수 있도록 옥상을 다리로 연결했다.[15] 두 사람 모두 독자적인 예술적 표현을 추구했으며, 정치적으로는 열렬한 마르크스주의자였다. 스탈린의 요원들에게 쫓기던 레온 트로츠키가 2년 동안 그들의 집에서 살기도 했다. (1940년 멕시코에서 요원들에게 발각돼 암살당했다.) 칼로와 리베라는 공개적으로 개방된 결혼생활을 하면서 각자 외도를 일삼았는데, 칼로가 트로츠키와 잠시 사귄 적도 있었다. 한때 칼로와 리베라는 이혼했지만, 불과 1년 만에 재결합했다. 1935년에 리베라가 칼로의 여동생과 불륜을 저지르자, 이들 부부의 10년 결혼생활은 돌이킬 수 없는 몰락기로 접어들었고, 결국 1939년에 최종 이혼으로 정점을 찍었다.

주로 자화상으로 이루어진 칼로의 작품들은 멕시코 민속 예술에서 영감을 받은 화려한 색채가 특징이다. 그녀는 꾸밈없이 뚱한 표정으로 자신을 묘사했으며, 가끔 누드로도 그렸다. 칼로의 작품에는 자기 성찰적이면서 정의와 평등을 외치는 사회의식이 깊게 배어 있었다. '내가 자화상을 그리는 까닭은 혼자일 때가 많기 때문이다. 그리고 내가 가장 잘 아는 주제가 나이기 때문이다.' 야심찬 18세 의대생 시절 교통사고로 거의 죽을 뻔한 그녀는 결국 남을 치료하겠다는 꿈을 접고 평생 치료 받아야 하는 신세가 되었다. 몇 번이나 수술을 받으면서 보조기와 코르셋을 차고 진통제에 의지하게 되자, 우울증은 점점 더 깊어졌다. 그녀의 작품은 고통 받은 정신과 망가진 육체의 반영이다. 결국 진통제 과다 복용으로 숨을 거두었다. 사고사였는지 계획된 죽음이었는지는 확실히 밝혀지지 않았지만, 친구들의 증언에 따르면 자살일 가능성이 높다. 생전에 거의 주목받지 못했던 칼로는 최근 들어 재발견되었으며, 특히 페미니스트와 성소수자 단체에게 사랑받고 있다.

리베라와 칼로의 복잡한 관계는 피카소와 그의 사실상 아내 질로의 관계를 비추는 거울이었다. '여자는 여신이거나 발판, 둘 중 하나다.' 20세기 예술의 문제아 파블로 피카소의 일갈이었다. 하지만 프랑수아즈 질로는 둘 중 어느 쪽도 아니다! 그녀는 케임브리지 대학에서 영문학을 공부하고 소르본 대학에서 철학 학사 학위를 받은 자주적이고 교양 있는 여성이었다. 질로와 피카소는 1943년부터 1953년까지 10년간 함께 살았다. 피카소가 그녀를 버리고 새로운 애인을 찾은 지 불과 2년 만에 질로도 영화배우 뤽 시몽을 만나 재혼해 2년을 같이 살았다. 한편 지독히 자기애가 강한 피카소는 미술상들이 질로의 작품을 취급하지 못하도록 압력을 행사했다. 1970년에 질로는 또 다른 거물과 재혼했는데, 이번에는 소아마비 백신 개발에 최초로 성공한 생물학자 조너스 소크였다. 1995년에 소크가 사망할 때까지 두 사람은 25년 동안 결혼생활을 이어갔다. 2023년 6월 101세를 일기로 사망하기 불과 4년 전, 질로의 저서 《화려한 인생: 프랑수아즈 질로의 예술과 옛 연인들 그리고 기나긴 삶 Colorful Life: Françoise Gilot on Her Art, Former Loves, and a Long Life》(2018)이 출간되었다. 비록 피카소나 소크 수준의 창조적 천재는 아니었지만, 질로는 결코 두 천재의 그늘에 가려진 삶을 용납하지 않았다. 이 비범한 여인은 재능 있고 자주적인 후대 여성들에게 귀감이 되었다.

기이하게도 대중은 광기에 매료된다. 미술 갤러리와 수집가 들은 재능이 뛰어나면서 종종 광기 어린 예술가의 작품을 찾는데, 그런 작품은 유별나게 뛰어나거나 대중의 수요가 많다. 2006년에 피카소의 〈도라 마르의 초상〉(1941)은 9,500만 달러에 팔렸다. 도라 마르의 후기 초상화 중 하나인 이 그림에서 그녀는 뾰족한 발톱이 달린 슈렉 같은 형상이다. 2010년에 피카소의 〈누드, 초록 잎과 흉상Nu au Plateau de Sculpteur〉은 1억 700만 달러에 팔렸다. 판지에 파스텔로 그린 뭉크의 1895년 〈절규〉는 2012년 소더비 경매에서 1억 2천만 달러에 낙찰되었다. 1990년에 반 고흐의 〈가셰 박사의 초상Portret van Dr. Gachet〉은 8,250만 달러에 팔린 후, 2012년에는 1억 5,100만 달러에 거래되었다. 그림 속 가셰 앞 탁자 위에는 디기탈리스 약물의 원료인 디기탈리스 꽃잎이 놓여 있다. 이 친절한 의사가 반 고흐의 정신분열증 치료에 사용한 디기탈리스는 '황색 시야'를 유발하는데, 이로 인해 반 고흐의 '황색 시기'에는 풍성한 해바라기, 노란 색조로 물든 집 안팎이 화폭에 담겼다. 세잔이 그린 〈카드놀이 하는 사람들Les joueurs de carte〉은 2011년에 카타르의 석유 재벌 왕가가 2억 5,000만 달러에 사들였다.

악행은 용서될까

우리가 받아들여야 하는 매우 불편한 사실 하나. 위대한 예술은 때로 (어쩌면 자주) 아주 못된 자들, 또는 추잡한 성격을 가진 자들, 또는 오늘날에는 용납되지 않는 기질을 가진 자들의 작품이다.

각본가이자 소설가 에릭 탈로프가 한 이 말은 시대를 초월해 되풀이되는 예술의 딜레마를 지적한다. 작품과 창작자를 분리할 수 있는가의 문제는 오늘날에도 중요하다. 유명 예술가들이 과거에 저지른 성적 비행이 드러나 여론의 뭇매를 맞고 명성이 박살나는 경우가 빈번하다. 최근 〈뉴욕 타임스〉의 한 기사 제목이 눈길을 끈다. '소름끼치는 인간의 놀라운 예술!'[16] 이 기사는 '비도덕적인 행위를 한 자라 해도 그의 예술 작품은 인정해야 하는가?'라는 의문을 제기하면서, 놀랍도록 아름다운 카라바조의 명화 〈마르타와 막달라 마리아Marta e Maddalena〉를 컬러 사진으로 소개했다.

성추문과 성정체성 문제는 오랫동안 예술가들을 따라다녔지만, 종종 시간의 안개 속으로 사라졌다. 필리포 리피(1406~1469)는 화가이자 가르멜회(12세기 가르멜 산에서 설립된 가톨릭교회의 수도회-옮긴이)의 수사였다. 《숲속의 경배Adorazione del Bambino di palazzo Medici》, 《성모의 대관Incoronazione Maringhi》, 《동방 박사의 경배Adorazione dei Magi》(원형 회화)를 비롯한 리피의 종교화는 세계 최고의 미술관들에 전시되어 있다. 그의 탁월한 작품은 보는 것만으로도 영적인 체험을 하는 기분이 든다. 하지만 일상에서는 성인과 거리가 멀었던 리피는 처녀를 '유린'하고 수녀를 임신시킨 혐의로 고발당했다(1461). 당시 피렌체에는 익명의 고발을 목적으로 '탐부리'라는 나무 상자가 곳곳에 배치했는데, 그중 한 곳에서 리피에 대한 고발장이 접수되었다. 1476년 4월 8일에 레오나르도도 비슷한 고발을 당했다. 베로키오 공방의 다른 동료 세 명과 함께 자코포 살타렐리라는 17세 남창과 어울린 혐의였다. 이 사건으로 그들이 수감되었다는 기록은 없는데, 그중 한 명이 메디치 가문 사람이라서 무마되었을 가능성이 크다. 하지만 이 일로 레오나르도는 심대한 타격을 입었다.

잉글랜드-아일랜드계 시인이자 극작가 오스카 핑걸 오플래허티 와일드(1854~1900)는 1882년 뉴욕 항에 도착해 여권을 제시했다. 세관원이 그에게 의례적인 질문을 했다. "신고할 물품이 있으십니까?" 아마 그는 와일드의 대답에 어리둥절했을 것이다. "내가 신고할 것은 천재성뿐입니다!" 앞서 인용한 와일드의 말을 떠올려보라. '대중은 너그럽다. 천재만 빼고 모든 것을 용서한다.' 이 말은 재치 있는 농담일 수도 있지만, 어쩌면 이 극작가는 천재인 자신이 기행 때문에 인정받지 못한다는 사실을 개탄했을지 모른다. 보수적인 빅토리아 시대 영국에서 와일드는 저명한 아일랜드 출신 변호사의 딸 콘스탄스 로이드를 아내로 맞이해(1884) 두 자녀를 두었다. 하지만 이 결혼은 눈속임에 불과했을 수 있다. 옥스퍼드 대학생 시절부터 와일드는 동성애자라는 소문이 돌았지만, 콘스탄스는 이를 믿지 않았다. 결국 와일드는 퀸즈버리 후작의 아들 앨프레드 더글러스와의 '중대한 외설 혐의'로 체포되어 법정에 섰다. 2년 중노동형을 선고받고 복역한 와일드는 석방된 뒤 파리로 건너가 인생의 새 장을 열기로 마음먹었다. 이름을 '세바스천 멜모스'로 바꾸고, 누가 자신을 오스카라고 부르면 불같이 화를 냈다. 엄청난 재능을 타고난 작가였던 그는 세간에 논란과 충격을 불러일으키면서도 늘 철저한 패배감에 사로잡혔다. 오늘날 와일드는 대표작 《진지함의 중요성The Importance of Being Earnest》과 《도리언 그레이의 초상The Picture of Dorian Gray》으로 널리 사랑받고 있다.

셰익스피어의 희곡 〈율리우스 카이사르〉에서 마르쿠스 안토니우스는 죽은 카이사르의 이타적인 행적과 시민에게 베푼 관대한 선물을 기억하라고 군중을 향해 연설한다.

> 인간의 악행은 죽음 뒤에도 살아남고
> 선행은 종종 뼈와 함께 묻히나니

정말로 선행은 묻혀서 잊히고, 악행은 계속 살아남을까? 만약 셰익스피어가 진짜로 그렇게 믿었다면, 오늘날 우리 모두가 알고 존경하는 예언자이지 못했을 것이다. 위대한 천재, 특히 혁명적 천재들은 빛나는 유산으로 불멸을 얻는다. 그리고 그들의 인간적 실수와 결점은 사라지고 잊힌다.

베토벤은 교향악단 연주자들에게 악담과 모욕을 퍼붓고, 돈 빌려준 사람과 집주인, 후원자를 속였지만, 동시에 아름다운 음악을 우리에게 선사해 불멸의 존재가 되었다. 그가 죽고 2세기가 지난 지금 누가 그의 악행을 기억하겠는가? 베토벤의 사후 오늘날까지 인류는 그의 음악에 매료되었다. 뉴턴도 베토벤과 다를 바 없다. 다른 위대한 과학자들과의 잦은 다툼, 훅과 라이프니츠, 플램스티드를 기만한 행위, 심지어 울스소프의 하인들은 '역병이 사라져야 주인님이 대학으로 돌아갈 텐데.'라며 투덜댔지만, 350년이 지난 지금 누가 뉴턴의 결점을 기억하겠는가? 뉴턴과 베토벤 모두 복수심에 사로잡혀 자신의 목적을 이루고자 친구와 적을 이용했다고 평가받는다. 하지만 이들의 몹쓸 행태를 누가 기억하고 신경 쓰겠는가? 어쨌거나 뉴턴은 그 누구보다 뛰어난 존재였고, 인간이 자연을 이해할 수 있으며 자연은 수학적 질서를 가진다는 사실을 입증했다. 아인슈타인은 뉴턴의 수학을 물려받고 확장시켜 거대한 우주를 이해할 수 있게 해주었다. 어쩌면 기벽과 악행, 심지어 광기로의 일탈은 불멸의 유산을 남기는 데 치러야 할 대가일지 모른다. 이제 아리스토텔레스의 말로 정리하자. '광기에 물들지 않은 위대한 정신은 없다.'

천재 여성들의 시련―자기만의 방

영국 모더니즘 소설가이자 수필가, 출판인이었던 버지니아 울프(1882~1941)는 자녀가 여덟 명이나 되는 유복한 재혼 가정에서 태어났다. 그녀를 포함한 세 자매는 가정에서 교육을 받았지만, 형제들은 케임브리지 대학에서 고등교육을 받았다. 울프의 작품들을 읽어보면 누구나 그녀의 해박한 지식과 놀라운 생산력, 굳은 의지, 시처럼 감미로운 훌륭한 산문의 예술적 언어에 감탄하게 된다. 형제들은 최고 수준의 대학 교육을 받은 반면 그녀는 독학자나 다름없었다. 또한 몇 차례 동성연애를 하고 정신질환을 겪기도 했는데, 이는 천재들에게 흔하지만 필수적인 기질은 아니다. 그녀의 소설과 수필은 의식의 흐름에 따른 서사 양식의 대표작들로 평가되며, 조이스와 헤밍웨이도 이 기법을 구사했다. 사실 울프는 헤밍웨이를 도덕적으로 강력히 지지했지만, 기질 면에서 울프와 매우 유사했던 이 위대한 미국 소설가는 그녀의 지지에 제대로 보답하지 않았다.

1929년은 '모든 전쟁을 끝낼 전쟁'이라 불린 제1차 세계대전과 더욱 참혹했던 제2차 세계대전 사이에 낀 해였다. 또한 대공황이 일어나 전염병처럼 전 세계로 급속히 확산된 해이기도 했다. 이런 경제적 혼란의 와중에도 많은 자선가들이 등장해 그들의 돈으로 항구적인 문화 시설들이 건립되었는데, 이중에는 프린스턴 대학의 고등연구소와 워싱턴 국립 박물관도 있었다. 앞서 여성 참정권 운동으로 대부분의 서구 국가에서는 여성이 투표권을 얻었지만, 버지니아 울프처럼 정말로 재능 있는 여성들이 경제적으로 독립하고 정당하게 인정받는 변화는 일어나지 않았다. 하지만 그해 울프의 신작《자기만의 방A Room of One's Own》이 발표되었는데, 이 책은 1928년에 그녀가 케임브리지 대학 뉴넘 칼리지와 거튼 칼리지에서 했던 두 차례 강연을 바탕으로 쓴 것이다. 당시 강연에서 울프는 '소설 속 여성'에 대한 견해를 피력했다. 이 협소한 주제에 대해 그녀는 전체 여성의 사회적 여건 개선이 아니라 여성의 문학적 재능 발휘와 문학계 기여에 필수적인 조건을 제시했다. 또한 천재라는 것은 백인 남성의, 백인 남성을 위한 개념이며, 이 개념을 만든 자들은 언제나 남성 집단의 배타적 특권을 수호한다는 점을 분명히 지적했다. 비록《댈러웨이 부인Mrs. Dalloway》같은 울프의 소설이 더 우아하고 중요한 작품으로 평가받고 있지만, 정말로 뛰어난 작품은 여성 천재들의 시련과 운명을 다룬《자기만의 방》이었다. 한 세기가 지난 지금도 그녀는 중요한 페미니스트로 추앙받지만, 억압 받는 여성 전체를 대변하지 않았다는 비판도 함께 받고 있다.

울프는 강기슭에 앉아 남녀의 특권과 기회의 격차를 고민했다고 이야기했다. 그녀는 수백 년 전통을 가진 웅장한 건물들과 잘 정돈된 교정이 펼쳐진 가상의 옥스브리지 칼리지를 그려냈으며,[17] 교수나 학생이 아닌 외부인의 도서관 출입과 잔디밭 출입을 통제하는 말단 교직원에게 쫓겨난 경험도 회상했다. 제2차 세계대전의 가장 암울한 시기였던 1941년 2월 28일, 울프는 코트 주머니에 돌을 가득 채우고 서식스 주 남부 루이스의 우즈 강에 몸을 던져 삶을 마감했다. 남편에게 보낸 애절한 러브레터이기도 했던 유서에서 그녀는 우울증과 싸운 고통을 토로했으며, 이 글은 울프의 마지막 걸작이 되었다. 그녀의 자살은 천재 소설가들의 너무나 암울한 운명을 예견하듯 훗날 헤밍웨이의 자살로 이어졌다.

당혹스러울 수 있지만,《자기만의 방》에서 울프가 제시한 이상적인 소설가는 편견과 분노에서 자유로운 성자聖者의 기질을 가진 양성적 존재였다. 여기서 양성적이란 남성과 여성이 생물학적으로 조합된 자웅동체가 아니라 정신적 조합을 의미한다. 현대적으로 바꿔 말하면, 여성 작가는 남성성을 갖춰야 하고 남성 작가는 여성성을 갖춰야 한다는 것이다. 울프는 이렇게 썼다. '[소설가가] 단순히 그냥 남자이거나 여자인 것은 치명적이다. 여성적인 남성이거나 남성적인 여성이어야 한다. 여자라는 이유로 조금이라도 억울함을 호소하거나,

설령 정당한 이유라 해도 항변하는 행위는 치명적이다.' 울프는 뇌의 서로 다른 측면 또는 영역을 언급하면서, 남성과 여성 모두 좌뇌와 우뇌를 똑같이 활용할 줄 알아야 한다고 했다. 작가는 성적 모호성을 가져야 한다는 뜻이었다. 그녀는 셰익스피어와 콜리지의 작품을 거론했다. 셰익스피어의 작품이 문학의 정점에 오른 이유 중 하나는 그가 자신을 한 가지 틀에 얽매지 않고 감정과 분노, 성정체성에서 자유로웠기 때문이다. 여성 심리를 꿰뚫은 셰익스피어의 통찰 때문에 일부 학자들은 그가 여자라고 주장했다(셰익스피어가 실은 엘리자베스 1세라거나, 그의 소네트에 등장하는 '검은 여인'이라고도 했다).

울프는 천재의 또 다른 더욱 중요한 특징, 즉 지적 정직성을 보여주었다. 그녀는 윌리엄 셰익스피어의 희곡을 빌헬미나가 썼다거나, 크리스토퍼 콜럼버스의 탐험을 크리스티나가 다녀왔다거나, 만유인력 이론을 어떤 '여인'이 정립했다는 식으로 역사를 재해석하려는 의도가 없음을 분명히 했다. 그녀가 강조한 것은 전통에 기초한 창작의 중요성이었다. 셰익스피어에게는 말로가 필요했고, 말로에게는 다른 위대한 선배 작가들이 필요했다. 18세기 후반까지 여성 문학계에는 이렇다 할 전통이 없었다. 울프가 설명하기를, 과거에 여성들이 남성 천재들과 견줄 만한 걸작을 내놓지 못한 중요한 이유는 셰익스피어가 런던으로 삶의 무대를 옮기고 톨스토이가 크림 전쟁에 나가 싸운 것 같은 극적인 인생 경험을 하지 못했다는 점이다.

아내로서 자녀 출산을 비롯해 온갖 집안일부터 해야 하고, 창작은 주변 사람들 몰래 해야 하는 처지가 여성의 시련이라고 울프는 설명했다. 심지어 제인 오스틴도 압지철 밑에 원고를 숨기는 버릇이 생겼다고 한다. 이는 화가나 작곡가 같은 다른 창작 예술가들에게도 해당된다. 예컨대 르네상스 후기 볼로냐의 여성 화가 라비니아 폰타나(1552~1614)는 자식이 11명이었다. 빅토리아 시대의 천재 음악가 클라라 슈만의 자녀는 8명이었다.

울프가 생각한 창조적인 여성 작가에게는 잠글 수 있는 문이 달린 자신만의 아늑한 방과 경제적 독립이 반드시 필요했다. 남의 도움을 받으면 의존과 의무를 비롯해 여러 부차적인 문제가 생기게 마련이었다. 울프가 기대한 여성 작가의 연소득은 최소 500파운드(현재 가치로 약 30,000파운드 또는 40,000달러). 그녀는 여성들이 자유롭게 글을 쓰고 모험을 찾아 나서면서, 완벽한 경제적 독립을 이루어야 창작할 시간과 자기만의 방이 생긴다고 했다. '잘 생각하고, 잘 사랑하고, 잘 자려면, 우선 잘 먹어야 한다.'

울프가 창조한 셰익스피어의 여동생 주디스는 이 책에서 종종 언급한 우월한 유전자 조합으로 뛰어난 능력을 타고났을 테니 오빠 못지않은 최고의 극작가가 될 수도 있었다. 하지만 셰익스피어의 천재성에 너무나 중요한 자양분이었던 런던 극단의 자유분방한 세계가 주디스에게는 문을 열어주지 않았을 것이다.

남성 천재 한 명이 탄생하는 데 얼마나 많은 여성 천재가 필요했을까? '뒤에 숨은 위대한 여성들'의 힘으로 정상에 오른 '위대한 남성들'의 사례는 역사적으로 셀 수 없이 많다. 하지만 한 가지 질문을 하지 않을 수 없다. '대체 어느 정도로 뒷바라지를 했을까?' '공로를 빼앗기는 수준'(여성 과학자들인 리제 마이트너, 로절린드 프랭클린, 조슬린 벨 버넬의 경우)'부터 '마땅히 자기 몫인 명성을 포기하면서 모든 것을 바치는 수준'까지 과연 어느 정도였을까?' 대부분의 경우 흡족한 답을 얻기는 불가능하다. 하지만 다음 세 가지 사례는 극단적인 경우를 잘 보여준다. 첫 번째 이야기는 미국 작가 메그 윌리처의 2003년 소설《더 와이프The Wife》로, 2017년에 동명의 영화로 각색되었다. 미국 대통령 클린턴 집권기인 1990년대에 벌어지는 이 이야기는 남편과 아내, 장성한 아들 모두가 작가인 한 가족을 중심으로 전개된다. 영화에서는 1950~60년대로 거슬러 올라가 당시 대학생이던 아내가 유부남 교수이던 남편의 창작 글쓰기 수업을 듣는 장면을 보여준다. 교수의 아이를 돌봐주는 일을 하던 그녀는 교수와 불륜을 저지르고 결국 그의 아내를 밀어내고 '두 번째 아내'가 된다. 야심찬 작가인 아들의 나이로 보아 두 사람은 이미 30년 정도 부부로 살았다. 하지만 그녀는 남편이 게으르고 이기적인 인간이며, 세 번째 아내가 되어줄 젊은 여자를 찾아 끊임없이 한눈을 파는 남자라는 사실을 안다. 마침내 남편이 노벨 문학상 수상자로 선정되지만, 실제로 그 책을 쓴 유령작가는 아내이다. 남편은 아내를 진짜 저자로 인정하기는커녕 뻔뻔하게 수상 준비를 하는 한심한 작자이다. 스톡홀름의 수상 축하 연회장에서 그녀는 남편이 언론의 스포트라이트를 받으며 젊은 여성에게 추파를 던지는 모습을 본다. 영화배우 글렌 클로즈가 탁월하게 연기한 진짜 작가 아내는 가짜 작가 남편을 내쫓으며 통렬한 교훈의 한마디를 던진다. "상처받은 작가만큼 위험한 존재는 없어." 영국 영화비평가 피터 브래드쇼는 이 영화를 〈가디언〉에서 다음과 같이 평했다.

> 결말부는 가부장적 정치와 예술가의 위신에 대한 우화로 해석할 수 있
> 다. 소설을 읽는 사람들은 단순히 텍스트에 반응하는 데 그치지 않고
> 작가의 위신과 명성을 소비하지만, 유명세 자체가 작위적 허상에 불과
> 하다. 지적이고 매우 흥미로운 이 영화에서 주연배우 글렌 클로즈의
> 놀라운 연기가 압권이다.[18]

본래 질문의 두 번째 측면을 살펴보자. '자신의 경력까지 희생하면서 남자의 성공에 인생을 바친 여성이 과거나 현재에 존재하는가?' 다음 이야기는 한 남자의 성공에 영웅적으로 헌신한 여인의 사연이다. 이 남자는 성공의 자격은 있었지만 자수성가할 능력은 없는 인물이었다. 음악사가라면 누구나 아는 클라라 슈만(본명 클라라 비크)은 남편 로베르트 슈만보다 피아니스트로서는 뛰어났지만 작곡가로서는 그렇지 못했다. 11년 간격으로 태어난 두 사람은 1840년에 결혼한 이후 줄곧 음악적 동반자였으며, 심지어 공동 일기장에 삶을 기록하기도 했다. 깊이 사랑한 두 사람은 여덟 명의 자녀를 키웠고, 막내 오이게니는 클라라의 전철을 밟아 피아니스트가 되었지만 늘 어머니의 그늘에 가려졌다. 로베르트와 클라라는 함께 공연 여행을 다니며 종종 위대한 바이올리니스트 요제프 요아힘과 그들의 젊은 제자 요하네스 브람스와 협연했다. 하지만 로베르트는 1833년 초부터 양극성 장애(조울증) 증세를 보이더니 1834년에는 극도로 신경쇠약에 빠

졌다. 급기야 자살하려고 라인 강에 몸을 던졌는데, 1825년에 자살한 여동생 에밀리를 따라간 것이었다. 버지니아 울프와 헤밍웨이의 그림자가 어른거린다. 어부에게 구조된 로베르트는 아직 남아 있던 정신력으로 본 근처 정신병원에 자진 입원했다. 하지만 끝내 회복되지 못한 채 2년 뒤 46세의 나이로 사망했다. 빈센트 반 고흐의 그림자가 어른거린다.

로베르트가 세상을 떠난 뒤에도 클라라는 40년을 더 살며 유럽 각지의 공연장에서 연주를 하고 젊은 학생들을 가르쳤다. 이때도 요아힘과 브람스와 자주 협연하면서 기존의 걸작들, 특히 베토벤과 모차르트의 작품을 연주했지만, 작고한 남편의 작품들을 항상 연주 목록에 포함시켰다. 당시 브람스는 클라라를 사랑하게 되었는데, 그녀는 14살 연하였던 브람스의 청혼을 거절했다. 역사는 클라라 슈만을 악보를 앞에 세워두지 않고 연주하는 방식을 도입한 천재 피아니스트로 기억할 것이다. 그보다 훨씬 더 중요한 점은 그녀가 로베르트 슈만을 낭만주의 시대의 거장 반열에 올려놓았다는 사실이다. 그들의 사랑과 헌신에 대한 감동적인 마지막 헌사로서, 그녀는 본에 안장된 로베르트 옆에 묻히기를 원했다.

세 번째 이야기는 2021년 〈뉴욕 타임스 매거진〉에 '반 고흐를 만든 여인'이라는 제목으로 실린 특집 기사의 주인공에 관한 것이다.[19] 암스테르담 반 고흐 미술관의 연구원 한스 라위턴은 빈센트 반 고흐와 그의 동생 테오가 주고받은 방대한 양의 편지들을 연구했다. 또한 두 형제가 사망한 후 테오의 아내 요하나 반 고흐-봉어르와 미술 비평가 및 화랑 주인들 사이에 오간 서신들을 비롯해, 1925년에 요하나가 사망한 이후 비밀로 유지되다 2009년에 마침내 공개된 그녀의 일기까지 분석했다. 그리고 자신이 알아낸 사실들을 10년 동안 정리해 책으로 냈다. 라위턴은 '천재 반 고흐'라는 칭호를 만들어낸 장본인으로 '요'(요하나가 좋아했던 자신의 애칭)를 지목한다. 물론 반 고흐의 제수였던 요하나는 역사적으로 거의 주목받지 못했다.

빈센트 반 고흐는 1890년에 37세의 나이로 사망했고, 테오는 불과 18개월 후인 1892년에 33세를 일기로 생을 마감했다. 테오의 사망 당시, 이제 막 걸음마를 뗀 아들(삼촌의 이름을 따서 빈센트라 지었다)을 키워야 했던 요하나는 400점이 넘는 반 고흐의 회화와 셀 수없이 많은 드로잉 작품을 물려받았다. 또한 나중에 연구 자료로 쓰인 편지 902통도 손에 넣었는데, 빈센트가 테오에게 보낸 편지는 테오가 빈센트에게 보낸 편지보다 압도적으로 많았다. 둘 중 정신이 더 온전했던 테오는 형의 편지를 모두 보관했다. 편지 수의 불균형 덕분에 요하나는 빈센트의 마음을 깊이 들여다볼 수 있었고, 이후 라위턴이 세 사람의 역학 관계를 연구할 수 있었다.

22세에 테오와 처음 결혼할 당시 요하나는 이미 프랑스어, 독일어, 영어 교사로서 교육을 마친 상태였다. 하지만 미술이나 미술사, 미술 거래에 대한 배경 지식은 전혀 없었다. 그러나 타고난 재능으로 이 모든 분야를 독학으로 섭렵했다. 남편 테오의 관심사였던 인상주의와 탈인상주의 작품은 파리 미술 아카데미 관계자들이 선호한 차가운 사실주의 작품과 대조적이었는데, 여기서 요하나는 예술 표현 양식에 변화의 해일이 밀려오고 있음을 직감했다.

요하나는 튀는 것을 달가워하지 않는('모난 돌이 정 맞는다.'[20]) 보수적인 네덜란드 집안에서 성장했다. 하지만 자신의 본능에 따라 교양을 쌓고, 흥미로운 예술가와 비평가를 만나면서, 끊임없이 독서에 매달렸다. 그녀가 가장 좋아한 작가는 사회 비평가이자 초기 페미니스트 소설가 조지 엘리엇(본명 메리 앤 에번스)이었다. '우리 같은 여성들은 대개 남자가 원하는 모습으로 살아간다.'라며 일기에 불만을 토로하기도 했던 요하나는 엘리엇에 대한 고마움을 글로 표현했다. '어릴 적부터 내가 사랑하고 존경한 저 용감하고 위대한 지적인 여인은…… 더 발전하려는 동기를 내게 부여했다.'

'어떤 평론가에게 접근할까?', '어떻게 그림을 전시하고 판매할까?' 이러한 질문에 요하나는 스스로 답을 찾았다. 이를테면 빈센트의 작품들로만 구성된 개인전을 열면서, '판매용'으로 고른 비교적 평범한 작품들을 '대여 중―판매 불가!'라고 특별히 표시한 걸작들 가까이 걸었다. 오늘날 화랑 미술품 딜러라면 누구나 알다시피, 이런 식으로 배치하면 범작의 판매가 촉진된다. 요하나는 치밀한 방식으로 빈센트의 그림을 세상에 알렸다. 빈센트에 대해 과문한 평론가들은 이런 그녀를 썩 좋게 보지 않았다. '반 고흐 부인은 매력적인 여성이지만, 잘 알지도 못하는 작품을 열광적으로 극찬하는 것은 좀 짜증스럽다.' 하지만 요하나는 평론가들을 잘 구워삶아 빈센트의 예술혼이 담긴 편지들을 읽게 했고, 빈센트가 세상을 어떻게 보고 어떻게 표현했는지 개인적으로 분석해 설명해주었으며, 이제 평론가들은 빈센트의 예술관을 바탕으로 논평과 책을 쓰기 시작했다.

반 고흐는 평범한 사람이 공감할 평범한 주제를 그린 평범한 사람이었다. 이는 베토벤이 음악을 귀족의 궁궐에서 해방시켜 모든 사람이 향유할 수 있게 한 것과 다름없는 혁명이다. 1915년에 요하나 혼자서 준비한 암스테르담 시립 미술관 단독 개인전에는 빈센트의 작품 484점이 전시되었는데, 역사상 가장 큰 규모의 반 고희 전시회였던 이 행사의 작품 가치를 오늘날 화폐로 환산하면 수백억 달러에 이른다.

요하나에게 구원받아 고통 받은 가련한 천재로 등극한 반 고흐, 클라라에게 구원받아 거장 반열에 오른 슈만. 두 사례 모두 같은 맥락이다. 반 고흐의 경우, 요하나의 노력으로 작가와 작품이 영원히 하나가 되었다. 레오나르도를 제외하면, 예술가와 그의 예술이 이토록 완벽하게 불가분의 관계인 사례는 역사상 전무하다.

5부

결론

16

영웅과 통치자,
그리고 순위

아주 점잖고 교양 있는 모임에서 한 가지 질문을 두고 논쟁이 벌어졌다. '카이사르, 알렉산드로스, 티무르(아시아의 서쪽 절반을 정복해 대제국을 건설한 몽고의 왕-옮긴이), 크롬웰 같은 위인들 중 누가 가장 위대한가?' 한 신사는 아이작 뉴턴 경이 그들 모두를 뛰어넘는다고 대답했다. 그의 주장은 매우 타당했다. 만약 참된 위대함이 하늘로부터 부여받은 막강한 천재성으로 우리의 정신과 다른 모든 이들의 정신을 고양하는 것이라면, 천 년 안에 필적할 상대를 찾기 어려운 아이작 뉴턴 경이야말로 진정으로 위대한 인물이다.…… 그 신사가 주장하기를, 우리가 존경해야 할 사람은 진리의 힘으로 인류의 정신을 이끄는 자이지 자신과 같은 인간들을 노예로 만드는 자가 아니다. 세상을 파괴하는 자가 아니라 세상을 꿰뚫어보는 자를 존경해야 한다는 것이다.

—볼테르

보편성과 지속적 영향력에서 창조적 천재들의 유산은 정복자, 군주, 정치 및 종교 지도자들의 유산과 어떻게 비교될까? 볼테르는 보편적 진리의 힘이 칼의 힘을 능가한다고 확신했다. 여기서 또 하나의 질문에 대답할 필요가 있다. '뛰어난 리더십에는 천재의 대표적 특징인 뛰어난 지성과 창조성이 반드시 필요한가?'

순위

순위 매기기는 제법 쓸모가 있다. 하지만 이런 순위를 진지하게 받아들이려면, 먼저 그 책정 방식과 출처의 신뢰성을 따져봐야 한다. 물론 과학적으로 책정된 순위가 아니어도 거실에서 대화를 촉진하는 놀이로 삼거나 과학적 호기심을 유발하는 데는 여전히 유용하다. 주기적으로 발표되는 수많은 순위들은 우리의 판단에 도움이 된다. 〈US 뉴스 앤 월드 리포트〉는 해마다 '최고의 단과대학과 종합대학' 및 '최고의 병원' 순위를 발표한다. 선정 기준이 애매해 보일 때도 많지만, 특정 범주의 대상들로만 국한된 순위라 그럴 수밖에 없다.

이 책의 초반부에서는 음악학자 앨런 플레처가 선정한 역사상 가장 위대한 작곡가 순위를 살펴보았다. 다양한 분야에 영향을 끼친 국가 지도자, 종교 지도자, 문화 지도자의 순위를 매기는 것은 훨씬 더 까다롭다. 국가 지도자만 해도 권력 획득 방식(세습, 선출, 찬탈), 정치적 가치관과 비전, 유산을 비교해야 한다. 이 책에서 다룬 대표적인 천재 다섯 명의 경우, 각자의 분야에서 인류를 고양시킨 불멸의 유산을 비교해야 한다. 이번 장에서는 지극히 다른 세 가지 기존 순위를 바탕으로 이 문제를 차근차근 풀어나갈 것이다. (1) 아널드 루드윅이 선정한 20세기의 가장 위대한 정치 지도자 순위. (2) 〈타임〉이 선정한 '해당 세기의 가장 중요한 인물 100인'. (3) 마이클 하트의 책《세계사를 움직인 100인The 100: A Ranking of the Most Influential Persons in History》에서 선정한 순위. 앞서 보았다시피, 위대한 천재 예술가의 자질과 위대한 천재 과학자의 자질은 다소 차이가 있다.

맹목적인 신앙보다 이성을 중시한 아인슈타인은 좀처럼 과장법을 구사하지 않았다. '우주와 인간의 어리석음, 이 두 가지는 무한하며, 전자는 몰라도 후자는 틀림없다.'라는 그의 말은 진심이었다. 아인슈타인은 인류의 지적 무관심과 절망적인 고지식함, 무분별한 잔인성을 개탄했을지 모른다. 그는 유럽의 전체주의와 미국의 인종차별을 목도했다. 인종 말살 행위를 지켜본 후에는 핵 재앙의 악몽을 예견했을 수도 있다.

루드윅의 산

아널드 루드윅의 저서 《위대함의 대가》는 창조성과 천재성에서 광기가 어떤 역할을 하는지 알려주는 훌륭한 길잡이다. 한편, 루드윅의 또 다른 책 《산속의 왕: 정치 지도자의 본성》[1]은 지도자의 자질을 심도 있게 분석한다. 이번 장에서 논의하는 세 가지 순위 중에서 루드윅만이 객관적 선정 기준을 제시한다. 그는 동일한 집단을 평가한 여러 순위 사이의 상관 정도를 분석해 신뢰성을 확보한다.

《산속의 왕》에서 루드윅은 1900년부터 2000년까지 101년간, 이른바 '격동의 세기'에 활약한 199개국 지도자들의 업적을 철저히 분석한 결과를 발표했다. 켄터키 의대를 거쳐 브라운 대학에서 교수로 재직한 저명한 심리학자 루드윅은 정치학자나 역사학자의 일반적인 시각이 아니라 의학자의 관점에서 독특하고 효과적인 방식으로 정치 지도자들의 특성을 평가했다. 그의 책에 다음과 같은 구절이 나온다.

공교롭게도 인간의 모든 활동 분야 중에서 정치가 가장 원시적인 영장류의 행동에 뿌리를 둔 것으로 보인다. 자연과학과 사회과학은 정보 수집과 문제 해결, 논리적 사고에 크게 의지한다. 예술의 기반은 창의적 표현과 직관, 특수한 기술 활용이다. 예술과 과학에 필요한 최고 수준의 정신적 능력은 대개 뇌에서 가장 진화된 부분인 신피질新皮質에서 비롯된다. 반면 정치권력을 향한 욕망은 신체 하부(생식샘과 부신)에서 분비되는 호르몬뿐만 아니라 뇌의 가장 원시적인 영역인 변연계와 시상하부의 작용에 더욱 좌우되는 듯하다. 이 모든 부분들은 '싸울까 도망칠까'의 판단, 영토 의식, 공격성, 성욕, 생존 본능 같은 반응을 관장한다. …… 통치자가 되는 데는 특별한 학문적 수련이나 예술적 기예, 심지어 높은 지능도 필요 없다. 그래서 카리스마와 웅변술, 조작 능력, 위협이 지혜와 특수한 전문성, 행정 경험보다 더 중요할 때가 많다.

루드윅의 주장은 인류가 '구석기의 정서, 중세의 제도, 신과 같은 기술'이라는 상충하는 여건에서 살아간다는 에드워드 O. 월슨의 견해와 일맥상통한다. 통치와 정치에서 가장 강력하게 작용하는 요소는 '구석기의 정서'다. 그래서 우아하고 지적이며 슬기로운 인물보다 호통과 허세로 무장한 인물이 선거에 유리할 때가 많다. 《산속의 왕》에서 루드윅은 리더십에 결정적인 요소를 분석해, 과거에(즉, 20세기 이전) 리더십의 대명사가 된 지도자들의 특징을 바탕으로 평가 척도를 만들었다. 재차 말하자면, 지도자에게 비범한 지능이나 지혜, 지식은 없어도 무방하지만, 우두머리 기질과 허세 그리고 종종 달변의 능력은 반드시 필요하다. 종교적 소수자들이나 소수 민족을 분열시키고 탄압하는 것도 흔히 지도자들이 구사하는 지배 방식이다.

루드윅은 웨이크 포레스트 대학에서 수컷 마카크 원숭이 20마리를 대상으로 진행한 실험을 소개한다. 첫 번째 단계에서는 원숭이들의 행동과 뇌 속 도파민 활성도를 측정한 다음 4마리씩 5개의 우리에 나눠 놓았다. 그러자 3주 만에 각 우리마다 서열이 생겼다. 우두머리 한 마리와 추종자 두 마리 그리고 이들에게 괴롭힘 당하는 '낙오자' 한 마리. 이 위계질서는 도파민 D2 활성 수준과 밀접한 관련이 있었는데, 우두머리 수컷의 도파민 활성도가 가장 높고, 복종하는 낙오자의 활성도가 가장 낮았다.

두 번째 단계에서는 모든 원숭이의 팔뚝 정맥에 카데터(의료용 소재로 만든 얇은 관-옮긴이)를 삽입하고, 코카인 주사와 식염수 주사 중 하나를 선택하도록 훈련시켰다. '이미 권력에 도취된' 우두머리 수컷은 추가로 도파민이 필요 없으므로 기분이 좋아지는 코카인 주사를 거부한다. '마약 주사'를 찾는 것은 복종적인 수컷 원숭이다.

같은 실험을 암컷 마카크 원숭이에게 되풀이하자 전혀 다른 행동이 관찰되었다. 수컷 원숭이들은 3주 만에 서열 체계를 형성했지만, 암컷들은 3개월이 지나도 그러지 못했다. 루드윅의 설명에 따르면, '서열과 상관없이 아무 원숭이나 일시적으로 '우두머리'가 되었다. 이들에게서는 상향식 사고방식이 지배적이었다.' 마치 다음과 같이 대화하는 양상을 보였다.

"네가 대장 할 차례인데……."

"하지만 난 관심 없어…… 더 중요한 일이 있거든."

이러한 성별 간 근본적인 차이로 인해 여성이 이분법적 남녀 관계를 문명화된 방향으로 이끄는 것일지도 모른다. 만약 이 실험에 대한 해석이 인간에게도 적용된다면, 남성의 하향식 문제 해결법과 여성의 상향식 해결법은 서로를 보완하면서 가장 효과적으로 문제를 해결할 수 있을 것이다.

20세기 중반부터 많은 여성 지도자들이 여러 민주주의 국가에서 등장했다. 대표적으로 인드라 간디(인도), 골다 메이어(이스라엘), 시리마보 반다라나이케(오늘날 스리랑카로 바뀐 실론), 마거릿 대처(영국), 코라손 아키노(필리핀), 탄수 칠레르(튀르키예), 베나지르 부토(파키스탄), 이사벨 페론(아르헨티나), 앙겔라 메르켈(독일)이 꼽힌다. 지도자로서의 역량에 따라 이 여성들은 최하 1에서 최고 10까지 다양하게 평가받았다. 어떤 지도자는 단합을, 어떤 지도자는 분열을 초래했다. 적어도 메이어와 대처, 메르켈은 남성 지도자들 못지않게 뛰어난 리더십을 발휘했는데, 인문학만이 아니라 과학 교육도 받은 학자이거나 교사였기 때문이다. 대처는 노벨상을 수상한 위대한 여성 과학자의 지도 아래 옥스퍼드에서 생화학을 전공했으며, 메르켈은 양자화학 박사 학위 보유자다.

이 연구에 18년을 바친 루드윅은 우선 리더십을 논할 때 반드시 언급되는 인물들인 다리우스, 율리우스 카이사르, 아우구스투스 카이사르, 하드리아누스, 샤를마뉴, 칭기즈 칸, 쿠빌라이 칸, 프리드리히 대왕, 조지 워싱턴, 나폴레옹 보나파르트, 오토 폰 비스마르크의 기질과 통치 방식을 분석했다. 그리고 11가지 기준을 정해 이를 바탕으로 '정치적 위대성 척도PGS'를 제안했다. 이 기준에는 군사적 역량,

개혁의 성격과 지속력, 도덕성, 정치적 수완, 재임 기간, 정치적 유산, 통치한 인구 규모가 포함되며, 각각의 기준에 일정 점수를 부여했다. 획득 가능한 최대 점수는 37점이지만, 과거의 대표적 지도자들 중에서 만점에 근접한 인물은 한 명도 없다. 더구나 한 나라의 영웅은 경쟁 국가의 악당인 경우가 비일비재하다. 루드윅은 이런 '악당 요소'를 걸러내려고 노력했다. 결국 궁극적인 질문은 이것이다. '이들 지도자는 조국을 위해 무엇을 했는가?'

루드윅의 목록에서 상위 30위 안에 든 인물은 모두 국가 지도자들이었다. 그중 절반은 민주주의 사회의 적으로 간주될 테고(예컨대 히틀러, 스탈린, 마오쩌둥, 베니토 무솔리니, 호치민, 피델 카스트로) 반대로 민주주의 국가의 지도자들은 독재 국가들의 적으로 여겨질 것이다.

루드윅은 20세기의 전체 통치자 1,941명 중에서 충분한 자료가 존재하는 377명을 추려 분석 대상으로 한정했다. 일반적으로 20세기에 가장 영향력 있는 미국 대통령으로 평가받으며 네 차례 대통령 직을 수행한 프랭클린 D. 루스벨트와 중화인민공화국을 세운 마오쩌둥은 똑같이 30점을 얻어 공동 2위에 올랐다. 바로 아래 스탈린과 레닌은 각각 29점과 28점이었다. 샤를 드골의 점수는 27점이었고, 역시 루드윅의 목록 상위권을 차지한 우드로 윌슨과 해리 트루먼은 각각 24점과 23점을 얻었으며, 로널드 레이건과 윈스턴 처칠은 22점으로 동률이었다. 다비드 벤구리온이 21점으로 뒤를 따랐고, 넬슨 만델라는 20점이었다.

마지막으로, 루드윅의 산 정상에 홀로 선 인물은 31점을 받은 현대

튀르키예 건국의 아버지 케말 아타튀르크였다. 그를 매우 존경한 알베르트 아인슈타인이 이 결과를 보았다면 굉장히 기뻐했을 것이다.

아타튀르크의 천재성을 분석하기에 앞서, 또 다른 저명한 정신과 의사 제롤드 포스트가 스테파니 도쳇과 공동 집필한 《위험한 카리스마Dangerous Charisma》[2]의 내용을 간략히 소개하겠다. 이 책에서 포스트와 도쳇은 정치적 야심을 유발하는 결정적 요인으로 나르시시즘을 거론한다. 최근 작고한 포스트는 정치적 성격 분석의 선구자로, 미국 중앙정보국CIA '정치적 행동 및 성격 분석 연구소'의 초대 소장을 역임했다. 다양한 학문을 결합한 정치적 성격 분석은 단순 심리분석이 아니라 심리학, 문화인류학, 집단행동학, 정치학을 기반으로 하는 종합적 평가다. 따라서 포스트의 책은 대면 조사 없이 정신 분석 결과를 발표하는 것을 금하는 미국 정신의학협회APA의 '골드워터 원칙'에 위배되지 않는다.

《위험한 카리스마》는 주로 오늘날 미국의 정치적 분열을 다루는 책이지만, 이 책은 본질적으로 자기애가 강한 지도자와 특정한 심리적 취약성과 욕구를 가진 지지자들의 독특한 결합에 주목한다. 양쪽은 서로가 제공하는 자양분을 먹고 자란다. 이 책의 저자들은 리더십의 유형을 두 가지로 구분하는데, '파괴의 카리스마 리더십'과 '회복의 카리스마 리더십'이 그것이다. 파괴적 카리스마의 사례로 거론한 데이비드 코레시의 다윗파(종말론에 심취한 미국의 신흥 종파로 텍사스주 방위군과의 대치 끝에 수많은 사상자를 냈다-옮긴이), 제임스 존스 목사의 존스타운(사이비 종교 교주 제임스 존스가 남아메리카 가이아나에 세

현대 민주국가 튀르키예 건국의 아버지 케말 안타튀르크(1881~1938)

운 마을로 이곳에서 900명 이상이 학살당했다-옮긴이), 카스트로의 쿠바, 히틀러의 독일, 아야톨라 호메이니의 이란, 사담 후세인의 이라크는 지도자와 추종자의 맹목적 관계가 파멸의 힘으로 변질되었다.

　이러한 맥락에서 저자들은 '회복의 카리스마'로 아타튀르크와 마하트마 간디, 마틴 루터 킹 주니어, 넬슨 만델라를 언급한다. 이들은 지도자와 추종자의 관계가 치유의 힘으로 발전한 본보기다. 아타튀르크는 제1차 세계대전 당시 1915년 갈리폴리 전투 승리에 이어 점령군이던 연합군과의 1922년 독립전쟁도 승리로 이끈 뒤 다시는 군복을 입지 않겠다고 맹세했다. 이후 현대적인 튀르키예 공화국을 세우고 국가의 시선을 서구로 돌리면서 사회, 법률, 경제, 정치, 교육 등 광범위한 분야의 개혁을 추진했다. 또한 '국내의 평화, 세계의 평화'를 기치로 과거의 적들과도 화해했다. 전시에 적국이었던 그리스의 총리 엘레프테리오스 베니젤로스는 아타튀르크를 노벨상 후보로 추천하기까지 했다. 1938년 말에 사망할 때까지 그는 서방 국가들과 미국이 200년에 걸쳐 이룩한 성과를 불과 15년 만에 거두었다. 아타튀르크는 1851년 러시아 황제 니콜라우스 1세가 '유럽의 병든 사내'라고 조롱했던 칼리프의 나라 오스만 제국을 완전한 성평등을 이룬 현대적인 민주국가로 변모시켰다.

현대적인 튀르키예 공화국을 수립한 아타튀르크의 혁명이 시작되고 90년이 지난 지금, 그의 조국은 반혁명의 한복판에서 흔들리는 중이다. 현 대통령 레제프 타이이프 에르도안은 체계적으로 아타튀르크의 개혁을 해체하면서 국가의 시선을 서구에서 남쪽 메카로 되돌리고 있다.

앞서 했던 주장을 반복하자면, 미국은 계몽주의가 낳은 가장 위대한 산물로서 양자역학처럼 집단 천재성의 유산이다. 단지 영역이 다를 뿐이다. 250년의 역사를 가진 세속 민주주의 국가로서 미국은 여전히 특별한 존재다. 하지만 복잡한 태피스트리 같은 미국 역시 중심

부 어디선가 올이 풀리는 조짐을 보이며, 분열과 양극화가 새로운 질
서로 자리 잡고 있다.

〈타임〉이 선정한 20세기의 인물

〈타임〉은 1927년부터 '올해의 인물Man of the Year'을 선정하는 전통을
이어왔으며, 첫 번째로 뽑힌 인물은 찰스 린드버그였다. 선정 결과는
매년 연말 호에 발표된다. 1927년 이래 모든 미국 대통령이 이 영예
를 안았다. 드와이트 D. 아이젠하워는 1944년 제2차 세계대전 당시
연합군 총사령관으로서, 1959년에는 대통령 임기 마지막 해에 선정
되었다. 프랭클린 D. 루스벨트는 유일하게 올해의 인물로 세 차례 선
정되었다. 시작은 대통령에 당선된 1932년, 이어서 현직 대통령이던
1934년, 세 번째는 1941년이었다.

　지난 수십 년 간, 이 영예를 안은 여성도 많았다. 월리스 심프슨
(1936), 엘리자베스 2세 여왕(1936), 코라손 아키노, 멀린다 게이츠
(1936), 앙겔라 메르켈(1936)이 대표적이다. 해마다 발표된 선정 결과
중에는 아돌프 히틀러(1938), 요제프 스탈린(1939 & 1942), 니키타 흐
루쇼프(1957), 아야톨라 호메이니(1979)처럼 썩 자비롭지 못한 인물
도 여럿 있었다. 베를린 장벽이 무너지고 동구권 국가들이 소련의 굴
레를 벗으면서 냉전이 종식된 1989년에 〈타임〉 편집부는 미하일 고
르바초프를 '80년대의 인물'로 선정했다. 고르바초프만 단독으로 선

정된 것이 부당하다고 볼 수도 있다. 로널드 레이건 대통령의 협력과, 상대적으로 덜하지만 마거릿 대처 총리의 공조가 없었다면 냉전은 끝나지 못했을 것이다.

1999년에는 '올해의 인물Person of the Year'로 명칭이 바뀌었다. 같은 해, 〈타임〉 편집부는 몹시 까다로운 과제에 직면했다. 1999년은 90년대의 마지막 해이자, 20세기의 마지막 해요, 두 번째 밀레니엄의 마지막 해였다. 〈타임〉의 '20세기의 인물'로 선정되는 것은 굉장한 영예였다. 20세기는 두 차례의 세계대전, 수많은 국가의 탄생과 소멸, 군사적 승리, 과학적 발견, 재난, 천재, 영웅, 악당으로 점철된 시대였다. 세계 인구는 1900년에 16억 명에서 2000년에 61억 명으로 거의 4배 증가했다. 20세기에 가장 큰 영향을 끼친 인물로 악랄한 독재자들을 쉽게 떠올릴 수도 있었다. 이를테면 전쟁이라는 광기 어린 도박으로 최소 6천만 명의 목숨을 앗아간 히틀러나, 급격한 현대와 정책의 실패로 강제노동수용소에서 약 1,500만 명을 죽게 만들고도 '한 사람의 죽음은 비극이지만 백만 명의 죽음 통계 수치일 뿐이다.'[3]라는 망언을 남긴 독재자 스탈린, 또는 그릇된 정책으로 히틀러의 경우보다 훨씬 많은 '비자연적 사망자'를 초래한 마오쩌둥[4]. 1979년 올해의 인물로 아야톨라 호메이니를 선정했다가 서구 민주주의 국가들의 거센 반발을 산 경험이 있던 〈타임〉 편집부는 선한 영향을 끼친 인물을 20세기의 인물로 선정하기로 결정했다. 그리고 독자들의 의견을 수렴해 대중의 선택을 유도하는 실험을 했다. 그러자 튀르키예에서 전설적인 건국의 아버지 아타튀르크를 여전히 존경하고 흠모하던 이들의

엄청난 투표가 쏟아지면서 다른 모든 후보를 압도해버렸다. 〈타임〉
편집부는 이 투표들을 인정하지 않으면서 '위대한 인물이지만 영향
력은 지역적이었다.'라고 선을 그었다.[5]

심사숙고 끝에 결과가 발표되었다. '20세기는 과학의 시대였으며,
아인슈타인은 과학을 대표하는 인물이었다.' 편집부에서 발표한 경
쟁 후보들은 프랭클린 D. 루스벨트와 마하트마 간디였다. 결국 정신
의 영역을 다룬 문화 지도자로서 아인슈타인이 선정된 것이다.

역사상 가장 영향력 있는 인물들

1978년에 마이클 H. 하트의 《세계사를 움직인 100인》이 출간되었
다.[6] 하트는 〈타임〉을 앞질러 훨씬 더 광범위한 시대를 다루는 야심
찬 책을 썼다. 한마디로 인류 역사 전체와 모든 문화권을 아울렀다.
〈워싱턴 포스트〉에 실린 서평을 처음 본 독자의 반응은 아마 이랬을
것이다. "젠장! 기자 나부랭이가 또 역사책을 썼군. 보나마나 과학자
나 발명가, 예술가는 제대로 다루지도 않았겠지." 이런 우려는 저자
의 약력을 보고 싹 사라졌을 것이다. 하트는 다방면에서 최고 수준의
교육을 받았다. 뉴욕 브롱크스 과학 고등학교를 졸업하고 코넬 대학
에서 수학 학위, 뉴욕 법학대학에서 법학 학위, 아델피 대학에서 물리
학 석사 학위를 취득했다. 이후 프린스턴 대학에서 천문학 박사 학위
를 받고 미국 항공우주국 천체물리학 연구원으로 근무했다. 한마디

로 인문학과 과학 모두에 조예가 깊은 지식인이었다. 하트가 매긴 순위를 본 독자들은 그가 선택한 인물들을 대체로 인정하면서도 이따금 고개를 갸웃했을 것이다.

호모 사피엔스는 호기심이 많고 종교에 의지하는 성향을 보인다. 그들은 질문하고 답을 찾는다. 삶의 목적은 무엇인가? 어떻게 모든 것이 시작되었을까? 외계 생명체는 존재하는가? 신이 있을까? 그리고 자신이 신의 피조물이 아니라면 스스로 신(들)을 창조하려 한다. 따라서 하트가 선정한 순위에서 1위부터 6위까지가(2위 제외) 세계 주요 종교의 창시자들이란 점은 놀라운 일이 아니다. 1위는 무함마드, 3위는 그리스도, 4위는 붓다, 5위는 공자, 6위는 성자 바울로였다. 그들 사이에 낀 2위는 현대를 설계한 은둔자 아이작 뉴턴이었다. 상위 6명 바로 아래 7위는 1,800년 전 중국에서 제지 기술을 발명한 차이룬이고, 8위는 1452년에서 1453년 사이에 금속 활자를 개발해 자신의 이름이 찍힌 성경을 인쇄한 요하네스 쿠텐베르크였다. 그가 발명한 기술이 일으킨 혁명은 문예 부흥의 불쏘시개였다. 9위는 크리스토퍼 콜럼버스로, 급격한 인구 증가로 식량 부족 문제를 겪던 유럽에 신대륙의 문을 열어주었다. 〈타임〉이 선정한 '20세기의 인물' 알베르트 아인슈타인은 하트의 순위에서 10위에 올랐다.

이 순위에서 가장 논란이 된 것은 상위 6명이었다. 하트는 브루클린에서 유대인 부모의 아들로 태어났지만, 유일신 종교의 주인공들 중 무함마드(1위)를 그리스도(3위)보다 높은 자리에 두고, 그리스도를 모세(16위)보다 한참 위에 놓았다. 전 세계 기독교인의 수는 22억 명으로, 16억 명인 이슬람교도보다 6억 명 정도 많다. 하트는 기독교의 확산은 사도들, 특히 가장 열성적인 전도사였던 성 바울로가 아니었다면 불가능했기에 그리스도를 1위에 올리지 않았다고 설명했다. 그리고 덧붙이기를, 그리스도가 설파한 보편적 사랑의 가르침을 온 세상이 받아들인 것도 아니라고 했다. 따라서 그리스도는 3위로 만족해야 한다. 반면 이슬람교는 한 사람이 만든 종교로, 그 창시자는 전사이자 통치자요, 신성을 주장하지 않은 종교 지도자로서 다른 예언자들(예수 그리스도 포함)과 마찬가지로 한 명의 예언자였다고 하트는 주장한다. 누가 진정한 1위인지는 논란의 소지가 있다. 무함마드일까 예수일까? 아니면 세 유일신 종교의 설계자들 중 가장 먼저 등장한 모세가 1위여야 할까? 그리고 설령 예수가 어떤 조사에서 3위라 해도 이스라엘인이나 중국인, 힌두교인에게는 아예 고려 대상조차 아닐 수 있다. 하트는 이런 선택을 두고 깊이 고민했을 것이다.

20위권 순위도 살펴보자. 11위 카를 마르크스, 12위 루이 파스퇴르, 13위 갈릴레오, 14위 아리스토텔레스, 15위 레닌, 16위 모세, 다윈 17위, 18위 진시황(기원전 3세기에 중국의 여러 왕국을 통일한 진나라 초대 황제), 19위 카이사르 아우구스투스(기원전 1세기 로마 제국을 세운 초대 로마 황제), 20위 마오쩌둥.

1992년 개정판에서는 상당한 순위 변동에 있었는데, 시대 변화에 발맞춰 새로운 평가가 이루어진 결과였다. 소련 붕괴와 공산주의 몰락에 따라 카를 마르크스는 11위에서 27위로 추락했고, 레닌은 15위에서 84위, 스탈린은 63위에서 66위, 마오쩌둥은 20위에서 89위로 내려앉았다. 반면 재평가되어 순위가 상승한 인물도 많았다. '화학의 아버지' 라부아지에는 초판에서 31위였으나 개정판에서는 20위로 올라섰다. 개정판의 20위권에는 11위 루이 파스퇴르, 12위 갈릴레오, 13위 아리스토텔레스, 14위 에우클레이데스, 15위 모세(1단계 상승), 16위 다윈(1단계 상승), 17위 진시황(1단계 상승), 18위 카이사르 아우구스투스(1단계 상승), 19위 니콜라우스 코페르니쿠스(4단계 상승)가 포진되었다. 30위권에는 20위 앙투안 라부아지에(11단계 상승), 21위 콘스탄티누스 대제, 22위 제임스 와트, 23위 마이클 패러데이, 24위 제임스 클러크 맥스웰, 25위 마르틴 루터, 26위 조지 워싱턴, 27위 카를 마르크스, 28위 오빌 라이트와 윌버 라이트 형제, 29위 칭기즈 칸, 30위 애덤스가 이름을 올렸다.

하트는 세 명의 정복자/확장주의자를 연이어 배치했다. 33위 알렉산드로스 대왕, 34위 나폴레옹, 35위 히틀러. 안타깝게도 이들이 순위에 오른 것은 당연하지만, 순서는 바뀔 수 있다. 히틀러가 초래한 피해의 규모는 나머지 두 확장주의자를 합친 것보다 훨씬 더 막대했다. 하트가 독자적으로 만든 순위 명단(들)은 야심찬 프로젝트로 평가받아 마땅하지만, 루드윅이 선정한 순위처럼 객관적인 기준과 주관적 기준, 한시적 요인, 문화적 기준과 교차문화적 기준의 구분이 명확하지는 않다.

《세계사를 움직인 100인》의 부록에는 선정된 중요 인물들이 국가별로 정리돼 있다. 1등은 영국으로 18명, 2등 독일은 15명, 이어서 프랑스 10명 그리고 미국과 중국이 똑같이 7명으로 뒤를 잇는다. 또한 분야별로도 정리돼 있다. 과학자와 발명가가 37명으로 가장 많고, 이어서 정치 및 군사 지도자가 30명, 세속 철학자 14명, 종교 지도자 11명, 예술가와 문학가는 고작 6명이다.

1978년 초판에서 100위 안에 선정된 인물이나 '선외 인물' 중 당시 생존해 있던 사람은 한 명도 없었다. 하지만 1992년 개정판에는 딱 한 명, 미하일 고르바초프가 95위에 있었다. 어쩌면 이 자리는 레이건과 함께 공동 순위로 매겨졌어야 마땅할 것이다.

베르너 하이젠베르크는 초판 43위에서 개정판 46위로 변동되었다. 하이젠베르크의 불확정성 원리가 양자역학의 토대이긴 하지만 이 자리는 슈뢰딩거와 디랙을 포함한 3인 공동 순위가 합당할 테고, 하이젠베르크의 순위 43위도 20위권으로 승격되어야 마땅할 듯싶다. 양자역학은 적어도 상대성원리 못지않게 중요하다.

《세계사를 움직인 100인》 명단에 오른 미국 대통령 세 사람 중 21위 조지 워싱턴과 70위 토머스 제퍼슨은(1992년 순위에서는 64위) 모두 미국 건국의 아버지들로 중요한 의미를 갖는다. 이 책을 읽은 많은 독자들은 하트가 존 F. 케네디를 80위에 올리면서 애브러햄 링컨과 프랭클린 D. 루스벨트는 선외 인물로만 등재하고, 해리 트루먼과 로널드 레이건은 아예 명단에서 배제한 까닭이 궁금할 수 있다. 하트는 인류를 다른 천체로 보낸 우주 탐사 계획의 주요 추진자로서 케네디를 높이 평가한다. 5,000년 뒤에도 기억될 20세기 인물은 최초로 달에 간 인간인 닐 암스트롱뿐일 거라 추측한 하트의 입장에서는 어찌 보면 당연한 선택이다.

앞서 논의했듯 인류 발전의 역사에서 가장 중요한 기술은 농업의 발견과 전기의 활용이었다. 누가 처음 씨앗을 심고 그 자리에서 곡식이 자라는 걸 확인했는지는 영원히 알 수 없다. (다시 말하지만 이 사람은 여성이었을 가능성이 크다.) 하지만 전기 기술의 선구자들에 대해서는 많은 정보가 있다. 프랑스 과학자 쿨롱은 1785년에 양전하와 음전하 사이의 인력과 척력을 최초로 정량화해 전기력의 역제곱 법칙을 수립했다(한 세기 전 뉴턴이 세운 만유인력 법칙과 유사하다). 전자기학의 가장 중요한 쾌거는 실증주의자 마이클 패러데이와 이론주의자 제임스 클러크 맥스웰이 30년 시차를 두고 정립한 위대한 이론들이었다. 둘 다 하트의 순위에서 30위권에 들었으며, 그럴 자격이 충분하다(아인슈타인의 집무실에 두 사람의 초상화가 뉴턴 초상화와 나란히 걸려 있었다는 사실을 떠올려보라).

하트의 명단 38위에는 전구와 증권 시세 표시기, 축음기, 영사기 등 수많은 장치를 만든 발명가 토머스 에디슨이 선정되었다. 세르보크로아티아계 미국 기술자 니콜나 테슬라는 에디슨 못지않게 중요한 인물로, 교류 전기 기술과 인덕션 모터(교류 전압으로 회전하는 전기 모터-옮긴이), 원격 제어, 무선 신호 전송 기술을 비롯해 온갖 기계를 발명했다. 심지어 마르코니보다 먼저 대서양 횡단 무선 통신 기술을 발명했다는 주장도 있다. 비록 기업가로서 에디슨만큼 성공하지는 못했지만, 전자기 이론에서는 테슬라가 훨씬 더 조예가 깊었다. 오늘날 전 세계에서 쓰이는 발전기와 송전 전력망의 모태는 테슬라가 만든 교류 발전기다. 따라서 그는 하트의 명단에서 에디슨과 함께 공동 순위로 올려야 마땅하다. 물론 두 사람은 서로 앙숙이었지만.

1859년에 다윈은 진화론을 발표해 다윈 혁명을 촉발했다. 그와 함께 20위권에 오른 또 다른 생명과학자는 루이 파스퇴르다. 이들 못지않게 중요한 생명과학자들은 1953년에 '생명의 분자', 즉 DNA의 이중 나선 구조를 발견한 프랜시스 크릭과 제임스 왓슨이다. 1962년 노벨 생리의학상을 공동 수상한 크릭과 왓슨도《세계사를 움직인 100인》이 다시 개정된다면 순위에 올라야 마땅하다.

문학가 중에서는 1978년 순위에서 셰익스피어가 36위(1992년에는 31위)에 올랐고 호메로스가 95위(1992년에는 98위)에 선정되었지만, 이들을 제외하면 단테와 괴테, 톨스토이, 위고, 디킨스뿐만 아니라 도스토예프스키, 키츠, 오스틴, 멜빌 같은 위대한 작가들은 빠져 있었다. 음악가 중에서는 1978년 순위에서 베토벤이 42위(1992년에는 45위)에 오르고 바흐가 74위(1992년에는 72위)에 선정된 반면, 모차르트는 선외 인물로만 언급되었다. 시각 예술가로는 1978년 순위에서 미켈란젤로가 49위(1992년에는 50위), 피카소가 98위(두 명단에서 같은 순위)로 뽑혔다. 눈에 띄는 점은 다재다능한 천재 레오나르도가 순위에서 빠져 선외 인물로 언급되었다는 것이다. 적어도 모차르트와는 사이좋게 동급인 셈이다. 만약 레오나르도의 위대한 발견들이 적절한 시기에 빛을 보았다면, 오로지 그의 힘만으로 시작된 과학 혁명과 산업 혁명이 인류의 기술 발전을 200년쯤 앞당겼을 것이다. 그랬다면 레오나르도는 최상위권에 있었을 것이다. 다시 말하지만 이 순위는 하트가 매긴 것일 뿐이니 심심풀이 이야깃거리 정도로 삼으면 된다.

이번 장의 문을 연 볼테르의 말은 뉴턴의 유산이 역사상 가장 위대한 정복자나 통치자의 유산보다 더욱 뜻 깊다는 확신이었다. 볼테르보다 한 세기 앞서 프랜시스 베이컨은(하트의 순위에서 78위와 90위) 다음과 같이 썼다.

> 우리는 천재와 학문의 기념비가 인간의 손으로 만든 기념물보다 훨씬 더 오래간다는 것을 안다. 호메로스의 서사시는 2,500년이 넘도록 음절 하나, 글자 하나 잃지 않고 남아 있지만, 셀 수 없이 많은 궁궐과 사원, 성채, 도시는 세월과 함께 부서지고 무너져 폐허가 되었다.[7]

이런 무상無常의 정서는 절대 군주가 남긴 기념비적 유산의 쇠락과 소멸을 한탄한 퍼시 셸리의 소네트 〈오지만디아스Ozymandias〉(람세스 2세, 이집트 신왕국 제19왕조의 제3대 파라오로 이집트 역사상 가장 위대하고 강력한 군주-옮긴이)에도 담겨 있다.

> 나의 이름은 오지만디아스, 왕 중의 왕이니라.
> 내 위업을 보라, 너희 권력자들이여 그리고 절망하라!
> 그러나 이제 여기에는 아무것도 남지 않았노라.
> 그 거대한 잔해의 폐허 주변으로 끝없이 황량하고
> 쓸쓸한 모래벌판만 아득히 멀리 뻗어 있나니.

위대한 사상의 힘은 칼의 힘을 능가한다. 그리고 위대한 유일신 종교 창시자들의 사상도 '위대한 사상'에 포함시켜야 마땅하다. 마지막으로, 통치자가 반드시 천재일 필요는 없지만, 비범한 통찰력을 가진 지도자가 나타나 놀라운 유산을 남긴 사례도 드물게 있다. 아타튀르크, 만델라, 리콴유, 덩샤오핑 그리고 미국 건국의 아버지가 된 천재 집단이 그런 경우다. 하지만 그러한 유산도 후대인들이 세심하게 가꾸지 않으면 소멸을 피할 수 없을 것이다.

나가며

에필로그

디지털 시대의 천재

사실 여부와 상관없이 도덕적 교훈이 담긴 이야기는 고대 그리스인
들에게 중요했다. 할리카르나소스의 역사가 헤로도토스는 아테네 건
국의 아버지 중 한 사람인 솔론과 리디아 왕 크로이소스의 만남을 기
록했다. 이 이야기에서 지혜로운 법률가로 유명한 솔론은 10년 동안
당시 알려진 세계를 여행한다. 여행이 끝나갈 무렵, 그는 리디아 왕국
의 수도 사르디스를 방문해 엄청난 부를 소유한 통치자 크로이소스
를 알현한다.[1] 자신의 궁궐을 구경시켜준 크로이소스는 마지막으로
보물창고를 보여주며 의기양양하게 묻는다. "그대가 아는 자들 중 가
장 '오비오스'(그리스어로 '행복한') 인간은 누구인가?" 솔론이 '전하이
십니다.'라고 간단히 대답할 줄 알았던 크로이소스는 그가 너무나 명
백한 답을 하지 않자 당황한다. 솔론이 선택한 가장 행복한 인간은 아
테네의 정치가 텔루스였다. "그는 충만한 삶을 살았고, 많은 자녀와

손자를 두었으며, 조국 수호에 목숨을 바쳤습니다. 그래서 아테네 사람들 모두가 그의 장례를 지켜보며 최고의 예우를 했지요."

이 현자가 평범한 자를 가장 행복한 인간으로 선택한 것에 놀라고 실망한 크로이소스는 이번에는 자신을 선택하리라 기대하며 다시 묻는다. "그렇다면 두 번째로 행복한 인간은 누구인가?" 솔론은 크로이소스의 기대를 저버리고 그리스 아르고스의 형제 클레오비스와 비톤을 선택한다. 그들은 '아름답고 선량하며, 엄청난 신체 능력을 타고난' 젊은이들이었다. 주노 여신을 기리는 제의가 열린 날, 제사장인 그들의 어머니는 소가 끄는 수레를 타고 신전에 가야 했다. 소가 제때 준비되지 않자, 두 형제는 소 대신 멍에를 쓰고 직접 수레를 끌며 45 펄롱(약 9킬로미터) 거리를 갔다. 하지만 극심한 육체적 고통을 견디며 신전에 도착하자마자 숨을 거두었다. 그들이 보여준 어머니를 향한 헌신과 초인적 능력을 지켜본 이들은 형제의 고귀한 행동에 경외감을 느꼈으며, 어머니는 아들들의 희생을 자랑스러워했다. 두 번이나 거부당한 크로이소스는 모멸감에 사로잡혔다. 그는 솔론이 바보이며, 현자라는 명성도 새빨간 거짓말이라고 확신했다.

솔론의 시험

하지만 이야기는 거기서 끝이 아니다. 이웃 페르시아 제국의 확장 야욕을 감지한 크로이소스는 선제공격을 해야 할지 고민한다. 신중을 기하고자 그는 우선 신탁神託을 구하기로 결심한다. 하지만 그리스의 많은 제사장 중 누구의 신탁을 믿어야 할까? 최선의 선택을 위해 그는 가장 평판이 좋은 제사장 세 명에게[2] 자신이 이미 답을 아는 질문 하나를 보내 시험한다. 결국 델포이의 신탁이 가장 믿을 만하다고 판단한 크로이소스는 델포이 제사장의 환심을 사려고 갖은 공물을 바친 다음 결정적인 질문을 한다. "내가 페르시아 제국을 침공해야 하는가?" 돌아온 신탁은 아리송했다. "거대한 제국 하나가 몰락하리라!" 크로이소스는 이를 자신의 페르시아 침공 계획에 대한 지지로 해석하고 기습 공격을 감행한다. 안타깝게도 키루스 왕의 군대는 크로이소스의 군대를 격파하고 리디아의 왕을 포로로 잡는다. 그가 받은 신탁은 어느 '위대한 제국'이 몰락할지 구체적으로 밝히지 않았다. 포로 신세가 된 크로이소스는 장작더미 위에 묶인 채 화형을 기다리며 좌절감에 울부짖는다. "오, 솔론이여! 그대의 말을 들었어야 했구나!"[3] 솔론의 교훈은 간단했다. "끝날 때까지는 끝난 게 아니다!"(한 인간의 삶은 그 삶이 끝난 뒤에야 제대로 평가할 수 있다는 의미-옮긴이)

인공지능

가장 유망하면서 잠재적으로 가장 위험한 신기술은 바로 인공지능이다. 1977년에 IBM이 만든 슈퍼컴퓨터 딥 블루Deep Blue는 체스를 두도록 프로그램 되어 있었다. 초당 2억 개의 수手를 둘 수 있는 이 기계에는 체스의 기본 규칙과 방대한 양의 고수 경기 데이터가 저장되었다. 당시 세계 체스 챔피언이던 가리 카스파로프와의 6차례 대국에서 딥 블루가 전승했다. 통찰력이나 사고 없이 연산 능력만으로 기계가 인간 체스 챔피언을 이긴 최초의 사례였다. 20년 뒤, 더욱 강력한 체스 전용 알고리즘이 속속 등장했다. 가장 뛰어난 체스용 컴퓨터 스톡피시Stockfish는 딥 블루를 가볍게 물리쳤다. 2017년에 알파벳 산하 인공지능 회사 딥마인드는 새로운 컴퓨터 알파제로AlphaZero를 공개했다. 이 기계의 알고리즘은 과거 고수들의 경기 데이터 없이 체스에서 허용되는 기본적인 수들만으로 구성되었다.[4] 그 상태로 불과 몇 시간 만에 수백만 번 자신과 경기하며 체스를 익혔고, 이 과정에서 이전에는 상상하지 못한 전략들을 도출했다. 알파제로는 스톡피시와 100번 시합해 완전히 무적임을 입증했다. 인간 체스 경기자라면 자신의 퀸을 구석에 처박아 옴짝달싹 못 하게 할 생각은 하지 않겠지만, 10번째 대국에서 알파제로가 바로 그 수를 썼다. 한 흥미로운 기사에서 수학자 스티븐 스트로개츠는 다음과 같이 말했다.

이 희한한 후퇴 전술은 악랄한 수였다. 스톡피시가 어떻게 대응하든 질 수밖에 없었다.…… 가장 오싹한 것은 알파제로가 통찰력을 가진 듯 보인다는 점이었다. 이제껏 그 어떤 컴퓨터와도 다르게 낭만적이고 공격적인 스타일로 직관적으로 아름답게 체스를 두었다. 몇몇 대국에서는 스톡피시를 마비시키며 갖고 놀았다.[5]

2021년 9월, 인공지능을 이용한 가장 도전적인 과제가 대중에 공개되었다. 앞서 2년 전에 폰 카라얀 연구소는 루트거스 대학교 예술 및 AI 연구소 소장 아메드 엘가말에게 연락해 베토벤 탄생 250주년을 기념하는 프로젝트 협업을 요청했다. 컴퓨터 과학자, 음악학자, 작곡가, 연주자가 팀을 이루어 베토벤이 남긴 단편적인 악보들을 가지고 〈교향곡 제10번〉을 만드는 프로젝트였다. 과연 가능한 일일까? 컴퓨터가 베토벤의 작품과 작곡 습관을 배워야 하고, 기본적으로 그의 다혈질 성격을 흉내 내야 했다. 작곡이 진행되는 동안 베토벤의 얼은 줄곧 느껴졌지만, 인공지능이 거든 작품에 대해 환호하거나 비난하는 그의 목소리는 들리지 않았다. 과연 베토벤이 자신의 대표작으로 삼으려고 계획했던 이 교향곡이 50퍼센트, 25퍼센트, 아니 조금이라도 그의 마음에 들까? 완성된 작품이 베토벤의 무한한 힘과 깊은 인류애, 긴장과 해소의 완벽한 조율, 완벽에 대한 집착을 동시에 담아낼 수 있을까? 한편, 많은 예술가들이 한목소리로 경고했다. "인공지능이여, 그 차고 끈적이는 손으로 예술을 건드리지 마라!" 본에서 예정된 대중 초연에 앞서, 2021년 10월 9일 〈스미스소니언〉에서 엘가말은 반복된 시연을 비롯한 제작 과정을 설명했다.[6] '베토벤의 악보가 끝나고 인공지능의 작곡이 시작되는 지점을 맞혀보라고 청중에게 요청했다. 아무도 구별하지 못했다.…… 제10번 교향곡을 위해 베토벤이 쓴 악보를 잘 아는 사람들만 인공지능의 생성이 시작된 부분을 알아맞혔다.'

평생 베토벤 애호가로 살아온 나는 〈교향곡 제10번〉을 들으며 정말로 베토벤 음악처럼 들린다고 생각했지만, 베토벤의 마법은 느끼지 못했다. 베토벤다운 놀라움이 없었다. 언젠가는 인공지능이 베토벤의 감정 기복과 약간의 광기를 재현하고 마법 같은 놀라움을 선사하게 될지 모른다. 그때쯤이면 인공지능을 활용한 앱이 셰익스피어의 38번째 희곡이나 39번째 희곡을 쓰게 되지 않을까? 그런 불가해한 통찰력은 1506년 바티칸에 모인 조각가들이 〈라오콘〉의 사라진 팔을 어떤 형태로 복원할지 논의했던 사건을 떠올리게 한다. 그들 중 유일하게 다른 의견으로 마법 같은 통찰을 보여준 사람은 혁명적 천재 미켈란젤로였다.

오늘날 해킹을 이용한 범죄 기회는 셀 수 없이 많다. 주로 범죄자나 외국 공작원이 벌이는 해킹은 사생활 침해와 재산 손실, 은행 예금 편취로 이어지고 심지어 민주적 통치를 방해하기까지 한다. '바이러스'와 '바이럴리티(사진이나 동영상이 급속히 유포되는 것-옮긴이)'라는 말은 더 이상 생물학적 시스템에만 국한된 골칫거리가 아니다. 이제는 사이버 공간에도 적용된다. 처음에는 취약한 소수가 '감염'되지만 이후 감염자가 기하급수적으로 늘어나 결국 완전히 다른 집단으로까지 '확산'된다. 불과 몇 년 전만 해도 '소셜미디어'라는 말과 '무기화' 또는 '급진화'를 함께 쓴다면 매우 이례적으로 보았을 것이다. 그러나 오늘날 테러 집단이 소셜미디어를 통해 급진화된다는 뉴스가 심심찮게 들린다. 심지어 미래에 인류와 지능형 로봇의 관계를 우려하는 목소리도 터져 나온다. 스티브 잡스가 후계자로 고른 애플 최고경영자 팀 쿡은 2017년 MIT 졸업식 연설에서 이러한 위험을 강조했다.

오늘날 기술은 우리 삶의 거의 모든 면에 필수적이며, 대부분 긍정적인 힘으로 작용합니다. 그러나 기술의 잠재적 위험성은 점점 더 빠르게 퍼지고 더 깊이 파고듭니다.…… 우리를 연결해줘야 할 기술이 때로는 우리를 분열시킵니다.…… 기술은 우리가 추구하는 가치, 가족과 이웃과 공동체에 대한 헌신, 아름다움에 대한 사랑과 모든 신앙은 이어져 있다는 믿음, 우리의 품위와 배려를 앗아갑니다. 저는 인간처럼 사고하는 인공지능 컴퓨터를 걱정하지 않습니다. 제가 걱정하는 것은 가치나 열정, 결과에 대한 고려 없이 컴퓨터처럼 생각하는 사람들입니다.[7]

2022년 11월 17일, 워싱턴 국립 대성당에서 '인간, 기계 그리고 신'을 주제로 한 이그네이셔스 포럼이 열렸다. 폴 이그네이셔스 재단이 후원한 이 포럼에는 102번째 생일을 맞은 폴 이그네이셔스가 몸소 참석했다. 99세에도 여전히 정정한 전 미국 국무장관 헨리 키신저는 뉴욕 집무실에서 화상으로 참석했다. MIT의 컴퓨터 과학자 에릭 슈미트와 국가안보국 사이버 및 신흥 기술부[NSA] 부고문 앤 노이버거는 패널로 참석했고, 〈워싱턴 포스트〉 기자이자 재단 설립자의 아들인 폴 이그네이셔스가 사회를 맡았다. 99세와 102세 노학자들이 인류의 미래를 걱정한다면, 우리 모두가 경각심을 가져야 할 것이다. 이들의 메시지는 명확했으며 애플 CEO의 우려보다 어쩌면 더 암울했다. 키신저는 전쟁에 인공지능을 사용하지 않도록 당장 중국과 협정을 맺어야 하다고 경고했다.[8]

아인슈타인은 제2차 정보 혁명을 보기 전에 죽었지만 그 위험성을 예견했다. '나는 기술이 인간의 소통을 능가하는 날이 올 것을 두려워한다. 그날이 오면 세상은 바보들로 가득 찰 것이다.' 빌 게이츠와 스티브 잡스, 일론 머스크, 제프 베조스 등등 오늘날 정보 혁명의 새로운 혁신가나 기업가 중 레오나르도나 아인슈타인에 필적할 예술적, 과학적 창조성을 지녔다고 주장할 수 있는 인물은 없지만, 그들이 미래에 투자하고 그 과정에서 기업가-혁신가라는 새로운 종류의 천재를 만들어가는 선구자라는 점은 부정할 수 없다. 이 책의 1장과 2장에서 디지털 시대의 창의성을 언급했다. 결론에 다다른 지금, 그 주제로 되돌아가 과연 이들이 천재라는 칭호에 걸맞은지, 천재성은 어느 정도인지 고찰해보자. 기술의 발전 속도는 눈부시게 빠르다. 이들의 영향력을 돌아보고 온전히 평가할 수 있는 것은 미래 세대의 몫으로, 그들이 죽고 한참 뒤에 솔론의 시험을 거쳐야 한다.

억만장자의 시대

위대한 예술적 재능에는 후원이 필요하다. 예술가 겸 과학자 레오나르도와 예술가 겸 건축가 미켈란젤로, 순수 예술가 셰익스피어와 바흐, 베토벤은 생계 걱정을 하지 않고 창작에 전념하기 위해 부유한 후원자를 물색했다. 지난 수백 년간 과학 분야의 인재들은 거의 대부분 대학 같은 교육 기간에 소속되어 급여를 받고 연구했다. 현대의 과학자와 혁신가 들도 외부에서 자금 지원을 모색한다.

'스타트업'이라는 단어는 디지털 시대에 익숙한 용어다. 혁신가들에게는 독창적인 아이디어를 키워 시장에 선보이는 동안 생계를 유지할 재정 지원뿐만이 아니라, 이후 하드웨어를 개발하고 엔지니어와 사업 관리자, 변호사 등 유능한 조력자들을 채용하기 위한 자금도 필요하다. 아래 첨부한 표에 실린 이름들 중에는 현대 혁신가는 아니지만 의도치 않게 정보 혁명의 시초가 된 앨런 튜링도 있다. 그는 최고 수준의 수학 교육을 받고 제2차 세계대전 당시 영국을 도와 연합군의 승리에 기여했지만, 개인적인 부를 축적하지는 못했다. 나머지 인물들은 모두 디지털 시대의 현대적인 혁신가들이다. 이 목록은 결코 완벽하지 않다. 인터넷을 발명한 빈튼 서프와 밥 칸을 비롯해 더 새로운 기술(유투브, 트위터, 줌, 챗GPT 등)의 개발자들이 빠져 있기 있다. 티모시 버너스-리는 포함되었다. 그는 월드 와이드 웹www을 개발했지만, 자신의 발명으로 발생한 수익을 일절 거부하는 이타심을 발휘했다. 이 혁신적인 창조자들은 대부분 고교 시절 뛰어난 지적 능력을 보이고 명문대에 입학했다. 하지만 12명 중 9명이 최종 학력을 중퇴로 마무리했다. 이 놀라온 75% 중퇴율은 십중팔구 그들이 자신의 아이디어를 하루빨리 세상에 선보여야 한다고 확신한 결과일 것이다. 아마 그 아이디어가 너무 중요해서 졸업식을 치르고 학위를 받을 때까지 기다릴 수 없었을 것이다. 이 혁신가들 다수의 공통된 특징은 아이디어의 힘이 학위보다 중요하다는 압도적인 자신감이다.

현대 기술 혁신가	최종 학력	학위 취득 여부	개인 재산 2018	개인 재산 2023 3월
앨런 튜링 (1912~1954)	케임브리지 대학 (학사) 프린스턴 대학(박사)	√	N/a	N/a
래리 엘리슨 (1944~)	일리노이 대학 시카고 대학	중퇴	610억 달러	1,500억 달러
스티브 워즈니악 (1950~)	버클리 캘리포니아 대학	중퇴	1억 달러	1억 달러
딘 케이먼 (1950~)	우스터 공과대학	중퇴	5억 달러	5억 달러
빌 게이츠 (1955~)	하버드 대학	중퇴	930억 달러	1,195억 달러
티모시 버너스-리 (1955~)	옥스퍼드 대학 (학사, 석사) 첫 전공은 물리학	√	N/a	N/a
스티브 잡스 (1955~2011)	리드 칼리지	중퇴	80억 달러	N/a
제프 베조스 (1964~)	프린스턴 대학(학사)	√	1,640억 달러	1,570억 달러
일론 머스크 (1971~)	펜 대학(학사) 스탠퍼드 대학(박사)	중퇴	200억 달러	2,481억 달러
래리 페이지 (1973~)	미시건 대학(학사) 스탠퍼드 대학 (석사, 박사)	√	540억 달러	1,056억 달러
세르게이 브린 (1973~)	메릴랜드 대학(학사) 스탠퍼드 대학 (석사, 박사)	중퇴	520억 달러	1,003억 달러
마이클 델 (1984~)	텍사스 대학	중퇴	230억 달러	640억 달러
마크 저커버그 (1988~)	하버드 대학	중퇴	780억 달러	1,100억 달러

첫 번째 열에는 20세기에 태어난 천재적 인물 13명이 출생 연도순으로 정리되어 있다. 두 번째 열은 그들이 다닌 교육 기관이다. 세 번째 열에서 'V' 표시는 최종 학위를 취득했다는 뜻이고, 'N/A'는 해당 사항이 없음을 의미한다. 네 번째 열은 2018년 초의 개인 자산, 다섯 번째 열은 5년 뒤의 개인 자산이다. 이들이 세운 첨단 기술 기업이 코로나19 팬데믹 기간에 성장하면서 개인 자산이 증가한 것이다. 그 5년 동안 가장 극적으로 재산이 늘고 가장 큰 폭락을 겪은 인물은 일론 머스크였다. 트위터를 인수하고 개편하는 과정에서 처음에 1,000억 달러를 잃었지만, 이후 몇 배로 회복했다. 2023년 AI 광풍으로 개인 재산들이 크게 늘었는데, 특히 페이지와 브린, 머스크가 도드라졌다. 출처: 〈포브스〉 실시간 억만장자(Real-Time Billionaire) https://www.forbes.com/real-time-billionaires/#34e0eadc3d78.

이 혁신가들 중 스티브 워즈니악은 애플 개인용 컴퓨터 회로를 설계하고 소프트웨어를 만들었으며, 딘 케이먼은 휴대용 투석기透析機와 스스로 균형을 잡는 이동수단 세그웨이Segway, 계단을 오르는 휠체어 아이봇iBot을 만들었다. 두 사람의 재산은 각각 1억 달러와 5억 달러로 상대적으로 가난한 축이다.

이민자의 나라 미국은 19세기 동아사이 출신 철도 노동자들의 육체노동과 20세기 유럽 이민자 및 그 자녀들의 지적 능력과 근면성 덕분에 번영했다. 가장 유명한 인물인 아인슈타인을 필두로 당시 이민자 집단에는 수학자들인 존 폰 노이만, 에미 뇌터, 테런스 차오, 물리학자들인 유진 위그너를 비롯한 화성인들, 볼프강 파울리, 양천닝, 리청다오, 우젠슝吳健雄, 마리아 괴퍼트 메이어, 수브라마니안 찬드라세카르, 음악가들인 엔리코 카루소, 어빈 벌린, 유진 오먼디, 므스티슬라프 로스트로포비치, 요-요 마 그리고 현대 컴퓨터 과학자 겸 기업가 세르게이 브린과 소아과 의사이자 기업가인 프리실라 챈-저커버그가 있다. 이들은 모두 자신이 받은 것보다 훨씬 더 많이 베풀었다.

〈내셔널 지오그래픽〉 2919년 2월호에 따르면, 이민자 출신 기업가들은 미국의 경제 성장에 지속적으로 기여했다. 놀랍게도 2018년 〈포춘〉이 선정한 500대 기업 중 100위 안에 든 44개 기업을 1세대 또는 2세대 미국인들이 설립했다.

스티브 잡스

표에 실린 현대 혁신가 13명 중 아이디어의 질과 양, 다양성에서 두드러지는 인물은 작고한 스티브 잡스(1955~2011)와 1971년생으로 아직 팔팔한 일론 머스크다.[9] 두 사람 모두 게임 디자이너와 프로그래머로 시작해 혁신적 기업가가 되었고(머스크는 해킹에도 손을 댔다), 둘 다 향정신성 약물을 경험한 적이 있다(잡스는 LSD, 머스크는 MDMA[10]). 또한 둘 다 일찌감치 뭘 하며 살고 싶은지 정했으며, 결국 취미가 일이 되었다. 두 남자의 상상력과 끈기, 투지, 쇼맨십, 불가능을 인정하지 않는 정신은 감탄하지 않을 수가 없다.

하지만 솔론의 교훈에 따라 머스크의 천재성은 논의하지 않고 그가 관여한 프로젝트만 언급하겠다. 안전한 온라인 결제 시스템 페이팔, 배터리로 굴러가는 자동차 테슬라, 호주에 최초로 세워진 태양광발전 도시, 재사용 가능 로켓을 이용한 스페이스X 프로그램, 가장 최근에 X(구 트위터)와 인공지능. 2018년 〈새터데이 나이트 라이브〉에 출연한 머스크는 아스퍼거 증후군을 안고 성장했다고 털어놓으면서,

아마도 자신의 창조성과 관련이 있을 거라고 했다.

　이제 스티브 잡스의 삶과 유산을 간략히 돌아보며 마무리 짓도록 하자. 2011년 10월에 그가 사망하면서 솔론의 시계가 가기 시작했으니 평가해 볼 수 있다.

인류의 모든 발명을 통틀어 컴퓨터는 역사가 진행되고 과거를 돌아볼 때
꼭대기 또는 그 근처에 자리 잡을 것이다.
컴퓨터야말로 인류가 만들어낸 가장 경이로운 도구다.
나는 이 발명이 이루어지던 시절 실리콘밸리에서
역사적으로 가장 적절한 시기에, 가장 적절한 장소에 있었던 것을
크나큰 행운으로 여긴다.
—스티브 잡스

　1976년 스티브 잡스는 친구 스티브 워즈니악과 함께 캘리포니아 베이 에이리어(샌프란시스코 시를 중심으로 하는 광역 도시권-옮긴이)의 한 차고에서 애플을 창립했다. 이런 창고 환경은 훗날 디지털 스타트업 탄생의 표준이 되었다. 2018년 8월 애플은 역사상 최초로 시가총액 1조 달러 기업이 되었다. 불과 한 달 뒤, 아마존도 시가총액 1조 달러를 달성해 두 번째가 되었다. 코로나19 팬데믹으로 미국 경제 전반이 엄청난 타격을 입었지만, 애플은 2020년 8월 18일에 시가총액 2조 달러를 달성함으로써 '잡스 이후 애플은 어떻게 될 것인가?'라는 질문에 답을 했다. 한편 마이크로소프트, 아마존, 알파벳, 페이스북의

주가 역시 급등했다.

스티브 잡스의 생부 압둘 파타 '존' 잔달리는 시리아 홈스의 무슬림 가정에서 자랐으며, 젊은 시절 학생 운동가로 활동하며 정부에 반대하다 감옥 생활을 했다. 잡스의 생모 조앤 시블은 위스콘신 주 중서부 출신의 스위스-독일계 가톨릭 신자였다. 잔달리와 시블은 위스콘신 대학 대학원생 시절에 만났다. 홈스에 있는 잔달리의 집에서 여름을 보낸 뒤, 시빌은 아이를 가졌다. 무슬림 사내와 절교하라는 부모의 강압에 시달린 그녀는 샌프란시스코로 이주해 출산을 하고 아기는 입양 보내기로 결정했다. 수년 뒤 잔달리는 그들이 서로를 깊이 사랑했다고 말했는데, 셰익스피어의 표현을 빌리자면 '비운의 연인들'이었던 셈이다. 시블은 입양 부모가 부유하고 대학교 졸업자여야 한다고 요구했지만, 위스콘신 출신의 칼뱅교도 폴 잡스(1922~1993)와 아르메니아계 가정주부 클라라 해고피언 부부가(두 사람은 부유하지도 않고 대학교 졸업자도 아니었다) 입양을 원하면서 아이가 크면 반드시 대학에 보내겠다고 약속하자 시블도 뜻을 굽혔다.

폴과 클라라는 스티브와 두 번째로 입양한 딸 패트리사에게 언제나 사랑을 베푸는 헌신적인 부모였다. 클라라는 아이들이 걸음마를 시작할 때부터 읽기를 가르쳤다. 학교도 다니기 전에 글을 읽는 능력은 양날의 검이다. 아이가 저학년 때 자신감을 키울 수 있지만, 학교 생활에 싫증을 내고 냉소적으로 변할 수도 있다. 스티브는 후자였다. 전통적인 학교와 또래 아이들, 권위 전반에 반감을 드러냈다. 이 어린 반항아의 행동은 잦은 정학 처분으로 이어졌다. 훗날 잡스는 4학년

담임 교사였던 이모진 '테디' 힐 덕분에 자신의 반항적인 에너지가 끝없는 호기심 충족의 열정으로 바뀌었다고 했다. 잡스에게 테디는 애정과 관심을 쏟아준 든든한 지지자였다. 레오나르도에게 삼촌 프란체스코가 그랬고, 베토벤에게 크리스티안 네페가 그러했으며, 아인스타인에게는 의대생 막스 탈무트가 그랬다. 진정으로 헌신적인 스승이라면 그 어떤 열 살 아이도 결국에는 성장시킬 수 있다. 잡스는 스승의 전략을 한마디로 말했다. '그분은 뇌물로 나를 꼬드겨 공부하게 했다.'

해안경비대에서 기관실 관리자로 일하며 기술을 습득하고 기계를 좋아하게 된 폴 잡스는 집에 공방을 차리고 아들에게 모든 것을 전수했다. 훗날 잡스와 워즈니악이 처음에는 차고에서, 나중에는 공장에서 가정용 컴퓨터를 생산할 당시 잡스는 세세한 부분까지 완벽할 것을 요구했다. 컴퓨터 내부의 회로 기판 납땜 접합부가 외관 못지않게 깔끔하고 정교해야 했다. 형태와 기능이 모든 단계에서, 심지어 포장에서도 잘 드러나야 했다.[11] 그들이 만든 아이 시리즈(아이맥, 아이튠즈, 아이팟, 아이폰, 아이패드)를 비롯해 아이포토와 아이무비, 아이클라우드 같은 어플리케이션과 서비스는 일상의 어휘가 되었다. 잡스는 DNA 염기서열(게놈) 분석을 받은 최초의 인물 중 한 사람이었다. 당시 분석 기술자는 농담 삼아 그의 샘플을 '아이게놈'이라고 불렀다. 잡스가 설립한 컴퓨터 회사 넥스트^{NeXT}가 개발한 운영언어는 매킨토시 컴퓨터의 핵심이 되었다. 또한 그가 공동 설립한 픽사 애니메이션 스튜디오는 〈토이 스토리$^{Toy Story}$〉(1995)와 〈니모를 찾아서^{Finding}

Nimo〉(2003)를 만든 가장 성공적인 애니메이션 회사다. 결국 다양한 그래픽 기술들의 시너지 효과로 최종 결과물이 부분의 합보다 훨씬 더 훌륭해진 것이다.

2005년에 스티브 잡스는 스탠퍼드 대학 졸업식에서 아주 감동적인 연설을 했다.[12] 당시 스탠퍼드 총장 존 헤네시는 잡스를 소개하며 이렇게 말했다. "매킨토시가 그토록 훌륭했던 까닭은 그것을 설계한 이들이 굉장히 창의적인 인물들이었기 때문입니다. 음악가, 예술가, 시인, 역사가이면서 동시에 컴퓨터 과학자였던 것입니다." 연설을 시작한 잡스는 자신이 대학 졸업에 이렇게 근접한 건 처음이라고 너스레를 떨었다.[13] 그리고 자기 인생의 결정적 사건들에 초점을 맞춰 이야기했다. 하나하나가 역경이었다. 혼외자로 태어난 것, '스탠퍼드만큼 학비가 비싼' 대학(리드 칼리지)에 들어간 것, '뭘 하며 살아갈지 전혀 모른 채' 서른 살에 중퇴한 일, 공동 창립한 회사에서 쫓겨난 사건, 힘겨운 투병. 그리고 매번 복수의 일념으로 전보다 더 강하고 단호해진 모습으로 돌아왔다고 강조했다. 그런 고난이 인생에 가장 큰 동기를 부여했다는 것이었다. (베토벤의 삶에서 역경이 가장 큰 동기를 부여했던 세 번의 시기를 떠올려보라. 청력 상실에 직면하고 〈하일리겐슈타트 유서〉를 쓴 1802년, 사랑하는 여인 안토니 브렌타노와의 관계를 끝내야 했던 1812년, 개인적인 삶과 음악가로서의 경력이 바닥을 친 1819년.) 잡스의 성격적 특징은 정보 혁명에 가장 적합했다. 그는 높은 지능과 끝없는 호기심, 권위에 대한 경멸, 자주적인 사고, 완벽주의, 심지어 베이비붐 세대의 일원으로서 미라화나나 LSD도 마다하지 않는 자유분방함을 보여주었다. 비틀즈의 1968년 인도 북부 방문에 영감을 받은 잡스는 리드 칼리지 1학년을 마치고 인도로 가서 깨달음을 얻고자 선불교 수행을 했다.

이 졸업 축하 연설을 관통하는 메시지는 잡스가 몇 번이고 되풀이한 말이었다. "다르게 생각하라.…… 끊임없이 배워라." 1997년 파산 위기에 몰린 애플을 구해준 것은 경쟁 회사인 마이크로소프트였다. 빌 게이츠는 자신이 존경하는 정신 나간 친구의 회사에 1억 5,000만 달러를 투자하면서 이렇게 믿었다. '세상을 바꿀 수 있다고 믿는 정신 나간 사람들이 실제로 세상을 바꾸는 자들이다.[14]

경쟁사를 묻어버리지 않고 오히려 구해준 마이크로소프트의 넓은 도량에 잡스는 담담한 태도로 화답하며 〈타임〉의 표지를 장식했다. "빌, 고마워. 덕분에 세상이 더 나아졌어." 빌 게이츠의 행위는 그의 인간적 품위와 사업가로서의 혜안, 애국심을 입증하는 것이었다. 실제로 두 거대 기업이 경쟁하고 협력하면서 소프트웨어와 하드웨어라는 상보적 기술 요소가 동반 발전한 것이 국가와 산업에 더 이로웠다. IT 산업이 아직 걸음마 단계였던 시기에 일어난 이 놀라운 사건은 전설적인 일화로 남게 되었다.

스티브 잡스는 미국이 낳은 천재지만, 어느 정도의 천재였는지는 시간의 시험을 거쳐야 알 수 있다. 잡스와 '워즈'는 마이크로컴퓨터 혁명의 주도적 인물들이었다. 시대정신이 두 남자의 성공을 도왔지만, 그들은 비슷한 열정을 가진 인재를 끌어 모아 시대정신을 드높이고 심화시켰다. 잡스는 〈타임〉 표지에 8번 실렸고, 그중 7번은 단독으로 등장했다. 천재들의 행동 특성으로 보이는 광기가 잡스에게도 있었을까? 2003년에 스티브 잡스는 췌장암 초기 진단을 받았다. 이 병을 치료하려면 '휘플 수술(췌장의 머리와 십이지장을 절제하는 수술-옮긴이)'이라는 지극히 까다롭지만 매우 효과적인 수술이 필요하다. 이 수술을 받으면 소화기 일부가 재구성된다. 만약 잡스가 더 일찍 수술을 받았다면, 비록 췌장 분비 효소를 대체하는 약을 계속 복용해야 하지만 병은 치료되었을 가능성이 높다. 안타깝게도 대체의학으로 치료할 수 있다고 믿은 잡스는 수술을 거부했고, 병세가 악화되어 수술이 불가능할 지경에 이르렀다. 결국 8년 후인 2011년 10월에 숨을 거두었다. 한 분야의 천재가 다른 분야에서도 천재이기는 쉽지 않다.

1982년에 스티브 잡스는 아카데미 오브 어치브먼트(성공한 유명 인사를 초대해 젊은이들과 만나게 해주는 미국 비영리단체-옮긴이)에서 연설했다. 작가 앨런 트라풀리오니스가 전한 이날의 연설 내용은, 특정 분야에 매몰되지 말고 다양한 분야를 연결함으로써 지적 잠재력을 극대화하라는 것이었다. 한마디로 박식가가 되라는 것이었다. 칼럼니스트 제시카 스틸먼은 다음과 같이 전했다.[15]

> 똑똑하다는 것은 대개 멀리서 볼 줄 아는 능력이다. 건물 80층에 있으면 도시 전체가 내려다보이는 것처럼. 그리고 남들은 A지점에서 B지점으로 가는 길을 찾으려고 작고 한심한 지도를 펼쳐 들 때, 당신은 그 길을 바로 볼 수 있다. 전체가 다 보이니까.

2002년 무렵, 커피숍과 공항 라운지에서 쓰이는 PC의 수는 애플 노트북을 압도했다. (최근 몇 년 사이 그 차이가 역전되지는 않았지만, 적어도 거의 동등한 수준에 이르렀다.) 이탈리아의 저명한 소설가 움베르토 에코는 한 짧은 에세이에서 PC를 선호한다고 밝혔다. '매킨토시는 컴퓨터 세계의 가톨릭이고, PC는 개신교다. PC는 자기가 원하는 방식으로 세상을 해석할 수 있다.' 애플 컴퓨터는 사용자 친화적이며, 경쟁자인 PC보다 바이러스 감염에 훨씬 덜 취약하다. 1997년 노벨 물리학상 수상자이자 열렬한 매킨토시 옹호자인 빌 필립스는 이 글을 보고 코웃음을 치며 반박했다. '애들[그의 딸들]이 대학에 들어갈 때, 우리는 개들을 앉혀 놓고 신신당부했다. '교리 안에서 연애해라. PC 쓰는 놈은 절대 만나지 말고!'[16] 기술 분야 종사자들이 대개 그렇듯 필립스는 PC와 애플 플랫폼 모두 익숙하지만 개인적으로 애플을 선호했다.

지금껏 살펴본 천재들의 면모에서 중요한 포인트 중 하나는 모든 천재의 출발점은 강한 호기심과 성장의 열정이라는 것이다. 새로 배운 단어를 적고, 할 일 목록을 만들고, 체계적인 계획을 세우고, 스케치를 하는 등 일상적인 활동은 창의적인 일반인뿐만 아니라 레오나르도, 베토벤, 뉴턴, 아인슈타인의 삶에서도 마찬가지였다. ('위대한 5인' 중 셰익스피어는 기록이나 스케치, 메모를 남겼는지는 모르지만, 설령 그랬다 해도 현재 남아 있지 않다.) 천재들은 하나같이 자기 분야에서 끝없는 열정을 보여준다. 문제 해결에는 다양한 유형의 지능이 요구된다. 과학에서는 좌뇌의 분석적 지능이 필요한 반면 예술에서는 주관적인 우뇌 활동이 더 중요하다. 하지만 창조성을 극대화하려면 뇌 전체, 즉 좌뇌와 우뇌 모두의 시냅스(신경 세포의 자극 전달부-옮긴이)가 활성화되어야 한다. 뇌졸중으로 한쪽 뇌가 손상되면, 설령 그 뇌가 예술가에게 더 중요한 우뇌가 아니라 해도, 창조성은 급격히 저하된다고 한다. '천재와 광기는 종이 한 장 차이이다.' 이 오래된 격언이 괜한 과장이 아닌 것이다.

5장에서 셰익스피어 이야기를 하며 한 가지 질문을 던졌다. '이런 수준의 천재에게는 교육 결핍에서 비롯된 불안이 채울 수 없는 갈망에 불을 지펴, 무의식의 각본이 머릿속에서 완전히 수행되어 일정 수준의 성취에 이르기 전까지는 자신의 노력에 만족하지 못하는 것은 아닐까?' 다시 말하지만, 오늘날 엄청난 성공을 거둔 이들 중 예술적 창조성이나 과학적 창조성에서 레오나르도나 셰익스피어와 현실적으로 비교될 수 있는 사람은 없다. 그러나 이들은 전혀 새로운 천재 집단이다. 솔직히 그래서 굳이 비교하지 않고 솔론의 시험에 맡긴 것이다.

불멸의 경지

이제까지 천재들을 살펴보며 강조해야 할 두 가지 핵심은 첫째, 천재는 '타고나는가, 길러지는가'라는 논쟁은 잘못된 이분법이라는 점이다. 두 요소 모두 천재의 성장에 필수적이다. 우리가 둘러본 저명한 인물들은 대부분 뛰어난 천재들이었다. 그중에서 선별한 '혁명적 천재들'은 자기 분야를 대표하는 천재의 전형이었다. 둘째, 초반에 우리는 모든 천재들에게 공통으로 나타나는 특징도 정리했다. 열정과 근성, 지적 총명함, 독창성, 창조성 그리고 창조성을 증폭시키는 약간의 광기까지.

흔치 않은 혁명적 천재들을 탐구하면서 우리는 뉴턴의 조각상 받침대에 적힌 라틴어 문구를 되새겨보았다. '그의 지성은 인류를 초월했다.' 이 책의 다섯 주인공들처럼 역사상 매우 드문 인물들은 특별한 재능을 갖고 가장 적절한 시기에 나타나 혁명적 천재가 될 운명이었다. 이들의 삶은 처음에는 아무리 평범하고 소박했을지라도 결국 새롭고 중요한 분야를 개척하거나 자기 분야를 완전히 혁신해 모든 문명에 지대한 영향을 끼쳤다. 과연 그랬을까 하는 의심이 든다면, 그들의 위대한 유산이 하나라도 없는 세상을 상상해보라. 〈모나리자〉나 〈최후의 만찬〉이 없다면? 〈햄릿〉이나 〈맥베스〉가 없다면? 〈교향곡 제5번〉이나 〈교향곡 제9번〉이 없다면? 만유인력 법칙을 모른다면? 상대성이론이나 양자역학이 존재하지 않는다면? 이러한 관점에서 그들의 업적을 바라볼 때만 이 세상이 과거와 현재 그리고 미래의 혁명적 천재들에게 얼마나 큰 빚을 지는지 깨닫게 된다. 과연 차세대 혁명적 천재는 누구이고, 어느 대륙 어느 나라에서 나타날까?

위대한 천재들의 유산은 역사의 이정표였다. 스코틀랜드 역사학자 토머스 칼라일이라면 문화 혁명을 일으킨 불꽃으로 그들을 추앙했을 것이다. 하지만 우리가 앞서 보았듯 그들 모두는 시대정신의 산물이기도 했다. 레오나르도는 메디치 가문의 시대에 활약했고, 셰익스피어는 엘리자베스 1세 시대에 빛났으며, 베토벤은 계몽주의가 낳은 인물이었다. 그리고 아인슈타인의 무대는 보헤미안 정신이 유럽에 만연했던 20세기였다.

이들 모두는 천재의 공통된 특성을 충분히 보여주었지만, 한 가지 독특한 현상이 그들을 사실상 불멸의 존재로 등극시켰다. 5장 '예술사의 특이점'에서 베토벤을 살펴볼 때 이 현상이 처음으로 명확히 드러났다. 역사학자들은 베토벤의 시대가 아니라 자기 시대의 시대정신으로 그를 재해석하기 시작했다. 베토벤이 시대를 초월하는 보편적 존재가 된 것이다. 1770년에 태어난 베토벤은 1801년과 1819년에 예술적 재탄생을 경험했고, 1827년에 사망한 이후 전혀 다른 차원의 명성을 얻었다. 탄생 100주년인 1870년, 서거 100주년인 1927년, 탄생 200주년인 1970년에 베토벤은 재해석되었다. 또한 2020년에 탄생 250주년을 맞이했고, 2027년에는 서거 200주년을 맞이하면서 그의 이야기는 끊임없이 다시 쓰이고 있다. 베토벤의 인기는 지금껏 하락이나 변동이 전혀 없었으며, 지난 200여 년간 그의 명성은 줄곧 높아지기만 했다.

새롭게 재해석되는 천재는 베토벤만이 아니다. 레오나르도, 셰익스피어, 뉴턴, 아인슈타인도 마찬가지다. 이들 중 누구도 사후 수십 년, 심지어 몇 세기 뒤에 자신이 어떤 모습으로 기억될지는 상상하지 못했을 것이다. 가장 최근 인물인 아인슈타인도 예외가 아니다. 1879년에 태어나 1955년에 사망한 그는 여전히 진화하고 있다. 그의 생애에서 두 번의 과학적 재탄생, 즉 기적의 해가 1905년과 1915년에 찾아왔다. 1979년에 전 세계 물리학자들은 아인슈타인 탄생 100주년을 기념했다. 2005년에는 아인슈타인의 창조성 폭발의 해 100주년을 기념하기도 했다. 그리고 2015년에는 아인슈타인의 대표작 일반 상대성이론 발표 100주년 기념식도 열렸다. 일반 상대성이론의 응용 범위가 확장되면서 천재의 대명사인 그의 명성은 한층 더 거대해졌다. 1999년 〈타임〉은 과학을 대표하는 존재인 아인슈타인을 '20세기의 인물'로 선정했다. 하지만 그의 이야기가 새롭게 쓰이면서 뛰어난 재능에 가려진 인간적 결함도 차츰 드러났다. 오늘날 대중은 아인슈타인을 사회의식을 가진 천재, 바이올린을 연주하는 평화주의자, 자유로운 연애주의자, 원주율의 날인 3월 14일($\pi=3.14$)에 태어난 인물로 기억한다.

　이렇듯 불멸의 경지에 오르는 것은 셰익스피어의 〈소네트 18〉과 〈소네트 65〉의 주제이기도 하다. 이중 더 잘 알려진 〈소네트 18〉에서 셰익스피어는 연인의 아름다움과 여름날의 아름다움을 비교하는데, 영국의 여름은 1년 중 거의 완벽하게 온화하고 쾌적한 계절이다. 변치 않은 영원한 것과 잠깐 스쳐가는 덧없는 것을 비교하는 이 시에서 시인은 완벽한 여름날의 아름다움보다 훨씬 더 감미롭고 매혹적인 연인의 아름다움을 찬미한다. 그러나 연인도 여름도 실은 모두 찰나일 뿐이다. 반면 셰익스피어의 시는 그들 모두를 뛰어넘어 그 둘의 아름다움을 영원히 전할 것이다. 이제 이 시의 화자를 다섯 천재 중 한 명으로 가정하고, 연인은 그의 예술적 걸작 또는 과학적 걸작의 은유라고 상상해보자.

> 내 그대를 여름날과 비교해 볼까?
>
> 그대가 더 사랑스럽고 더 온화하나니,
>
> 거센 바람은 5월의 어여쁜 꽃봉오리를 흔들고,
>
> 여름을 빌린 기간은 너무도 짧으며,
>
> 가끔은 햇살이 너무 뜨겁게 내리쬐고,
>
> 종종 그 금빛 얼굴은 흐려지며,
>
> 모든 아름다움은 언젠가는 아름다움을 잃노라,
>
> 우연이든 자연의 변화 때문이든.
>
> 그러나 그대의 영원한 여름은 시들지 않고,
>
> 그대가 가진 아름다움도 사라지지 않으며,
>
> 그대가 죽음의 그늘 속을 떠돌 일도 없으리니,
>
> 그대를 담은 이 영원한 시구가 있으므로.
>
> 인간이 숨을 쉬고, 세상의 눈이 살아 있는 한,
>
> 이 시가 오래 남아 그대에게 생명을 불어넣으리니.

역사상 가장 위대한 작가로 누구나 인정하는 셰익스피어는 이 시를 쓰고 나서 앞으로 어느 누구도 인간의 감정을 이보다 더 훌륭하게, 더 효과적으로 전하지 못할 것을 알았으리라. 임종의 순간에 베토벤은 주먹을 불끈 쥐고 침실 밖에서 울려 퍼지는 우레 소리를 향해 외쳤다. '나는 내가 예술가라는 걸 안다!' 과연 그는 자신이 타의 추종을 불허하는 작곡가라는 사실을 몰랐을까? 모나리자의 눈을 통해 관람객들을 바라보는 레오나르도 속내는 어떤가. '아무리 찾으려 한들, 나는 여기까지만 그대와 교감하고 나머지는 남겨둘 것이다. 그대가 영원히 모를 비밀을 아는 것이 내 운명이니.' 이것이야말로 불가사의한 혁명적 천재들이 남긴 불멸의 창조물이 전하는 궁극의 메시지일 것이다.

감사의 말

《천재백서》처럼 폭넓은 주제를 다루는 책은 다양한 분야 전문가들과의 논의가 도움이 될 거란 점이 처음부터 분명했다. 미술, 음악, 문학, 의학, 생리학, 심리학, 물리학, 공학, 수학, 천문학, 역사, 종교 등등. 실제로 이들 분야에서 하나 이상을 전공한 여러 친척과 친구들이 각자 분야에 해당하는 부분을 감수해주었고, 전체 원고를 봐준 이들도 많았다. 그들은 유능한 조언자가 되어주었고, 중요한 조언도 자주 해줬으며, 이 프로젝트에 국제적인 색채도 가미해 주었다. 출간된 책에 등장하는 모든 실수의 책임은 전적으로 나에게 있다.

음악(베토벤)

아스펜 뮤직 페스티벌 앤 스쿨의 회장 앨런 플레처와 루트거스 대학 음악과 교수 더그 존슨, 이들 두 사람 덕분에 베토벤을 이해할 수 있었다. 생업은 물리학자이고 부업은 바이올리니스트인 엘런 브라운은 내가 물리학을 가르친 최고의 학생이었지만, 나는 그녀가 바이올린을 가르친 최악의 학생이었다. 재능 있는 트럼펫 연주자이자 유람선 공연 디렉터인 래피얼 더크슨은 뛰어난 음악적 통찰로 특히 재즈와 고전음악을 잘 비교해주었다. 버지니아에서 피아노를 가르치는 제이미 샘플은 음악 이론의 다양한 면면을 알려주었다. 한국 태생의 민권, 러시아 태생의 스베틀라나 스몰리나, 튀르키예 태생의 나키 아타만, 세 사람 모두 세계적인 피아니스트로서 음악 공연에 대한 나의 질문에 친절히 답해주었다.

문학(셰익스피어)

에마 스미스는 옥스퍼드 대학교의 셰익스피어 연구 교수이자 내가 이론물리학 강의를 했던 허트퍼드 칼리지의 펠로우다. 또한 내가 가장 좋아하는 셰익스피어 연구서 《이것이 셰익스피어다》(2019)의 저자이기도 하다. 휘트 모건은 버지니아 주 알렉샌드리아 이피스코펄 고등학교의 훌륭한 영어 교사로, 초기에 셰익스피어 작품에 대한 조언을 해주었다. 그녀는 옥스퍼드 대학 세인트 에드먼드 홀에서 수년간 셰익스피어 여름 워크숍을 지도했다.

기술과 공학

둔다르 코카오글루는 이스탄불에서 공학을 전공하고 미국으로 건너와 피츠버그 대학에서 당시 떠오르던 기술공학 관리 분야에 뛰어들었다. 이후 오리건 주 포틀랜드 주립대학에서 발전소 프로젝트를 진행하며 해당 분야의 선두주자로 자리 잡았다. 나는 포틀랜드 국제 기술공학 관리 센터PICMET에서 열린 여러 차례 학술회의에서 그와 나눈 수많은 대화에 큰 신세를 졌다. 둔다르는 이 원고를 읽고 유용한 제안을 많이 해주었다. 인도 태생의 발라 물로스는 버지니아 대학교 프랭크 배튼 리더십 및 공공정책 대학원 교수이자 기술 관리 분야를 전공한 엔지니어다. 인공지능과 미래 기술에 관해 그와 나눈 많은 대화에 감사한다.

2001년에 노르웨이 예술가 베비욘 산드는 레도나르드 연구에 크게 기여했다. 레오나르도가 이스탄불에 다리 건설을 제안하고 500년이 지난 시점에 산드는 그 다리의 축소판을 오슬로 근처에 건설하는 프로젝트를 주도했다. 당시 나는 그를 몰랐지만, 2006년에는 친구 사이가 되었다. 레오나르도가 처음 의도했던 장소에 원래 크기의 다리를 건설하는 국제적 프로젝트 제안서를 들고 내가 이스탄불에 가면서 친해졌다. 아쉽게도 이 프로젝트는 무산되었는데, 레오나르도의 많은 프로젝트가 실현되지 못한 것과 마찬가지였다. 지속적으로 고견을 들려준 산드에게 감사를 전한다.

앙드레 뷔스는 프리토리아 대학 공학과 명예교수다. 2005년에 나는 레오나르도가 뉴턴보다 1960년 먼저 반사망원경을 설계하고 제작했을 수 있다는 가설을 제기했다. 앙드레는 나의 추측을 검증하기 위한 2년간의 프로젝트에 돌입했다. 그는 렌즈와 거울 연마기를 비롯한 광학기기 설계를 위해 레오나르도가 그린 도면과 기록을 추적해,

이 책에서 소개한 실제로 작동하는 반사망원경을 제작했다. 알링턴 텍사스 대학교 산업 스시템 공학과 교수 제이미 로저스는 고맙게도 내 원고를 읽고 이 책 에필로그의 주제인 현대 기업가정신에 대해서 조언해 주었다.

8명의 '연속 혁신가들'의 창의성을 분석한 뛰어난 연구서《괴짜들의 비밀》의 저자 멜리사 실링은 뉴욕 대학교 스턴 경영대학 경영조직과 교수이자 기술혁신 분야 전문가로 유명하다.

신경과학, 정신의학, 심장학을 비롯한 의학

아널드 루드윅은 저명한 정신의학자이자 평생을 학문에 바친 연구자, 왕성한 저술가로서 나의 막연한 벗이다. 나의 생각은 그의 저서 두 권을 통해 더욱 공고해졌다. 창조성과 광기의 관계 탐구는 학계뿐만 아니라 정신 병원과 교도소에서 환자들을 치료한 그의 경험과 연구에서 영감을 받은 것이다. 또 다른 저명한 정신의학자로서 CIA 정치적 행동 및 성격 분석 연구소를 설립한 제롤드 포스트도 나의 좋은 친구였다. 그는 2020년 코로나19에 감염되어 세상을 떠났다. 루드윅처럼 그 역시 많은 책을 썼으며, 유작《위험한 카리스마》는 나의 사고에 영향을 미쳤다. 제이넬 카르치오글루는 버지니아 대학교의 저명한 안과 외과의로서 열렬한 예술 애호가다. 우리는 여러 차례 대화를 나누었으며, 특히 안과 질환이 화가들에게 끼치는 영향에 대해 논의했다. 심리학자이자 신경과학자인 크리스토퍼 타일러는 열렬한 애술 애호가로서 나의 20년 지기다. 그는 화가가 대상을 보고 작품에 표현하는 방식의 상관관계에 대해 매우 독창적인 연구를 했다. 마지막으로 심리학자 로이 와인스톡과 교육자인 로라 와인스톡은 팬데믹 기간에 우리와 함께 지내며 인간 심리에서부터 종교 역사에 이르기까지 폭넓은 대화를 나누고 끊임없이 정보를 제공해 주었다.

프랜시스 웰스는 케임브리지 대학교 로열 팹워스 병원의 저명한 흉부외과 교수다. 지난 20년 동안 웰스 박사는 레오나르도의 작업 방식에 영감을 받아 인간 심장의 승모판 복구 수술을 성공적으로 수행해왔다. 내 아들 마이클 아탈라이는 브라운 대학교 앨버트 의과대학 교수이자, 존스 홉킨스 대학과 프린스턴 대학을 졸업한 심장 영상 전문의다. 이 책을 집필하는 동안 물리학과 의학 분야에서 귀중한 조언을 해주었다.

기초과학, 수학, 역사

애디 만은 이스라엘 하이파의 이스라엘 공과대학(테크니온) 물리학과 명예교수로, 일류 이론물리학자이자 수학자이면서 역사와 예술에도 조예가 깊은 진정한 박식가다. 우리는 옥스퍼드 대학교 이론물리학과 박사과정을 마치고 루돌프 파이에를스 밑에서 연구원으로 일하던 1970년대부터 막역한 벗이었다. 애디가 같은 연구실을 쓰며 이론물리학 논문 10편의 공동 저자가 된 것은 내겐 행운이었다. 애디는 이 책의 원고 전체를 읽어주었다. 그의 조언과 지혜에 대해서는 아무리 감사해도 부족하다. 테레사 라킨은 워싱턴 D. C. 아메리칸 대학교 물리학과 교수로, 물리학 교육 연구와 여성 과학자 양성 및 교육에서 독보적인 인물이다. 나는 그녀의 학생들을 상대로 객원 강의를 하면서 이 책의 주제들을 현장에서 자주 논의했다. 기술적 문제에 엄청난 도움을 준 또 다른 물리학자 친구는 1997년 노벨 물리학상 수상자 윌리엄 D. 필립스다. 그를 세계에서 '가장 훌륭한 실험실들(the coolest labs, '가장 차가운 실험실'이라는 뜻도 된다)'을 운영한 인물로만 설명하는 것은 지나치게 절제된 표현이다. MIT, 미국 국립표준기술연구소NIST, 메릴랜드 대학교, 옥스퍼드 대학교에서 다양한 연구를 해온 그는 특유의 냉각 포획 기술을 이용해 우주 공간의 3K보다 수십억 배 낮은 온도를 달성했다. 케임브리지 트리니티 칼리지 학장, 왕실 천문학자, 왕립학회 회장을 역임한 마틴 리스는 저명한 우주과학자로서 로버트 오펜하이머처럼 대규모 과학 프로젝트 책임자이기도 하다. 2010년과 2011년에 리스는 내가 렌 도서관에서 뉴턴의 개인 장서를 연구하고 런던 왕립학회를 방문할 수 있도록 배려해 주었다.

전반적 조언과 지지

스티브 마이어스는 자신을 '태생은 영국인, 선택은 미국인'이라고 소개한다. 기업가이자 국제 경영 전문가, 정부 공공 정책 자문인 그는 한때 마거릿 대처 총리의 연설문 작성자였다. 런던 대학과 두 신학교(유대교와 성공회)를 졸업한 스티브는 교회와 영국 역사에 정통한 인물이다. 또한 취미로 고전음악을 연구하며 버지니아 대학교 라디오 방송국WTJU에서 클래식 음악 디렉터로 활동했다. 스티브는 이 책의 원고를 처음부터 끝까지 읽고 수많은 제안을 해주었다. 현대 출판업의 여러 분야에 관해 귀중한 조언을 해준 프린스턴 대학 출판부 전 수석 편집자 앨리스 캘러프라이스와 내셔널 지오그래픽 북스에 다니는 친구 페니 대키스에게도 고마움을 전한다.

내가 키스 웝슬리를 처음 만난 것은 2000년에 대학원 강의를 할 때였다. 현재 그는 버지니아 주의 한 사립 고등학교에서 인문학을 가르치고 있지만, 중등 교육 과정의 모든 과목을 비롯해 학부와 대학원 수준의 수업도 대부분 가능하다. 그는 나의 첫 책《수학과 모나리자》(스미스소니언 북스, 2004)의 교정 편집을 맡았으며, 나와 함께《레오나르도의 우주》(내셔널 지오그래픽, 2009)를 공동 집필했다. 키스는 이 책의 전체 원고를 읽고 끝까지 믿음직한 조언을 아끼지 않았다.

《천재백서》원고를 읽고 월터 아이작슨이 내게 이메일을 보냈다. '이 책을 읽으며 멋진 시간을 보냈습니다. 축하합니다. 이 작품은 하나의 승리이며, 제가 연구한 인물들에 대해서도 아주 많은 것을 배웠습니다.' 아이작슨은 우리 시대 최고의 전기 작가로, 그의 저서들은 나의 연구에 중요한 참고 자료였다. 이 책 표지에 아낌없는 찬사를 실어준 그에게 한없이 감사할 따름이다.

스미스소니언 북스의 전 디렉터 도널드 페어가 나의 출판 에이전트인 것은 행운이었다. 나는 그의 소개로 페가수스 북스의 부대표이자 편집장인 제시카 케이스를 만났으며, 그녀와 함께 즐겁게 작업했다. 법률 자문과 전반적인 조언을 해준 평생의 친구이자 변호사인 워싱턴 D. C.의 마셜 마이어스와 메릴랜드 크로프턴의 데니스 머레이에게도 크나큰 마음의 빚을 졌다.

가족

마지막으로, 이 책을 쓰면서 내게 가장 큰 영감을 준 것은 가족이었다. 아내 캐럴 진, 딸 지넌과 사위 마이크 하비, 아들 마이클과 며느리 엘리자베스를 비롯해 내 손주들 딜라일라, 아멜리아, 알렉산더, 이사벨, 소피아, 재커리에게 감사한다. 다들 내셔널 지오그래픽과 스미스소니언, 유람선에서 내가 강연할 때 자주 참석해주었으며, 훌륭한 조언자이자 비평자로서 큰 도움을 주었다. 이들 대부분은 세계를 돌아다니며 여행을 사랑하게 되었고, 위대한 예술과 과학을 보는 심미안을 키웠다. 누구보다도 특히 아내 캐럴 진에게 고마움을 전한다. 그녀는 내 원고를 읽고 또 읽으면서 종종 '적을수록 좋아!'라고 지적했는데, 그 말을 좀 더 귀담아들었어야 했다.

주해

프롤로그

1. Bulent Atalay, *Math and the Mona Lisa: The Art and Science of Leonardo da Vinci* (Smithsonian Books/HarperCollins, 2004). Bulent Atalay and Keith Wamsley, *Leonardo's Universe: The Renaissance World of Leonardo da Vinci* (National Geographic Books, 2009)

2. Aaron Copland, *What to Listen for in Music* (Penguin, 1957).

3. Leonard Bernstein, *The Unanswered Question: Six Talks at Harvard* (The Charles Eliot Norton Lectures, 1972~1973) (Harvard University Press, 1981).

4. Sherwin Nuland, *Leonardo da Vinci* (Penguin Books, 2002).

5. 앙드레 뷔스는 남아프리카공화국에서 아파르트헤이트 폐지 이후 자국의 비핵화 과정을 주도했다. 이 사건은 역사적으로 핵무기 프로그램이

해체된 유일한 사례이다.

6. Eugene Wigner, reprinted from *Communication Pure and Applied Mathematics*, 13, no. 1 (February 1960).

7. Subrahmanyan Chandrasekhar, *Truth and Beauty* (University of Chicago Press, 1987), lecture 3, "Shakespeare, Newton, and Beethoven, or Patterns of Creativity," 29–58.

1. 긍정적 특성과 부정적 특성

1. Arthur Koestler, *The Act of Creation* (Pan Books, Ltd., 1964), 708.

2. 몇 년 전까지는 100,000개가 넘는다고 추정됐지만, 최근에 20,000개 정도로 줄었다.

3. 네덜란드 신경과학자 다니엘러 포스튀마는 통계 유전학 연구를 선도하는 학자로, 암스테르담 자유대학교에서 복합 형질 유전학과 교수이자 대학 연구 석좌 교수를 맡고 있다.

4. Ann Gibbons, "Hundreds of New Genes May Underly Intelligence—ut Also Autism and Depression," *Science Magazine*, June 25, 2018.

5. 컴퓨터 아키텍처는 컴퓨터 시스템의 기능과 구성, 구현을 설명하는 일련의 규칙과 방법이다.

6. Isaac Newton, *Philosophia Naturalis Principia Mathematica* (Royal Society of London, 1687). 이 책은 세 권으로 이루어져 있다. '프린키피아(Principia)'에서 라틴어 'c'의 발음은 'k(ㅋ)'로 난다.

7. Niall Ferguson, Civilization: *The West and the Rest* (Penguin Books, 2011).

8. William Wordsworth, *Residence at Cambridge: The Prelude, or, Growth of a Poet's Mind* (1850), book 3, 57–58.

9. Arthur I. Miller, *Einstein, Picasso: Space, Time, and the Beauty that Causes Havoc* (Basic Books, 2001).

10. 한때 아인슈타인의 조수였던 베네시 호프먼은 이렇게 말했다. '그가 뉴턴 이후 가장 위대한 물리학자라는 사실만 아니면, 과학자가 아니라 과학 예술가로 볼 사람도 있을 것이다.' Manjit Kumar, *Quantum: Einstein, Bohr, and the Great Debate about the Nature of Reality* (W. W. Norton, 2010), 237.

11. 뉴턴과 베토벤의 유사성을 처음 거론한 책은 J. W. N. Sullivan, *Beethoven: His Spiritual Development* (Mentor Books, 1927)이다.

12. Lecture by Prof. Glen Wilson, Gresham College Lecture, Sheldonian Theater. https://www.youtube.com/watch?v=Nje--J7fsfw.

13. James C. Kaufman, *Creativity and Mental Illness* (Cambridge University Press, 2014).

14. Arnold M. Ludwig, *The Price of Greatness: Resolving the Creativity and Madness Controversy* (Guildford Press, 1995).

15. Albert Rothenberg, *Creativity and Madness* (Johns Hopkins University Press, Baltimore, 1990).

16. Roger Dobson, "Creative Minds: The Links Between Mental Illness and Creativity," *Independent*, May 5, 2009, https://theeveningrednessinthewest.word-

press.com/2009/05/16/seneca-there-is-no-great-genius-without-a-tincture-of-madness/.

17.John Nash, "American Experience," PBS. http://www.pbs.org/wgbh/amex/nash/peopleevents/p_jnash.html.

18.〈트렌딩 포스트〉에 따르면, 아인슈타인을 비롯해 벤저민 프랭클린, 찰스 다윈, 빌 게이츠 그리고 모든 우주비행사의 4분의 1이 왼손잡이였다. *https://trendingposts.net/trending-news/left-handed-people-facts/*.

19.흔히 브로드 연구소로 불리는 MIT 하버드 일라이 & 에디스 L. 브로드 연구소는 매사추세츠 주 케임브리지에 위치한 생의학 및 게놈 연구 센터이다.

20.이 대규모 연구는 거의 48만 명을 대상으로 진행되었으며, 이 중 40만 8천 명은 영국 바이오뱅크에서, 나머지는 유전자 검사 서비스 '23andMe'에서 제공되었다. 2018년 연구에서 발표된 네 가지 표지 유전자는 #7, #11, #12, #15였다. 이 연구는 '전장 유전체 연관 분석'이라는 빅데이터 기법의 한 사례이다.

- Michael Price, "Giant Study Links DNA Variants to Same-Sex Behavior," *Science*, October 20, 2018.

- Pam Belluck, "Many Genes Influence Same-Sex Sexuality, Not a Single "Gay Gene," *New York Times*, August 29, 2019.

- Lyndsey Bever, "There's No One 'Gay Gene,' but Genetics are Linked to Same-Sex Behavior, New Study Says," *Washington Post*, August 29, 2019.

21.Akira Wiberg et al., "Handedness, Language Areas and Neuropsychiatric

Diseases: Insights from Brain Imaging and Genetics," *Journal of Neurology*, September 5, 2019. https://academic.oup.com/brain/advance-article/doi/10.1093/brain/awz257/5556832.

22. C. W. Tyler, "Evidence That Leonardo da Vinci Had Strabismus," *Journal of Ophthalmology*, October 18, 2018. 크리스토퍼 타일러는 내가 오랫동안 존경해온 친구이자, 나처럼 레오나르도 마니아이다.

23. Nick Zagorski, "Music on the Mind," *Hopkins Medicine* (Spring-Summer 2008): 18–1.

24. James Gleick, *Isaac Newton* (Vintage Books, 2003).

25. J. Ruthsatz and J. B. Urbach, "Child Prodigy: A Novel Cognitive Profile Places Elevated General Intelligence, Exceptional Working Memory and Attention to Detail at the Roots of Prodigiousness," *Science Direct* 40, no. 5 (September-October 2012): 419-26. http://scottbarrykaufman.com/wp-content/uploads/2012/07/Ruthsatz-Urbach-2012.pdf.

26. JoAnna Klein, "How Pasteur's Artistic Insight Changed Chemistry," *New York Times*, January 14, 2017.

27. 개인적으로 배리 마셜은 내가 알고 지낸 노벨상 수상자 29명 중 한 사람이다. 그는 1989년부터 1991년까지 버지니아 대학교 의과대학에서 나를 치료해준 위장병 전문의였다.

28. Kush Agrawal, "The First Catheterization," *Hospitalist*, December 6, 2006. https://www.the-hospitalist.org/hospitalist/article/123249/first-catheterization.

29. Claudia Kalb, *Spark Ignites from Child Prodigies to Late Bloomers*, (National

Geographic Books, 2021).

30. Louisa Gilder, "Quantum Leap," *New York Times*, September 8, 2009.

2. 다중 지능

1. Howard Gardner, *Frames of Mind: The Theory of Multiple Intelligences*, (Basic Books, 1983).

2. Howard Gardner, *Multiple Intelligence* (Basic Books, 1993).

3. Banesh Hoffmann and Helen Dukas, *Albert Einstein: Creator and Rebel* (Viking Press, 1972).

4. Banesh Hoffmann, *The Tyranny of Testing* (Collier, 1964).

5. Andrew Hodges, *Turing: The Enigma* (Walker & Co., 2000 edition) 212.

6. 아널드 루드윅, 개인적 대화.

7. Lena Groeger, "When High IQs Hang Out," *Scientific American*, November 1, 2012.

8. Anthony Rothenberg, *Creativity and Madness New Findings and Old Stereotypes* (Johns Hopkins University Press, 1994).

9. 뛰어난 음악가로 성장한 바흐의 아들들은 칼 필리프 에마누엘 바흐, 빌헬름 프리데만 바흐 그리고 요한 크리스티안 바흐였다.

10. 엘리스 마살리스는 2020년 봄에 코로나19에 감염되어 별세했다. 그의

아들 중 가장 유명한 뮤지션인 윈튼 마살리스는 재즈와 클래식을 아우르는 천재 음악가이다. *New York Times*, April 2, 2020.

11. 알브레히트 뒤러가 28세에 그린 자화상은 뮌헨 알테 피나코텍에 전시되어 있다. 이 자화상의 매우 훌륭한 복제품은 다음 기사에서 볼 수 있다. Jason Farago, "Seeing Our Own Reflection in the Birth of Self-Portrait," *New York Times*, September 25, 2020.

12. 두 소녀의 부모님은 필자의 친구로, 두 분 모두 건축가이다.

13. Graham, Elyse, "Adventures in Fine Hall," *Princeton Alumni Weekly*, January 2018. https://paw.princeton.edu/article/adventures-fine-hall.

3. 시대정신 요소

1. 1960년 9월 13일자 〈뮤지컬 아메리카〉에 실린, 존 케네디가 테오데이트 존슨에게 보낸 답장. 1960년 대선을 앞두고 존슨은 두 대통령 후보에게 예술에 대한 견해를 묻는 서신을 보냈다.

2. James Gleick, *Isaac Newton* (Pantheon Books, 2003)에 나온 표현이다.

3. 다국적 기업 솔베이 화학은 1863년 벨기에 브뤼셀에서 에르네스트 솔베이와 알프레드 솔베이 형제에 의해 설립되었다. 1927년 회의에 참석한 이들이 회의장을 나서는 장면을 담은 어빙 랭뮤어가 촬영한 3분 길이의 흥미로운 동영상은 다음 사이트에서 볼 수 있다. https://www.youtube.com/watch?v=8GZdZUouzBY followed by photo of 1911 conference:https://www.youtube.com/watch?v=ueqVVa4iA24.www.FreeScience-Lectures.com.

4. 박물관 음성 해설. Glenn Close, *Verrocchio: Painters and Sculptors of Renaissance Florence* (National Gallery of Art, 2019).

5. 〈소네트 77〉의 첫 4행.

6. 존 F. 케네디의 취임 연설을 들어보라. https://upload.wikimedia.org/wikipedia/commons/d/d5/JFK_inaugural_address.org.

7. 케네디 정부에서 제안한 소수 민족 시민권 향상 캠페인은 JFK의 후임자 린든 베인스 존슨 정부에서 더욱 발전하였다. 제36대 미국 대통령 존슨은 상원에서 다수당이던 민주당 원내대표로 활동하다 JFK의 부통령이 된 정치 달인이었다. 텍사스 출신의 이 거물 정치인은 필요한 표를 얻기 위해서라면 팔을 비틀거나, 달래거나, 위협하는 등 수단과 방법을 가리지 않는 효과적인 '흥정' 능력을 발휘했다.

8. 원래는 Suetonius, *The Lives of the Twelve Caesars* (Loeb Classical Library, 1913)에 나오는 티베리우스 황제의 말이다. 제퍼슨은 1718년판을 갖고 있었다. 제퍼슨이 한 말은 여러 가지 형태로 존재한다.

9. 2020년 버지니아 주 메리 워싱턴 대학에 진행된 윌리엄 크롤리의 '위대한 생애' 시리즈 강연.

4. 예술사의 특이점

1. 외향성 건물: 강철 빔이 사용되기 전에는 넓고 평평한 천장과 거대한 지붕을 내벽이나 기둥으로 떠받쳤다. 파르테논 신전의 내부 둘레는 숲 같은 기둥들이 늘어서 있었다. 하지만 외부에서 보면 이 건축물은 비할 데

없는 조화와 아름다움이 느껴졌다.

2. 이 그림들의 사본은 현재 나폴리 고고학 박물관에 전시되어 있다.

3. Herve Merliac, "Christo, Artist Who Wrapped Festoon on an Epic Scale, Dies at 84," *New York Times*, May 31, 2020.

4. 맬컴 아널드(1921~2006)은 영국의 작곡가이자 트럼펫 연주자였다.

5. Nicols Slonimsky, *Slonimsky's Book of Musical Anecdotes.* (Schirmer Books, 1998).

6. 〈피너츠〉의 이 에피소드는 1952년 2월 22일에 실렸다.

7. Scott Burnham, "The Four Ages of Beethoven: Critical Reception and the Canonic Composer," *in The Cambridge Companion to Beethoven*, ed. Glenn Stanley (Cambridge University Press, 2000), 272–91.

8. Aaron Copland, *What to Listen for in Music* (McGraw-Hill, 1939).

9. Aaron Copland, *What to Listen for in Music*, 28.

10. 하워드 챈들러 랜던(1926~2009)은 미국의 음악학자이자 저널리스트, 역사학자, 보스턴의 방송인이었다. bit.ly/3kfolQh.

11. 번스타인이 한 이 말은 T. 터커의 블로그에 실렸다. "Leonard Bernstein: From Mahler to the Beatles," *Culture Club*, December 1, 2009.

12. 강연에 나선 세 사람은 《브루넬레스키의 돔》과 《최후의 만찬》의 저자 로스 킹과 '더 티칭 컴퍼니'의 진행자이자 역사학자인 윌리엄 쿡 그리고 필자였다.

13. 앨런 플레처는 아스펜 뮤직 페스티벌 앤 스쿨의 회장이자 CEO이다. 또한 미국에서 가장 성공한 음악 행정가이면서 존경 받은 작곡가이기도 하다. 2006년 아스펜 연구소에 합류하기 전까지 카네기 멜론 대학 음악 교수이자 음악대학 학장으로 재직했고, 뉴잉글랜드 음악원에서 교무처장 및 수석 부총장을 역임했다. 1956년 뉴저지에서 태어난 그는 프린스턴 대학에서 학사 학위를 받았고(1978), 줄리어드 음대에서 석사 학위와 박사 학위를 취득했다(각각 1979, 1983).

14. Robert Haven Schauffler, *Beethoven: The Man Who Freed Music* (Tudor Publishing Co., 1955).

15. Donald Grout and Claude Palisca, *A History of Western Music*, 4th ed. (W. W. Norton, 1968).

16. Alex Ross, "Deus Ex Musica," *New Yorker*, October 14, 2014.

17. Scott Burnham, "The Four Ages of Beethoven: Critical Reception and the Canonic Composer," in *The Cambridge Companion to Beethoven*, ed. Glenn Stanley (Cambridge University Press, 2000), Op. Cit.

18. 주요 주제를 제시하고, 기본 조성을 확립하며, 부조로 전조하는 부분.

19. 일반적으로 더 짧은 이 중간 부분은 전조가 더 자주 일어나 비교적 덜 규정된 성격을 갖는다. 독일 음악용어 두르히퓌룽(Durchführung, '이끈다'는 의미)이 전개부의 의미를 더 명확히 보여주는데, 좋은 작품에서는 이 부분뿐만 아니라 전체적으로 악상이 계속 발전한다.

20. '이 역시 오해를 부르는 용어다. 전개부의 불확실한 조성 영역이 끝난 뒤 대개 아주 극적으로 제시부의 음악으로 돌아간다. 하지만 제시부에는

전조가 이뤄졌고 재현부는 반드시 본조로 끝나야 하므로 여러 주변 요소들이 변한다. 또한 본조로의 회귀를 강조하기 위해 코다(꼬리)가 추가될 수도 있다. 베토벤은 〈교향곡 제5번〉 1악장의 코다가 가장 뚜렷한 사례이다.' 앨런 플레처.

21. Edmund Morris Beethoven: *The Universal Composer*, Emminent Lives (Harper Perennial, 2020).

22. "Bela Bartok—he Golden Ratio in Music," ETH Zurich, https://bit.ly/3J67Bte.

23. "Music of the Heart," *Oxford Today*, Michaelmas term, 2015. 맨체스터에서 열린 영국 심혈관 학회 회의에서 피터 슬레이트 교수가 발표한 연구 결과 보고

24. Peter Sleight et al., "Dynamic Interactions Between Musical, Cardiovascular, and Cerebral Rhythms in Humans," *Circulation American Heart Association Journal*, June 29, 2009.

25. Beethoven's influence on other composers, Classic FM, Digital Radio 100–02 FM, https://www.classicfm.com/composers/beethoven/guides/beethoven-legacy/.

26. "Artistic Maturity (1805~1815)," *All About Ludwig van Beethoven*. http://www.all-about-beethoven.com/beethovenmature1.html.

27. Robert Greenberg, *Great Masters: Beethoven-His Life and Music*. CDs and Guidebook. Course No. 755 (2001).

28. 〈바이올린 협주곡 D장조〉는 팀파니(큰북)를 부드럽게 내 번 타격하며 시작하는데, 팀파니를 오케스트라에 도입한 것은 이 곡이 처음이었다.

1806년에 초연될 당시, 한 작가는 이 작품을 가리켜 '팀파니를 위한 협주곡'이라고 비꼬았다.

29. 베토벤의 〈교향곡 제9번〉에 대한 레너드 번스타인의 분석. YouTube: https://www.youtube.com/watch?v=n174gyZkf-U.

30. 잉글랜드–아일랜드계였던 브론테 집안에는 처음에 일곱 아이가 태어났다. 첫째 엘리자베스와 마리아는 두 달 간격으로 각각 10살과 11살에 숨을 거두었다. 에밀리와 앤은 1848년에 여섯 달 간격으로 사망했다. 모두 결핵이 원인이었다.

31. 10,000명이 부른 〈환희의 송가〉. YouTube: https://www.youtube.com/watch?v=xBlQZyTF_LY.

32. 베토벤의 교향곡에서 확장된 코다. http://wafflesatnoon.com/beethovens-expansion-of-the-symphonic-coda/.

5. 킹콩과 원숭이들

1. William Shakespeare, *Twelfth Night*, act 2, scene 5.

2. Edwin Wilson, ed., *Shaw on Shakespeare.* http://www.halleonard.com/product/viewproduct.action

3. Stephen Booth, *Shakespeare's Language and the Language of Shakespeare's Time* (Cambridge University Press, 1997).

4. Leo Nikolayevich Tolstoy, *Tolstoy on Shakespeare: A Critical Essay on Shakespeare & Katia* (Critical Space Publishing, 2016).

5. 바실리 보트킨에게 보낸 편지.

6. Michael Wood, *In Search of Shakespeare*.

7. William Shakespeare, *Henry VI*, part 3, act 1, scene 4.

8. Michael Wood, *In Search of Shakespeare*.

9. Robert McCrum, "Who Really Wrote Shakespeare?" *Guardian*, March 13, 2010.

10. Elizabeth Winkler, "Was Shakespeare a Woman?" *Atlantic Monthly*, June 7, 2019.

11. https://en.wikipedia.org/wiki/Late_string_quartets_(Beethoven).

12. Emma Smith, *This is Shakespeare* (Pelican, 2019).

13. Alex Ross, *Wagnerism: Art and Politics in the Shadow of Music* (Farrar, Straus and Giroux, 2020). Book review by John Adams, "From George Eliot to Neo-Nazi Skinheads: The Chaotic Cult of Richard Wagner," *New York Times*, September 16, 2020. https://www.nytimes.com/2020/09/16/books/review/wagnerism-alex-ross.html.

14. 그는 이 분야들이 생기기 300년 전에 이미 응용 심리학자이자 정신과 의사, 정신분석가, 심리치료사였으며, 이후에 등장한 그 어떤 학자들보다도 뛰어났다.

15. 제롤드 포스트는 CIA의 심리 분석 센터의 설립자이자 책임자로 21년 동안 활약했다. '위험한 카리스마'라는 표현은 그의 유작 제목에서 빌려온 것이다. 제롤드 포스트는 2020년 11월 22일에 코로나19 합병증으로 사망했다.

16."영어는 셰익스피어에게 큰 빚을 지고 있다. 그는 명사를 동사로, 동사를 형용사로 바꾸고, 개별 단어들을 묶어 합성어를 만들고, 접두사와 접미사를 추가하고, 전혀 새로운 단어들을 만들어내어 오늘날 익숙한 1700개가 넘는 일상 어휘를 창조했다." http://www.shakespeare-online.com/biography/wordsinvented.html.

17.Harold Bloom, Falstaff: *Give Me Life* (Scribner, 2017), 6.

18.S. Chandrasekhar, "Truth and Beauty," Nora and Edward Ryerson Lecture (University of Chicago Record, 1974~1975); William Shakespeare, *The Taming of the Shrew*, act 1, scene 2.

19.Sonnet 80.

20.Christopher Shea, "New Oxford Shakespeare Edition Credits Christopher Marlowe as a Co-author," *New York Times*, October 24, 2016.

21.William Shakespeare, Sonnet 18.

22.Morris Kline, *Mathematics in Western Culture* (Oxford University Press, 1964), 234.

23.John Wiltshire, La Trobe University, Melbourne. Author of *Jane Austen and the Body* (Cambridge University Press, 1992) and *Recreating Jane Austen* (Cambridge University Press, 2001).

24.Nicholas Dames, "Jane Austen Is Everything," *Atlantic Monthly*, September 2017.

25.YouTube, "Emma Smith: Building the Shakespeare Brand—arketing the Theater in the Elizabethan Period." https://www.youtube.com/watch?v=t0pfvi-GLOEM.

26.Mihir A. Desai, *The Wisdom of Finance: Discovering Humanity in the World of Risk and Return* (Houghton Mifflin Harcourt, 2017).

27.Brian C. Southam, *Jane Austen's Literary Manuscripts* (Clarendon Press, 1966).

28.당시에는 그녀의 병이 담즙 불균형 때문일 거라고 추측했다. 이후 수십 년 동안 에디슨병과 결핵이 원인으로 거론되었다.

29.Helena Kelly, "The Many Ways We Are Wrong About Jane Austen," *Literary Hub*, May 3, 2017.

30.Herman Melville, *Moby Dick* (1851)과 Charles Dickens, *A Tale of Two Cities* (1859)에서 인용.

31.잉글랜드-아일랜드계였던 브론테 집안에는 처음에 일곱 아이가 태어났다. 첫째 엘리자베스와 마리아는 두 달 간격으로 각각 10살과 11살에 숨을 거두었다. 에밀리와 앤은 1848년에 여섯 달 간격으로 사망했다. 모두 결핵이 원인이었다.

6. 레오나르도의 모델

1. Bulent Atalay, *Math and the Mona Lisa: The Art and Science of Leonardo da Vinci* (Smithsonian Books, 2004).

2. Tom L. Freudenheim, "A Portrait Both Sensible and Serene," *Wall Street Journal*, January 11, 2019.

3. 페렛은 길들여졌지만 담비는 그렇지 못했다.

4. 이 블로그의 소유자이자 필자인 빈센트 피넌은 자신이 예술사학자는 아니라고 주장하지만, 뛰어난 독학자로서 예술에 깊은 관심을 갖고 있다. https://www.italian-renaissance-art.com/La-Belle-Ferroniere.html.

5. Margaret Livingston, *Vision and Art: the Biology of Seeing* (Harry N. Abrams, 2002).

6. 크리스토퍼 타일러의 중심선 원칙. http://christophertyler.org/CWTyler/Art%20

7. 1946년생 제이미 와이어스는 앤드루 와이어스(1917~2009)의 아들이자 뉴웰 C. 와이어스(1882~1945)의 손자이다.

8. '레이스터르'를 '선도하는 별'의 의미로 쓴 것은 17세기 네덜란드의 미술 비평가였다.

9. 젠틸레스키의 자화성에서 그녀는 오른손에 붓을 들고 있는 모습이다. 여기서 또 흔한 질문이 제기된다. '그녀가 정말로 오른손잡이일까, 아니면 거울 앞에서 왼손에 붓을 들고 포즈를 취했을 뿐일까?' 이는 자화상을 그렸거나 스마트폰으로 셀카를 찍은 화가들에게 익숙한 문제이다.

10. Mary D. Sheriff, "The Woman-Artist Question," *Royalists to Romantics: Women Artists from the Louvre, Versailles, and Other French National Collections* (National Museum of Women in the Arts, in association with Scala Publishers Ltd., 2012).

11. "Frances H. Arnold: Nobel Prize in Chemistry 2018," Caltech Online. https://www.nobelprize.org/womenwhochangedscience/stories/frances-arnold.

12. "Frances H. Arnold: Nobel Prize in Chemistry 2018."

13. 프랜시스 아널드는 캘리포니아 공대 화학공학, 생명공학, 생화학 라이 너스 폴링 교수로서 도나 & 벤자민 M. 로젠 생명공학 센터의 소장이기 도 하다.

14. Heidi Ledford and Ellen Callaway, "Pioneers of Revolutionary CRSPR Gene-Editing Win Chemistry Nobel," *Nature* 486 (2020), 346–47. 샤르팡티 에는 현재 베를린 막스 플랑크 병원체 과학 연구소에 있으며, 다우드나 는 버클리 캘리포니아 대학에서 일하고 있다.

15. Ken Kingery, "Duke Computer Scientist Wins $1 Million Artificial Intelligence Prize, A 'New Nobel,'" October 11, 2021. Duke, Trinity College of Arts and Sciences Online: https://trinity.duke.edu/news/duke-co-scientist-wins-1-million-artificial-intelligence-prize-new-nobel.

7. 예술과 과학이 만나는 지점

1. 당시 건축가들이 5.6킬로미터와 2.4킬로미터라는 수치를 어떻게 도출했 는지는 아무도 모른다. 아마 자신의 미적 감각을 믿고 그냥 눈대중으로 했을 것이다.

2. 1978년에 프레더릭 하트(1943~1999)는 워싱턴 국립 대성당 서쪽 주 출 입구 팀파눔을 장식하는 〈무無에서〉를 완성했다. 그 후 베트남 전쟁 기 념관 마야 린의 벽을 보완하는 세 명의 군인 조각상을 만들었다.

3. Bulent Atalay, *Math and the Mona Lisa* (Smithsonian Press, 2004), 121–25.

4. Antonie Van Leeuwenhoek, "Memories of Johannes Vermeer," Federation of American Societies for Experimental Biology (FASEB), April 2006. (여기에 언급한 1685년 12월 14일자 편지는 런던 왕립학회 기록 보관소에 보존되어 있다.)

5. Jason Farago, "The Absolute Vermeer, in a Show More Precious Than Pearls," *New York Times*, February 10, 2023. Nina Siegal, "The Fullest View of Vermeer Still Leaves Plenty to the Imagination," *New York Times*, February 5, 2023.

8. 세계적인 천재와 실패한 과학 혁명

1. Edward MacCurdy, *The Notebooks of Leonardo da Vinci* (Easton Press, 2014). 1,180쪽에 달하는 이 개요서는 런던 덕워스 & 코에서 번역하고 정리해 출간한 동명의 책을 바탕으로 만든 수집가 판본이다.

2. 카시나 전투는 1364년에 피렌체와 피사가 벌인 전투였고, 앙기아리 전투는 1440년에 피렌체와 밀라노 간에 벌어진 전투였다.

3. *Nexus Network Journal: Architecture and Mathematics*, Springer-verlag. 킴 윌리엄스는 스프링어 출판사의 공동 편집장이다. https://www.nexusjournal.com/eb-intro/kim-williams.html.

4. 바예지드 2세는 1492년 스페인에서 추방된 유대인들을 오스만 제국에 받아들인 것으로 유명한 깨어 있는 지도자였다고 한다. 그는 고집 센 차들 야부즈 술탄 셀림에 의해 폐위되었다.

5. 이 그림은 파리의 프랑스 학술원이 소장한 작은 *Codex, Manuscript L*에 실

려 있다.

6. 순위에 오른 또 다른 다리는 베니스 대운하를 가로지르는 네 번째 다리인 새로운 칼라트라바 다리였다. *Wired*, January 2005.

7. Chandler, David L., "Engineers Put Leonardo da Vinci's Bridge Design to the Test," *MIT News*, october 9, 2019. https://news.mit.edu/2019/leonardo-da-vinci-bridge-test-1010.

8. 러시아 태생의 선구적인 항공역학자 이고르 시코르스키는 레오나르도의 나선형 프로펠러 그림을 처음 보고 헬리콥터 설계에 영감을 받았다고 주장했다(1912년).

9. Edward MacCurdy, *Notebooks of Leonardo da Vinci*, 497.

10. Mark Rosheim, *Leonardo's Lost Robots* (Springer Online, 2006).

11. Bulent Atalay, *Math and the Mona Lisa*, 195.

12. William J. Broad, "A Doodle Reveals da Vinci's Early Deconstruction of Gravity," *New York Times*, February 17, 2023. https://www.nytimes.com/2023/02/17/science/leonard-da-vinci-gravity.html, Original article: Morteza Gharib, Chris Roh, and Flavio Noca, *Journal Leonardo* 56, no. 1 (2023).

13. 1930년대 후반에 무솔리니는 엔지니어 로베르토 구아텔리에게 레오나르도의 여러 기계를 재현하는 임무를 맡겼다. 구아텔리는 레오나르도가 지정한 재료인 나무, 가죽, 철, 구리를 이용해 많은 기계를 만들어냈다. 이 기계들은 전시를 위해 일본으로 수송되었다. 하지만 제2차 세계 대전이 발발하면서 도쿄에 갇히게 되었고, 결국 공습에 파괴되었다. 전

후 IBM은 구아텔리를 고용해 그 기계들을 다시 만들게 했다. 구아텔리는 회사를 설립하고 사위의 도움을 받아 다양한 버전의 기계들을 제작해 여러 곳에서 전시회를 열었다.

14. 이 섹션의 제목은 옥스퍼드의 뛰어난 예술사학자 마틴 켐프가 심장외과 의사 프랜시스 웰스의 놀라운 책에 쓴 서문에서 영감을 받았다. Francis Wells, *The Heart of Leonardo* (Springer, 2013). Op. Cit.

15. Sherwyn Nuland, *Leonardo da Vinci* (Penguin Books, 2002), 131.

16. Da Vinci Center, VCU, Richmond, VA. Announcement of the author's lecture, "VCU da Vinci Center for Innovation in Product Design and Development Presents da Vinci Day 2009," https://www.news.vcu.edu/article/VCU_da_Vinci_Center_for_Innovation_in_Product_Design_and_Development.

9. 자연을 탐구해 현대를 열다

1. Yuval Noah Harari, *Sapiens: A Brief History of Humankind* (HarperCollins, 2015).

2. 역사적 증거가 너무 부실해서 예수가 태어난 날짜를 정확히 지정할 수는 없지만, 신학자들은 기원전 6년에서 기원전 4년 사이로 추정한다. 이 범위는 누가복음과 마태복음에 언급되어 있는 초기 연대와, 예수의 공생애 시작을 기준으로 역산한 추정치에서 비롯되었다. 천문학자들은 천체들이 정렬될 때 평소보다 밝아지는 삭망(朔望) 현상의 발생 가능성도 제시했다. 한 가지 확실한 것은 유스티니아누스 달력에는 '0'이 존재

하지 않는다는 사실이다. 기원전 1년 다음 해는 기원후 1년이다.

3. Stephen Jay Gould, "Nonoverlapping Magisteria," *Natural History*, 1997; Stephen Jay Gould, *Rock of Ages* (Vintage Books, 1999).

4. 기원전 5세기 할리카르나소스(현재의 보드룸) 출신 역사가 헤로도토스는 탈레스가 일식을 예측했다고 기록했다. 현대 천문학자들은 그 일식을 분석해 정확한 날짜를 계산해냈다.

5. Freeman Dyson, "Birds and Frogs," *Notices of the AMS* 5, no. 2 (2009).

6. Freeman Dyson, "Birds and Frogs."

7. Morris Kline, *Mathematics in Western Culture* (Oxford University Press, 1964), 234. Op Cit.

8. 1931년 방문은 2015년 옥스퍼드 크라이스트 처치 강연에서 아인슈타인 전기 작가 앤드루 로빈슨이 기록했다. Andrew Robinson, *Princeton Alumni Magazine*, December 1, 2015.

9. Ellen Carol DuBois, "Overlooked No More: Eleanor Flexner, Pioneering Feminist in an Anti-Feminist Age," *New York Times*, October 16, 2020.

10. 뉴턴 혁명

1. Alexander Pope(1688~1744). 계몽주의 시대 영국 시인이자 풍자가. 위키백과에 따르면, 포프는 옥스퍼드 인용 사전에서 두 번째로 많이 인용된 작가이다.

2. 저명한 독일 물리학자 필리프 레나르트가 1930년대에 했던 주장이다.

3. Lawrence Krauss, *The Physics of Climate Change*, (Post Hill Press, 2021). 대기 중 CO_2는 지구 온도 상승을 유발하는 가장 주요한 분자로 꼽힌다. 이 농도는 수천 년 동안 일정하게 유지되었으나, 19세기 중반 산업 혁명 이후 증가하기 시작했다. 이 사실은 그린란드와 남극의 1.6킬로미터 깊이 얼음층에 갇힌 대기 거품 층을 분석한 결과에 근거한다. 국제 지구물리학의 해(1957~1958)부터 미국 해양대기청(NOAA)은 하와이 마우나로아 천문대에서 대기 중 CO_2 농도를 매일 정밀하게 측정해왔다. 이 농도는 1958년 3월 313.4ppm에서 2022년 6월 18일 421.06ppm, 2023년 6월 18일 423.16ppm으로 증가했으며, 매년 평균 1.51ppm씩 완만한 지수 곡선을 따라 상승한다. 2022년에서 2023년 사이에는 2.10ppm 증가했다. 이러한 변화는 지구의 자유도와 무관하며, 인간이 통제할 수 없는 요인들—예를 들어 지구 자전축 세차 운동(26,000년), 자전축 기울기의 요동(18.6년), 태양계가 은하 적도면을 통과하며 겪는 상하 운동(6,400만 년 주기. 소행성 충돌 증가 및 대멸종 주기와 연관된다.), 판 구조 운동, 11년 주기 태양 흑점 활동 등—과는 별개로 발생한다. https://www.co2.earth/daily-co2#:~:text=420.73%20ppm&text=This%20table%20presents%20the%20most,Source%20%3D%20NOAA%20GML.

4. 유진 위그너가 1960년에 발표한 논문 제목. Eugene Wigner, "The Great Math Mystery," March 30, 2016. *http://www.pbs.org/wgbh/nova/physics/great-math-mystery.html.* 최근에는 2020년 노벨 물리학상 수상자인 또 다른 수학 천재 로저 펜로즈가 "수학은 발명된 것인가, 발견된 것인가?"라는 주제로 유튜브에서 논의했다. www.youtube.com/watch?v=ujvS2K06dg4.

5. 2014년 기준으로, 원주율(π)은 초고속 컴퓨터에 의해 소수점 이하 12조

자리까지 계산되었다.

6. 루커스 석좌 교수직은 학계에서 가장 명망 있는 자리 중 하나이다. 이 직책은 아이작 뉴턴에 의해 유명해졌으며, 폴 디랙과 스티븐 호킹도 역임한 바 있다.

7. Annalee Newitz, "What Social Distancing Looked Like in 1666," *New York Times*, March 29, 2020.

8. Richard Feynman, *The Character of Physical Law* (MIT Press, 1967).

11. 상대성 혁명

1. Sir J. C. Squire(1884~1958). 영국의 저널리스트이자 극작가로, 조지 5세 시대의 대표적인 시인이자 영향력 있는 비평가요 편집자였다. 아인슈타인에 대한 스콰이어의 표현은 뉴턴에 대한 포프의 묘사를 적절하게 이어받았다.

2. Sears, Zemanski, Richards, and Wehr, *Modern University Physics* (Addison Wesley, 1961).

3. Susan Quinn, *Marie Curie: A Life* (Simon & Schuster, 1995).

4. 화학자 이레네 졸리오-퀴리와 물리학자 남편 프레데릭 졸리오-퀴리는 1934년 인공 방사능을 발견한 공로로 1935년 노벨 화학상을 공동 수상했다.

5. Walter Isaacson, *Einstein: His Life and the Universe* (Simon & Schuster, 2007).

6. 특수 상대성 이론은 일정한 속도를 다룬다. 학문적인 논의에서는 순간적인 가속을 가정하지만, 이는 당연히 불가능하다. 단 하나의 속도 c를 갖는 빛만이 예외이다.

7. 킬로그램(kg)은 사실 질량의 단위이다. 하지만 안타깝게도 미터법 국가에서는 관습적으로 킬로그램을 무게 단위로 사용하고 있다. 80kg의 실제 무게는 $80kg \times g(9.8m/sec^2) = 784$뉴턴이다. 하지만 킬로그램을 무게로 사용할 때는 간단한 변환하면 된다. 1킬로그램은 2.2파운드에 해당한다.

8. 성가신 간극($1.4m_s < m < 5.0m_s$)은 이제 좁혀졌다. 질량이 $2.6m_s$에 불과한 '가벼운 블랙홀'이 2019년 Virgo에 의해 감지되었다.

9. "Gravitational Waves Detected 100 Years After Einstein's Prediction" LIGO, Caltech, February 11, 2016. https://www.ligo.caltech.edu/news/ligo20160211.

10. 2017년 노벨 물리학상. https://www.quantamagazine.org/ligos-rainer-weiss-kip-thorne-and-barry-barish-win-physics-nobel-20171003/.

11. "James Peebles—acts," Nobel Media AB 2020, accessed August 26, 2020, https://www.nobelprize.org/prizes/physics/2019/peebles/facts/.

12. Lawrence Krauss, *A Universe from Nothing: Why There Is Something from Nothing* (Free Press, 2012).

13. 시간이 건물 바닥보다 꼭대기에서 더 빠르게 간다는 사실은 뫼스바우어 효과를 이용한 파운드와 레브카의 실험에서도 입증되었다. 루돌프 뫼스바우어는 1961년 노벨 물리학상 수상자이다.

14. 프랜시스 아널드, 2020년 개인적 대화.

12. 양자 혁명

1. Jeremy Bernstein, "John Stewart Bell: Quantum Engineer" (Quantum Profiles, 1991)에 인용됨.

2. Sherwin Nuland, *Leonardo da Vinci* (Penguin Books, 2002).

3. Manjit Kumar, *Einstein, Bohr, and the Great Debate About the Nature of Reality*, (W. W. Norton, 2016).

4. "John Bell and the Most Profound Discovery of Science," *Physics World*, December 1, 1998.

5. John S. Bell, *Speakable and Unspeakable in Quantum Mechanics* (Cambridge University Press, 1987), 65.

6. Alice Calaprice, ed., *The Ultimate Quotable Einstein* (Princeton University Press, 2011), 378; Einstein's letter to Langevin, December 16, 1924, Einstein Archives 15-377.

7. Manjit Kumar, *Einstein, Bohr, and the Great Debate About the Nature of Reality* (W. W. Norton, 2016). Op. Cit. Also available in a 2009 online version: https://publicism.info/science/quantum/10.html.

8. 전자가 빛의 파동처럼 간섭을 일으킬 수 있다는 것이 실험으로 확인되었다.

9. Herbert Goldstein, *Classical Mechanics* (Addison-Wesley, 1951).

10.Freeman Dyson, "Birds and the Frogs," *Journal of the American Mathematical Society* 56, no. 2 (2009).

11. John Wheeler, "Thoughts on action-at-a-distance during the war work," Session VIII, Center for History of Physics, American Institute for Physics (AIP Oral History Series). Interviewed by Kenneth W. Ford, Princeton University (between December 6, 1993 and May 18, 1995). Online, https://www.aip.org/history-programs/niels-bohr-library/oral-histories/5908-7.

12. Sam Kean, *The Bastard Brigade: The True Story of the Renegade Scientists and Spies Who Sabotaged the Nazi Atomic Bomb* (Hodder & Stoughton, 2019).

13. Graham Farmelo, *The Strangest Man* (Basic Books, 2011) Op. Cit. 183.

14. 프리랜서 저널리스트 토릴 콘펠트는 2016년 노벨상 수상식이 끝난 뒤 스톡홀름에서 물리학상 공동 수상자 던컨 M. 홀데인을 인터뷰했다. https://www.nobelprize.org/mediaplayer/index.php?id=2705.

15. Luisa Gilder, "Quantum Leap," *New York Times Book Review*, September 8, 2009. http://www.nytimes.com/2009/09/13/books/review/Gilder-t.html.

16. 1977년 존 에클스의 개인적인 대화. 호주 태생의 에클스는 1963년 노벨 생리의학상을 수상했다.

17. William Lanouette, with Bela Silard, *Genius in the Shadows: A Biography of Leo Szilard, The Man Behind the Bomb* (Charles Scribner's Sons, 1994).

18. William Lanouette, "Ideas by Szilard, Physics by Fermi," *Bulletins of the Atomic Scientists*, December 1992, 17. 러더퍼드의 발언은 1933년에 한 말이다.

19. MAUD는 '우라늄 폭발의 군사적 활용 위원회(Military Application of Uranium for Defense)의 약자이다. 파이에를스는 자서전에서 이를 합리적 선택으로 제시했다.

20. 해리 트루먼 대통령이 프리슈와 파이에를스에게 수요한 대통령 자유 훈장은 '미국의 안보와 국가적 이익, 세계 평화, 문화 또는 기타 중요한 공공 및 민간 분야에 기여한 이들의 공로를 인정하는 상'이다.

21. Jeremy Bernstein, "A Quantum Story: 1927 Solvay Conference," Institute for Advanced Study, School of Natural Sciences, 2011. https://www.ias.edu/ideas/2011/bernstein-quantum-story.

22. 2017년 2월 15일, 케임브리지 대학교 우주과학자 데이비드 통이 로열 인스티튜션에서 한 강연.

23. Dana Bolles, "Dark Energy, Dark Matter," NASA Science, last updated June 14, 2023. https://science.nasa.gov/astrophysics/focus-areas/what-is-dark-energy#:~:text=But%20it%20is%20an%20important,than%205%25%20of%20the%20universe.

13. 울퉁불퉁 덩어리와 비범한 정신

1. Q. M. Q., "The Insanity of Sir Isaac Newton," *Phrenological Journal and Miscellany* 7, no. 27 (March 1831~September 1832): 342.

2. 1984년 영화 〈아마데우스〉에는 모차르트가 빈자들의 공동묘지에 묻히는 장면이 나오는데, 실제로 18세기와 19세기 빈에서는 공동묘지 매장이 일반적이었다. P. G. Bahn, *Archaeology*, March/April 1991, 38–41 참조

3. 모차르트의 죽음에 대해서는 https://en.wikipedia.org/wiki/Death_of_Wolfgang_Amadeus_Mozart 참조

4. 스핀-업과 스핀-다운 사이에는 대략 백만분의1의 불균형이 발생합니다.

5. Eric Kandel, *The Disordered Mind: What Unusual Brains Tell Us About Ourselves* (Farrar, Straus and Giroux, 2018); Eric Kandel, *The Age of Insight: The Quest to Understand the Unconscious in Art, Mind, and Brain* (Random House, 2012). 열렬한 예술 애호가인 캔들은 예술적 창조성을 뇌의 기능이자 사회 주류 문화의 기능으로 인식하는 놀라운 통찰을 보여준다.

6. Elisabeth Hertenstein et al., "Modulation of Creativity by Transcranial Direct Current Stimulation," *Brain Stimul* 12, no. 5 (September-October 2019): 1213–1. "Spark of Genius," Economist, June 15, 2019, 74.

7. 피험자들은 창조성을 다각도로 검사하는 세 가지 개별 테스트를 받았다. (1) 개념 확장(AUT) (2) 연상적 사고(CRA) (3) 세트 전환 능력 (WCST). 동시에 그들은 좌뇌 하전두회에 음극성 자극을 받고 우뇌 하전두회에는 양극성 자극을 받거나, 반대 방향의 자극 또는 가짜 자극을 받았다. 직류의 소스 극성을 바꿔도 창조성 증가에 도움을 주지 못한 것처럼, 교류 역시 효과가 없었을 것이다.

8. S. F. Witelson, D. L. Kigar, and T. Harvey. "The Exceptional Brain of Albert Einstein," *Lancet 353* (1970): 2149–53.

9. 유진 위그너, 개인적 대화

10. "Death of Ludwig van Beethoven," https://en.wikipedia.org/wiki/Death_of_Ludwig_van_Beethoven.

11. Nick Zagorski, "Music on the Mind," 21.

12. James Gleick, *Isaac Newton* (Pantheon Books/Random House, 2003), 5.

13. L. W. Johnson and M. L. Walbarsht, "Mercury Poisoning Cause of Isaac Newton's Physical and Mental Ills," *Notes and Records of the Royal Society of London* 34, no. 1 (July 1979).

14. Lead poisoning, Mayo Clinic: https://www.mayoclinic.org/diseases-conditions/lead-poisoning/symptoms-causes/syc-20354717.

15. TJA Begg et al., "Genomic Analyses of Hair from Ludwig van Beethoven," Current Biology, March 23, 2023. doi: 10.1016/j.cub.2023.02.041. Online version https://www.cell.com/current-biology/fulltext/S0960-9822(23)00181-1.

16. Sarah Knapton, "Leonardo da Vinci Paintings Analysed for DNA to Solve Grave Mystery," Telegraph, May 5, 2016.

14. 과학 천재들의 기행: 한 줌의 광기

1. Loren Eiseley(1907~1977)는 인류학자이자 철학자이며, 왕성하게 활동한 과학 저술가였다.

2. 'break bad(괴팍하게 굴다)'라는 표현은 미국 남서부에서 유래한 속어로, '관습을 벗어나고, 권위에 도전하며, 법의 경계를 넘나드는 것'을 의미한다.

3. Arnold Ludwig, *The Price of Greatness* (Guilford Press, 1995), 146–47

4. George Dyson, *Turing's Cathedral: the Origins of the Digital Universe* (Vintage

Books, 2012). 이 책의 저자 조지 다이슨은 프리먼 다이슨의 아들이다.

5. Richard S. Westfall, *Never at Rest: A Biography of Isaac Newton* (Cambridge University Press, 1983).

6. "Sir Isaac Newton: The Gravity of Genius," *Biography Series* (A&E Network, 1995)에 실린 리처드 웨스트폴의 평가.

7. "The World Will End in 2060, According to Newton," *Evening Standard*, June 18, 2007.

8. Subrahmanyan Chandrasekhar, "Truth and Beauty."

9. Graham Farmello, *The Strangest Man: The Hidden Life of Paul Dirac, Quantum Genius* (Faber and Faber, 2009).

10. Fred Jerome, *Einstein on Race and Racism* (Rutgers University Press, 2016).

11. Andrew Robinson, *Einstein on the Run: How Britain Saved the World's Greatest Scientist* (Yale University Press, 2019).

12. Arnold M. Ludwig, *King of the Mountain: The Nature of Political Leadership* (University Press of Kentucky, 2002).

13. Bulent Atalay, "Einstein's Letter to Ataturk's Turkey," *National Geographic*, May 22, 2012. https://blog.nationalgeographic.org/2012/05/22/einsteins-letter-to-ataturks-turkey/.

14. Corbin Atlardice and Edward R. Trapnell, "The First Pile," *First Reactor* (U.S. Atomic Energy Commission, 1957).

15. William Lanouette, with Bela Silard, *Genius in the Shadows*.

16. "When Science Gets Ugly—he Story of Philipp Lenard and Albert Einstein," http://the conversation.com/when-science-gets-ugly-the-story-of-philipp-lenard-and-albert-einstein-43165.

17. Walter Isaacson, *Einstein: His Life and Works*, 34.

18. Andrew Robinson, *Einstein: A Hundred Years of Relativity*, (Metro Books, 2010). 본문은 A. 로빈슨이 작성했으며 필립 앤더슨, 아서 C. 클라크, I. 버나드 코헨, 프리먼 다이슨, 필립 글래스, 스티븐 호킹, 맥스 재머, 조아우 마게이주, 조셉 로트블랫, 로버트 슐먼, 스티븐 와인버그가 참여했다.

19. 밀레바 마리치가 특수 상대성이론의 공동 창시자라는 주장에 관해 앨리스 캘러프라이스와 나눈 대화. '하지만 그 주장은 존 스태츨[보스턴 대학교 아인슈타인 연구 센터 소장]을 비롯한 학자들에게 논파됐습니다. 서로 사이가 좋지 않던 시절에 아인슈타인이 그녀를 모질게 대한 건 사실이죠. 하지만 별거와 이혼을 겪은 뒤에는 태도가 달라졌고, 실제로 그녀가 사망하기 전까지 우정과 존중을 이어갔습니다. 이를 입증하는 편지도 많습니다. 하지만 사과한 적이 있는지는 모르겠어요. 개인적으로 후회는 했을 거라고 봅니다. 아인슈타인의 두 번째 아내도 불성실한 남편 때문에 힘들어 했지만, 결국 그런 면도 존중하게 되었죠. 1936 말에 다시 독신이 된 이후 아인슈타인은 적어도 바람은 피우지 않았답니다!'

20. "The Closest Friendships of Albert Einstein," http://brainathlete.com/closest-friendships-albert-einstein/.

21. Dinitia Smith, "Dark Side of Einstein Emerges," *New York Times*, November 6, 1996. http://www.nytimes.com/1996/11/06/arts/dark-side-of-einstein-

emerges-in-his-letters.html.

22. 아인슈타인 아들들의 간략한 인생사는 다음 사이트 참조 http://www. einstein-website.de/biographies/print/p_eduard.html.

23. Karen C. Fox and Aries Keck, *Einstein A to Z* (John Wiley & Sons, 2004).

24. "New Letters Shed Light on Einstein's Love Life," *NBC Science News*, July 2006. 의붓딸 마르고트가 1986년에 사망한 후, 아인슈타인의 편지 1,400통(연애편지 포함)이 예루살렘의 히브리 대학교로 보내졌으나, 그녀의 사망 후 20년간 공개하지 말라는 명확한 지시도 전달되었다. https://www. nbcnews.com/id/wbna13804030.

25. Sir Jacob Epstein, British sculptor (1880–959), Campus Art, Princeton, http://artmuseum.princeton.edu/campus-art/objects/31380.

26. Stacy Conradt, "30 Fascinating Facts About Marilyn Monroe," Mental Floss, September 30, 2022. http://mentalfloss.com/article/19268/14-breath-less-facts-about-marilyn-monroe.

27. Les Harding, *They Knew Marilyn Monroe: Famous Persons in the Life of the Hollywood Icon* (McFarland & Company, 2012).

28. Arthur I. Miller, *Einstein, Picasso: Space, Time, and the Beauty that Causes Havoc.*

29. 아인슈타인의 집에 마지막까지 살았던 사람은 의붓딸 마르고트였으며, 그녀는 1986년에 사망했다.

30. 아인슈타인의 유언에 따라, 듀카스가 사망한 후 그 문서들은 이스라엘로 보내져 예루살렘의 히브리 대학교에 영구 보존되었다.

31. Arnold Ludwig, *Price of Greatness: Resolving the Creativity and Madness Contro-*

versy (Guildford Press, 1995).

15. 혼돈의 소용돌이와 고통 받은 정신

1. Richard C. Friedman, *Male Homosexuality: A Contemporary Psychoanalytic Perspective* (Yale University Press, 1990).

2. A. Rothenberg, *Creativity and Madness* (Johns Hopkins University Press, 1990), 103–113.

3. 로마 신화에서 제우스는 '주피터', 헤라는 '주노'이다.

4. Arnold M. Ludwig, *The Price of Greatness: Resolving the Creativity and Madness Controversy* (Guilford Press, 1995).

5. Massimo Viola, "Caravaggio: A Biography Through His Paintings," *HubPages*, February 7, 2019. https://discover.hubpages.com/education/Caravaggio-a-Biography-Through-His-Paintings.

6. Jonathan Jones, "More Savage than Caravaggio: The Woman Who Took Revenge in Oil," *Guardian*, October 5, 2016.

7. 젠틸레스키가 코시모 데 메디치에게 보낸 편지. Joanna Moorhead, "Artemisia Gentileschi, the Baroque #MeToo Heroine Who Avenged Her Rape through Art," *Guardian*, February 29, 2020.https://amp.theguardian.com/artanddesign/2020/feb/29/artemisia-gentileschi-national-gallery-baroque-heroine-female-caravaggio.

8. Joanna Moorhead, "Artemisia Gentileschi, the Baroque #MeToo Heroine

Who Avenged Her Rape through Art."

9. Jonathan Jones, "More Savage than Caravaggio: The Woman Who Took Revenge in Oil."

10. Ronald De Leeuw, ed., and Arnold J. Pomerans, trans., *The Letters of Vincent van Gogh* (Penguin Classics, 1998). 인용한 구절은 1883년에 테오에게 보낸 편지에서 발췌.

11. Martin Bailey, "I met the oldest woman in the world—ho shared her memories of Van Gogh in Arles," *Art Newspaper*, January 20, 2023.

12. Paul Wolf, "Creativity and Chronic Disease Vince van Gogh (1853~890)," *Western Journal of Medicine* 175, no. 5 (November 2001). https://www.ncbi.nlm.nih.gov/pmc/articles/PMC1071623/.

13. Paul L. Wolf, "If Clinical Chemistry Had Existed Then . . . ," *Clinical Chemistry* 40, no. 2 (1994), 328–336.

14. 반 고흐가 생전에 판매한 유일한 그림은 〈붉은 포도밭〉이었다. 1888년 11월 초에 그린 이 그림은 고흐가 사망하기 불과 몇 달 전에 브뤼셀에서 400프랑에 판매되었다.

15. Jennifer Wright, *We Came First: Relationship Advice from Women Who Have Been There* (Lawrence King Publishing Co., 2019).

16. Clyde Haberman, "He's a Creep, but Wow, What an Artist!" *New York Times*, November 11, 2014. http://nyti.ms/2k3mIbk.

17. 물론 '옥스브리지 칼리지'라는 표현은 실제로 옥스퍼드 대학과 케임브리지 대학에 속한 칼리지들을 의미한다. 하지만 그녀의 글에 등장하는

옥스브리지는 순전히 상상한 것이다.

18.Peter Bradshaw, "The Wife," *Guardian, September* 12, 2017. https://www.
theguardian.com/film

19.Russell Shorto, "Jo: The Woman Who Made van Gogh," *New York Times Magazine*, April 2021.

20.Russell Shorto, "Jo: The Woman Who Made van Gogh."

16. 영웅과 통치자 그리고 순위

1. Arnold M. Ludwig, King of the Mountain: The Nature of Political Leadership (University Press of Kentucky, 2002).

2. 이 책의 전체 제목은 다음과 같다. *Dangerous Charisma: The Political Psychology of Donald Trump and His Followers* (Pegasus Books, 2019).

3. Anton Antonov-Ovseyenko, *The Time of Stalin: Portrait of a Tyranny* (Harper & Row, 1981).

4. Valerie Strass and Daniel Southerl, "How Many Died? New Evidence Suggests Far Higher Numbers for the Victims of Mao Zedong's Era," *Washington Post*, July 17, 1994.

5. 아타튀르크는 〈타임〉의 1923년 3월 24일자, 1927년 2월 21일자 표지에 등장했다.

6. Michael Hart, *The 100: A Ranking of the Most Influential Persons in History* (A Citadel Book: Published by Carol Publishing Company, 2nd ed., 1992).

7. Francis Bacon, Joseph Devey, ed., *The Advancement of Learning* (Collier and Son, 1901).

에필로그: 디지털 시대의 천재

1. 이천오백 년이 지난 지금도 아나톨리아 지역 사람들은 오래된 속담을 즐겨 쓴다. '크로이소스를 따라갈 부자는 없다.'

2. 기록마다 차이가 있지만, 언급되는 세 개의 신탁은 델포이, 히에라폴리스, 디디마의 신탁이다.

3. 키루스 왕은 크로이소스에게 솔론과의 대화에 대해 묻는다. 이 이야기의 페르시아 버전에서는 현명한 키루스가 크로이소스를 풀어주고, 그의 남은 왕국을 건사하도록 허락한다.

4. 알아야 할 일은 거의 없겠지만, 체스에서 쓸 수 있는 수는 정확히 46,783 ,665,034,756,288,456,012,644개 이며 대략 4.7×10^{25} 개이다.

5. Steven Stogatz, "One Giant Step for a Chess Playing Machine," *New York Times*, December 26, 2018.

6. Ahmed Elgammal, "How Artificial Intelligence Completed Beethoven's Unfinished Tenth Symphony," *Smithsonian*, September 24, 2021. https://www.smithsonianmag.com/innovation/how-artificial-intelligence-completed-beethovens-unfinished-10th-symphony-180978753/.

8. 다음 동영상에서 인공지능의 미래에 대해 토론하는 패널들을 이야기를 들어보길 권한다. https://www.youtube.com/watch?v=V79op5yuwgQ.

9. Victor Tangermann, "Elon Musk Has Reportedly Been Telling Friends About the Benefits of hrooms and MDMA," *Futurism*, October 12, 2022. https://futurism.com/neoscope/elon musk-shrooms-mdma.

10. Victor Tangermann, "Elon Musk Has Reportedly Been Telling Friends About the Benefits of Shrooms and MDMA."

11. Walter Isaacson, *Steve Jobs* (Simon & Schuster, 2011).

12. 팀 쿡의 연설 전문:https://qz.com/1002570/watch-live-apple-ceo-tim-cook-delivers-mits-2017-commencement-speech/.

13. 2005년 스탠퍼드 대학에서 스티브 잡스가 헤네시 총장과 함께 한 20분짜리 연설은 다음 사이트에서 볼 수 있다. https://www.youtube.com/watch?v=VHWUCX6osgM.

14. Catherine Clifford, "When Microsoft Saved Apple: Steve Jobs and Bill Gates Show Eliminating Competition Isn't the Only Way to Win," CNBC *MakeIt*, June 12, 2020.

15. Jessica Stillman, "All Highly Intelligent People Share This Trait, According to Steve Jobs (and Science)," *Inc.*, September 16, 2020.

16. 윌리엄 D. 필립스, 개인적 대화.

천재백서

초판 1쇄 인쇄 2025년 12월 22일
초판 1쇄 발행 2025년 12월 31일

지은이 불렌트 아탈라이
옮긴이 이원경
펴낸이 고영성

책임 편집 박유진 　 **디자인** 이화연 　 **저작권** 주민숙

펴낸곳 주식회사 상상스퀘어
출판등록 2021년 4월 29일 제2021-000079호
주소 경기 성남시 분당구 성남대로 43번길 10, 하나EZ타워 307
팩스 02-6499-3031
이메일 publication@sangsangsquare.com
홈페이지 www.sangsangsquare-books.com

ISBN 979-11-94368-87-8 03300